Reflexive Lebensführung

Forschung aus der Hans-Böckler-Stiftung 24

Herausgegeben von der Hans-Böckler-Stiftung, Düsseldorf

Eckart Hildebrandt (Hg.)
in Zusammenarbeit mit
Gudrun Linne

Reflexive
Lebensführung

Zu den sozialökologischen Folgen
flexibler Arbeit

Die Deutsche Bibliothek - CIP-Einheitsaufnahme

Reflexive Lebensführung : zu den sozialökologischen Folgen flexibler Arbeit / Eckart Hildebrandt (Hg.) in Zusammenarbeit mit Gudrun Linne. – Berlin : Ed. Sigma, 2000
   (Forschung aus der Hans-Böckler-Stiftung ; 24)
   ISBN 3-89404-884-0

© Copyright 2000 by edition sigma® rainer bohn verlag, Berlin.

Alle Rechte vorbehalten. Dieses Werk einschließlich aller seiner Teile ist urheberrechtlich geschützt. Jede Verwertung außerhalb der engen Grenzen des Urheberrechtsgesetzes ist ohne schriftliche Zustimmung des Verlags unzulässig und strafbar. Das gilt insbesondere für Vervielfältigungen, Mikroverfilmungen, Übersetzungen und die Einspeicherung in elektronische Systeme.

Textverarbeitung: Friederike Theilen-Kosch, Berlin.

Umschlaggestaltung: Neumann Kommunikationsdesign, Wuppertal

Druck: Rosch-Buch, Scheßlitz   Printed in Germany

INHALT

Editorial 7
Gudrun Linne

Einleitung: Zeitwandel und reflexive Lebensführung 9
Eckart Hildebrandt, Karsten Reinecke, Jürgen Rinderspacher, Günter Voß

Auf dem Weg in bessere Zeiten? Modernisierung zwischen
Zeitsouveränität und Marktanpassung 47
Jürgen P. Rinderspacher

Tarifkonzept und Betriebswirklichkeit des VW-Modelltarifvertrags 99
Hartmut Seifert, Rainer Trinczek

Die Ambivalenz flexibler Arbeitszeiten: Neue Abhängigkeiten vom
Betrieb oder Zugewinn an Lebensqualität? 129
Volker Hielscher, Eckart Hildebrandt

Entgrenzte Arbeitszeit – Reflexive Alltagszeit 151
Karin Jurczyk, Günter Voß

Anpassung an „atmende Unternehmen" – Anforderungen an Familien
durch flexibilisierte Arbeitszeiten 207
Kerstin Jürgens, Karsten Reinecke

Städtische Zeitstrukturen im Wandel 231
Matthias Eberling, Dietrich Henckel

Zukunftsfähigkeit als Leitbild? Leitbilder, Zukunftsfähigkeit und
die reflexive Moderne 249
Joachim H. Spangenberg

Flexible Arbeit und nachhaltige Lebensführung 271
Eckart Hildebrandt

Umweltverhalten zwischen Arbeit, Einkommen und Lebensstil 311
Helmut Hagemann

Die produktive Verwendung der freien Zeit 343
Gerhard Scherhorn

Zeitpolitik als neues Handlungsfeld 378
Matthias Eberling, Dietrich Henckel

EDITORIAL

Gudrun Linne[*]

Dieses Buch ist das Ergebnis einer mehrjährigen Forschungskooperation. Ihr Ursprung lag bereits im Jahr 1995. Damals rief die Hans-Böckler-Stiftung im Rahmen ihres Förderschwerpunktes „Perspektiven der Arbeitsgesellschaft" eine neue arbeitzeitpolitische Forschungslinie ins Leben.

Diese Initiative fiel in eine Zeit, in der sich unter dem zunehmenden Druck der Arbeitsmarktkrise eine markante Wende in der Arbeitszeitpolitik abzeichnete: Über Jahre hinweg war das von den Gewerkschaften angestrebte Ziel, kollektive Arbeitszeitverkürzungen zur Entlastung des Arbeitsmarktes und zum Wohle der Beschäftigten durchzusetzen, ein Streitpunkt in der Tarifpolitik wie auch in wissenschaftlichen Abhandlungen. Und noch zu Beginn der 90er Jahre sah es danach aus, daß der lange Weg der Wochenarbeitszeitverkürzung spätestens an der Marke einer 35-Stunden-Woche enden würde. 1993 begann jedoch eine neue Entwicklung: Im Zuge vielbeachteter Tarifabschlüsse auf Konzern- und Branchenebene wurden großschrittige Arbeitszeitverkürzungen zur Beschäftigungssicherung realisiert. Die Gewerkschaften wiederum nahmen im Tausch gegen die Sicherung von Arbeitsplätzen und Zeitgewinn für die Beschäftigten Einkommensabstriche in Kauf und machten erhebliche Zugeständnisse an eine betriebliche Flexibilisierung der Arbeitszeiten.

Die erwarteten beschäftigungssichernden und beschäftigungsfördernden Wirkungen waren sicherlich das dominante Motiv für die überraschend deutliche Reduktion der Wochenarbeitszeit in einzelnen Branchen und Betrieben. Zugleich hegten die Gewerkschaften, die Beschäftigten und nicht zuletzt in der Arbeitszeitforschung engagierte Wissenschaftler/innen die Hoffnung, die Kombination von Arbeitszeitverkürzungen und Arbeitszeitflexibilisierungen könne ein maßgeblicher Schritt in Richtung der von den Beschäftigten zunehmend eingeforderten Zeitsouveränität sein und zu mehr Zeitwohlstand führen.

Um die weitreichenden Erwartungen mit der Realität abgleichen zu können, hat die Hans-Böckler-Stiftung mit einer Projektausschreibung dazu aufgerufen, die Auswirkungen der neuen Arbeitszeitregelungen und -modelle zu untersuchen. Wir wollten empirisch verläßliche Antworten haben, wie die Betriebe die erweiterten Möglichkeiten einer flexiblen Arbeitsorganisation in Szene setzen und welche tatsächlichen Veränderungen davon zu erwarten sind. Besonders

---

[*] Hans-Böckler-Stiftung, Abt. Forschungsförderung

wichtig erschien es uns, nicht in einer vorrangig auf Beschäftigungseffekte konzentrierten Forschungsperspektive zu verharren, sondern den Blick für die vielfältigen arbeitspolitischen, lebensweltlichen und gesellschaftlichen Folgen eines veränderten Zuschnitts der Erwerbsarbeit zu öffnen.

Der von uns präferierte erweiterte Analyseansatz in der Arbeitszeitforschung korrelierte mit dem Interesse mehrerer Wissenschaftlerinnen und Wissenschaftler, der Frage nachzugehen, inwieweit verkürzte und flexibilisierte Arbeitszeiten maßgebliche Veränderungen im Verhältnis von „Arbeit und Leben" bewirken und den sozialen Wandel beschleunigen. Aus der gemeinsamen Neugier entwickelte sich ein stabiler und produktiver Arbeitszusammenhang. Die einzelnen Forschungsteams gingen nicht nur ihren jeweiligen projektspezifischen Untersuchungsfragestellungen nach, sondern fanden sich über drei Jahre hinweg in einer Arbeitsgruppe zusammen, die von der Hans-Böckler-Stiftung getragen und am Wissenschaftszentrum Berlin für Sozialforschung verankert wurde. Dies gewährleistete einen engen Austausch in Hinblick auf Forschungsfragestellungen, Erhebungsmethoden und die interpretative Wertung empirischer Befunde. Darüber hinaus eröffnete dieser intensive Arbeitskontakt zwischen parallel geförderten Projekten auch die Möglichkeit, ein gemeinsames theoretisches Verständnis des empirisch feststellbaren Zusammenhanges von „Zeitwandel" und „Sozialem Wandel" zu entwickeln.

Die vielfach geforderte stärkere Kooperation von Forschungsgruppen scheitert in der Realität oftmals an der Förderpolitik sowie an der Forschungspraxis fragmentierter Wissenschaftsbereiche. Umso mehr freut es uns als Förderer dieses Projektverbundes, daß es in diesem Fall gelungen ist, den wissenschaftlichen Austausch in einem hochgradig anwendungsbezogenen Forschungsfeld zu intensivieren. Der vorliegende Band ist das Resultat dieser mehrschichtigen Zusammenarbeit von Forschungsgruppen wie auch von Forschungsförderung und Wissenschaft. Er steht in einer Reihe von Veröffentlichungen, die die Hans-Böckler-Stiftung zu den Themen „Arbeitszeit" und „Zeitwandel" bei edition sigma herausgebracht hat – und er wird sicherlich nicht der letzte Beitrag der Stiftung zu diesem Themenkomplex sein.

Der Dank der Herausgeber gilt den Autorinnen und Autoren dieses Bandes, deren großes Engagement es ermöglicht hat, daß dieses Werk entstehen konnte. Volker Hielscher hat die gemeinsame Arbeit zusätzlich dadurch unterstützt, daß er die in der Projektgruppe intensiv geführten Diskussionen protokolliert und in strukturierter Form festgehalten hat. Matthias Eberling hat im Zuge der Manuskriptfertigstellung für die notwendigen Abstimmungsprozesse zwischen den Autorinnen und Autoren gesorgt. Und schließlich ist es Friederike Theilen-Kosch zu verdanken, daß die einzelnen Textlieferungen zu einem Buchmanuskript geronnen sind.

EINLEITUNG:
ZEITWANDEL UND REFLEXIVE LEBENSFÜHRUNG

Eckart Hildebrandt, Karsten Reinecke, Jürgen Rinderspacher, Günter Voß

Verkürzungen der Jahres- und Wochenarbeitszeit und einzelne Formen der Arbeitszeitflexibilisierung wie etwa Gleitzeit dienten in den vergangenen Jahrzehnten in der Bundesrepublik maßgeblich der Erhöhung des individuellen Zeitwohlstands in Form von mehr erwerbsarbeitsfreier Zeit und Zeitgestaltungsmöglichkeiten nach persönlichen Präferenzen. In den Kampagnen zur Ausweitung der Frühverrentungsmöglichkeiten und zur Durchsetzung der 35-Stunden-Woche seit Ende der achtziger Jahre hatte das arbeitsmarktpolitische Argument in der Arbeitszeitpolitik, nach dem eine allgemeine und gleiche Arbeitszeitverkürzung zur Abschwächung der sich verschärfenden Beschäftigungskrise beiträgt, bereits deutlich an Bedeutung zugenommen. Da diese Verkürzung in der Regel in kleine Schritte zerlegt wurde, konnte dabei auch die gewerkschaftliche Strategie des Lohnausgleichs durchgehalten werden. Auch die Auswirkungen auf die Arbeitsorganisation waren so dosiert, daß sie im Rahmen betrieblicher Verhandlungen und stattfindender Rationalisierungsprozesse „mitverarbeitet" werden konnten.

Der *Volkswagen-Tarifvertrag* von 1993 ist zu Recht als Meilenstein einer Wende in der bundesrepublikanischen Tarifpolitik bezeichnet worden. Denn er steht für das Ende eines Wachstumspfads, der durch kontinuierliche Einkommenssteigerungen, Arbeitszeitverkürzungen mit vollem Lohnausgleich und relativ hoher Beschäftigungssicherheit gekennzeichnet war. Der VW-Tarifvertrag ist kein Flächentarifvertrag, sondern ein Firmentarifvertrag in einem Konzern mit starken und kooperativen industriellen Beziehungen, der schon immer Vorlagen für die Tarifpolitik in der Metallverarbeitung geliefert hat. Das Besondere und Richtungsweisende des Tarifvertrags liegt jedoch darin, daß er – eingebettet in ein umfassendes Unternehmenskonzept (das „atmende" Unternehmen, Hartz 1996) – eine befristete Beschäftigungszusage mit der Gegenleistung von großschrittiger Arbeitszeitverkürzung, Arbeitszeitflexibilisierung und Einkommensverringerung kombiniert hat. Die Dimensionen der Veränderung wie ihre schlüssige Kombination stellten eine spektakuläre arbeitspolitische Innovation dar, die quer durch alle bundesdeutschen Interessengruppen anerkannt und auch auf internationaler Ebene als exemplarischer Beitrag herausgestellt wurde, als "the right track to reduce joblessness and boost competitiveness without undermining the foundations of the welfare state" (TIME, Dez. 1997).

Unter Sozialwissenschaftlern hat die Arbeitszeitkomponente des Vertrags besondere Aufmerksamkeit gefunden, da sie weit über den Aspekt der quantitativen Gegenrechnung von vermiedenen Entlassungen hinausgeht. Die *neue Arbeitszeitpolitik* stellt eine deutliche Radikalisierung der bisherigen Formen der Arbeitszeitgestaltung dar. Das betrifft das Ausmaß der Veränderungen, die Kombination der verschiedenen Maßnahmen sowie die Qualität ihrer gesellschaftlichen Hintergründe und Auswirkungen. Exemplarisch enthält die Tarif- und Betriebspolitik der Volkswagen AG eine großschrittige, formale Arbeitszeitverkürzung auf 28,8 Wochenstunden (und deren flexible Rücknahme); die Flexibilisierung der Dauer und der Lage der Arbeitszeit mit verschiedenen Ausgleichszeiträumen bis hin zum ganzen Arbeitsleben und die Veränderung der Pausenregime (von Erholzeiten bis hin zum kollektiven Werksurlaub). Durch die Kombination all dieser Zeitdimensionen ergab sich ein massiver Differenzierungsschub der Arbeitszeitmuster (z.B. über 140 Arbeitszeitmodelle allein im Werk Wolfsburg), der eine *arbeitszeitbedingte Individualisierung* vorantreibt.

Die Radikalität dieser Maßnahmen des VW-Konzerns reflektiert zum einen Veränderungen der Weltökonomie, die gegenwärtig unter dem Begriff der *Globalisierung* diskutiert werden, und entsprechende Qualitäts-, Kosten- und Personalstrategien der Konzerne, die unter anderem auf veränderten Kundenansprüchen und Konsummustern beruhen. Im internationalen Wettbewerb um Marktanteile bei erheblichen Überkapazitäten werden Kundenanforderungen verstärkt bedient, die mit *veränderten Konsummustern* zusammenhängen (kürzere Lieferzeiten, schnellere Modellwechsel, breitere Modellpaletten, Ausstattungsqualität und -vielfalt). Diese sind wiederum Ausdruck gestiegenen Wohlstands, veränderter Werte und Ansprüche in der Bevölkerung und der zunehmenden Bedeutung individueller Mobilität als Voraussetzung für die Teilnahme am gesellschaftlichen Leben. Diese Konsummuster sind ein Element der Ausdifferenzierung von Lebensstilen mit unterschiedlichen Präferenzen zwischen Arbeit und Nichtarbeit, Zeit und Geld, und veränderter familialer und nichtfamilialer Lebensformen. In erster Linie allerdings sollte diese Arbeitszeitpolitik eine betriebliche Antwort auf die weit verbreitete *Arbeitsplatzunsicherheit* sein, die durch eine hohe Massen- und Dauerarbeitslosigkeit nicht nur in Deutsch-

Einleitung: Zeitwandel und reflexive Lebensführung

land zum gesellschaftlichen Problem Nr. 1 geworden war und für deren Beseitigung auf gesamtgesellschaftlicher Ebene nur unzureichende Signale gegeben waren. Zusammenfassend reflektiert der Tarifvertrag in bisher unbekanntem Ausmaß unterschiedlichste gesellschaftliche Veränderungen und thematisiert Prozesse, die derzeit unter Begriffen wie „Ende der Arbeitsgesellschaft", „neuer Modernisierungsschub" oder „reflexive Modernisierung" diskutiert werden.

Radikalität und Qualität des Zeitwandels haben auch zur Notwendigkeit einer Erweiterung des sozialwissenschaftlichen Blicks von der betrieblichen Arbeits(zeit)politik zu neuen Mustern der individuellen Lebensgestaltung der Beschäftigten geführt – und dieses Buch möchte die Bedeutung dieser Blickwende herausstellen. Betriebliche Arbeitszeitmuster sind und waren seit Beginn der Manufakturperiode Zeitgeber für privates Leben, in der Regel durch die Extensität der Erwerbsarbeitszeit, bei einigen Beschäftigtengruppen zusätzlich durch anormale Arbeitszeitlagen (Wochenend- und Nachtarbeit) bzw. durch die Anpassung an eine wechselnde Nachfrage (Saisonarbeit) und an verlängerte Betriebszeiten (Schichtarbeit). Veränderungen der Zeitmuster – das wissen wir aus früheren Untersuchungen – führen generell zu Anpassungserfordernissen der betroffenen Arbeitnehmer, ihrer Familien und der Kommunen. Allerdings waren in den letzten Jahrzehnten große Erfolge in der Verkürzung der Arbeitszeit und der kollektiven Standardisierung von Arbeitszeitmustern erzielt worden, die die Etablierung einer von der Erwerbsarbeit zunehmend entkoppelten Freizeit und d.h. eines steigenden „Zeitwohlstands" vorantrieben. Die Kombination von großschrittiger Arbeitszeitverkürzung und vielfältiger Arbeitszeitflexibilisierung im VW-Modell hat neue und komplexe lebensweltliche Folgen, die bei der unternehmensstrategischen Entwicklung neuer Zeitmuster keine Rolle gespielt haben – es wurde weiterhin selbstverständlich von der Anpassungswilligkeit und -fähigkeit der Beschäftigten, ihrer Familien und Netzwerke ausgegangen. Diese „Externalisierung" der Folgen betrieblicher Flexibilitätspolitiken und daran geknüpfte Erwartungen und Befürchtungen seitens verschiedener Sozialwissenschaftler waren dafür verantwortlich, daß im Rahmen der Hans-Böckler-Stiftung eine Reihe von Projekten den VW-Tarifvertrag mit unterschiedlichen Themenschwerpunkten in den Blick nahmen:

- Ein grundlegendes Projekt des Wirtschafts- und Sozialwissenschaftlichen Instituts in der Hans-Böckler-Stiftung (WSI) und des Instituts für Praxisorientierte Sozialforschung (IPRAS) hat auf breiter empirischer Basis die Umsetzung des Tarifvertrages und dessen Akzeptanz bei den verschiedenen Beschäftigtengruppen und unter unterschiedlichen Bedingungen an den verschiedenen VW-Standorten untersucht. Dabei standen die Aspekte der Erwerbsorientierung, der Arbeitsplatzsicherheit, der Bedeutung der Ein-

kommensminderung, der präferierten Zeitmuster, der Arbeitsbelastungen etc. im Vordergrund.
- Daran anknüpfend fragte ein Projekt des Wissenschaftszentrum Berlin für Sozialforschung (WZB) nach den individuellen Verarbeitungsformen der unterschiedlichen und varianten Zeitmuster in Arbeit und Freizeit. Unter Bezug auf das Konzept der „Alltäglichen Lebensführung" standen die verschiedenen Lebensanforderungen in ihrem Zusammenwirken, darauf bezogene Lernprozesse und neue Arrangements im Mittelpunkt. Arbeitszeitverkürzung und die damit einhergehende Einkommensverringerung destabilisieren zwar das in den Köpfen der Beschäftigten verbreitete Wohlstandsmodell, eröffnen aber auch Räume für autonome Zeitverwendungen wie z.b. sozial-ökologisches Engagement.
- Zwei Wissenschaftler des Deutschen Instituts für Urbanistik (Difu) untersuchten die Auswirkungen der Arbeitszeitflexibilisierung und -verkürzung auf die Zeiten der Stadt, d.h. das komplizierte Wechselverhältnis zwischen familiaren, städtischen und betrieblichen Zeitstrukturen. Es geht auch hier um unberücksichtigte Nebenfolgen des Zeitstrukturwandels, um eine Analyse der Interdependenzen von Arbeits- und Sozialzeiten, von Zeitstrukturen und Stadtraum. Zur konstruktiven Bearbeitung dieser Nebenfolgen wird die Forderung nach einer umfassenden Zeitpolitik als Erweiterung herkömmlicher Arbeitszeitpolitik entwickelt.
- Vom Institut für Soziologie der Universität Hannover wurden Fragen nach den Auswirkungen der neuen Arbeitszeitmuster auf die innerfamiliare Arbeitsteilung gestellt. Die Verkürzung der Arbeitszeit eröffnete für die überwiegend männlichen Alleinverdiener zumindest die Möglichkeit einer Umverteilung der Haus- und Familienarbeiten, die – unter Berücksichtigung der verschiedenen Familienformen und Familienstadien – Entwicklungen in Richtung auf eine gerechtere Verteilung nicht nur der Haus- und Familienarbeiten, sondern auch der Erwerbsarbeit zwischen den Geschlechtern unterstützen könnte.
- Eine besondere Rolle im Arbeitsrhythmus der Moderne spielt das Wochenende und insbesondere der Sonnabend, der als begehrter Freizeitzuwachs einerseits, als zusätzliche betriebliche Zeitressource andererseits fast immer umstritten war. Mit einer Analyse dieser Zeitinstitution versucht das Sozialwissenschaftliche Institut der EKD eine Einordnung der aktuellen Arbeitszeitmuster in längerfristige Linien und Segmente der Zeitpolitik.
- Kürzere Arbeitszeiten und weniger Einkommen führen sowohl zu der Notwendigkeit wie auch zu der Möglichkeit, zusätzliche informelle Arbeit zu leisten. Einerseits steht diese unter dem Zwang, zur Sicherstellung der Ver-

Einleitung: Zeitwandel und reflexive Lebensführung

sorgung beizutragen, andererseits enthält sie auch die Möglichkeit zu selbstbestimmter Arbeit auf der Grundlage eigener Kompetenz, in sozialen Zusammenhängen und mit materiellen wie immateriellen Wohlstandseffekten. Dieser Aspekt wurde unter dem Begriff des „produktiven Konsums" vom Institut für angewandte Verbraucherforschung eingebracht; er steht in engem Zusammenhang mit dem Diskurs um Strategien nachhaltiger Gesellschaftsentwicklung und andere Wohlstandsmodelle.

- Die von allen Beteiligten geteilte Einschätzung der Zentralität und Ausstrahlung des Zeitwandels auf den sozialen Wandel insgesamt legten die Bildung einer gemeinsamen Arbeitsgruppe nahe. Neben der Vergewisserung über den Forschungsgegenstand und dem Austausch der unterschiedlichen Sichtweisen bestand von Anfang an das Bedürfnis, über einen gemeinsamen konzeptionellen Zugang zu diskutieren. Aus der Schwerpunktsetzung der Projekte heraus bot es sich an, auf theoretischer Ebene zunächst am Diskurs zur „reflexiven Modernisierung" bzw. der „zweiten Moderne" anzuknüpfen.

Dieser, vor allem mit den Namen Ulrich Beck und Anthony Giddens verbundene Ansatz hatte – unabhängig vom viel kritisierten „diffusen Begriffs- und Argumentationsgemenge" und von theoretischen Schwächen (vgl. Weiss 1998) – für uns in erster Linie eine anregende Funktion; d.h. neuartige gesellschaftliche und individuelle Problemlagen und Konflikte, denen wir in unseren Untersuchungen begegneten, prononciert zu benennen und deren Widersprüche begrifflich zuzuspitzen. Im Zentrum dieser Theorie steht die sogenannte Freisetzungsthese, d.h. die Freisetzung des Einzelnen von Traditionen und Strukturen, aus denen sich bisher seine Identität gebildet hat und die seine Handlungen orientiert haben. Treibende Kraft dieser Freisetzung ist die *Selbstgefährdung* moderner hochindustrialisierter Gesellschaften, d.h. kein externer Einfluß, sondern die Eigendynamik der Moderne selbst. Beck nennt das „die internen Nebenfolgen der Nebenfolgen industriegesellschaftlicher Modernisierung" (Beck et al. 1996, S. 10). Die Freisetzung aus Traditionen und Strukturen, der Verlust komplexitätsreduzierender Routinen und Konventionen verunsichert den Einzelnen zunehmend und zwingt ihn zu eigenverantwortlichen Entscheidungen. Die Sicherheit in kollektiven Bezügen und aufgrund kollektiver Meinungsbildung wird immer geringer, die Lebensführung individualisiert sich. Die Entstrukturierung des alltäglichen Lebens bzw. die (zumindest potentielle) Zunahme von Wahlmöglichkeiten hinsichtlich der Lebensführung erfordert in steigendem Maße individuelle Entscheidungen; zudem entsteht der Zwang zur permanenten Überprüfung dieser Entscheidungen und Strategien. Die Freisetzungsthese ist insofern eng mit der Individualisierungsthese verbunden, als Enttraditionalisierung die Auflösung von sozialen Identitäten bewirkt und die individuelle Rekonstruktion von Arbeit und Leben erfordert. Diese wird nach Beck entscheidend über zwei Mechanismen vorangetrieben: die steigende, permanente Unterbeschäftigung und die Flexibilisierung in Raum und Zeit. Die Unternehmen reagieren hierauf mit der Strategie der „flexiblen Spezialisierung", die starre tayloristische Strukturen ablöst. Die Arbeitnehmer reagieren (gezwungenermaßen) mit der *verstärkten Selbstorganisation ihres Arbeitslebens und ihrer Freizeit*. Diese Selbstorganisation enthält Chancen der Selbstverwirklichung und Qualitätssteigerung, aber auch Risiken der Ausgrenzung aus den Produktions- und Reproduktionszyklen.

Die Theorie reflexiver Modernisierung vermag allerdings nicht den Arbeitszeitwandel als Bindeglied zwischen Erwerbsarbeit und privater Lebensführung zu konzeptualisieren. Dafür boten sich die Ergebnisse der Projektgruppe *„Alltägliche Lebensführung"* (1995) an, die in Auseinandersetzung mit Prozessen gesellschaftlicher Modernisierung ein Konzept für das „lebenspraktische Arrangement des ganzen Alltagslebens" entwickelt hat. Dadurch war die Fokussierung auf den Zusammenhang beruflicher *und* privater Aspekte des Alltagslebens, die intervenierende Bedeutung veränderter Arbeitszeitmuster sowie die Betonung der Handlungs- und Entscheidungszwänge des einzelnen gewährleistet. Erfreulicherweise konnten wir einen Vertreter dieses Ansatzes für die Mitarbeit in unserer Konzeptgruppe gewinnen.

Im Zusammenhang mit der Analyse des Zeitwandels spielten Erwartungen in bezug auf die veränderte Nutzung frei gewordener Zeit eine große Rolle. Im Projekt zur Eigenarbeit stand ihre Verwendung für sozial nützliche und befriedigende Tätigkeiten direkt im Mittelpunkt. Ähnliches gilt für das Projekt über innerfamiliare Arbeitsteilung. Das Projekt zu Arbeitsstilen – Lebensstilen – Nachhaltigkeit hatte seinen Akzent auf die Auswirkungen neuer Arbeitszeitmuster auf das sozial-ökologische Engagement der Beschäftigten gelegt, ein komplexer, meist nur indirekter Zusammenhang, der in den anderen Projekten nur eine marginale Rolle spielte. Deshalb wurde beschlossen, zusätzliche Kompetenz zum Thema „Leitbilder der Nachhaltigkeit" durch einen Mitarbeiter des Wuppertal-Instituts und im Bereich „Ökologie und Haushaltsführung" durch das Institut für ökologische Wirtschaftsforschung einzubeziehen.

Die Arbeit der Konzeptgruppe war durch parallele Prozesse gekennzeichnet. Im Mittelpunkt stand die arbeitsteilige Durchführung der einzelnen Projekte. Daneben fand in Form regelmäßiger Workshops am WZB der Ergebnisaustausch und die Diskussion über die *Elemente der Veränderung von Lebensführung* statt. Dabei mußten wir im Verlauf unserer Arbeit auch eine gewisse Verunsicherung feststellen, die wir als Reflexiv-Werden unseres eigenen Forschungsprozesses interpretierten. Diese Verunsicherung betraf die schnelle Ver-

Einleitung: Zeitwandel und reflexive Lebensführung

änderung der Orientierungspunkte unserer Untersuchung und die durchgängige Ambivalenz der Beurteilung unserer Resultate.

Besonders markant war diese „Verflüssigung" des Gegenstandes bei der Veränderung der arbeitszeitpolitischen Dynamik. Einige der Projekte waren vor dem Hintergrund der gesellschaftlichen Debatte um Strategien zur Beseitigung der Arbeitslosigkeit und der Einschätzung der Folgen einer weiteren Verschärfung des internationalen Wettbewerbs von einer kontinuierlichen und sich verbreitenden Tendenz zur Arbeitszeitverkürzung ausgegangen. Doch bereits kurz nach Inkrafttreten des Tarifvertrags zeigte sich die praktische Flexibilisierung der vereinbarten Arbeitszeitverkürzung in den einzelnen Werken. Einerseits wurde die Schwerpunktsetzung auf eine 4-Tage-Woche durch andere Zeitverteilungen relativiert, andererseits variierten die realen Durchschnittsarbeitszeiten und lagen in der Regel deutlich über 30 Wochenstunden. Die Betriebspolitik rückte die *Flexibilisierung der Arbeitszeiten* in den Vordergrund und überlagerte und veränderte damit das ursprüngliche Motiv einer kollektiven Arbeitszeitverkürzung.

Die Schwerpunktverlagerung von der Arbeitszeitverkürzung zur Arbeitszeitflexibilisierung und schließlich sogar eine partielle Tendenzumkehr zur Arbeitszeitverlängerung durch Korridore, Überstunden und Sonderschichten ließen die Vielschichtigkeit dieser Entwicklungen deutlicher hervortreten. Die von der Forschung ins Auge gefaßten zentralen Veränderungen, die als Motoren weiterer gesellschaftlicher Veränderungen analysiert werden sollten, d.h. die generelle und großschrittige Arbeitszeitverkürzung und die entsprechende Einkommensminderung wurden nicht realisiert. Auch die zumindest programmatisch vorgebrachten sozialen Effekte der Flexibilisierung, nämlich eine gesteigerte Optionalität nach persönlichen Präferenzen („Zeitsouveränität") traten kaum ein. Die arbeits- und betriebszeitbezogenen Anforderungen des Unternehmens dominierten unter den Bedingungen hoher lokaler Arbeitslosigkeit die individuellen Zeitwünsche, die prinzipiell möglichen, individuellen Optionen kamen durch die Einschränkungen des individuellen Planungshorizonts (aufgrund der Unsicherheit der kurz- und mittelfristigen Arbeitsanforderungen) *kaum* zum Tragen. Dadurch traten die Vorteile fester Zeitregime, die bisher als Einschränkungen betrieblicher, aber auch persönlicher Freiheit gesehen worden waren, insbesondere für die alltägliche Lebensführung wieder stärker in den Vordergrund.

Generell eröffnete der Ansatz der alltäglichen Lebensführung den Blick auf die verschiedenen und gleichzeitig wirkenden Dimensionen von Veränderungen der gesellschaftlichen Stellgröße Arbeitszeit. Diese Mehrdimensionalität der Arbeitszeit, ihre Wirkungen auf Arbeitsintensität und -extensität, auf Einkommen, auf verfügbare Freizeit, auf individuelle Zeitsouveränität und soziale Koordination begründet ihre Zentralität und ihre genuine Widersprüchlichkeit. Jede Veränderung der Zeitmuster entfaltet widersprüchliche Wirkungen (z.b. zwischen mehr Freizeit und sinkendem Einkommen als zwei zentrale Kriterien von Lebensqualität). Die inkonsistenten Auswirkungen auf verschiedene Interessenlagen erfordern aktive Eigengestaltung, um die „Gesamtbilanz" zu verbessern (z.b. eine hoch befriedigende Gestaltung der Freizeit, die gleichzeitig Kosten spart), die aber auch ökonomisch und sozial riskant ist. Der Übergang von kollektiven Zeitregimes zu individueller Zeitflexibilität, der unseres Erachtens die Grundtendenz des Zeitwandels ausmacht, entspricht in vielen Phänomenen grundlegenden Annahmen, die in der Theorie der „reflexiven Modernisierung" konstituierend sind.

1. Die historische Herausbildung flexibler Zeitmuster

Geregelte Arbeitszeiten liegen vor allem im Interesse der Beschäftigten. Sie sind historisch ein Produkt der Arbeitskämpfe der abhängig Beschäftigten, Ergebnis ihrer Koalitionsbereitschaft und -fähigkeit, also einer erfolgreichen Gegenmachtbildung. Sie sind zugleich Ausdruck der geltenden Vorstellungen der Gesellschaft von Leistungsgerechtigkeit, indem sie das Verhältnis von Aufwand und Ertrag der abhängigen Arbeit qualitativ und quantitativ normieren. Die Interessen und Maßstäbe der in die Ausgestaltung der industriellen Beziehungen involvierten Akteure – Unternehmer, Gewerkschaften, Staat und als Lieferanten eines ethischen Referenzrahmens auch die Kirchen – verdichten sich zu industrialistischen Arbeitszeitregimes, die in unterschiedlichen Gesellschaften und in unterschiedlichen Epochen eine jeweils andere Ausprägung erfahren. Eingeschlossen sind auch industriegesellschaftsspezifische Visionen von säkularen Verbesserungen der Lage der arbeitenden Menschen und der „Hebung des Volkswohlstandes", d.h. neben der Erhöhung des materiellen Wohlstands von Anbeginn an auch Vorstellungen einer Verkürzung der Arbeitszeiten und der Schaffung neuer Zeitinstitutionen wie dem freien Wochenende, dem Urlaub oder dem zeitlich und sozial gesicherten Ruhestand.

Die Lebensbedingungen der Mehrheit der Mitglieder der modernen Gesellschaften sind also erst seit anderthalb Jahrhunderten durch die von ihnen bzw. ihren Interessenvertretern ausgehandelten mitgestalteten Arbeitszeitnormen geprägt. Sie haben in ihrer großenteils selbst mitvollzogenen Trennung von Arbeit und Leben, von Zeit für mich und Zeit für den Betrieb, den wesentlichen Rahmen für die Organisation des industriellen Alltagslebens gesetzt – als

Einleitung: Zeitwandel und reflexive Lebensführung 17

Gegenreaktion auf den völlig entgrenzten zeitlichen Anspruch der Arbeitgeber der frühen industriellen Periode auf die Nutzung „ihrer" Arbeitskraft. „Arbeit und Freizeit" sind Ausdruck eines Abgrenzungsverhältnisses zwischen den Vertragsparteien von Kapital und Arbeit, dargestellt in der zeitlichen Dimension. In Japan etwa ist diese Unterscheidung wesentlich geringer ausgeprägt. So entstanden sozialgeschichtlich erstmalig in der westlich-europäischen Tradition zwei getrennte Lebenssphären. Die Trennung zwischen der eigenen Zeit und der Zeit, die für eine andere Instanz verausgabt wird, die erst die Trennung von Arbeit und Freizeit sinnhaft konstituiert, ist in der Freizeitsoziologie ausführlich besprochen worden (vgl. Nahrstedt 1980). Etwa seit den sechziger Jahren des 20. Jahrhunderts war mit der Durchsetzung des freien Wochenendes und des Erholungsurlaubs ein einigermaßen lebbares Arbeitszeitregime erreicht, das über das Maß bloßer Rekreationsnotwendigkeit der Arbeitskraft hinausging und parallel zum materiellen Wohlstand einen gewissen Wohlstand an frei disponibler Zeit entstehen ließ. Unter anderen gesellschaftlichen und ökonomischen Voraussetzungen könnte dieser Kompromiß auch anders aussehen – oder aber auch der bestehende sich auf einem neuen, reflexiven Niveau als der leistungsfähigere erweisen.

Der Zeitwohlstand der Nachkriegsära basierte strukturell auf einer vergleichsweise starren Gegenüberstellung der Bereiche Arbeit und Freizeit unter verschiedenen Aspekten. In Deutschland ist er entsprechend dem System der industriellen Beziehungen überwiegend durch Vereinbarungen in Tarifverträgen geregelt, in anderen Ländern stärker durch gesetzliche Bestimmungen, die die sozialen Normen widerspiegeln. Aber auch sehr informelle Regelungen wie der freie Samstag hatten lange Bestand – solange nämlich der Grundkonsens der Freizeitgesellschaft industriegesellschaftlichen Typs und ihrer Institutionen von keiner Seite in Frage gestellt wurde. Auch in der Überstundenfrage bestand bekanntlich jahrzehntelang ein stiller Konsens, der trotz oder gerade wegen der Mitbestimmungsrechte der Betriebsräte ein hohes Maß an Flexibilität, der Anpassung der Produktion etwa an konjunkturelle Erfordernisse, ermöglichte. Das gilt auch für die gesonderte Entlohnung für Arbeit zu herausgehobenen Zeiten.

Der Wertewandel der siebziger und achtziger Jahre hatte unter anderem zur Folge, daß im Zuge der Aufwertung subjektiver Bedürfnisse und Befindlichkeiten im öffentlichen Bewußtsein starre Arbeitszeitregelungen zunehmend als Restriktionen erschienen, soweit sie der Entfaltung der eigenen Persönlichkeit, der Verwirklichung alter sozial- und familienpolitischer Visionen wie der Vereinbarung von Familie und Beruf oder neuen Lebensformen entgegenstanden. Dies traf allerdings überwiegend auf gesellschaftliche Randgruppen am oberen und unteren Ende der sozialen Skala zu (vgl. Hörning et al. 1990), während sich unter anderem die klassische Facharbeiterschicht bis heute als eher strukturkonservativ gezeigt hat. Der Begriff der Zeitsouveränität wurde Mitte der siebziger Jahre in die wissenschaftliche Diskussion eingeführt als Arbeitszeit nach dem Cafeteria-System. Der Begriff der Souveränität bezeichnet unmißverständlich den aktiven Part in der Gestaltung der Arbeitszeiten: Der/die Beschäftigte wählt entsprechend ihrer/seiner Präferenz ein Arbeitszeitmuster und die Dauer der Arbeitszeit und handelt sie im freien Vertrag mit dem Arbeitgeber aus (vgl. Teriet 1976). Unschwer erkennbar ist darin nicht nur der Versuch der Annäherung an ein bedürfnisgerechtes Arbeitszeitsystem, sondern auch an das Wahlhandlungsparadigma der liberalen Denktradition in den Wirtschafts- und Sozialwissenschaften.

Diese Entwürfe eines neuen Grundmusters reflektierten – wahrscheinlich unbewußt – die voranschreitende Entwicklung der Systemlogik hin zur Individualisierung und Modernisierung, die schon die Altvorderen der Soziologie – Simmel, Durkheim und Weber – mit unterschiedlicher Akzentuierung vorausgesagt hatten. Nicht weniger entsprachen die sich parallel herausbildenden Vorstöße zur Aufhebung des starren Arbeitszeitkorsetts einer Systemlogik der voranschreitenden Effektivierung der Wirtschaft und hier insbesondere der Anwendung der Arbeitskraft. Die zentrale Neuerung bestand darin, Lagerhaltung und Bevorratung in jeder Form abzubauen und die Anwendungsdauer von Ressourcen jeder Art (Arbeit, Kapital, Informationen etc.) auf ein absolutes Minimum zu begrenzen. Eine reduzierte Zeitbindung der Ressourcen führt danach zu reduzierten Kosten. Im Ergebnis bedeutet dies eine *konsequente Marktorientierung des Ressourceneinsatzes* auch bzw. gerade – und hierin liegt die epochale Innovation – *in der zeitlichen Dimension.*

Beide Seiten, Arbeitgeber und Gewerkschaften, hatten zunächst große Mühe, die sowohl effizienzsteigernden wie auch wohlstandssteigernden Potentiale der neuen Konzepte (vgl. Hoff 1986) als allgemeine anzuerkennen. In den folgenden Dekaden entstand ein Ringen um die „*Vermarktung*", d.h. die möglichst weitgehende Ankoppelung des Arbeitskräfteeinsatzes an den tagesaktuellen Bedarf einerseits und um die „*Privatisierung*" *der Arbeitszeit* andererseits, d.h. um den weiteren Ausbau der Freizeit als eines von der Arbeitswelt nicht geprägten Lebensbereichs. Das sind zwei Seiten der Medaille der Modernisierung der Produktion bzw. der Gesellschaft: Beide Parteien ähneln sich zumindest darin, daß sie sich verstärkt aus institutionalisierten Zwängen und den kollektiven Beschränkungen tradierter Arbeitszeitregimes herauslösen wollen – so jedenfalls im Modell. Das hat auch Folgen für das System industrieller Beziehungen, etwa in der Praxis von Unternehmen, die sich nicht länger dem Reglement des Tarifvertrages unterwerfen möchten, und auch für Beschäftigte, die der Überzeugung sind, sie könnten ohne Gewerkschaften ihre Interessen besser zur Geltung bringen. Demgegenüber erscheinen auf beiden Seiten diejenigen, die an bestehenden Institutionen und dauerhaften Grundlagen der Vertragsbeziehungen festhalten, als Traditionalisten.

2. Aktuelle Tendenzen und Konfliktlagen der Arbeitszeitpolitik

Standardisierte Zuordnungen von Zeitintervallen zu Handlungssequenzen sind in der Industrieproduktion als Rationalisierungsinstrument schon immer von großer Bedeutung gewesen. Doch in der Dienstleistungsgesellschaft, in der immer mehr Arbeitsprozesse – trotz aller gegenteiligen Bemühungen um Standardisierung – eher den Charakter riskanter Handlungssequenzen mit offenem Ausgang haben, können Zeitvorgaben häufig nur um den Preis von Qualitätsverlusten präzise eingehalten werden. Ähnliches gilt etwa für nur bedingt standardisierbare Forschungs- und Entwicklungsarbeiten. Die dort gebräuchlichen Zeitvorgaben (mit der Androhung von Konventionalstrafen) sind nur dann einzuhalten, wenn der zeitliche Aufwand hierfür nicht wie früher zeitlich externalisiert, sondern internalisiert wird. Ein erhöhter Zeitbedarf schlägt sich nicht als Verlängerung des Projekts, sondern als Erhöhung der aufgewandten Arbeitsstunden *innerhalb* des vorgegebenen Zeitrahmens nieder. Eine solche Internalisierungspraxis wird zunehmend durch die arbeitsteiligere Produktion erforderlich, in der Teilergebnisse in wirtschaftlich und organisatorisch unabhängigen Teams erarbeitet und in der virtuellen Firma wieder zusammengeführt werden. Dies erfordert naturgemäß höchste Synchronität bei der Bereitstellung der Arbeitsergebnisse. Dementsprechend ist von namhaften Arbeitszeitberatern die weitgehende Aufhebung einer auf die Woche, den Monat oder das Jahr bezogenen Kalkulationsgrundlage „Arbeitszeit" vorgeschlagen worden, um sie durch aufgabenbezogene Entgeltnormen zu ersetzen (vgl. Hoff 1986).

Es fällt auf, daß dieser Trend an die wenig regulierten Formen der Arbeitsverausgabung der vorindustriellen Periode anschließt, freilich auf reflexivem Niveau. Dies betrifft allerdings nur einen Teil der herzustellenden Produkte. Soweit man sehen kann, werden auch in Zukunft die Herstellungsverfahren gegenständlicher Produkte mit manuellem Arbeitsaufwand auf hochstandardisierter Basis erfolgen, auch wenn die Standards von Arbeitsgruppen o. ä. selbst gesetzt werden können – allerdings im Rahmen marktorientierter, unmittelbar auf die Gruppe projizierten Vorgaben.

Die Tendenz zur *Entdifferenzierung* und *Flexibilisierung* der Arbeitszeiten ist jedoch nur bedingt eine Folge der säkularen Megatrends wie der Tertiärisierung der Produktion. Zu mindestens gleichen Teilen beruht sie auf betriebswirtschaftlichen Konzepten, die sich in den letzten Jahren als Standards mittelfristiger Strategien der Unternehmen etablieren konnten. So stand der Abbau der Lagerhaltung und die Verknüpfung der Elemente der Wertschöpfungskette „just in time" im Mittelpunkt betriebswirtschaftlicher Rationalisierungsbemühungen. Zudem hat der technische Wandel in den Bereichen Transport, Logistik, Maschinenbau und Kommunikationstechnik zu einer verstärkten betrieblichen Vernetzung (z.B. Zulieferbeziehungen), einer diversifizierten Produktion und einer Beschleunigung von Produktzyklen geführt (z.B. Computer- oder Textilbranche), die eine Lagerhaltung ineffizient und letztlich zur Verwaltung von Ladenhütern werden ließ.

Den Gewerkschaften gelang es seit den fünfziger Jahren auf Basis der günstigen Arbeitsmarktbedingungen, neben der kontinuierlichen Erhöhung des Güterwohlstands das Niveau des Zeitwohlstandes für Jahrzehnte qualitativ und quantitativ zu stabilisieren. Qualitativ in dem Sinne, daß es gelang, „die Freizeit" fest zu institutionalisieren und gegenüber den Begehrlichkeiten der Arbeitswelt als zeitliches Areal hermetisch abzuschließen. Konkret wirkt dies als moralisch und zum Teil rechtlich gesicherter Anspruch auf den geregelten Feierabend, das Wochenende oder den Urlaub und bewirkt eine Begründungspflicht für die Fälle, in denen diese Areale für Erwerbsarbeit in Anspruch genommen werden sollen. Gegenwärtig kehrt sich diese Beweispflicht tendenziell um. Quantitativ konnte bekanntlich der Umfang der erwerbsarbeitsfreien Areale stückweise vergrößert werden sowie, dem traditionell-industriegesellschaftlichen Grundkonsens entsprechend, in kollektiver Form organisiert werden.

Die Frage nach der Zukunft der Arbeitszeiten bzw. dem Verhältnis von Arbeit und Freizeit ist also weder dadurch zu beantworten, daß man erkennbare Tendenzen der Gegenwart einfach hochrechnet, etwa indem man eine immer weitere Flexibilisierung zum durchgängigen Bewegungsgesetz erklärt – abgesehen davon, daß dieser Begriff für sich wenig aussagekräftig ist (vgl. Rinderspacher 1998). Die Zukunft der Arbeitszeiten wird neben den politisch kaum steuerbaren säkulären Trends wie der Tertiärisierung wesentlich auch mitgeprägt von den langfristigen strategischen Konzepten der Akteure, insbesondere den Unternehmern und ihren Verbänden, den Gewerkschaften, den Präferenzen der Beschäftigten, den staatliche Rahmensetzungen u.a.m. in Verbindung mit

Einleitung: Zeitwandel und reflexive Lebensführung 21

wirtschaftlichen Rahmendaten. Die Spielräume künftiger Arbeitszeitentwicklung sind erheblich, beispielsweise bestehen zwischen den Einzelgewerkschaften, aber auch innerhalb derselben, zum Teil diametral entgegengesetzte Vorstellungen vom künftigen Weg. Der Weg in die 32- oder gar 30-Stunden-Woche ist weiterhin – mit jeweils guten Argumenten – umstritten. Die Abwehr der regelmäßigen Einbeziehung des Samstags in die Schichtpläne ist keineswegs einmütig, ebenfalls aus nachvollziehbaren Gründen (vgl. Fürstenberg et al. 1999). Auch Urlaubsansprüche und Rentenalter gehören zur Dispositionsmasse bei der Neustrukturierung der Arbeitszeiten.

Inzwischen liegen auf breiter Front jahrelange Erfahrungen der Arbeitnehmerinnen und Arbeitnehmer mit den unterschiedlichsten Formen flexibler Arbeit auf Betriebsebene vor. Dem Anschein nach hat sich bei weiten Teilen der Belegschaften die Erkenntnis durchgesetzt, daß zumindest unter den gegenwärtigen Machtverhältnissen die zeitlichen Interessen der Beschäftigten im betrieblichen Alltag in Konfliktfällen so gut wie keine Durchsetzungschancen haben. Das schließt indes nicht aus, die Grundidee der Zeitsouveränität im Sinne der Beschäftigten für spätere Zeiten zu konservieren.

Auch die Arbeitgeberseite wird zunehmend mit den Schattenseiten hochflexibler Produktionssysteme und der damit zusammenhängenden zeitlichen Logistik konfrontiert. Die gesellschaftlichen, aber auch die betrieblichen Folgen einer Just-in-time-Konzeption werden immer offensichtlicher und die Frage wird virulenter, wie lange es den Unternehmen noch gelingt, ihre Zeit- und Produktionskosten auf die Allgemeinheit zu überwälzen, etwa durch die Belastung der Fernstraßen. Die Kehrseite allzu großer Abhängigkeit vom direkten Produktionsfluß zeigt sich auch im tagelangen Stillstand ganzer Automobilwerke. Auch könnte sich infolge verstärkter Nachfrage auf Teilarbeitsmärkten und in Wachstumsbranchen wieder vermehrt die Interessenlage der Beschäftigten durchsetzen, etwa bei hochqualifizierten Mitarbeitern. Umgekehrt zeichnet sich bei hoher Arbeitslosigkeit in einigen Regionen die Gefahr ab, daß tarifvertragliche oder anders fixierte Vereinbarungen über Dauer, Lage und Verteilung der Arbeitszeiten überhaupt nicht mehr zustande kommen. Außerdem können Unternehmen durch Externalisierung betrieblicher Funktionen auch außertarifliche Einkommen und Arbeitsbedingungen „einkaufen".

Die Lebensführung der Haushalte wird dementsprechend ebenfalls kontingenter in mehrfacher Hinsicht, wobei in diesem Fall Kontingenz eher als Bedrohung und Rückschritt gegenüber einem zwar relativ unflexiblen, aber immerhin zeitlich stabilen und existenzsichernden Arbeitszeitregime zu sehen ist. Sie wird, sofern sich die gegenwärtigen Tendenzen fortsetzen, vermehrt zur abhängigen Variablen und auf der Zeitachse variant. Die Logik der Entwicklung scheint gegenwärtig auf die Forderung nach einer neuen – nicht unbedingt nach der alten – Übersichtlichkeit hinzuzielen. Unter der schützenden Glocke einer neuen Übersichtlichkeit in der Arbeitszeitpolitik und -gestaltung könnten sich neue Formen des Zeitwohlstands, neue Zeitinstitutionen herausbilden, die den Übergang von der „ersten" in die „zweite" Moderne unter Berücksichtigung sozialer und ökologischer Maßstäbe ermöglichen oder zumindest eine konstruktive Diskussion darüber möglich machen.

3. Reflexive Modernisierung

Modernisierung ist eine Chiffre, mit der langfristige Wandlungsprozesse der Gesellschaft unter Rückgriff auf einen Set spezifischer Theoreme umfassend beschrieben und erklärt werden sollen (vgl. v. Loo/v. d. Reijen 1992). Dieser Anspruch bezieht sich auf alle gesellschaftlichen Aspekte und Ebenen. Soziologische Theorien, die sich mit der Modernisierung westlicher Gesellschaften befassen, gehen in der Regel von einem Phasenmodell aus, nach dem der Modernisierungsprozeß abläuft: Zunächst wird die traditionale Gesellschaft der Feudalzeit auf- und abgelöst von der industriegesellschaftlichen Moderne. Diese ist nun ihrerseits seit etwa zwei Jahrzehnten dabei, ihre materiellen und kulturellen Grundlagen und Prinzipien in Frage zu stellen und zu verändern; es beginnt eine andere, neue Phase gesellschaftlicher Entwicklung. Meistens wird die gegenwärtige Phase trotz aller Radikalität der Veränderungen als „weitergehende Modernisierung" (Zapf 1991) interpretiert, d.h. als Prozeß, in dessen Verlauf die Industriegesellschaft in ein anderes Stadium transformiert wird, ohne aber deren Grundprinzipien abzuschaffen. Gegenwärtige Prozesse der Globalisierung, der Individualisierung, der Strukturveränderungen der Arbeitswelt u.ä. gelten somit im Kern als „normale" Weiterentwicklungen.

In bewußter Abgrenzung dazu beansprucht die Theorie „reflexiver" Modernisierung, für die Analyse der Gegenwart eine grundlegend andere Perspektive gesellschaftlicher Entwicklung vorzulegen. Ulrich Beck, der gemeinsam mit Anthony Giddens den aktuellen Diskurs im wesentlichen prägt, wirft den verschiedenen Varianten „einfacher" Modernisierungstheorien vor, durch ihr Festhalten an den Paradigmen industriegesellschaftlicher und nationalstaatlicher Entwicklung diese radikale Zäsur weder erkennen noch reflektieren zu können. Das gelte für marxistisch orientierten Ansätze, die nach wie vor im Spannungsverhältnis von Kapital und Arbeit den Motor gesellschaftlicher Entwicklung sehen, und ebenso für funktionalistische und systemtheoretische Konzepte, für die Modernisierung ein fortschreitender Prozeß der Ausdifferenzierung der

Einleitung: Zeitwandel und reflexive Lebensführung 23

Gesellschaft in spezialisierte Teilsysteme mit entsprechende Auswirkungen auf das soziale Handeln sei. Beide Ansätze, so Beck, ignorierten die beginnende Auflösung der Grundprämissen der „ersten" Moderne, die Einheit von Nationalstaat und Nationalgesellschaft und deren Regelwerke und Selbstverständlichkeiten. Schließlich fallen auch die „Philosophen der Postmoderne" unter das Becksche Verdikt, untaugliche Versuche einer Gesellschaftsanalyse vorzulegen: Diese nähmen immerhin zur Kenntnis, daß das industriegesellschaftliche Entwicklungsmodell nicht mehr stimmig sei. Mit ihrer Schlußfolgerung allerdings, nach der die Moderne schlechthin am Ende sei, ignorierten sie jede gesellschaftliche Dynamik.

Statt einer „Weiter-so-Modernisierung" begreift Beck die Gegenwart als epochalen Bruch. Die industriegesellschaftliche Moderne habe die Ressourcen von Natur und Kultur aufgezehrt und damit Probleme und Gefahren erzeugt, die mit den bisher weitgehend erfolgreichen Regeln und Sicherheitssystemen immer weniger in den Griff zu bekommen seien. Des weiteren lasse sich der Erosionsprozeß der Industriegesellschaft daran festmachen, daß deren Sozialstruktur sich immer weniger in Großgruppen sozialer Klassen und Organisationen abbilde, da diese ihre Bindungskraft weitgehend eingebüßt hätten. Beck schließt daraus, daß diese Entwicklungen das Ende der linear und eindimensional konstruierten ökonomisch-technischen Rationalität der Industriegesellschaft einläuten. Diese „Selbsttransformation" der „großen Strukturen und Semantiken nationalstaatlicher Industriegesellschaften (z.B. durch Individualisierungs- und Globalisierungsprozesse) in eine zweite Industriemoderne" (Beck/Giddens/Lash 1996, S. 27) bezeichnet den Prozeß der „reflexiven Modernisierung, ... eine zunächst *un*reflektierte, gleichsam mechanisch-eigendynamische Grundlagenveränderung *der* entfalteten Industriegesellschaft, die sich im Zuge *normaler* Modernisierung *un*geplant und schleichend vollzieht: Eine *Radikalisierung* der Moderne, welche die Prämissen und Konturen der Industriegesellschaft *auflöst* und Wege in *andere* Modernen – oder Gegenmodernen – eröffnet" (ebd., S. 29, Hervorhebung im Original). Motor der gesellschaftlichen Entwicklung ist für Beck also nicht mehr technische Rationalität und Wissensproduktion, sondern es sind deren unbeabsichtigte „Nebenfolgen", und zwar jene, die die Basisselbstverständlichkeiten dieser Industriegesellschaft wie Nationalstaat, die Klassen, die Familie, einen allgemeinen Fortschrittsglauben etc. in Frage stellen.

Anthony Giddens teilt zwar im wesentlichen Becks Analyse und Schlußfolgerungen; in ihrer Einschätzung der Bedeutung des Wissens und in ihrem Verständnis von Reflexivität unterscheiden sich die beiden Protagonisten einer „zweiten Moderne" aber erheblich. Für Giddens ist und bleibt Wissen die zentrale Kategorie gesellschaftlicher Entwicklung. Reflexivität ist für ihn die

Anwendung all jenes Wissens, das die Gesellschaft im Verlaufe des Modernisierungsprozesses über sich selbst, ihre Grundlagen, Strukturen und Dynamiken anhäuft, also der reflektierte, bewußte Umgang mit und Gebrauch von neuen Erkenntnissen und Einsichten, die Fähigkeit, sie zu verarbeiten, auf ihre Tauglichkeit für den eigenen Gebrauch hin zu überprüfen. Allerdings hält er die Wissensfülle und Informationsflut, die undurchschaubare Komplexität der „posttraditionalen" Gesellschaft für problematisch. Denn nicht alle haben in gleichem Maße Zugang zum Wissen, und die Fähigkeiten und Möglichkeiten der Informationsverarbeitung sind begrenzt. Vor allem aber sind die traditionellen Sinnquellen, an denen sich die Menschen bisher orientierten, und die Mechanismen des gesellschaftlichen Integrationsprozesses brüchig geworden. Das Problem der gesellschaftlichen Kohäsion und der Integration stellt sich somit neu und dringlich. Giddens sieht die Lösung in einer „institutionalisierten Reflexivität". Damit ist ein System von „Experten-Wissen" gemeint, dem die Individuen „vertrauen" sollten und letztlich auch vertrauen müßten, weil sie, auf sich selbst und auf ihr – eingeschränktes – Selbstreflexionsvermögen verwiesen, ohne Rückgriff auf das Expertensystem überfordert wären.

Für Beck sind dagegen *Nicht*-Wissen und das *Nicht*-reflektieren-Können sozialer Prozesse und naturwissenschaftlich-technischer Vorgänge die bestimmenden Faktoren: „Was *nicht* gesehen, *nicht* reflektiert, aber externalisiert wird, summiert sich zu dem Strukturbruch, der die industrielle von den ‚anderen' Modernen in Gegenwart und Zukunft trennt. ‚Reflexiv' meint somit ... nichtreflektierte, automatische, sozusagen reflexartige und zugleich geschichtsmächtige Modernisierung" (ebd., S. 97, Hervorhebung im Original). Zunahme des Wissens, Freisetzung der Akteure von den Zwängen traditioneller Strukturen der industriellen Moderne, die dabei sind, sich aufzulösen, und die Aushöhlung der meisten traditionellen Handlungszusammenhänge sind also die charakteristischen Merkmale reflexiver Modernisierung. Das führt dazu, daß die Menschen auch in ihrer individuellen Lebensführung gezwungen sind, sich permanent mit offenen Lagen und Entscheidungssituationen auseinanderzusetzen und dann entscheiden zu müssen, d.h. die alltägliche Lebensführung, das Leben insgesamt wird reflexiv.

Auch die Frage der gesellschaftlichen Integration, die sich aufgrund der Erosion tradierter Mechanismen und Institutionen neu stellt, beantwortet Beck anders als Giddens. Da er den Experten mißtraut, empfiehlt er angesichts der Notwendigkeit der Selbstintegration der Individuen ein „aktives Vertrauen" der Menschen untereinander. Auf dieser Basis sieht er neue Formen der Solidarität, etwa Bürgerinitiativen entstehen, die die Integrationsfunktion teilweise übernehmen könnten. Darüber hinaus gibt es in diesem Zusammenhang aber auch

Chancen für eine Re-Etablierung traditioneller Institutionen wie Gewerkschaften, Parteien und Kirchen, sofern diese ihr bisheriges Selbstverständnis und ihr praktisches Handeln an die Erfordernisse einer enttraditionalisierten Gegenwartsgesellschaft anpassen.

Prozesse der Enttraditionalisierung und Entstrukturierung als konstitutive Momente reflexiver Modernisierung bedeuten nun aber nicht, daß traditionelle Orientierungen bedeutungslos werden oder daß es keine Strukturen mehr gäbe. Man orientiert und bezieht sich noch auf tradierte Verhaltens- und Handlungsvorgaben, doch ihre frühere Selbstverständlichkeit ist dahin. Die Gründung einer Familie etwa wird zu einer Frage, die Frau/Mann gründlich überdenkt und erst nach Abwägung der Vor- und Nachteile und gegebenenfalls im Diskurs mit anderen planvoll entscheidet. Traditionen überleben daher nur insoweit, als sie sich diskursiv neu rechtfertigen lassen und in der Lage sind, mit anderen Formen und Möglichkeiten der Lebensführung in einen offenen Dialog zu treten. Auch die Prägekraft der alten Klassen- und Produktionsstrukturen für die soziale Schichtung einer Gesellschaft und die soziale Lage des Einzelnen geht zurück, die „miteinander verwobenen globalen und lokalen Netze der Informations- und Kommunikationsstrukturen" (Lash 1996, S. 211) bestimmen zunehmend das Leben und die Lebenschancen der Menschen.

Auf eine emanzipative Dimension im Prozeß reflexiver Modernisierung weist insbesondere Scott Lash hin: Da relevante Prinzipien und Strukturmuster der „ersten" Moderne weiterhin gültig blieben – etwa das Paradigma ökonomischen Wachstums –, ist dafür am Ende des 20. Jahrhunderts die breite Vermittlung spezifischer Fähigkeiten zu Problemlösungen und Reflexionsvermögen erforderlich. Damit geht zwar die – relative – Sicherheit verloren, mit den einmal erworbenen Qualifikationen durch Erwerbsarbeit ein verläßliches, regelmäßiges und ausreichendes Einkommen erzielen zu können. Es eröffnen sich aber auch neue Chancen der Teilhabe und Mitbestimmung. Wenn auf diesem Wege die Moderne sich selbst zu reflektieren beginnt, sich selbst zum Gegenstand kritischer Reflexion macht, wenn Modernisierung auch die Freisetzung der Akteure von autoritären, einengenden Strukturen bedeutet, wäre es denkbar, daß sich die Individuen den Folgen der Modernisierung widersetzten. Das wäre, so Lash, (allzu) optimistisch, eine „positive neue Wendung der Dialektik der Aufklärung" (ebd., S. 198f.).

Wie ist nun die gegenwärtige Phase des Modernisierungsprozesses mit der Veränderung von Zeitstrukturen konzeptionell in Verbindung zu bringen? Sehr häufig findet man eine Gleichsetzung von Flexibilität mit Modernität und ebenso von Individualisierung mit Marktorientierung. Hier scheinen die Schlagworte öffentlicher Kontroversen zu ungeprüft in die Argumente der wissenschaftlichen Auseinandersetzung überzugehen. Denn zunächst handelt es sich bei dem, was wir in den vergangenen zwei Dekaden an neuen Arbeitszeitmustern festgestellt haben, objektiv um nichts weiter als eben „Veränderungen"; ob diese in einem Zusammenhang mit einem Modernisierungskonzept stehen, wäre erst noch zu prüfen.

Die Existenz von Arbeitszeit als Berechnungsgröße der geleisteten Arbeit ist keine natürliche Eigenschaft der Arbeit selbst, sondern eine soziokulturelle Errungenschaft zivilisierter Gemeinwesen und damit eine Erscheinung der Moderne. Sie existiert nur in einem labilen Gleichgewicht: Das Normale ist die Veränderung, das zu Erklärende die Invarianz. Hieraus ergibt sich die Frage, welche Kräfte und Gegenkräfte dem Bestand des gegenwärtigen Arbeitszeitregimes bzw. dessen Veränderung entgegenwirken – und damit eine dauerhafte Zeitinstitution erst hervorbringen. Abweichungen und Einbrüche gegenüber dem, was als Normalzustand gilt, hat es auch in Zeiten der festen Etablierung von Normalarbeitszeitstandards in Deutschland immer gegeben. Noch in den zwanziger Jahren unseres Jahrhunderts konnte ein Autor über die Schwarzwälder Landarbeiter berichten, daß sie keine Arbeitszeiten kannten, sondern so lange arbeiteten, bis die Dunkelheit einbrach oder sie physisch erschöpft waren. Die Frage ist, ob und unter welchen Bedingungen solche Randerscheinungen die Oberhand gewinnen, Vorboten eines tiefgreifenden Wandels werden bzw. als Reservoir für Alternativen zum geltenden Standard plötzlich Bedeutung erlangen. Ein solcher Prozeß scheint gegenwärtig im Gange.

Die Arbeitszeitwirklichkeit, die in vielen marginalen Produktionsbereichen der Industriegesellschaft, etwa in Wissenschaft und Entwicklung, in der Kunst und im Bereich der Medien, in Erziehungswesen, Seelsorge oder Politik trotz aller Standardisierungsversuche schon immer gegolten hat, entsprach einer aufgabenbezogenen Steuerung der individuellen Arbeitsverausgabung. Diese Wirklichkeit weitet sich auf andere Tätigkeitsfelder aus. Vor dem Hintergrund eines Arbeitsüberangebots sowie grundlegender, struktureller Veränderungen der Gesellschaft[1] stehen Arbeitszeiten nicht nur hinsichtlich ihrer Lage und

---

1 Man darf darüber nicht aus dem Blick verlieren, daß der technische Wandel der jüngsten Vergangenheit und in der Gegenwart die Voraussetzung für die Flexibilisierung der Arbeit bildet. Erst durch den Ausbau des Verkehrssystems bzw. die Verbesserung der Logistik durch EDV-Einsatz ist z.B. die Just-in-time-Produktion und die drastische Reduktion der Lagerhaltung erst möglich geworden. Fortschritte im IuK-Bereich fördern die Diversifikation der Produktpalette (da die digitalisierte Produktion eine Beschleunigung der Umstellung von Produktionsanlagen ermöglicht) und damit den Abschied von der Massenproduktion auf Halde. Modernste Technik läßt zudem den Fließbandarbeiter verschwinden, der in großen Massen und im identischen Takt zu arbeiten hatte.

Dauer, sondern auch als Bemessungsgrundlage eines Arbeitsverhältnisses unter Rechtfertigungs- bzw. Veränderungsdruck. In der Tat liegt es nicht zwangsläufig im Interesse der Unternehmen, präzise Kontrakte über die Aufenthaltsdauer der Beschäftigten abzuschließen. Dies war vielmehr Ausdruck eines industriegesellschaftlichen Konzepts vor allem der Nachkriegsära, das auf Stabilität und Kalkulierbarkeit zielte. In einem anderen, eher auf unmittelbare „Marktfühlung" des Arbeitseinsatzes bezogenen, makroökonomischen Globalkonzept erscheinen solche Vereinbarungen nicht als stabilisierend im Sinne des Gesamtprozesses, sondern als hinderlich, unflexibel und suboptimal.

4. Alltägliche Lebensführung als Medium reflexiver Modernisierung

Meist wird das Modernisierungskonzept auf gesamtgesellschaftliche Veränderungen oder für die Analyse des Wandels größerer gesellschaftlicher Aggregate (z.B. Betriebe, Milieus, Schichten, Lebensstile großer Gruppen etc.) angewendet. Die Ebene des individuellen Handelns und des praktischen Alltags konkreter Menschen ist dabei selten ein systematisch verfolgtes Thema. Gleichwohl zeichnen sich gerade auch dort tiefgreifende Veränderungen ab, die Ausdruck des gesellschaftlichen Wandels sind, wie er mit der Idee der „Modernisierung" gefaßt werden kann. Die alltagspraktische Reaktion von Menschen auf gesellschaftliche Modernisierungsvorgänge ist vermutlich sogar ein entscheidender Faktor für den konkreten Verlauf dieses Wandels.

Ein wichtiger Kulminationspunkt der Veränderungen des praktischen Alltagshandelns ist die Beziehung der Erwerbstätigkeiten von Menschen zu ihren anderen Tätigkeitsfeldern – kurz: von „Arbeit und Leben". Wir haben uns daran gewöhnt, die weitreichende strukturelle (z.B. zeitliche und räumliche) Trennung der Erwerbsarbeit vom „Rest" des Lebens als soziale Normalität anzusehen. Diese Struktur des Alltags von Menschen ist jedoch alles andere als „normal": Sie ist zum einen Ergebnis einer relativ späten historischen Entwicklung im Zuge der Industrialisierung. Sie hat zum anderen immer nur für diejenigen gegolten, die erwerbstätig sind, war von Anfang an im Alltag von Männern und Frauen höchst unterschiedlich und hatte auch darüber hinaus vielfältige soziale Erscheinungsformen. Die vermeintliche „Normalität" einer starren strukturellen Trennung von „Arbeit" und „Leben" bezog sich schließlich darauf, daß die gewohnte Struktur des Alltags in industriellen Gesellschaften als letztlich irreversibler Modernisierungsfortschritt betrachtet wurde.

Mit dem Übergang zu einer neuen, „reflexiven", Stufe der Modernisierung gerät jedoch genau dieses vermeintlich „normale" und unaufhebbare Strukturmoment moderner Gesellschaften in Bewegung. Die Beziehungen von „Arbeit und Leben" im Alltag vieler Menschen verliert (etwa im Zuge der Flexibilisierung von Arbeitszeiten, der Verwischung von räumlichen Grenzen zwischen Erwerbssphäre und Privatheit bei neuer Heimarbeit, der Deregulierung von Beschäftigungsformen etc.) ihre Selbstverständlichkeit; sie wird vielfältiger, komplizierter und stellt zunehmend Anforderungen an eine aktive individuelle Gestaltung.

Auf Prozesse dieser Art war die Sozialwissenschaft lange Zeit nur wenig eingestellt. Die Modelle, mit denen der Alltag von Menschen beschrieben wirde, bildeten die industriegesellschaftliche Trennung der beiden Sphären pauschal ab. Die starre Trennung zwischen „Arbeit" und „Leben" war entweder strikt vorausgesetzt (etwa im marxistischen Modell von „Arbeit und Reproduktion"), oder die Konzepte folgten der industriegesellschaftlichen Arbeitsteilung: die einen untersuchten die Arbeitssphäre und die anderen thematisierten (mit ganz anderen Ansätzen) den Rest des Lebens, die „Freizeit", die Familie etc. Mit den aktuellen Veränderungen sind jedoch neue Theoriemodelle für die Thematisierung des alltäglichen Lebens der Menschen erforderlich: integrative Konzepte, die den Zusammenhang aller Tätigkeiten ohne Vorgabe einer festen Strukturierung als aktive Koordinationsleistung der Individuen fassen können. Das in München entwickelte Konzept der „Alltäglichen Lebensführung" hat in Anknüpfung an Begrifflichkeiten und Thesen von Max Weber ein solches Modell formuliert.[2]

4.1 Das Konzept der alltäglichen Lebensführung

Alltägliche Lebensführung im Sinne des Münchener Konzepts ist der von Personen konstruierte und praktizierte Gesamtzusammenhang ihrer alltäglichen Tätigkeiten während einer bestimmten Lebensphase in den für sie relevanten Sozialsphären. Dazu vier Präzisierungen:

1. Bei der Frage nach der Lebensführung geht es primär um die Alltagspragmatik der *Tätigkeiten* von Menschen (um ihre „Praxis") und erst in zweiter Hinsicht (aber auch) um deren sinnhafte Identifikation oder deutende Aneig-

---

[2] Das Konzept der alltäglichen Lebensführung kann hier nicht umfassend dargestellt werden. Vgl. für weitergehende Ausführungen unter anderem Voß (1991), Jurczyk/Rerrich (1993) und Projektgruppe (1995); eine aktuelle Zusammenfassung wichtiger konzeptioneller Thesen und empirischer Befunde findet sich in Voß (1998).

Einleitung: Zeitwandel und reflexive Lebensführung

nung (wie dies z.B. bevorzugt Thema der Lebensstilforschung ist). Als Lebensführung wird dabei jedoch vorrangig der integrative *Zusammenhang* des Spektrums der alltäglichen Tätigkeiten verstanden und weniger die pure Zahl und Vielfalt der Aktivitäten (wofür sich etwa die Zeitbudgetforschung interessiert). Und schließlich ist vor allem von Interesse, was Menschen „tagaus, tagein" mit einer gewissen Regelmäßigkeit tun. Dies unterliegt zwar einem ständigen Wandel und folgt notwendig einer temporalen Ordnung; Thema ist aber nicht die Diachronie des Lebens (wie sie die Biographieforschung untersucht), sondern dessen alltägliche Stabilität und Kontinuität, sozusagen die *Synchronie* des Lebens.

2. Man kann diesen alltäglichen Zusammenhang der Tätigkeiten von Menschen mit einem spezifischen Theorieblick auch als individuelles *„System"* der Handlungen einer Person bestimmen. *Struktur* dieses Handlungssystems ist dann die Verteilung der Tätigkeiten (zeitlich, räumlich, sachlich etc.) auf die verschiedenen, für einen Menschen relevanten sozialen Bereiche (Erwerbstätigkeit, Familie, Freizeit etc.) und deren Regulierung in diesen Sozialsphären. Damit koppelt Lebensführung zwar strukturell an die soziale Differenzierung oder „gesellschaftliche Arbeitsteilung" (z.B. von „Arbeit" und „Leben") an, sie bildet sie aber nicht schlicht ab, sondern hebt sie in einer je eigenen Differenzierung („personale Arbeitsteilung") auf. Als zentrale *Funktion* des Systems Lebensführung kann die Koordination oder Vermittlung der vielfältigen Alltagsaktivitäten gelten, die damit in ihrer Leistungsfähigkeit gesteigert werden. Der Alltag von Menschen besteht, so gesehen, nicht aus einer Abfolge singulärer Aktivitäten und Menschen beziehen sich nicht über unvermittelte Einzelhandlungen auf gesellschaftliche Sphären. Die Handlungen von Menschen sind vielmehr in den jeweiligen personalen Zusammenhang Lebensführung eingebunden und bekommen dadurch eine erhöhte Fähigkeit zur Reaktion auf gesellschaftliche Anforderungen und Möglichkeiten. Die Koordination der verschiedenen Tätigkeiten einer Person in den für sie relevanten Sozialsphären, d.h. die Integration des Systems Lebensführung, muß individuell geleistet werden und nimmt individuelle Formen an; Lebensführung ist damit das individuelle „Arrangement" der verschiedenen alltagspraktischen Arrangements, die ein Mensch mit einzelnen Sozialsphären eingeht („Arrangement der Arrangements"). Schließlich kann von einer je individuellen inneren *Logik* einer Lebensführung gesprochen werden. Dies verweist auf die hinter jeder alltäglichen Handlungsstruktur stehende Art und Weise der Gestaltung des Alltags, etwa die unterschiedliche Bewertung von Handlungsoptionen, und auf dabei eingesetzte alltagspraktische Methoden der (z.B. zeitlichen) Tätigkeitsregulierung und -koordination.

3. Lebensführung wird damit als ein genuin personales Projekt bzw. als komplexe individuelle Leistung gesehen. Man „hat" nicht einfach eine Lebensführung, sondern man „*führt*" sie: sie muß (auch wenn dies nicht bewußt ist und nicht beliebig angelegt werden kann) aktiv konstruiert, erhalten und gegebenenfalls auch wieder geändert werden, um sie an sich wandelnde soziale Bedingungen des Lebens anzupassen. Der Alltag ist zwar hochgradig gesellschaftlich geprägt und von vielfältigen sozialen Bedingungen (z.b. aus den verschiedenen sozialen Tätigkeitsbereichen einer Person, allem voran der Erwerbsarbeit) abhängig. Die Art und Weise einer Lebensführung ist aber nicht gesellschaftlich vollständig vorgegeben (nicht sozial determiniert), sondern bleibt auch unter restriktiven sozialen Bedingungen eine individuelle und damit immer auch zumindest partiell kontingente *Leistung*. Man kann sogar sagen, daß Lebensführung eine Form ist, in der die Person aktiv auf gesellschaftliche Bedingungen und Anforderungen reagiert und sie in und mittels dieser persönlichen Systembildung verarbeitet. Andererseits gehen in jede Lebensführung, wenn auch vermittelt durch persönliche Leistungen, vielfältige gesellschaftliche Einflüsse ein, die wissenschaftlich identifiziert und in ihren Wirkungen verfolgt werden können; es lassen sich zudem sozial typische Ähnlichkeiten zwischen den individuellen Formen von Lebensführungen aufweisen und erklären, die insoweit den Charakter sozialer Formen des Alltags haben.

4. Obwohl Lebensführung damit als genuine Konstruktion und Leistung der Person angesehen wird, kann sie nicht als allein von deren Willen abhängig angesehen werden. Neben den gesellschaftlichen Einflüssen, die sie prägen, ist ihr eine nicht unerhebliche strukturelle und funktionale *Eigenständigkeit* gegenüber ihrem Urheber zuzubilligen, die dazu führt, daß eine Lebensführung, ist sie einmal installiert, nicht beliebig zu ändern ist und Personen von ihrem eigenen Produkt partiell abhängig werden. Das System Lebensführung ist auf der einen Seite nicht mit der Person und dem Strom ihrer Handlungen identisch, sondern bildet eine eigene Struktur und Logik aus. Sie ist auf der anderen Seite aber auch kein soziales System im gewohnten System (d.h. kein Subsystem der Gesellschaft). Lebensführung muß vielmehr als ein *System sui generis* gesehen werden, das mit spezifischer Qualität zwischen Person und Gesellschaft steht, und dabei wichtige Funktionen für beide, vor allem aber für deren Vermittlung erfüllt. Lebensführung ist somit eine zentrale Instanz der Integration von Individuum und Gesellschaft, die lange Zeit wissenschaftlich nahezu übersehen wurde, so daß man von einem „missing link" der Soziologie sprechen kann.

4.2 Arbeitszeitmuster als zentrales Stellglied alltäglicher Lebensführung

Alltägliche Lebensführung ist, wie angedeutet, der Zusammenhang des gesamten Spektrums von Tätigkeiten einer Person in allen für sie relevanten sozialen Lebenssphären. Der Blick auf Lebensführung als Gesamtzusammenhang der Alltagstätigkeiten ist bewußt antireduktionistisch angelegt, d.h. er will die in der Soziologie nach wie vor häufige Unterstellung einer ungebrochenen strukturellen Dominanz der Erwerbssphäre über den Alltag Einzelner und über die Gesellschaft insgesamt vermeiden, durch die andere Sphären als rein abhängige Größen der Erwerbssphäre erscheinen.

Gleichwohl hat die formal verfaßte erwerbsförmige Arbeit in modernen Gesellschaften natürlich eine in vieler Hinsicht herausgehobene Bedeutung, durch die in besonderer, aber nicht einfach zu rekonstruierender komplexer Form mehr oder minder „harte" Bedingungen für die Alltagsgestaltung gesetzt werden. Kern der besonderen Alltagsrelevanz der Erwerbsarbeit ist bekannterweise, daß sie zum einen für viele Menschen die (zwar nur selten einzige aber) entscheidende Quelle für ein existenzsicherndes *Geldeinkommen* ist und zum anderen einen spezifischen *Herrschaftscharakter* aufweist, der aus der zweckrationalen formalen Organisation der dort erbrachten Tätigkeiten entsteht. Unmittelbar betroffen sind davon erst einmal nur diejenigen, die selber einer Erwerbstätigkeit nachgehen. Vermittelt darüber betrifft dies aber auch, wenn auch in anderer Weise, den quantitativ erheblich größeren und in sich stark differenzierten Anteil derjenigen Menschen, die nicht selber erwerbsförmig arbeiten, aber in irgendeiner Weise von Personen beeinflußt sind, die einer Erwerbsarbeit nachgehen.

Wie jede gesellschaftliche Sphäre enthält auch die Erwerbsarbeit komplexe Vorgaben für die dort Tätigen und damit für die Gestaltung der davon berührten Lebensführungen. Eine Unterscheidung verschiedener *Dimensionen* sozialen Handelns (vgl. Voß 1991, Teil II) verweist darauf, daß dies nicht nur die häufig zuerst beachteten Aspekte Tätigkeitsinhalte, Sozialbeziehungen, Raumstrukturen und Zeit umfaßt, sondern sich beispielsweise auch auf den jeweiligen mit einer Tätigkeit verbundenen Sinn oder die verwendeten technischen Mittel bezieht. Unter diesen Aspekten kommt jedoch, wie häufig gezeigt, der *Zeit* bei der Strukturierung der Tätigkeit in betrieblich verfaßten Erwerbsorganisationen und darüber vermittelt bei der Gestaltung von Lebensführung eine besondere Relevanz zu. Hinzu kommt, daß die Dimension Zeit aus verschiedensten Gründen im gegenwärtigen Strukturwandel der gesellschaftlichen Arbeit und letztlich der Gesellschaft insgesamt eine besondere Aufmerksamkeit als Gestaltungs- und Rationalisierungsdimension findet. Davon ist, vor allem vermittelt über die Erwerbsarbeit, auch die Ebene der alltäglichen Lebensführung nicht ausgenommen.

Wie ebenfalls mehrfach gezeigt, ist die temporale Strukturierung von Gesellschaft und Handeln überhaupt und damit auch der erwerbsarbeitlichen Teilsphäre in sich noch einmal systematisch zu differenzieren. Es geht z.B.

- um Vorgaben von *Zeitpunkten,* mit denen Beginn und Ende von Tätigkeitssequenzen markiert werden,
- um die *Dauer* und *Rhythmisierung* der Sequenzen,
- um die *Lage* von Tätigkeitssequenzen innerhalb sozialer und individueller Zeitstrukturen (Tag, Woche, Jahr, Lebenslauf etc.),
- um soziale und individuelle *Modi* oder *Stile der Zeitregulation* oder *Zeitbewirtschaftung* und nicht zuletzt
- um Formen der *Zeitherrschaft,* d.h. die Frage, wer Zeitstrukturen und in welcher Form anderen vorgeben kann bzw. inwieweit Betroffene demgegenüber über eine *Zeitsouveränität* verfügen.

Konkrete Erwerbsarbeitszeitregime oder Arbeitszeitmuster kombinieren diese Aspekte. Sie bilden damit komplexe Vorgaben für das davon betroffene Handeln in der Erwerbssphäre, mit denen sich Betroffene arrangieren müssen. Daraus entstehen dann entsprechend komplexe temporale Randbedingungen für die Gestaltung der Lebensführung, die jedoch selten direkt „durchschlagen", sondern mittels mehr oder minder anspruchsvoller zeitlicher Arrangements im Alltag *bewältigt* werden (vgl. ausführlich Projektgruppe 1995). Manche Formen von Lebensführung sind durchaus erheblich in bestimmten Aspekten von Arbeitszeitmustern geprägt (z.B. bei Schichtarbeit) und können von daher zum Teil sehr weitgehend in Anlehnung an diese beschrieben werden. Man geht jedoch in der Regel an der Eigenkomplexität und -logik von Lebensführung vorbei, wenn man sie darauf reduziert. Wichtigste Bedingung für den Grad und die Weise des „Durchschlagens" arbeitszeitlicher Regime auf die Zeitstruktur des Alltags ist das Maß der Möglichkeit, Arbeitszeitmuster überhaupt und/oder in der Feinstruktur der täglichen Praktizierung mitzubestimmen, also das Maß an „Zeitsouveränität". Daß dies systematisch sozial ungleich verteilt ist, braucht nicht begründet zu werden und ist an dieser Stelle auch nicht zu entfalten. Eine sozialstrukturelle und sozialgeschichtliche Beschreibung von Formen alltäglicher Lebensführung ließe sich zwar fruchtbar an eine sozialzeitliche und zeithistorische Analyse der Arbeitswelt anlehnen – eine tiefergehende und differenzierte Analyse der gesellschaftlichen Varianz und Dynamik von Mustern des Alltags muß jedoch über eine Fokussierung allein der Erwerbssphäre wie auch der Dimension Zeit hinausgehen und sich auf die spezifische Eigenqualität des Systems Lebensführung konzentrieren.

4.3 Die grundlegenden Ambivalenzen des Zwangs zur Gestaltung des eigenen Lebens in Arbeit und Freizeit

Der aktuelle Strukturwandel der Arbeit ist vielgestaltig. Eine leitende Tendenz sind jedoch die aus neuartigen Marktzwängen resultierenden Versuche einer systematischen Steigerung der Dynamik und Komplexität betrieblicher Strukturen, die sich nach wie vor auf die Formel „Flexibilisierung" zuspitzen lassen. Für betroffene Arbeitskräfte bedeutet dies nicht selten, daß bisher gewohnte stabile Strukturierungen ihrer Arbeit betrieblich zurückgenommen oder gar abgebaut werden. Folge solcher Tendenz zur „Entgrenzung" von Arbeits- und Beschäftigungsverhältnissen ist, daß Beschäftigte in unterschiedlichen Formen und Ausmaßen selbständig Strukturen ihrer Arbeit entwickeln müssen bzw. sich in ihrem Arbeitshandeln auf sich häufig ändernde strukturelle Vorgaben einstellen müssen. Derartige Anforderungen an eine verstärkte „Selbstorganisation" der Arbeit findet sich nicht überall, prägen aber immer mehr Arbeitsverhältnisse auf fast allen Ebenen. Dies bedeutet jedoch nur für manche Gruppen einen Gewinn an realer „Autonomie". Die in der betrieblichen Praxis praktizierten Formen der „Selbstorganisation" sind vielmehr hochgradig „fremdorganisiert" (Voß/Pongratz 1998) und können nur bedingt für eine erweiterte Realisierung eigener Interessen genutzt werden. Sie gehen darüber hinaus meist mit massiv wachsenden und neuartigen Leistungsanforderungen einher, die immer mehr Arbeitskräfte in eine Überforderungsfalle führen. Langfristige Konsequenz einer solchen Entwicklung kann der Übergang zu einer neuen Qualität der gesellschaftlichen Verfassung von Arbeitskraft werden. Der bisher gewohnte, sich eher passiv in Arbeitsverhältnisse einpassende „Arbeitnehmer" könnte dabei zunehmend von einem neuen Typus abgelöst werden, der sich inner- wie überbetrieblich als flexibler *„Unternehmer der eigenen Arbeitskraft"* verhalten und seine gesamte berufliche wie private Existenz darauf ausrichtet muß (Voß/Pongratz 1998). Vorreiter dieser Entwicklung war auch hier die Flexibilisierung der Arbeits*zeiten.*

Derartige Entwicklungen haben unausweichlich tiefgreifende Auswirkungen auf die Gestaltung alltäglicher Lebensführung. Zunehmend wird für viele Gruppen die gewohnte Form und Methodik ihres Alltags fragil, muß aktiv neu ausgerichtet und auf eine erhöhte Anpassungsfähigkeit eingestellt werden. Lebensführung wird im Zuge einer solchen Entwicklung zunehmend strukturell und explizit zu dem, was das Konzept der Alltäglichen Lebensführung analytisch unterstellt: Sie wird zu einer aktiven Konstruktion, die nun immer mehr als bewußte und anspruchsvolle Leistung erbracht werden muß („reflexive Lebensführung"). Mit einer zugespitzten Formulierung kann man sogar von einer Tendenz zur *„Verarbeitlichung"* des Alltags sprechen, wenn unterstellt wird, daß Lebensführung im Verlauf der „Modernisierung" der Arbeits- und Lebensverhältnisse nicht nur zunehmend aktiv und bewußt gestaltet werden muß, sondern immer mehr individuell und gesellschaftlich zu einer ergebnisorientierten Aufgabe eigener Art wird, die in vielem an Prozesse erinnert, wie sie bisher allein für die Sphäre der formal verfaßten, zweckrationalen Erwerbsarbeit typisch waren. Etliches deutet darauf hin, daß der Alltag zunehmend zu einem Ort und Objekt systematischer Effizienzsteigerung und Rationalisierung wird, bei dem (wie in Wirtschaftsbetrieben) bewußt Organisationstechniken und zunehmend materiale Technik als produktivitätssteigernde Hilfsmittel eingesetzt werden müssen, um die Anforderungen zu bewältigen. Gerade auch in diesem Prozeß ist die *Zeit* wiederum Vorreiter und bevorzugte Gestaltungsdimension, wie die sprunghafte Ausbreitung von Zeitplanern und Zeitmanagementverfahren (und komplementär dazu die Zunahme von „Zeitnot" und „Zeitstreß") im Alltag inzwischen fast aller sozialen Gruppen nahelegt.

Spätestens bei einer solchen Entwicklung wird deutlich, daß der Übergang zu einer „verarbeitlichten" reflexiven Lebensführung im Zuge der Modernisierung von Arbeitswelt und Gesellschaft insgesamt ein in vieler Hinsicht höchst ambivalenter Prozeß ist. Reflexive Lebensführung ist einerseits die Form des Alltags, die von Menschen aktiv gestaltet wird, ihnen dabei möglicherweise durchaus gesteigerte Gestaltungschancen einräumt und dazu führt, daß sie Leben alltäglich verstärkt „in die eigene Hand" nehmen. Andererseits erweist sich diese neue Autonomie und Gestaltungschance als höchst prekär und risikoreich: das Alltagsleben *muß* nun auch kontinuierlich als Leistung gestaltet werden, was mit vielfältigen wachsenden Anforderungen und einer zunehmenden Gefahr der Überforderung und des Scheiterns einhergeht. Was auf der einen Seite als schöne neue Freiheit zum individualisierten „eigenen Leben" (Beck/Vossenkuhl/Ziegler 1995) erscheint (und für manche Gruppen auch ist), muß auf der anderen Seite als Schritt in eine zunehmende selbst praktizierte *Unfreiheit neuer Art* gesehen werden. Geben bisher gewohnte Arbeitsverhältnisse heteronom Strukturen für Arbeit und Alltag vor und wirken damit als Fremdherrschaft, dann schlagen soziale Entstrukturierungen tendenziell in riskante Offenheiten um, die mit einer verstärkten Eigenstrukturierung bewältigt werden müssen. Es entsteht schließlich eine gesellschaftlich erzwungene *Selbstbeherrschung neuer Art,* deren Herrschaftscharakter oft nicht weniger (aber anders) entfremdend wirkt, als eine soziale Fremdherrschaft der bisher gewohnten Art. Möglicherweise zeichnet sich damit ein im Zuge reflexiver Modernisierung langfristig entstehender Übergang zu einer neuen Qualität gesellschaftlicher Integration und Herrschaft überhaupt ab. Eine Qualität sozialer Herrschaft, die immer weniger auf explizitem sozialen Fremdzwang und zunehmend auf *Eigenzwang* der Person beruht und die trotz allem (und vielleicht mehr denn je) gesellschaftliche Zwänge transportiert, die jetzt aber immer mehr durch die Individualität vermittelt werden.

Für Soziologen sollte dies jedoch keine ganz unerwartete Entwicklung sein, wenn auch der Fokus auf die Pragmatik alltäglicher Lebensführung ungewohnt sein mag: Max Weber sprach vor nicht ganz hundert Jahren davon, daß Versuche, die soziale Welt durch Verfahren zweckrationaler Gestaltung aus ihrer Traditionalität und Irrationalität zu befreien, in das „stählerne Gehäuse der Hörigkeit" des westlichen Rationalismus münden, dessen impliziter Zwangscharakter den Formen expliziter traditionaler Herrschaft nur wenig nachsteht (Weber 1986). Norbert Elias hat nur wenig später gezeigt, daß es im Zuge des „Prozesses der Zivilisation" eine langfristige historische Tendenz zur Ausdünnung offener sozialer Fremdkontrolle gibt, die jedoch mit einer wachsenden Selbstkontrolle der Gesellschaftsmitglieder einhergeht, deren Wirkungen für Individuen und Gesellschaft hoch ambivalent sind (Elias 1980).

5. Perspektivische Fragestellungen

Die vorangegangenen Abschnitte haben historische und konzeptionelle Zugänge erläutert, die eine Interpretation eines arbeitspolitischen Ereignisses, wie es der Muster-Tarifvertrag der Volkswagen AG darstellt, in einem weitergehenden Kontext erlaubt. Es ging uns weder darum, mit einem konsistenten Theorie-Ansatz Empirie anzuleiten, noch darum, empirische Befunde durch ihre Einpassung in Theorie-Ansätze aufzuwerten. Es ging uns vielmehr darum, einige gemeinsame und grundsätzlichere Bezugspunkte für die Auswertung unserer Empirien zu finden, an denen sich Befunde zusammenführen und in einem größeren Kontext von gesellschaftlichem Wandel interpretieren lassen. Es scheint uns unzweifelhaft, daß die Konzepte der alltäglichen Lebensführung und der reflexiven Modernisierung generell dafür tauglich sind. Die alltägliche Lebensführung ist in der Lage, die Trennlinien und Abhängigkeiten zwischen Arbeit und Leben differenziert nachzuzeichnen, die durch neue Arbeitszeitmuster sowohl in alltäglicher wie in biographischer Perspektive gezogen werden. Die Theorie der reflexiven Modernisierung wiederum verweist auf wichtige gesellschaftlichen Impulsgeber der Veränderungsdynamik und auf die Ambivalenzen zwischen Souveränität und Zwang, zwischen Gestaltungschancen und Entscheidungsrisiken. Es ist sicherlich im nächsten Schritt zu diskutieren, welche konzeptionellen Qualitäten die Kombination dieser beiden Ansätze zu „reflexiver Lebensführung" erbringt. Dieser Ertrag wurde von den beteiligten Projekten durchaus unterschiedlich gesehen. Der tragende Konsens ging aber dennoch soweit, nach Abschluß der einzelnen Projekte eine erste Synthese der Forschungsergebnisse unter dem Dach dieses integrierten Ansatzes zu versuchen. Wir haben uns dabei an einigen Leitfragestellungen orientiert. Diese kombinieren Diskussionsstränge der Modernisierungsdebatte mit strukturellen Umbrüche, wie wir sie in den jeweiligen Empiriefeldern beobachtet haben. Wir haben ein Spannungsfeld zwischen diesen Leitfragen und den Projektergebnissen aufgebaut, in dem sich mögliche Schritte der konzeptionellen Verdichtung im Detail nachvollziehen lassen.

Bei der theoretischen Einordnung und Analyse unseres empirischen Materials kommt es zunächst darauf an, welche Einstellungen, Handlungen und Verhaltensweisen wir jeweils einer traditionalen, modernen und reflexiven Lebensführung zuordnen, d.h., an welchem Maßstab messen wir Modernisierung? Ist das Festhalten der Menschen an Strukturen und Institutionen der industriegesellschaftlichen Moderne per se traditionell, wie es, überspritzt formuliert, die Theorie reflexiver Modernisierung gelegentlich unterstellt? Und umgekehrt: Ist die Preisgabe von Traditionen, ist das permanente Entscheiden und flexible Reagieren auf sich verändernde Rahmenbedingungen grundsätzlich Indikator einer modern-reflexiven Lebensführung? Das gemeinsame Abendessen in der Familie oder die Organisation regelmäßiger Besprechungen im Betrieb können ritualisierte, inhaltsleere Handlungen sein, deren Begründung darin besteht, daß „es schon immer so war". Sie können aber auch bewußt, also reflektiert beibehalten, aufrechterhalten oder neu begründet worden sein, um angesichts allgemeiner Verunsicherungen und Flexibilisierungen stabilisierende Fixpunkte für die Lebensführung zu setzen.

Im Verlauf unseres Forschungsprozesses ist die Erkenntnis über die Bedeutung von stabilen Rhythmen und Routinen für das Wohlbefinden und die Bewältigungskapazität der Beschäftigten ständig gewachsen. Was verbirgt sich also jeweils hinter Traditionen, Prozessen ihrer Routinisierung, Sinnentleerung und ihrer Neubegründung? Gibt es eventuell gar eine „kreative" Funktion von Routinen, wie Richard Sennett vermutet? Und wenn wir andererseits feststellen, daß Traditionen zerfallen, entsteht die Frage, was an die Stelle bestimmter traditioneller Muster der Lebensführung tritt bzw. ob deren bisherige Funktionen schlicht überflüssig sind oder werden.

Einleitung: Zeitwandel und reflexive Lebensführung 37

Ganz entscheidend für die Beurteilung der sozialen Dimension des gegenwärtigen epochalen Wandels scheint das Verhältnis zwischen Sicherheit und Veränderung zu sein. In den Modernisierungtheorien werden die Veränderungspotentiale durch den Abbau von Traditionen, durch Entstrukturierungen und Flexibilisierung von Zeitrhythmen meistens positiv konnotiert. Politik und Ökonomie geben die Ab- und Auflösung der Strukturen der industriegesellschaftlichen Moderne schlicht als notwendige und unabänderliche Voraussetzung der aktuellen Phase des Modernisierungsprozesses aus. Demgegenüber haben wir, wie schon gesagt, in unseren Untersuchungen starke Beharrungskräfte gegenüber diesen veränderten Anforderungen beobachtet, die unterschiedliche Formen annehmen können:

- das starre Festhalten an alten Überzeugungen und Routinen (individuelles Ausklinken aus Modernisierungsprozessen);
- Anspannung, Desorientierung und Erschöpfung, die im Passiven verbleiben und ebenfalls zu sozialer Isolierung führen (Überforderung durch die Modernisierungsprozesse);
- Versuche, individuell Konventionen und Routinen neu zu begründen, die auf einzelne Aspekte der Modernisierung eine Antwort geben. Diese müssen nun aber Ergebnis einer Entscheidung sein und sind stets legitimationsbedürftig. Da diese Handlungsmuster selbst gewählt und damit selbstverpflichtend sind, werden sie auch rigider eingehalten als die alten;
- die pragmatische Organisation kollektiver Selbstverständigungs- und Suchprozesse in alten oder neuen Gruppen (z.B. Selbsthilfe).

Diese Beharrungskräfte verweisen auf eine entscheidende Frage, die sich im Zusammenhang mit der Auflösung bzw. Lockerung bisheriger Selbstverständlichkeiten der industriegesellschaftlichen Moderne für die VW-Beschäftigten – und generell für die Menschen hochentwickelter Industriegesellschaften – stellt: Was passiert mit der zentralen Bezugsgröße, der sozialen Sicherheit, die Grundlage für die Bereitschaft der Individuen ist, Veränderungsprozesse nicht nur zu erdulden, sondern zu akzeptieren und mitzugestalten? Muß sie in alter Form aufgegeben werden, um über Innovationen zu einer neuen Sicherheit zu kommen (vgl. die Thesen bei Kern 1995)?

5.1 *Entscheidungszwang und Optionalität*

Der zunehmende Zwang zur Veränderung sowie die notwendige Reaktion auf externe Veränderungen, Entscheidungsdruck also, scheint außer Zweifel zu stehen. Theoretisch haben die Entscheidenden, das impliziert der Entscheidungsbegriff, dabei stets die Möglichkeit, zwischen mehreren Optionen zu wählen. Daraus nun aber generell gegenüber traditionsgebundener Determinierung einen höheren Grad an Freiheit der Individuen abzuleiten, wird innerhalb der Debatte um die Individualisierungsthese höchst kontrovers diskutiert. Gegenüber der These einer gleichsam automatischen Zunahme von Lebensqualität durch die Freiheit zur Entscheidung sind aus unserem empirischen Material drei kritische Fragen abzuleiten:

Erstens ist der Zwang zu ständigen Entscheidungen, der Atemlosigkeit, Endlosigkeit und Unvermeidbarkeit des Entscheiden-Müssens selbst eine hohe Belastung, die dazu führen kann, daß positive Potentiale gar nicht gesehen und genutzt werden und daß die positiven (Zeit-)Inhalte nicht genossen werden können, da sie durch den Entscheidungsdruck überlagert werden.

Zweitens muß geprüft werden, welche Optionen zur Verfügung stehen. Und dabei ist wichtig, daß die möglichen Optionen eingeschränkt sein können: durch Ressourcenknappheit, Einkommensarmut, fehlende Informations- und Bildungsvoraussetzungen, fehlende Infrastrukturen, veränderte Machtverhältnisse etc. Daher kann eine Entscheidungssituation entstehen, in der alle möglichen Optionen schlechter sind als die bisherige Situation. Das heißt, es wird in vielen Entscheidungssituationen persönliches Engagement gefordert, allein um größere Verschlechterungen abzuwehren; und auch dieser Erfolg der Anstrengung/ Entscheidung ist unsicher. Das Risiko von Entscheidungen muß ohne eine längerfristige, zukunftsorientierte Vision auf sich genommen werden.

Drittens ist seit den achtziger Jahren die Zunahme von Handlungsoptionen von Arbeitnehmern mit einer Verschlechterung der Rahmenbedingungen insbesondere für traditionelle Industriearbeitergruppen einhergegangen. Das drückt sich in einer Verlagerung der unternehmerischen Strategien und in einer Veränderung der Handlungskonstellationen der Beschäftigten aus. Optionalität stellt sich zunehmend als Freiheit zur stärkeren Selbstausbeutung dar. Die Erweiterung der Arbeitszeitflexibilisierung erschien in ihrem Ausgangspunkt als eine Option beider Seiten, also der Betriebe und der Mitarbeiter, und es erschienen durchaus Synergien im Sinne von Win-win-Konstellationen möglich. Innerhalb kurzer Zeit wurde deutlich, daß sich die sozialen Optionen „unter gegebenen Bedingungen" kaum verwirklichen lassen, während die Unternehmen ihre Gestaltungshegemonie im Arbeitszeitbereich immer mehr ausdehnen: als Zugriff auf die Lebensarbeitszeit und auf angesammelte Lohn- oder Zeitanteile. „Unter gegebenen Bedingungen" verweist auf die grundlegende Ambivalenz der Optionalität und die gesellschaftlichen Machtverhältnisse, die darüber entscheiden, welche der gegensätzlichen Interessen zum Zuge kommen und welche Möglichkeiten für synergetische Lösungen bestehen.

Schließlich stellt sich nicht nur die Frage, ob die Ergebnisse des individuellen (Arbeitszeit-)Wahlverhaltens die Lebensqualität erhöhen oder nicht, sondern auch, ob diese veränderte Konstellation für die Organisation des Lebens als eigene angenommen werden kann oder als höhere Form der Funktionalisierung und Entfremdung wahrgenommen wird oder in einer Ambivalenz zwischen beidem verbleibt.

5.2 Reflexivität vs. Reflexion

Die Frage nach der Optionalität hängt nicht nur von den gesellschaftlichen Machtverhältnissen ab, die sich in Regulierungsprozessen betrieblicher Arbeitszeitgestaltung manifestieren. Sie hängt wesentlich auch ab von den Gelegenheitsstrukturen, in denen vorhandene Optionen überhaupt erst realisiert werden können. Sie hängt schließlich auch entscheidend davon ab, inwieweit die vielfältigen und komplexen, sichtbaren oder unsichtbaren, kurzfristig oder langfristig wirkenden Veränderungen in der Gesellschaft bewußt wahrgenommen und als Kalkül in Verhaltensdispositionen eingehen. In der kurzen Skizze zur reflexiven Moderne hatten wir bereits darauf hingewiesen, daß die Dimensionen und die Träger von Wissen sehr unterschiedlich gesehen werden. In diesem Zusammenhang stellen sich Fragen:

- Wie wird das immer breiter zur Verfügung stehende Wissen selektiert? Welches Wissen wollen die Menschen überhaupt an sich heranlassen?
- Wie kann das aufgenommene Wissen individuell verarbeitet werden (Verständnis, Zusammenhangswissen)?
- Wie kann der Einzelne mit unterschiedlichen politischen Positionen/Expertenmeinungen umgehen; wie bildet und verändert sich die „eigene Meinung"?
- Wissen die Menschen, daß man nicht alles wissen kann und wie gehen sie damit um?
- Welches Wissen wird als verhaltensrelevant eingestuft und welches nicht?
- Wie gehen die Menschen mit offensichtlichen Widersprüchen zwischen Wissen und eigenem Verhalten um?

Die Erhöhung der Optionsvielfalt erhöht auch den Wissensbedarf, um beurteilen zu können, welche Risiken und Chancen, welche Folgewirkungen und Rückwirkungen die Realisierung einer Option hat. Damit wird mehr Wissen verhaltensrelevant als in einer Gesellschaft, die durch die Großformationen der Moderne geprägt ist. Eine wichtige Frage ist daher, wie die Beschäftigten auf die Zunahme von Optionen und die entsprechenden Wissenserfordernisse reagieren; welche sozialen Gruppen mit welchen Veränderungen und unter welchen Bedingungen überhaupt bewußt und aktiv umgehen *(Reflexivität)* bzw. nur reagieren *(Reflexion)*. Die Vorstellung einer reflexiven Moderne scheint diesen Wandel zum reflexiven Individuum zur Voraussetzung zu haben und verspricht dann auch Chancen einer „dialogischen Demokratie" (Giddens 1996).

5.3 Gesellschaftliche Spaltung und neue Gemeinschaften

Es ist offensichtlich, daß die Angebote der Unternehmen, an flexiblen und kommunikativen Unternehmensstrukturen teilzunehmen, für die Beschäftigtengruppen sehr unterschiedlich sind und daß auch die Möglichkeiten, diese zu nutzen, sehr unterschiedlich sind. Hier kommen *positionelle, sozialstrukturelle und biographische Merkmale* erneut zum Zuge und wären genauer zu identifizieren: Arbeitsmotivation, Leistungsfähigkeit, Einschränkungen der zeitlichen und örtlichen Verfügbarkeit etc.

Die auf diesen Kapazitäten aufbauende soziale *Integration bzw. Ausgrenzung* hat dann auch grundlegende Folgen für die Handlungssituation. Bei Integration eröffnen sich Entscheidungsmöglichkeiten mit positiven Entwicklungschancen (Individualisierung, Lebensstilisierung), bei Ausgrenzung eröffnet sich die Armutsfalle/Negativkarriere mit geringen Entwicklungschancen (Vereinzelung; Zwangskonstellationen, die nur die Wahl des Wohlstandsabbaus zulassen).

Die Theorie der reflexiven Moderne geht zentral von der Zerstörung von traditionellen Gemeinschaften und modernen Kollektiven durch Individualisierung aus. Die Frage ist, wieweit diese wirklich zerstört werden (z.B. die Kleinfamilie, die Betriebseinheit) und was an ihre Stelle tritt. Das ist eine theoretische und eine empirische Frage. Lash verweist als Perspektive auf „moralisch überhitzte", intensiv kommunizierende Lebensstil-Affinitätsgruppen hin, die den Kern der gegenwärtigen sozialen Bewegungen bilden. Von anderen Autoren werden Selbsthilfegruppen als Substrat der Selbstreflexivität genannt. Empirisch wären solche *neuen sozialen Netzwerke* aufzufinden, die unter anderem in der Lage sind, neue Sicherheiten zu gewährleisten.

5.4 Erwerbsarbeit und Leben unter den Bedingungen flexibler Modernisierung

Die Polarisierung zwischen Integration und Ausgrenzung führt leicht dazu, daß die Integration in die Erwerbsarbeit mit einer grundsätzlich positiven Konnotation versehen wird. Dabei findet auch die Modernisierung der Erwerbsarbeit in einem Prozeß der Ent- und Restrukturierung statt.

Im industriellen Sektor spricht viel dafür, daß die Kontrolle über Arbeit trotz der neuen reflexiven Freiheiten eher verschärft wurde, aber einen Formwechsel durchläuft: von der persönlichen Kontrolle zur sachlichen Kontrolle, von der Detailsteuerung zur Rahmensteuerung, von der direkten zur indirekten Steuerung. Während sich früher die Kontrolle wesentlich auf die Arbeitsverausgabung der Person richtete (detaillierte Arbeitsvorgaben, Bindung an Maschinentakt, Aufsicht durch den Meister, mitlaufende elektronische Kontrolle durch Fertigungssteuerungssysteme), konzentriert sich jetzt die Kontrolle auf kostenrelevante Input-Größen (Material) und insbesondere den Output (ein Produkt mit definierter Qualität zum vereinbarten Zeitpunkt). Das bedeutet, daß die Tätigkeit des Einzelnen weitgehend freigegeben ist, um sich in Kooperation mit anderen selbst so zu organisieren, daß das Ergebnis erreicht wird. Die Freigabe der Tätigkeit führt wirklich zu einer Vielzahl neuer Optionen und einer Beteiligung des Einzelnen an der Reorganisation. Allerdings muß der einzelne sich ständig anbieten, bereit sein für neue Projekte, neue Ressourcen im Betrieb finden – es entsteht quasi ein innerbetrieblicher Arbeitsmarkt. Der einzelne wird erstmals wirklich vollständig dem Markt ausgesetzt. Der Anschein neuer Freiheiten entsteht also im wesentlichen dadurch, daß die Vorgaben und Kontrollen von der Person abgezogen worden sind, ihm dafür die Pflicht zur Gestaltung des konkreten Tätigkeitsprozesses aufoktroyiert, und d.h. auch, ihm die Möglichkeit zur varianten Arbeitsgestaltung gegeben wird. Diese Gestaltungsmöglichkeit besteht allerdings nur im vom Betrieb vorgegebenen funktionalen Rahmen. Voraussetzung dieser begrenzten Selbststeuerung im Betrieb ist die grundlegende Disziplinierung der Person als gesellschaftlicher Prozeß. Diese Herausbildung eines „Menschentypus für die moderne Großindustrie" (Weber) wird vom Betrieb genutzt und potenziert. Dieser Typus von Leistungspolitik ist hoch widersprüchlich, weil er von den Beschäftigten einen bedingungslosen Einsatz streng im Rahmen der betrieblichen Bedingungen fordert; d.h. der Zugriff ist hoch selektiv im Bezug auf das Leistungsvermögen und die Interessenlagen der Beschäftigten, die Selektionskriterien selbst stehen aber nicht zur Disposition. In diesem Spannungsverhältnis ist auch die Beurteilung von Teamarbeit vorzunehmen: Es sind wechselnde, zeitlich und sachlich befristete Kooperationen

(Teams), denen die Zwecke und Rahmenbedingungen von außen vorgegeben werden und deren Effektivität gerade auf herausgebildeter Individualität beruht.

Bleibt die Frage, wie durchgängig diese Neustrukturierung ist, ob es Bereiche außerhalb dieser „determinierten Autonomie" gibt und ob die Durchstrukturierung je nach Bereich unterschiedlich dicht ist. Offensichtlich ist, daß die beruflichen Bereiche immer seltener werden, die eine bescheidene Sicherheit garantieren („wo jemand unterkommen kann"). Offensichtlich ist auch, daß die neuen Beschäftigungsfelder im Wissens- und im informationstechnisch geprägten Sektor explizit nach den Prinzipien der flexiblen Verfügbarkeit bzw. der riskanten Eigeninitiative gestaltet sind und darin auf die traditionellen Berufsfelder ausstrahlen.

Wichtig scheint, daß die Spaltungslinie nicht einfach zwischen Teilnahme an und Ausschluß von Erwerbsarbeit verläuft. Vielmehr muß die Optionalität in Arbeit und Freizeit von allen wahrgenommen und genutzt werden. Ob und wie dies geschieht, erzeugt eine zusätzliche Segmentationslinie in der Erwerbsarbeit und in der Freizeit. Bezüglich der Freizeit heißt das, wenn das Privatleben zunehmend durch die Erwerbsarbeit, aber auch durch die Verallgemeinerung des Sozialisationsmusters des flexiblen (Selbst-)Unternehmers geprägt ist, dann muß die Abgrenzung zwischen Arbeit und Privatzeit individuell und explizit definiert werden. Das heißt, es werden nicht nur Reproduktionsmuster gewählt, sondern auch Lebensstile müssen gewählt werden. Freie Zeit wird dann nicht einfach gewährt (z.B. durch Arbeitszeitverkürzung), sondern muß als Freizeit von der Funktionalisierung ausgenommen werden. Die alte Form der Freizeit muß auf neuer Grundlage rekonstruiert werden und erhält dann auch einen anderen Sinn: als individuell entschiedene Abgrenzung von den postindustriellen Anforderungen. Diese lassen nur zwei Wege jenseits der Systemintegration zu: die Passivität (d.h. das Weigern, sich ständig neu anzubieten und neu zu entscheiden), die mit der Zeit zur Ausgrenzung durch das System führt, oder die bewußte, optionale Abgrenzung von Lebensbereichen, die potentiell die Gefahr des Aussteigens enthält. Die erste Form, die durch die neue Qualität der Leistungsanforderungen und durch die gestiegene Leistungsintensität massiv wachsen wird, könnte zum Zusammenwachsen beider Segmentationslinien führen. Die Lebensführung des Arbeitskraftunternehmers mit seiner flexiblen und hochrationalen Organisation von Zeit kann parallel dazu eine Aufspaltung der unterschiedlichen Zeitverwendungsstile hinsichtlich Arbeit (linear, mathematisiert, taylorisiert), Familie/soziale Verpflichtungen (zyklisch, traditionell, konventionell) und Freizeit (zyklisch, passiv bzw. entstrukturiert) forcieren: Die internalisierte Vorstellung von rationaler Zeitplanung und effizienter Zeitnutzung wäre dann nur ein neuer Knoten in der Rationalisierungspeitsche, die jener

Einleitung: Zeitwandel und reflexive Lebensführung

Unternehmer in eigener Sache unaufhörlich (gegen sich und andere) zu schwingen gezwungen ist. Letztlich stellt sich dann die Frage, welche Form gesellschaftlicher Zeitorganisation Arbeit und Leben, Familie und Beruf miteinander versöhnen kann.

6. Die Strukturierung unserer Forschungsfelder

Der vorliegende Reader resümiert die Untersuchungsergebnisse der eingangs vorgestellten Forschungsprojekte unter dem konzeptionellen Dach der reflexiven Lebensführung. Eine genauere Beschreibung des Untersuchungsansatzes sowie des jeweiligen Beitrags zum Projektverbund findet sich am Anfang der Einzelbeiträge.

Die ersten drei Beiträge führen in das Thema Zeitwandel ein und analysieren die Ausgangspunkte für die zeitstrukturelle Ausdifferenzierung. *Jürgen P. Rinderspacher* gibt einen grundlegenden Überblick über die Entstehung der spezifischen Arbeitszeitregimes in der Moderne sowie die Entwicklung der arbeitszeitpolitischen Debatte. *Hartmut Seifert* und *Rainer Trinczek* stellen als konkretes Beispiel die Arbeitszeitverkürzung und -flexibilisierung bei der Volkswagen AG („VW-Modell") dar und untersuchen die Wirkungen dieses Modells auf die Beschäftigten sowie dessen Akzeptanz in der Belegschaft. *Volker Hielscher* und *Eckart Hildebrandt* diskutieren die ambivalenten sozialen Folgen deregulierter Arbeitszeiten auf die individuelle Lebensführung der Beschäftigten.

Daran schließen sich drei Beiträge an, die die Wirkungen veränderter Arbeitszeitregimes auf den Einzelnen, seine Lebensführung und sein soziales Umfeld zum Gegenstand machen. *Karin Jurczyk* und *G. Günter Voß* analysieren den neuen Typus des Arbeitskraftunternehmers, dessen Lebensführung von der Reflexion konkreter Zeitstrukturen insbesondere der Arbeitswelt geprägt ist und der Zeit jenseits komplexitätsreduzierender Routinen und Traditionen eigenständig organisieren muß. *Kerstin Jürgens* und *Karsten Reinecke* untersuchen, inwiefern das veränderte Arbeitszeitregime Einfluß auf die familiale Arbeitsteilung und das Verhältnis von produktiven und reproduktiven Tätigkeiten haben. *Matthias Eberling* und *Dietrich Henckel* beschreiben die vielfältigen Wirkungskaskaden veränderter Arbeitszeiten auf kollektive Zeitstrukturen, die soziale Synchronisation, Verkehrsströme und Verkehrsmittelwahl, Energieverbrauch und die städtischen Rhythmen im allgemeinen.

Die ökologische Dimension des Wandels steht im Mittelpunkt der folgenden vier Beiträge. *Joachim Spangenberg* diskutiert die Frage nach den Leitbildern von Nachhaltigkeit. *Eckart Hildebrandt* stellt die Frage nach den Wechselwirkungen von flexiblen und verkürzten Arbeitszeiten und sozial-ökologischem Engagement im Sinne einer nachhaltigen Lebensführung. *Helmut Hagemann* analysiert das Umweltverhalten im Zusammenhang mit Arbeit, Einkommen und Lebensstilen. *Gerhard Scherhorn* erörtert die Chancen von Eigenarbeit als selbstbestimmte, ökologisch sinnvolle Alternative zu schwindenden Erwerbsarbeitsmöglichkeiten.

Der abschließende Beitrag von *Matthias Eberling* und *Dietrich Henckel* befaßt sich mit der Skizzierung eines politischen Handlungsfeldes „Zeitpolitik" als Erweiterung herkömmlicher Arbeitszeitpolitik um soziale und ökologische Aspekte bzw. als Bearbeitung der entsprechenden Nebenfolgen in Lebenswelt und Umwelt.

Literatur

Beck, U.; Giddens, A.; Lash, S. (1996): Reflexive Modernisierung – Eine Kontroverse. Frankfurt/M.

Beck, U.; Vossenkuhl, W.; Ziegler, U. (1995): Eigenes Leben. Ausflüge in die unbekannte Gesellschaft, in der wir leben. München.

Elias, N. (1980): Über den Prozeß der Zivilisation. Frankfurt/M.

Fürstenberg, F.; Herrmann-Stojanov, I.; Rinderspacher, J. P. (Hg.) (1999): Der Samstag. Über Entstehung und Wandel einer Zeitinstitution. Berlin.

Giddens, A. (1996): Leben in einer posttraditionalen Gesellschaft. In: Beck et al. (1996), S. 113-194.

Hartz, P. (1996): Das atmende Unternehmen. Jeder Arbeitsplatz hat einen Kunden. Frankfurt/M., New York.

Hoff, A. (1986): Die Organisation arbeitszeitunabhängiger Betriebszeiten. In: Personal Nr. 8, S. 332-336.

Hörning, K. H.; Gerhard, A.; Michailow, M. (1990): Zeitpioniere. Flexible Arbeitszeiten, neuer Lebensstil. Frankfurt/M.

Jurczyk, K.; Rerrich, M. (Hg.) (1993): Die Arbeit des Alltags. Beiträge zu einer Soziologie alltäglicher Lebensführung. Freiburg.

Kern, H. (1995): Soziale Sicherheit durch Prozeßnormen. Thesen zur Rolle der Gewerkschaften in er Innovationskrise. In: Gewerkschaftliche Monatshefte, 46. Jg., Heft 10, S. 610-618.

Lash, S. (1996): Reflexivität und ihre Doppelungen: Struktur, Ästhetik und Gemeinschaft. In: Beck et al. (1996), S. 195-286.

Loo, H. v.; v. d. Reijen, W. (1992): Modernisierung. Projekt und Paradox. München.

Nahrstedt, W. (1980): Über die „Freizeitgesellschaft" zu einer „freien" Gesellschaft? Grundlagen für eine Gesellschaftstheorie. Zur Kritik eines forschungsrelevanten gesellschaftlichen Tabus. In: Herausgebergruppe Freizeit: Freizeit in der Kritik. Alternative Konzepte zur Freizeit- und Kulturpolitik. Köln, S. 21-54.

Projektgruppe „Alltägliche Lebensführung" (Hg.) (1995): Alltägliche Lebensführung. Arrangements zwischen Traditionalität und Modernisierung. Opladen.

Rinderspacher, J. P. (1998): „Riskante Freiheiten" – Elf Thesen zu den Tendenzen der Arbeitszeitentwicklung in den 90er Jahren. In: Bierter, W.; v. Winterfeld, U. (Hg.), Zukunft der Arbeit – Welcher Arbeit? Berlin u.a., S. 84-97.

Sennet, R. (1998): Der flexible Mensch. Die Kultur des neuen Kapitalismus. Berlin.

Teriet, B. (1976): Neue Strukturen der Arbeitszeitverteilung. Göttingen.

Voß, G. G. (1991): Lebensführung als Arbeit. Über die Autonomie der Person im Alltag der Gesellschaft. Stuttgart.

Voß, G. G. (1998): Die Entgrenzung von Arbeit und Arbeitskraft. Eine subjektorientierte Interpretation des Wandels der Arbeit. In: Mitteilungen aus der Arbeitsmarkt- und Berufsforschung 31. Jg., Heft 3, S. 473-487.

Voß, G. G.; Pongratz, H. J. (1998): Der Arbeitskraftunternehmer. Eine neue Grundform der „Ware Arbeitskraft"? In: Kölner Zeitschrift für Soziologie und Sozialpsychologie, 50. Jg, Heft 1, S. 131-158.

Weber, M. (1986): Gesammelte Aufsätze zur Religionssoziologie I. Tübingen.

Weiss, J. (1998): Die Zweite Moderne – Eine neue Suhrkamp-Edition. In: Soziologische Revue, 21. Jg., S. 415-426.

Zapf, W. (1991): Modernisierung und Modernisierungstheorien. In: ders. (Hg.), Die Modernisierung moderner Gesellschaften. Verhandlungen des 25. Deutschen Soziologentages in Frankfurt am Main 1990. Frankfurt/M., New York, S. 23-39.

Auf dem Weg in bessere Zeiten? Modernisierung zwischen Zeitsouveränität und Marktanpassung

Jürgen Rinderspacher

1. Einleitung

Verfolgt man die Diskussion der letzten Dekade um die Zukunft der Arbeitszeiten, so wird sie weithin beherrscht von einem großen Thema: der Flexibilisierung. Der Zusammenhang kann inzwischen als allgemein bekannt vorausgesetzt werden (vgl. MAGS 1998). Im Kern geht es um die Behauptung, die Arbeitszeitstrukturen der klassischen industriellen Periode hätten die Beschäftigten in ein starres Zeitkorsett gezwängt, das ihnen bislang viele Möglichkeiten vorenthalten hatte, Lebenschancen wahrzunehmen. Die sehr wesentlich durch Teriet (1976) eingeläutete Debatte wurde zunächst von dem Begriff der Zeitsouveränität bestimmt. Danach steht jedem Menschen in einer modernen Gesellschaft das Recht zu, ähnlich wie zwischen verschiedenen Konsumgütern auch zwischen verschiedenen Zeiten zu wählen, also über Dauer, Lage und Verteilung der eigenen Lebenszeit für den Zweck der Erwerbstätigkeit eigenständig zu entscheiden.

Dieser recht hoch angesetzte Anspruch auf Selbstbestimmung über die eigene Zeit, der ganz bewußt auf ordnungspolitische Grundsatzpositionen rekurrierte, konnte sich in dieser Radikalität nur verbreiten vor dem Hintergrund eines Arbeitsmarktes, (oder besser: einer noch ungebrochenen Vorstellung der Betroffenen über die Situation am Arbeitsmarkt), der es der Arbeitgeberseite geraten erscheinen ließ, zumindest um Fachkräfte zu werben und ihnen neben pekuniären Sonderleistungen in zeitlicher Hinsicht entgegenzukommen. Nicht zufällig wurde wenig später die These von der Notwendigkeit eines pfleglichen Umgangs mit der Arbeitskraft (Kern/Schumann 1984) publiziert, verbunden mit dem Leitbild des selbständigeren, selbstbewußteren und sozial kompetenten

Mitarbeiters, der sowohl die Ansprüche an die Humanisierung der Arbeitswelt als auch die steigender Arbeitsproduktivität erfüllen könnte. Und schließlich waren die ausgehenden siebziger bzw. beginnenden achtziger Jahre diejenigen einer beginnenden Werte-Wandel-Diskussion (vgl. Klages/Kmieciak 1979): Die Dominanz der Arbeitsbezogenheit des Alltagslebens wurde zunehmend überlagert von eher hedonistischen und auf die eigene Person bezogenen Orientierungen. Alles zusammen konnte als Element eines allgemeinen Modernisierungstrends gedeutet werden, der – Vorbilder wie die USA würden dies deutlich zeigen – zu mehr Individualisierung und damit zur Auflösung althergebrachter zeitlicher Reglements führen würde, sofern sie der Entfaltung persönlicher Bedürfnisse oder Lebensentwürfe entgegenstünden. Aus diesem Gesamtkonzept heraus konnte das vorfindliche Regime der Arbeitszeitorganisation als starres Hindernis auf dem Weg in eine emanzipierte Gesellschaft erscheinen (vgl. Gottlieb-Duttweiler-Institut 1979; im Überblick bei Offe 1982).

Wie kam es, daß der Begriff der „Starrheit" geradezu paradigmatisch für die neuere Arbeitszeitdiskussion werden konnte, zum Zentralproblem zeitlicher Organisation des Arbeitslebens aber auch der anderen gesellschaftlichen Bereiche? Möglicherweise gelangt ja darin ein tief verwurzelter Drang nach Freiheit und Selbstbestimmung ans Tageslicht, der sich erst in der sogenannten Zweiten Moderne (vgl. Beck 1991, sowie unten), also der Gesellschaft nach der Industriegesellschaft, Bahn brechen kann. Auf der anderen Seite könnte es sich aber auch um ein Medienartefakt, eine bloße Propagandastrategie handeln, um die Menschen dazu zu bewegen, sich auf die Synchronisierung ihrer eigenen Zeit mit betriebswirtschaftlichen Erfordernissen einzulassen. Oder handelt es sich nur um eine Modeerscheinung, um den Ausdruck eines neuen Lebensgefühls, eines alternativen Alltagsdesigns, das so gut oder schlecht begründet werden kann wie die sich abwechselnden Stilrichtungen in der Textilbranche?

Etwa zwei Jahrzehnte wissenschaftlicher Diskussion und mehr als ein Jahrzehnt arbeitszeitflexibler Praxis sind vergangen. Die (einstige) Zukunft der Arbeitszeit liegt nun in geronnener Form, als gelebte Praxis, vor. Zeit, um eine Zwischenbilanz zu ziehen.

2. Wege zur Arbeitszeit

Ein kurzer Rückblick auf die Geschichte der Arbeitszeiten macht den Weg hin zum heutigen Paradigma deutlich, der über viele Stationen des Werdegangs industrieller Arbeit verlief. Auf den ersten Blick mag es so aussehen, als sei die Geschichte der Arbeitszeit so alt wie die Geschichte der Arbeit (vgl. Otto 1990).

Sie ist auch nicht bloß die Geschichte unterschiedlicher Dauern der Arbeitszeit im historischen Verlauf. Vielmehr beginnt sie dort, wo die Arbeit zeitlich gemessen wird und diese Messungen zugleich eine soziale bzw. ökonomische Bedeutung erlangen. Erst, wo die Akteure selbst ihre Aktivitäten auf Zeiteinheiten beziehen, kann Arbeitszeit als solche als institutionalisiert gelten. Demgegenüber kann von Arbeitszeiten im engeren Sinne noch nicht gesprochen werden, wo etwa der wissenschaftliche Beobachter im Zuge einer historischen Betrachtung lediglich die Verweildauern der Menschen am Arbeitsplatz in einer jeweiligen Epoche rekonstruiert, ohne daß diesen selbst an einer zeitlichen Bestimmung gelegen hätte. Wie Otto (1990) hervorhebt, sind nachträgliche Aussagen über das zeitliche Ausmaß der mit Arbeit verbrachten Zeit früherer Epochen aus mehreren Gründen schwierig.

In vorindustriellen Gesellschaften maßen die Menschen der zeitlichen Dimension der Arbeit praktisch keine Bedeutung bei. Das erklärt sich zum einen aus der generell marginalen Rolle von Zeit im Alltag früherer Epochen, etwa des Mittelalters (vgl. Borst 1983) und der frühen Neuzeit (Münch 1998), in der eine exakte Zeitmessung nur in den seinerzeitigen High-tech-Bereichen wie der Seefahrt wichtig war. Das wiederum hatte zu tun mit der Wirtschaftsstruktur: Dort wo Bauern für den eigenen Bedarf und Handwerker für einen begrenzten Markt produzieren, macht eine Kalkulation des eigenen Zeitaufwandes für die Herstellung von Waren nur bedingt Sinn. Knechte, Mägde und erst recht Familienangehörige wie auch Gesellen synchronisierten ihre „Arbeitszeit" im wesentlichen organisch (vgl. Rinderspacher 1985), also vermittelt über gemeinsame Lebensrhythmen der jeweiligen sozialen Gruppen, die nicht von abstrakten, objektivierten Zeitmaßen bestimmt wurden. Die klimatischen Bedingungen im Tages- und Jahresverlauf, die Lichtverhältnisse und die Rhythmen der Tier- und Pflanzenwelt, auf die die Menschen angewiesen waren, prägten die Lebensverhältnisse, ohne daß jemand die Stunden oder gar Minuten gezählt hätte. Das verbot sich schon deshalb, weil Zeitmessungen zuerst überhaupt nicht und später lange Zeit nur einer elitären Minderheit verfügbar waren.

Als eines der grundlegenden, schon aus der Bibel bekannten Meßgrößen für eine vollbrachte Arbeit ist das Tagwerk überliefert. Doch bis ins 20. Jahrhundert richtet sich die Dauer der Arbeit der Tagelöhner etwa in der Landwirtschaft nicht nach einer vorab vereinbarten Stundenzahl, vielmehr bestimmten entweder natürliche Umgebungseinflüsse, der Erschöpfungszustand oder die Willkür des Beschäftigers den zeitlichen Rahmen der Arbeit (vgl. Rinderspacher 1935). Als Vorbild für eine zeitliche Strukturierung des Tagesablaufs dienten vor allem die Klöster (vgl. Dohren van Rossum 1992), die mit der Einführung der Horen Vorreiter für einen zeitlich wohlorganisierten Alltag wurden. Aber hier hatte die

„Stunde", die sich am Verlauf der Sonne orientierte, gezwungenermaßen noch keine festen 60 Minuten, ihre metrische Dauer changierte im Tagesverlauf.

Außer durch die natürlichen Umgebungseinflüsse und die inneren biologischen Rhythmen der Menschen, die in vorindustriellen Gesellschaften ebenfalls sehr viel stärker als in der Moderne die Strukturierung von Aktivität und Ruhe prägten (vgl. Gleichmann 1980), wurde der Alltag von kultisch-religiösen Vorschriften gegliedert. Die gewaltige Anzahl der regelmäßig über das Jahr verteilten Feste führte zu einer Gesamtzahl von Arbeitstagen, die der Anzahl der Arbeitstage in hochindustrialisierten Ländern entspricht, wenn man freie Samstage, Urlaubstage und andere Arbeitsunterbrechungen dagegen hält (vgl. Schmugge 1987). Bei dieser häufig zitierten Tatsache wird allerdings nie berücksichtigt, daß diese Feste nicht durchweg mit Arbeitsverboten einher gingen, vor allem daß sie oft nur Teile der Bevölkerung betrafen (z.B. nur in den Städten stattfanden) und – in unserem Zusammenhang wichtig – auch der Sonntag nicht zu allen Zeiten generell arbeitsfrei war. Vielmehr hat erst das neunzehnte Jahrhundert in Deutschland zu einer wirklich kollektiven Sonntagsruhe geführt (vgl. Nuß 1996), wozu immerhin gesetzliche Bestimmungen erlassen werden mußten (vgl. Mattner 1988). Die Gesamtarbeitsstundenzahl pro Jahr vor der Reformation dürfte also trotz allem höher gelegen haben als heute, selbstredend bei erheblich geringerer Arbeitsintensität. Für alle diese Aussagen gilt die oben getroffene Feststellung, daß sich sowohl die Ausdehnung als auch die Dichte der Arbeit in vorindustriellen Gesellschaften aus methodischen Gründen nur schwer rekonstruieren lassen.

Das Kennzeichen vorindustrieller Arbeitsverhältnisse liegt generell in einer sehr ungleichmäßigen Verteilung der Arbeit über den Tag, die Woche, das Jahr und das Leben. Dazu trug, neben den genannten Faktoren der natürlichen Umwelteinflüsse und der wenig domestizierten Körperlichkeit der Menschen (vgl. Elias 1977), deren Grundeinstellung zur Arbeit bei. Die ganz überwiegende Mehrzahl der Menschen lebte, dachte und handelte innerhalb der Grenzen der Subsistenzwirtschaft: Die Menschen hören dann auf zu arbeiten, wenn sie ein in der jeweiligen Gesellschaft soziokulturell fixiertes Lebensniveau erreicht haben.

Die Verfügbarkeit über Zeit, so sie denn überhaupt als solche jemanden interessierte, entstand hier gewissermaßen als Ergebnis der Launen der Natur. Ist das erstrebte Existenzniveau durch günstige Umstände der Natur schneller erreicht, vergrößert sich das Volumen der nicht mit Arbeit verbrachten Zeit und umgekehrt. Bildlich gesprochen: Je mehr Früchte der Apfelbaum trägt, desto größer kann die Ernte und damit die Mußezeit der Menschen sein.

Das mit der Moderne entstehende Konzept der Industrialisierung setzt unter anderem hier an und läutet eine neue Epoche des Zeitverständnisses ein. Industrialisierung meint, wie etwa im 19. Jahrhundert Comte noch einmal im Anschluß an die Aufklärung formuliert hat, ihrer Grundidee nach die Aufhebung der Abhängigkeit von den Unkalkulierbarkeiten, die die äußere Mitwelt des Menschen und die Lebensvollzüge aller Gesellschaften bislang immer geprägt haben (vgl. Fetscher 1994, S. XXVII). Die Emanzipation von der Natur, die wie die Schriften von Rousseau zeigen allerdings in ihrer radikalen Form von Beginn an nie ganz unumstritten war, hatte sowohl lebenspraktische Ziele als auch übergeordnete gesellschaftpolitisch-philosophische. Zum einen erwartete man von der Industrie als einer Form der systematischen, um nicht zu sagen metrischen Form der Organisation der Arbeit seit der Manufakturperiode eine nachhaltige Anhebung des Wohlstandes der Nationen, was durchaus die breiten Massen einschloß (vgl. Blaich 1988). Zum anderen stellte die Industrialisierung – modern gesprochen – die Implementierung der ideologischen Basisinnovation des 18. Jahrhunderts, nämlich die der Idee des Fortschritts (vgl. Rapp 1992) dar. Das Streben zum Höheren, zur Vervollkommnung des Menschen galt als ein Auftrag an die Menschheit, die es nun in einem Jahrhunderte währenden Prozeß der allmählichen Angleichung der Wirklichkeit an das Ideal umzusetzen galt. Das kollektive Leitbild jener Epoche beruhte auf der philosophischen Prämisse, der Mensch müsse sich aus den Fesseln einer als animalische Befangenheit und als Vorstadium der eigentlichen Geschichte betrachteten Epoche befreien und sich auf seine eigenen Kräfte und Gestaltungsmöglichkeiten besinnen.

Diesen Hintergrund muß man rekapitulieren, um das Epochale des Umbruchs zu verstehen, der neben vielen anderen die neue Institution der Arbeitszeit hervorbrachte. Der Anspruch auf sowohl geistige als auch praktisch-physische Naturbeherrschung erfolgte zeitgleich mit anderen Erschütterungen alter Gewißheiten. Das wirtschaftliche Denken und die instrumentelle Vernunft etablierten sich allmählich und wurden nach und nach zur populären Doktrin. Die entstehenden Industrien in den Ländern Europas erbrachten als Agenturen jener Rationalität neben dem rein wirtschaftlichen Beitrag zur Erhöhung und Effektivierung der Güterproduktion zugleich eine große zivilisatorische Leistung, indem sie – unter Zuhilfenahme der neuen wissenschaftlichen Erkenntnisse – Naturbeherrschung als machbares Konzept für jedermann wahrnehmbar vorexerzierten.

Erst hieraus konnte ein qualitativ neues Verhältnis der Menschen zum Umgang mit der Zeit resultieren: Indem die Industrieproduktion und analoge Verfahren sich immer unabhängiger machten vom Tag-Nacht-Rhythmus, von Temperaturschwankungen und vor allem von den unregelmäßigen Angeboten der Natur an Energiezufuhren für eine Produktionsmaschinerie im großen Stil; und erst indem die Entstehung von Wohlstand zunehmend deutlicher eine

Funktion menschlichen Erfindergeistes und Organisationstalents wurde als eine der Natur, konnte Zeit, so wie es B. Franklin in seinem vielzitierten Ausspruch gefordert hatte, systematisch strukturiert und ökonomisch nutzbar gemacht werden. Die Ökonomisierung der Zeit avancierte zu einer wesentlichen Dimension des neuen Kultes der Naturbeherrschung.

Bemerkenswert ist dabei die Tatsache, daß ganz Europa sich über Jahrhunderte in relativ systematischer Weise verzeitlichte, ohne jedoch das, was sich dort vollzog, so recht auf den Begriff gebracht zu haben. Es blieb wenigen, wenn auch sehr prominenten Autoren wie B. Franklin oder A. Smith vorbehalten, in mehr oder weniger elaborierter Form dem sich hinter dem Rücken der Akteure vollziehenden Prozeß der Durchdringung einer ganzen Zivilisation mit zeitökonomischen Standards eine sinnhafte Deutung zu geben (vgl. Rinderspacher 2000). Im Großen und Ganzen bleibt die Verzeitlichung aber ein praktischer Prozeß, an dem die Strukturierung der Gesellschaft über zunächst autoritär von den Unternehmen verfügte, später bilateral ausgehandelte Arbeitszeitregelungen einen entscheidenden Anteil hatte.

Die Ausbreitung von Systemen der Arbeitsbemessung auf der Grundlage zeitlich homogener Zähleinheiten (gleich lange Stunden, Tage, Wochen) begann nicht vor der Industrialisierung. Das erwähnte „Tagwerk" stellt zwar erste Bezüge zur Zeit her, beinhaltet jedoch keine Stundenmessung, ist also eine variable Größe und schon von daher keine Bemessungsgrundlage für „Arbeitszeit" im modernen Sinne. Zuvor üblich war die Bemessung in Stücken, etwa an der Zahl abgelieferter Mengen von Naturprodukten, an Werkstücken oder gesammelten Bodenschätzen, beispielsweise Goldstücken oder Diamanten in der Phase der Besiedelung Amerikas. Die hierfür aufgewendeten Arbeitsstunden zu zählen wäre ein relativ sinnloses Unterfangen gewesen. Die Kalkulation des Aufwandes beschränkte sich auf „lange" oder „kurz" bzw. auf das Problem, Glück gehabt zu haben oder nicht. Die zeitliche Dimension kommt als relevante Bezugsgröße einer erbrachten Leistung erst mit der Verbreitung von abhängiger Arbeit ins Spiel.

Zwar wußte jeder neuzeitliche Unternehmer, daß er die Dauer der Arbeit seiner Beschäftigten möglichst weit ausdehnen mußte, um – nicht zuletzt wegen der geringen Arbeitsproduktivität – seine Warenproduktion soweit es ging zu steigern, doch zunächst ebenfalls nicht in Form objektivierter zeitlicher Bezugsgrößen, die zwischen Arbeitgeber und Arbeitnehmer frei zu verhandeln gewesen wären. Und selbst nachdem die Zeit zur allgemeinen Bemessungsgrundlage geworden war, blieb sie doch lange pures Herrschaftswissen. Der gemeine Arbeiter sollte nicht wissen, welche Stunde geschlagen hatte und selbst wenn er es gewußt hätte, er hätte mit seiner Kenntnis noch nichts ausrichten können.

Auf dem Weg in bessere Zeiten?

Deshalb wurde bekanntlich in den frühen Arbeitsordnungen das Mitbringen von Taschenuhren (die sich ohnehin kein Arbeiter leisten konnte) in die Manufaktur bzw. Fabrik mit der sofortigen Entlassung bedroht.

Diese Art der *Unternehmerwillkür*, frei über die Arbeitszeiten disponieren zu können, notfalls sogar sich zum Herren der Zeit zu machen, indem, wie die Quellen berichten, Fabrik-Uhren verstellt wurden, um dies zu demonstrieren, rief den Widerstand der Arbeiter hervor. *Sie* waren es, die eine objektivierte Zeitmessung als Grundlage gerechter Entlohnung einklagten und es war diese frühe Unternehmerwillkür bzw. das berechtigte Mißtrauen der Arbeiterinnen und Arbeiter dagegen, die die moderne *Arbeitszeitsystematik* hervorbrachte. Der andere Streitpunkt betraf *die inhumane Dauer der Arbeitszeiten,* die bekanntlich zur psycho-physischen Verelendung breiter Schichten der Bevölkerung führte (vgl. unten).

In der Fabrik, in der der Unternehmer die Regeln bestimmte, sollte es den Arbeitern nicht mehr möglich sein, das gewohnte Subsistenzverhalten durchzusetzen. Immer wieder berichten Zeitzeugen und Dokumente, selbst aus recht gut organisierten Industrien wie dem Bergbau, daß vorgesehene Produktionsziele nicht erreicht werden konnten, weil die Arbeiter vorzeitig nach Hause gingen. Eine Reaktion der Arbeitgeber bestand in der Herabsetzung der Löhne, um die Schwelle des Erreichens des Subsistenzniveaus weiter herunterzusetzen und damit wenigstens halbwegs wirtschaftliche Arbeitszeitdauern durchsetzen zu können. Wie man weiß, siegte am Ende das neu entstandene Zeitregime der Fabriken über das spontane Zeitverhalten der Arbeiter.

Mit der Durchsetzung der Industrie als höchstentwickelte Form der Produktion verkehrten sich die Abhängigkeiten: Die Arbeitszeit bestimmte nun – in Verbindung mit dem Lohnniveau – das Lebensniveau und nicht umgekehrt das Lebensniveau die Arbeitszeit. Darin liegt der eigentliche epochale Umbruch, der sich mit der Institutionalisierung von „Arbeitszeit" als gesellschaftlicher Normalität vollzieht. Sie wird erst damit zu einer emphatisch modernen Arbeitszeit, die ja als System bzw. Institution nicht nur die Gewohnheit einer Gesellschaft beschreibt, die Dauer der Zeit aufzuschreiben, in der die Menschen mit abhängiger Arbeit beschäftigt sind. „Arbeitszeit" wird im weiteren Verlauf ihrer Entwicklung zur entscheidenden Bezugsgröße für eine gerechte Beurteilung von Lohn und Leistung. Ceteris paribus bedeuten mehr Arbeitsstunden mehr Leistung und damit mehr Einkommen. Die Kalkulation in Arbeits-Zeit-Einheiten wird zur Grundlage der modernen Leistungsgesellschaft.

Die Kalkulierbarkeit für sich als grundlegendes Leitbild gesellschaftlichen Fortschritts, die Kontrolle des Menschen über die Natur und der Drang nach Gestaltung erfaßte wie gesagt seit der Aufklärung alle gesellschaftlichen Bereiche (vgl. Gröbl-Steinbach 1994) und hatte nicht nur eine ökonomische oder alltagspraktische, sondern durchaus eine ästhetische Dimension, d.h. läßt sich weitgehend, aber nicht ausschließlich funktional begründen. Die rationelle Organisation der Produktion, die seit Mitte des 18. Jahrhunderts vorangetrieben wurde, war sowohl ein Ausfluß dieser neuen Sichtweise von Weltgestaltung als auch bewegendes Moment der Rationalisierung der Arbeits- und Lebenswelt und hier namentlich der Verzeitlichung der Verhältnisse. Die Entstehung geregelter Anfangs- und Schlußzeiten in den Fabriken (vgl. Lüdtke 1980) muß also als Teil eines *umfassenden* gesellschaftlichen Modernisierungskonzepts gesehen werden. Arbeiter, denen es möglich war, nach Gusto zur Arbeit zu erscheinen oder nicht und andere Unzuverlässigkeiten der Arbeitskraft widersprachen diesem Konzept. Wie Thompson (1967, 1968) und andere dargestellt haben, mußte eine effiziente Arbeitsbevölkerung in einem Jahrzehnte währenden Umerziehungsprozeß erst geschaffen werden. Hierbei kam dem rationellen Umgang mit der Zeit eine Schlüsselrolle zu (vgl. Seyfarth 1973).

Die zu Beginn der Industrialisierung immer wieder beklagte Unzuverlässigkeit läßt sich natürlich auch als selbstbestimmtes spontanes Verhalten mit dem Ziel der möglichst sofortigen Umsetzung von psycho-physischen Bedürfnissen interpretieren. Mit anderen Worten taten die Arbeitskräfte vorindustrieller Perioden bereits genau das, was uns heute oft als die Vision von der Befreiung vom Joch der Arbeit vorgestellt wird. Heinrich Böll hat dies in seiner bekannten „Anekdote zur Hebung der Arbeitsmoral" unübertroffen gut dargestellt. Letztlich kreisen die neueren Diskussionen über die Verwirklichung von Zeitsouveränität um eben diesen Punkt: mit der Arbeit aufhören zu können, wenn man „genug hat". Dabei muß allerdings bedacht werden, daß die Beurteilung der Menschen über das für sie zuträglichste Verhältnis von Arbeit und Freizeit seinerzeit weniger auf individuellen Entscheidungen, als vielmehr auf kollektiven Verhaltensmustern im Umgang mit Arbeit und Muße beruhte. Man darf nicht vergessen, daß die vorindustriellen wie die folgenden Übergangsformen zur Industriegesellschaft, weithin sogar die gesamte Erste Moderne, also die klassische Industriegesellschaft, im wesentlichen noch auf kollektiven Verhaltensmustern aufbaute (vgl. Giddens 1996). Erst die späte Moderne löst das Individuum als eigenes wahlhandelndes Subjekt (vgl. Franz 1996) sowohl dem Anspruch nach, wie in der Lebenswirklichkeit aus den kollektiven Fesseln ein Stück weit – aber längst noch nicht vollkommen – heraus (vgl. Holst 2000).

Das Ziel des vormodernen Arbeitsverhaltens bestand weniger in der Selbstbestimmung über die eigene Zeit im heutigen Verständnis als vielmehr in dem Bedürfnis, über konformes Verhalten sozial integriert zu sein und zu bleiben. Das tat man, indem man sich am subsistenzwirtschaftlichen Verhalten der anderen orientierte, zu dem es, solange der Modernisierungsprozeß noch keinen Einzug gehalten hatte, für die normale Arbeitsbevölkerung keinerlei vorstellbare Alternative gab. Im Gegenteil, wie die Dokumente der frühen Industrialisierung ebenso wie die Berichte über die Schwierigkeiten der Industrialisierung sogenannten Entwicklungsländer belegen (vgl. Wendorff 1989), konnte ein Umdenken zu den modernen Prinzipien weithin nur durch Anwendung struktureller Gewalt durchgesetzt werden.

3. Natürlicher Zeitwohlstand

Aus heutigem Blickwinkel mag es so erscheinen, als hätten die Gesellschaften vor der Moderne ihren Zeithaushalt ziemlich optimal geregelt. Die Nachteile bestanden vor allem in den erwähnten Abhängigkeiten von der Natur und der hierdurch bedingten Unregelmäßigkeit der Arbeit, – vom Melken der Kühe über die langen Arbeitsdauern zur Erntezeit, der Langeweile im Winter bis zu der Notwendigkeit, die Arbeit am wechselnden Angebot an Tageslicht auszurichten. Allerdings dürften nicht alle Menschen darunter gelitten haben, vielleicht sogar die wenigsten. Es muß unterschieden werden, inwiefern einerseits die *wirtschaftlichen Möglichkeiten* von Handwerkern, Bauern oder der frühen Unternehmer durch die Unregelmäßigkeiten der natürlichen Umgebung begrenzt wurden einerseits und andererseits der Einschränkung allgemein *menschlicher Entfaltungsmöglichkeiten* durch den naturverhafteten Lebensrhythmus und die Alltagskultur der Menschen. Denn möglicherweise kommt eine eher amplitudenhafte Verausgabung von Arbeit (vgl. Rutenfranz 1989) der menschlichen Natur eher entgegen als eine über das Jahr verstetigte, gleichförmige und damit inhaltsleere, abstrakte „Arbeitszeit". Heute ist fast in Vergessenheit geraten, daß die Kapitalismus- bzw. Industrialismuskritik seit den sechziger Jahren sich unter anderem genau gegen jene, aus der Gleichförmigkeit herrührende Monotonie richtete (vgl. Gubser 1968).

Bei allen noch zu besprechenden Nachteilen bestand der Vorteil dieser Art von Ungleichförmigkeit immerhin darin, daß sie an elementare, für jede(n) nachvollziehbare Sinnstrukturen geknüpft waren: Haustiere bedürfen unabweisbar regelmäßiger Fütterung, die Ernte muß wegen drohenden Wetterumschwunges zwingend mit aller verfügbaren Extensität und Intensität eingebracht werden, Lichtverhältnisse und Energieangebot der Natur müssen genutzt werden, solange sie (noch) existieren und auch an klimatische Vorgaben haben sich die Verhaltensweisen der Menschen mehr oder weniger alternativlos anzupassen. Diese Sinnbindung sowie die damit verbundene institutionelle Eingebundenheit der Verhaltensweisen und Entscheidungsstrukturen mag, anders als es durch die Brille des modernen Beobachters erscheint, das „Arbeitsleid" (vgl. hierzu Franz 1996) in Grenzen gehalten zu haben.

Als Beobachter der sozialen Verhältnisse einer anderen Epoche neigen wir generell dazu, die eigenen Wertsysteme und Beurteilungsschablonen unkritisch auf andere Gesellschaftsformationen zu übertragen, statt diese aus dem Kontext des jeweiligen Entwicklungsstandes eines Sozialsystems heraus zu verstehen und zu interpretieren. Aus dem Blickwinkel der Hochphase des Industrialismus erscheint die Unregelmäßigkeit der Arbeitsverausgabung für Arbeiter wie für Unternehmer gleichermaßen als Zumutung. F.W. Taylor hat hierauf Anfang dieses Jahrhunderts ausdrücklich Bezug genommen, um die Selbstausbeutung und zugleich wirtschaftliche Unzulänglichkeit zu beklagen, die Arbeitskräfte an den Tag legen, wenn sie einmal mit höchster, gesundheitsgefährdender Hektik und dann wieder mit Trödelei an die Arbeit gehen und bei all dem selbst nicht glücklich seien. Sein wissenschaftliches System der Arbeitsorganisation zielte daher nach eigenem Verständnis zum Vorteil sowohl der Arbeiter als auch der Arbeitgeber auf eine – freilich bis ins Extrem getriebene – Gleichverteilung der Arbeitsmenge über den Tag (vgl. Taylor 1919).

Aus dem Blickwinkel der Zweiten Moderne und vor dem Hintergrund der neueren Diskussion über Zeitsouveränität erscheint das subsistenzwirtschaftliche Zeitverhalten mitunter als gelebter Zeitwohlstand. Doch was, wenn die Menschen jener Epoche diesen weder intendiert noch selbst als solchen empfunden hätten? Dem Zeitforscher bietet sich, etwa wenn er die zitierten zahllosen Feiertage im Mittelalter oder das Mußeverhalten oder die Arbeitsintensität in agrarischen Gesellschaften untersucht und dabei die Kategorien der Gegenwartsdiskussion auf die Vergangenheit anwendet, eine Gesellschaft im Zeitwohlstand dar. Auch wenn der Begriff sich erst noch im Klärungsprozeß befindet (vgl. Rinderspacher 1985, 1990, 2000; sowie Scherhorn/Reisch 1998), so läßt sich doch nach gegenwärtigem Verständnis darunter eine Situation verstehen, die nach Lage, Dauer und Verteilung gut mit der Ressource Zeit ausgestattet ist. Das Paradoxon besteht darin, daß diese gute Ausstattung innerhalb einer Gesellschaft zu beobachten war, die – mit Ausnahme einiger Eliten – im Großen und Ganzen nichts von ihrem Reichtum wußte. Das ähnelt der Situation der „Wilden", in der Karibik, die bei ihrer sogenannten Entdeckung durch Kolumbus um den (aus westlicher Sicht) „wahren" Wert ihres Goldschmuckes nicht wußten und daher freigiebig damit umgehen konnten. Die Art der Verfügung der alten Gesellschaften über Zeit erscheint jenen als eine Form von Wohlstand, die diese im Verlauf ihrer gesellschaftlichen Entwicklung erst zu einer knappen Ressource gemacht haben.

Mit anderen Worten hat erst die systematische Bewirtschaftung der Zeit im Gefolge des Modernisierungsprozesses zu jener Verknappung der Zeit geführt, die sie heute als wertvolles Gut und damit emphatisch als eine Form von Wohlstand erscheinen läßt. Es wäre unhistorisch und sozialwissenschaftlich nicht seriös gedacht, würde man ohne Beachtung des unterschiedlichen sozialen Kontextes und ohne Reflexionen über den Status des Beobachters (vgl. Luhmann 1992) die ursprüngliche, unintendierte Verfügung der Menschen über Zeit in einer Phase, in der sie noch als freies Gut gelten mußte, mit der spätmodernen Epoche gleichsetzen, in der die Verzeitlichung der Gesellschaft und ihre Durchdringung mit den Prinzipien der Ökonomie der Zeit diese in kaum zu überbietender Weise verändert hat. Einzuschließen wären hier die reflexiven Phasen im Verlauf der neueren Sozial- bzw. „Zeit"-Geschichte: Die wiederkehrende Kritik an den Folgen und Nebenfolgen der Verzeitlichung der Gesellschaft und des sich hieraus ergebenden permanenten Umbaus von Zeitstrukturen im Verlauf des Modernisierungsprozesses der vergangenen zweihundert Jahre, über den gleich zu sprechen sein wird, ist integraler Bestandteil, ein Movens dieses Verzeitlichungsprozesses.

Das Ergebnis früherer Formen der Zeitorganisation unserer Vorfahren, anders ausgedrückt: der unwissentlich unterlassenen Zeitorganisation und Zeitbewirtschaftung, soll im folgenden als *natürlicher Zeitwohlstand* bezeichnet werden. Die zunächst durchweg positiv erscheinende Konnotation des Begriffs muß allerdings relativiert werden. Ebenso wie die Natur ambivalent ist und ein gemütlicher Nachmittag im Sommer auf der Liegewiese immer auch den Ärger mit Mücken und Wespen verspricht, den man im Nachhinein zu vergessen pflegt, so ist der natürliche Zeitwohlstand gegenüber dem, was man heute darunter verstehen könnte, nicht a priori der bessere, sondern schlicht der andere. Die Frage, welcher vorzuziehen wäre, ist sinnlos, da sie suggeriert, man könne die Zustände der Vergangenheit irgendwann noch einmal reproduzieren. Auf der anderen Seite läßt sich der mit der Modernisierung von Wirtschaft und Gesellschaft untrennbar verknüpfte Gang der Arbeitszeitentwicklung der letzen zwei Jahrhunderte in Europa als das Ringen um die Wiedererlangung des Zeitwohlstandes vorangegangener Epochen verstehen. Das Ergebnis wird die reflexive Wiedergeburt einer veränderten Form des Zeitwohlstandes in der Zweiten Moderne sein oder wenigstens die Hoffnung darauf (vgl. unten). Die Entstehung der Institution der Arbeitszeit und ihre Ausformungen im geschichtlichen Verlauf geht von diesem Zustand des natürlichen Zeitwohlstandes aus.

Arbeitszeitregelungen sind Vereinbarungen zwischen zwei Vertragsparteien, ganz gleich welcher Größenordnung, also zwischen Personen, Organisationen oder zwischen den Mitgliedern einer Gesellschaft in Gesetzesform. Arbeitszeiten können aber auch durch willkürliche Anordnung oder gar durch bloße Gewalt- oder Abhängigkeitsverhältnisse und krude Notlagen der Beschäftigten entstehen, so daß man in diesen Fällen zwar vom Zustandekommen eines Arbeitszeitregimes, nicht aber im Wortsinne von *Regelungen*, die einen Minimalkonsens der Betroffenen voraussetzen, sprechen sollte. Nicht als Arbeitszeiten sind dagegen zu bezeichnen die ex post rekonstruierten Tätigkeiten von Individuen unabhängig von ihrem sozialen Kontext (vgl. Otto 1990). Hier spricht man besser schlicht von der Dauer einer Arbeit oder von ihrer Verteilung. Mit der Entstehung von Arbeitszeiten, die eine gewisse *Regelmäßigkeit und Erwartungssicherheit* aufweisen, entweder durch Anordnung oder durch Verträge, treten allein durch die Existenz des Reglements als solchem gegenüber der vorherigen Ausgangslage des subsistenzbezogenen Zeitverhaltens der Arbeiter der vorindustriellen Periode drei wesentliche Veränderungen ein:

Erstens verlagert sich grundlegend die Macht und Kompetenz der Zeitallokation von den natürlichen Zeitgebern (s.o.) auf soziale Zeitgeber, also auf Menschen in besonderen Funktionen wie der des Unternehmers. Diese begründen – sofern sie dies überhaupt tun – das von ihnen eingeforderte Zeitverhalten der Menschen in Bezug auf die Dauer, Lage und Verteilung wie aber auch der Intensität der Arbeit (Arbeitsdichte) mit Verweis auf sachliche Notwendigkeiten, vor allem auf technologische Zwänge sowie auf ökonomische Erfordernisse, die sich aus dem neu entstehenden System des organisierten Marktwettbewerbes ergeben. Die sinnliche Erfahrung der Notwendigkeit, für eine gewisse Dauer zu einem bestimmten Zeitpunkt aus bestimmten nachvollziehbaren Gründen zu arbeiten, verschwindet damit als Motivationsbasis weitgehend und wird durch abstraktere Motive, wie das Lohnmotiv oder die Angst vor Entlassung geregelt. Sie wird mit anderen Worten durch lange Ketten der rationalen Begründung und Rechtfertigung ersetzt. Die Einschränkung, daß Arbeitgeber sich überhaupt zu Erklärungen ihrer Anordnungen bereit finden müssen, ist keine mehr oder weniger künstliche Rahmenbedingung, im Gegenteil. Die Sozialgeschichte zeigt, daß es zunächst langer Auseinandersetzungen bedurfte, bis Arbeitgeber sich generell zu gegenseitigen Vereinbarungen über Arbeitszeiten bereit erklärten.

Indem gesellschaftliche Teilgruppen – Unternehmerschaft und Arbeiterschaft – organisiert über Arbeitszeiten verhandeln, bestimmen sie den Preis der Zeit. Die artifizielle Verzeitlichung der Gesellschaft und ihre Diffusion in den industriellen Alltag nimmt hier ihren Ausgangspunkt. Das, was früher durch die stille Konvention, bei städtischen Handwerkern allerdings gelegentlich auch durch Absprachen innerhalb der Zünfte (vgl. Otto 1990), geregelt wurde, geht nun auf mit Macht ausgestattete Personen oder an soziale Gruppen über. Auf diese Weise verschwindet die Transparenz der gesellschaftlichen Zeitverwendung und hierdurch die Kritikfähigkeit betreffend den Sinn oder Unsinn zeitlicher Dauer und Verteilung der abzuleistenden Arbeit. Damit geht die erste wichtige Komponente des natürlichen Zeitwohlstandes verloren, nämlich die organische Synchronität durch natürliche und soziale Zeitgeber (vgl. Rinderspacher 1985).

Entsprechend besteht *zweitens* im System geregelter Arbeitszeiten keine Möglichkeit mehr, deren Dauer nach dem persönlichen Geschmack oder nach dem orts- oder branchenüblichen kollektiven Verhalten zu bestimmen. Dies ist allerdings ein – wenn auch mehr als ein Jahrhundert andauerndes – Übergangsphänomen: Auf (sehr) lange Sicht gelingt es den Gewerkschaften, wenigstens was die Dauer der Arbeit angeht, den Status quo ante zu erreichen und noch zu übertreffen. Anders dagegen sind Lage und Verteilung noch weithin nicht selbst bestimmt. Die moderne Idee der Zeitsouveränität reformuliert diesen ursprünglichen Anspruch der Epoche des natürlichen Zeitwohlstandes in Begriffen einer modernen Marktgesellschaft. Im Idealfall wählt der/die Beschäftigte seine Arbeitszeit in allen Dimensionen entsprechend seinen materiellen Ansprüchen selbst.

Damit ist zugleich die *dritte* wesentliche Veränderung angesprochen: Der sich allmählich entfaltende, gewissermaßen artifizielle Zeitwohlstand der industriellen Periode geht, jedenfalls in den westlichen Industrieländern, bekanntlich einher mit einem unvergleichlich höheren Güterwohlstand. Hier hat, wenn man so will, ein historisches Tauschgeschäft stattgefunden. Der natürliche Zeitwohlstand ging verloren zugunsten eines allmählich anwachsenden Güterwohlstandes. Der Preis hierfür ist, daß die Zeit nun ein knappes Gut geworden ist und zeitliche Freiheit für die Arbeitnehmer dementsprechend der Arbeitszeit erst wieder abgerungen werden muß. Der Preis des vorfindlichen Güterwohlstandes ist also die Knappheit der Zeit. Die *Knappheit* der Zeit als solche kann unter diesen Voraussetzungen zwar nicht mehr grundsätzlich überwunden werden. Doch der *Mangel* an Zeit, als praktisches Problem der Alltagsorganisation, läßt sich quantitativ reduzieren. Denn Zeit kann – wenn auch zu einem hohen Preis – in Form vereinbarter Zeitkontingente, konkret: als Verkürzung der Arbeitszeit „zurückgekauft" werden, um auf dieser Basis die industrielle Form des Zeitwohlstandes zu etablieren. Nichts anderes geschieht seit eineinhalb Jahrhunderten durch die Arbeitszeitpolitik der Gewerkschaften.

4. Entstehungszusammenhänge der Arbeitszeitpolitik

Die Geschichte der Arbeitszeiten (vgl. Schneider 1984; Scharf 1987; Kuchenbuch/Sokoll 1990; Otto 1990) ist zum einen eine *Geschichte ihrer Ziele*. Im Verlauf der letzten eineinhalb Jahrhunderte hat sich, das eine mehr oder weniger folgerichtig aus dem anderen, ein breiter Strauß von Zielen herausgebildet, die mit irgendwie gearteten Strukturierungen der Anwesenheitszeiten im Betrieb verwirklicht werden sollen. Ebenso hat sich in diesem Evolutionsprozeß eine Vielzahl *typischer Muster des Verhältnisses von Arbeit und Freizeit* herausgebildet. Beide, Ziele und Modelle, die uns heute vorliegen, sind das Ergebnis eines langen kollektiven Lernprozesses.

Den historisch ersten Grund, überhaupt zu einer vertraglichen Absprache zu kommen, bildete wie allgemein bekannt zunächst die reine Not und die Abwehr der psycho-physischen und soziokulturellen Verelendung breiter Massen. Die Länge der Arbeitstage von 14 Stunden und mehr (vgl. Otto 1990) und dazu der despotische Umgang der Unternehmer mit der Zeit „ihrer" Arbeiter, der sich darin ausdrückte, je nach Marktlage und/oder Lichtverhältnissen die Arbeitstage beliebig auszudehnen oder zu reduzieren, machten jede halbwegs humane Gestaltung des Alltags unmöglich. Der ungeregelte Wettbewerb unter den Arbeitgebern um die Ausbeutung der Arbeitskraft wurde so weit getrieben, daß die Reproduktion einer arbeitsfähigen Arbeitsbevölkerung gefährdet erschien. Es ist den sich allmählich formierenden Gewerkschaftsbewegungen einerseits wie staatlichen Interventionen andererseits zu verdanken, daß, wenn auch aus unterschiedlichen Motiven, diesem Wildwuchs der Arbeitsdauer, -lage und -verteilung ein Ende bereitet werden konnte (vgl. Schneider 1984; Deutschmann 1990).

Die säkulare Arbeitszeitverkürzungspolitik, die Ende des letzten Jahrhunderts sich durchzusetzen begann, war also die Folge einer dramatischen Verlängerung der Arbeitszeiten seit dem Übergang von der vorindustriellen zur industriellen Periode einschließlich der unterschiedlichen Zwischenstufen. Sie folgte nicht einer linearen Logik oder gar der Zwangsläufigkeit eines historischen Gesetzes, sondern oszillierte, wie Otto bemerkt, spiralenförmig um eine Tendenz nach unten. Die Verkürzung betraf alternierend entweder die Tages- oder die Wochenarbeitszeit, selten beide gleichzeitig. Zumeist findet man eine Verkürzung der Tagesarbeitszeiten, etwa von 14 auf 12 Stunden. Da jedoch bis zum ausgehenden 19. Jahrhundert Sonntagsarbeit im produzierenden Gewerbe und anderswo gang und gäbe gewesen ist, errechnet sich in diesem Fall ein Wochenpensum von immerhin 84 Stunden. Erst durch die Sonntagsarbeitsverbote in den Gesetzen einzelner Länder und später des Deutschen Reiches (vgl. Mattner

1988; Nuß 1996) kann, was die Industrie angeht, von einer Sechs-Tage-Woche ausgegangen werden; dagegen sind in der Landwirtschaft bis Anfang des 20. Jahrhunderts und länger Sonntagsarbeit und Arbeitstage bis zu 16 Stunden keine Seltenheit gewesen (vgl. Rinderspacher 1935).

Generell wurden von den Gewerkschaften zunächst zwei arbeitszeitpolitische Ziele verfolgt, ein materielles und ein gewissermaßen strukturelles. Zu unterscheiden ist zwischen dem Ziel vertraglicher Regelungen als solchen und dem Interesse an einer möglichst kurzen Arbeitszeit. Erstaunlicherweise stand ein Teil der Arbeiterinnen und Arbeiter dem materiellen Ziel der Arbeitszeitverkürzungen nicht immer positiv gegenüber. Solange Arbeitszeitverkürzungen nur als reduzierte Anwesenheitspflicht am Arbeitsplatz vereinbart werden konnte und nicht gleichzeitig in Verbindung mit einer Anhebung der Stundenlöhne, konnte häufig kein existenzsicherndes Familieneinkommen erzielt werden (vgl. Deutschmann 1990, S. 88). Eine Erhöhung der Stundenlöhne setzte jedoch ihrerseits eine Erhöhung der Arbeitsproduktivität voraus, aus der eine zusätzliche Wertschöpfung resultierte, die die wirtschaftliche Grundlage der zusätzlichen Entlohnung bildet. Jedoch stellten Produktivitätssteigerungen lediglich eine notwendige, jedoch keineswegs zureichende Bedingung dar. Denn darüber hinaus bedurfte es der Einsicht der Arbeitgeber, diesen Zuwachs in Form von Arbeitszeitverkürzungen anteilig an die Belegschaft auch weiterzugeben zu wollen.

Nachdem die Modernisierung von Wirtschaft und Gesellschaft dazu geführt hatte, daß alle verfügbare Zeit der arbeitsfähigen bzw. -willigen Menschen als potentielle Arbeitszeit betrachtet wurde, also weder die Zeit der Menschen noch die der Gesellschaft eine ökonomisch freie, unbewertete mehr war (vgl. hierzu Rinderspacher 2000), konnte eine Reduzierung der Arbeitszeit zunächst nur als Abzug vom absoluten psycho-physischen Leistungsmaximum des Arbeiters gedacht werden. Dieser mit der Durchsetzung der Industrialisierung implementierte Maßstab erforderte zugleich ein bestimmtes Begründungsmuster: Es war zu erklären, warum bei gleichem Lohn (z.B. bezogen auf Tag oder Woche) nun plötzlich weniger Arbeit geleistet werden durfte. Wie oben gezeigt, stellte sich diese Frage für den Arbeiter ursprünglich anders herum, nämlich warum man mehr arbeiten sollte, als das soziokulturelle Existenzniveau es jeweils erforderte. Die Richtung der Begründung hatte sich also diametral verkehrt.

Von nun an erschien es notwendig, in der Auseinandersetzung um die Arbeitszeit – sofern nicht bloße Machtausübung die Strategien diktierte, also Argumente überhaupt keine Rolle spielten – verallgemeinerungsfähige Begründungszusammenhänge in einen allmählich entstehenden öffentlichen Diskurs einzuführen. Eines dieser Argumente bestand in der Unerläßlichkeit der Reproduktion einer arbeitsfähigen Bevölkerung. Der hierzu erforderliche Umfang der Arbeitszeitreduktion – so wenig wie möglich, so viel wie nötig –, die diesem Ziel entsprach, mußte historisch allerdings erst ausgetestet werden, wenn man so will im Rahmen kollektiver Großversuche an der Arbeitsbevölkerung, die nebenbei bemerkt natürlich auch für sich erst herausfinden mußte, wo ihre zeitlichen Grenzen der Sozialverträglichkeit unter den Bedingungen des jeweiligen Entwicklungsstandes von Wirtschaft und Arbeitsorganisation lagen.

Anders als es aus heutiger Sicht erscheinen mag, waren also Arbeitszeitverkürzungen aus den genannten Gründen – Einkommenseinbußen bzw. damit verbundene Lohnerhöhungen, Nicht-Wissen über die Grenzen der eigenen Leistungsfähigkeit etc. – seit ihren Anfängen nie unumstritten. Begründungen der Protagonisten von Arbeitszeitverkürzungen richten sich daher ebenso wie an das natürliche Gegenüber der Gewerkschaften, die Arbeitgeber, an die eigene Klientel, die Arbeitnehmerinnen und Arbeitnehmer selbst. Als eine verallgemeinerungsfähige Begründung für eine Veränderung der Arbeitszeiten setzte sich unabhängig von ihrer Realisierbarkeit im Einzelnen als Leitmotiv zunächst die Wiederherstellung einer menschenwürdigen Lebenssituation und Lebensführung und der Erhalt der im weiteren Sinne verstandenen Gesundheit durch. Stärker auf die geistig-geistliche Situation rekurrierten die Vertreter der Kirchen und Stifter neuartiger kirchlicher Sozialverbände (vgl. Brakelmann/Jähnichen 1994), die der unverkennbaren Verelendung der breiten Massen auch in dieser Dimension entgegenwirken wollten, nicht nur um die Dezimierung des Kirchenvolkes zu verhindern.

Arbeitszeitpolitik beinhaltete in ihren Anfängen also zunächst Arbeitszeit*verkürzungs*politik. Dies lag auf der Hand. Einmal knüpfte diese Politik an die vorindustriellen Gebräuche und Erfahrungen im kollektiven Gedächtnis an: Arbeit war nie etwas, das unendlich dauert. Allerdings gelang der Anschluß nur im Hinblick auf die Reduzierung der Dauer. Neu und im Grunde viel problematischer war die – seinerzeit zwar noch relativ schwach ausgeprägte – *Kontinuierlichkeit der Arbeitsverausgabung* über den Tag, die Woche und das Jahr. Dies auf einem Intensitätsniveau, das in der vorindustriellen Periode allenfalls in Zeiten des Ernteeinsatzes o.ä. gebräuchlich war. Es könnte dieses Zusammentreffen von Verlängerung und Verstetigung gewesen sein, das, soweit man aus heutiger Sicht erkennen kann, die neue psychophysische und soziale Belastungskonfiguration ausmachte (vgl. hierzu Wenninger 1995; Rutenfranz 1989). Um eine Reduktion der Belastungen zu bewirken, konnten sowohl die staatlichen Interventionen, wie die Einschränkung der Kinderarbeit 1839 (bei Wenninger 1995, S. 191), als auch die Gewerkschaftsbewegung im wesentlichen jedoch nur an der Dauer der Arbeit, nicht aber an der sich neu etablierenden Regelmäßigkeit und auch nur bedingt bei der Intensität ansetzen. Denn letztere entsprachen, wie oben gezeigt, dem Grundgedanken der Industrialisierung und des ökonomischen Fortschritts so sehr, daß keine relevanten Bevölkerungsgruppen dagegen zu mobilisieren gewesen wären, zumal sich die Arbeiterbewegung selbst dem industriellen Fortschrittsgedanken verschrieben hatte (vgl. Balser 1968; Roth 1968).

Die Arbeiterbewegung mußte außerdem für sich klären, inwieweit sie sich eher auf *individuelle* oder *kollektive* Muster kaprizieren wollte. Das kollektive Muster – beispielsweise lineare Verkürzung der Tagesarbeitszeit oder Sonntagsarbeitsverbot für alle – lag zumindest für die größeren Betriebe nahe. Für die zahlreichen Handwerkbetriebe u.ä., die übrigens, wie die Drucker (vgl. bei Balser 1968) den Keim der Gewerkschaftsbewegung bildeten, waren kollektive Muster kontrafaktisch zu ihrer weithin von persönlichen Abhängigkeitsbeziehungen geprägten Lage die angemessene Strategie; sie dienten dazu, Geschlossenheit und Übersichtlichkeit in einer komplizierten sozialen Landschaft herzustellen. Da eine zentrale ethische Grundlage der Arbeiterbewegung das Prinzip der Solidarität bildete, ging es bei Arbeitszeitregelungen immer auch um die Herstellung der Voraussetzungen für mehr Gerechtigkeit und Gleichheit, die nur durch *Vergleichbarkeit* zu verwirklichen waren. Zudem konnten plakative Forderungen in eine seinerzeit noch weniger differenziert argumentierende und weniger reagible Öffentlichkeit hineingetragen werden, um Mitstreiter zu mobilisieren.

Flankierend zur Verkürzung der Arbeitszeiten richtete sich die Strategie auf langfristige Arbeitskontrakte, d.h. auf Beschäftigungssicherheit über Jahre und Jahrzehnte; denn diese war zunächst die Ausnahme. Die Gewerkschaften mußten ihr Augenmerk auf den Ausbau der Beschäftigungskontinuität legen und dem Heuern und Feuern als dem gängigen Muster eine neue Vision vom dauerhaft beschäftigten Arbeiter gegenüberstellen. Erst damit konnten sich die vom technischen Fortschritt erwarteten Verbesserungen der Lebensverhältnisse, nicht nur der materiellen, sondern auch der sozialen und allgemein zivilisatorischen, verwirklichen. Die Vision vom kultivierten Arbeiterhaushalt, dessen Mitglieder ihre körperlichen und kulturellen Bedürfnisse pflegen, sich politisch engagieren und ihre Interessen vertreten, und deren Freizeit nicht nur Erholzeit von der Arbeit ist, stellte von Beginn an ein zentrales Leitbild der Arbeiterbewegung dar (vgl. Bebel 1972). Ein solcher Arbeiterhaushalt kann, insbesondere unter Berücksichtigung der Rolle der Frau jedoch nur der sein, der von den elementaren Ängsten um seine physische Existenz entlastet ist. Diese Grundlagen und Visionen der frühen Epoche wirkten als Rahmenbedingungen der Arbeitszeit- und Lohnpolitik bis in die 1980er Jahre hinein.

Zwischen der Formulierung konkreter Utopien und ihrer Umsetzung liegen bekanntlich in der Regel Jahrzehnte, um nicht zu sagen Jahrhunderte. Naturgemäß konnten viele der im 19. Jahrhundert erdachten Arbeitszeitutopien selbst bis zum Ende des 20. Jahrhunderts nicht verwirklicht werden. Manche haben sich im historischen Verlauf als entweder nicht realisierbar erwiesen, wie diejenigen, die nur als Teil einer sozialistischen Gesellschaftsveränderung Sinn machen, aber auch solche, die aus anderen Gründen bis heute umstritten sind, z.B. der 4-Stunden Tag, den Lafargue schon im 19. Jahrhundert propagierte. Die Visionen als solche dürften jedoch eine starke Triebfeder der Veränderung gewesen sein, die von den sozialen Bewegungen genutzt werden konnte, um auch weit darunter angesiedelte Ideen umzusetzen. Einige dieser Arbeitszeit-Projekte sollten sich freilich, was damals niemand wissen konnte, zu generationenübergreifenden Langzeitvorhaben ausweiten. Ohne die utopische Energie, die die Phantasie der Zeitgenossen beflügelte, etwa die berühmte Vorstellung K. Marx' aus den Frühschriften in der Mitte des 19. Jahrhunderts, der Mensch könne sich auf lange Sicht weithin von der körperlichen Arbeit befreien, um auf Basis weniger Stunden Arbeit morgens zu fischen, abends jagen zu gehen und sich tagsüber mit schöngeistigen Dingen zu beschäftigen, wären wohl auch die vergleichsweise pragmatischen Vorhaben nicht zu realisieren gewesen. Die Arbeiter, traditionell eher an konservativen Werten orientiert, schufen sich eine Bewegung, die sie zum Aufbruch zwang, und die sie mit der Ausformulierung von Sozialutopien zu Protagonisten der Industrialisierung und Modernisierung machte.

5. Ziele der Arbeitszeitpolitik

Wie oben dargestellt, war Arbeitszeitpolitik zunächst Arbeitszeitverkürzungspolitik und ihr Ziel, auf einen Nenner gebracht, die Aufhebung bzw. Abwendung von Not und Verelendung angesichts der totalen Vereinnahmung der Person bzw. der Zeit des Arbeiters/der Arbeiterin. Dieses Ziel hatte anfangs defensiven Charakter.

Ebenfalls noch als defensiv ist eine weitere Etappe der Ziele der Arbeitszeitpolitik zu charakterisieren, die seit den zwanziger Jahren des 20. Jahrhunderts Gewerkschaften und Politiker umtrieb. Die Idee der *Bekämpfung der Arbeitslosigkeit durch Arbeitszeitverkürzung* entstand in der Zeit der großen Depression und einer krisengeschüttelten Wirtschaft in den USA und in Deutschland. Soweit man sehen kann, wurde erstaunlicherweise erst jetzt – das Phänomen der Arbeitslosigkeit war ja nicht neu – erstmals auf breiter Basis eine mehr oder weniger ausgearbeitete Strategie der systematischen Verknappung des Arbeitsangebots durch Reduzierung der Wochenarbeitszeit diskutiert (vgl. Schneider 1982; Klein/Worthmann 1999). Eine kollektive, lineare Tagesarbeitszeitverkürzung, die in ihrem Umfang in unterschiedlichen Branchen allerdings je nach ihrem Ausgangsniveau variieren mußte, sollte ganz im Sinne gegenwärtiger Überlegungen (vgl. Projekt Arbeit:Leben:Zeit 1999) zur gerechteren Verteilung der vorhandenen Arbeit auf die Arbeitsbevölkerung beitragen.

Allerdings war dieser Strategie kein großer Erfolg beschieden, wenigstens nicht in Deutschland. Während in den USA sich hieraus erste Ansätze zur Fünf-Tage-Woche herausbildeten, die später dann dort und in allen industrialisierten Ländern die Zeitinstitution des „freien Samstages" begründete (vgl. Fürstenberg et al. 1999), wurden spätestens mit dem Aufkommen des NS-Staates die Arbeitszeiten im Zuge anderer Strategien zur Bekämpfung der Arbeitslosigkeit (Zurückdrängen der Frauen vom Arbeitsmarkt, Arbeitsdienst, Rüstungswirtschaft etc.) wieder verlängert (vgl. Schneider 1982).

Nach dem zweiten Weltkrieg setzte die Arbeitszeitpolitik in Deutschland bei der 48-Stunden-Woche an, nachdem in der Weimarer Republik in einigen Branchen oder bei fortschrittlichen Unternehmen die 45-Stunden-Marke teilweise deutlich unterschritten war. Anknüpfend an die Tradition der freien Arbeiterbewegung vor dem Nationalsozialismus, verfolgten die Gewerkschaften im wesentlichen die Strategie der *kollektiven* Arbeitszeit*verkürzung*. Was nun Verkürzung genau meinte, war jedoch keineswegs entschieden: Verkürzung der Arbeitstage, der Wochenstundenzahl oder Wochentage, an denen gearbeitet werden mußte? Die Reduktion der Wochenarbeitsstunden in Richtung der 40-Stunden-Woche war das eine. Noch wichtiger erschien jedoch in jener Nachkriegsepoche die Verkürzung der Arbeitswoche. *Die 5-Tage-Woche* ist, was weithin in Vergessenheit geraten ist, bereits vor der Verwirklichung der 40-Stunden-Woche eingeführt worden und galt als relativ eigenständiges Arbeitszeitverkürzungsmodell. So plädierten in den fünfziger Jahren die Arbeitgeberverbände zwar für die verkürzte fünftägige Arbeitswoche, wandten sich aber vehement gegen eine reduzierte Wochen*arbeitszeit*. Die allmähliche Einführung des freien Wochenendes führte daher in den betroffenen Branchen für einige Jahre in der Regel zu einer *Verlängerung* der Tagesarbeitszeiten (z.B. 5 x 9 = 45 Wochenstunden; vgl. Herrmann-Stojanov 1999). Schon damals bestanden trotz der weder von Gewerkschaften noch Arbeitgebern bestrittenen Strategie der säkularen kollektiven Arbeitszeitverkürzung kontroverse Diskussionen darüber, ob und wie das angestrebte Ziel der gesundheitlichen Verbesserung der Arbeitsbedingungen bzw. der Reduktion von Belastungen, die aus dem Arbeitsleben resultieren, auf diese Weise erreicht werden könne (vgl. Dirks 1957).

In dieser Debatte um das freie Wochenende schien bereits eine weitere neue, epochale Zielsetzung durch, die über die bloße Belastungskompensation deutlich hinausreichte. Die Schaffung neuer Zeitinstitutionen, die als Bestandteile eines Leitbildes von einer neuen Gesellschaft und eines neuen Lebensstils galten, beinhalteten mehr als nur neue zeitliche Arrangements. Sie hatten zum einen Symbolcharakter. Die Vision von der Wohlstandsgesellschaft war zugleich die von der Freizeitgesellschaft (vgl. Haller et al. 1955; Dirks 1957). Freizeit sollte nicht länger nur Restzeit jenseits der Erwerbsarbeitszeit sein (vgl. kritisch Nahrstedt 1980). In den Beiträgen der aufkommenden Freizeitsoziologie (zusammenfassend Opaschowski 1994, S. 25ff.; Scheuch 1977) wird deutlich, daß der Eigenwert der Zeit als spezifische Form des Wohlstands – wenn auch noch nicht in diesem Terminus – erkannt wurde. Die neue Zeitinstitution des freien Wochenendes, deretwillen man Verlängerungen der täglichen Arbeitszeit ja zunächst gern in Kauf nahm, ist der Beginn einer Entwicklung hin zu einer neuen Betrachtungsweise des Lebens, das nicht mehr ausschließlich dem Zweck der physischen Reproduktion bzw. der Erwerbsarbeit dienen soll. Diese Sicht ist an sich nicht neu. Sie verbreitet sich nun jedoch über bürgerliche Oberschichten hinaus als verallgemeinerungsfähige Zielvorstellung. Sie ist Vorbote der seit den siebziger Jahren durchbrechenden Erlebnisgesellschaft (Schulze 1993), die etwas Epochales hat, weil sie das Arbeitsleben dem Freizeitbereich unterzuordnen beginnt und dessen Maßstäbe an die Welt der Arbeit anlegt. Der Wertewandel erfaßte zwar bei weitem nicht alle Erwerbstätigen und die Jüngeren viel häufiger als die Älteren, doch allein die bloße Ermöglichung einer solchen Denkweise, ganz zu schweigen von ihrer massenhaften Verbreitung im Volk, wäre in allen vorangegangenen Epochen undenkbar gewesen. Und auch die oben erwähnten Gesellschaften im ursprünglichen Zeitwohlstand haben eine solche Perspektive zwar faktisch leben, sie jedoch nicht als dominante Weltsicht ausdrücklich postulieren können, allein weil ihnen das reflexive Selbstbewußtsein, der historische Abstand zu ihrer eigenen Situation fehlte.

Vor allem in der deutschen Nachkriegsgesellschaft entstand eine Reihe neuartiger Zeitinstitutionen, in die die Verkürzung der Arbeitszeiten in verschiedener Form einging. Das freie Wochenende, der Urlaub im Sinne eines geregelten Anspruchs auf eine jährliche Arbeitsunterbrechung und ein geregelter, materiell abgesicherter Ruhestand setzten sich, zum Teil basierend auf Ansätzen aus der Weimarer Republik, aber auch des Dritten Reiches, zunächst als strategische Perspektiven der Gewerkschaften und schließlich als Gegenstand von Tarifverhandlungen bzw. Arbeitskämpfen schrittweise durch. Hierbei stand schon bald nicht mehr die Abwehr von Not – gesundheitlicher, psychischer und sozialer Verelendung – im Vordergrund, sondern die Schaffung eines neuen Typus von

Wohlstand, was einer Verbesserung der gesundheitlichen und psycho-sozialen Voraussetzungen der Reproduktion der Arbeitskraft natürlich nicht widersprach. Vor allem die kontinuierliche Zunahme der Arbeitsintensität wirkte sich vermittelt über längere Regenerationszeiten auf die Chancen der Freizeitgestaltung aus (vgl. Meissner 1971). Doch die Akzente lagen anders und verlagerten sich mit wachsender Prosperität auf den Faktor der Anhebung der allgemeinen Lebensqualität (vgl. IGM 1972).

Eine weitere offensive Komponente der Gewerkschaftsstrategie bestand im strikten Beharren auf den Prinzipien der Verteilungsgerechtigkeit. Diesbezüglich berief man sich auf eine lange praktizierte, im Prinzip unbestrittene Konsensformel. Dieser zufolge sollen sich die Einkommenszuwächse am Wirtschaftswachstum orientieren, um verteilungsneutral zu sein. Innerhalb dieses Spielraumes darf jedoch die Verteilungsmasse zu gleichen Teilen von den Tarifparteien als Zugewinn vereinnahmt werden. Die Gewerkschaften können ihren Anteil entweder für die Anhebung des materiellen Wohlstands in Form von Lohnerhöhungen einsetzen oder ihn in Form kollektiver Zeitkontingente „verteilen". Von einem bestimmten Punkt an, den genauer zu spezifizieren eine eigene Untersuchung notwendig machte, entsteht auf diese Weise parallel zu einem Maß an privat verfügbaren Konsumgütern, das über das Niveau bloßer Reproduktion hinaus weist, ein Kontingent an individuell verfügbarer Zeit in den Haushalten, welches die basalen zeitlichen Anforderungen an ein menschenwürdiges Leben übertrifft.

Arbeitszeitpolitik gewinnt damit ein zusätzliches Ziel sowie eine zusätzliche Ziel-Dimension: Materialiter resultiert sie in einem Zuwachs an disponibler Zeit (alternativ zum wachsenden Einkommen). Dieser gewinnt darüber hinaus, solange der Verteilungskonsens besteht, den Charakter eines Anspruchs. Das wirkt sich so aus, daß Arbeitszeitverkürzungen von einem bestimmten Punkt an keiner substantiellen Begründung (z.B. der Abwehr von Not) mehr bedürfen, sondern sich mit dem *Argument der gerechten Verteilung des gesellschaftlichen Reichtums* begnügen können – was nicht ausschließt, daß die Gewerkschaften zur Mobilisierung ihrer Mitglieder in den Tarifauseinandersetzungen gelegentlich durchaus handfestere Motive präsentieren müssen. Der Verteilungskonsens, solange er nicht aufgekündigt wird, berechtigt die Gewerkschaften also bildlich gesprochen, aus der Umverteilungsmasse notfalls auch ohne weitere Begründung das ihnen zustehende Kontingent zu entnehmen, um dieses entweder in Lohnzuwächse oder Arbeitszeitverkürzungen für ihre Mitglieder umzusetzen. Die Beweislast ist damit umgekehrt, indem die Arbeitgeber nun gute Gründe, wie etwa Standortnachteile oder Strukturprobleme darlegen müssen, um temporär dem Verteilungskonsens der Wohlstandsgesellschaft *nicht* entsprechen zu müssen. Die *Geltung* von Verteilungsregeln im Sinne gemeinsamer Maßstäbe der Tarifparteien über die Berechtigung der gesellschaftlichen Gruppen zur Beteiligung am wirtschaftlichen Erfolg ist eine Grundvoraussetzung jeder modernen, also auf Verhandlungen beruhender Arbeitszeitpolitik – im Gegensatz zu einem auf bloßer Machtausübung oder gar Despotie aufbauenden Arbeitszeitregime. Das heißt, der mit den Arbeitsverhandlungen über Jahrzehnte mitlaufende Grundkonsens der Verteilungsgerechtigkeit erweist sich als solcher als eine große zivilisatorische Errungenschaft, insofern er die politischen Standards, also die Kultur des Umgangs der Tarifparteien miteinander in einer freien Bürgergesellschaft festigt, wie aber auch die wirtschaftliche Leistungsfähigkeit einer Gesellschaft positiv beeinflußt. Zugleich zeigt die Geschichte der modernen Arbeitsbeziehungen, wie labil dieser Konsens in Zeiten wirtschaftlicher Krisen und eines aus den Fugen geratenen Arbeitsmarktes ist.

Als Zeitinstitutionen konnten Wochenende, Urlaub und Ruhestand nur entstehen, indem Arbeitszeitpolitik systematisch als Strategie der *kollektiven* Arbeitszeitverkürzung betrieben wurde; für den Urlaub bezieht sich dies allerdings nur auf die einheitliche Dauer, nicht aber auf die Lage (vgl. Hohn 1990). In diesem Zusammenhang sind als eine der Nebenfolgen der Arbeitszeitpolitik der Phase des klassischen, mehr oder weniger unreflektierten Industrialismus Gebilde entstanden, die man als *zeitliche Areale* bezeichnen kann (vgl. hierzu auch Rinderspacher 2000). Anknüpfend an Muster der vorindustriellen Periode wurden zunächst zum Schutz der Arbeiter vor Übergriffen der Unternehmer gewissermaßen kalendarische Tabuzonen ausgerufen, wie etwa mit der Feststellung eines generellen Arbeitsverbots am Sonntag (zunächst auch für selbständige Arbeit). Dies schloß an die kollektiven Muster der Arbeitszeitpolitik jener Epoche bzw. ihrer Begründungen (Übersichtlichkeit, Kontrollierbarkeit, Gerechtigkeit, gleiche Erwerbschancen) an. Ebenso bildete sich infolge der Verkürzung der Tagesarbeitszeiten ein Freizeitareal, der geregelte Feierabend. Dieser entwickelte sich im Verlauf der Industrialisierung zu einem metrischen Gebilde, nachdem in den vor- und proto-industriellen Phasen der Feierabend eine Funktion der jeweiligen, weithin naturbedingten Arbeitsmöglichkeiten war (vgl. Münch 1998; Lüdtke 1980). Ebenso entstand, nachdem aufgrund der technologischen Entwicklung die Dunkelheit keinen Hinderungsgrund für Arbeitsvorgänge mehr darstellte, komplementär „die Nacht" als ein für bestimmte Personengruppen wie Kinder und später Frauen geschütztes Areal. Diese Areale haben gemeinsam, daß sie für alle Menschen zeitgleich bezogen auf eine bestimmte Phase Geltung beanspruchen. Diese „bestimmte Phase" ist fixiert im Tagesverlauf auf die Uhrzeit und im Wochenverlauf wie auch im Jahreszyklus

Auf dem Weg in bessere Zeiten?

auf den Kalender. Der Vorteil solcher Vorgehensweise liegt vor allem in ihrer allgemeinen Kommunizierbarkeit und damit leichten Überprüfbarkeit: Jede/r kann feststellen und dies anderen Menschen vermitteln, daß etwa das Ansinnen des Arbeitgebers, sonntags Fabrikarbeit anzusetzen, nicht rechtens ist. Weil hierzu bereits allgemein akzeptierte Institutionen, wie der Gesetzgeber oder die Kirchen oder ein Tarifvertrag (mehr oder weniger) eindeutiges ausgesagt haben, ist das Individuum im Prinzip von Argumentations- und Beweisnöten befreit. Im Koordinatenkreuz der Fixierung an objektivierbaren Zeitmessungen (Stunde, Tag, Jahreszeit) einerseits und deren Belegung mit bestimmten Verdikten andererseits besteht Eindeutigkeit – was Unternehmer nie daran hindern konnte, durch Öffnungsklauseln oder gar persönliche Einschüchterung diese nach Maßgabe ihrer Interessen zu unterminieren.

Ein anderer Typ eines zeitlichen Areals ist die auf eine Person bezogene Zeitinstitution. Der Urlaub oder der Ruhestand sind als solche institutionalisiert und auch eingegrenzt, das Areal bezieht sich jedoch auf die Person bzw. deren (Lebens-)zeit als Referenzsystem, nicht auf den Kalender. Genauer: Sie richten sich auf den idealtypischen Lebensverlauf einer Person. Ausgangspunkt ist damit die Unterstellung einer „Normalbiographie", eines „Normalbedürfnisses" und einer „normalen" Lebensführung (vgl. Kohli 1994; Jurczyk/Voß in diesem Band). Jede/r, die/der an einen wohldefinierten zeitlichen Punkt seines Lebens angelangt ist, kann die vorab festgelegten typischen „Angebote" der Zeitinstitutionen für sich in Anspruch nehmen. So etwa den Mutterschutz, den Ruhestand, den Bildungsurlaub, ein Sabbatical etc. Das Areal bezeichnet dann einen oder mehrere *eingegrenzte Abschnitte einer Normalbiographie.*

Wieder etwas anderes ist die *persönliche Arealität*, wobei dieser Begriff sich fast von selbst aufhebt. Persönliche Arealität meint die von der Person, nicht von der Gesellschaft frei definierbare Lage und/oder Verteilung bzw. Eingrenzung eines Zeitkontingents. Entscheidend ist hier die selbst installierte Institutionalisierung eines Zeitkontingents auf der persönlichen Zeitachse, beispielsweise wenn jemand immer in den Weihnachtsferien in den Ski-Urlaub fährt. Kollektiv arealisiert ist hier die Gesamtdauer des Jahresurlaubs, gegebenenfalls auch die Verteilung über das Jahr durch Tarifvertrag (Urlaub in mehreren Portionen erlaubt?), unter Umständen die Lage (etwa bei Lehrern oder die Eingrenzung auf Jahreszeiten wie in der Bauwirtschaft) zunächst von außen. Hinsichtlich der *Lage* des Urlaubs, die zumeist wählbar ist (Ausnahmen: Ferien und ähnliches), stoßen dann *kalendarische, normalbiographische und personenbezogene Areale* aufeinander.

Wir bemühen hier so ausführlich die Zeitinstitution des Urlaubs, weil dieser eine aufschlußreiche Mischform und historisch einen Übergang von der Kollektivität zur Individualität darstellt. Bei genauerer Betrachtung erkennt man hier den *Übergang vom Muster der klassischen Moderne zu dem der nachklassischen Phase, ausgedrückt in terms of time*. Der Urlaub war, wie Deutschmann (1985, S. 70) bemerkt, ursprünglich nichts anderes als die *organisierte* Form der Arbeitsunterbrechungen. Diese hatten sich zuvor in einer Epoche, in der der Wechsel zwischen verschiedenen Arbeitgebern bzw. Tätigkeiten üblich war, beispielsweise zwischen Maurerarbeit im Sommer und einfachen Hilfstätigkeiten in anderen Gewerben im Winter, infolge der diskontinuierlichen Beschäftigung ohnehin immer wieder ergeben. Solche Unterbrechungen entstanden häufiger, als die Menschen es anstrebten, und zudem blieben sie, anders als der moderne Urlaub, naturgemäß unbezahlt.

Die Gestalt bzw. Gestaltbarkeit des Urlaubs gibt das Muster für die Flexibilisierung ab: Was hier für den Jahreszyklus gilt, ist lediglich auf den reduzierten Zeitraum des Tages, der Woche oder des Monats zu übertragen. Die Vorlage besteht allerdings hauptsächlich in der Optionalität als solcher. Denn während man beim Urlaub aus dem Areal des jährlichen Arbeitszeitkontinuums ein Kontingent an Nicht-Arbeit auswählt, wird Flexibilisierung in der Regel so verstanden, daß die Beschäftigten aus dem Kontinuum ihrer jährlichen Nicht-Arbeit ein Kontingent an Erwerbsarbeit hinsichtlich ihrer zeitlichen Beschaffenheit – im günstigen Fall nach individuellen Wünschen – zuschneiden. Letztlich ist die adäquate Beschreibung eine Frage der Perspektive, wobei es schon den oben genannten epochalen Umbruch zur Freizeitgesellschaft voraussetzt, um den Nicht-Arbeitsbereich als Ausgangspunkt definieren zu können – es sei denn, man ginge zurück in das Stadium vorindustrieller Diskontinuität der Beschäftigung.

In seinem Mitte der siebziger Jahre erschienen Buch über die Flexibilisierung der Arbeitszeiten, knüpft Teriet (1976) jedenfalls an den frei wählbaren Urlaub an. Sein Anliegen ist es, aus dem nach seiner Auffassung starren Korsett des vorhandenen Arbeitszeitregimes auszusteigen. Er benötigt keine darüber hinausweisenden, handfesten Ziele, um seine Forderung zu begründen, sie ergibt sich aus der Befreiung von den zeitlichen Fesseln selbst. Das hindert freilich nicht daran, sich im Hinblick auf ganz konkrete Ziele auszumalen, wie man auf dieser Basis sein Leben besser organisieren könnte, doch das ist nicht eigentlich der ideelle Hintergrund der Flexibilisierung. Folgerichtig mündet sein Buch in ein Plädoyer für die Erlangung der Zeitsouveränität, die, wie man der Begrifflichkeit bereits ansieht, in den Rang eines grundlegenden Freiheitsrechts gehoben wird. Ähnlich wie in einer marktwirtschaftlich organisierten Gesellschaft die Konsumenten mit der Vielzahl ihrer Einzelentscheidungen letztlich die Struktur und den konjunkturellen Verlauf der Wirtschaft bestimmten, müßte analog hierzu den Zeitverbrauchern bzw. -nutzern die Möglichkeit zur stärkeren Mitbestimmung über die Allokation dieser wichtigen Ressource zugestanden werden.

Der Einschnitt in die Tradition bisheriger Arbeitszeitpolitik hätte tiefer nicht sein können: Zwar ist noch von einem Normalarbeitszeitstandard die Rede, doch ist bereits deutlich zu erkennen, daß eine konsequent zu Ende gedachte Strategie der Zeitsouveränität solche Standards eigentlich nicht mehr benötigt. Damit ist mit anderen Worten sowohl das Konzept der Arealität als auch das der Veränderung dieser Arealität nach Maßgabe der Produktivitätsentwicklung zugunsten der Lebensbedingungen der Arbeitnehmerinnen und Arbeitnehmer (mit zum Teil unterschiedlichen Interessenlagen) in Frage gestellt. Es erübrigen sich im Anschluß hieran weiterhin die innerhalb der Gewerkschaften bislang nicht immer einfachen Diskussionen, welche Art der Veränderung der Arbeitszeiten – was auch lineare Verkürzungen einschließt – diesem Ziel denn am ehesten entsprechen würden: Jede(r) wählt sich die ihm/ihr genehme Arbeitszeit selbst. Vor allem die wissenschaftlichen Arbeiten, die sich anschlossen, radikalisierten diesen von Teriet zunächst relativ moderat in die Debatte eingebrachten Ansatz (vgl. bei Marr 1991).

In der Tat hatten die auf Solidarität, Sicherheit sowie einen bestimmten Lebensstil einer bestimmten Personengruppe hinzielenden Arbeitszeiten der industriellen Ära zahlreiche problematische Nebenfolgen. Die „starre Arbeitszeit" dominierte die Lebenswelt und verhinderte die Anpassung der Arbeitswelt an die Bedürfnisse. Die individuellen zeitlichen Interessen sollten nun, dem Trend zur Erlebnisgesellschaft entsprechend, die Erwerbsarbeit dominieren und nicht umgekehrt. Das umfaßte den Wechsel zwischen Teilzeit und Vollerwerbstätigkeit entsprechend der jeweiligen Lebenslage ebenso wie den Ausstieg aus der Erwerbsarbeit in Form des Sabbaticals. Den wesentlichen Anstoß zur inhaltlichen Anfüllung des Flexibilisierungsmusters gaben frauenpolitische Forderungen (vgl. Born/Vollmer 1982). Studien zeigten die gewaltige, auch zeitliche Doppelbelastung von Frauen (Becker-Schmidt et al. 1982). Eine der Hoffnungen bestand darin, die Männer würden sich bei verbesserter Durchlässigkeit von Arbeits- und Familienleben zu mehr Hausarbeit bewegen lassen. Auch der Wiedereinstieg in den Beruf ließe sich so erleichtern.

So sehr eine Auflösung starrer Arbeitszeiten als gangbare flankierende Maßnahme zu den allgemeinen Gleichstellungskonzepten akzeptiert wurde, so zeigte sich in diesem Zusammenhang schon sehr früh die Ambivalenz von Flexibilisierungsmodellen am Beispiel des Einzelhandels. Sehr schnell wurde klar, daß Flexibilisierung stets der Gefahr ausgesetzt ist, als bloßes Instrument der Anpassung des Personaleinsatzes an die Schwankungen der Nachfrage zu dienen und Frauen nur wenig wirklichen Freiraum zur Durchsetzung ihrer gruppen- und personenspezifischen Zeitwünsche läßt (Duran et al. 1981). „Eine solche Übereinstimmung (zwischen den Interessen der Arbeitgeber und denen der Arbeitnehmer) ist zum einen mehr zufällig, als daß sie auf einem Agreement zwischen Arbeitgebern und Arbeitnehmern beruhte. Zum anderen betrifft sie nur, wenn überhaupt, eine Übereinstimmung im Grundsatz: Zwar dürften große Teile der abhängig Beschäftigten an einer flexibleren Gestaltung des Arbeitstages interessiert sein, jedoch hat sich die konkrete Ausgestaltung flexibler Arbeitszeiten weitgehend an den genannten Interessen der Unternehmen zu orientieren, der reale Optionsspielraum für den einzelnen Arbeitnehmer bleibt gering" (Rinderspacher 1981, S. 200). Diese Tendenz hat sich bis heute weiter fortgesetzt (vgl. Meissner et al. 2000). Befürchtet wurde bereits seinerzeit weiterhin, daß nicht nur betriebliche, sondern ganz allgemein gesellschaftliche Zeitpolitik fast ausschließlich von Unternehmen, vermittelt über die angebotenen Arbeitszeiten, betrieben werde (Rinderspacher 1981, S. 199). Auch diese Tendenz hat sich im Zeitraum von fast zwei Jahrzehnten weiter verstärkt (vgl. Eberling/Henckel 1998).

Das Interesse der Arbeitgeberseite an einer Flexibilisierung artikulierte sich nur zögerlich (vgl. Hoff 1983). Was heute wie eine Selbstverständlichkeit erscheint (vgl. Der Arbeitgeber Nr. 3/1999), nämlich daß die Entkopplung von Arbeitszeit und Betriebszeit und die Anpassung des Personaleinsatzes an die Marktbewegungen in erster Linie im Interesse der Unternehmen liegen, ist zur Zeit der eben zitierten Arbeiten von den Betrieben, anders als von einigen wenigen Verbandsfunktionären, keineswegs bestätigt worden. Im Gegenteil machten die Personalleiter erhebliche Vorbehalte, gerade auch gegen Teilzeitarbeit, geltend (vgl. v. Klipstein 1981). Man kann dies vor allem damit erklären, daß der betriebliche Modernisierungsschub noch nicht eingesetzt hatte, der „Beweglichkeit" als neues betriebswirtschaftliches Leitbild propagierte. Die überkommene Strategie der Betriebe zielte eher auf Stabilität, Kontinuität, Verläßlichkeit und direkte Kontrolle über die Mitarbeiter durch gestaffelte Hierarchieebenen. Dementsprechend erschien der Koordinationsaufwand für die Teilung eines Arbeitsplatzes zu aufwendig.

Zusammenfassend lassen sich als neue, im Verlauf der Diskussionen der achtziger Jahre und danach hinzutretende Ziele der Arbeitszeitpolitik aus der Sicht der Arbeitnehmer bzw. der Gewerkschaften (was nicht immer identisch sein muß) festhalten: Zum einen die *erhöhte Dispositionsfähigkeit* der Menschen über „ihre" Zeit an der Schnittstelle von Betrieb und Privatleben. Inwiefern dieses Ziel erreicht werden konnte, ist eine andere Frage. Es korrespondiert jedenfalls in auffälliger Weise mit dem gesellschaftlichen Trend, der unter der Überschrift Wertewandel zusammengefaßt wird, und ist somit ein mit dem Voranschreiten der Modernisierung verbundenes Produkt, wenn man so will die zeitliche Konsequenz der Individualisierung und Pluralisierung der Lebensstile. Ebenso ist das zweite, mit einem stärkeren materiellen Substrat versehene Ziel keine zufällige Erscheinung: Die *Vereinbarkeit von Familie und Beruf* entspricht sowohl dem gewandelten Frauenbild, was nichts anderes ist als das Einklagen der materiellen Konsequenzen des in den Grundrechten verankerten Verbots einer Benachteiligung aufgrund der Geschlechtszugehörigkeit, als auch einem gewandelten Selbstbild bzw. Zielvorstellungen der Gesellschaft. Weder der Haushalt noch die Arbeit soll der einzige Mittelpunkt des Lebens sein. Vielmehr erscheint nun die intelligente Kombination beider Komponenten und ihre bedürfnisgerechte Zuordnung im Tages-, Wochen-, Jahres- und Lebensverlauf als die zukunftsfähige Option.

Der „richtige Umgang mit der Ressource Zeit" wird mehr und mehr als solcher zum öffentlichen Thema. Hatte ein schwedischer Ökonom unter dem plakativen Begriff des „Linder-Axioms" bereits in den siebziger Jahren von der ständig wachsenden Produktivität und damit auch wachsenden Ergiebigkeit einer Zeiteinheit in der Freizeit wie in der Arbeit gesprochen, die zu der Schwierigkeit führe, souverän mit der eigenen Zeit umzugehen, so dauerte es noch ein weiteres Jahrzehnt, bis die praktischen Konsequenzen dieser Beobachtung in Politikkonzepte und handhabbare Begrifflichkeiten überführt werden konnten. Zunächst ging es auch nur um die Einsicht, daß der ganze Güterreichtum nichts wert ist und sein Zuwachs einen abnehmenden Grenzertrag hervorbringt, wenn nicht genug verfügbare Zeit zum rechten Zeitpunkt vorhanden ist. Schon die Diskussion um Lebensqualität seit Ende der sechziger Jahre hatte die Hypertrophie der Güter gegeißelt (vgl. IGM 1972). Dem Güterwohlstand ein Konzept des Zeitwohlstandes (vgl. Rinderspacher 1985, S. 295ff., 1990, 2000) gegenüberzustellen, lag daher auf der Hand. Dabei ging es darum, den Eigenwert der Zeit als eigenständiges Ziel der wirtschaftlichen Aktivität moderner Gesellschaften noch deutlicher herauszuarbeiten und theoretisch zu fundieren, als die Freizeitsoziologie (vgl. Nahrstedt 1980) und die ökonomische Theorie der Zeitallokation (vgl. Becker 1965) dies zuvor getan hatten.

Ein weiteres, gegenwärtig noch im Entstehen begriffenes Ziel bezieht sich auf den Zustand der natürlichen Umwelt und ihre künftige Entwicklung. Die Arbeitszeitpolitik der Tarifparteien im letzten Jahrhundert hat die Zeitordnung der Moderne geprägt und damit deren Wirkungen auf die Umwelt mit zu verantworten. Dieser Zusammenhang zwischen Arbeitszeit und Umwelt ist in der Vergangenheit allerdings schlicht kein Thema gewesen, was angesichts der Tatsache, daß ökologische Fragen überhaupt erst seit zwei Dekaden ernsthaft diskutiert werden, niemandem zum Vorwurf gemacht werden kann. Umweltfragen wurden im Zusammenhang mit der Flexibilisierung allenfalls als sogenannte „Entzerrung" von Verkehrsströmen thematisiert. Das begann bei den gestaffelten Anfangszeiten bei Messerschmidt-Bölkow-Blohm Mitte der siebziger Jahre, von denen schon Teriet (1976) berichtete, und reichte bis zu der wiederholten Behauptung, eine Ausweitung der Wochenendarbeit und die damit einhergehende Umverteilung der Freizeit für die betroffenen Arbeitnehmergruppen auf „freie Tage" in der Mitte der Woche würde die Staus am Wochenende reduzieren helfen (vgl. Jungblut 1987). Daß dem nicht so ist, ergibt eine komplexere Betrachtung der Zusammenhänge (vgl. Rinderspacher 1990b). Außerdem erkennt man sehr schnell, daß diese Auseinandersetzungen weniger der Reduzierung von Verkehrsströmen und Emissionen galt, als vielmehr der individuellen Zeitersparnis durch die Vermeidung von Staus, wie bei MBB, oder der Rechtfertigung von Betriebszeiterweiterungen im Interesse der Unternehmen. Immerhin, damit war der Zusammenhang zwischen Arbeitszeitstrukturen und Umwelt als solcher postuliert.

Im Kontext der neueren Modernisierungsdebatte, deren Gegenstand unter anderem die Nebenfolgen der Ersten Moderne bzw. des Industrialismus ist (vgl. Beck 1986), kann die Thematik der Vermeidung zusätzlicher Umweltschäden einerseits sowie – offensiv – der Chancen, mit Arbeitszeitpolitik zugleich Umwelt zu gestalten, andererseits nicht länger ausgespart bleiben. In den vergangenen Jahren sind hierzu vereinzelt Anstöße gegeben worden. Gefragt wird etwa, ob Unverträglichkeiten infolge zunehmender Individualisierung der Arbeitszeiten dadurch, daß der öffentliche Personennahverkehr ausgedünnt wird, entstehen (vgl. den Fall Wolfsburg; Eberling/Henckel 1998). Oder: Ruft die Konzentration der Wochenarbeitszeit auf wenige Tage bei reduzierter Arbeitszeit, z.B. im 4x9-System bei BMW Regensburg seit Ende der achtziger Jahre, nicht ein Freizeitverhalten hervor, das zu stark zur räumlichen Mobilität (Kurzreisen etc.) auffordert? Welche Auswirkungen haben z.B. Urlaubsregelungen und Ferien, welche Frühverrentungen auf die Inanspruchnahme der Umwelt durch die Betroffenen? Darüber hinaus wird diskutiert, ob mit Hilfe von Arbeitszeiten offensiv Umweltpolitik betrieben werden könne. So könnten verkürzte Arbeitszeiten, wie etwa im 4-Tage-Modell bei VW in Emden (vgl. Jürgens/Reincke 1998), in Verbindung mit Aufklärungsmaßnahmen durch Gewerkschaften, Umweltverbände, Kirchen und anderen sowie weitere flankierende Maßnahmen einen umweltverträglicheren Lebensstil unterstützen (vgl. Hielscher/Hildebrandt 1999). Es ist deutlich, daß der Zusammenhang von Arbeitszeit und Umwelt hier stark prospektiv thematisiert ist. Der Zielfindungsprozeß als solcher ist diesbezüglich noch im Gange bzw. steht erst noch bevor und muß sich im öffentlichen Diskurs allmählich verdichten. Er könnte in eine

Auf dem Weg in bessere Zeiten?

Forderung nach einer Art Umweltverträglichkeitsprüfung der künftigen Arbeitszeitsysteme münden.

Das Ziel der *Umweltverträglichkeit* bzw. *Umweltbezogenheit* von Arbeitszeitregelungen erweitert nicht nur die Thematik der Arbeitszeitpolitik, sondern zugleich deren politische Dimension. Zielten die dargestellten vorangegangenen Politiken im wesentlichen auf eine Verbesserung der *individuellen* Lebenssituation der Beschäftigten in Form der Abwehr von Not oder der Zuteilung individuell verfügbarer Zeitkontingente, wie aber auch auf eine solidarische Arbeitszeitpolitik der „Arbeiterklasse" bzw. der „Arbeitnehmerschaft" als eine Form erweiterter Klientelpolitik, so werden nun häufiger allgemeingesellschaftliche und schichtübergreifende Interessen zielführend. Das schließt freilich nicht aus, daß die Arbeitnehmerschaft anteilig von einer daraus resultierenden Verbesserung der natürlichen Lebensbedingungen profitiert. Diese Horizonterweiterung im Sinne der Übernahme von mehr Verantwortung und damit der Politisierung der Forderungen folgt, wenn man die Thesen von Beck zugrunde legt, der Entwicklung hin zur Zweiten Moderne (Beck 1993, S. 96ff.).

Im Laufe der vorangegangenen rund eineinhalb Jahrhunderte Arbeitszeitpolitik hat sich so eine Reihe von Zielen herausgebildet, die sich ganz grob in folgender Darstellung systematisieren lassen:

Abb. 1: Zielbündel Arbeitszeitpolitik

Die Ziele lösen einander nicht ab, sie wachsen vielmehr zu einer komplexen Zielstruktur heran. Sie erfahren in unterschiedliche Epochen eine jeweils andere Gewichtung.

Den hier skizzierten Arbeitszeitzielen stehen die Arbeitszeitformen oder -modelle gegenüber. Damit sind Zeitinstitutionen wie der regelmäßige Feierabend, das Wochenende, der Urlaub, der gesicherte Ruhestand und innerhalb dieser Institutionen wiederum die verschiedenen Detailregelungen und Gestaltungsformen gemeint. Diese darzustellen und zu zeigen, wie sich Ziele und Modelle im Verlauf der Arbeitszeitgeschichte vermutlich parallel zueinander weiter auffächern, muß einer späteren Untersuchung vorbehalten bleiben. Hinzu käme noch die quantitative Dimension: Von welchem Niveau von Normalarbeitszeit aus findet jeweils die Kreation weiterer Ziele und Modelle statt? Zugleich wird deutlich, wie die Entwicklung beider auch zu qualitativ neuen Ausgangssituationen führen kann. So könnte möglicherweise schon bald die Grenze erreicht sein, an der die lineare Verkürzung der Arbeitszeiten nach dem bisherigen Muster nicht mehr sinnvoll erscheint, etwa mit dem Erreichen der 30-Stunden-Marke, wie sie im VW-Modell (vgl. Jürgens/Reinecke 1998) und im Bergbau ansatzweise bereits praktiziert wurde. Auch wenn damit das Instrument der Arbeitszeit*verkürzung* obsolet würde, weil sich der Normalarbeitstag auflösen dürfte (wobei dann allerdings über die Verteilung zu sprechen wäre, wenn z.B. die 30 Wochenstunden in 3 x 10 Stunden pro Woche abgeleistet werden), bleiben die genannten Ziele der Arbeitszeitpolitik doch unvermindert relevant.

6. Zielkonflikte als Ausdruck der Modernisierung

Die oben dargestellte Vielgestaltigkeit der Ziele birgt, da diese sich eben nicht von allein historisch ablösen und überleben, den Keim ebenso vielgestaltiger Zielkonflikte in sich. Grundsätzlich erhöht naturgemäß die Vielfalt von Zielen die *Wahrscheinlichkeit von Zielkonflikten:* Was der Senkung der Arbeitslosenzahlen dient, muß nicht gut sein für die Gleichstellung der Geschlechter, was der Verbesserung der Freizeit dient, nicht gut für die Natur. Auch kann bekanntlich eine zwar reduzierte Arbeitszeit, die aber unsoziale Lagen der Arbeitseinsatzzeiten nach sich zieht oder keine individuellen Optionen mehr zuläßt, per Saldo mehr Streß hervorrufen als eine längere, dafür aber regelmäßigere und/oder selbst gewählte. Der niederländische Gewerkschaftsdachverband berichtete kürzlich davon, daß dort eine neue Debatte über Arbeitsbelastungen im Gange ist, ausgelöst nicht zuletzt durch die hohe Teilzeitbeschäftigung. Das beweist einmal mehr, daß Arbeitszeitverkürzung für sich ein Garant weder für geringere psycho-physische Belastung noch für eine nachhaltige Entlastung des Arbeitsmarktes ist.

Oder, um ein weiteres Beispiel zu nennen, mag der seit vielen Jahren gerade aus den Reihen der Frauenorganisationen geforderte 6-Stunden-Tag (vgl. Kurz-Scherf/Breil 1987) sowohl aus arbeitsmarktpolitischer als auch aus frauenpolitischer Sicht (wenn man der Mehrzahl der Autorinnen folgt) zwar ein Schritt nach vorn sein, widerspricht jedoch meines Erachtens auch einigen wichtigen familienpolitischen Anforderungen, jedenfalls wenn man sich die Möglichkeiten seiner praktische Umsetzung unter gegenwärtigen Bedingungen vor Augen hält. Denn ein 6-Stunden-Tag als neues Basis-Muster gesellschaftlicher Arbeitszeitdauer und -verteilung würde unweigerlich zu einer tiefgreifenden zeitwirtschaftlichen Reorganisation aller Betriebe in Produktion und Dienstleistung führen und den Zwei- oder gar Dreischichtbetrieb zur Regel machen. Die Folge hiervon wären erhebliche gesamtgesellschaftliche Probleme, man nehme nur einmal die der Kinderbetreuung oder die der Organisation des öffentlichen Personennahverkehrs (vgl. hierzu auch Eberling/Henckel in diesem Band). Unter gegebenen arbeitsmarktpolitischen Vorzeichen würde zudem der zeitliche Rahmen dieser neuen individuellen 6-Stunden-Tage vom Arbeitgeber vorgegeben, einschließlich der Möglichkeit, sie in die Konzeption der „atmenden Fabrik" (vgl. Hartz 1996) einzubauen.

Auch an der Frage des Umgangs mit dem freien Samstag läßt sich diese neue Art von Zielkonflikten gut demonstrieren: Sollte eine Trendwende auf dem Arbeitsmarkt nur mittels einer tiefgreifenden Umverteilung der vorhandenen Arbeit möglich sein (vgl. IG-Metall 1998), ganz gleich, wie sich die sonstigen wirtschaftlichen und politischen Rahmenbedingungen entwickeln – dann steht langfristig die 32- oder gar 30-Stunden-Woche auf der Tagesordnung. Diese allerdings ist bei realistischer Betrachtung der Umstände – wenn überhaupt – gegenüber dem Widerstand der Arbeitgeber nur durchzusetzen um den Preis der Ausweitung der regulären Betriebszeit auf den Samstag. Damit fällt eine zentrale Säule des über Jahrzehnte von den Gewerkschaften und der Gesellschaft als ganzer aufgebauten Zeitwohlstandes (vgl. Rinderspacher 1999). Hinzu kommt eine Reduzierung der Einkommen durch den Wegfall der Samstagszuschläge – ein nicht unwichtiger Bestandteil des Güterwohlstandes. Es geht also im Kern um eine Abwägung zwischen einem Pfeiler des kollektiven Zeitwohlstands einerseits und einer nicht weniger wichtigen Kernaufgabe der Gewerkschaftspolitik, der Beschäftigungssicherung andererseits, wie natürlich auch um Einkommenssicherung. Welches Opfer mit der Preisgabe des freien Wochenendes die Gewerkschaften als Vorleistung für eine ja noch ungewisse

Wirkung auf dem Arbeitsmarkt erbringen, muß hier nicht weiter erläutert werden. Das kollektive Gut „Arbeit für alle" muß mit individuellen Einschränkungen der Freizeitmöglichkeiten ganz konkret, hier und heute bezahlt werden. Dem stehen allerdings die individuellen Vorteile einer kürzeren Arbeitszeitdauer gegenüber, die jedoch die Nachteile der Lage in diesem Fall wohl für die wenigsten aufwiegen dürften.

Es gibt jedoch nicht nur endogene Widersprüche zwischen den Zielen gewerkschaftlicher Arbeitszeitpolitik. Unter heutigen Bedingungen müssen allein darum deutlichere Prioritäten gesetzt werden, weil der *Verteilungsspielraum geringer* geworden ist, bzw. als geringer von den Tarifparteien akzeptiert wird. Daraus entsteht eine Schere zwischen den sich ständig vermehrenden Arbeitszeitmustern und -optionen auf der einen Seite (vgl. z.B. Beckmann/ Kempf 1996; Schulze-Buschoff 1997; Kurz-Scherf 1995b) und tendenziell schrumpfender Ressourcen zum Ausbau selbst traditioneller Modelle der Arbeitszeitpolitik, wie etwa linearer Arbeitszeitverkürzungen *mit vollem Lohnausgleich,* auf der anderen.

Erschwerend kommt hinzu: Die Epoche, in der Arbeitszeitveränderungen eine Besserstellung der abhängig Beschäftigten bedeutete, ohne daß diese Einschränkungen an anderer Stelle hätten hinnehmen müssen, die also gewissermaßen pareto-optimal vonstatten ging, ist fürs erste vorbei (vgl. Schauer 1993). Das heißt, Vorteile können in absehbarer Zukunft immer häufiger nur noch durch Nachteile an anderer Stelle erkauft werden. Das macht eine gründlichere Analyse der Folgen und Nebenfolgen von Arbeitszeitveränderungen durch deren Protagonisten unabdingbar. Mit wachsenden Zielkonflikten wird Arbeitszeitpolitik selbst bei gründlicher Abwägung zu einem zunehmend riskanten Unternehmen.

In jeder Tarifrunde müssen sich die Gewerkschaften von Beginn an darüber klar werden, ob sie – die Geltung von Verteilungsgerechtigkeit (s.o.) einmal vorausgesetzt – die ihnen anteilig zustehenden wirtschaftlichen Zuwächse entweder in Form höherer Einkommen oder reduzierter Arbeitszeit zur Geltung kommen lassen wollen. Die bisherige Praxis der vergangenen Jahrzehnte hat in verschiedenen Epochen unterschiedliche Schwerpunkte gesetzt. So wurden etwa in der Nachkriegsära an gesellschaftlichen Großprojekten, wie der Verwirklichung des freien Samstags oder des Jahresurlaubs über mehrere Jahrzehnte mit langem Atem branchenübergreifend gearbeitet. Auf der Basis eines relativ hohen gesellschaftlichen Grundkonsensus bildeten sich in der Nachkriegsära erstaunlich homogene wohlfahrts-, arbeits- und arbeitszeitpolitische Globalziele heraus, die man damals noch sequentiell bedienen konnte.

Die Arbeitszeit-Kampagnen der Gewerkschaften in der Vergangenheit konzentrierten sich in der Regel auf jeweils ein Schwerpunkt-Thema, etwa die Durchsetzung des freien Wochenendes oder die Verlängerung des Urlaubs. Das dahinter stehende Ziel – neben der Kompensation der Arbeitsbelastungen seit Ende der sechziger Jahre vor allem die Vergrößerung des Zeitwohlstandes der Beschäftigten, verbunden mit der Maxime einer gerechten Verteilung des wirtschaftlichen Zuwachses – blieb über Jahre und Jahrzehnte konstant. Ziele und Mittel sowie Modelle/Strategien waren zwar nicht völlig eindimensional ausgerichtet, aber doch vergleichsweise einfach strukturiert. Die Gewerkschaften konnten sich schon aufgrund der relativen Begrenztheit der Ziele – die Bekämpfung der Arbeitslosigkeit, Gleichstellung oder Umweltpolitik waren noch kein Thema – in früheren Jahrzehnten relativ widerspruchsfrei auf eine globale Leitidee festlegen wie z.B.: „Samstags gehört Vati mir." Die unterschiedlichen Perspektiven von Männern und Frauen sowie die Vielfalt der Interessen und Lebensstile kommen hier als Unterthema noch nicht vor. Heute gehen wir davon aus, daß viele Lebensentwürfe gleichberechtigt nebeneinander existieren und ihre speziellen Ansprüche formulieren dürfen, was eine solche Vereinnahmung der Arbeitszeitpolitik für eine soziale Gruppe oder für eine Option nicht mehr ohne weiteres zuließe. Gegenwärtig steht die gewerkschaftliche Arbeitszeitpolitik allerdings vor einer paradoxen Situation: Auf der einen Seite der für die Zweite Moderne typische Anspruch der Vielfalt der Ziele und Modelle und der damit verbundenen Optionalität. Auf der anderen Seite beherrscht das Thema Arbeitslosigkeit die Arbeitszeitdiskussion und läßt damit andere Ziele kaum noch ernsthaft zum Zuge kommen.

Politische Problembestände werden im historischen Verlauf nur selten wirklich abgearbeitet, eher durch andere Themen überlagert, die dem öffentlichen Bewußtsein irgendwann vordringlicher erscheinen. Dies gilt auch für die Arbeitszeitpolitik: So ist etwa die Verbreitung der Umweltthematik in diesem Kontext nicht einher gegangen mit einem Rückgang der Arbeitslosenzahlen oder die Thematik der Vereinbarkeit von Familie und Beruf nicht mit einem Rückgang der Belastung am Arbeitsplatz. Einerseits vergrößert sich also der Problembestand der modernen Gesellschaft, andererseits werden die Regulationsmöglichkeiten, wie etwa Mitspracheverfahren, zwar qualitativ besser, jedoch kommunikativ wesentlich aufwendiger. Entscheidungen über „den rechten Weg" der Arbeitszeitpolitik, wie ihn die Gewerkschaften in früheren Zeiten ihren Mitgliedern mehr oder weniger eindringlich auf Basis ihrer internen Beschlußlagen weisen konnten, sind damit ebenfalls aufwendiger und in mehrere Hinsicht riskanter herzustellen. Hierzu trägt neben der *Erweiterung der Ziele* einerseits und der *Erweiterung der Modelle* und Modellvarianten andererseits zusätzlich das Wissen, zumindest die Ahnung um einige Nebenfolgen der Arbeitszeitpolitik bei. Denn wesentlich deutlicher als früher artikulieren sich nun die Verlierer von Arbeitszeit-Innovationen. Das bedeutet für die einschlägigen Organisationen offenbar sehr viel mehr Kraftaufwand, um Legitimation und Plausibilität herzustellen.

7. Erste und Zweite Moderne

Die Komplexität von gleichzeitig nebeneinander bestehenden Zielen ebenso wie die Zahl der Modelle und ihrer Untervarianten, die sich noch weiter vergrößern dürfte (vgl. MAGS 1998), verweist auf einen größeren Zusammenhang, der hier kurz skizziert werden soll. Wie schon mehrfach angedeutet, ist er charakteristisch für die Befindlichkeit der „Zweiten Moderne": Vor allem Ulrich Beck steht für ein Konzept, das anschließt an die Modernisierungsdebatte der sechziger und siebziger Jahre, die die Vorstellung eines mehr oder weniger gradlinigen und in groben Zügen determinierten Entwicklungspfades der modernen Industriestaaten propagierte (vgl. Bendix 1969; Zapf 1990 und Beck 1990). „An die Stelle von Linearitätsmodellen fortschrittsgläubiger Immer-weiter-Modernisierung treten vielfältige und vielschichtige Argumentationsfiguren der ... Selbstveränderung, Selbstgefährdung, Selbstauflösung von Rationalitätsgrundlagen und Rationalisierungsformen in den (Macht-)Zentren industrieller Modernisierung, und zwar als unkontrollierbare Nebenfolge der Siege verselbständigter Modernisierung ... Während die einfache Modernisierung den Motor sozialen Wandels letztlich in Kategorien der Zweckrationalität (Reflexion) verortet, denkt „reflexive" Modernisierung das Movens der Gesellschaftsveränderung in Kategorien der Nebenfolgen (Reflexivität) ... Reflexive (Modernisierung) meint also ... *nicht*-reflektierte, automatische, sozusagen reflexartige und zugleich geschichtsmächtige Modernisierung" (Beck 1993, S. 97).

Für Beck ist die industrielle Gesellschaft nicht völlig dasselbe wie die Moderne. Er unterscheidet zwischen einer Ersten und Zweiten Moderne: Während die Erste noch weithin von den Traditionsbeständen der vorindustriellen Periode zehrt, ist die Zweite Moderne auf sich selbst gestellt. Die Erste Moderne kumuliert in der klassischen Industriegesellschaft, die im Großen und Ganzen unreflektiert dem Fortschrittsglauben huldigt und eben jene Nebenfolgen hervorbringt, die erst vor dem Hintergrund einer diese Erste Moderne transzendierenden Entwicklung in der zweiten Moderne als solche erkannt werden können. Die Werte und Prinzipien der Ersten Moderne bzw. des Industrialismus werden nun, nach einer fast dreihundert- bzw. einhundertfünfzigjährigen

Geschichte selbst wieder zu Traditionsbeständen, zur Tradition der Moderne, die die Protagonisten der Zweiten Moderne nun als solche erkennen können. Damit entbrennt eine Diskussion über die Richtung der gesellschaftlichen Entwicklung in der Zweiten Moderne, die sich allerdings ihrer Gewißheiten erst vergewissern muß. Sie tut dies in Form des Aufbruchs in die Zukunft, doch zugleich in Form offener oder versteckter Regression. Für Beck ist die Industriegesellschaft eine „historische Symbiose von Moderne und Gegenmoderne". Die eine löst die traditionellen Gewißheiten auf, vertieft die Unsicherheiten, die andere versucht, „neu-alte Rigiditäten" zu reetablieren und, gegen den Strom, Gewißheiten zurückzugewinnen.

Die Zweite Moderne verändert tiefgreifend die Referenzgrößen der Politik. In der *Theorie* der reflexiven Modernisierung werden Großgruppen-Kategorien abgelöst durch Theorien der Individualisierung, neue Ungleichheiten werden zum Thema, neue, übergreifende Problemlagen jenseits der alten Ortsmetaphorik von rechts und links rücken in den Mittelpunkt, wie die Dichotomien von Sicher-Unsicher, Innen-Außen, Politisch-Unpolitisch (vgl. ebd., S. 98). Etwas anders als Beck hebt Giddens stärker hervor, daß die gegenwärtige Gesellschaft noch weithin eine posttraditionale, d.h. noch längst nicht voll modernisierte sei, sondern weiterhin von alten Beständen profitierte. Diese Phase sei nun jedoch an ihr Ende gekommen, die Moderne tendenziell auf sich selbst und ihre eigenen Traditionsbestände verwiesen. Damit erst setze eine wirkliche zweite Phase der Modernisierung ein, in der die Gesellschaft eigene Wert- und Referenzsysteme zu begründen und zu erhalten habe.

Inwiefern diese Ansätze die Entwicklung der modernen Industriegesellschaft und ihre möglicherweise ja auch nur vermeintliche Transzendierung im Einzelnen zutreffend beschreiben, soll hier nicht weiter untersucht werden, kritische Einwände sind von verschiedenen Seiten vorgetragen worden (vgl. Weiß 1998). Im Kontext der Arbeitszeitdiskussion der letzten Dekade ergeben sich, wenn man den analytischen Rahmen der genannten Modernisierungstheoretiker zu Grunde legt, jedoch interessante Verbindungen (vgl. auch Rinderspacher 2000), die im Arbeitszeitdiskurs der letzten Dekade viel zu wenig explizit berücksichtigt worden ist.

Die Vielfalt der dargestellten Ziele und Modelle von Arbeitszeitregelungen sowie ihre starke Bezugnahme auf das Individuum, im Gegensatz zur Phase der Ersten Moderne, die auf das Kollektiv abstellt, erscheint nun nicht mehr zufällig. Die Umgestaltung von Zeitstrukturen der Gesellschaft allgemein mit dem Aufkommen einer neuen Zeitpolitik etwa im kommunalen Bereich (vgl. Eberling/Henckel 1997, 1998; Mückenberger 1998) wie auch im Bereich der Arbeitswelt stellt dann bereits eine neue Form der Modernisierung im Sinne der

Zweiten Moderne dar, wie ganz allgemein die häufigere Reformulierung von politischen Thematiken in terms of time sowie ihre neuartige Behandlung im politischen System Ausdruck eines grundlegenden gesellschaftlichen Paradigmenwechsels sein könnte (vgl. Rinderspacher 1997). Die Vielgestaltigkeit der Ziele und Modelle wie auch deren Unterdeterminiertheit, was ihre Prioritätensetzung angeht, korrespondiert also dem Charakter der Zweiten Moderne und sollte daher als ein Vorrat strategischer Optionen gepflegt und weiterentwickelt werden. In welcher Form die Pflege und Mehrung dieses „Schatzes" vonstatten gehen kann, ist einer der Gegenstände der Arbeitszeitpolitik in der Zweiten Moderne.

Die bisher hervorgebrachte Vielfalt und ihre zukünftige Entwicklung stellen allerdings nicht nur einen Gewinn dar. Denn in dem Maße, wie Komplexität in Form von strategischen Optionen aufgebaut wird, müssen Mechanismen und Rationalitäten für die Reduktion der neuen Komplexität mit wachsen, um aus dem Angebot des Zeit-Modellbaukastens die einzelnen Elemente zu einem nützlichen Ganzen zusammenzuführen. Es scheint, daß die Vielfalt von erdachten und praktizierten Möglichkeiten mit den Instrumenten ihres sinnvollen Einsatzes nicht immer Schritt gehalten hat. Das betrifft vor allem das Paradigma von Flexibilität und (vermeintlicher) Starrheit und das Verhältnis von traditionellen und innovativen Arbeitszeitregelungen. Hier werden, wie unten noch zu diskutieren ist, im Zuge einer wenig zielgerichteten Flexibilisierungs- und Modernisierungseuphorie in der öffentlichen Meinung und innerhalb der Verbände die tatsächlichen Möglichkeiten der neu entstandenen Komplexität, die auch die Tradition mit einschließt, großenteils verschenkt (etwa die Forderung nach völliger Aufhebung des Ladenschlusses).

Auf der anderen Seite läßt sich, wie gesagt, paradoxerweise hinsichtlich der Auswahl möglicher Ziele unter den konkreten wirtschaftlichen und gesellschaftlichen Bedingungen in Deutschland eine unerwartet restriktive Selektion feststellen: Angesichts der Massenarbeitslosigkeit steht das Oberziel fest, und es kann nur noch darum gehen, welche sonstigen Ziele mehr oder weniger zufällig mit-optimiert und welche Nebenfolgen vermieden werden können. Diese Problematik der Selektion gilt nicht nur für die innergewerkschaftlichen Auseinandersetzungen, also für die Richtung *gewerkschaftlicher* Arbeitszeitpolitik.

Die Arbeitgeberseite dagegen ist weithin davon entlastet, sich mit einem solchen, sich immer weiter aufspreizenden *Ziel*system herumzuschlagen. Die Diskussion kann auf die Zweckmäßigkeit der vielen *Modelle* beschränkt bleiben. Das Globalziel der Erhöhung der wirtschaftlichen Effizienz als oberste Maxime der Arbeitszeitpolitik der Arbeitgeber ist bisher, im Modernisierungszusammenhang, nicht relativiert worden. Im Gegenteil hat ja etwa in Gestalt von Shareholder-Value-Ansätzen (vgl. Unzeitig 1995) und der Praktizierung von Benchmarking-Konzepten (vgl. Meyer 1996) bekanntlich eine nie gekannte, bisweilen sogar aus der Unternehmerschaft selbst kritisierte Konzentration auf das Betriebsziel der kurzfristig kalkulierten Ertragssteigerung stattgefunden. Dementsprechend erscheinen solche Arbeitszeitwünsche der Beschäftigten, die nicht in diese Optimierungsstrategie mehr oder weniger umstandslos – kleinere Umwege sind geduldet – zu integrieren sind, als betriebswirtschaftliche Hindernisse. Die zunehmende Kurzfristigkeit der Wirtschaftlichkeitsberechnungen vor dem Hintergrund der Shareholder-Mentalität erhöht den Druck auf die Rechenbarkeit von Maßnahmen im Hinblick auf die angestrebten Ziele, so auch auf Zugeständnisse an die Zeitinteressen der Beschäftigten. Nur soweit diese nachweislich den Charakter von Investitionen haben, deren returns absehbar sind, wie etwa die Bindung hochqualifizierter MitarbeiterInnen an den Betrieb oder die Reduzierung der Fehlzeiten, sind Arbeitszeiten, die aus der hoch verdichteten Zeitwirtschaft des Betriebes (vgl. z.B. Stalk/Hout 1990) herausfallen, aus unternehmerischer Sicht noch zu rechtfertigen. Daß selbst unter diesen eingegrenzten Vorgaben betriebswirtschaftlicher Optimierung eine gewaltige Komplexität entsteht, zeigt unter anderem die Vielfalt der praktizierten sowie fortlaufend theoretisch weiterentwickelten Modelle (vgl. Der Arbeitgeber 1999). Zugleich gibt es Anzeichen dafür, daß den innovationsfreudigen Unternehmen, wie der Volkswagen AG, der selbstproduzierte Flexibilitätsdschungel über den Kopf gewachsen ist und Übersichtlichkeit wieder eine größere Wertschätzung erfährt.

8. Moderne und unmoderne Zeiten

Wenn der Weg in die Zweite Moderne keine zwangsläufige Folge des Weges in die Erste Moderne ist, sondern – wie das Konzept der Zweiten Moderne ja behauptet – politikfähig und damit also rational gestaltbar ist, dann stellt sich die Frage nach den Inhalten: Welchen Zielen und damit welchen Formen von Lebensqualität soll Arbeitszeitpolitik künftig dienen? Oder kann man sich mit einem Modellplatonismus zufrieden geben, der pauschal davon ausgeht, daß je flexibler und je individuell gestaltbarer Arbeitszeitregelungen sind, desto größer ihr Wohlfahrtsertrag ist bzw. desto höher der damit realisierbare Zeitwohlstand? Wie kann sich eine Gesellschaft der Zweiten Moderne überhaupt auf gemeinsame Ziele verständigen? Wie können in der zeitlichen Dimension *Bedürfnisse nach Sicherheit* realisiert werden?

Wenn eine Veränderung bestehender Arbeitszeiten ansteht, wird von Politikern jeder Couleur gern von der Modernisierungsmetapher Gebrauch gemacht, ohne diese allerdings weiter auf die eben dargestellten neueren Ansätze tiefergehend zu beziehen. Sowohl der Angriff auf als auch die Verteidigung von Arbeitszeitregelungen beruft sich auf beiden Seiten, bei Arbeitgebern und Gewerkschaften, auf eine vermeintlich zielgerichtete, d.h. „nach vorn weisende" Strategie, die im Ansatz keinen Zweifel über ihre Rechtmäßigkeit aufkommen lassen soll. Im Sprachgebrauch der Arbeitgeber steht sie für Deregulierung und die Verlagerung der Verhandlungsmacht über Arbeitszeiten weg von institutionalisierten Vertretungen der Beschäftigten möglichst hin auf einzelne Beschäftigte. Auf der Seite der Gewerkschaften herrscht ungeachtet des nicht viel weniger häufigen Gebrauchs der Modernisierungsmetapher eine nicht ganz so klare Vorstellung von Modernität vor, die sich in Begriffen wie Zukunftsfähigkeit artikuliert.

Es muß – ohne in diesem Beitrag eine letzte Antwort geben zu können – gefragt werden, inwiefern es gerechtfertigt sei, jede Form von Arbeitszeitveränderung als Modernisierungsmaßnahme auszugeben. Denn entweder ist grundsätzlich Veränderung per se Modernisierung – dann fehlt dem Begriff jede Trennschärfe. Oder es bestehen Unterschiede – die zu explizieren wären.

Von bestimmter Seite wird, ganz gleich welche, Kollektivlösung eines Arbeitszeitregelungsproblems mit dem Begriff traditionell und jede auf Handlungsoptionen der Individuen bezogene als „modern" bezeichnet, die entsprechenden Protagonisten als Traditionalisten oder Modernisierer. Es handelt sich hierbei um mehr als bloße Polemik, geht es doch um die Beschaffung von (vermeintlicher) Legitimation für die eigene Politik in einer von vielgestaltiger Komplexität und Unsicherheit gepeinigten politischen Arena. Vor diesem Hintergrund ist die Gretchen-Frage der Arbeitszeitgestaltung: „Wie hältst Du's mit der Flexibilisierung?" zum bestimmenden Unterscheidungsmerkmal nicht nur zwischen Tradition und Fortschritt, sondern fast schon zwischen Gut und Böse geworden.

Angesichts solcher Glaubensauseinandersetzungen wäre eine begriffliche Abrüstung sicher hilfreich. Statt über die diffuse Modernisierungsmetapher sollten Veränderungen der Arbeitszeiten daher im alltäglichen Meinungsstreit besser als das konnotiert werden, was sie empirisch zunächst einmal sind: Innovationen. Anschließend kann dann unvoreingenommener über ihren Nutzen für die jeweilige Interessengruppe oder für gesellschaftspolitische Zielsetzungen diskutiert werden.

Bezieht man die neueren Arbeitszeitveränderungen ernsthaft auf modernisierungstheoretische Grundlagen, gelangt man zu überraschenden Schlußfolgerungen: Das, was sich gegenwärtig unter dem Druck der Unternehmen bei der Gestaltung der Arbeitszeiten und der gesellschaftlichen Zeitordnung vollzieht, läßt sich nämlich ohne weiteres unter Begriffen wie Gegenmodernisierung oder gar De-Industrialisierung fassen. Das hängt natürlich vom jeweiligen Verständnis von Modernisierung ab.

Der traditionelle Begriff der Moderne fußt, wie dargestellt, auf dem Fortschrittsverständnis des 18. Jahrhunderts (vgl. Rapp 1992). Darin gibt es nur den einen, universellen Fortschritt, der die Menschheit als Ganze letztlich auf ein höheres materielles, kulturelles und geistiges Niveau emporhebt. Dem dient, und dies rechtfertigt deren radikale Fortentwicklung, vor allem auch die Produktionstechnik und die Wissenschaft. Die Emanzipation des Menschen von den unzähligen Abhängigkeiten der Natur ist ein wesentlicher Inhalt sowohl des ökonomischen als auch des kulturellen Bestrebens. Die Kultivierung des eigenen Verhaltens durch eine rationelle Struktur der individuellen Zeitverwendung gehört ebenfalls dazu. Dem primitiven Reflex auf Licht- und Klimaeinflüsse, aber auch auf die Rhythmizität der eigenen Körperlichkeit des Menschen, wird die moderne Arbeits- und allgemeiner: Leistungs-Disziplin entgegengestellt. Kultur bzw. Zivilisation entsteht also im Selbstbild der Aufklärung aus der zunehmenden Selbststeuerung der Menschheit, also der Gestaltung der Lebensbedingungen des Menschen durch den Menschen.

Diese Maxime hat unter anderem in der Zeitstruktur der modernen Industriegesellschaft ihren Niederschlag gefunden. Die moderne Zeitordnung als solche profiliert sich gerade dadurch als etwas historisch Neues, daß sie ihr eigenes Konzept, ihre eigene Vorstellung vom rechten Verhältnis von Arbeiten und Ruhen *in relativer Unabhängigkeit von den natürlichen Zeitgebern wie auch den ökonomischen Zeitgebern* anstrebt. Die „starren" Arbeitszeitregimes haben sich, wie eingangs dargestellt wurde, relativ unabhängig von ihrer ökonomischen Nützlichkeit entwickelt. Sie sind entstanden als Reflex auf die Versuche der totalen zeitlichen und sonstigen Inanspruchnahme der Menschen durch die Ökonomie in Gestalt der Unternehmer der frühen Epoche. Sie bildeten eine „kultürliche" Alternative zu der ursprünglichen Ausgeliefertheit des Menschen gegenüber der Natur. Sie sind sozusagen gegennatürlich und gegenökonomisch begründet. Man kann die Arbeitszeitpolitik der Industriegesellschaften auch als den Versuch der Errichtung einer *kultivierten Zeitordnung* sehen.

Das meinte mehr als den Schutz des Individuums vor überlangen Arbeitszeiten. Es handelte sich, wie bei der Industrialisierung allgemein, um ein gesellschaftspolitisches Langzeitprojekt. Von Anbeginn der Arbeitszeitpolitik bis Mitte der siebziger Jahre unseres Jahrhunderts wurde die Kultivierung der sozialen Zeiten überwiegend mit Hilfe der Bildung zeitlicher Areale realisiert, d.h. indem mit Hilfe kollektiver Regelungen bestimmte Zeiten im Tages-, Wochen- oder Jahresverlauf für alle Mitglieder der Gesellschaft oder für bestimmte Gruppen von der Erwerbsarbeit ausgeschlossen blieben (s.o. sowie Rinderspacher 2000). Es bestand eine praktische, aber auch eine ästhetische Notwendigkeit der kollektiven Kontrolle über die Struktur und Verwendung der Zeit. Um ein Bild zu gebrauchen: Die Bäume und Sträucher im Französischen Garten der gesellschaftlichen Zeitordnung wurden durch die Arbeitszeitpolitik und angrenzende Bereiche, etwa den Ladenschluß und allgemeinere Feiertagsregelungen mehr und mehr auf die (zeitlichen) Bedürfnisse nicht nur der arbeitenden Menschen zugeschnitten. Wenn auch teilweise als Ergebnis harter gesellschaftlicher Auseinandersetzungen ist eine zeitliche Anlage entstanden, die den Wildwuchs der Natur nach den Plänen der Nutzer zu einem Ganzen, zu einer in sich stimmigen gesellschaftlichen Zeitordnung gemacht hat, an deren Anfang die Vision von der Domestizierung der natürlichen und biologischen Voraussetzungen menschlichen Lebens stand. Gleichsam sollte der Wuchs der Zeiten sich den menschlichen Bedürfnissen unterordnen, nicht umgekehrt. Das Beispiel vom Garten wird hier nicht zufällig gewählt, war doch dieser in seinen verschiedenen Varianten als Barock- oder als Englischer Garten Ausdruck jener neuen Grundorientierung einer Wendezeit. Selbst wenn man die epochal bedingten Rigiditäten, die mit einer solchen Weltsicht verbunden waren, nicht teilen will, kann man dennoch dem zivilisatorischen Grundanliegen folgen. Das Ziel der Modernisierung wie der Industrialisierung bestand, um es noch einmal anders zu formulieren, gerade darin, die menschlichen Bedürfnisse, die materiellen wie die kulturellen, zur unabhängigen Variablen zu machen, und die Natur zur abhängigen.

In der Flexibilisierungsdebatte unserer Tage wird diese Grundthese wieder in Frage gestellt. Wenn die Arbeitszeiten sich der jeweiligen Marktsituation anpassen sollen, insbesondere hinsichtlich ihrer Lage und Verteilung primär dem Rhythmus des Marktes folgen, wird die Freizeit der Menschen von eben diesen Zufälligkeiten abhängig. Das betrifft einmal die Mikroebene, dadurch, daß das Individuum seine Planungs- und Dispositionsfähigkeit weitgehend einbüßt, wie ebenso die Makroebene dadurch, daß eine gesellschaftliche Struktur von Freizeit entsteht, die nicht mehr auf von Zielen (vgl. Abb. 1) geleiteten Kollektivverträgen beruhen kann. Die Zeitordnung als Kulturgut, als Gegenstand politischer Gestaltung, wird ersetzt durch eine *dependente Zeitordnung,* in der die individuelle Verfügung über Zeit zur Residualgröße degeneriert.

Die Aufgabe der zeitlichen Kontrolle zugunsten der Anpassung an äußere Instanzen, wie jahreszeitliche und konjunkturelle Schwankungen des Marktes, scheint gerechtfertigt aus der Hoffnung auf höhere wirtschaftliche Erträge, aber auch negativ, aus dem Zwang zur Anpassung an den Weltmarkt, also als rein reaktive Maßnahme. Begrifflich ließe sich in diesem Zusammenhang von einer Renaturierung der Lebens- und Arbeitskultur sprechen. Obwohl dieser Begriff zunächst eine positive Konnotation hat – beispielsweise „Renaturierung der unvernünftigerweise begradigten Flüsse" – so drückt er hier eine Ambivalenz aus. Denn jede Renaturierung beinhaltet unabweisbar einen Verlust an Kontrolle des Menschen über den der Natur zurückgegebenen Gegenstand, dem nun erlaubt werden soll, sein – nicht zuletzt auch zeitliches – Eigenleben zu führen.

In unserem Fall ist es der Markt, den man als „zweite Natur" des Menschen verstehen kann, dem nun ein stärkeres Eigenleben zugestanden werden soll. Dem muß man nicht grundsätzlich widersprechen. In der Tat haben gerade ökologische Theorien gezeigt, daß Überleben nur in dialogischer Form mit den äußeren Rahmenbedingungen menschlicher Existenz und als Anpassungsprozeß (teilweise auch gerade als Abschottungsprozeß, vgl. Luhmann 1992) an Faktoren der Umwelt möglich ist. Dieser Einsicht wird man sich, was die Gestaltung von Zeit im Arbeitsprozeß und in der Gesellschaft angeht, nicht einfach voluntaristisch widersetzen können. Dennoch, analytisch bedeutet Anpassung an die Amplituden des Marktes zunächst einen Kontrollverlust der Gesellschaft über „ihre" Zeit bis hin zu der eben genannten Verkehrung von abhängigen und unabhängigen Variablen der Zeitgestaltung. In diesem Spannungsfeld zwischen Anpassung an Markterfordernisse mit dem Ziel einer Erhöhung des Güterwohlstandes einer Gesellschaft einerseits und der Reduzierung des Zeitwohlstandes infolge einer tendenziell abnehmenden Kontrollfähigkeit der modernen Gesellschaft über „ihre" Zeit bewegt sich der wesentliche Zielkonflikt der Diskussion um moderne Zeitpolitik (hierzu auch Rinderspacher 2000).

Nicht zufällig rekurriert die Arbeitgeberseite begrifflich auf ökologische oder biologische Metaphern. Die zeitliche Renaturierung der Arbeitswelt und der Produktion mit Hilfe der „atmenden Fabrik" (Hartz 1996) soll die Wiederherstellung eines organischen Verhältnisses zur Arbeit suggerieren. Doch Renaturierung bedeutet ja nicht wirklich Wiederherstellung des ursprünglichen Zustandes, vielmehr Wiederherstellung eines *Abbildes,* einer menschlichen Vorstellung vom ursprünglichen Zustand, dieser aber ist als solcher auf ewig verloren. Die Atmung der Fabrik wird immer eine künstliche bleiben. Ihr Rhythmus wird in diesem Konzept artifiziell einem äußeren Zeitgeber, dem Markt, angetragen.

Die Aufgabe starrer Zeiten zugunsten marktbewegter Amplituden kann weder den Zustand der relativen Zeitlosigkeit, den wir oben natürlichen Zeitwohlstand genannt hatten, wiederbringen, noch kann sie die Menschen in einen

Zustand versetzen, in dem sie über ihre Zeit in anderer Weise endlich selbst bestimmen. Im Verständnis des Konzepts der atmenden Fabrik ist es die Logik des Marktes, eben nicht mehr die der ersten sondern der zweiten Natur des Menschen, die als Zeitgeber des modernen Alltags künftig bestimmend sein soll.

Daß gerade die Entwicklung derjenigen Arbeitszeitsysteme, die sich emphatisch als Modernisierungskonzepte verstehen, in Richtung eines kollektiven Kontrollverlustes über die Gestaltung der Zeit weisen, ist in zweifacher Hinsicht paradox. Hat doch gerade die Modernisierung dazu geführt, den Wert der Zeit besonders zu steigern, und zwar objektiv in Form der hohen Bewertung von Zeiteinheiten (vgl. Becker 1965; Linder 1973) wie subjektiv im Bewußtsein der Menschen, die darauf dringen, mit ihrer als knapp empfundene Lebenszeit möglichst viel anfangen, möglichst viele Events sammeln zu wollen (vgl. Schulze 1992). Nun aber begibt sich die Gesellschaft durch ihre stärkere Anpassung an die Rhythmen der Wirtschaft gerade zu dem Zeitpunkt erneut in die Abhängigkeit einer externen Steuerungsinstanz, in der ganz allgemein die Disposition über „Zeit" als so wertvoll gilt wie nie zuvor, in der privaten Zeit der Menschen ebenso wie für ihre wirtschaftliche Verwendung.

Etwas weniger widersprüchlich erscheint eine solche Entwicklung, wenn man die Zeit nach ihren „Verwendungszwecken" in Zeiten für die Ökonomie und Zeiten für den privaten (Zeit-)Konsum unterscheidet. Während die „Zeit für die Ökonomie" infolge der Flexibilisierung der Arbeitszeiten zur unabhängigen Variablen wird, gerät – nach einer Durchgangsphase, in der das Verhältnis gerade umgekehrt war – nun wieder die Freizeit zur abhängigen Variablen. Es ist also die Privatzeit, besonders deren Lage und Verteilung, die „außer Kontrolle" gerät. Widersprüchlich und wohlstandsmindernd ist einmal, daß trotz des Wertzuwachses der Zeit im Privatsektor den abhängig Beschäftigten ein für sie höchst unökonomischer Umgang mit der Zeit aufgezwungen wird, und zweitens, daß damit ein Essential der Industrialisierung, die Loslösung von der Abhängigkeit von externen Instanzen, an einer zentralen Stelle relativiert wird. Der umfassende Anspruch der Modernisierungsideologie, der einst die gesamte Umgestaltung menschlicher Lebensbedingungen umfaßte, wird aufgegeben zugunsten einer noch weiter vorangetriebenen Ökonomisierung der Zeit im Bereich kommerzieller Zeitnutzung.

Die „Verfügung über die Zeit" als Konsumgut, als Wohlstandsziel sowie als Ziel von Zeitpolitik differenziert sich aus: Während hinsichtlich der *Dauer* der Arbeit die Verfügbarkeit im Zuge weiterer Arbeitszeitverkürzungen im großen und ganzen zunimmt, wird sie im Hinblick auf ihre *Lage und Verteilung* abnehmend kontrollierbar. Die Zeitgeber der Gesellschaft sind nun in geringerem Ausmaß als früher die über kollektive Tarifverträge und gesetzliche Regelungen abgesicherten Zeitinteressen der Beschäftigten (etwa Arbeitsschluß, Betriebsschluß, Ladenschluß) als vielmehr die Ansprüche der Unternehmen. Das Beispiel Wolfsburg steht für eine Situation, in der mehr oder weniger beliebig, ohne Koordination mit den kommunalen Diensten und Stadtwerken, häufig tiefgreifende Veränderungen der Arbeitszeiten vom dortigen VW-Konzern vorgenommen werden, an die sich das öffentliche Leben der Stadt anzupassen hat (vgl. Eberling/Henckel 1998). Dort wird die Ökonomisierung des Alltags in der zeitlichen Dimension sinnbildlich. Ob man dieses Abhängigkeitsverhältnis akzeptiert oder eher als ein Verhältnis ansieht, in dem der Schwanz mit dem Hund wedelt, hängt davon ab, welchen Einfluß auf das Privatleben der Menschen man der Wirtschaft letztlich zubilligt. Auch ob die Zeitinteressen der Beschäftigten nicht letztlich identisch sein müßten mit denen des Unternehmens, das ihnen einen Arbeitsplatz ermöglicht, ist eine Grundsatzfrage, die hier nicht vertieft werden kann. Und schließlich steht dahinter, welches Konzept von Modernisierung der Argumentation zugrunde liegt, ob diese also mehr beinhaltet als eine andere Begrifflichkeit für die Ökonomisierung der Lebenswelt. Ein solches Interesse könnte ja in Wahrheit gemeint sein, wenn von zeitlicher Modernisierung die Rede ist. Sie wäre dann gleichbedeutend mit voranschreitender Adaption der ökonomischen Rationalität in der zeitlichen Dimension. Allerdings beinhaltet eine solche Aussage ein bestimmtes Vorverständnis von Ökonomie. Denn optimiert wird mit einer solchen Strategie im günstigen Fall die Vermehrung des Wohlstands an Gütern, nicht jedoch der Wohlstand an Zeit.

Man kann nun fragen, ob mit Blick auf die Vermehrung des Zeitwohlstandes als Ziel gewerkschaftlicher Arbeitszeitpolitik (vgl. Projekt Arbeit:Leben:Zeit 1999) nicht der Tausch besserer Konditionen in der Dimension der Dauer gegen schlechtere Konditionen in der Dimension der Lage der Arbeitszeit die bessere Alternative darstelle. Um darüber zu entscheiden, wäre eine individuelle und eine kollektive Komponente zu berücksichtigen, man hätte also die Folgen sowohl des Kontrollverlustes für den einzelnen bzw. konkrete Lebensgemeinschaften wie für die Gesellschaft als Ganzes zu bedenken. Beide Dimensionen hängen miteinander zusammen, sind jedoch nicht identisch.

Zum einen müssen gesellschaftspolitische Grundsatzentscheidungen getroffen werden, und das heißt inhaltlich-substantiell über zeitliche Modernisierung zu entscheiden. Soll, nach einer mehr als ein Jahrhundert währenden Phase der Emanzipation des Zeithaushaltes der Menschen bzw. der Gesellschaft von den Unkalkulierbarkeiten externer Instanzen, die seinerzeit vor allem Umgebungseinflüsse der natürlichen Umwelt und der natürlichen Energieträger waren, nun eine neue Abhängigkeit von der externen Instanz der Ökonomie die Oberhand gewinnen? Freilich kann man darüber philosophieren, inwieweit nicht gerade die Ökonomie eben keine *externe* Instanz, vielmehr gerade eine von Menschen getragene ist. Andererseits wird kaum jemand bestreiten, daß, wie nicht zuletzt die Bewegungen der Börsen und des Weltmarktes zeigen, die Ökonomie weithin nicht domestizierbar ist und in diesem Sinne unstreitig eine zweite Natur des Menschen darstellt, die ihm ebenso Quelle des Reichtums als auch Widersacher ist. Im Kern geht es darum, welchen Preis die Gesellschaft für die Aufrechterhaltung ihrer in dem hier entwickelten Sinne „zivilen" oder „kultivierten" Zeitordnung notfalls zu zahlen bereit ist.

Zum anderen stünde es einer pluralen Gesellschaft, insbesondere in der Phase der Zweiten Moderne, gut an, diese Grundsatzfrage erstens nicht über die Köpfe der Betroffenen hinweg zu entscheiden und zweitens jedem Individuum diesbezüglich eine möglichst große Entscheidungsfreiheit unterhalb der kollektiven Grundsatzentscheidung zu überlassen.

Was den *Zeithaushalt der Gesellschaft* als Ganzes betrifft, so wäre ein Fortschritt in der Arbeitszeitpolitik bereits damit erzielt, das hier dargestellte Problem des zunehmenden Kontrollverlusts über die Zeit als solches zu erkennen und den epochalen Umbruch nicht zu bagatellisieren. Schließlich steht nicht weniger auf dem Spiel als das Ende der Freizeitgesellschaft der herkömmlichen Art, also der arealisierten Freizeitstruktur der Ersten Moderne. Eine so grundlegende Veränderung der Logik und Legitimation erwerbsarbeitsfreier Zeit, die auf mittlere Sicht einen tiefen Einschnitt in die Lebensführung und ganz allgemein in die Lebenschancen der Menschen nach sich zieht, sollte nicht unter Zuhilfenahme einer oberflächlichen Modernisierungsrhetorik von oben dekretiert werden.

Die zweite Frage betrifft die *individuellen Entscheidungsspielräume* im Falle einer neuartigen Zeitordnung, in der Freizeit nach Marktlage gewährt werden kann, wenn möglicherweise auch in größerem Umfang als bisher gewohnt – was allerdings keinesfalls als selbstlaufender Trend vorauszusetzen ist. In einer solchen Gesellschaft blieben dem Individuum unterhalb der Globalentscheidung, d.h. für sein individuelles Zeitarrangement, soweit man heute sehen kann, keine größeren Spielräume als unter der sogenannten starren, arealen Zeitordnung. Dies wird jedoch im Einzelfall zu prüfen sein. Jedenfalls hat sich, anders als einige Protagonisten der Modernisierung immer wieder behauptet haben (vgl. Jungblut 1987), das Problem der individuellen Zeitgestaltung in der marktangepaßten Zeitordnung keineswegs erledigt, im Gegenteil.

Auch die vorindustriellen Gesellschaften haben sich, um ihren Lebensstandard etablieren und halten zu können, einerseits den Naturgewalten mehr oder weniger kompromißlos anpassen müssen, andererseits jedoch auf möglichen zusätzlichen materiellen Wohlstand nicht unwesentlich dadurch verzichtet, daß Arbeitsunterbrechungen und Feste als ein wichtiger Teil der Lebensqualität der Menschen verstanden wurde (vgl. Schmugge 1987). Daß, wie oben erwähnt, bedingt durch unzählige Tage der Heiligenverehrung im Mittelalter, im Jahresdurchschnitt eine 5-Tage-Woche erreicht wurde, ist natürlich vor dem Hintergrund einer unvergleichlich weniger produktiven Gesellschaft zu sehen, in der die Zeit noch fast nichts kostete. Daher waren die wirtschaftlichen Verluste der nicht mit Arbeit verbrachten Zeit viel geringer anzusetzen als heute. Wieviel wert ist der Gesellschaft der Zweiten Moderne die Kontrolle über „ihre" Zeit – vor dem Hintergrund einer ökonomischen Entwicklung, die die Zeit zu einem der wertvollsten Güter gemacht hat? In der gegenwärtigen Situation steht nichts weniger als eine solche neue Grundsatzentscheidung an. Die vermehrte Anpassung des Alltagslebens an die zeitlichen Erfordernisse der Ökonomie wird die Chancen eines zufriedenstellenden Umgangs mit der Zeit, das „zeitliche Wohlbefinden" (Scherhorn/Reisch 1998) insgesamt verschlechtern, dafür möglicherweise – sicher ist das nicht – die Wettbewerbsfähigkeit der nationalen Wirtschaft erhöhen. Letztlich stellt sich also die Frage, in welchem Umfang die Zweite Moderne sich in eine neue Abhängigkeit begeben will, die darauf zielt, den Güterwohlstand noch weiter zu steigern, um den Preis, das erreichte Niveau des Zeitwohlstandes damit zu reduzieren (vgl. Rinderspacher 2000).

9. Jenseits der Flexibilisierung

Mit Sicherheit besteht eine der großen zeitpolitischen Aufgaben der Zukunft darin, mehr Zeitwohlstand auch in Form gewachsener Zeitsouveränität zu verwirklichen, verstanden als die Chance der freien Wahl der Arbeitszeit unter sozial vertretbaren Rahmenbedingungen. Doch dafür stehen die Zeichen schlecht. Die „atmende Fabrik" (vgl. Hartz 1996) atmet ja nicht synchron zu den Bedürfnissen der Menschen. Der Kontrollverlust über die Zeit, die zeitliche Regression vollzieht sich nicht abstrakt, sondern sehr konkret am einzelnen Arbeitnehmer. Der Kontrollverlust über die Zeit hat kollektive Ursachen, aber individuelle Auswirkungen. Die unter dem Schlagwort der Modernisierung praktizierten Arbeitszeitregelungen, die in jüngster Zeit untersucht wurden (vgl. auch Meissner et al. 2000; Klenner 1999, S. 49ff.; Wotschak 1998), bestätigen, daß die Abhängigkeit der Beschäftigten vom Zeitgeber Markt in der chronologischen Dimension erheblich gewachsen ist. Damit führt der Weg arbeitszeitpolitisch in eine regressive De-Industrialisierung. Die eingangs dargestellten Formen der Erwerbstätigkeit der vor- und protoindustriellen Phase der Modernisierung leben wieder auf.

Aussicht auf eine nachhaltige Durchsetzung individueller Zeitbedürfnisse besteht erst wieder, wenn der Arbeitsmarkt wenigstens ansatzweise einen gleichgewichtigen Interessenausgleich ermöglicht.

Infolge der jahrzehntelangen Fixierung der Diskussion auf das Thema Flexibilisierung ging die eigentliche Substanz der Arbeitszeitpolitik weithin verloren. Flexibilität wurde von Politik und Wirtschaft zum neuen Supraleitbild aufgebaut, salopp formuliert, zur neuen Wunderwaffe, von der man die erfolgreiche Bekämpfung der Arbeitslosigkeit ebenso erwartet wie den wirtschaftlichen Aufschwung, die Entlastung der Fernstraßen ebenso wie die Gleichstellung der Geschlechter. Der selbstbestimmte Umgang mit der Zeit ist bis heute jedoch weithin ein Mythos geblieben. Folgerichtig können kritische Einwände schnell als Anti-Modernismus oder bloßer Konservatismus attackiert werden, ohne sich einer gründlichen Beschäftigung mit den Möglichkeiten und Grenzen neuer Arbeitszeitstrukturen, die häufig als die gefürchteten Nebenfolgen auftreten, auseinandersetzen zu müssen. Auf einen Nenner gebracht, hat Flexibilität als Programm sowohl im politischen Alltag als auch zum Teil in der wissenschaftlichen Diskussion mehr und mehr die Funktion, die entstandene Komplexität der Ziele und Interessen, d.h. die Inhalte der Arbeitszeitpolitik, durch ein formales Schema zu ersetzten bzw. zu reduzieren. Ihr Gewicht erhält Flexibilität schon allein dadurch, daß sie als paradigmatischer Rahmen sowohl zwischen den Tarifparteien als auch in der Politik inzwischen konsensfähig geworden ist.

Die Vielfalt der Ziele und Modelle in konsensfähige, wohstandsmehrende politische Strategien umzusetzen, ist eine der Hauptaufgaben der kommenden Dekade. Vielfalt birgt Chancen der Neuorganisation ebenso wie die Gefahr der Orientierungslosigkeit. In solchen Fällen kann es nützlich sein, zu den Wurzeln zurückzukehren: Welche Probleme will Arbeitszeitpolitik eigentlich lösen und, positiv gewendet: Welche Art von Verbesserung der Lebensqualität für welche Gruppe in der Bevölkerung *kann* eine Arbeitszeitinnovation jeweils überhaupt bewirken? Ernst zu nehmen ist das Flexibilisierungsparadigma nur noch dort, wo gleichzeitig konkret dargelegt wird, in welcher Weise sich welche Ziele damit tatsächlich umsetzen lassen. Problemlösungen erreicht man nach den praktischen Erfahrungen und theoretischen Einsichten der vergangenen Dekade aber gerade nicht durch ziellose Beweglichkeit aller Teilbereiche und noch weniger durch einen Rundumschlag an vorauseilendem Deregulierungsgehorsam. Vielmehr verspricht die *zielgerichtete* intelligente Kombination von „Starrheit", besser: Kontinuität und Verläßlichkeit einerseits und Beweglichkeit andererseits, wie auch die Kombination traditioneller und neuer Zeitmuster im Hinblick auf die Umsetzung politischer Programmatiken, etwa die Vereinbarkeit von Familie und Beruf, aber auch ganz traditionell: den Gesundheitsschutz der Beschäftigten, den größten

Auf dem Weg in bessere Zeiten?

Erfolg. Daß die individuelle Verfügung über Zeit inzwischen selbst eines von mehreren Zielen der Arbeitszeitpolitik geworden ist, wurde ausführlich dargestellt.

Literatur

Balser, F. (1968): 1848/49 bis 1863. Die erste deutsche Arbeiterorganisation „Allgemeine deutsche Arbeiterverbrüderung" nach der Revolution. In: Wehler, H.-U. (Hg.), Moderne deutsche Sozialgeschichte. Köln, S. 159-176.

Bebel. A. (1974): Die Frau und der Sozialismus. Berlin.

Beck, U. (1986): Risikogesellschaft. Frankfurt/M.

Beck, U. (1991): Der Konflikt der zwei Modernen. In: Zapf, W. (Hg.), Die Modernisierung moderner Gesellschaften. Verhandlungen des 25. Deutschen Soziologentages in Frankfurt am Main 1990. Frankfurt/M., New York, S. 40-54.

Beck, U. (1993): Die Erfindung des Politischen. Frankfurt/M.

Beck, U. (1996): Der clevere Bürger. Bemerkungen zu Anthony Giddens' Konzeption „reflexiver Modernisierung". In: Soziologische Revue, Nr. 1/1996, S. 9.

Beck, U. (1997): Ursprung als Utopie. Politische Freiheit als Sinnquelle der Moderne. In: ders., Kinder der Freiheit. Frankfurt/M., S. 382-401.

Beck, U.; Beck-Gernsheim, E. (1994): Riskante Freiheiten. Individualisierung in modernen Gesellschaften. Frankfurt/M.

Beck, U.; Giddens, A.; Lash, S. (1996): Reflexive Modernisierung. Eine Kontroverse. Frankfurt/M.

Becker, G. (1965): A Theory of the Allocation of Time. In: The Economic Journal, Jg. LXXV, S. 493-517.

Becker, U.; Fischbeck, H.-J.; Rinderspacher, J. P. (1997): Zukunft. Über Konzepte und Methoden zeitlicher Fernorientierung. Bochum.

Becker-Schmidt, R. et al. (1982): Nicht wir haben die Minuten, die Minuten haben uns. Zeitprobleme und Zeiterfahrungen von Arbeitermüttern in Fabrik und Familie. Bonn.

Beckmann, P.; Kempf, B. (1996): Arbeitszeit und Arbeitszeitwünsche von Frauen in Ost- und Westdeutschland. In: Mitteilungen aus Arbeitsmarkt- und Berufsforschung, Nr. 3/1996, S. 388-408.

Bendix, R. (1969): Modernisierung in internationaler Perspektive. In: Zapf, W. (Hg.), Theorien des sozialen Wandels. Köln, Berlin, S. 505-512.

Blaich, F. (1988): Merkantilismus, Kameralismus. In: Issing, O., Geschichte der Nationalökonomie. 2. Aufl. München, S. 15-34.

Born, C.; Vollmer, C. (1982): Familienfreundliche Gestaltung des Arbeitslebens. Endbericht. Arbeitsgemeinschaft Gesellschaft für Arbeitsschutz und Humanisierungsforschung Dortmund, Gesellschaft zur Förderung der Humanisierungsforschung e.V. Bremen.

Borst, O. (1983): Alltagsleben im Mittelalter. Frankfurt/M.

Bosch, G.; Engelhardt, N.; Herrmann, K.; Kurz-Scherf, I.; Seifert, H. (1988): Arbeitszeitverkürzung im Betrieb. Die Umsetzung der 38,5-Stunden-Woche in der Metall-, Druck- und Holzindustrie sowie im Einzelhandel. Köln.

Brakelmann, G.; Jähnichen, T. (Hg.) (1994): Die protestantischen Wurzeln der Sozialen Marktwirtschaft. Ein Quellenband. Gütersloh.

Comte, A. (1994): Rede über den Geist des Positivismus. Übersetzt, eingeleitet und herausgegeben von I. Fetscher. Hamburg.

Der Arbeitgeber. Das BDA-Magazin zur unternehmerischen Sozialpolitik Nr. 3/1999.

Deutschmann, C. (1985): Der Weg zum Nationalarbeitstag. Frankfurt/M.

Deutschmann, C. (1990): Der Normalarbeitstag. Historische Funktion und Grenzen des industriellen Zeitarrangements. In: König, H.; v. Greiff, B.; Schauer, H. (Hg.), Sozialphilosophie der industriellen Arbeit. Sonderheft Leviathan, Nr. 11/1990, S. 77-96.

Dirks, W. (1957): Die Freie Zeit. In: Deutscher Gewerkschaftsbund, Die freie Zeit. Probleme der Freizeit in der Industriegesellschaft. Düsseldorf.

Dohrn-van-Rossum, G. (1992): Die Geschichte der Stunde. Uhren und moderne Zeitordnungen. München.

Duran, M.; Klähn, M.; Nassauer, M.; Naumann, J. (1981): Geteiltes Leid ist halbes Leid – ein Binsenirrtum. In: Rinderspacher, J. P., Neue Arbeitszeitregelungen – Auswirkungen auf Arbeitsmarkt und Arbeitsleben. Wissenschaftszentrum Berlin IIVG dp 81-221, S. 15-25

Eberling, M.; Henckel, D. (1997): Kommunale Zeitpolitik. In: Stadträume und Zeitpolitik. Informationen zur Raumentwicklung, Nr. 10/1997, S. 191-198.

Eberling, M.; Henckel, D. (1998): Kommunale Zeitpolitik. Veränderungen von Zeitstrukturen – Handlungsoptionen der Kommunen. Berlin.

Elias, N. (1977): Über den Prozeß der Zivilisation. Soziogenetische und psychogenetische Untersuchungen. 2 Bde. Frankfurt/M.

Fetcher, I. (1994): Einleitung zu: August Comte. Rede über den positiven Geist. Hamburg.

Franz, W. (1996): Arbeitsmarktökonomik. 3. überarb. Aufl. Berlin u.a.

Fürstenberg, F.; Herrmann-Stojanov, I.; Rinderspacher, J. P. (Hg.) (1999): Der Samstag. Über Entstehung und Wandel einer modernen Zeitinstitution. Berlin.

Fuson, R. H. (Hg.) (1989): Das Logbuch des Christoph Columbus. Bergisch Gladbach.

Giddens, A. (1996): Leben in einer posttraditionalen Gesellschaft. In: Beck et al. (1996), Reflexive Modernisierung. Eine Kontroverse. Frankfurt/M., S. 113-194.

Gleichmann, R. P. (1980): Einige soziale Wandlungen des Schlafes. In: Zeitschrift für Soziologie. Nr. 3/1980, S. 236-250.

Gottlieb-Duttweiler-Institut (Hg.) (1979): Freie Arbeitszeit. Rüschlikon.

Gröbl-Steinbach, E. (1994): Fortschrittsidee und rationale Weltgestaltung. Die kulturellen Voraussetzungen des Politischen in der Moderne. Frankfurt/M., New York.

Gubser, A. (1968): Monotonie im Industriebetrieb. Die Auswirkungen eintöniger Arbeitsvorgänge, ihre Prophylaxe und Bekämpfung. Stuttgart.

Haller, Kroebel, Seischab (Hg., o. Vorn.) (1955): Die 40-Stunden-Woche. Darmstadt.

Hartz, P. (1996): Das atmende Unternehmen. Jeder Arbeitsplatz hat einen Kunden. Beschäftigungssicherung bei Volkswagen. Frankfurt/M., New York.

Herrmann-Stojanov, I. (1999): Auf dem Weg in die Fünf-Tage-Woche. In: Fürstenberg et al. (1999), S. 69-100.

Hielscher, V.; Hildebrandt, E. (1999): Zeit für Lebensqualität. Auswirkungen verkürzter und flexibilisierter Arbeitszeiten auf die Lebensführung von Beschäftigten. Berlin.

Hinrichs, K. (1988): Motive und Interessen im Arbeitszeitkonflikt. Eine Analyse der Entwicklung von Normalarbeitszeitstandards. Frankfurt/M., New York.

Hinrichs, K. (1992): Zur Zukunft der Arbeitszeitflexibilisierung. Arbeitnehmerpräferenzen, betriebliche Interessen und Beschäftigungswirkungen. In: Soziale Welt, Nr. 4/1992, S. 313-330.

Hoff, A. (1983): Betriebliche Arbeitszeitpolitik zwischen Arbeitszeitverkürzung und Arbeitszeitflexibilisierung. München.

Hohn, H. (1990): Urlaub und Freistellung von Arbeit. Bergisch-Gladbach.

Holst, E. (2000): Die Stille Reserve am Arbeitsmarkt. Berlin.

Hugger, P. (1987): Das Fest – Perspektiven einer Forschungsgeschichte. In: Stadt und Fest. Zur Geschichte und Gegenwart europäischer Festkultur. Stuttgart, S. 9-24.

IGM (Hg.) (1972): Qualität des Lebens. Frankfurt/M.

IGM (Hg.) (1998): Die Zeiten ändern sich – Arbeitszeit verkürzen und gestalten – gegen Arbeitslosigkeit. Tagungsbericht der arbeitszeitpolitischen Konferenz in Hannover vom 7.-9. Mai 1998. Frankfurt/M.

Jungblut, M. (1987): Zeit und Markt. In: Zöpel, Chr.; Hesse, J. J. (Hg.), Neuorganisation der Zeit. Baden-Baden.

Jürgens, K.; Reinecke, K. (1998): Zwischen Volks- und Kinderwagen. Auswirkungen der 28,8-Stunden-Woche bei der VW-AG auf die familiale Lebensführung von Industriearbeitern. Berlin.

Kern, H.; Schumann, M. (1984): Das Ende der Arbeitsteilung. München.

Klages, H.; Kmieciak, P. (Hg.) (1979): Wertwandel und gesellschaftlicher Wandel. Frankfurt/M., New York.

Klein, M.; Worthmann, G. (1999): Das Weekend und der „American Way of Life". In: Fürstenberg et al. (1999), S. 323-352.

Klenner, C. (Hg.) (1999): Mehr Beschäftigung durch Überstundenabbau und flexible Arbeitszeitmodelle? Edition der Hans-Böckler-Stiftung Nr. 15. Düsseldorf.

Klenner, C.; Seifert, H. (1998): Zeitkonten – Arbeit à la carte? Hamburg.

Klipstein, M. v. (1981): Betriebliche Praxis und Diskussion flexibler Arbeitszeiten. In: Rinderspacher, J. P., Neue Arbeitszeitregelungen – Auswirkungen auf Arbeitsmarkt und Arbeitsleben. Wissenschaftszentrum Berlin IIVG dp 81-221, S. 129-134.

Kuchenbuch, L.; Sokoll, T. (1990): Vom Brauch-Werk zum Tauschwert: Überlegungen zur Arbeit im vorindustriellen Europa. In: König, H.; v. Greiff, B.; Schauer, H. (Hg.), Sozialphilosophie der industriellen Arbeit. Sonderheft Leviathan, Nr. 11/1990, S. 26-50.

Kurz-Scherf, I. (1995): Zeit der Vielfalt – Vielfalt der Zeiten. Repräsentative Bevölkerungsbefragung. Hauptstadt Berlin. Senatsverwaltung für Arbeit und Frauen von Berlin. Berlin.

Kurz-Scherf, I.; Breil, G. (Hg.) (1987): Wem gehört die Zeit? Ein Lesebuch zum 6-Stunden-Tag. Hamburg.

Kutsch, T.; Vilmar, F. (Hg.) (1983): Arbeitszeitverkürzung. Ein Weg zur Vollbeschäftigung? Opladen.

Linder, S. B. (1973): Warum wir keine Zeit mehr haben. Das Linder-Axiom. Frankfurt/M.

Lüdtke, A. (1980): Arbeitsbeginn, Arbeitspausen, Arbeitsende. Skizzen zu Bedürfnisbefriedigung und Industriearbeit im 19. und frühen 20. Jahrhundert. In: Huck, G. (Hg.), Sozialgeschichte der Freizeit. Wuppertal, S. 95-122.

Luhmann, N. (1992): Beobachtungen der Moderne. Opladen.

MAGS (Ministerium für Arbeit und Soziales NRW) (Hg.) (1998): Arbeitszeit und Strukturwandel. Düsseldorf.

Marr, R. (1991): Betriebswirtschaftliche Aspekte der Arbeitszeitveränderung. In: Friedrich, P.; Gross, P., Arbeitszeitveränderung in wirtschaftlicher, gesellschaftlicher und ethischer Sicht. Baden-Baden, S. 255-265.

Mattner, A. (1988): Sonn- und Feiertagsrecht. Berlin u.a.

Meissner, F.; Pfahl, S.; Wotschak, P. (2000): Dienstleistung ohne Ende? Die Folgen der verlängerten Ladenöffnung. Berlin.

Meissner, M. (1971): The long Arm of the Job. A Study of Work and Leisure. In: Industrial Relations, No. 10/1971, S. 239-260.

Meyer, J. (Hg.) (1996): Benchmarking. Spitzenleistungen durch Lernen von den Besten. Stuttgart.

Mückenberger, U. (Hg.) (1998): Zeiten der Stadt. Reflexionen und Materialien zu einem neuen gesellschaftlichen Gestaltungsfeld. Bremen.

Münch, P. (1998): Lebensformen in der frühen Neuzeit. Berlin.

Nahrstedt, W. (1980): Über die „Freizeitgesellschaft" zu einer „freien" Gesellschaft? Grundlagen für eine Gesellschaftstheorie. Zur Kritik eines forschungsrelevanten gesellschaftlichen Tabus. In: Herausgebergruppe Freizeit: Freizeit in der Kritik. Alternative Konzepte zur Freizeit- und Kulturpolitik. Köln, S. 21-54.

Nahrstedt, W. (1988): Die Entstehung der Freizeit. Dargestellt am Beispiel Hamburgs. Bielefeld.

Nuß, S. (1996): Der Streit um den Sonntag. Der Kampf der katholischen Kirche in Deutschland von 1869 bis 1992 für den Sonntag als kollektive Zeitstruktur. Idstein.

Offe, C. (Hg.) (1982): Arbeitszeitpolitik. Formen und Folgen einer Neuverteilung der Arbeitszeit. Frankfurt/M., New York.

Opaschowski, H. W. (1994): Einführung in die Freizeitwissenschaft. 2. neubearbeitete Aufl. Opladen.

Otto, K. A. (1990): Wieviel wurde in unterschiedlichen Epochen gearbeitet? In: König, H.; v. Greiff, B.; Schauer, H. (Hg.), Sozialphilosophie der industriellen Arbeit. Sonderheft Leviathan, 11/1990, S. 51-76.

Projekt Arbeit:Leben:Zeit (1999): Arbeit und Zeit zum Leben. In: Die Mitbestimmung, Nr. 8/99, S. 34-35.

Rapp, F. (1992): Fortschritt. Entwicklung und Sinngehalt einer philosophischen Idee. Darmstadt.

Rinderspacher, F. (1935): Die besondere Bedeutung der Arbeitszeitfrage für das Landarbeiterproblem. Inaugural-Diss. Heidelberg.

Rinderspacher, J. P. (1981): Ansatzpunkte für eine Zeitpolitik im Interesse der Arbeitnehmer. In: ders., Neue Arbeitszeitregelungen – Auswirkungen auf Arbeitsmarkt und Arbeitsleben. Beiträge eines Arbeitstreffens. Wissenschaftszentrum Berlin IIVG dp 81-221.

Rinderspacher, J. P. (1985): Gesellschaft ohne Zeit. Individuelle Zeitverwendung und soziale Organisation der Arbeit. Frankfurt/M., New York.

Rinderspacher, J. P. (1990a): Arbeit und Zeitpolitik. Über die Schwierigkeit, Arbeitsproduktivität in Zeitwohlstand zu verwandeln. In: König, H.; v. Greiff, B.; Schauer, H. (Hg.), Sozialphilosophie der industriellen Arbeit. Sonderheft Leviathan, Nr. 11/1990, S. 431-448.

Rinderspacher, J. P. (1990b): Arbeit, Freizeit, Natur – Überlegungen zu umweltverträglichen Zeitbudgets. In: Fricke, W. (Hg.), Jahrbuch Arbeit und Technik 1990. Bonn, S. 93-104.

Rinderspacher, J. P. (1997): Zeitpolitik. Gegenstand, Gestaltbarkeit, Akteure. In: Stadträume und Zeitpolitik. Informationen zur Raumentwicklung, Nr. 10/1997, S. 677-690.

Rinderspacher, J. P. (1999): Der Freie Samstag: Ein Phänomen als Untersuchungsgegenstand. In: Fürstenberg et al. (1999). Berlin.

Rinderspacher, J. P. (2000): Zeitwohlstand in der Moderne. Veröffentlichung des Wissenschaftszentrum Berlin für Sozialforschung, P00-502. Berlin.

Roth, G. (1968): Die kulturellen Bestrebungen der Sozialdemokratie im kaiserlichen Deutschland. In: Wehler, H.-U. (Hg.), Moderne deutsche Sozialgeschichte. Köln, S. 342-368.

Rutenfranz, J. (1989): Die Bedeutung der biologischen Rhythmik für Schichtarbeit bei kontinuierlicher Produktion. In: Dahm, K. W. et al. (Hg.), Sonntags nie? Die Zukunft des Wochenendes. Frankfurt/M., New York, S. 71-84.

Scharf, G. (1987): Geschichte der Arbeitszeitverkürzung – Der Kampf der deutschen Gewerkschaften um die Verkürzung der täglichen und wöchentlichen Arbeitszeit. Köln.

Schauer, H. (1993): Europäische Dimensionen der Tarifpolitik in der Sozialstaatskrise. In: Negt, O. (Hg.): Die Zweite Gesellschaftsreform. Marburg, S. 65-78.

Scherhorn, G.; Reisch, L.. A. (1998): Ich wär so gern ein Zeitmillionär. In: Politische Ökologie, Nr. 57/58, S. 52-56.

Scheuch, E. K. (1977): Soziologie der Freizeit. In: Handbuch der empirischen Sozialforschung. Bd. 11, Freizeit-Konsum. Hg. v. E. K. Scheuch u. G. Scherhorn. Stuttgart.

Schmugge, L. (1987): Feste feiern wie sie fallen – das Fest als Lebensrhythmus im Mittelalter. In: Hugger, P., Stadt und Fest. Zur Geschichte und Gegenwart europäischer festkultur. Stuttgart, S. 61-88.

Schneider, M. (1982): Von der Deflations- zur Arbeitsbeschaffungspolitik in der Krise der 30er Jahre. Aspekte eines internationalen Vergleichs. In: Gewerkschaftliche Monatshefte, Nr. 2/1982, S. 65-73.

Schneider, M. (1984): Streit um Arbeitszeit. Geschichte des Kampfes um Arbeitszeitverkürzung in Deutschland. Köln.

Schreiner, O. (1994): Arbeit für alle? Wege aus der Arbeitslosigkeit. Köln.

Schulze Buschoff, K. (1997): Arbeitszeiten – Wunsch und Wirklichkeit in Ost- und Westdeutschland. WZB discussion-paper FS III 97-410. Wissenschaftszentrum Berlin. Berlin.

Schulze, G. (1992): Die Erlebnisgesellschaft. Kultursoziologie der Gegenwart. Frankfurt/M., New York.

Senatsverwaltung für Arbeit und Frauen Berlin (Hg.) (1985): Arbeitszeitpolitik 2000. Arbeitszeitflexibilisierung und –verkürzung sowie Teilzeitförderung als Wege zu mehr Beschäftigung. Berlin.

Seyfarth, C. (1973): Protestantismus und gesellschaftliche Entwicklung: Zur Reformulierung eines Problems. In: ders.; Sprondel, W. M. (Hg.), Seminar: Religion und gesellschaftliche Entwicklung. Frankfurt/M.

Stalk, G.; Hout, T. M. (1990): Zeitwettbewerb. Schnelligkeit entscheidet auf den Märkten der Zukunft. Frankfurt/M., New York.

Taylor, F. W. (1919): Die Grundsätze wissenschaftlicher Betriebsführung, Berlin u.a.

Teriet, B. (1976): Neue Strukturen der Arbeitszeitverteilung. Göttingen.

Thompson, E. P. (1967): Time, Work Discipline and Industrial Capitalism. In: Past & Present, No. 38, S. 56-97.

Thompson, E. P. (1968): The Making of the English Working Class. Harmondsworth.

Unzeitig, E.; Köthner, D. (1995): Shareholder Value Analyse. Entscheidung zur unternehmerischen Nachhaltigkeit. Wie Sie die Schlagkraft ihres Unternehmens steigern. Stuttgart.

Weiß, J. (1998): Die Zweite Moderne. In: Soziologische Revue, Nr. 4/1998, S. 415-426.

Wendorff, R. (1989): Zeitbewußtsein in Entwicklungsländern. In: ders., Im Netz der Zeit. Menschliches Zeiterleben interdisziplinär. Stuttgart, S. 105-117.

Wenninger, G. (1995): Arbeitssicherheit und Arbeitszeitgestaltung. In: Büssing, A.; Seifert, H., Sozialverträgliche Arbeitszeitgestaltung. München und Mehring, S. 189-208.

Wotschak. P. (1998): Moderne Zeitstrukturen und soziale Ungleichheit. In: Widerspruch, 18. Jg., Nr. 36, S. 173-178.

Zapf, W. (1991): Modernisierung und Modernisierungstheorien. In: ders. (Hg.), Die Modernisierung moderner Gesellschaften. Verhandlungen des 25. Deutschen Soziologentages in Frankfurt am Main 1990. Frankfurt/M., New York, S. 23-39.

TARIFKONZEPT UND BETRIEBSWIRKLICHKEIT DES VW-MODELLTARIFVERTRAGS

Hartmut Seifert, Rainer Trinczek

1. Die 28,8-Stunden-Woche bei VW: Ein tarifpolitischer Paukenschlag

Der Ende 1993 bei der Volkswagen AG abgeschlossene Tarifvertrag zur 28,8-Stunden-Woche stellt eine Zäsur in der bundesdeutschen Arbeitszeitpolitik dar. Dies gilt insbesondere vor dem Hintergrund der frühen neunziger Jahre, als die arbeitszeitpolitische Diskussion von sogenannten „Standortfragen" beherrscht wurde, und unter völlig umgekehrten Vorzeichen stand: In der politischen Öffentlichkeit wurden damals überwiegend Positionen forciert, die in einer Verlängerung der Arbeitszeit den geeigneten Weg auszumachen glaubten, um die Wettbewerbssituation der Unternehmen auf den sich neu strukturierenden Weltmärkten zu verbessern. Weitere Arbeitszeitverkürzungen als Mittel zur Bekämpfung der Arbeitslosigkeit waren dagegen kein Thema.

Genau dies aber war das zentrale Anliegen der Tarifvereinbarungen bei VW: Ein dramatischer Personalüberhang, der rechnerisch rund ein Drittel der etwas über 100.000 Arbeitsplätze in den sechs inländischen Werken der VW AG umfaßte, sollte ohne Massenentlassungen bewältigt werden. Hintergrund dieser akuten Beschäftigungskrise bei Volkswagen war ein Zusammentreffen struktureller und konjunktureller Probleme: Zu der Tatsache, daß sich die Automobilindustrie generell seit den späten achtziger Jahren unter dem Vorzeichen der Globalisierung in einer strukturellen Umbruchphase befand, die durch Überkapazitäten, Fusionen, neue Sourcing-Konzepte und Organisationsstrategien gekennzeichnet war, kam bei der VW AG verschärfend hinzu, daß seit den frühen neunziger Jahren zusätzliche Anstrengungen zur Steigerung der Produktivität unternommen wurden. Hintergrund dieser Maßnahmen war die traditionell vergleichsweise hohe Gewinnschwelle von VW. Daß die nun eingeleiteten Maßnahmen, die von konzernweiten Standardisierungen im Konstruktionsbereich (beispielsweise das Plattformkonzept) über Restrukturierungsansätze in der Logistik bis hin zu einer stärken Beteiligung der Mitarbeiter im Rahmen von KVP^2 (Kontinuierlicher Verbesserungs-Prozeß) reichen, zu einer Einsparung von Arbeit führen, war allen Beteiligten klar. Als dann mit dem Ende des deutschen Einigungsbooms auch die Autokonjunktur in der Bundesrepublik einknickte und es 1993 zu einem Absatzeinbruch von rund 20% kam, wurde die Beschäftigungskrise bei Volkswagen überdeutlich. Ein auf Betreiben des Betriebsrates erstelltes Personalszenario wies einen dramatischen Personalüberhang von rund 30.000 Beschäftigten für Ende 1995 aus.

Die Vereinbarung zur 28,8-Stunden-Woche stellt insofern eine „Zäsur" dar, als sie nicht nur verkrustete Diskussionsstrukturen, Denkblockaden und Tabus der bisherigen tariflichen Arbeitszeitpolitik aufbrach, ihr kam auch Vorbildcharakter zu: Das Grundprinzip beschäftigungssichernder Arbeitszeitverkürzung fand Eingang in zahlreiche tarifliche Vereinbarungen. Dies dürfte nicht zuletzt der wesentliche Grund dafür sein, daß sich verschiedene Forschungsprojekte, deren wesentliche Ergebnisse in dem hier vorliegenden Band dokumentiert werden, mit der 28,8-Stunden-Woche und ihren sozialen und ökonomischen Folgen auseinanderzusetzen begannen. Im folgenden werden zentrale Ergebnisse von zwei Forschungsvorhaben dokumentiert, die in den Jahren 1994 bis 1997 von Markus Promberger, Jörg Rosdücher und den beiden Autoren am Wirtschafts- und Sozialwissenschaftlichen Institut in der Hans-Böckler-Stiftung bzw. am Institut für Soziologie der Universität Erlangen-Nürnberg durchgeführt wurden.[1] Dabei werden wir nach einer kurzen Skizze des Tarifabkommens und seinen bis heute erfolgten Veränderungen (2) zunächst auf die beschäftigungspolitische Bedeutung der 28,8-Stunden-Woche eingehen (3). Einem Abschnitt über die Akzeptanz dieser Abkommen unter den Beschäftigten (4) folgen Ausführungen zu den Fragen, wie denn die Beschäftigten mit dem reduzierten Einkommen umgehen (5), sowie zu der geschlechtsspezifisch differenten Nutzung der neu gewonnenen freien Zeit (6). Abschließend wird eine knappe resümierende Einschätzung des Tarifvertrags aus heutiger Perspektive vorgenommen (7).

---

1 Ausführlich sind die Befunde dokumentiert in Promberger et al. (1996, 1997).

2. Der VW-Tarifvertrag zur 28,8-Stunden-Woche und seine Weiterentwicklung

Das 1993 vereinbarte ursprüngliche Tarifabkommen zur Beschäftigungssicherung durch Arbeitszeitverkürzung ist seitdem mehrfach modifiziert worden. Die Geschichte der 28,8-Stunden-Woche läßt sich bislang in drei Phasen unterteilen:

1. 1994 – 1995: Beschäftigungssicherung als dominantes Ziel
2. 1995 – 1998: Flexibilisierung der betrieblichen Arbeitszeitstrukturen
3. ab 1999: „Re-Flexibilisierung" des Arbeitszeitarrangements

Im folgenden werden diese drei Phasen mit ihren jeweils wichtigsten tarifvertraglichen Vereinbarungen kurz skizziert.

2.1 Beschäftigungssicherung als dominantes Ziel

Als sich die Verhandlungspartner bei der VW AG im Herbst 1993 auf die Einführung der 28,8-Stunden-Woche einigten, ging es vorrangig um die Lösung der drängenden Beschäftigungsprobleme des Automobilherstellers. Nachdem sich andere traditionelle Lösungsansätze, wie Ausweitung der Kurzarbeit, sozialplanabgefederte Massenentlassungen, Vorruhestandsregelungen etc. als zu teuer, zu langwierig und zu konfliktträchtig erwiesen hatten, wurde vom Management ein neuer und innovativer Lösungsansatz verfolgt: Von Gesamtbetriebsrat und IG Metall aufgefordert, einen Vorschlag zur Bewältigung des dramatischen Personalüberhangs zu unterbreiten, stellte der soeben erst auf seinen Posten berufene Personalvorstand Peter Hartz eine personalpolitische Strategie zur Lösung des Beschäftigungsproblems bei der VW AG vor, deren zentraler Baustein in der Reduzierung der wöchentlichen Arbeitszeit um 20% auf 28,8-Stunden für alle Beschäftigten mit lediglich geringfügigem Lohnausgleich bestand (vgl. hierzu insbesondere Hartz 1994).[2]

Dieser Vorschlag hatte gegenüber möglichen Alternativstrategien vier wesentliche Vorteile: Zum einen versprach er wegen der reduzierten Personal-

---

[2] Auf die weiteren Bestandteile des Tarifabkommens wird im folgenden nicht näher eingegangen, da sie in der betrieblichen Praxis minder relevant waren. Dies betrifft das „Stafetten"- und das „Blockzeit"-Modell sowie das Problem des Personalausgleichs zwischen den einzelnen Werken, der aufgrund des unterschiedlich hoch errechneten Personalüberhangs in den sechs Inlandsstandorten (zwischen 48% in Emden und 15% in Hannover) als notwendig erachtet wurde.

kosten eine kurzfristige Kostenentlastung für das Unternehmen in Milliardenhöhe.[3] Zum zweiten verhinderte eine solche Lösung den Verlust von Humankapital, wie dies bei Massenentlassungen der Fall gewesen wäre; dadurch konnten dem Unternehmen wichtige Know-how-Träger gesichert werden. Drittens war es auf diese Weise möglich, eingespielte Arbeitsstrukturen weitgehend zu erhalten, was insbesondere zur Sicherung der Qualitätsstandards relevant war. Viertens verschaffte das neue Modell dem Unternehmen beträchtliche Flexibilität im Umgang mit dem betrieblichen Arbeitsvolumen. Und schließlich setzte die drastische Minderung des Arbeitszeitvolumens das Unternehmen unter erheblichen Streß, Produktivitätspotentiale freizuspielen, was von den Führungsetagen als durchaus wünschenswerter „side-effect" der 28,8-Stunden-Woche angesehen wurde.

Betriebsrat und Gewerkschaft waren mit der Stoßrichtung des Hartzschen Vorschlags prinzipiell einverstanden.[4] Der raschen Zustimmung von Betriebsrat und Gewerkschaft zu diesem Tarifvertrag, der immerhin beachtliche materielle Zumutungen für die Beschäftigten beinhaltete, lag wesentlich das Interesse der Arbeitnehmerseite zugrunde, Massenentlassungen zu vermeiden. Hinzu kam, daß das Vertragswerk zunächst zeitlich befristet war und somit die den Beschäftigten auferlegten „Opfer" als vorübergehend erscheinen konnten.

Die mit der 28,8-Stunden-Woche verbundenen Einkommenseinbußen stellten den zentralen Konfliktpunkt bei den Tarifvertragsverhandlungen dar: Für die Verhandlungskommission der IG Metall war eine der wesentlichen Bedingungen ihrer Zustimmung zu dem Vertragswerk, daß zwar das Jahreseinkommen der Beschäftigten reduziert werden könnte, das monatliche Bruttoeinkommen aber konstant bleiben müßte. Dafür sprachen mehrere Gründe: Zum einen sind zahlreiche Sozialleistungen (z.B. Arbeitslosengeld) an das Monatseinkommen gekoppelt, so daß nur durch die Sicherung der bisherigen Höhe des Monatseinkommens die entsprechende soziale Absicherung der Beschäftigten gewährleistet werden konnte. Daneben schien eine solche Regelung auch sozialverträglicher zu sein, da zahlreiche regelmäßige finanzielle Verpflichtungen (z.B. Miete, Zinszahlungen) monatlich anfallen.[5]

---

3 Hartz spricht von einem erwarteten Einsparungseffekt von 1,6 Mrd. DM für 1994 (Hartz 1994, S. 68).
4 Zu Details des Verhandlungsverlaufs aus gewerkschaftlicher Perspektive siehe insbesondere Peters et al. 1994 und diverse Beiträge in Peters 1994.
5 Die von der IG Metall daher geforderte Sicherung des bisherigen Monatseinkommens konnte rein rechnerisch nur durch einen gewissen Lohnausgleich bewerkstelligt werden. Mit dieser Forderung setzte sich die Gewerkschaft durch: Das komplizierte Entgeltpaket sieht folgende Maßnahmen vor, das zunächst um 20% reduzierte monatliche Bruttoein-

Insgesamt war der Tarifabschluß mit einer Reduktion der Bruttoeinkommen der VW-Beschäftigten von rund 16% verbunden; aufgrund der progressiven Staffelung der Lohn- bzw. Einkommenssteuer fällt der Netto-Einkommensverlust allerdings geringer aus.

Als Gegenleistung zur Arbeitszeitverkürzung und Einkommensreduktion verpflichtete sich das Unternehmen, während der zweijährigen Laufzeit des Tarifvertrags keine betriebsbedingten Kündigungen auszusprechen.

Die Umsetzung des Arbeitszeitabkommens erfolgte dezentral in den einzelnen Werken vor dem Hintergrund von verschiedenen Umsetzungsoptionen, die die zentrale Personalverwaltung ausgearbeitet hatte. Insgesamt wurde darauf Wert gelegt, daß jede Abteilung ein Arbeitszeit wählen konnte, daß ihren Zeitinteressen entsprach, ohne die anderer Abteilungen, mit denen man im Arbeitsprozeß vernetzt war, zu verletzen. Trotz einiger notwendiger Adjustierungsmaßnahmen in den ersten Monaten nach der Umsetzung der 28,8-Stunden-Woche kann man davon sprechen, daß die Strategie der dezentralen, abteilungsnahen Umsetzung erfolgreich praktiziert wurde. Ergebnis war freilich ein „Patchwork"-Arbeitszeitmodell bei der VW AG mit einem hohen Destandardisierungsniveau, was die Arbeitszeiten der Beschäftigten betraf: Insgesamt wurden bei VW rund 140 unterschiedliche Arbeitszeitmodelle gezählt, die sich allerdings mitunter „nur" hinsichtlich der Lage der täglichen Arbeitszeit unterschieden.

2.2 Flexibilisierung der betrieblichen Arbeitszeitstrukturen

Zum Zeitpunkt der fälligen zweiten Verhandlungsrunde zur Weiterführung der 28,8-Stunden-Woche gab es verschiedene Anzeichen für eine Entspannung der Beschäftigungslage bei VW. So hatte sich im Laufe des Jahres 1994 mit der insgesamt wiederbelebten Automobilkonjunktur die Auftragslage verbessert.

---

kommen stufenweise wieder auf das ursprüngliche Niveau aufzustocken: Umwandlung der Jahressonderzahlung in Höhe von 96% des monatlichen Entgeltes und eines Teils des Urlaubsgeldes in monatliche Zahlungen; Vorziehen der für den 1.10.1995 vereinbarten 35-Stunden-Woche mit einem Lohnausgleich von 2,8% auf den 1.1.1994; Wegfall und Verrechnung einer bislang VW-spezifischen Erholungsfreizeit (also der sogenannte „Nordhoff-Urlaub" für Schichtarbeiter); Verschiebung der bereits zum 1.11.1993 vereinbarten Tariferhöhung von 3,5% auf den 1.1.1994, und Verrechnung dieser Tariferhöhung mit der Lohnminderung; dadurch wurde die Tariferhöhung im Nachhinein in eine Arbeitszeitverkürzung umgewandelt. Tariferhöhung um 1% im Vorgriff auf eine zum 1.8.94 neu auszuhandelnde Lohn- und Gehaltserhöhung; VW leistet einen weiteren Aufstockungsbetrag in Höhe von rund 2% zu Sicherung des früheren Bruttoeinkommens.

Ferner war in der Zwischenzeit die Zahl der Beschäftigten durch natürliche Fluktuation und Frühverrentung sowie über Aufhebungsverträge um rund 5.000 gesunken. Zudem lag die durchschnittliche effektive Arbeitszeit pro Woche in den VW-Werken zwischen 29,2 und 32,6 Stunden und somit oberhalb der tariflich vereinbarten 28,8-Stunden-Woche.

Gleichzeitig sorgten jedoch die bereits erzielten wie die noch geplanten Produktivitätssteigerungen dafür, daß sich zumindest mittelfristig der Personalüberhang nicht wesentlich reduzieren würde und damit das eigentliche Problem eines überschüssigen Arbeitszeitvolumens nicht gelöst war. Daher waren sich die Tarifparteien bereits frühzeitig darüber im klaren, daß es einer Verlängerung der Tarifvereinbarung bedurfte, um die Beschäftigung bei der VW AG auch weiterhin abzusichern.

Die neue Vereinbarung aus dem Jahr 1995 sah nicht nur eine (formal unbefristete, aber nach frühestens zwei Jahren kündbare) Verlängerung der 28,8-Stunden-Woche mit ihrer Beschäftigungsgarantie vor, sondern brachte zudem eine erhebliche Kostenentlastung für das Unternehmen: Neben der Reduktion von Zuschlägen für Mehr- und Samstagsarbeit wurde für die Angestellten und Zeitlöhner die Arbeitszeit ohne monetäre Kompensation um eine „1,2stündige Soll-Leistung pro Woche" verlängert; für die Leistungslöhner entfielen in ähnlichem Umfang bezahlte Pausen- und Erholzeiten. Durch diesen „Leistungsbeitrag" der Beschäftigten sollten die sogenannten „Remanenzkosten" abgedeckt waren, also diejenigen Kosten, die (etwa im Bereich der Personalverwaltung, Weiterbildung etc.) dadurch entstanden, daß VW nicht die Zahl der Beschäftigten, sondern die individuellen Arbeitszeiten reduziert hatte, um das überschüssige Arbeitsvolumen zu reduzieren.

Das neue Abkommen enthielt außerdem verschiedene Optionen zu einer stärkeren Flexibilisierung des betrieblichen Arbeitszeitregimes:

– Die durchschnittliche wöchentliche Arbeitszeit von 28,8 Stunden darf im Rahmen der „flexiblen Volkswagenwoche" innerhalb eines Kalenderjahres ungleichmäßig verteilt werden. Durch Betriebsvereinbarung kann ein individuelles Arbeitszeitkonto eingeführt werden, um die Einhaltung der regelmäßigen Arbeitszeit im Kalenderjahr zu gewährleisten.

– Die Arbeitszeit kann bis zu zehn Stunden über die regelmäßige Wochenarbeitszeit von 28,8-Stunden hinaus verlängert werden, also letztlich bis zu 38,8 Stunden betragen. Dabei ist grundsätzlich eine Ankündigungsfrist von zwei Monaten einzuhalten. Mögliche Samstagsarbeit bleibt davon unberührt.

– Mehrarbeit liegt nur dann vor, wenn die nach diesen Verteilungsgrenzen festgelegte tägliche und wöchentliche Arbeitszeit überschritten wird. Beträgt

die wöchentliche Arbeitszeit zwischen 28,8 und 35 Stunden, werden Mehrarbeitszuschläge ausschließlich für die Stunden gezahlt, die über die 35. Stunde hinausgehen. Ist dagegen eine Wochenarbeitszeit zwischen 35 und 38,8 Stunden festgelegt, wird erst die jeweils darüber hinausgehende Stunde zuschlagpflichtig.
- Mehrarbeit ist zudem grundsätzlich durch Freizeit innerhalb eines Jahres auszugleichen, kann aber auch angespart werden, um damit den eigenen Vorruhestand mitzufinanzieren. Hierfür ist ein individuelles Guthabenkonto einzurichten. Über das Konto kann mit einem „Beschäftigungsscheck" verfügt werden (vgl. zu diesem Verfahren Hartz 1996, S. 126ff.).
- Durch Betriebsvereinbarung ist eine neue Gleitzeitregelung einzuführen, die eine flexiblere Zeitdisposition ohne Zeiterfassung beinhaltet („Vertrauensarbeitszeit").

In den Folgejahren kam es insbesondere über den Umweg einer Neuregulierung des Vorruhestandsmodells zu einer weiteren Flexibilisierung des Arbeitszeitarrangements bei VW. Bekanntlich hatte eine Verschlechterung der gesetzlichen Rahmenbedingungen den bisherigen betrieblichen Regelungen zur finanziell weitgehend abgesicherten Frühverrentung von Beschäftigten (nicht nur) bei VW die Grundlage entzogen. Die Finanzierungslücke, die sich nun auftat, konnte vom Unternehmen alleine nicht mehr geschlossen werden; es war klar, daß die Beschäftigten nun selbst auch einen gewissen Beitrag zu ihrem eigenen Vorruhestandsmodell würden beitragen müssen. Die grundlegende Idee, auf die sich Betriebsrat und Geschäftsleitung bei der Volkswagen AG einigten, bestand darin, den Beschäftigten die Chance zu bieten, während ihrer aktiven Beschäftigungszeit im Unternehmen Zeit oder Geld auf einem Konto anzusparen und diesen „Kredit" dann zu nutzen, um ihre finanzielle Situation in der Vorruhestandsphase zu verbessern.

Zwei Modelle, die sich an dieser Grundidee orientierten, wurden bei VW eingeführt: Das erste und weniger elaborierte – der sogenannte „Beschäftigungsscheck" – wird seit 1997 praktiziert, das zweite – das VW-Zeit-Wertpapier – startete 1998 und soll mittelfristig den Beschäftigungsscheck überflüssig machen. Ohne sich hier in den Einzelheiten der Vereinbarungen zu verlieren (vgl. hierzu Promberger et al. 1998), bleibt festzuhalten, daß sich aufgrund dieser neuen Regelungen erhebliche Flexibilisierungsspielräume bei den betrieblichen Arbeitszeiten ergeben haben. Letztlich wurde bei VW de facto ein Lebensarbeitszeitmodell eingeführt, in dessen Rahmen den tariflich vereinbarten Wochenarbeitszeiten der Status einer im betrieblichen Arbeitszeit-Alltag mehr oder weniger fiktiven Berechnungsgrundlage des regelmäßigen Einkommens zukommt. Soll das Modell im Sinne eines Beitrages zum Vorruhestandsmodell funktionieren, ist die Abweichung von der Tarif-Arbeitszeit nachgerade zwingend, weil nur so ein hinreichendes Volumen angespart werden kann, um zu befriedigenden Konditionen in den Vorruhestand eintreten zu können.

Mit diesen Vereinbarungen hat VW eine erheblich ausgeweitete Flexibilität der individuellen Arbeitszeiten „nach oben" erworben. Das Unternehmen muß Arbeitszeiten über dem tariflichen Standard nicht mehr zeitlich, sondern nahezu ausschließlich monetär ausgleichen – und über die Koppelung an den Vorruhestand kann davon ausgegangen werden, daß auch die Beschäftigten mehrheitlich stärker an einer solchen monetären Kompensation (also am Erwerb von VW-Zeit-Wertpapieren) als an einem kurzfristigen Zeitausgleich interessiert sein dürften. Sollte der Arbeitszeitbedarf des Unternehmens wieder einmal sinken, kann es problemlos auf die tarifliche Normalarbeitszeit zurückfallen bzw. sogar darüber hinaus auf eine untertarifliche Arbeitszeit als Kompensation für frühere „Mehr-Arbeit" pochen.

Damit haben sich die Tarif- und Betriebsparteien auf ein Arbeitszeitmodell geeinigt, das der ursprünglichen Idee des Personalvorstandes P. Hartz vergleichsweise nahe kommt, Volkswagen zu einem „atmenden Unternehmen" (Hartz 1996) zu machen, das seine (Arbeitszeit-)Strukturen flexibel den jeweiligen Markterfordernissen anpaßt – und dies nicht über eine Änderung der Zahl der Beschäftigten, sondern über eine Variation der Arbeitszeiten. Das Zeit-Wertpapier-Modell schafft im Zusammenspiel mit den übrigen Arbeitszeitregelungen erhebliche Flexibilitätspotentiale bei der Länge der wöchentlichen Arbeitszeiten.

2.3 „Re-Flexibilisierung" der betrieblichen Arbeitsarrangements

Eine dritte, abermals von breiter öffentlicher Aufmerksamkeit begleitete Etappe leitete die VW AG Anfang 1999 ein, als sie das Schichtsystem in den Produktions- bzw. produktionsnahen Bereichen des Werkes Wolfsburg neu organisierte; Hintergrund dieser Reorganisation der betrieblichen Arbeitszeiten war die zunehmende Kritik an der oben erwähnten Vielzahl an unterschiedlichen Arbeitszeitmodellen, die Resultat des dezentralen Umsetzungsprozesses bei der Einführung der 28,8-Stunden-Woche 1994 gewesen war. Im einzelnen wurden nun folgende Eckpfeiler beschlossen:

- Die Regelarbeitszeit basiert auf einer Vier-Tage-Woche mit 28,8 Stunden/Woche (also 30 Stunden inklusive „Leistungsbeitrag").

- Es wird nahezu durchgängig im Dreischicht-System (drei Schichten à acht Stunden) gearbeitet.
- Die Anfangs- und Endzeiten der Schichten wurden wieder synchronisiert: Frühschicht von 6.30 bis 14.30 Uhr, Spätschicht von 14.30 bis 22.30 Uhr und Nachtschicht von 22.30 bis 6.30 Uhr – jeweils mit der Option auf einen dreißigminütigen flexiblen Schichtwechsel am Ende einer jeden Schicht.
- De facto arbeiten die Beschäftigten normalerweise neun Wochen lang Montag bis Donnerstag vier Tage à acht Stunden und erhalten die zehnte Woche arbeitsfrei; dies ergibt eine durchschnittliche wöchentliche Arbeitszeit von 28,8 Stunden.
- Aufgrund der erhöhten Nachfrage wird die bereits 1998 im Werk Wolfsburg (befristet) eingeführte 36-Stunden-Woche weitergeführt, was durch die 1995 vereinbarten Optionen zur Flexibilisierung der betrieblichen Arbeitszeiten ermöglicht wird (vgl. Punkt 2.2). Realiter arbeiten die Beschäftigten daher neun Wochen lang von Montag bis Freitag fünf Tage à acht Stunden und erhalten dann die zehnte Woche frei.

Durch die Restandardisierung der Schichtzeiten fand im Werk Wolfsburg eine Homogenisierung der bis dato praktizierten rund 140 verschiedenen Arbeitszeitvarianten in den betroffenen Bereichen statt. Diese „bunte" Arbeitszeitlandschaft hatte sich in der betrieblichen Praxis als zunehmend problematisch erwiesen, sowohl für das Unternehmen wie die Beschäftigten: Auf der betrieblichen Seite betraf dies vor allem komplexere Informations-, Kommunikations- und Arbeitsablaufstrukturen, die sich als produktivitäts- und qualitätsmindernd erwiesen hatten. Und die Beschäftigten monierten vor allem zerbrochene Fahrgemeinschaften, die abnehmende Synchronität des öffentlichen Nahverkehrs mit den betrieblichen Arbeitszeiten sowie die Tatsache, daß nahezu jeder Arbeitsplatzwechsel innerhalb des Werkes mit einer Änderung der individuellen Arbeitszeiten verbunden war, was wiederum eine Anpassung des privaten und familialen Zeitarrangements erzwang. Das neue Zeitmodell minderte zahlreiche dieser Probleme. Gleichzeitig brachte die Einführung des Drei-Schicht-Betriebes mit der ausgeweiteten Nachtarbeit allerdings auch „neue" Härten für die Beschäftigten (und deren private Lebenswelt).[6]

Dieses neue Arbeitszeitmodell stellt eine Entdifferenzierung der Arbeitszeitvarianten dar, was als eine Rücknahme des bisherigen Flexibilisierungsni-

---

6 Mit dem neuen Modell ist es Volkswagen gleichzeitig gelungen, die Betriebsnutzungszeit der direkt produktiven Bereiche im Stammwerk erheblich auszuweiten. Angesichts der hohen Nachfrage nach den neuen Modellen liegt die Vermutung nahe, daß dies ein vorrangiges Ziel der Revision des bisherigen Arbeitszeitarrangements gewesen sein dürfte.

veaus interpretiert werden könnte. Allerdings kann die bloße Zahl von 140 unterschiedlichen Arbeitszeitregelungen in einem Werk an sich noch nicht als valider Indikator für den erreichten Flexibilitätsstandard gelten. Vielmehr verfügt das Unternehmen trotz der Standardisierung der Schichtzeiten nach wie vor über sämtliche Flexibilisierungsinstrumente, wie sie in den beiden vorangegangenen Abschnitten beschrieben wurden. Ingesamt kann daher von einer Reduktion des betrieblichen Flexibilitätspotentials nicht die Rede sein. Es handelt sich vielmehr um eine Art pragmatischer „Re-Flexibilisierung" der betrieblichen Arbeitszeiten.

3. Beschäftigungspolitische Bedeutung

Mit der Vereinbarung über die beschäftigungssichernde Arbeitszeitverkürzung hatte die Volkswagen AG eine Alternative zu Personalabbau und Kurzarbeit gefunden. Die traditionellen Formen der Personalanpassung hätten das angeschlagene Unternehmen aufgrund der damit verbundenen finanziellen Belastungen in eine existenzbedrohende Schieflage gebracht. Demgegenüber bot das Konzept der beschäftigungssichernden Arbeitszeitverkürzung für das Unternehmen einen gangbaren Weg zur Rettung und zu Neuanfang zugleich.

Personalabbau stand bei VW seit langem schon auf der personalpolitischen Tagesordnung. Es handelte sich allerdings um einen schleichenden Prozeß. Seit 1986 war die Zahl der Beschäftigten um rund 20.000 geschrumpft. Die dabei eingesetzten Anpassungsinstrumente waren jedoch stumpf geworden. Das Potential an Arbeitskräften in den höheren Altersgruppen über 55 Jahre, das für Vorruhestandsregelungen in Frage kam, war weitgehend ausgeschöpft und umfaßte insgesamt nur noch 2.400 Beschäftigte. Durch eine weitere vorzeitige Verrentung dieses Personenkreises wären zudem dem Unternehmen wichtige Funktionsträger mit betriebsspezifischen Kenntnissen verloren gegangen. Ebensowenig hätten weitere Kurzarbeit[7] oder freiwillige Aufhebungsverträge[8] das Beschäftigungs- und Restrukturierungsproblem der VW AG lösen können.

---

7 Zum einen wäre im Laufe des Jahres 1994 die maximale Bezugszeit von Kurzarbeitergeld ausgeschöpft worden. Zum anderen hätte die Fortsetzung der Kurzarbeit das Unternehmen mit erheblichen Kosten in der Größenordnung von rund 500 Mio. DM belastet. Das Unternehmen war tarifvertraglich verpflichtet, das Kurzarbeitergeld finanziell aufzustokken. Außerdem mußte es die Sozialversicherungsbeiträge für die ausgefallene Arbeitszeit übernehmen, die immerhin gut 40% des (reduzierten) Bruttolohns ausmachen.

8 Neben erheblichen Kosten hätte das Unternehmen auch fürchten müssen, daß vor allem gut qualifizierte und wettbewerbsstarke Arbeitskräfte abgewandert wären, die jedoch

Da die „weichen" und sozialverträglichen Instrumente der Personalanpassung zur Lösung der Beschäftigungsprobleme weitgehend ausschieden, blieben als Alternative nur noch Massenentlassungen. Hiergegen sprachen jedoch verschiedene Gründe:

- Betriebsbedingte Massenentlassungen hätten einen klaren Bruch mit der betriebsspezifischen „political culture" der betrieblichen industriellen Beziehungen bedeutet.
- Massenentlassungen mit der gesetzlich vorgeschriebenen Sozialauswahl hätten nicht nur langwierige Verhandlungen mit dem Betriebsrat ausgelöst. Das Unternehmen hätte auch eine Verschlechterung der Belegschaftsstruktur befürchten müssen. Die Sozialplankriterien (Betriebszugehörigkeitsdauer und versorgungspflichtige Familienangehörige) schützen eher ältere Beschäftigte.
- Massenentlassungen in der Größenordnung von etwa 30.000 hätten Sozialplankosten in Milliardenhöhe verursacht. Diese Mittel hätten die ohnehin angespannte Liquiditätslage des Unternehmens existenzbedrohend verschärft.
- Bei beschäftigungssichernden Arbeitszeitverkürzungen bleiben dem Unternehmen im Unterschied zu Massenentlassungen oder auch zu Aufhebungsverträgen gut qualifizierte Arbeitskräfte sowie eingespielte Arbeitsgruppen erhalten.

Damit setzte VW bei der Bewältigung der Beschäftigungsprobleme strategisch auf intern-funktionale Anpassungsformen und weniger auf extern-numerische Flexibilität. Im nachhinein stellt sich die radikale Arbeitszeitverkürzung in Verbindung mit einer befristeten Beschäftigungsgarantie als eine personalpolitisch äußerst geschickte Maßnahme dar: Das Unternehmen konnte sich auf einen Schlag der akuten Beschäftigungs- und Kostenprobleme entledigen, zugleich innerbetriebliche Spannungen und Turbulenzen begrenzen, außerdem ein umfangreiches Flexibilisierungsmodell einführen und damit insgesamt eine gute Basis für einen Neuanfang aus der existenzgefährdenden Krisensituation legen.

---

dringend für die zukünftige Restrukturierung und Modernisierung benötigt wurden. Erfahrungen mit einer negativen Personalselektion hatte das Unternehmen während der Krise Mitte der siebziger Jahre gemacht, als es Aufhebungsverträge im großen Stil angeboten hatte.

4. Zur Akzeptanz der 28,8-Stunden-Wochen bei den Beschäftigten

Eine kollektive Arbeitszeitverkürzung um 20% stellt ein arbeitszeitpolitisches Novum dar. Insofern ist die Frage, ob bzw. in welchem Maße die Regelungen zur beschäftigungssichernden Arbeitszeitverkürzung bei den betroffenen Beschäftigten auf Akzeptanz oder Ablehnung stoßen, für die Zukunftsträchtigkeit solcher Vereinbarungen von entscheidender Bedeutung. Für die Gewerkschaften gilt dies, weil sie es sich als freiwillige Mitgliederverbände aus eigenem Interesse auf Dauer nicht leisten können, die Interessen der Beschäftigten in einem derart zentralen Handlungsfeld zu ignorieren; und für die Arbeitgeberseite gilt dies, weil auch ihnen nicht am Abschluß von Regelungen gelegen sein kann, die zu Unzufriedenheit und Demotivation in den Büros und Werkhallen führen. Für die Wissenschaft ergab sich darüber hinaus die günstige Chance, ex post die Wirkungen einer stark dosierten Arbeitszeitverkürzung auf Akzeptanz und in den Zeitverwendungsmustern der Beschäftigten zu erfassen.[9]

Tab. 1: Zufriedenheit mit Arbeitszeitverkürzung (in Prozent)

sehr zufrieden/zufrieden	49
teils/teils	35
unzufrieden/sehr unzufrieden	16
Insgesamt (N = 2767)	100

Quelle: IPRAS/WSI-Befragung (1995)

Insgesamt ist die 28,8-Stunden-Woche bei den Beschäftigten der VW AG auf breite Zustimmung gestoßen: Knapp die Hälfte der Befragten (49%) äußerte sich explizit „zufrieden" oder „sehr zufrieden", ein weiteres gutes Drittel (35%) ambivalent („teils – teils"), und lediglich 16% zeigten sich „unzufrieden" oder „sehr unzufrieden".

---

9 Die folgenden Ergebnisse stammen aus einer standardisierten Beschäftigtenbefragung an den drei Standorten Wolfsburg, Emden und Braunschweig, die im Frühsommer 1995 durchgeführt wurde. Die Auswertung basiert auf der Grundlage von 2.767 Fällen; zu näheren Einzelheiten zum methodischen Design und zu den Befunden vgl. insbesondere Promberger et al. (1997).

Die insgesamt positive Einschätzung der 28,8-Stunden-Woche führt allerdings nicht dazu, daß die Beschäftigten eine weitere Arbeitszeitverkürzung für sich als wünschenswert erachten: Nur 1% der Befragten würden dies begrüßen, 53% möchten, daß die Arbeitszeit bleibt, wie sie gegenwärtig ist, und 46% wünschen sich wieder längere Arbeitszeiten (und damit ein höheres Einkommen). Hinter der letzten Gruppe verbergen sich schwerpunktmäßig die Unzufriedenen mit der 28,8-Stunden-Woche und ein großer Teil der Ambivalenten („teils – teils"), für die sich die Vor- und Nachteile der 28,8-Stunden-Woche die Waage halten, die aber – wenn es ginge – gerne ihr Einkommen wieder erhöhen würden.

Als wesentliche Vorteile der Tarifvereinbarung sehen die Beschäftigten erwartungsgemäß die Beschäftigungssicherung (72% der Befragten), gefolgt von „mehr Zeit für Familie" mit 60% sowie „mehr Freizeit" (59%); 13% der Befragten vermögen keine Vorteile zu benennen.

Keine Nachteile machen dagegen lediglich 2% der Beschäftigten aus; dies bedeutet, daß auch der größte Teil der mit der 28,8-Stunden-Woche an und für sich Zufriedenen Einschränkungen bei ihrer positiven Gesamteinschätzung vornimmt. Ebenfalls erwartungsgemäß wird der Einkommensverlust am häufigsten als Nachteil angeführt (92% der Fälle); erhöhter Leistungsdruck wird von 73% der Beschäftigten als weiterer wichtiger Nachteil der 28,8-Stunden-Woche angesehen.

Resümierend läßt sich festhalten, daß die positive Einschätzung der Beschäftigungssicherung in der Perspektive der Beschäftigten die negativ wahrgenommenen Aspekte der 28,8-Stunden-Woche überlagert und insgesamt mehrheitlich zu einer positiven bzw. zumindest ausgewogenen Bilanz führt.

Bei der Analyse der Einflußfaktoren auf die unterschiedliche Bewertung der 28,8-Stunden-Woche durch die Beschäftigten treten hinter diesen Gesamt-Werten allerdings beachtenswerte Differenzierungen zu Tage, auf die im folgenden kurz eingegangen werden soll.

4.1 Einkommenssituation

Die 28,8-Stunden-Woche war mit beachtlichen Einbußen beim Jahreseinkommen der Beschäftigten verbunden. Daher lag die Vermutung nahe, daß der Grad der Zufriedenheit mit den Lohn- und Gehaltsgruppen sowie den Haushaltsnettoeinkommen positiv korrelieren würde. Empirisch ist dagegen das Gegenteil der Fall: Je höher das Haushaltsnettoeinkommen eines/r Beschäftigten und je höher die Eingruppierung, desto höher die Unzufriedenheit mit der Regelung: Die

Gruppe der Unzufriedenen wächst von 9% der Beschäftigten in Haushalten mit einem monatlichen Netto-Haushaltseinkommen von bis zu DM 2.500 auf 26% in den Haushalten, die monatlich über mehr als 5.500 DM verfügen; parallel dazu schrumpft der Anteil der Zufriedenen von 51% auf 43%.

Tab. 2: Zufriedenheit mit Arbeitszeitverkürzung und monatliches Netto-Haushaltseinkommen (in Prozent)

	bis 2.500 DM	2.501 - 3.500 DM	3.501 - 4.500 DM	4.501 - 5.500 DM	über 5.500 DM	insgesamt
(sehr) zufrieden	51	50	49	45	43	49
teils/teils	40	34	37	29	31	35
(sehr) unzufrieden	9	16	13	27	26	16
Insgesamt (N = 2688)	100	100	99	101	100	100

Quelle: IPRAS/WSI-Befragung (1995)

Dies bedeutet nicht, daß die Einkommenseinbußen in der Perspektive der Beschäftigten kein Problem darstellen würden. Für den Zusammenhang von Akzeptanz und Einkommen ist allerdings ganz offensichtlich weniger die absolute Höhe des Haushaltseinkommens relevant, als vielmehr die Frage, wie die Einkommenskürzungen subjektiv verkraftet werden können.

Nur 6% der Befragten sind der Ansicht, daß sie die Einsparungen „leicht" oder gar „sehr leicht" verkraften könnten, 43% hingegen „schwer" bzw. „sehr schwer"; 51% nehmen eine Zwischenposition ein („teils – teils"). Dabei zeigt sich ein deutlicher Zusammenhang zwischen der Akzeptanz der Arbeitszeitverkürzung und der subjektiven Verkraftbarkeit der durch die Einkommenskürzung verursachten Einsparungen. Beschäftigte, die infolge des reduzierten Einkommens zu Einsparungen gezwungen waren, die sie als problematisch empfanden, sind auch mit der Arbeitszeitverkürzung unzufrieden. Dieser Zusammenhang ist weitaus stärker als der Einfluß der absoluten Einkommenshöhe auf die Akzeptanz der Arbeitszeitverkürzung.

Tab. 3: *Zufriedenheit mit Arbeitszeitverkürzung und Verkraftbarkeit der finanziellen Einschränkungen (in Prozent)*

	(sehr) schwer verkraftbar	teils/teils	(sehr) leicht verkraftbar	insgesamt
	n = 945/43%	n = 1120/51%	n = 128/6%	N = 2193/100%
(sehr) zufrieden	41	52	76	49
teils/teils	38	35	13	35
(sehr) unzufrieden	21	13	12	16
Insgesamt	100	100	101	100

Quelle: IPRAS/WSI-Befragung (1995)

4.2 Konkretes Umsetzungsmodell

Die Arbeitszeitforschung hat vielfach belegt, daß die Zufriedenheit mit einer Verkürzung der Arbeitszeiten auch von der Attraktivität der jeweiligen Umsetzungsmodelle beeinflußt wird (z.B. Ellguth et al. 1989, Joachim/Seifert 1991). Der Zeitnutzen der Beschäftigten hängt von den verschiedenen Dimensionen der Arbeitszeitgestaltung ab; neben der Dauer spielen dabei auch Lage und Verteilung der Arbeitszeit eine wichtige Rolle.

Da die Umsetzung der 28,8-Stunden-Woche – wie bereits ausgeführt – in unterschiedlichen Modellen erfolgte, war zu vermuten, daß auch diese sich hinsichtlich ihrer Attraktivität für die Beschäftigten unterschieden und deren Zufriedenheit mit der 28,8-Stunden-Woche beeinflussen würden. Auf durchgängig hohem Zufriedenheitsniveau zeigen sich in der Tat gewisse, aber wenig dramatische Nuancierungen: Während sich insgesamt 49% der Befragten „zufrieden" mit der 28,8-Stunden-Woche äußern, steigt dieser Wert bei den Beschäftigten in Vier-Tage-Modellen auf 54%, und fällt bei denjenigen, die trotz täglicher Arbeitszeitverkürzung weiterhin an fünf Arbeitstagen pro Woche arbeiten, geringfügig auf 48% ab.

Die ähnlichen Einschätzungen der unterschiedlichen Umsetzungsmodelle resultieren vor allem daher, daß die Zufriedenheit mit einer Umsetzungsform stark von deren Paßgenauigkeit und Nutzbarkeit im Hinblick auf die individuelle Lebens- und Arbeitszeitsituation sowie den jeweiligen subjektiven Präferenzen und Zeitverwendungsoptionen abhängt. In diesem Sinne läßt sich offensichtlich nicht von „dem" besseren oder „dem" schlechteren Arbeitszeitmodell schlechthin sprechen, sondern nur von einem der aktuellen Lebenssituation mehr oder weniger adäquaten. Dieser Befund wird dadurch bestätigt, daß die Beschäftigten einen um so höheren Zufriedenheitsgrad aufweisen, je stärker sie über die Lage (eines Teils) der neu hinzugewonnenen Freizeit mitbestimmen können; dieser Zusammenhang zeigt sich vor allem an solchen Modellen, bei denen die Lage von freien Tagen nicht fest vorherbestimmt ist, sondern in freier Absprache zwischen Beschäftigten und Vorgesetzten erfolgt.

4.3 Geschlecht

Ein durchgängiges Ergebnis von Zeitbudgetuntersuchungen ist, daß es erhebliche Differenzen in der Zeitallokation von Männern und Frauen gibt, insbesondere was die (unbezahlte) Arbeit im privaten Haushalt betrifft. Dies bestätigt folgender Befund: „Bei Ehepaaren arbeiten die Frauen, abhängig vom Alter, der Einbindung ins Berufsleben und der Familienstruktur täglich 1,5 bis 5,5 Stunden mehr im Haushalt als die Ehemänner. Eine erwerbstätige Frau ohne Kind verbringt fünf Stunden im Haushalt, während der Ehemann rund 3 Stunden darauf verwendet" (Bundesministerium für Familie, Senioren, Frauen und Jugend 1996, S. 7). Aus diesem höheren „Zeitbedarf" für private Hausarbeit wird regelmäßig auf eine ausgeprägte Zeitpräferenz von Frauen geschlossen, der eine stärkere Geldpräferenz von Männern gegenüberstehe, die sich nach wie vor am geschlechtstypischen Leitbild des (potentiellen) Familienernährers orientierten. Dieses Muster wird von den Ergebnissen unserer Studie weitgehend bestätigt, wobei bei den Frauen allerdings eine dominierende Zeitpräferenz an die Eingebundenheit in Partnerschaften und insbesondere an das Vorhandensein von Kindern gebunden war (vgl. Abschnitt 6)

Daher verwundert es auch nicht, daß sich Frauen durchschnittlich zufriedener mit der Einführung der 28,8-Stunden-Woche zeigten als Männer (58% gegen 47%); insgesamt denken Frauen stärker als Männer, daß die verkürzten Arbeitszeiten zu einer besseren Vereinbarkeit von Privatleben und Beruf beitragen (56% gegenüber 44%).

4.4 Beschäftigtenstatus

Die auffälligsten Unterschiede in der Zufriedenheit mit der 28,8-Stunden-Woche bestehen zwischen ArbeiterInnen und Angestellten. Diese Differenz im Antwortverhalten zwischen den beiden Statusgruppen bleibt auch dann nahezu konstant erhalten, wenn man die Wirkung der übrigen relevanten Einflußfaktoren kontrolliert. Angestellte sind unabhängig vom Haushaltseinkommen, vom

Alter oder Geschlecht, von der Präferenzstruktur und vom Arbeitszeitmodell stets weniger zufrieden mit der 28,8-Stunden-Woche als ArbeiterInnen. Daher kann der Beschäftigtenstatus auch als zentraler Einflußfaktor auf die Zufriedenheit angesehen werden.

Tab. 4: Zufriedenheit mit Arbeitszeitverkürzung und betrieblicher Status (in Prozent)

	Arbeiter	Angestellte (inkl. AT)	insgesamt
	n = 2014/74%	n = 712/26%	N = 2726/100%
(sehr) zufrieden	53	37	49
teils/teils	35	34	35
(sehr) unzufrieden	12	29	16
Insgesamt	100	100	101

Quelle: IPRAS/WSI-Befragung (1995)

Während 53% der ArbeiterInnen sich zufrieden und 12% unzufrieden äußern, sind die entsprechenden Werte bei den Angestellten 37% und 29%; würde man die (wenigen) AT-Angestellten[10] als Sondergruppe ausweisen, würde man in diesem Beschäftigtensegment auf eine besonders ausgeprägte Unzufriedenheit mit der 28,8-Stunden-Woche stoßen: 63% dieser Beschäftigtengruppe äußern sich „unzufrieden" und nur 14% „zufrieden". Auf welche Faktoren lassen sich diese Differenzen zurückführen?

Bei den AT-Angestellten stellt sich die Situation vergleichsweise eindeutig dar: Zwar sind die AT-Angestellten prinzipiell der Idee einer solidarischen Beschäftigungspolitik gegenüber aufgeschlossen – knapp 80% stimmen der Aussage zu, daß es angemessen sei, zugunsten des Arbeitsplatzerhalts auf Einkommen zu verzichten –, allerdings hat sich die bei VW getroffene Regelung für ihre persönliche Arbeitssituation ganz überwiegend nachteilig ausgewirkt: 100% der AT-Angestellten geben an, die Einführung der 28,8-Stunden-Woche habe zu einer Leistungsverdichtung geführt; bei 58% hat sich die tatsächliche wöchentliche Arbeitszeit verlängert, bei keinem ist es zu einer Verkürzung gekommen. Im Durchschnitt arbeiteten die AT-Angestellten zum Befragungszeitpunkt nach eigenen Angaben 49,5h/Woche – und verfügten damit über eine

---

10 Angestellte mit außertariflichem Entgelt

wöchentliche Arbeitszeit, die rund 70% über der tariflichen lag. Unter diesen Umständen verwundert es nicht, daß auch kein AT-Angestellter die Ansicht vertritt, die neue Arbeitszeitregelung habe dazu beigetragen, Privatleben und Beruf besser als früher zu vereinbaren. Kurzum: Für die AT-Angestellten tut sich bei der 28,8-Stunden-Woche eine Art „Gerechtigkeitslücke" auf. Diese Beschäftigtengruppe, die ohnehin stets „über der Norm" gearbeitet hat, wird nun zusätzlich belastet, während sich die „normalen" Beschäftigten über verkürzte Arbeitszeiten freuen dürfen.

Unterschiede in der Zufriedenheit von ArbeiterInnen und Tarifangestellten scheinen vor allem auf folgende Einflußfaktoren zurückzugehen: In den Augen der Angestellten hat sich die Arbeitssituation im Gefolge der Einführung der 28,8-Stunden-Woche in stärkerem Maße verschlechtert, als dies die ArbeiterInnen für sich wahrnehmen: 23% der Angestellten sehen ihr Verhältnis zu ihren Vorgesetzten, 31% das zu ihren KollegInnen verschlechtert; 94% sind der Ansicht, die 28,8-Stunden-Woche habe zur Leistungsverdichtung geführt. Die entsprechenden Werte für ArbeiterInnen lauten 13%, 18% und 83%, liegen also stets rund zehn Prozentpunkte unter den Werten für Angestellte.

Verschärfend kommt hinzu, daß die Angestellten (und hier insbesondere die männlichen Angestellten) offensichtlich „arbeitsorientierter" sind als die ArbeiterInnen: Diese sehen in der hinzugewonnenen Zeit für außerbetriebliche Freizeit- und Familienaktivitäten in erheblich größerem Maß einen Vorteil der 28,8-Stunden-Woche, als es die Angestellten tun. Dadurch ergibt sich insgesamt eine Situation, in der die Angestellten einerseits stärker als die ArbeiterInnen den Eindruck haben, daß sich ihre Arbeitssituation verschlechtert hätte, sie andererseits aber gleichzeitig weniger als die ArbeiterInnen die außerbetriebliche Sphäre als positive Kompensationschance wahrnehmen können, den negativen Aspekten der Arbeitszeitverkürzung also keine adäquaten positiven gegenüber stehen. Dies resultiert in der insgesamt geringeren Zufriedenheit der Angestellten mit der 28,8-Stunden-Woche.

Zusätzlich ist zu vermuten, daß die Differenzen zwischen Arbeitern und Angestellten auch auf einer subjektiv unterschiedlich wahrgenommenen Bedrohung durch Arbeitsplatzverlust beruhen: Wer seinen Arbeitsplatz sicher wähnt, kann sich Unzufriedenheit mit der 28,8-Stunden-Regelung „leisten", während die übrigen froh sind, daß ihr Arbeitsplatz gesichert ist. Es ist bekannt, daß Angestellte traditionell ihren Arbeitsplatz als sicherer einstufen als ArbeiterInnen.

5. Finanzielle Auswirkungen

Arbeitszeitverkürzungen waren nie einkommensneutral. Im Grundsatz handelt es sich stets um einen Tausch von Arbeitszeit gegen Geld. Von der Dosierung der Arbeitszeitänderung hängt ab, ob die Beschäftigten auf ansonsten mögliche Einkommenssteigerungen verzichten oder sogar sinkende Nominaleinkommen hinnehmen müssen. Da tarifliche Arbeitszeitverkürzungen in der Vergangenheit meist in kleinen Schritten erfolgten und sich innerhalb des durch den Produktivitätsfortschritt sowie die Preissteigerungsrate definierten Verteilungsspielraums bewegten, blieb stets auch noch Spielraum für gleichzeitige Steigerungen der Nominaleinkommen. Hierin liegt einer der wesentlichen Unterschiede zum Wechsel von Voll- auf Teilzeitarbeit. Dieser Schritt impliziert wegen seiner Größenordnung sowie der zwangsläufigen Abkoppelung von tariflich unterstellten Normalitätsstandards eines vollwertigen Arbeitsverhältnisses auch verringerte Nominaleinkommen.

Parallelen zum Übergang von Voll- auf Teilzeit zeigt die 20prozentige Arbeitszeitverkürzung bei VW. Auch in diesem Fall ging das Ausmaß der Arbeitszeitverringerung weit über alle bisherigen tariflichen Vereinbarungen zur Reduktion wöchentlicher Arbeitszeiten hinaus. Insofern verwundert es nicht, daß im Unterschied zu den seit Mitte der achtziger Jahre erfolgten Verkürzungen der tariflichen Regelarbeitszeit, bei denen die Nominaleinkommen stets noch geringfügig zulegen konnten, die VW-Beschäftigten Minderungen der Einkommen um etwa 16% hinnehmen mußten. Anders als bei Teilzeitarbeit handelte es sich aber um einen kollektiv vollzogenen Schritt. Insofern hat das neue Arbeitszeitmodell die einzelnen Haushalte mit einer veränderten finanziellen Situation konfrontiert, die nicht auf eigenen individuellen Entscheidungskalkülen über den zukünftigen Zeit- bzw. Geldnutzen basierte. Ungeachtet der jeweiligen Handlungsoptionen wurden Anpassungsreaktionen notwendig. Nicht jeder Haushalt verfügt jedoch aufgrund familialer und arbeitsmarktlicher Bedingungen über die gleichen Optionen, auf derartige Einkommensminderungen zu reagieren.

Bei der überwiegenden Mehrheit der Beschäftigten sind die arbeitszeitbedingten Minderungen der individuellen Einkommen auch auf die Haushaltseinkommen durchgeschlagen. Nur einem kleinen Teil der Beschäftigten ist es entweder durch eigene Mehrarbeit oder vermehrte Arbeit anderer Haushaltsmitglieder gelungen, das Haushaltshaltseinkommen auf dem ursprünglichen Niveau zu stabilisieren. Die Mehrheit der Beschäftigten mußte also nach Wegen suchen, sich mit den Einkommenseinbußen zu arrangieren. Knapp der Hälfte von ihnen bereitete diese Anpassung Schwierigkeiten. Wenn deren Anteil nicht höher ausfiel, dann mag dies damit zu tun haben, daß das jährliche, nicht aber das monatliche Einkommen gekürzt wurde. Änderungen des monatlichen Einkommens schlagen unmittelbarer bei der alltäglichen Lebensführung und den dabei notwendigen finanziellen Dispositionen durch als Einschnitte bei den jährlichen Sonderzahlungen im Rahmen des Urlaubsgeldes oder anderer Leistungen.

Es ist nicht weiter verwunderlich, daß mit steigendem Haushaltseinkommen der Anteil der Haushalte wächst, die die Einkommensminderungen verkraften können. In die gleiche Richtung wirkt die Zahl der Einkommensbezieher im Haushalt. Je größer sie ist, desto leichter fällt es, mit den Einkommenseinbußen umzugehen. Genau in die andere Richtung wirkt die Kinderzahl. In dem Maß, wie sie steigt, wächst auch der Anteil der Befragten, der angab, die finanziellen Einschränkungen nur unter Schwierigkeiten verkraften zu können.

Tab. 5: Verkraftbarkeit der finanziellen Einschränkungen und Zahl der Kinder im Haushalt (in Prozent)

	Zahl der Kinder im Haushalt			
	keine	ein bis zwei	mehr als zwei	insgesamt
(sehr) schwer	39	44	60	43
teils/teils	55	51	39	51
(sehr) leicht	7	5	2	6
insgesamt	101	100	101	100

Quelle: IPRAS/WSI-Befragung (1995)

Kinderlose Beschäftigte arrangieren sich dagegen leichter mit den finanziellen Einbußen. In Haushalten mit mehr als zwei Kindern stuft nur noch ein kleiner Teil der Befragten die Einschränkungen als leicht verkraftbar ein. Finanziell überfordert sind Haushalte in dieser Größenordnung von stark dosierten Arbeitszeitverkürzungen ohne Lohnausgleich vor allem dann, wenn nur ein Haushaltsmitglied Erwerbseinkommen bezieht. In diesem Kontext wird auch verständlich, warum auch Beschäftigte der Altersgruppe zwischen 36 und 45 Jahren besonders häufig über finanzielle Probleme im Gefolge der Einführung der 28,8-Stunden-Woche klagen. In diesem Alter erwachsen aufgrund familiärer Verpflichtungen erhöhte finanzielle Anforderungen, die bei jüngeren Beschäftigten in der Vor-Familienphase noch nicht und bei Älteren mit erwachsenen Kindern nicht mehr oder nur noch in geringerem Maße bestehen.

5.1 Umgang mit Einkommensminderungen

Prinzipiell verfügen die Beschäftigten bzw. deren Haushalte über unterschiedliche Möglichkeiten, auf die Einkommensminderungen zu reagieren. Sie können versuchen, das Arbeitsangebot auszuweiten (durch eigene Nebentätigkeiten oder vermehrtes Arbeitsangebot anderer Haushaltsmitglieder), den Konsum zu reduzieren, die Sparquote zu verringern oder zu entsparen oder gar sich zu verschulden. Die beiden zuletzt genannten Alternativen dürften allerdings zeitlich nur begrenzt in Frage kommen. Dabei spielen auch die familiären Vermögensverhältnisse (speziell Immobilienbesitz) eine Rolle, was hier jedoch nicht untersucht werden konnte.

Tab. 6: Umgang mit Einkommensverzicht (in Prozent, Mehrfachnennungen möglich)

	N = 2723
weniger ausgeben	83
weniger ansparen	66
mehr selbst machen	43
Ersparnisse aufbrauchen	27
Schulden machen	10
sonstiges	4
wenig geändert	7

Quelle: IPRAS/WSI-Befragung (1995)

Nur eine kleine Minderheit der Befragten gibt an, daß sich trotz der Einkommensänderungen für sie nur wenig geändert habe. Dagegen hat die weit überwiegende Mehrheit der Beschäftigten die Ausgaben reduziert. An zweiter Stelle steht die Aussage „weniger Ansparen", gefolgt von vermehrter Eigenarbeit. Gut ein Viertel der Befragten versucht die Einkommenseinbußen durch Rückgriff auf Ersparnisse zu überbrücken, und 10% der Beschäftigten versuchen, die Einkommensminderungen durch vermehrte Schuldenaufnahme zu kompensieren.

Dieses etwa ein Jahr nach Einführung der Arbeitszeitverkürzung vorgefundene Reaktionsmuster kann sich im Zeitablauf ändern. Bei dauerhaft reduzierten Einkommen werden die Beschäftigten, die Spartguthaben auflösen oder sich verschulden, auf andere Anpassungsstrategien ausweichen müssen. In mittelfristiger Hinsicht problematisch dürfte die finanzielle Situation speziell für kinderreiche Haushalte (zwei Kinder oder mehr) werden. Befragte aus diesen Haushalten gaben überdurchschnittlich häufig an, sowohl Schulden zu machen als auch vermehrt Eigenarbeit zu leisten. Besonders hart von den Einkommensminderungen betroffen erscheint die Gruppe der Beschäftigten (knapp 6%), die sowohl den Konsum einschränkt als auch die Ersparnisse aufbraucht und sich gleichzeitig auch noch verschuldet. Es überrascht nicht, daß in dieser Gruppe die Bezieher unterer Einkommen (bis monatlich 2.500 DM) überrepräsentiert sind.

Relevante Unterschiede in den Reaktionsmustern auf die verringerten Einkommen zeigen sich in geschlechtsspezifischer Hinsicht lediglich bei der Eigenarbeit, die von Männern deutlich häufiger (47%) als von Frauen (20%) genannt wird. Dieser Befund dürfte damit zu tun haben, daß das von Frauen durchschnittlich für unbezahlte Arbeit für die Familie bereits aufgebrachte Zeitvolumen etwa doppelt so hoch ist wie bei Männern (Bundesministerium für Familie, Senioren, Frauen und Jugend 1996) und sich dieses Muster geschlechtsspezifisch differenter Zeitverwendung dominant auch bei den VW-Beschäftigten wiederfindet. Die Doppelbelastung durch Beruf und Familie läßt Frauen wesentlich weniger zeitlichen Spielraum für eine Ausweitung der Eigenarbeit.

5.2 Einsparungen bei den Ausgaben

Die weit überwiegende Mehrheit der Beschäftigten bei VW hat auf die Einkommensminderungen mit Einsparungen bei den Ausgaben reagiert. Dabei entfallen die häufigsten Nennungen auf die als eher disponibel geltenden Budgets für Urlaub, Auto und Freizeitaktivitäten wie Ausgehen, Hobbys etc. Einschränkungen bei den Ausgaben für Kinder oder Lebensmittel werden dagegen deutlich seltener genannt. Vergleichsweise geringe Häufigkeitswerte weisen auch die Haushaltpositionen auf, die quasi Fixcharakter haben und zumindest nicht kurzfristig reduzierbar sind, wie etwa Ausgaben für Versicherungen, Mitgliedschaften oder Wohnung.

Dieses Grundmuster bei den Einsparungen bleibt auch bei differenzierter Betrachtung nach soziodemographischen Merkmalen wie Alter, Qualifikation, Familienstatus oder Einkommen in etwa stabil. Allerdings korrelieren die Häufigkeitswerte für die Einsparungen bei den Ausgaben der alltäglichen Lebensführung negativ mit der Einkommenshöhe und positiv mit der Familiengröße.

Tab. 7: Einsparungen bei den Ausgaben (in Prozent, Mehrfachnennungen möglich)

	N = 2231
Urlaub	82
Auto	70
Freizeit (Ausgehen, Hobbys etc.)	63
Einrichtung (Möbel, Haushaltsgeräte etc.)	57
Kleidung	52
Versicherungen	34
Wohnung, Haus (Umzug in billigere Wohnung, Verschieben von Renovierung)	30
Mitgliedschaften (Verein, Kirche, Gewerkschaft, Partei)	30
Lebensmittel	17
Kinder	12

Quelle: IPRAS/WSI-Befragung (1995)

6. Auswirkungen auf geschlechtsspezifische Muster familialer Arbeitsteilung

In der frauenpolitischen Diskussion der achtziger und frühen neunziger Jahre kam der Frage weiterer Arbeitszeitverkürzungen über die damals absehbare 35-Stunden-Woche hinaus strategische Bedeutung zu: Radikal verkürzte Arbeitszeiten wurden als eine wichtige (wenn auch nicht hinreichende) Voraussetzung für ein Aufbrechen traditionaler Familienstrukturen mit den darin festgeschriebenen Mustern geschlechtsspezifischer Arbeitsteilung angesehen. Hierdurch würde Männern und Frauen die Möglichkeit eröffnet, Arbeits- und Familiensphäre gleichberechtigt miteinander zu teilen (Kurz-Scherf 1988).

Zwar war beim Abschluß der 28,8-Stunden-Woche nicht explizit eine geschlechterpolitische Stoßrichtung intendiert, gleichwohl wurde dieser Schritt in der Öffentlichkeit (auch) als eine Möglichkeit zur Veränderung der eingeschliffenen Muster geschlechtsspezifischer Arbeitsteilung verstanden. Das Fazit unserer Untersuchung ist hierbei vergleichsweise eindeutig: Bei aller Vorsicht hinsichtlich des Status unserer Befunde[11] ist zu konstatieren, daß sich Frauen und Männer in der Verwendung der durch die Arbeitszeitverkürzung neu hinzugewonnenen Zeit ganz offensichtlich wiederum geschlechtsrollenspezifisch verhalten. Unabhängig von der vormals existierenden Realstruktur familialer Arbeitsteilung deuten die Daten nicht an, daß es bislang insgesamt zu einer Lockerung geschlechtsspezifischen Rollenverhaltens gekommen ist; vielmehr bestätigt das empirische Material das in der Literatur vorherrschende Bild weitgehend strukturkonservativer Geschlechterverhältnisse mit leichten Aufweichungstendenzen „an den Rändern".

Auch wenn es bei der Nutzung der zusätzlich gewonnenen arbeitsfreien Zeit Anzeichen dafür gibt, daß sich Männer – insbesondere vermittelt über ihre Kinder – verstärkt dem Familienbereich zuwenden, so hat dies nur geringe Auswirkungen hinsichtlich der männlichen Beteiligung an den vorwiegend von Frauen ausgeübten Haushaltstätigkeiten, wie etwa Waschen, Kochen oder Putzen. Die größten Differenzen im Antwortverhalten zwischen den Geschlechtern ergaben sich zugunsten der Frauen bei folgenden Antwortvorgaben: Einkaufen/Erledigungen (+17 Prozentpunkte), Kochen (+16) und Waschen/Putzen (+13), wohingegen Männer in der Verwendung der zusätzlichen Freizeit von Frauen wesentlich im Punkt „Arbeit an Haus und Garten" (+23 Prozentpunkte) abweichen.

Gestützt wird dieser Befund durch die Ergebnisse einer lebenssituationsspezifisch differenzierten Analyse der Zeit- und Geldpräferenzen von Männern und Frauen. Obwohl Männer, sobald Kinder in die Familie eintreten, ganz offensichtlich eine gewisse Reallokation ihrer Zeit zugunsten des häuslich-familialen Bereichs vornehmen, urteilen solche Männer keineswegs häufiger als männliche Singles, daß es ihnen die 28,8-Stunden-Woche erleichtert hätte, Beruf und Privatleben besser miteinander zu vereinbaren. Während 45% der allein und ohne Kinder lebenden Männern dieser Ansicht waren, ändert sich dieser Wert für die in Partnerschaft ohne Kinder (47%) bzw. mit Kindern (42%) lebenden Männer kaum. Ganz anders bei den Frauen: Während die weiblichen Singles noch auf demselben Niveau wie ihre männlichen Pendants liegen (43%), steigen die Werte mit stärkerer Familisierung deutlich an – über 55% für Frauen, die mit

---

11 Es sind vor allem zwei Einschränkungen zu formulieren: Zum einen verfügen wir über keine Daten hinsichtlich der Ausgangssituation familialer Arbeitsteilung noch über solche, die das genaue Ausmaß der (Um-)Verteilung von Zeit auf die unterschiedlichen Bereiche angeben; zum anderen könnte eingewendet werden, daß die zum Zeitpunkt der Untersuchung gut einjährige Phase verkürzter Arbeitszeiten möglicherweise zu kurz sei, als daß es hier bereits zu einem Aufbrechen langfristig etablierter und verfestigter Lebensformen und Zeitrhythmen hätte kommen können.

ihren Partner zusammenleben, aber keine Kinder haben, auf 69% für Frauen in Familien mit Kindern.

Tab. 8: *Wofür verwenden Sie seit der Einführung der 28,8-Stunden-Woche mehr Zeit?*
(in Prozent, Mehrfachnennungen möglich)

	weiblich		männlich	
	n = 334/13% Antworten: 1929		n = 2220/87% Antworten: 11721	
	%	Rangskala	%	Rangskala
FAMILIEN-/HAUSARBEIT	Ø 43	Ø 6,4	Ø 37	Ø 8,2
Einkaufen, Erledigungen	50	3	33	9
Kinder/Angehörige	39	8	40	6
Waschen, Putzen	50	4	27	10
Kochen	28	11	71	2
Arbeit an Haus und Garten	48	6	71	2
FREIZEIT + SOZIALITÄT	Ø 37	Ø 8,3	Ø 35	Ø 7,8
Freunde/Bekannte treffen	48	5	41	5
Partnerschaft/Familie	70	1	74	1
Zuhause entspannen	54	2	50	3
Theater, Kino, Kultur	26	12	15	12
Sport treiben	32	10	35	8
Ausflüge machen	36	9	37	7
Längere Reisen	15	14	11	15
Hobbys pflegen	46	7	48	4
Kneipenbummel	9	15	6	16
QUALIF. + ENGAGEMENT	Ø 13	Ø 14,5	Ø 15	Ø 12
Weiterbildung	19	13	15	11
Öffentliches. Engagement	7	16	15	13
Ø Nennungen pro Befragte/r	5,78		5,28	

Quelle: IPRAS/WSI-Befragung (1995)

Tab. 9: Verbesserte Vereinbarkeit von Familie und Beruf durch die Einführung der 28,8-Stunden-Woche (differenziert nach Geschlecht und Lebenssituation)

	weiblich n = 328	Männlich n = 2.267
alleine lebend, ohne Kinder (n = 384)	43	45
zus. lebend, ohne Kinder (n = 655)	55	47
zus. lebend, mit Kindern (n = 1.515)	69	42
alleine lebend, mit Kindern (n = 41)	65	46
insgesamt (N = 2.592)	56	44

Quelle: IPRAS/WSI-Befragung (1995)

Diese auffällige Differenz zwischen männlichem und weiblichem Antwortverhalten ist offensichtlich auf die weiterhin dominierende Wirksamkeit traditioneller Rollenbilder zurückzuführen: So orientieren sich die befragten Männer vorrangig an der geschlechtstypischen Rolle des „Hauptnährers der Familie". Dies drückt sich nicht zuletzt auch in der durchschnittlich ausgeprägteren Geldorientierung der Männer aus, die sich im Prozeß des Vollzugs der familialen Normalbiographie (Zusammenziehen, Kinder bekommen) zusätzlich verstärkt.

Tab. 10: Zeit- und Geldpräferenzen von Frauen und Männern (differenziert nach Lebenssituation)

	weiblich		männlich	
	Zeitpräferenz	Geldpräferenz	Zeitpräferenz	Geldpräferenz
alleine lebend, ohne Kinder	16	32	31	40
zus. lebend, ohne Kinder	40	31	33	42
zus. lebend, mit Kindern	58	19	30	48
alleine lebend, mit Kindern	100	0	47	32
insgesamt	41	28	31	45

Quelle: IPRAS/WSI-Befragung (1995)

Mit der steigenden Verantwortung für die Familie wächst in den Augen der Männer auch die Notwendigkeit, hinreichend finanzielle Ressourcen einzuholen

– ein Interesse, das durch die spezifische Ausgestaltung des 28,8-Stunden-Tarifvertrages mit seinen nicht unerheblichen Einkommenseinbußen nun gerade verletzt wird. Gerade umgekehrt legen die befragten Frauen mit zunehmender Einbindung in familiale Lebenskontexte eine immer stärkere Zeitpräferenz (und eine abnehmende Geldpräferenz) zu Tage, der die neuen Arbeitszeitregelungen entgegenkommen. Dies trägt nicht zuletzt auch zur Erklärung der geschlechtsspezifisch differenten Einschätzung der 28,8-Stunden-Woche insgesamt bei.

7. Die 28,8-Stunden-Woche aus heutiger Perspektive

7.1 Neue Impulse für betriebliche Politik der Beschäftigungssicherung

Der Tarifvertrag bei der Volkswagen AG hat sowohl arbeitszeit- als auch beschäftigungspolitisch eine neue Ära eingeleitet. Das Modell der beschäftigungssichernden Arbeitszeitverkürzung stand Pate für zahlreiche Nachahmer (Rosdücher/Seifert 1994). Mittlerweile bieten verschiedene Flächentarifverträge (Bispinck 1998) Betrieben in beschäftigungspolitischen Notlagen die Option, von der tariflichen Arbeitszeit abzuweichen und diese innerhalb definierter Bandbreiten zu verkürzen, um drohenden Beschäftigungsabbau abzuwehren. Tarif- und arbeitszeitpolitisch hat der Tarifvertrag bei der VW AG mit mehreren Tabus gebrochen: Arbeitszeitverkürzungen werden seitdem von den Arbeitgeberverbänden ebenso wie von Betrieben mehr und mehr als ein beschäftigungspolitisch taugliches Instrument anerkannt und praktiziert.[12] Im Gegenzug haben die Gewerkschaften das Junktim des vollen Lohnausgleichs fallen gelassen. Schließlich haben beschäftigungssichernde Arbeitszeitverkürzungen den Prozeß zur Verbetrieblichung oder organisierten Dezentralisierung (Traxler 1995) der Tarifpolitik beflügelt (Seifert 1999).

Mittlerweile haben zahlreiche Betriebe die Möglichkeiten beschäftigungssichernder Arbeitszeitverkürzung genutzt. Erste empirische Hinweise über deren Ausbreitung und Struktur liefern zwei repräsentative Befragungen von Betriebs- und Personalräten (WSI-Projektgruppe 1998; Herrmann et al. 1999). Bis zum Jahreswechsel 1997/98 hatten etwa 10% der Betriebe mit Betriebs- bzw. Perso-

---

12 Dies gilt nicht nur für den Fall, daß Arbeitszeitverkürzungen der Sicherung bedrohter Beschäftigungsverhältnisse dienen, sondern seit dem im Juli 1998 zwischen den Tarifparteien in der niedersächsischen Metallindustrie vereinbarten „Tarifvertrag zur Beschäftigungsförderung" auch mit dem expliziten Ziel, zusätzliche Arbeitsplätze zu schaffen.

nalrat die tarifliche Arbeitszeit verkürzt, um das bestehende Beschäftigungsniveau zu stabilisieren. Vereinbarungen über beschäftigungssichernde Arbeitszeitverkürzungen sind häufig eng verknüpft mit gleichzeitig vereinbarten Schritten zur weiteren Flexibilisierung der Arbeitszeit. Im Vordergrund steht die Einführung von Zeitkonten, die sich in unterschiedlichen Varianten (Überstunden-, Gleitzeit-, Jahresarbeitszeit-, Langzeitkonten etc.) ausbreiten.[13] Von einem Tauschgeschäft nach dem Muster kürzere versus flexiblere Arbeitszeiten, wie es teilweise als arbeitszeitpolitischer Kompromiß seit Mitte der achtziger Jahre zustande gekommen war, kann aber längst nicht mehr die Rede sein. Mittlerweile hat sich der Prozeß der Arbeitszeitflexibilisierung verselbständigt.

7.2 Verallgemeinerbarkeit

Generell dürften stark dosierte Arbeitszeitverkürzungen ohne vollen Lohnausgleich, die obligatorisch für sämtliche Beschäftigte eines Wirtschaftszweiges oder eines Unternehmens, eines Betriebs oder auch nur eines Betriebsteiles gelten, realistischerweise nur in prekären Beschäftigungssituationen durchsetzbar sein und in prosperierenden Unternehmen kaum in Frage kommen. Diese Einschätzung ist in dem Maße zu relativieren, wie die Beschäftigten einen Teillohnausgleich erhalten. In unterschiedlichen wirtschaftlichen Situationen stehen sowohl Management als auch Beschäftigte vor grundsätzlich unterschiedlichen Entscheidungsalternativen, die auf deren situationsspezifischen Kostenkalkülen basieren. Betriebe müßten in einer Situation gut ausgelasteter Produktionsfaktoren bei stärker dosierten Arbeitszeitverkürzungen, wenn Faktorsubstitution kurzfristig entfällt, entweder zusätzliche Arbeitskräfte einstellen oder das Überstundenniveau anheben, um das Produktionsniveau zu halten. Beide Alternativen verursachen zusätzliche Kosten für Einstellung und Qualifizierung der Arbeitskräfte oder für die Zuschläge der Mehrarbeit. Hinzu kommen personenzahlabhängige Kosten, beispielsweise für betriebliche Weiterbildung. Unsicher bleibt, inwieweit diese Kosten durch arbeitszeitinduzierte Produktivitätseffekte kompensiert werden können. Insofern erscheinen beschäftigungssichernde Arbeitszeitverkürzungen eher für Betriebe attraktiv, die entweder in kurzfristigen konjunkturellen Überbrückungs- oder in längerfristigen Umstrukturierungsproblemen stecken. Im ersten Fall würden sie konjunkturelle Kurzarbeit oder Entlassungen mit späterer Wiedereinstellungen ersetzen. Im

---

13 Mittlerweile haben nahezu vier Fünftel der Betriebe (mit Betriebsrat) das bislang gültige System der gleichförmig verteilten Normalarbeitszeit auf eine durch Zeitkonten gesteuerte variable Verteilung der Arbeitszeit umgestellt.

zweiten Fall bieten sich Arbeitszeitverkürzungen vor allem als Alternativ-Strategie zu den traditionellen („weichen") Maßnahmen des Personalabbaus an, die für die Unternehmen häufig mit dem zusätzlichen Vorteil verbunden ist, kostengünstiger zu sein.

Aus Sicht der Beschäftigten hat die Einkommensfrage einen hohen Stellenwert für die Akzeptanz von stärker dosierten Arbeitszeitverkürzungen. Bei der VW AG lag das durchschnittliche Jahreseinkommen der Beschäftigten selbst nach der herabgesetzten Arbeitszeit mit 60.500 DM (Brutto) im Jahre 1994 noch etwa 12% über dem Niveau in der Gesamtwirtschaft, obwohl dort die durchschnittliche tarifliche Arbeitszeit mit knapp 38 Stunden pro Woche wesentlich länger war. Wenn die Höhe des durchschnittlichen Einkommens eine zentrale Größe für den Spielraum genereller beschäftigungssichernder Arbeitszeitverkürzungen darstellt, dann dürften Niedriglohnbereiche mit Jedermanns-Qualifikationen nur mit Einschränkungen in Frage kommen.

Eine wichtige Voraussetzung für das Zustandekommen von temporären beschäftigungssichernden Arbeitszeitverkürzungen dürfte ferner das jeweilige „Klima" zwischen betrieblicher Interessenvertretung und Belegschaften einerseits sowie dem Management andererseits sein. Bei eingespielten konsensual-pragmatischen industriellen Beziehungen zwischen Arbeitgeber- und Arbeitnehmerseite ist eher mit derartigen Vereinbarungen zu rechnen. Man kann davon ausgehen, daß unter diesen Vorzeichen beide Verhandlungsseiten an konsensualen Lösungen interessiert sind, erhöhte Konfliktkosten vermeiden wollen und auch bei der Umsetzung der vereinbarten Regelungen kooperatives Verhalten versprechen.

Insofern kann zusammenfassend resümiert werden, daß bei der VW AG zahlreiche Faktoren zusammengekommen sind, von denen sich ex post festhalten läßt, daß sie sich generell positiv auf die Durchsetzbarkeit und die Akzeptanz einer solchen innovativen Arbeitszeitregelung mit dem Ziel der Beschäftigungssicherung auswirken. Insofern ist auch verständlich, daß die 28,8-Stunden-Woche bei VW als großer Erfolg wahrgenommen wird.

Literatur

Bispinck, R. (1998): Tarifliche Öffnungsklauseln. Elemente qualitativer Tarifpolitik Nr. 32. Düsseldorf.
Bundesministerium für Familie, Senioren, Frauen und Jugend (Hg.) (1996): Zeit im Blickfeld. Ergebnisse einer repräsentativen Zeitbudgeterhebung. Stuttgart, Berlin, Köln.

Ellguth, P.; Leinemann, K.; Schmidt, R.; Trinczek, R. (1989): Betriebliche Arbeitszeitentwicklung zwischen Kontinuität und Bruch. Die Umsetzung der 37 ½-Stunden-Woche in der metallverarbeitenden Industrie in der Region Nürnberg/Fürth/Erlangen. IPRAS-Schriftenreihe zur Arbeitszeitforschung, Heft 4. Erlangen.

Hartz, P. (1994): Jeder Arbeitsplatz hat ein Gesicht. Die Volkswagen-Lösung. Frankfurt/M.

Hartz, P. (1996): Das atmende Unternehmen. Jeder Arbeitsplatz hat einen Kunden. Frankfurt/M.

Herrmann, C.; Promberger, M.; Singer, S.; Trinczek, R. (1999): Forcierte Arbeitszeitflexibilisierung. Die 35-Stunden-Woche in der betrieblichen und gewerkschaftlichen Praxis. Berlin.

Joachim, P.; Seifert, H. (1991): Neue Technik und Arbeitszeitgestaltung. Opladen.

Kurz-Scherf, I. (1988): Von der erschöpften Geduld der Frauen. Über den Traum vom 6-Stunden-Tag. In: Frankfurter Rundschau vom 20.10.1988 (Dokumentation).

Peters, J. (Hg.) (1994): Modellwechsel: Die IG Metall und die Viertagewoche bei VW. Göttingen.

Peters, J.; Schwitzer, H.; Volkert, K.; Widuckel-Mathias, W. (1994): Nicht kapitulieren – trotz Krise und Rezession. Der Weg zur Sicherung der Beschäftigung bei Volkswagen. In: WSI-Mitteilungen, 47. Jg., S. 165-171.

Promberger, M.; Rosdücher, J.; Seifert, H.; Trinczek, R. (1996): Beschäftigungssicherung durch Arbeitszeitverkürzung. 4-Tage-Woche bei VW und Freischichten im Bergbau: Mehr als zwei Beispiele. Berlin.

Promberger, M.; Rosdücher, J.; Seifert, H.; Trinczek, R. (1997): Weniger Geld, kürzere Arbeitszeit, sichere Jobs? Soziale und ökonomische Folgen beschäftigungssichernder Arbeitszeitverkürzungen. Berlin.

Promberger, M.; Seifert, H.; Trinczek, R. (1998): The Four-Day-Week at the Volkswagen Company – A New Working Time Model. Expertise for the IAT (Gelsenkirchen). Unv. Ms. Erlangen, Düsseldorf.

Rosdücher, J.; Seifert, H. (1994): Temporäre Arbeitszeitverkürzung zur Beschäftigungssicherung. Ein neuer beschäftigungspolitischer Ansatz? In: WSI-Mitteilungen, 47. Jg., Heft 12, S. 744-752.

Seifert, H. (1999): Betriebliche Vereinbarungen zur Beschäftigungssicherung. In: WSI-Mitteilungen, 52. Jg., Heft 3, S. 156-164.

Traxler, F. (1995): Collective Bargaining: Levels and Coverage. In: OECD Employment Outlook. Paris.

WSI-Projektgruppe (1998): Ausgewählte Ergebnisse der WSI-Befragung von Betriebs- und Personalräten 1997/98. In: WSI-Mitteilungen, 51. Jg., Heft 10, S. 653-667.

DIE AMBIVALENZ FLEXIBLER ARBEITSZEITEN: NEUE ABHÄNGIGKEITEN VOM BETRIEB ODER ZUGEWINN AN LEBENSQUALITÄT?

Volker Hielscher, Eckart Hildebrandt

Ausgangspunkt für das Forschungsprojekt „Arbeitsstile – Lebensstile – Nachhaltigkeit" waren neue arbeitspolitische Dynamiken (kürzere und flexiblere Arbeitszeiten, neue Formen der Arbeitsorganisation), die nicht nur die Arbeitssituation, sondern die Rahmenbedingungen für die gesamte Lebensführung der Beschäftigten zunehmend verändern. Durch die Neugestaltung von Arbeitszeitmustern wird die Schnittstelle von „Arbeit und Leben" neu konturiert und der Prozeß der sozialen Ausdifferenzierung und Individualisierung vorangetrieben. Die Muster der Lebensführung der Beschäftigten enthalten zugleich unmittelbare soziale und ökologische Intentionen und führen mittelbar zu ökologischen Folgen, die in den letzten Jahren mit dem Konzept der Nachhaltigkeit thematisiert worden sind.

Mit dem Forschungsprojekt wurden in einer breiten, explorativen Empirie die individuellen Anpassungs- und Umstellungsprozesse unter verschiedenen Anforderungskonstellationen von verkürzten und flexibilisierten Arbeitszeiten untersucht. Im Mittelpunkt standen dabei die individuellen Abwägungen zwischen verschiedenen Zwängen, Interessenlagen und Prioritäten bei den Rearrangements der Lebensführung. Eine spezielle Aufmerksamkeit wurde auf die Frage gelegt, wie stark ökologisches Bewußtsein, Wissen und Handlungsorientierungen bei verschiedenen Beschäftigtengruppen ausgeprägt sind, wie sie in das Alltagshandeln im Betrieb und in der Lebenswelt eingehen und welche Rolle insbesondere das Verhältnis von Arbeit und freier Zeit für eine ökologisch nachhaltige Lebensführung spielt.

Die Empirie des Projekts wurde exemplarisch am Fall des beschäftigungssichernden Tarifvertrags zur Arbeitszeitverkürzung von 1994/1996 bei der Volkswagen AG in Wolfsburg anhand von leitfadengestützten Beschäftigteninterviews und durch ein Set von Experteninterviews in Werk und Stadt erhoben (vgl. auch den Beitrag von Hildebrandt in diesem Band).

1. Einleitung

In der Arbeitszeitpolitik bündeln sich unterschiedliche Motive, die von verschiedenen gesellschaftlichen Interessengruppen eingebracht werden. In der historischen Entwicklung sind dabei immer einzelne Motive in den Vordergrund getreten, während andere im Hintergrund standen oder sich gar nicht durchsetzen konnten. Dominante Motive waren aus gewerkschaftlicher Perspektive über lange Zeit z.B. die Minderung der Arbeitsbelastung und die Erhöhung der Lebensqualität durch eine Ausweitung der Freizeit. Entsprechend standen generelle Arbeitszeitverkürzungen, etwa die Verkürzung des Arbeitslebens durch die Absenkung des Rentenalters, die Senkung der Jahresarbeitszeit in Form längeren Urlaubs und erste Schritte der Wochenarbeitszeitverkürzung im Vordergrund. Mit der Verfestigung von Massenarbeitslosigkeit Ende der siebziger Jahre gewannen die beschäftigungspolitischen Motive der Arbeitsumverteilung stärker an Bedeutung. Auch diese Ziele schlugen sich in Formen individueller Arbeitszeitverkürzung nieder, sie erhielten aber eine andere Steuerungslogik: Kurzarbeit und Frühverrentungsprogramme zur Verringerung des betrieblichen Arbeitsvolumens in Krisenzeiten, forcierte allgemeine Arbeitszeitverkürzung mit der Betonung ihrer Beschäftigungseffekte. So wurde der Aspekt der Beschäftigungswirkung zur zentralen Begründung für die Durchsetzung der 35-Stunden-Woche in den achtziger Jahren. In den neunziger Jahren hat die beschäftigungspolitische Komponente der Arbeitszeitpolitik noch stärkere Dominanz gewonnen: Erstmals wurden beim sogenannten „VW-Modell", später auch in anderen Betrieben und Branchen, einschneidende Arbeitszeitverkürzungen mit nominellen Einkommensabschlägen durchgeführt, um auf befristete Zeit betriebsbedingte Entlassungen zu vermeiden (vgl. Promberger et al. 1996).

Parallel dazu hat der wachsende internationale Konkurrenzdruck und eine direkte Kostenkonkurrenz die engere Anbindung der Produktionsvolumina an das Marktgeschehen in das Zentrum der Unternehmensstrategien gerückt. Aus dieser Perspektive wurde die flexible Steuerung des betrieblichen Arbeitsvolumens zu einer zentralen Voraussetzung für die Erhaltung von Konkurrenzfähigkeit auf den globalisierten Märkten. Dazu wurden einerseits über „traditionelle" Instrumente der Schicht- und Wochenendarbeit die Betriebsnutzungszeiten und die Auslastung der Produktionsapparats ausgeweitet. Zugleich wurde aber die

Die Ambivalenz flexibler Arbeitszeiten

individuelle Arbeitszeit der einzelnen Beschäftigten durch Mehrarbeit, Gleitzeitregelungen und Arbeitszeitkonten flexibilisiert mit der zunehmenden Tendenz, statt einer regelmäßigen Wochenarbeitszeit die Jahres- oder Lebensarbeitszeit zur Bezugsgröße der Arbeitszeitnorm zu erheben.

Zudem scheint auch auf Seiten der Beschäftigten der Anspruch gewachsen zu sein, die Arbeitszeiten selbstverantwortlich nach den individuellen Bedürfnissen variieren zu können. Insofern waren Gleitzeitregelungen auch der Einstieg in eine beschäftigtenorientierte Flexibilisierung, da sie eine begrenzte Variation der individuellen Arbeitszeit nach aktuellen persönlichen Anforderungen oder Interessenlagen ermöglichten.

Am Ende der neunziger Jahre läßt sich die Entwicklung der Erwerbsarbeitszeiten kaum noch als eine einheitliche Bewegung mit phasenweise jeweils klar dominierenden arbeitszeitpolitischen Motiven beschreiben. Statt dessen zeigt sich eine Ausdifferenzierung der Zeitpolitiken zu einem neuen, unübersichtlichen und in seinen außerbetrieblichen Effekten nur schwer kalkulierbaren Politikfeld, in dem sich die unterschiedlichsten Motive und Strategien überlagern.

- Erstens rücken in der jüngeren Zeit die sozialen Gestaltungsbereiche stärker in den Blick, die über die Arbeitszeit mitgesteuert werden: z.B. Arbeitsbelastung, private Synchronisation oder kollektive Zeitstrukturen in der Kommune. Es zeigt sich also eine *Schnittstellenproblematik*. Deren Konsequenz darin besteht, daß bei künftigen arbeitszeitpolitischen Strategien die zu erwartenden Nebeneffekte stärker zu berücksichtigen sind, die im jeweiligen Teilsystem unterschiedlich bewertet werden können – die Negativkoppelung zwischen Erwerbsarbeitszeitverkürzung und Einkommen ist ein Beispiel dafür.
- Zweitens sind die Wirkungskoppelungen keineswegs so eindimensional, wie sie auf den ersten Blick erscheinen. Ein wichtiges Beispiel für die *Komplexität der Wechselwirkungen* ist der Zusammenhang zwischen Dauer der Arbeitszeit und der Zeit für Erholung. Beispielsweise könnte man auf den ersten Blick annehmen, daß die individuelle Beanspruchung bei kürzerer Arbeitszeit sinkt und zusätzlich die verfügbare Erholungszeit steigt. Es zeigt sich aber insbesondere bei einer Kombination von verkürzter und flexibler Arbeitszeit, daß bei einer optimierten Auslastungssteuerung und einer entsprechenden Intensivierung der Arbeit der Erholungsbedarf steigt und daß die Erholungsmöglichkeiten aufgrund der Desynchronisation der Freizeit beeinträchtigt werden können.
- Drittens ist die Zahl der Interventionen in die Arbeitszeit und ihre Heterogenität massiv erhöht worden. Das liegt nicht nur daran, daß das Gewicht der einzelbetrieblichen und individuellen *Regulierungsebene* gegenüber kollek-

tiven Vereinbarungen etwa durch Arbeitszeitflexibilisierung, Öffnungsklauseln und Tarifflucht gestiegen ist. Auch die Ansatzpunkte für die Arbeitszeitgestaltung sind ausdifferenziert worden: die „Flexibilitätskaskade"[1] reicht inzwischen von der täglichen Arbeitszeit bis zur Lebensarbeitszeit. Dieses Nebeneinander von verschiedensten Ansatzpunkten und Regelungsformen ist pragmatisch gewachsen und in seinen Folgewirkungen bisher weitgehend ungesteuert.

Bislang galt die Verkürzung der Arbeitszeit fraglos als ein Zugewinn an Lebensqualität der Beschäftigten; und die Flexibilisierung wurde in vielen Augen als gleichermaßen gewinnbringend für die wirtschaftlichen Interessen der Unternehmen und für die Interessen der Beschäftigten an Zeitsouveränität gesehen (vgl. Teriet 1976; Hörning et al. 1990; Hoff et al. 1996). Vor dem Hintergrund der aktuellen Entwicklungstendenzen der Arbeitszeitpolitik lassen sich allerdings diese Prämissen in Frage stellen: Unter welchen Interessenlagen und Kontextbedingungen finden die dezentralisierten bzw. individualisierten Abwägungs- und Aushandlungsprozesse über die Arbeitszeit statt? Vor welche Herausforderungen werden die individuellen Arrangements der alltäglichen Lebensführung durch die neuen Arbeitszeitmuster gestellt? Unter welchen Voraussetzungen können die Beschäftigten durch kürzere und flexiblere Arbeitszeiten an Lebensqualität hinzugewinnen?

2. Flexible Arbeitszeiten und dezentrale Ergebnissteuerung als betriebliche Produktivitätsstrategie

Seit jeher ist in quasi allen Wirtschaftssektoren und Branchen eine gewisse Flexibilität des Arbeitsvolumens die Voraussetzung für die Unternehmen, um auf Marktschwankungen und Konjunkturentwicklungen reagieren zu können. Lange konjunkturelle Zyklen haben zu wirtschaftlichem Strukturwandel und zur Ausdehnung und Schrumpfung des Arbeitsvolumens geführt, das über die betrieblichen Personalpolitiken reguliert wurde. Eine kurzfristig notwendige Variabilität des Arbeitsvolumens, etwa durch Modellwechsel und Nachfrage-

---

1   Der Begriff bezieht sich hier auf das Modell von VW-Personalvorstand Peter Hartz (1996, S. 121), mit dem eine Flexibilität in Arbeitsstunden pro Tag, in Schichten pro Tag, in Arbeitstagen pro Woche, in Samstagsarbeit und in Bezug auf den Einsatz von Arbeitskräften an wechselnden Standorten angestrebt wird.

Die Ambivalenz flexibler Arbeitszeiten

schwankungen, wurde durch Mehrarbeit und Sonderschichten bzw. Kurzarbeit hergestellt. Die gewerkschaftliche Politik hat allerdings immer versucht, diese Schwankungen im Interesse der Belastungsstabilität und Einkommenssicherung einzugrenzen: durch gesetzliche oder kollektivvertragliche Begrenzungen des Arbeitszeitrahmens sowie durch die Verteuerung von Mehrarbeit und von einer „unsozialen" Arbeitszeitverteilung (z.B. Schichtarbeits- und Wochenendzuschläge). Bis zum Anfang der neunziger Jahre hatte ein „Flexibilitätsarrangement" Bestand, das auf drei Säulen aufbaute:

- kalkulierbare Flexibilisierungsanforderungen durch die Unternehmen, die sich auf wenige Instrumente mit gravierenden, aber übersehbaren sozialen Zeitfolgen konzentrierten;
- die Eingrenzung, Erschwerung und Verteuerung kurzfristiger und weitergehender Flexibilisierungen durch gewerkschaftliche Schutzpolitik;
- die unhinterfragt vorausgesetzte Möglichkeit, die privaten Folgen der betrieblichen Flexibilisierung durch einen stabilen Familienkontext aufzufangen.

Anfang 1994 ist der Tarifvertrag zur 28,8-Stunden-Woche bei der Volkswagen AG in Kraft getreten, der zum einen ein Modell für die beschäftigungssichernde Umverteilung von Arbeit und Einkommen darstellt. Zum anderen war die Arbeitszeitverkürzung bis zur weitgehenden Rücknahme des Modells Anfang 1999 eingebettet in eine umfassende Flexibilisierungsstrategie, welche durch das Schlagwort des „atmenden Unternehmens" (Hartz 1996) charakterisiert wird. Diese Strategie beinhaltet die flexible Anpassung der Arbeitszeiten an die Produktionsauslastung und verknüpft damit ein neues Anforderungsprofil an die Qualifikation und Motivation der Beschäftigten und die umfassende Mobilisierung der Belegschaft zur Verbesserung von Produktivität und Produktqualität. Im VW-Werk Wolfsburg wurden die Arbeitszeiten in bemerkenswerter Weise ausdifferenziert und flexibilisiert:

- Entsprechend der Komplexität des Werks und der unterschiedlichen technologischen und kapazitätsbezogenen Voraussetzungen in den einzelnen Bereichen wurde die Arbeitszeitverkürzung mit insgesamt rund 150 unterschiedlichen Arbeitszeitmodellen umgesetzt. Dies bedeutet eine extreme Differenzierung der Arbeitszeitregelungen innerhalb eines Unternehmens.
- Im Rahmen der Fortschreibung des Tarifvertrages ab 1996 wurden unter anderem durch Mehrarbeitsvereinbarungen und einen Arbeitszeitkorridor die zeitlichen Flexibilitäts- und Mobilitätsanforderungen an die Beschäftigten erhöht. Resultat war insbesondere die Ausweitung der Sonderschichten am Samstag.

- Die Gleitzeitregelungen sind insbesondere im Angestelltenbereich ausgeweitet worden, zugleich wurde die Arbeitszeiterfassung im gesamten Werk abgeschafft.
- Der kollektiv gültige dreiwöchige Werksurlaub im Sommer wurde zugunsten eines Korridors abgeschafft, innerhalb dessen der Urlaub individuell in Anspruch genommen werden kann.

Eine wesentliche Veränderung gegenüber dem bislang dominierenden Flexibilitätsarrangement besteht in der Individualisierung der betrieblichen Flexibilisierungsanforderungen. Vorbild und Pioniergruppe für diese Flexibilisierung sind die qualifizierten Angestellten, die ihre Arbeitszeit wesentlich nach den betrieblichen Anforderungen selbst disponieren. Diese individuelle Verantwortlichkeit des „intrapreneurs" (vgl. Deutschmann et al. 1995; Priddat 1996) wird sukzessive auch auf die unteren Beschäftigtengruppen ausgedehnt. Das zugrundeliegende Leitbild für die Kooperationsbeziehungen im Produktionsprozeß ist das einer marktbezogenen Kunden-Lieferanten-Beziehung; zunehmend wird den Beschäftigten ein entsprechendes Selbstverständnis als „unternehmerisches Subjekt" für das Arbeitshandeln abverlangt. In der Konsequenz dieser Philosophie müssen die Arbeitnehmerinnen und Arbeitnehmer nicht nur eine bestimmte Arbeitsleistung in einer definierten Zeit erbringen, sondern für die Qualität ihrer individuellen Arbeitsprodukte Gewährleistung gegenüber den Bearbeitern der nachgelagerten Prozeßphase übernehmen. Dem einzelnen wird für seinen Aufgabenbereich eine quasi-unternehmerische Produktverantwortung und die direkte Konfrontation mit dem/der KollegIn als Kunden zugeordnet. Dadurch werden kollektive Arbeitszeiten und Leistungsvorgaben als klassische Regulierungsmechanismen für die Verausgabung von Arbeitskraft in ihrer Bedeutung relativiert. Die Glieder der Wertschöpfungskette werden durch Ergebnisvereinbarungen mit den jeweiligen Beschäftigten festgelegt. Die Regelung des Arbeitsablaufes geschieht also nicht mehr nur über die Gestaltung des Produktionsprozesses und die Kontrolle vordeterminierter Abläufe, sondern über die Definition und strenge Kontrolle der Einhaltung der (Zwischen-)Ergebnisse, die den einzelnen Arbeitskräften vorgegeben werden.

Die Flexibilisierung der Arbeitszeiten wird mit der Individualisierung der Ergebnisverantwortung verknüpft, damit steigen die Anforderungen an die Selbstregulierung im Arbeitsprozeß. Diese Entwicklung ist eingebettet in eine betriebliche Strategie der Produktivitätssteigerung, die eine permanente Verkürzung der Produktentwicklungszeiten, der Herstellungszeiten des Einzelprodukts und der entsprechenden Zulieferungsprozesse in den Mittelpunkt stellt. Das Druckpotential des Unternehmens auf eine Beschleunigung und Verdichtung aller Stufen des Produktionsprozesses ist vor allem durch die Konzipierung aller

Die Ambivalenz flexibler Arbeitszeiten

Teilleistungen als Aufträge und die Erhöhung der konzerninternen und der externen Konkurrenz qualitativ gestiegen. So kann etwa ein Automodell in verschiedenen Werken des VW-Konzerns im In- und Ausland gefertigt werden. Der Konzern ist immer weniger von den Kapazitäten einzelner Werke oder Abteilungen abhängig; die einzelnen Konzernstandorte konkurrieren untereinander um die Produktion von Komponenten oder der einzelnen Modellvarianten. Damit können die betriebliche Interessenvertretung und die Beschäftigten in den dezentralen Abteilungen zunehmend in eine Produktivitätspolitik eingebunden werden, die die Beschäftigung vor Ort über die Konkurrenzfähigkeit im Verhältnis zu anderen Standorten absichert. Die Beschäftigten in den einzelnen Werken bzw. Abteilungen stehen vor der Wahl, ein vergleichsweise günstiges Angebot vorzulegen oder „Aufträge" zu verlieren und damit den Standort und die eigenen Arbeitsplätze zu gefährden. Aus diesem Grund findet der Abschluß von „Produktivitätspakten" und Zielvereinbarungen auf der Grundlage eines Machtungleichgewichts statt, das zu weitgehend knapp kalkulierten Kosten- und Produktivitätszusagen zwingt. Management und Beschäftigten stehen dazu neben organisatorischen Lösungen vor allem die Variablen der Arbeitsintensität und der Arbeitszeitgestaltung zur Verfügung. Die veränderte betriebliche Leistungsregulierung übt insgesamt einen prinzipiellen Druck auf Arbeitsverdichtung und Arbeitsflexibilisierung aus. In allen Abteilungen und Arbeitsgruppen wird, unterstützt durch Maßnahmen zum kontinuierlichen Verbesserungsprozeß, das Primat der Marktanforderungen in Leistungspolitik und Zeitpolitik umgesetzt. In der Konsequenz wird die Arbeitszeit in Phasen guter Marktkonjunktur und Produktionsauslastung extensiviert. Freizeitentnahme erfolgt vice versa dann, wenn Auftragslöcher entstehen. Dieser Imperativ gewinnt dadurch eine besondere und neue Wirksamkeit, da er nicht mehr im Sinne des klassischen Leistungskonflikts aus einer Vorgabe „der anderen Seite" folgt, gegen die man informellen oder offenen Widerstand leisten könnte. Vielmehr erwächst der Imperativ faktisch als eine Selbstverpflichtung der Beschäftigten (vgl. Jurczyk und Voß in diesem Band). In der Verknüpfung mit der Flexibilisierung der Arbeitszeit tritt der bisher dominante Regelungsmechanismus einer zentral gesteuerten und kollektiv ausgehandelten Prozeßstrukturierung zugunsten einer individuellen oder auf die Arbeitsgruppe bezogenen Ergebnisvereinbarung in den Hintergrund.

3. Von kollektiven Zeitrhythmen zum individuellen Zeitmanagement

Große industrielle Produktionseinheiten, wie das Volkswagenwerk Wolfsburg, waren über eine lange Zeit durch ein Zeitarrangement geprägt, das einen starken, kollektiv gültigen Zeitrhythmus entlang der standardisierten Schichtarbeitszeiten produziert hat. Dieser Rhythmus steuerte die Dauer und Lage von Arbeit und Freizeit für die Beschäftigten: Zum Schichtwechsel fluteten die Arbeitskräfte in einem dichten Strom in das Werk hinein und hinaus. Mit der Ausdifferenzierung und Flexibilisierung der Arbeitszeiten hatte sich dieses Bild geändert. Es konnte ein mehr oder minder beständiges Hinein- und Hinauströpfeln der Belegschaft beobachtet werden, das nur durch kleine Intervallspitzen überlagert wurde.

Gegenüber dem ehemalig dominanten, kollektiven Zeitrhythmus (des Zweischichtbetriebes) zeigt sich eine Entzerrung in der Form, daß in der Vielzahl der Bereiche und Abteilungen des Werkes beständig irgendwo die Arbeit begonnen oder beendet wird. Die Auflösung der kollektiven Arbeitszeitrhythmen erfolgt über die Mechanismen der Ausdifferenzierung der Arbeitszeitmuster im Betrieb und der Flexibilisierung der Arbeitszeiten.

Die *Ausdifferenzierung* der Arbeitszeitmuster bedeutet, daß innerhalb eines Betriebes und in den verschiedenen Betrieben in einer Kommune, in der die Menschen zusammenleben, eine wachsende Zahl unterschiedlicher Arbeitszeitmuster zum Tragen kommt. Dies betrifft den täglichen Arbeitsanfang und Arbeitsende, die Arbeitstage in der Woche und im Monat, schließlich die Tage im Jahr, an denen gearbeitet wird. Durch die steigende Varianz der Dauer und Lage der Erwerbsarbeitszeiten verringert sich die Stärke der kollektiven Zeitrhythmen, die Bedeutung individuell abweichender Arbeitszeitmuster nimmt zu.

Der Begriff der *Arbeitszeitflexibilisierung* hebt auf eine Variabilisierung der Dauer, der Lage und der Stabilität der individuellen Arbeitszeit ab. Die Flexibilisierung der Arbeitszeit labilisiert die individuellen Zeitrhythmen und kann unter Umständen die Arrangements kollektiver Rhythmen destabilisieren: die Zeit, die für Erwerbsarbeit gebraucht wird, wird bezüglich ihrer Lage und Länge weniger kalkulierbar – damit entziehen sich auch die erwerbsarbeitsungebunden Zeiten in einem zunehmenden Maße der Verläßlichkeit und Planbarkeit. Eine Ausweitung der Flexibilisierung wird im wesentlichen von Vereinbarungen getragen, die als solche eine flexible und individuelle Gestaltung erlauben. Dazu gehören unterschiedliche Instrumente:

Die Ambivalenz flexibler Arbeitszeiten

- Die alltägliche Gleitzeit und das Gleitzeitkonto im Angestelltenbereich; die individuelle Disposition über die Dauer und Lage der täglichen Arbeitszeit wird durch den Wegfall der betrieblichen Anwesenheitskontrollen unterstützt;
- die Abstimmungen über Mehrarbeit und Sonderschichten sowie die Wahl, ob diese in Freizeitguthaben oder als Einkommenszuschlag ausgeglichen werden sollen;
- die Nutzung des individuellen Arbeitszeitkontos.

Diese Maßnahmen kommen in der Praxis allerdings in unterschiedlichem Ausmaß für verschiedene Beschäftigtengruppen zum Tragen. Insofern lassen sich am Beispiel VW Wolfsburg bezüglich der Reichweite und der Auswirkungen der Arbeitszeitveränderungen folgende Gruppen in der Belegschaft unterscheiden:

1. Auf der einen Seite stehen Schichtarbeiter in der Produktion, deren Lebensführung seit langem und grundlegend auf den betrieblichen Zeitgeber abgestellt ist. Diese Gruppe ist vor allem von der Destandardisierung und der Ausdifferenzierung der Schichtmodelle betroffen, allerdings ohne zusätzliche alltägliche Flexibilisierungen der individuellen Arbeitszeit, die aufgrund der engen Abstimmungserfordernisse in der Fertigung nur schwer möglich sind. Aus der starken Differenzierung der Arbeitszeiten folgen Schwierigkeiten, innerhalb der Arbeitswoche private Kontakte im sozialen Netzwerk zu erhalten oder an kollektiven Aktivitäten teilzunehmen.
2. Eine weitere Gruppe sind die Beschäftigten in eher produktionsbegleitenden Bereichen, die in Normalschicht arbeiten. Deren Arbeitsgebiete unterliegen in unterschiedlichem Ausmaß kurzfristigen und längerfristigen Marktkonjunkturen und es hat sich, z.B. durch Gleitzeitregelungen und Arbeitszeitkonten, ein begrenztes Niveau von Flexibilisierung eingependelt. Sofern allerdings der Arbeitsanfall kalkulierbar bleibt, bestehen für diese Beschäftigtengruppe häufig die größten Spielräume für die Koordination von „Arbeit und Leben".
3. Höherqualifizierte Angestellte in der Forschung und Entwicklung und in dispositiven Bereichen sind in der Regel nicht an rigide Arbeitszeitsysteme gebunden. Die eigenverantwortliche, aufgabenbezogene Arbeitszeitgestaltung ist selbstverständlich und gehört zur Motivation in der Arbeit. Die Arbeitssituation dieser Gruppe ist durch überdurchschnittlich lange Arbeitszeiten und durch eine überdurchschnittlich hohe, kurzfristige Flexibilität geprägt. Diese Beschäftigten haben es vielfach mit instabilen persönlichen

täglichen oder wöchentlichen Arbeitszeiten zu tun, so daß die privaten Planungen erschwert und unter einen permanenten arbeitsbedingten „Vorbehalt" gestellt werden. Es ist anzunehmen, daß im Zuge der neuen Managementkonzepte die flexiblen Arbeitszeiten der hochqualifizierten Angestellten auch in die anderen Beschäftigtengruppen (insbesondere im Angestelltenbereich) hinein ausgeweitet werden.

Aus der Flexibilisierung und Ausdifferenzierung der Arbeitszeiten resultieren betriebliche und außerbetriebliche Folgewirkungen, die diese Beschäftigtengruppen unterschiedlich berühren (vgl. Hielscher/Hildebrandt 1999). Innerbetrieblich werden insbesondere Fragen der Kommunikation und Kooperation innerhalb und zwischen den Arbeitseinheiten zu einem neu zu gestaltenden Aspekt. Durch die Modelle der „Vier-Tage-Woche" vor allem im Angestelltenbereich ist der Freitag ein Arbeitstag mit einer deutlich reduzierten Belegschaft geworden. Dadurch werden spontan notwendige Koordinationsaufgaben und Entscheidungsprozesse erschwert oder sind in einzelnen Abteilungen nicht durchführbar.

Eine andere Folge der Ausdifferenzierung der Arbeitszeiten betrifft die von vielen Beschäftigten gebildeten Fahrgemeinschaften in das Werk. Diese sind nach Einführung der neuen Arbeitszeitmodelle vielfach auseinandergebrochen und konnten nur teilweise und mühsam in veränderten Konstellationen neu aufgebaut werden. Der Ausdifferenzierung der Arbeitszeiten entspricht eine Individualisierung des Werksverkehrs: Nicht nur die Fahrgemeinschaften haben sich aufgelöst, auch der Öffentliche Personennahverkehr in Wolfsburg erlitt starke Einbrüche, weil er sich nicht mehr auf klare Berufsverkehrsspitzen einstellen konnte (vgl. Eberling/Henckel 1998). Im Institutionengeflecht der Kommune bestanden erhebliche Schwierigkeiten, Dienstleistungen sowie Freizeit- und Weiterbildungsangebote auf die flexiblen Arbeitszeiten im Werk abzustellen.

Zudem sind die verschiedenen Beschäftigtengruppen von unterschiedlichen neuen privaten Koordinationsanforderungen betroffen. So müssen sich etwa flexibel arbeitende, hochqualifizierte Angestellte mit den kurzfristigen Instabilitäten ihrer Arbeitszeiten arrangieren. Das tägliche Arbeitsende ist in dieser Gruppe häufig nicht punktgenau abzusehen. Daraus können Unsicherheiten und Abstimmungsprobleme entstehen, die im Extremfall dazu geführt haben, daß auf verbindlich vereinbarte gemeinschaftliche Aktivitäten innerhalb der Arbeitswoche verzichtet wurde. Ein anderes Beispiel sind die in rigiden Arbeitszeitsystemen tätigen SchichtarbeiterInnen, die ihre täglichen Anwesenheitszeiten in der Regel nur über die Entnahme von freien Tagen oder von Urlaub variieren können. Durch die Ausdifferenzierung und Destandardisierung in eine Vielzahl von Schichtmodellen seit Inkrafttreten der Arbeitszeitverkürzung entstehen für diese Beschäftigtengruppe erhebliche private Koordinationsprobleme einfach dadurch, daß im Familien oder Bekanntenkreis kaum noch zu durchschauen ist, wer in welchem Modell wann arbeiten muß. Kollektive Aktivitäten innerhalb der Arbeitswoche werden auch in dieser Gruppe erschwert oder gar unmöglich.

Der Arbeitszeitwandel und seine sozialen Folgewirkungen werden durch ein grundlegendes Charakteristikum geprägt, nämlich durch den *Übergang von kollektiven Zeitregimen zu einer individuellen Regulierung*. Die Anforderungen der zeitlichen Regulation sind ein integraler Bestandteil der Selbststeuerung und Selbstrationalisierung im Arbeitsprozeß. Die flexiblen Arbeitszeiten stellen dabei einen Modus, innerhalb dessen die Leistungsanforderungen der Erwerbsarbeit mit den individuellen Interessen und sozialen Anforderungen des privaten Lebens verknüpft bzw. in einen Abwägungsprozeß gebracht werden.

Für diesen Abwägungsprozeß stellen die kollektiven Regelungen in tarifvertraglichen oder betrieblichen Vereinbarungen einen wichtigen Rahmen dar. Je geringer die Verbindlichkeit von Regulierungen, etwa in nicht tarifgebundenen Bereichen, in Kleinbetrieben und in prekären Beschäftigungsverhältnissen, desto stärker dürfte das Gewicht der betrieblichen Vorgaben gegenüber den Zeitpräferenzen der Beschäftigten wiegen. Eine spezifische Paradoxie der Entwicklung liegt darin, daß einerseits die zeitlichen Verfügbarkeitsanforderungen der Unternehmen und die innerbetrieblichen Machtasymmetrien zuungunsten der Beschäftigten zunehmen, während gleichzeitig eine Ausweitung individueller Optionalität stattfindet: Es wächst die Zahl der Situationen, in denen der einzelne Beschäftigte über die Dauer und Lage seiner persönlichen Arbeitszeit mitbestimmt bzw. mitbestimmen muß. Dieser Sachverhalt ist das zentrale Argument, aus dem sich die grundlegende Ambivalenz der neuen Arbeitszeitmodelle begründet und in dem sich wichtige Grundannahmen der Theorie reflexiver Modernisierung (vgl. Beck et al. 1996) niederschlagen: die Zunahme von individuellen Wahlmöglichkeiten, genauer: von Entscheidungszwängen.

Die Dimensionen und die Auswirkungen des veränderten Regulierungsmodus beginnen sich erst langsam abzuzeichnen. Es lassen sich allerdings vier Bezugspunkte des individuellen Abwägungsprozesses erkennen, der der Ausgestaltung flexibler Arbeitszeiten zugrunde liegt:

1. die Dringlichkeit der betrieblichen Arbeitsanforderungen und Leistungsvorgaben,
2. der Einkommenseffekt vor dem Hintergrund der privaten Einkommensbedarfe und der Einkommenssituation,

3. die persönlichen Grenzen von Mehrarbeit, die wesentlich über gesundheitliche Aspekte und eine Abschätzung der langfristigen Regenerationserfordernisse gesetzt werden,
4. die persönlichen Interessen und Anforderungen, variierend nach den individuellen Arrangements der Lebensführung, der familiaren Lebensform und der Lebensphase.

Die Konstellation, die durch diese Bezugspunkte charakterisiert wird, ist nicht grundsätzlich neu. Sie steht prinzipiell immer hinter Arbeitszeitentscheidungen, soweit diese individuell zu beinflussen sind – beispielsweise beim Umstieg vieler Frauen auf Teilzeitarbeit. Neu ist allerdings zum einen, daß solche individuellen Zeitentscheidungen zum institutionalisierten Bestandteil betrieblicher Zeitpolitik geworden sind. Das Einbringen und Realisieren individueller Zeitwünsche wird damit prinzipiell möglich und ist häufig im Regelungssystem explizit verankert. Diese – zumindest prinzipielle – Offenheit der flexiblen Arbeitszeitmuster für die Realisierung individueller Präferenzen kann als Voraussetzung dafür gelten, daß den Beschäftigten eine Ausrichtung ihrer Zeitentscheidungen auf die betrieblichen Bedarfe und gegebenenfalls die Stundung von Einkommensbestandteilen auf Arbeitszeitkonten abverlangt werden kann. Darin liegt ein grundsätzlicher Unterschied zu den traditionellen rigiden Zeitregimes der industriellen Produktion, in denen abweichende individuelle Arbeitszeitwünsche, wie etwa eine phasenweise Teilzeitarbeit, vom dem Geruch mangelnder Leistungsbereitschaft und Betriebsloyalität und von der Gefahr der Marginalisierung begleitet waren.

Zum anderen finden diese Zeitentscheidungen mit den ihnen zugrundeliegenden Abwägungsprozessen jetzt tagtäglich statt. Während Arbeitszeitentscheidungen vormals auf wenige Optionen reduziert waren (etwa der Wechsel auf Teilzeitbeschäftigung oder die Frage, Mehrarbeit zu leisten oder nicht), müssen mit der Freigabe der Lage und Dauer der täglichen Arbeitszeit und mit der Einrichtung von Arbeitszeitkonten zeitliche Arrangements eingerichtet werden, die grundsätzlich legitimationsbedürftig und revidierbar sind.

Diese zwei Faktoren charakterisieren die Entwicklung hin zu einem individuellen Zeitmanagement, das in zunehmendem Maße die alten kollektiven Rhythmen abzulösen beginnt. Dabei handelt es sich – ganz im Sinne der Modernisierungstheorie – um ein Entscheiden-Müssen, da der Betrieb/die Abteilung/ die Kollegen auf eine Anpassung an ihre arbeitsbezogenen Anforderungen drängen und – wenn kein Gegengewicht gesetzt werden kann – diese Anforderung auch durchsetzen. Wer sich auf diesen Abwägungs- und Entscheidungsprozeß nicht einläßt, droht in Schwierigkeiten zu geraten: Folgt man den Vorgaben des Betriebs, dann erschwert sich die Koordination des Privatlebens und die privaten Zeitarrangements werden destabilisiert – die Anforderungen des Unternehmens formulieren sich zunächst einmal nach funktionalen Kriterien und sind deshalb prinzipiell gleichgültig gegenüber den sozialen Bindungen und Rhythmen der Beschäftigten. Folgt der Einzelne in seiner Zeitgestaltung einem stark „eigensinnigen" Prinzip, z.b. stets nur die tarifliche Wochenarbeitszeit zu arbeiten oder regelmäßig zu einem festen Zeitpunkt den Betrieb zu verlassen, droht er schnell in Konflikt mit den Flexibilitätsanforderungen des Betriebs zu kommen und tendenziell den Arbeitsplatz zu gefährden. Dieser Aspekt gewinnt insbesondere durch die angespannte Arbeitsmarktsituation an Gewicht, die die Machtgewichte zusätzlich zuungunsten der Belegschaften verschiebt.

In vielen Unternehmen wird in Orientierung an „lean"-Konzepten zunehmend eine Personalpolitik der Minimalbelegschaft durchgesetzt, die einen erheblichen Druck auf eine faktische Mehrarbeit nach sich zieht. Dieser Druck realisiert sich nicht nur in Form von formell angeordneter, mitbestimmungspflichtiger Mehrarbeit, sondern zunehmend auch als Anforderung an die Beschäftigten, die erhöhte betriebliche Leistungsanforderung in die Kalkulation des individuellen Zeitmanagements einfließen zu lassen. Die Resultate lassen sich exemplarisch an der Tatsache ablesen, daß viele Arbeitszeitkonten bis an die vereinbarte Grenze oder darüber hinaus vollgelaufen sind – was teilweise dazu führt, daß die Beschäftigten vom Betrieb zum Abfeiern gezwungen werden bzw. daß die Zeitguthaben in Geld ausgezahlt werden oder verfallen. Eine weitergehende strategische Option der Unternehmen liegt darin, die Abgeltung der jetzt kurz- und mittelfristig abgeforderten flexiblen Extensivierung der Arbeitszeit langfristig auf Zeitpunkte der Frühverrentung aufzuschieben.

Die Arbeitszeitkonten werden potentiell zu einem sehr attraktiven Instrument der Personalpolitik auch in dem Sinne, daß die Entnahme – die eigentlich für Zeitoptionen der Beschäftigten genutzt werden soll – für betriebliche Zwecke genutzt wird. So läßt sich beispielsweise Kurzarbeit mit ihren administrativen und finanziellen Kosten vermeiden, indem statt dessen die Arbeitszeitguthaben der Beschäftigten zwangsweise abgebaut werden. Ein anderes Beispiel ist der informelle Druck auf die Beschäftigten, im Krankheitsfalle Zeitguthaben und Urlaubstage einzusetzen, um den Krankenstand in den einzelnen Abteilungen abzusenken. Am Beispiel des Arbeitszeitkonto läßt sich exemplarisch zeigen, daß die formale Abwägung zwischen Betriebs- und Beschäftigteninteressen zwar prinzipiell zugestanden, aber durch das Primat des Betriebes überlagert wird (vgl. Lindecke/Lehndorff 1997; Klenner/Seifert 1998). Die unternehmensseitigen Anforderungen setzen sich häufig nicht nur auf der einen

Seite der Leistung von Mehrarbeit, sondern tendenziell auch auf der Seite der individuellen Entnahme vom Arbeitszeitkonto durch.

4. Zusatzbelastungen durch Externalisierungseffekte

Die soziale Bewertung der Resultate von Arbeitszeitpolitik geht in der Regel stillschweigend von der Prämisse einer klaren Trennung von Arbeits- und Lebenszeit aus. Eine Verkürzung der Erwerbsarbeitszeit führt danach zu einem Gewinn an Lebensqualität durch einen Zuwachs an persönlich verfügbarer Zeit. Arbeitszeitflexibilisierung wird mittlerweile auch aus gewerkschaftlicher Betrachtung (vgl. DGB-Grundsatzprogramm 1996) als eine Chance für die Realisierung eigener Interessen und von Zeitsouveränität im Rahmen der betrieblichen Arbeitszeitgestaltung gesehen. Diese Perspektive fußt wesentlich auf den Regelungsstandards, die in den vergangenen hundert Jahren durch den Rahmen der Normalarbeitszeit und durch die fortschreitenden Arbeitszeitverkürzungen durchgesetzt werden konnten. Freizeit und privater Wohlstand sind kontinuierlich gewachsen und haben an Eigenständigkeit gegenüber der Erwerbsarbeit gewonnen.

Diese Eigenständigkeit und Abgeschlossenheit der Freizeit gegenüber der industriellen Erwerbsarbeit beruhte bisher unter anderem darauf, daß die Voraussetzungen und Folgen von Erwerbsarbeit in der Nachkriegszeit nach dem „Verursachungsprinzip" sukzessive in den Bereich der betrieblichen Gestaltung hineinverlagert wurden, also in das Erwerbssystem internalisiert worden sind. Dies gilt beispielsweise für den Arbeitsschutz und die Gesundheitsvorsorge: Die zumutbare Arbeitsbelastung konnte auf ein Maß beschränkt und durch Gesundheitsförderung ergänzt werden, so daß eine alltägliche Regeneration über längere Zeit ohne gesundheitliche Folgeschäden möglich wurde. Ein analoges Beispiel ist die berufliche Fortbildung, die in einem wachsenden Umfang über betriebliche Bildungsangebote organisiert wurde und durch staatlich gesicherte Freistellungsmöglichkeiten wie etwa Bildungsurlaubsregelungen unterstützt wurde. Damit wurde die Freizeit von Regenerations- und Weiterbildungsanforderungen entlastet; die Verantwortung für Gesundheitsschutz und Berufskarriere wurde eng an den Betrieb gebunden.

In der aktuellen Entwicklung und teilweise im direkten Zusammenhang mit den neuen Arbeitszeitmustern können Tendenzen einer „Re-Externalisierung" von solchen Anforderungen und neue Externalisierungseffekte beobachtet werden:

- Die Gesundheitsförderung und -vorsorge (bei gleichzeitiger Arbeitsintensivierung) und die Zuständigkeit für die berufliche Fortbildung werden zunehmend privatisiert, indem betriebliche Angebote eingeschränkt werden oder nur noch in der Freizeit auf eigene Kosten in Anspruch genommen werden können;
- es steigen der Zeitaufwand, der durch die Notwendigkeit der komplexer gewordenen privaten Zeitkoordination entsteht, und die Zeitverluste, die aus mißglückten Koordinationsversuchen resultieren;
- schließlich wächst der Zeitaufwand, der erbracht werden muß, um mit der steigenden Beschäftigungsunsicherheit umzugehen. Dies können unter anderem Weiterbildungsmaßnahmen sein, oder auch der strategische Ausbau von privaten Hobbys oder ehrenamtlicher Tätigkeit zu einem zweiten beruflichen Standbein.

In der Tendenz nimmt also die Bedeutung von erwerbsarbeitsbezogen Anforderungen in der Freizeit (wieder) zu. Diese Anforderungen tauchen einerseits als zeitliche und zum Teil finanzielle Belastungen auf, sie gehen andererseits auch den Abwägungsprozeß der Individuen zur Ausgestaltung der Arbeitszeit ein. Ein Beispiel dafür sind etwa Strategien der Ansparung, also heute über Mehrarbeit das Arbeitszeitkonto aufzufüllen und morgen eine Weiterbildung zeitlich zu „finanzieren", um den qualifikatorischen Anforderungen des Arbeitsmarktes gerecht zu werden. Die den betrieblichen Vorgaben in der Abwägung gegenüberstehenden Interessen speisen sich also nicht allein aus Motiven zur Steigerung der privaten Lebensqualität, sondern können ebenso durch handfeste Zwänge an Gesundheitserhalt und Regeneration oder durch individuell zu erbringende arbeitsmarktbedingte Qualifikationsanforderungen geprägt sein.

5. Schwache Orientierungen der Beschäftigten auf Zeitwohlstand

Die großschrittige Arbeitszeitverkürzung und die Flexibilisierung bei Volkswagen Wolfsburg waren von der Unternehmensseite wie auch von den Beschäftigten und ihrer gewerkschaftlichen Interessenvertretung rein unternehmens- bzw. beschäftigungspolitisch kalkuliert. Ausgangspunkt des „VW-Modells" war die befristete Arbeitsumverteilung zur Beschäftigungssicherung, die mit einem Einkommensverzicht verbunden wurde. Die Fragen danach, was mit der freigewordenen Zeit passiert und welche privaten Folgen die Differenzierung und Flexibilisierung der Arbeitszeiten haben könnten, sind aus betrieblicher und gewerkschaftlicher Sicht nicht gestellt worden. Diese Nicht-Thematisierung der Folgewirkungen von Arbeitszeitpolitik beruht im wesentlichen auf der Argumentation, daß zum einen die Beschäftigungssicherung bei konstantem Monatseinkommen ein zentraler Benefit sei, der die Zumutungen der Jahreseinkommensabsenkung und die Flexibilisierungsanforderungen aufwiegen würde. Zum anderen sei es generell nicht die Angelegenheit des Betriebes, sich in das Privatleben der Beschäftigten einzumischen. Von Betriebsrat und Management wurde es als hinreichend gesehen, unternehmensseitig die Vermarktung des bestehenden Freizeitangebotes in Wolfsburg Betrieb für eine befristete Zeit zu unterstützen.[2]

Die Praxis zeigt allerdings, daß auch von Seiten der Beschäftigten eigensinnige Zeit-Interessen nur selten explizit thematisiert werden. Der allgemeine Umbruch der Arbeitszeitmuster hat sich bisher kaum in einer stärkeren und bewußteren Reflexion der eigenen Ansprüche an Arbeitszeitgestaltung und Zeitkoordination niedergeschlagen. Die Definitionsmacht des Betriebes über die Arbeitszeiten hat einen offenbar fraglos gegebenen Geltungsanspruch, der solange nicht problematisiert wird, wie die Kosten des privaten Koordinationsaufwandes in einem vertretbaren Rahmen bleiben. Am Beispiel der VW-Untersuchung wurde deutlich, daß mit den Arbeitszeiten konfligierende private Interessen meist von selbst zurückgesteckt und der Konflikt einseitig zu Lasten der Beschäftigten gelöst wurde. Nur in Einzelfällen wurden derartige Zeitkonflikte überhaupt thematisiert und explizite Ansprüche an eine Arbeitszeitoptionalität formuliert.

Die empirischen Erhebungen haben ergeben, daß die durch die Arbeitszeitverkürzung gewonnene zusätzlich verfügbaren Zeitpotentiale wesentlich in eine Entdichtung der vorhandenen Zeitstrukturen geflossen sind: Mehr Zeit für die Kinder, mehr Zeit für gemeinsames Einkaufen, mehr Zeit für Ausruhen. Selbst bei quantitativ erheblichen neuen Zeitressourcen wie einem zusätzlichen freien Tag ist es häufig nur zu einer Umgruppierung von privaten Zeitverpflichtungen und Freizeitbetätigungen gekommen. Aufgrund der Debatte um Wertewandel und neue Lebensstile hätte erwartet werden können, daß die Beschäftigten die Arbeitszeitverkürzung für eine Schwerpunktverlagerung auf nicht-erwerbsgebundene, lebensweltliche Tätigkeitsfelder nutzen würden (vgl. Hörning et al. 1990). In der Diskussion um sozial-ökologische Nachhaltigkeitsperspektiven und um neue Wohlstandsmodelle wird gar von der Annahme ausgegangen, daß bei wachsendem materiellen Wohlstand wichtige immaterielle Bedürfnisse

---

2 Gemeint ist hier die Unterstützung des Runden Tischs kreative Freizeit (EASI) durch die VW-Coaching, welcher eine Informationsstelle zum Freizeitangebot der Wolfsburger Vereine und Organisationen unterhalten hat (vgl. Hielscher/Hildebrandt 1999, S. 216ff.).

immer weniger abgedeckt werden, deren Erfüllung wesentlich an einem Mangel an verfügbarer Zeit scheitert (vgl. BUND/Misereor 1996). Durch die Arbeitszeitverkürzung würden danach die Potentiale freigesetzt werden, diesen bislang vernachlässigten Bedürfnissen nachzugehen – etwa sinnvoller Eigentätigkeit, die zudem noch reale Einkommensersatzeffekte haben könnte (vgl. Scherhorn 1999). Entgegen diesen Annahmen ließ sich eine Aufnahme von neuen, eigensinnigen Tätigkeiten, von Eigenarbeit oder von sozialem Engagement kaum nachweisen. Der Wandel der Arbeitszeitmuster war als solcher nur ein schwacher Impuls, aus dem heraus erst sehr langsam und vermittelt eine Stärkung von lebensweltlichen Präferenzen oder ein Reflexionsprozeß eigensinniger Zeitinteressen angestoßen werden.

Die Aneignung eines neuen Interesses an Eigenzeit als Wohlstandselement ist lediglich in den Fällen gelungen, in denen eine großschrittige und dauerhafte Arbeitszeitverkürzung mit einer stabilen, verläßlichen Lage der Arbeitszeit gegeben war. Unter den Bedingungen flexibilisierter Arbeitszeit sind zwar prinzipiell auch erweiterte Gestaltungsmöglichkeiten gegeben. Ob sich diese Gestaltungsmöglichkeiten, oder besser: -anforderungen jedoch auch in einen Zugewinn an individueller Autonomie und Lebensqualität überführen lassen, hängt wesentlich davon ab, daß profilierte eigene Zeitinteressen eingebracht und gegenüber dem Betrieb durchgesetzt werden können. Ein eigenständiges, reflektiertes Zeitinteresse, in dem sich – über die notwendige Organisation der privaten Versorgungsarbeit hinausgehend – Vorstellungen von Zeitwohlstand bündeln, ist die *Voraussetzung* für ein gelingendes individuelles Zeitmanagement, das eine Balance findet zwischen den Anforderungen flexibler Erwerbsarbeit und den Ansprüchen an eine verbesserte Lebensqualität.

6. Die Kontextualisierung der Zeitnutzung

Die Diskrepanz zwischen der quasi „von außen" an die Belegschaft herangetragenen Anforderung zur Zeitgestaltung und den nur schwach explizierten Zeitinteressen der Beschäftigten verweist darauf, daß die Zeitnutzung der Individuen in noch andere Kontexte eingebunden ist als in den Rahmen der arbeitszeitpolitischen Regulierung.

Am Beispiel Wolfsburgs lohnt in diesem Zusammenhang ein Blick auf die Geschichte und Milieustruktur, die ein in der Region weitgehend dominantes Muster der Lebensführung hervorgebracht haben. Die Stadt wurde Ende der dreißiger Jahre als Werkssiedlung auf der „grünen Wiese" gegründet, und nach Ende des zweiten Weltkriegs strömte eine große Zahl von Flüchtlingen nach

Wolfsburg, um sich aus eigener Arbeit ein neues Zuhause aufzubauen – diese Gründergeneration war im wahrsten Sinne erwerbsorientiert.

Das traditionelle Erwerbsarbeitsmodell in Wolfsburg war auf einen (männlichen) Ernährer mit einer entsprechend geschlechtshierarchischen familiaren Arbeitsteilung abgestellt. Die soziale Organisation in den Familien und im kommunalen Umfeld wurde um die industrielle Erwerbsarbeit im Werk herum aufgebaut. Diese Konstellation sichert noch heute eine hohe Flexibilität des Erwerbsarbeiters für die Anforderungen der Schichtarbeit und der Mehrarbeit, die durch die stabile Familiensituation aufgefangen wird. Die stabile und ganztägige Verfügbarkeit der Frau und die Unabhängigkeit der Haushaltsführung vom Ernährer werden dabei vorausgesetzt.

Der Konzern hat diese einseitige Entwicklung mitgetragen, indem er in seiner dominierenden Stellung gezielt Ein-Ernährer-Familien gefördert, die Ansiedlung anderer Branchen behindert und die Entwicklung der städtischen Infrastruktur in seinem Sinne gesteuert hat. Der ökonomische Erfolg des Unternehmens und die gemeinsame stürmische Expansion von Werk und Stadt in den fünfziger und sechziger Jahren haben VW Wolfsburg zu einem Modell für den Aufschwung und den industriellen Wohlstand der Bundesrepublik Deutschland gemacht (vgl. Beier 1997). Die gemeinsame Erfahrung der industriellen Arbeit, von technischem Fortschritt und wachsendem Wohlstand war ein prägender sozialer Integrationsmechanismus in dieser Stadt „auf der grünen Wiese".

In der Dominanz des VW-Werks blieb in Wolfsburg wenig Platz für andere Lebens- und Arbeitsformen als die des „VW-Arbeiters". Die Lebensführung orientiert sich auf die dominante Erwerbsarbeit des Mannes als „Breadwinner" und auf ein durch relativen Wohlstand abgesichertes und auf die Familie zentriertes privates Leben. Die Freizeitgestaltung jenseits von Familie, Haus und Garten stützt sich auf ein komfortables Freizeitangebot der zwar wohlhabenden, aber ebenfalls von Volkswagen finanziell abhängigen Stadt. Die Trennung zwischen der Arbeit im Werk und dem privaten Leben ist ein prägendes Muster der Lebensführung und mündet in den Versuch, das Privatleben möglichst von den Anforderungen und Einflüssen der Erwerbsarbeit freizuhalten. Die Familie ist ein zentraler Bezugspunkt der lebensweltlichen Orientierungen und gilt als ein Rückzugsraum für die Erfüllung des privaten Glücks. Die prägenden Nivellierungen und die Konformität dieses Wohlstandsmodells haben bislang nur zu wenig ausdifferenzierten oder gar „postmodernen" Lebensstilen geführt.

Bei aller Erwerbszentrierung kann nur in begrenztem Maße von expliziten neuen Ansprüchen oder von einer Zunahme „expressiver" Arbeitsorientierungen gesprochen werden, die auf Autonomie und Selbstverwirklichung abheben. Die Arbeit im Volkswagenwerk ist deshalb ein wichtiger Bezugspunkt, weil sie sowohl in materieller Hinsicht (Sicherung des Lebensstandards, Beschäftigungssicherheit) als auch in sozialer Hinsicht (Zugehörigkeit zur „VW-Familie") als zentraler Integrationsmodus fungiert. Die Zeitvorgaben des Unternehmens sind gerade für SchichtarbeiterInnen in rigiden Arbeitssystemen ein fraglos gegebenes Faktum von Alltagsrealität, das nicht weiter thematisiert wird. Die Zeitstrukturen der Familien sind in der Regel auf diese Anforderungen eingestellt und ermöglichen ein Funktionieren der Alltagsarrangements, so daß die Arbeitszeitvorgaben unproblematisch erscheinen.

Die Konformität der Lebensführung im Wohlstandsmodell Wolfsburg ist eine weitere Kontextbedingung, die die Entwicklung eigensinniger Zeitinteressen notwendigerweise begrenzt. In der Stadt existiert im Unterschied zu anderen Regionen kein nennenswertes studentisches und akademisches Milieu, in dem weitergehende qualitative Ansprüche an die Erwerbsarbeit oder gar „postmaterielle" Lebensvorstellungen entwickelt, erprobt und in die lokale Öffentlichkeit getragen werden. Auch mangels Alternativen richten sich die Lebensentwürfe in der Bevölkerung vielfach auf die Erwerbsarbeit im VW-Werk, das der einzig relevante Arbeitgeber in der Region ist. Die weitgehende Akzeptanz der unternehmensseitigen Arbeitsanforderungen an die Beschäftigten dürfte als eine Prämisse für diesen Entwurf gelten können.

7. Resümee: Die Ambivalenzen entgrenzter Arbeit

Der Blick auf die Ausdifferenzierung der Arbeitszeitmuster und auf die Arbeitszeitflexibilisierung zeigt, daß die Beschäftigten in zwar unterschiedlichem Maße und in unterschiedlicher Form, aber in der Tendenz durchgängig vor grundlegend neue und ambivalente Anforderungen gestellt werden. Durch die Flexibilisierung wird die Selbstregulation der individuellen Arbeitszeit deutlich erhöht.

Damit eröffnen sich zwar prinzipiell Gestaltungschancen in der Form, daß in einem Abwägungsprozeß die Dauer und Lage der Arbeitszeit auch an eigenen Bedürfnissen ausgerichtet werden können. Allerdings werden diese Gestaltungsspielräume von zwei Seiten aus verengt: Zum einen durch ein Leistungsparadox, also die Verknüpfung der Arbeitszeitflexibilisierung mit erhöhten Leistungs-, Ergebnis und Produktivitätsvorgaben. Die permanente, selbstorganisierte Leistungssteigerung wird dabei von den Unternehmen einseitig abgeschöpft und zunehmend als ein von den Beschäftigten einzufordernder Beitrag zu Standortsicherung und Beschäftigungssicherheit gesehen. Die Dezentralisierung von Ergebnisverantwortung bei einer Steigerung der Leistungsvorgaben hat zur Folge, daß die Beschäftigten häufig ihre privaten Präferenzen und Bedürfnisse einer ausschließlichen Optimierung der Arbeitszeit entlang der betrieblichen Bedarfe unterordnen. Dies trifft gerade die qualifizierteren Beschäftigtengruppen, die in der Regel über die formal höchste Dispositionsfreiheit über ihre Arbeitszeit verfügen. Zum anderen bringen die Beschäftigten ihre persönlichen Zeitinteressen kaum offensiv in einen Abwägungsprozeß über die Gestaltung der Arbeitszeit ein. Unter diesen Bedingungen wachsen de facto die Abhängigkeiten der individuellen Lebensführung von den betrieblichen Vorgaben – die Arbeitszeitflexibilisierung kann von den Beschäftigten kaum in einen Zugewinn an Lebensqualität überführt werden.

Inwiefern persönliche Zeitinteressen überhaupt ein Profil gewinnen und zu einem relevanten Gegenpol zu den betrieblichen Verfügbarkeitsanforderungen aufgebaut werden können, hängt in einem hohen Maße von der soziokulturellen Kontextualisierung der Lebensführung ab: Zum Beispiel von der Frage in welchem Maße die Dominanz des betrieblichen Taktgebers fraglos akzeptiert wird, oder inwiefern familiaren Zeitanforderungen Rechnung getragen werden muß. Nicht zuletzt ist die Herausbildung von lebensweltlichen „Eigensinnigkeiten" sicher auch eine Frage der Reflexivität der Lebensführung: Dazu gehört im Kern die bewußte und offensive Bearbeitung der jeweils individuell zu beantwortenden Frage, in welchem Verhältnis die Erwerbsarbeit (und die damit verbundenen Anforderungen) und andere Lebensbereiche und Tätigkeitsfelder zueinander stehen sollen.

Literatur

Beck, U.; Giddens, A.; Lash, S. (1996): Reflexive Modernisierung. Eine Kontroverse. Frankfurt/M.
Beier, R. (Hg.) (1997): Aufbau West – Aufbau Ost: Die Planstädte Wolfsburg und Eisenhüttenstadt in der Nachkriegszeit. Buch zur Ausstellung des Deutschen Historischen Museums vom 16. Mai bis 12. August 1997. Ostfildern-Ruit.
BUND; Misereror (Hg.) (1996): Zukunftsfähiges Deutschland. Ein Beitrag zu einer global nachhaltigen Entwicklung. Basel.
Deutscher Gewerkschaftsbund (DGB) (1996): Grundsatzprogramm des DGB. Düsseldorf.
Deutschmann, C.; Faust, M.; Jauch, P.; Notz, P. (1995): Veränderungen der Rolle des Managements im Prozeß reflexiver Rationalisierung. In: Soziale Welt, Nr. 6/1995, S. 436-450.
Hartz, P. (1996): Das atmende Unternehmen. Jeder Arbeitsplatz hat einen Kunden. Frankfurt/M., New York.

Hielscher, V.; Hildebrandt, E. (1999): Zeit für Lebensqualität. Auswirkungen verkürzter und flexibilisierter Arbeitszeiten auf die Lebensführung von Beschäftigten. Berlin.

Hoff, A.; Kutscher, J.; Weidinger, M. (1996): Flexible Arbeitszeitgestaltung. Praxis-Handbuch zur Einführung innovativer Arbeitszeitmodelle. Wiesbaden.

Hörning, K.-H.; Gerhardt, A.; Michailow, M. (1990): Zeitpioniere. Flexible Arbeitszeiten – neuer Lebensstil, Frankfurt/M.

Klenner, C.; Seifert, H. (Hg.) (1998): Zeitkonten – Arbeit à la carte? Neue Modelle der Arbeitszeitgestaltung. Hamburg.

Lindecke, C.; Lehndorff, S. (1997): Aktuelle Tendenzen flexibler Arbeitszeitorganisation. Ein Überblick über neuere Betriebsvereinbarungen. In: WSI-Mitteilungen, Nr. 7/1997, S. 471-480.

Pongratz, H.-J.; Voß, G. G. (1997): Fremdorganisierte Selbstorganisation. Eine soziologische Diskussion aktueller Managementkonzepte. Zeitschrift für Personalforschung Nr. 1/1997, S. 30-53.

Priddat, B. P. (1996): Uns geht nicht die Arbeit aus, aber der Arbeiter. Über die Verwandlung der Formen der Arbeit. In: Arbeits-Welten. Forum für Dimensionen und Perspektiven zukünftiger Arbeit, Bd. 1/1996, S. 11-25.

Promberger, M.; Rosdücher, J.; Seifert, H.; Trinczek, R. (1996): Beschäftigungssicherung durch Arbeitszeitverkürzung? 4-Tage-Woche bei VW und Freischichten im Bergbau: Mehr als zwei Beispiele. Berlin.

Scherhorn, G. (1999): Die andere Arbeit. Untersuchungen über Eigenarbeit und Subsistenz. Unv. Forschungsbericht. Köln, Wuppertal.

Teriet, B. (1976): „Zeitsouveränität" durch flexible Arbeitszeit. In: Aus Politik und Zeitgeschichte, Nr. 31/1976, S. 3-16.

ENTGRENZTE ARBEITSZEIT – REFLEXIVE ALLTAGSZEIT. DIE ZEITEN DES ARBEITSKRAFTUNTERNEHMERS

Karin Jurczyk, Günter Voß

Der Beitrag fragt mit besonderem Fokus auf die Dimension Zeit nach den Folgen flexibilisierter Arbeitsverhältnisse für betroffene Arbeitskräfte und ihre Lebensführung – genauer: Es geht darum, welche Konsequenzen „neue Arbeitsformen" für die gesellschaftliche Qualität von Arbeitskraft haben und wie sich dies möglicherweise in einer neuen Qualität von Zeit in der Gesellschaft niederschlägt. Wir greifen dazu auf Überlegungen zurück, daß als Konsequenz „entgrenzter" Arbeitsverhältnisse langfristig ein neuer, individualisierter und verstärkt marktbezogener gesellschaftlicher Leittypus von Arbeitskraft entstehen könnte: der „Arbeitskraftunternehmer". Leitende These ist, daß der neue Typus von Arbeitskraft mit einer Entgrenzung auch der gesellschaftlichen Zeitstrukturen einhergeht: Bislang typische Zeitordnungen lösen sich in einem Maße auf, daß dies einer Erosion der Alltagszeit im bisher gewohnten Sinne nahekommt. Als Reaktion darauf muß alltägliche Zeit verstärkt aktiv und reflexiv kontrollierend gestaltet und dabei letztlich eine je eigene Zeitordnung entwickelt werden. Was dabei als Chance zu einer erhöhten Zeitsouveränität erscheint, ist jedoch primär eine drastisch steigende Anforderung an ein aktives Zeithandeln.

Der Aufsatz versteht sich als Hintergrundbeitrag zu den im Projektverbund durchgeführten Arbeitszeitstudien bei der Volkswagen AG aus der Perspektive des ehemaligen Münchener Projekts zur „Alltäglichen Lebensführung". Dabei wird, mit Zuspitzung auf das Thema sozialer Zeit, näher auf die in den Untersuchungen an mehreren Stellen angesprochenen Fragen nach einem sich ändernden Verhältnis von „Arbeit" und „Leben" und der möglichen Entstehung einer „reflexiven Lebensführung" eingegangen.

Die in diesem Band mit verschiedenen Beiträgen repräsentierten Untersuchungen zur Einführung der 28,8-Stunden-Woche bei der Volkswagen AG zeigen an vielen Stellen, daß der langfristig entscheidende soziale Effekt weniger die Verkürzung als eine sehr weitreichende Flexibilisierung der Arbeitszeiten und letztlich der Arbeits- und Beschäftigungsverhältnisse insgesamt sein wird. Zugleich wird deutlich, daß daraus für viele der betroffenen Beschäftigten zwar zum Teil neue Optionen für ihren Alltag entstehen, im Vordergrund stehen aber – je nach Gruppe mehr oder weniger weitreichend – erheblich steigende Anforderungen an eine aktive Gestaltung des betrieblichen Handelns und privaten Lebens. Die Notwendigkeit, die Arbeit im Betrieb und insgesamt die Koordination von Berufstätigkeit und anderen Lebensbereichen gezielter als bisher organisieren zu müssen, hat die paradoxe Folge, daß ein Zugewinn an Gestaltbarkeit von Arbeit und Privatleben keineswegs pauschal zu einem autonomeren „eigenen Leben" (Beck et al. 1995) führt, sondern auch zum belastenden Gestaltungszwang werden kann.

Infolge solcher und anderer Veränderungen der Betriebs- und Arbeitsorganisation, bei denen flexible Arbeitszeiten eine herausragende Bedeutung haben, aber nur Teil einer umfassenderen Entwicklung sind, sind in den letzten Jahren in vielen Bereichen vielfältige neue Formen von Arbeit und Beschäftigung entstanden, die oft Assoziationen an vor- und frühmoderne Arbeitsverhältnisse wecken. Doch sind die scheinbar aus früheren Epochen bekannten Formen in vieler Hinsicht anders als etwa die Arbeits- und Lebensweise eines Tagelöhners in der Landwirtschaft, eines frühindustriellen Produktionsarbeiters mit extensiven Arbeitszeiten oder einer Heimarbeiterin in der Verlagsindustrie. Was die spezifische Qualität der Arbeit und damit verbunden der Lebensführung betroffener Arbeitskräfte in „neuen" Arbeits- und Beschäftigungsformen ausmacht, genauer: welche Folgen daraus für die gesellschaftliche *Qualität von Arbeitskraft* hat, wollen wir mit Fokus auf die Dimension der *Zeit* in diesem Beitrag zeigen.

Wir greifen dazu die an anderer Stelle näher ausgeführte These auf, daß es als Konsequenz zunehmender, als „Entgrenzungen" bezeichneter Flexibilisierungen von Arbeits- und Beschäftigungsverhältnissen auch zu einer tiefgreifenden Entgrenzung des betrieblichen Zugriffs auf Arbeitskraft und damit letztlich der generellen sozialen Verfassung von Arbeitskraft kommt.[1] Annahme ist, daß infolgedessen langfristig ein neuer, individualisierter und verstärkt marktbezogener Leittypus von Arbeitskraft in unserer Gesellschaft entsteht, der die bisher

---

1 Siehe zuerst Jurczyk et al. (1985), dann unter anderem Voß (1992, 1994), Pongratz/Voß (1997) sowie ausführlich Voß/Pongratz (1998) und Voß (1998). Die Idee eines „Unternehmers der eigenen Arbeitskraft" wird inzwischen an verschiedenen Stellen verwendet, aber meist mit anderen theoretischen und vor allem auch gegenläufigen politischen Bedeutungen verbunden (vgl. z.B. die Kommission für Zukunftsfragen der Freistaaten Bayern und Sachsen 1996/97).

dominierende Form von Arbeitskraft (wir nennen sie den „Arbeitnehmer") ergänzt und möglicherweise längerfristig als gesellschaftlich dominierenden Typus ablöst: der *„Arbeitskraftunternehmer"*.

Leitende *These* des Textes ist, daß die aus zunehmenden Entgrenzungen der Arbeits- und Beschäftigungsverhältnissen entstehende wachsende Bedeutung eines neuen Typus von Arbeitskraft mit einer grundlegenden *Entgrenzung gesellschaftlicher und individueller Zeitstrukturen* einhergeht. Bislang typische stabile Zeitordnungen – von denen wir an dieser Stelle nur die Arbeitszeit thematisieren – lösen sich in einem Maße auf, daß dies einer *Erosion der Alltagszeit* im bisher gewohnten Sinne nahekommt. Als Reaktion darauf muß auf historisch neuem Niveau die gesamte alltägliche Zeit verstärkt aktiv und reflexiv kontrollierend gestaltet und dabei letztlich eine je *eigene Zeitordnung* entwickelt und kultiviert werden. Was dabei als Chance zu einer erhöhten Zeitsouveränität erscheint, ist jedoch primär eine drastisch steigende Anforderung an ein aktives *Zeithandeln*.[2]

Bevor wir dies ausführen, sind zwei klärende Vorbemerkungen zur Perspektive unserer Argumentation erforderlich: (1) Den folgenden Überlegungen liegt ein *handlungs-* und *subjektorientiertes* Verständnis von „Zeit" zugrunde (Jurczyk 1997, 1999). „Zeit" wird dabei – vor allem in Anlehnung an die zeitsoziologische Theorie von Norbert Elias (1982) – als menschliche Fähigkeit und Tätigkeit verstanden, den Prozessen von Veränderung und Wiederkehr, von Werden und Vergehen in Alltag und Lebensverlauf eine Ordnung zu geben. Was uns als „Zeit" scheinbar verdinglicht und objektiviert entgegentritt, ist demnach Ergebnis der menschlichen Leistung, Prozesse zeitlich zu bestimmen, zu messen und zu ordnen. Im Prozeß der Zivilisation hat Zeit durch die Formierung gesellschaftlich verbindlicher Zeitordnungen darüber hinaus die wichtige gesellschaftliche Funktion bekommen, Koordination und Synchronisation im sozialen Leben zu ermöglichen (Rinderspacher 1985). In Folge dieser hier sehr verkürzt dargestellten Überlegungen verstehen wir Arbeitszeitstrukturen als Produkte eines sozial verobjektivierten, im Verlauf der Geschichte institutionalisierten Zeithandelns. Auf individueller Ebene dagegen bedeutet Zeithandeln prinzipiell, die Vielfalt natürlicher, gesellschaftlicher und subjektiver (d.h. auch

---

2   Der Begriff „Zeithandeln" taucht in der zeitsoziologischen Literatur häufiger auf (z.B. bei Geißler 1985), ohne jedoch theoretisch näher ausgeführt zu werden. Das hier verwendete Konzept des „Zeithandelns", als subjektorientiertem Konzept von Zeit in der alltäglichen Lebensführung der Moderne, sowie die im folgenden verkürzt zusammengefaßten theoretischen Thesen werden in Jurczyk (1999) ausführlich dargestellt. Dort werden auch die Konsequenzen der Erosion von Zeitordnungen als typische Entwicklung der „Zweiten Moderne" im einzelnen diskutiert.

psychischer und körperlicher) Zeiten in einer *je eigenen subjektiven Zeitordnung* zu integrieren. (2) Es muß weiteren Forschungen überlassen bleiben, drei wichtige Fragen genauer zu untersuchen. Sie betreffen erstens die konkrete empirische Verbreitung des Typus des „Arbeitskraftunternehmers" und zweitens eine Präzisierung des hier nur angedeuteten historischen Verlaufs der unterstellten gegenwärtigen Entwicklungen. Drittens – und dies ist von übergreifender Relevanz – ist zu fragen, inwieweit der prognostizierte neue Leittypus von Arbeitskraft – und seine Zeiten – einen *geschlechtsspezifisch-männlichen Bias* hat. Dabei würde vermutlich deutlich werden, daß seine Etablierung für Frauen und Männer sehr unterschiedliche Voraussetzungen und Konsequenzen hat bzw. für viele Frauen – aufgrund ihrer strukturell doppelten und in sich widersprüchlichen Vergesellschaftung in beruflicher und familiärer Arbeit – ein Leben und Arbeiten gemäß dieses neuen Leittypus vielleicht gar nicht möglich ist. Damit soll nicht eine falsche Einheitlichkeit „der" Frauen gegenüber „den" Männern postuliert werden. Auch Frauen befinden sich empirisch in sehr unterschiedlichen, sozial ungleichen Arbeits- und Lebensverhältnissen. Dennoch setzen die Differenzen zwischen Frauen die Bedeutung der Strukturkategorie „Geschlecht" für deren soziale Verortung als *ein* Geschlecht nicht außer Kraft. Zwar ist es die *Fürsorgetätigkeit* und nicht die Geschlechtszugehörigkeit, die zur Exklusion aus bestimmten Erwerbsverhältnissen führt – solange Fürsorge aber gesellschaftsstrukturell dem weiblichen Geschlecht zugewiesen wird, müssen sich *alle* Frauen damit auseinandersetzen. Schließlich war auch der bislang etablierte Vorgänger des Arbeitskraftunternehmers, der beruflich basierte „Arbeitnehmer", entlang der Normalität eines männlichen (berufszentrierten, ununterbrochen, vollzeitigen) Alltags und Lebensverlaufs konstruiert. Diese Konstruktion typisch männlichen Lebens und Arbeitens ignoriert und verdrängt aber seine eigenen Voraussetzungen: Die „Lebenslüge der Arbeitsmonade" (Eckart 1993, S. 53) besteht darin, die permanente Notwendigkeit seiner Reproduktion in der Privatsphäre auszublenden (vgl. auch Deutschmann 1990, S. 94; Hahn 1992). „Es geht dabei nicht mehr nur um die Kritik am falschen Allgemeinheitsanspruch von Theorien, die aus der Abstraktion männlicher Erfahrungen gewonnen wurden, sondern um die theoretischen und gesellschaftlichen Konstruktionsbedingungen des Modells selbst, es geht um die Abspaltungen hinter der Fassade scheinbar neutraler Verallgemeinerungen wie dem Normalarbeitsverhältnis oder der Vorstellung von Selbständigkeit, die Abhängigkeit leugnet ..." (Eckart 1993, S. 54). Berücksichtigte man diese verdrängten Voraussetzungen sowohl des verberuflichten Arbeitnehmers als auch des Arbeitskraftunternehmers, folgen daraus zwei weitere Fragen. Zum einen wäre zu untersuchen, inwieweit diese Implikationen eine Übertragbarkeit auch des neuen, scheinbar geschlechtsunspezifisch formulierten Leittypus von Arbeitskraft auf weibliche Arbeitskräfte, zumindest auf solche, die in Fürsorgearbeit eingebunden sind, überhaupt zuläßt. Können diese die nun geforderte Mobilität und Flexibilität, die Einsatzfähigkeit rund um die Uhr überhaupt erbringen, wenn sie, wie bislang, auch die abgespaltene, reproduktive Arbeit zu leisten haben? Durch diese Zuständigkeit sind Frauen zeitlich und räumlich gebunden, obwohl sie gleichzeitig immer schon flexible Balancen praktizierten. Vielleicht sind mit den neuen Anforderungen jedoch die Grenzen der bisherigen Flexibilität weiblicher, in Fürsorgearbeit eingebundener Arbeitskräfte erreicht. Zum anderen stellt sich damit grundsätzlich die Frage, auf welchen reproduktiven Voraussetzungen jenseits der Erwerbsarbeit auch der neue Typus des Arbeitskraftunternehmers basiert und auf welche er – unter den Bedingungen sich modernisierender Geschlechterverhältnisse (Jurczyk/Voß 1995) – rechnen kann. Was geschieht, wenn auch Frauen zunehmend als Arbeitskraftunternehmer tätig würden? Können männliche (und weibliche) Arbeitskraftunternehmer als auf sich selbst Gestellte überhaupt existieren, wer stellt ihnen die Basis ihres Alltagslebens bereit? Oder entwickeln sich nun – als konsequente Durchsetzung der „Arbeitsmarktindividualisierung" – Arbeitsmonaden beiderlei Geschlechts, die jeweils für ihre eigene Reproduktion zuständig sind? Es scheint jedenfalls unverzichtbar, die reproduktiven Voraussetzungen des Funktionierens von Arbeitskrafttypen gleich welcher Art systematisch mitzubedenken, um über ihre Viabilität Aussagen treffen zu können. Möglicherweise würden bei systematischer Berücksichtigung der bislang gültigen geschlechtsspezifischen Differenzen nicht nur empirische Varianzen des neuen Leittypus deutlich, sondern auch Einseitigkeiten seiner theoretischen Konstruktion.

Zum Aufbau des Textes: Wir werden im folgenden als ersten Schritt in einem Rückblick an die neuere Arbeitszeitdebatte erinnern, um zu zeigen, daß die Flexibilisierung der Arbeitszeiten der Beginn einer, wie wir heute sehen, wesentlich umfassenderen Tendenz zur Entgrenzung von Arbeitsstrukturen generell darstellt (1). Danach werden wir den neuen Typus von Arbeitskraft unter besonderer Berücksichtigung des Aspekts der Zeit – bezogen sowohl auf die Arbeits- wie auch generell auf die Alltags- und Lebenszeiten[3] Betroffener – näher charakterisieren (2). Daraus sollen schließlich weiterführende Thesen zum allgemeinen Wandel gesellschaftlicher und individueller Zeit hinsichtlich ihrer Qualität und Bedeutung abgeleitet werden (3).

---

3 Die Perspektive dieses Textes konzentriert sich auf die Alltagszeit. Allerdings läßt sie sich nicht immer von „Lebenszeit" – als Zeit des biographischen Verlaufs – trennen (vgl. Alheit 1983; Brose et al. 1993; Kudera 1995).

1. Die „Flexibilisierung" der Arbeitszeit als Teilaspekt eines weitreichenden Prozesses der Entgrenzung gesellschaftlicher Arbeit

1.1 Ein Rückblick: die Debatte um die Flexibilisierung der Arbeitszeit in der Bundesrepublik

Vor inzwischen 20 Jahren machte Dieter Mertens vom Institut für Arbeitsmarkt- und Berufsforschung der Bundesanstalt für Arbeit (IAB) darauf aufmerksam, daß die politische und wissenschaftliche Diskussion zum Thema Arbeitszeit eine neue Qualität erhalten hatte: gegenüber einer bis dahin allein auf die Verkürzung von Arbeitszeiten (bzw. deren Abwehr durch die Arbeitgeber) gerichteten gesellschaftlichen Auseinandersetzungen sei eine *„neue Arbeitszeitpolitik"* entstanden, in der es nicht mehr um „chronometrische" Fragen der Dauer von Arbeit gehe, sondern zunehmend um die „Chronologie", d.h. um die Lage und Verteilung der Arbeitszeiten (Mertens 1979). Zeitgleich erfuhr der Begriff der *„Arbeitszeitflexibilisierung"* eine rege Konjunktur – zuerst als politischer Kampfbegriff im unternehmernahen Lager, dann generell in der öffentlichen Diskussion und schließlich auch bei den Gewerkschaften (vgl. unter anderem Hinrichs 1988; Voß 1997). Als Reaktion hierauf begann auch in der mit Arbeit befaßten Sozialwissenschaft eine heftige Debatte und zunehmend auch eine eigenständige Forschung zum Thema Arbeitszeit (z.B. Teriet 1977, 1978; Negt 1985; Müller-Wichmann 1985; Rinderspacher 1985). Ebenso intensivierte sich die allgemeine sozialwissenschaftliche Zeit-Diskussion (zusammenfassend Bergmann 1983; siehe auch die Übersicht bei Schlote 1996) in erstaunlicher Parallelführung zu einer sich gleichzeitig verstärkenden öffentlichen und multidisziplinären Diskussion des Themas „Zeit" (z.B. Geißler 1985; Hawking 1988; Wendorf 1980 u.a.m.).

Diese Konjunktur des Themas „Zeit" und der Debatte um die „Flexibilisierung der Arbeitszeit" war nicht zufällig, sondern hatte handfeste gesellschaftliche Hintergründe (vgl. Jurczyk 1994a). Am Thema Arbeitszeit wurde besonders deutlich, daß rigide durchstrukturierte und standardisierte gesellschaftliche Vorgänge nicht, wie bis dahin meist angenommen, notwendig ein Maximum an Effizienz bedeuten. Es wurde in immer mehr Bereichen (nicht nur in der Wirtschaft) gefragt, ob hoch detaillierte und starre Organisationsformen tatsächlich zum gewünschten Ergebnis führen oder ob nicht daraus signifikante Folgekosten und unerwünschte Nebenfolgen entstehen, die die Gewinne einer starren Rationalisierung paralysieren.

Mit der Forderung nach einer „Flexibilisierung" der Arbeitszeit waren es zuerst die *Unternehmen,* die damit den Einstieg in eine sich zuerst zögerlich, dann aber mit zunehmender Dynamik durchsetzenden Suche nach einer neuen Rationalisierungsphilosophie markierten. Auch hier waren es zuerst nur wenige Vorreiter, die sich gegen verschiedenste Widerstände und viele Skeptiker durchsetzen mußten, um dann als Pioniere einer weitreichenden Entwicklung zu gelten. Besonders auffällig war dies etwa bei den frühen Modellversuchen zu einer „Gleitzeit", die anfänglich auch im Unternehmerlager auf große Ablehnung stieß, sich dann aber als eine verbreitete Arbeitszeitform durchgesetzt hat, die inzwischen fast als „normal" gilt. Unter „Flexibilisierung" wurde dabei eine größere Varianz von Dauer und Lage der Arbeitszeiten verstanden, die immer wieder verändert werden können und nicht in neuer Form dauerhaft festgelegt werden sollten. Die Frage, inwieweit die Beschäftigten dies mitbestimmen konnten, spielte dabei zunächst kaum eine Rolle.

Diesen Entwicklungen voraus ging eine wichtige Veränderung der „Normal"-Arbeitszeiten, die lange gar nicht in den Blick kam, da sie vorwiegend auf das Segment *weiblicher* Arbeitskräfte beschränkt war. Denn neben der Formalisierung des Arbeitsmarktes und entsprechender tarifvertraglicher Vereinbarungen bezüglich Arbeitszeit in den fünfziger und sechziger Jahren weitete sich Teilzeitarbeit und geringfügige Beschäftigung in unterschiedlichen Ausprägungen aus. Verbreitete Formen waren die traditionelle „Hausfrauenschicht" am Vormittag, aber auch zeitlich flexible Einsätze beispielsweise weiblicher Putzkräfte nach dem offiziellen Ende des Arbeitstages. Die Zunahme solch flexibler, oft statistisch gar nicht erfaßter und erfaßbarer (vgl. Born et al. 1996) Arbeitsverhältnisse geriet auch deshalb nicht in den Blick, weil sie oftmals nicht im Bereich der formalen Ökonomie stattfand. Gleichwohl lieferten diese bereits in den Zeiten der ökonomischen Konsolidierung der Bundesrepublik den beweglichen Unter- und Hintergrund, auf dem die formale Ökonomie überhaupt aufbauen und prosperieren konnte. Nicht zufällig, sondern begründet in der hierarchischen Struktur geschlechtlicher Arbeitsteilung, fanden und finden sich in diesen Segmenten überwiegend Frauen (vgl. Eckart 1990). Erst in den letzten zehn Jahren und sehr langsam weiten sich solche Arbeits(zeit)verhältnisse auf beide Geschlechter und nicht länger nur in gering qualifizierten Bereichen aus[4]

---

4 Auch jeder zehnte erwerbstätige Mann arbeitet 1996 weniger als 36 Wochenstunden – ein deutlicher Anstieg gegenüber 1991 (3,4%) (Statistisches Bundesamt 1997b, S. 497).

– und erst damit geraten sie heute, obgleich nicht neu, systematisch in den Blick von Wissenschaft und Politik.

Dabei waren diese Vorreiter aktueller Flexibilisierungen nicht nur als Ausdruck betrieblicher Strategien zu verstehen. Sie entsprachen (zumindest teilweise und in gebrochener Form) den Interessen und Bedürfnissen eines Teils der *Beschäftigten*. Die flexibleren betrieblichen Zeitstrategien wurden von ihnen akzeptiert und sogar gewünscht, da sie veränderten privaten Lebensverhältnissen und individuellen Interessen entgegenkamen (vgl. zu den Hintergründen Eckart 1990). Bereits in den sechziger Jahren, also lange bevor die Gewerkschaften dies als legitime und politikfähige Interessen anerkannten, entstand in einzelnen Gruppen, (zunächst vor allem bei Frauen mit Familie) die Notwendigkeit und der Wunsch, Arbeitszeit nicht nur zu verkürzen, sondern sie auch anders zu gestalten. Das Thema Zeitgestaltung wurde dann – nicht länger als reines Frauenthema – zu einem wichtigen Teil der Diskussion um den Wandel von arbeitsbezogenen Werten (siehe z.B. Hinrichs/Wiesenthal 1982). Dabei wurde eine den individuellen Bedürfnissen und Lebenszusammenhängen angepaßte und insoweit „flexible" Organisation der Arbeitszeiten als zentrales Moment eines zunehmend angestrebten, auf Selbstentfaltung in Arbeit und Freizeit beruhenden individualisierten Lebensstils gesehen, der die Verbindung von „Arbeit" und „Leben" optimieren sollte. In diesem Zusammenhang wechselte der Topos von der betrieblich bestimmten Zeitflexibilisierung zur beschäftigtenbestimmten „Zeitsouveränität" (Teriet 1977, 1978).[5] Eine Fülle von Stichworten markierte im folgenden diese Diskussion: „Befreiung von falscher Zeit" (Schmidt 1984), „Zeitwohlstand" (Rinderspacher 1985 und in diesem Band), „Wiederaneignung von Zeit" (Zoll 1988), „Eigenzeit" (Nowotny 1989), „Ökologie der Zeit" (Held/Geißler 1993) u.a.m. Zeit, Zeitpolitik und die Forderung nach einer „Flexibilisierung der Arbeitszeit" wurde zu ubiquitären Themen, denen sich heute kaum eine Institution entziehen kann.

Im Rückblick betrachtet, war diese heftige Diskussion der siebziger Jahre zur Flexibilisierung der Arbeitszeiten jedoch nichts anderes als der Einstieg in einen zunehmend umfassenderen Prozeß der generellen *Dynamisierung, Dezentralisierung* und *Deregulierung* von *Arbeitsstrukturen aller Art*. Ein wichtiger Kulminationspunkt dieses Prozesses war und ist die in vielen Berei-

---

5 Hörning et al. (1990) definierten Arbeitszeitflexibilität dementsprechend notwendigerweise als (mit)bestimmbar durch die Interessen der Beschäftigten. Allerdings setzte sich diese emphatische Begriffsverwendung nicht durch. „Arbeitszeitflexibilität" wird heute, unabhängig von Beschäftigteninteressen, als terminus technicus für jedwede Abweichung vom starren Muster der sogenannten Normalarbeitszeit verwendet (vgl. Bauer et al. 1996, S. 11).

chen zu beobachtende tendenzielle Abkehr von den bis dahin weithin als Leitbild akzeptierten tayloristisch-fordistischen Betriebsstrategien, die auf eine möglichst detaillierte und standardisierte Strukturierung von Arbeitsformen und -verhältnissen abzielten sowie die sukzessive Etablierung „neuer" Arbeitseinsatzstrategien in den Betrieben.[6] Entscheidender Hintergrund dafür sind nachhaltige Veränderungen der nationalen und vor allem der internationalen Marktbedingungen in den meisten Wirtschaftsbereichen, die weithin zur Suche nach Potentialen zur Kostenreduktion, zur Erschließung von Produktivitätsreserven und vor allem zur Steigerung von Produktqualität, Reagibilität und Innovativität führt. Lange Zeit bewährte Modelle von Arbeits- und Betriebstrukturen (rechtlicher, tariflicher, beruflicher, organisatorischer etc. Art) werden dabei immer mehr als Grenzen für eine Entfaltung neuer betrieblicher wie gesamtwirtschaftlicher Möglichkeiten angesehen. Wirkten die etablierten Strukturen bis dahin als sinnvolle Eingrenzungen des Handelns aller Akteure, die berechenbare Bedingungen ermöglicht hatten, so werden sie zunehmend als Behinderungen einer Anpassung an die veränderten Verhältnisse bewertet. Ziel der meisten Änderungen ist dann auch erklärtermaßen die Demontage und Verflüssigung von Strukturen und damit eine *Ent-Grenzung* der bisherigen Arbeitsverhältnisse, um neue ökonomische und organisatorische Dynamiken zu ermöglichen (vgl. Voß 1998).

1.2 Die Entgrenzung der Arbeit

Die Entgrenzung sozialer Strukturen wird in der öffentlichen und wissenschaftlichen Diskussion zunehmend als ein zentrales Merkmal des aktuellen sozioökonomischen Wandels angesehen (vgl. das Thema des Soziologentags 1998 in Freiburg). Dies wird bisher jedoch meist nur in Bezug auf die Dynamik gesamtgesellschaftlicher Arbeits- und Wirtschaftsstrukturen (Stichworte: „Globalisierung", „Deregulierung") wahrgenommen, zum Teil auch noch in Bezug auf die Veränderungen entlang gewohnter betriebsorganisatorischer Grenzen (Stichworte: „outsourcing", „Netzwerke", „Virtualisierung" etc.) und auf den Wandel innerorganisatorischer Strukturen diskutiert (Stichworte: „Dezentralisierung", „Abflachung von Hierarchien"). Wir gehen dagegen davon aus, daß Entgrenzung eine leitende Tendenz der derzeitigen Veränderung gesellschaftlicher Arbeit *insgesamt* ist, die alle sozialen Ebenen (Gesellschafts- und Wirtschafts-

---

6 Vgl. grundlegend z.B. Kern/Schumann (1984), Brödner 1986 oder Altmann et al. (1986), pointiert Kühl (1997), aktuell Böhle (1999), einen hilfreichen Überblick neuerer internationaler Forschungsergebnisse enthält Smith (1997).

strukturen, Betriebsformen, Arbeitsorganisation und Arbeitshandeln) sowie alle Dimensionen der sozialen Strukturierung von Arbeit erfaßt (Zeit, Raum, Fachlogik/Fachqualifikation, Sozialorganisation, Sinn, Technik etc.[7]).

Dabei würde eine genauere *historisierende* Betrachtung, die wir an dieser Stelle nur andeuten können, den Blick für die Qualität dieser Veränderungen schärfen: Denn schließlich waren auch in den Phasen der Vor- und Frühindustrialisierung Arbeitsverhältnisse nicht so reguliert und formalisiert, wie wir dies heute für „normal" halten. So war Flexibilität beispielsweise als räumliche Mobilität in Form von Wanderbewegungen der Arbeitskräfte auf der Suche nach Arbeit durchaus selbstverständlich (etwa in Form von Migrationen von Handwerkern oder von regionalen Gruppen wie den Bergarbeitern Oberschlesiens ins Ruhrgebiet). Aktuelle Flexibilisierungen dagegen haben andere Formen und sie finden auf einem anderen Hintergrund statt. Bereits der Begriff der „Entgrenzung" verweist darauf, daß die im Prozeß der „ersten Moderne" (Beck, z.B. 1986) und der Industrialisierung nach und nach etablierten Grenzen nun wieder aufgelöst werden. Auf diese Weise werden gewachsene Normalitäten und Normalitätsunterstellungen (z.B. von Seßhaftigkeit) aufgebrochen. Neu ist jedoch vor allem, daß die interessierenden Entgrenzungen vor dem Hintergrund einer umfassenden gesellschaftlichen „Individualisierung" (Beck 1986) stattfinden: Es geht also nicht länger dominant um Kollektivschicksale bestimmter Gruppen, sondern immer mehr um eigenverantwortliche Verarbeitungen entgrenzter Verhältnisse durch die einzelnen Betroffenen. Damit ist die neue Flexibilität nur scheinbar der alten ähnlich.

Einige *Beispiele* aus verschiedenen Sozialdimensionen allein auf Ebene des unmittelbaren Arbeitshandelns zeigen die erhebliche Reichweite und Vielfalt der sich derzeit vollziehenden Entgrenzung von Arbeitsverhältnissen, unter denen die Zeit nur ein Moment ist: *Räumliche* Entgrenzungen von Arbeit sind in modernen Industrien eine vergleichsweise neue Erscheinung. Zunehmend hoffen Unternehmen jedoch, mit Formen neuer Heimarbeit (home-offices, Teleheimarbeit etc.) oder intensivierter Mobil- oder Außendienstarbeit unausgeschöpfte Rationalisierungs- und Motivationspotentiale bei den Mitarbeitern oder eine verbesserte Möglichkeiten der Kundenbetreuung zu erschließen. Konsequenz ist, daß die Beschäftigten immer selbständiger die räumliche Strukturierung ihrer Arbeit organisieren müssen. Auch *technisch* zeigt sich eine deutliche Tendenz zur Entgrenzung des Arbeitshandelns. Immer häufiger werden dabei auf allen betrieblichen Ebenen und in fast allen Bereichen von Betrieben komplexe Informations- und Kommunikationssysteme eingesetzt, die auf die

---

7 Vgl. zur Unterscheidung dieser Strukturdimensionen sozialen Handelns Voß (1991).

Entgrenzte Arbeitszeit – reflexive Alltagszeit

Erfordernisse einzelner Bereiche eingerichtet werden können und immer weniger feste Strukturierungsvorgaben für das Arbeiten enthalten, so daß sie arbeitsplatzspezifisch gestaltet werden müssen. Gruppenarbeit, Prozeß- und Projektorganisation, Dezentralisierungsstrategien, Intrapreneur-Modelle und Profit-Center-Strategien, Outsourcing etc. sind auffällige Beispiele dafür, daß insbesondere auch *sozialorganisatorisch* in hohem Maße Strukturierungen von Arbeit ausgedünnt werden, mit der Folge, daß beispielsweise die konkrete Kooperation und Arbeitsteilung bis hin zur Zusammensetzung von Gruppen, oft von den Betroffenen mehr oder weniger selbstorganisiert geregelt werden müssen. Daß Arbeitskräfte *fachlich* bzw. *qualifikatorisch* zunehmend flexibel sein müssen, ist inzwischen ein Allgemeinplatz. Folge ist, daß an vielen Stellen von einem Ende des „Berufs" gesprochen wird – denn auch die sachliche Seite der Arbeit (und damit der Qualifikationspotentiale und der Qualifizierung) wird systematisch entgrenzt und muß von Betroffenen eigenständiger geregelt werden. Sogar *sinnhaft* (enger: motivational) werden in flexibilisierten Arbeitsformen gewohnte Strukturierungen systematisch zur Disposition gestellt. Betriebe gehen z.B. nur noch selten von einem in den Orientierungen homogenen Personal aus. Sie erwarten sogar in vielen Bereichen, daß Beschäftigte sich mit individuellen Sinnsetzungen eigenständig motivieren und ihre Orientierungen flexibel an Erfordernisse anpassen.

Gegenüber solchen Entgrenzungserscheinungen ist schließlich die Entstrukturierung von Arbeit in der hier im Vordergrund der Betrachtungen stehenden Dimension *Zeit* fast schon wieder Normalität geworden. Daten[8] belegen, daß Arbeitszeiten immer weniger dauerhaft und für große Gruppen verbindlich sind, ja daß grundsätzlich zunehmend zur Disposition steht (und dann mit klei-

---

8 Einige Zahlen zur Auflösung der empirischen Grundlage der „Normalarbeitszeit": Die repräsentative Arbeitszeitstudie des ISO-Instituts in Köln ergibt für das Jahr 1995, daß nur noch 17% aller abhängig Beschäftigten in der Bundesrepublik sogenannte „normale" Arbeitszeiten haben (Bauer et al. 1996, S. 11ff.). Die anderen fünf Sechstel oder 83% der ArbeitnehmerInnen leisten Schicht- und Nachtarbeit (13%), Wochenendarbeit (Sonntagsarbeit 15% und Samstagsarbeit (31%) und regelmäßige Überstunden (45%), sind zu 18% teilzeitbeschäftigt (Teilzeitquote der Frauen: 39%, der Männer: 3%), und 28% arbeiten mit Gleitzeit. Zwar hält der Trend zur Flexibilisierung bereits länger an, und es gab immer schon Gruppen, die zu ungewöhnlichen Zeiten gearbeitet haben wie PolizistInnen, Krankenpflegepersonal und andere. In diesen Branchen ist Schicht- und Wochenendarbeit, bedingt durch die spezifischen Arbeitsaufgaben, durchaus „normal". Doch Flexibilisierungen weiten sich drastisch aus: Noch vor zehn Jahren waren 27% im Rahmen sogenannter Normalarbeitszeiten erwerbstätig (Groß et al. 1987, S. 6ff.). Zugenommen haben in den letzten Jahren vor allem Sonntags-, Teilzeit-, Gleitzeit- und Überstundenarbeit (Bauer et al. 1996, S. 25).

neren oder größeren Freiräumen ausgehandelt werden muß, nicht selten aber auch schlicht häufig wechselnd betrieblich diktiert wird) wann, wie lange, in welchem Rhythmus und Tempo etc. man arbeitet. Das betrifft nicht nur Beginn und Ende der täglichen Arbeit oder Art und Lage von Pausen bzw. die zeitliche Feinstruktur der Arbeit, sondern es greift immer mehr auch auf Woche, Monat und Jahr sowie die Rhythmisierung des Arbeitslebens insgesamt über.

Diese These einer zunehmenden Entgrenzung von Arbeit und Beschäftigung und dabei insbesondere der Arbeitszeiten ist allerdings in dreierlei Hinsicht zu präzisieren: (1) Der Standard des Normalarbeitsverhältnisses (und darin der „Normalarbeitszeit") hat realiter auch bisher für bestimmte, durchaus große Gruppen von Beschäftigten nicht oder nur eingeschränkt gegolten. Er galt vor allem für Männer und war entlang der Normalität männlichen Alltags und Lebensverlaufs konstruiert (Eckart 1993); er war jedoch – trotz einer häufig anderen empirischen Realität von Frauen – eine für beide Geschlechter wirksame Norm. Durch die tendenzielle „Feminisierung der Arbeitszeiten"[9] von Männern (und damit auch ihrer Alltagszeiten), d.h. daß sie unregelmäßig, verkürzt, vielfältig, vermischt mit anderen Zeiten werden, gelten diese in ihrer neuen Gestalt nun zunehmend nicht mehr als bislang typisch weibliche Abweichung von der Norm, sondern als neue Normalität. Neu ist damit weniger die rasante Ausweitung des empirisch Nicht-Normalen, als vielmehr die Erosion einer bestimmten *Norm* von Arbeits- und Beschäftigungsverhältnissen und ihrer zeitlichen Regelung als gesellschaftlichem Leitbild.[10] (2) Auch wenn hier davon ausgegangen wird, daß derzeit eine weitgehende Entgrenzung von Arbeit und Beschäftigung stattfindet, dürfen *Ausnahmen* und partiell rückläufige Entwicklungen nicht übersehen werden. Zum einen gibt es nach wie vor keineswegs kleine Bereiche (Branchen, Betriebe, Berufsfelder, betriebliche Funktionsgruppen, Arbeitsplatztypen), in denen derartige Entgrenzungen nur bedingt oder überhaupt nicht zu finden sind oder in denen sogar eine forcierte traditionale (bzw. „neo-tayloristische") Rationalisierung betrieben wird (vgl. etwa Kurz 1999). Zum anderen mehren sich Anzeichen, daß in einigen Feldern die Durchsetzung neuer Arbeits-

---

9 Es sei hier an die von feministischer Seite bereits in den siebziger Jahren vertretene These der „Hausfrauisierung der Arbeit" (v. Werlhof et al. 1983) erinnert, die bereits damals im internationalen Zusammenhang diskutiert wurde und die die aktuell beispielsweise von Beck (1999) formulierte These der „Brasilianisierung der Arbeit" vorwegnahm.

10 Hierauf hat Mückenberger (1985) bereits Mitte der achtziger Jahre aufmerksam gemacht. Seine Argumentation bezog sich allerdings vor allem auf die sozial- und arbeitsrechtliche, d.h. auf die vertraglich kodifizierte Verfaßtheit der Beschäftigungsverhältnisse. Vgl. für einen aktuellen Überblick zur Diskussion um das Ende des Normalarbeitsverhältnisses Kress (1998).

formen wesentlich zögerlicher verläuft als erwartet (vgl. z.B. Schumann et al. 1994) und zum Teil auch Bemühungen erkennbar werden, neue Arbeitsformen wieder zurückzufahren (vgl. Kern/ Schumann 1998, Springer 1999). (3) Wichtig ist die Beachtung komplexer, auf den ersten Blick nicht sichtbarer *Gegentendenzen*. Entgrenzungsstrategien beinhalten keineswegs, daß Betriebe auf Regulierung und Steuerung der Arbeitsverhältnisse und -verläufe überhaupt verzichten. Im Gegenteil: Was im Zuge von Entgrenzungen reduziert wird, sind direkte, detailgenaue und breitflächig in festen Formen geltende strukturelle Begrenzungen von Arbeitsprozessen. Dieser Vorgang ist jedoch meist auf einer systemisch höheren betrieblichen Ebene von einer oft verschärften indirekten Steuerung begleitet („systemtische Rationalisierung", „Kontextsteuerung", „computerintegrierte Betriebssteuerung" etc.). Dies mag ein Hinweis darauf sein, daß Entgrenzung nicht Strukturlosigkeit, sondern Verlagerung von Grenzen bedeutet, die als Neustrukturierung auf anderem Niveau aber noch nicht klar gefaßt werden kann. (4) Schließlich ist noch nicht abzusehen, ob sich Strukturen wirklich über all dauerhaft verflüssigen werden oder nicht doch langfristig (etwa infolge politischer Interventionen) wieder eher feste Strukturen (dann wohl neuer Art) herausbilden, so daß sich die jetzige Entgrenzungsphase in manchen Feldern als transitorisch herausstellen könnte.

Die mit den obigen Dimensionen Raum, Technik, Sozialorganisation etc. nur andeutungsweise erfaßte zunehmende Tendenz zu einer – je nach Bereich zwar unterschiedlich ausgeprägten, aber insgesamt weitreichenden – Entgrenzung von Arbeits- und Beschäftigungsverhältnissen hat auf den verschiedenen Sozialebenen (Gesellschaft, Betrieb, Arbeitshandeln) komplexe Folgen. Im unmittelbaren *Arbeitshandeln* und damit für die einzelnen Arbeitspersonen ergibt sich jedoch – so ein im folgenden leitender Gedanke – eine systematisch Konsequenz mit großer Tragweite: die Ausdünnung und dauerhafte Verflüssigung von Arbeitsvorgaben (räumlich, technisch, sozial, sachlich/ qualifikatorisch, sinnhaft/motivational und schließlich insbesondere auch zeitlich) bedeutet eine systematische *De-Strukturierung* bisher das Arbeiten orientierender Kontexte, die die Betroffenen (je nach Situation und Gruppe mehr oder weniger weitgehend) dazu zwingt, nun zunehmend eigene räumliche, technische, soziale, sinnhafte, technische und insbesondere zeitliche Arbeitsstrukturen zu entwickeln, um überhaupt arbeiten zu können. Das heißt, sie müssen ihre Arbeit potentiell in fast jeder Hinsicht und damit eben auch zeitlich aktiv *re-strukturieren*.[11] Dabei tritt die basale „Dualität" (Giddens 1988) sozialer Strukturierungen

---

11 Und sie müssen damit nicht nur ihre berufliche Arbeit re-strukturieren. Ebenso müssen sie neue Muster der Synchronisation ihrer in vielerlei Hinsicht „ent-strukturierten" Erwerbsarbeit mit ihren anderen Lebens- und Arbeitstätigkeiten in der alltäglichen Lebensführung

(als Begrenzung wie aber auch als notwendige praktische Ressource und Voraussetzung jeglichen Handelns) direkter als bislang zu Tage und enthüllt dabei ihre systematische Dialektik: Wirkten feste Arbeitsstrukturen bis dahin meist als herrschaftliche, d.h. autonomes Handeln und Selbstentfaltung behindernde Vorgaben, wird nun zunehmend ihre handlungsermöglichende und schützende Funktion deutlich, und die wachsende Erwartung an eine Selbststrukturierung der Arbeit wird als neuartige heteronome Anforderung erkennbar. Die erweiterten Möglichkeiten zur eigenen Gestaltung der Arbeit bieten zwar partiell Chancen für ein humaneres Arbeiten – sie enthalten jedoch zugleich neue Risiken und Belastungen, allem voran die Gefahr einer *Überlastung mit Strukturierungszwängen*.

Auch wenn die Flexibilisierung der Arbeitszeiten eine eher frühe Erscheinung und auch nur eine Dimension unter anderen in einem umfassenden und zunehmenden Prozeß der Entgrenzung von Arbeits- und Beschäftigungsverhältnissen ist, hat die Dimension der Zeit in diesem Prozeß, wie im folgenden verdeutlicht werden soll, nach wie vor eine herausgehobene Bedeutung mit weitreichenden gesellschaftlichen Konsequenzen.

2. Die Zeiten des Arbeitskraftunternehmers – ein neuer Leittypus von Arbeitskraft und sein Verhältnis zur temporalen Ordnung von „Arbeit" und „Leben"

Im Kern des geschilderten Entgrenzungsprozesses der gesellschaftlichen Arbeitsverhältnisse stehen vielfältige Versuche, neue, dynamische und offene Formen der Betriebs- und Arbeitsorganisation zu entwickeln. Die damit verstärkt notwendig werdende selbsttätige Strukturierung von Arbeit durch die Handelnden zeigt sich auch, wie im folgenden gezeigt werden soll, in einer neuen Qualität der Dimension der Zeit für das Handeln Betroffener – sowohl in der betrieblichen Arbeit wie auch im Verhältnis der Arbeitsperson zu ihrer Arbeitskraft als Basis ihrer ökonomischen Reproduktion und nicht zuletzt in der zeitlichen Strukturierung ihres alltäglichen Lebenszusammenhanges.

---

finden. Diese Synchronisationen unter flexibilisierten Bedingungen stehen nicht im Zentrum dieses Textes, gleichwohl ist zu vermuten, daß es sich hierbei um neue prekäre Balancen handelt, in denen das je richtige Verhältnis von Stabilität und Flexibilität immer wieder austariert werden muß (vgl. Jurczyk 1999 sowie im Text Abschnitt 3).

2.1 Der Hintergrund – Externalisierung betrieblicher Kontrolle und erweiterte Nutzung von Arbeitskraft

Die zunehmende Entgrenzung von Arbeits- und Beschäftigungsverhältnissen ist spätestens seit Beginn der neunziger Jahren in fast allen hoch industrialisierten Ländern in einen Schub betrieblicher Reorganisationsprozesse von (zumindest in der Nachkriegszeit) bisher unbekannter Qualität und Reichweite eingebunden (vgl. unter anderem Baethge/Baethge-Kinsky 1998). Dabei werden in vielen Betrieben auf Basis hoch ambivalenter Strategien zur Förderung einer *„fremdorganisierten Selbstorganisation"* der Arbeitenden (Pongratz/Voß 1997) in neuer Form Ansprüche an eine verstärkt eigenverantwortliche Arbeitsgestaltung gegenüber immer mehr Arbeitskräftegruppen auch außerhalb hochqualifizierter Führungs- und Expertenfunktionen geltend gemacht. Es werden auf diese Weise einerseits nicht selten durchaus erhebliche Freiräume in der Arbeitsausführung eingeräumt, die für die Beschäftigten Autonomiegewinne bedeuten können und oft hohe Akzeptanz finden. Andererseits wird aber zugleich über alle Ebenen und Bereiche hinweg massiv der Leistungsdruck erhöht und erweiterte Qualifikationsanforderungen formuliert und dies mit neuartigen Steuerungsinstrumenten durchzusetzen versucht.

Erweiterte Selbstorganisationspotentiale vor dem Hintergrund neuer, entgrenzter Arbeits- und Beschäftigungsformen werden dabei sowohl im Rahmen konventionell lohn- und weisungsabhängiger Beschäftigungsverhältnisse (Gruppenarbeit, Projekt- und Prozeßorganisation, Führung durch Zielvereinbarung, Teleheimarbeit und Home-Office-Betrieb, Profit- und Cost-Center-Modelle etc.) zu erschließen versucht, als auch über formell selbständige Formen der Erwerbstätigkeit (Zusammenarbeit mit Freiberuflern, Kleinstbetrieben und Scheinselbständigen, Franchising, Netzwerkorganisation, virtuelle Unternehmensformen etc.). Bei aller Unterschiedlichkeit solcher und anderer Konzepte besteht die damit installierte neuartige Form des Einsatzes von Arbeitskraft in einer tendenziellen Abkehr vom Modell des relativ gesicherten und hoch standardisiert sowie im Detail dominant weisungsgebunden eingesetzten Beschäftigten. Statt dessen werden immer häufiger *temporäre Auftragsbeziehungen* unterschiedlichster Art und Reichweite aufgebaut, durch die an entscheidender Stelle das Verhältnis von Betrieb und Arbeitskraft eine neue Qualität erhält. Dies ist Teil einer umfassenderen Entwicklung der verstärkten Nutzung von Marktelementen in vielen Unternehmen (vgl. Moldaschl 1997, 1999). Im Kern unterliegt den verschiedenen Formen (bei allen empirisch zu beachtenden und praktisch höchst folgenreichen Differenzierungen im Detail) eine systematisch modifizierte Grundlogik der betrieblichen Steuerung und Nutzung von Arbeitskraft in deutlichem Kontrast zu den bisher leitenden tayloristischen Vorbildern: Das für jeden Betrieb fundamentale Geschäft der Sicherstellung der durch Arbeitsvertrag und Lohn nicht eindeutig zu gewährleistenden sogenannten „Transformation" von latenter Arbeitskraft in manifeste Arbeitsleistung mittels betrieblicher „Kontrolle" wird bei Selbstorganisationskonzepten in grundlegend erweiterter Form den Arbeitenden selbst zugewiesen,[12] oder mit anderen Worten: das unvermeidbare Transformationsproblem wird nun systematisch verstärkt und vor allem explizit in die personale Umwelt der Betriebe *externalisiert*.

Ziel der Betriebe ist dabei zwar oft auch ein Abbau von Organisationskosten, mehr noch geht es aber um die Möglichkeit einer *umfassenderen Nutzung der Potentiale von Arbeitskräften:* einerseits eine konventionell quantitative Steigerung der Arbeitsproduktivität; andererseits aber vor allem die Erschließung bisher nur unzureichend genutzter tiefliegender Leistungspotentiale von Menschen, wie etwa Innovativität, Kreativität, Begeisterungsfähigkeit, soziale und kommunikative Kompetenzen, unbegrenzter Leistungswille etc.

Findet eine solche Entwicklung sozial großflächig und dauerhaft statt (woraufhin vieles deutet), wird dies nicht nur die unmittelbare Arbeitspraxis großer Gruppen von Arbeitenden ändern. Vielmehr kann es langfristig zu einem *Strukturwandel der basalen sozialen Verfassung von Arbeitskraft* führen: Der bisher bei uns vorherrschende Typus einer konventionell lohnabhängigen, stark beruflich basierten und mehr oder weniger auf eine eher reaktive Arbeitsausführung ausgerichteten Arbeitskraft (man kann ihn „Arbeitnehmer" nennen) könnte langfristig Konkurrenz erhalten durch einen neuen Typus, den wir aufgrund seiner entscheidenden Eigenschaften als „*Arbeitskraftunternehmer*" bezeichnen. Arbeitskräfte mit der Qualität eines Unternehmers der eigenen Arbeitskraft haben durchaus historisch einige Vorbilder, etwa manche Führungskräfte und hochqualifizierte Experten, aber auch Freiberufler, Künstler und Kleinstselbständige sowie Tagelöhner, Wanderarbeiter oder Beschäftigte in Verlags- bzw. Heimindustrien. Aber mit der Durchsetzung entgrenzter Arbeitsformen und damit systematisch erweiterten Selbstorganisationsanforderungen an Arbeitskräfte können solche Formen eine neue historische Bedeutung bekommen und sich (in veränderter Qualität) zu einem neuen gesellschaftlichen Grundtypus der berühmten „Ware Arbeitskraft" verdichten.

---

12 Der Gedanke einer durch betriebliche „Kontrolle" zu sichernden „Transformation" von Arbeitskraft in Arbeit geht bekanntlich auf eine pointierte Marx-Interpretation von Braverman (1980) zurück, die eine die Industriesoziologie nachhaltig inspirierende Debatte auslöste (vgl. unter anderem Hildebrand/Seltz 1987).

2.2 Der Arbeitskraftunternehmer und seine Zeiten – drei Thesen

Der spezifische Charakter des Arbeitskraftunternehmers als neuem gesellschaftlichem Modell von Arbeitskraft kann mit drei theoretischen Annahmen gefaßt werden: (1) eine verstärkte *Selbst-Kontrolle* der Arbeitenden in der konkreten Arbeitstätigkeit mit einer daraus resultierender systematisch erhöhten Wertigkeit der Arbeitskraft für den Betrieb, (2) eine erweiterte *aktive Selbst-Ökonomisierung* der Arbeitskräfte sowie (3) eine Tendenz zur forcierten *Selbst-Rationalisierung* der Betroffenen als Basis einer zunehmend erforderlichen gezielten Durchorganisation ihres gesamten alltagspraktischen Lebenszusammenhangs. Auf allen drei Eben hat die Dimension Zeit, wie wir zeigen wollen, eine besondere Bedeutung, so daß wir davon ausgehen, daß für den neuen Typus von Arbeitskraft insgesamt eine *veränderte Zeitqualität* charakteristisch sein wird, die ihn auch in dieser Hinsicht von anderen historischen Typen von Arbeitskraft unterscheidet.[13]

Die folgenden Überlegungen bestimmen die Merkmale des Arbeitskraftunternehmers und dabei die Bedeutung von Zeit *idealtypisierend* und mit nur exemplarischen Verweisen auf einzelne empirische Beispielen. In dieser theoretisch reinen Form ist der Typs nach wie vor nur für einige spezifische, aber allem Anschein nach jedoch zunehmend bedeutsame Erwerbsgruppen charakteristisch (z.B. in weiten Bereichen der Medien- und Computerbranche, bei hochqualifizierten Experten, Beratern und Führungskräften, bei Weiterbildnern und Kulturschaffenden, in betrieblichen Kreativbereichen u.a.m.).[14] Obwohl Dyna-

---

13 Diese Thesen beziehen sich (in Anlehnung an Marxsche Begrifflichkeiten) auf analytisch unterscheidbare Ebenen des Bezuges von Arbeitspersonen zu ihrem eigenen Arbeitsvermögen, die auf drei fundamentale Qualitäten von Arbeitskraft unter Bedingungen erwerbsförmiger Existenzsicherung verweisen, und die wir als Basiselemente für eine geplante subjektorientierte Konzeption von „Arbeitskraft" sehen: (1) die Steuerung der Verausgabung der konkreten gebrauchswertschaffenden Qualität von Arbeitskraft in der praktischen Arbeitstätigkeit; (2) die Formung und Verwertung der abstrakt ökonomischen Qualität von Arbeitskraft als Basis der Sicherung des notwendigen Gelderwerbs der Person; (3) die notwendige Bindung von Arbeitskraft an eine körperliche Person als Träger der lebendigen Qualität jeglichen Arbeitsvermögens und damit unausweichlich an deren alltäglichen Lebens- und Sozialzusammenhang. Mit den folgenden Thesen zum Arbeitskraftunternehmer wird zudem indirekt auf bekannte industriesoziologische Theoreme Bezug genommen (Kontrolltheorie, Subsumtionstheorie, Betriebsstrategieansatz), diese aber anders als gewohnt angewendet.

14 Nicht zufällig haben die Thesen zum Arbeitskraftunternehmer eine exemplarische Basis in den empirischen Untersuchungen des Teilprojektes A1 des SFB 333 „Entwicklungsper-

mik und Reichweite der Entwicklung nur schwer abzuschätzen sind, vermuten wir, daß der Arbeitskraftunternehmer langfristig zu einem neuen gesellschaftlichen *Leittypus* für Arbeitskraft werden könnte. Das bedeutet nicht, daß zukünftig alle Kategorien von Arbeitskräften gleichermaßen von einem solchen Übergang erfaßt werden. Für viele Erwerbstätige dürften vielmehr nur einzelne Elemente dieses Idealtypus relevant werden, andere Gruppen werden – wenn überhaupt – nur marginal davon betroffen sein. Insgesamt dürfte jedoch mit einem Wandel des Leittypus von Arbeitskraft das Modell des standardisierten *Berufs* und der rechtlich und politisch hochgeschützte Status des bisher gewohnten *Arbeitnehmers* auf breiter Front seine gesellschaftliche Leitfunktion für die Vermittlung zwischen Betrieb, Arbeitsmarkt und Arbeitskraft einbüßen.

2.2.1 Selbst-Kontrolle und neue Wertigkeit von Arbeitskraft – Arbeitskräfte als flexible Zeitmanager

Wenn Betriebe zunehmend Arbeitseinsatzkonzepte praktizieren, die auf Selbstorganisation abheben und die Funktion der Kontrolle der Überführung von Arbeitsvermögen in Arbeitsleistung in erweiterter Form auf die Beschäftigten externalisieren, bedeutet das, daß diese komplementär dazu grundlegend erweiterten Anforderungen ausgesetzt werden, welche sie internalisieren müssen. Im Zuge einer solchen Entwicklung heißt Arbeitskraftverausgabung für die Betroffenen immer weniger passive Erfüllung fremdgesetzter Anforderungen bei mehr oder minder geringen Gestaltungsspielräumen der Arbeitsausführung. Es bedeutet für sie vielmehr nicht selten das genaue Gegenteil: eine verstärkte und vor allem jetzt explizite aktive Selbst-Steuerung und Selbst-Überwachung der eigenen Arbeit im Sinne allgemeiner Unternehmenserfordernisse (die überdies oft erst in der Arbeit konkretisiert werden müssen) bei nur noch rudimentären betrieblichen Handlungsvorgaben. Dies markiert eine grundlegende Veränderung (für die Betroffenen wie für die Theorie), denn aus der bisher vorherrschenden betrieblich installierten, oft möglichst detaillierten Fremdkontrolle von Arbeitskraft wird nun – so hier die These – eine offen geforderte *Selbst-Kontrolle* der Arbeitenden. Daß heißt natürlich keineswegs, daß Arbeitskräfte damit tun und lassen können, was sie wollen, im Gegenteil: die Reduzierung unmittelbarer Kontrollen ist oft begleitet von massiven Steigerungen des Leistungsdrucks und vor allem von erweiterten und neuen Strategien indirekter

---

spektiven von Arbeit" in München (vgl. unter anderem Projektgruppe 1995), insbesondere in der ausführlichen Analyse der alltäglichen Lebensführung von sogenannten „festen freien" MitarbeiterInnen im Medienbereich (vgl. Behringer/Jurczyk 1995, Behringer 1998).

betrieblicher Steuerung[15], die die direkte Steuerung und Strukturierung der Tätigkeiten verstärkt den Beschäftigten zuweist. Da diese dabei in erweiterter Form selber die Umformung ihres Fähigkeitspotentials in Arbeitsleistung steuern, wird die betrieblich gekaufte Arbeitskraft faktisch um ein entscheidendes Element bereichert, nämlich um die Bereitschaft und Fähigkeit zur Lösung des für jeden Betrieb unausweichlichen und in der Regel komplizierten und teuren Transformationsproblems. Arbeitskraft wird dadurch, ökonomisch gesehen, zu einem substantiell höherwertigen Produktionsfaktor für die Unternehmen.

Eine derartige systematische Erweiterung von Selbstkontrolle der Arbeitenden gegenüber betrieblicher Fremdkontrolle kann sich in allen oben genannten Dimensionen der sozialen Steuerung von Arbeit (räumlich, sachlich, sozial, sinnhaft, technisch etc.) vollziehen. In der Dimension der Zeit hat dies jedoch noch einmal eine besondere Qualität. Um dies zu erläutern lehnen wir uns partiell an die von Böhle vorgeschlagenen Unterscheidung von Ebenen der temporalen Organisation von Arbeit an.[16]

(a)   Arbeitszeitrahmen: Integration zeitlicher Instabilität

Betriebliche Fremdkontrolle von Arbeit in der Dimension Zeit zeigte und zeigt sich zum einen in der Setzung eines arbeitszeitlichen Rahmens durch eine weitgehend starre, vorab festgelegte und rigide kontrollierte (paradigmatisch in der Stechuhr versinnbildlichten) zeitliche Regulierung des Arbeitens, also der

---

15 Diese können unterschiedlich basiert sein: ideologisch (Stichwort: „Unternehmenskultur"), führungstechnisch (Stichwort: „Zielvereinbarung"), organisatorisch (Stichworte: „systemische Rationalisierung", „Controlling") oder technisch (Stichworte: „computerintegrierte Fertigungssteuerung", „Produktionsplanungssystem", „Managementinformationssystem").

16 Böhle (1999) unterscheidet, ob Arbeitszeit (1) den äußeren zeitlichen Rahmen von Arbeit bzgl. Lage und Dauer, der für die Arbeitskräfte durch Arbeitszeiten gesetzt wird, (2) die betriebliche Organisation von Zeit in Form von Betriebslaufzeiten oder (3) die „Mikrozeit" der Arbeitshandlungen meint. Entsprechend findet Flexibilisierung von Arbeits-Zeit auf dreierlei Ebenen statt: 1. auf der Ebene des zeitlichen Rahmens der Arbeit als zunehmend wechselhafter und variabler Bestimmung ihrer Dauer und Lage, 2. auf der Ebene der Betriebszeiten als zunehmender Kontinuisierung bzw. zunehmend notwendiger rascher Reaktion auf Außennachfrage durch Vernetzung und Globalisierung von Produktion und Dienstleistungen sowie 3. auf der Ebene des konkreten subjektiven Arbeitshandelns. Letztere – die Flexibilisierung des Arbeitshandelns – findet in Form einer prekären Mischung von Verdichtung, Wechselhaftigkeit von Arbeitstempo und Zeitlogik sowie von Beschleunigung statt. Im Kontext der folgenden Überlegungen meinen wir mit Arbeits-Zeit vor allem die erste und die dritte Ebene: der zeitliche Rahmen, der durch „Arbeitszeiten" gesetzt wird (oder eben nicht mehr gesetzt) wird und die zeitliche Strukturierung und Organisation des subjektiven (betrieblichen bzw. erwerbsförmigen) Arbeitshandelns.

Festlegung ihres Anfangs und Endes, ihrer Lage und Dauer, sowie ihrer Unterbrechungen in Form von Pausen und Urlauben. Diese Fremdkontrolle der Rahmenzeit des Arbeitens hat unterschiedliche Reichweiten: Sie bezieht sich auf die Regulierung des Arbeitstages, der Arbeitswoche, des Arbeitsjahres und nicht zuletzt der Lebensarbeitszeit.

Unter der eingangs formulierten konzeptionellen Grundprämisse, daß Akteure Zeit durch ihr „Zeithandeln" immer aktiv hervorbringen und gestalten (müssen), ob sie dies wissen und wollen oder nicht, gilt dies auch dann, wenn sie dabei fremden Zeitregimen unterliegen. Man muß z.B. im Rahmen eines vorgegebenen Zeitschemas pünktlich sein, man hat sich an Urlaubsregelungen zu halten oder man muß erwerbsbiographische Zäsuren respektieren, wie etwa die Verrentung. Solche „Zeitinstitutionen" (Maurer 1992) müssen, um wirksam zu sein, unausweichlich immer von den Personen selber praktisch in zeitliches Handeln umgesetzt und im Detail temporal ausgestaltet werden. Mit der Erweiterung von Selbstkontrollanforderungen in der Arbeit gewinnt diese ubiquitäre Zeitkonstruktion der Handelnden in ihrer Arbeit jedoch eine systematisch neue Qualität: Aus der bisher für die meisten Arbeitskräfte eher latent und meist nur teilweise und begrenzt gezielt betriebenen Gestaltung des zeitlichen Rahmens ihres Arbeitens wird nun zunehmend eine manifeste und umfassende *Anforderung, die mit einem komplexen Zeithandeln neuer Art* bewältigt werden muß.

Diese neue Qualität des Zeithandelns besteht darin, die zunehmende *Instabilität der gesellschaftlichen zeitlichen Vorgaben bewußt zu integrieren*. Ursache der Instabilitäten sind vor allem die oben angedeuteten Entgrenzungen des zeitlichen Rahmens von Arbeit: die bekannten Flexibilisierungen des Arbeitstages und der Arbeitswoche, aber auch der Verteilung der Arbeitszeit auf das Jahr und auf das gesamte Arbeitsleben. Die neuen Anforderungen an eine zeitliche Selbstkontrolle der Arbeitenden sind jeweils unterschiedlich. Bezüglich Arbeitstag und Arbeitswoche können sie beispielsweise darin bestehen, anstelle von fixen Zeitorientierungen nun eine Ergebnisorientierung zu setzen (vgl. hierzu Weidinger 1995). Dies bedeutet, daß die vom Betrieb gesetzte Vorgabe nurmehr in der Erfüllung einer bestimmten Aufgabe/Leistung besteht. Wie deren Erbringung zeitlich organisiert wird (nicht selten sogar in welcher Zeit diese im Detail erbracht wird) bleibt im wesentlichen der Selbstkontrolle der Arbeitenden überlassen. Typisch ist dies bei hoch entwickelter Projektorganisation und Gruppenarbeit – was dort oft in zeitlicher Hinsicht zählt, ist das vereinbarte Abgabedatum und nicht das Einhalten festgelegter täglicher Arbeitsquanten. Nicht mehr präzise Zeitgrenzen diktieren das Arbeitshandeln (Arbeiten werden also bei „Dienstschluß" einfach abgebrochen, unabhängig davon, inwieweit sie erledigt sind), sondern die Erfüllung der gesamten Arbeitsaufgabe innerhalb eines bestimmten – nicht selten durch „Zielvereinbarung" gemeinsam festgelegten – Zeitraumes. Eine ähnliche Deregulierung fixer zeitlicher Grenzen gilt für neue Regelungen mit weiterreichendem Zeithorizont wie Sabbatjahre oder -monate, die mit erhöhter Arbeitsleistung „angespart" werden können und auch für Modelle von Altersteilzeit. Bei letzteren geht es weniger um die zeitliche Selbstkontrolle bei der Erfüllung bestimmter Arbeitsaufgaben, sondern um die eigenständige Steuerung des Verhältnisses von investierter Arbeits- und Lebenszeit und zu erwartenden Lohn- und Rentenansprüchen. Auf betrieblicher Ebene finden die neuen Formen zeitlicher Selbstkontrolle ihren Ausdruck in der zunehmenden (aber noch keineswegs flächendeckenden) Implementierung von Arbeitszeitkonten mit unterschiedlicher Reichweite und Regelungsform. Unterschiedlich ist dabei nicht zuletzt, ob überhaupt jemand und wenn ja, wer die Konten betrieblich kontrolliert, denn zunehmend gibt es Experimente, bei denen auf eine betrieblich überwachte Kontenführung verzichtet und die zeitliche Regulierung der Leistungserbringung weitgehend in die Verantwortung der Mitarbeiter gestellt wird (vgl. Weidinger 1995; Klenner/Seifert 1998).

(b)   Mikrozeit des Arbeitshandelns: flexibles Zeitgeschick

Im Zusammenhang mit diesen Erosionen des zeitlichen Rahmens der Arbeit, mitbedingt durch die Verbreitung neuer Technologien und flexiblerer und komplexerer betrieblicher Abläufe, zeigen sich Tendenzen zunehmender zeitlicher Selbstkontrolle auch im unmittelbaren Arbeitshandeln.[17] Bezüglich dieser mikrozeitlichen Ebene der Arbeit bedeutete und bedeutet Fremdkontrolle die mehr oder weniger detaillierte und rigide zeitliche Vorstrukturierung einzelner Arbeitsvollzüge, besonders kraß im Rahmen eng tayloristischer Formen von Arbeitsorganisation. Am extremsten sichtbar war dies gewiß im Rahmen taktgebundener Arbeitsformen oder repetitiver Teilarbeiten auf Akkordbasis.[18]

---

17 Wobei zu bedenken ist, daß sich aus unterschiedlichen Gründen immer schon etliche berufliche Tätigkeiten, wie beispielsweise bei der „Arbeit am Menschen", nur schwer in das starre Raster vorgegebener Zeiteinheiten pressen ließen und lassen. Bei der Diskussion um die Bewertung von Pflegearbeit im Zusammenhang mit ihrer Finanzierung durch die Pflegeversicherung zeigen sich aktuell gegensätzliche Tendenzen: nämlich auch solche Leistungen, die sich qua Arbeitsaufgabe durch vermischtes und emphatisches Tun auszeichnen, widersinnigerweise in bezahlbare entmischte Zeiteinheiten zerlegen zu wollen.

18 Repetitive Teilarbeit verschwindet natürlich nicht vollständig, sondern ist in bestimmten Bereichen nach wie vor von Bedeutung und wird an manchen Stellen sogar wieder ausgebaut (vgl. Kurz 1999).

Böhle (1999, S. 20) weist darauf hin, daß solche Fremdkontrolle zunehmend dysfunktional sein kann. Beispielsweise wird beim Einsatz neuer Technologien zunehmend die „Bewältigung von Unregelmäßigkeiten und Störungen zu einer neuen Aufgabe qualifizierter Arbeitskräfte, die – im Unterschied zur Planung – allerdings weit weniger offiziell definiert und anerkannt ist." Insbesondere bei sogenannter „Gewährleistungsarbeit" (Schumann et al. 1994) müßten gegenüber traditioneller Herstellungsarbeit ständig zwischen einer kontinuierlich-verlangsamten-passiven Grundaufmerksamkeit und raschem-konzentriertem-beschleunigtem Eingreifen bei Bedarf gewechselt werden. Beim Einsatz neuer Informations- und Kommunikationstechnologien würden die auf den Bildschirm fixierten Personen einerseits nahezu in einen Zustand der Zeitlosigkeit versetzt, da die Eigenzeit des Computers (noch weniger als alle andere Zeit) nicht sinnlich zu begreifen ist. Andererseits müßten sie sich auf die hochbeschleunigte Arbeitsweise des Rechners einstellen und entsprechend rasch reagieren. Etliche der neu entstandenen Arbeitsvollzüge verlangen also nach permanent wechselnden, ganz unterschiedlichen zeitlichen Modi. Sie verlangen zudem nach neuen Mischungen von zeitlicher Planung und spontan-intuitivem Handeln, vor allem bei hoch selbstverantwortlicher Tätigkeit.

Auf der Ebene des unmittelbaren Arbeitshandelns scheint demnach zeitliche Entgrenzung zur Folge zu haben, daß Zeitmodi und Tempi in rascher und oft unkalkulierbarer Abfolge wechseln. Zeitliche Selbstkontrolle heißt dann vor allem, daß diese von den Arbeitenden selbst auf ihre jeweilige Angemessenheit hin überprüft und mit „Improvisationsgeschick" (Böhle) beantwortet werden müssen. Passend und funktional ist nicht mehr eine präzise und durchkalkulierte zeitliche Planung der Arbeitshandlungen, sondern, so könnte man sagen, ein flexibles *Zeitgeschick,* oder mit Böhle: „... notwendig sind ... die zeitliche Offenheit und Flexibilität für stochastisch auftretende Anforderungen ... Unvorhersehbares (ist) nicht als ‚Anomalie' (zu begreifen), sondern eher als ‚Normalität' ..." (Böhle 1999, S. 21).

Zusammengefaßt wird auf beiden Ebenen der Arbeitszeit (des Zeitrahmens und der Mikrozeit des unmittelbaren Handelns) demnach aus faktisch unausweichlichem Zeithandeln in entgrenzten Arbeitsformen eine *kontinuierliche, aktiv kontrollierte und explizite arbeitsbezogene Zeitpraxis,* die in sich selbst nochmals auf Flexibilitätspotentiale, Schwankungen und Unvorhersehbarkeiten *flexibel* zu reagieren hat. Daß dies je nach Arbeitssituation und Arbeitszeitform unterschiedlich in Art und Umfang aussieht, sollte deutlich geworden sein. Der Tendenz nach werden in entgrenzten Arbeitsverhältnissen jedoch alle Ebenen und Formen der Strukturierung von Zeit zum Gegenstand einer verstärkten expliziten Zeitpraxis der Arbeitskräfte: In bezug auf mehr oder weniger rigide von den Betrieben vorgegebene Strukturen definieren sie (in der Regel in Aushandlung mit anderen Arbeitenden) (1) zeitliche Anfangs- und Endpunkte und damit die Dauer von (erwerbs-)arbeitsbezogenen Handlungssequenzen, müssen sie (2) Arrangements für deren Lage, Verteilung und Rhythmisierung in übergeordneten Zeitrahmen (Tätigkeitsabschnitte, Tag, Woche, Monat, Jahr) treffen, regulieren sie gegebenenfalls (3) das Tempo bzw. die zeitliche Verdichtung der Aktivitäten und bestimmen sie (4) Zeitlogiken bzw. auf Zeiten bezogene sinnhafte Qualitäten des Handelns (Dringlichkeit, Tempoqualität, erforderliche Genauigkeit und Pünktlichkeit etc.).

Es ist in unseren Augen kein Zufall, daß die mit dieser Entwicklung verstärkt formulierten Anforderungen an Arbeitskräfte oft als individuelles *„Zeitmanagement"* bezeichnet werden. Auch wenn dieser Ausdruck von den Protagonisten einer Vermarktung von „Zeitmanagement" (z.B. klassisch Seiwert 1997, 1998) eher in werbewirksamer Übertragung der prestigeträchtigen Management-Kategorie verwendet wird, trifft die Formulierung einen richtigen und wichtigen Kern der Entwicklung. Denn von immer mehr Arbeitskräften, inzwischen bis hinunter auf die Ebene qualifizierter Arbeiter und einfacher Angestellter, wird erwartet, daß sie nicht mehr im bisher üblichen Sinne die „Zeit einhalten", sondern auf hoch komplexe Weise in der oben geschilderten Form aktiv ein umfassendes Zeitregime für sich in Bezug auf ihre Arbeit installieren. Gerade an der Dimension Zeit wird damit noch einmal deutlich, daß in entgrenzten Arbeitssituationen Arbeitskräfte, indem sie ihre Arbeit zeitlich selbst „managen", sie letztlich zunehmend eine zentrale Managementfunktion (die Funktion, Arbeitskraft in Arbeitsleistung zu transformieren) für den Betrieb übernehmen. Arbeitskraftunternehmer sind dann nicht nur im übertragenen Sinne und nur auf sich selbst bezogen, sondern auch im unmittelbaren betrieblichen Sinne „Zeitmanager".

Wie schon auf der ersten Stufe des historischen Übergangs zu einem industriellen Kapitalismus ist auch bei der jetzigen Entwicklung die Zeit ein markantes strukturelles Moment und insbesondere ein herausragendes kulturelles Symbol einer neuen Stufe betrieblicher *Herrschaft*, die sich über eine *Selbstbeherrschung* der Betroffenen durchsetzt, bzw. sich derer bedient. Thompson (1973) hat in seinem klassischen Text für den Übergang zur modernen Arbeitswelt anschaulich beschrieben, wie das mit der sich entfaltenden Industrialisierung erforderliche neue betriebliche Herrschaftsregime als *Zeit*-Regime auftritt, das eine (gegenüber den agrarisch-handwerklichen Arbeitsformen) neuartige zeitliche Selbstbeherrschung der Arbeitenden erzwang. Diese fand eine Steigerung im Übergang zur tayloristisch-fordistischen Arbeitswelt, wo die zeitliche Regulierung der Arbeit (MTM, Taktbindung der Fließfertigung etc.) und komplementär dazu die Anforderungen an eine zeitliche Disziplin der Arbeitenden auf eine neue Stufe gehoben wurden. Jetzt scheinen wir an einer nächsten industriellen Schwelle zu stehen, mit der Arbeitende angesichts sich entgrenzender Arbeits- und Beschäftigungsformen auf nochmals erweiterter Stufe zeitliche Selbstkontrolle einüben und auf hohem Niveau kontinuierlich betreiben müssen. Waren in der von Thompson beschriebenen ersten Welle der Industrialisierung eher punktuelle Pünktlichkeit (z.B. bei Arbeitsbeginn und -ende) und deren Steuerung durch die Werksuhr und dann im Taylorismus-Fordismus die kleinteilige zeitliche Kontrolle der Arbeit auf Basis von feinmaschigen Zeitmethoden und getakteten technischen Anlagen die zentralen Momente der betrieblichen Zeitherrschaft, geht es jetzt um ein breites System von ausgefeilten Zeitpraktiken, das die Arbeitenden selbst anwenden und durch komplexe technische Zeitkontrollhilfsmitteln (aufwendige Kalender, Planer und Zeitmanagementsysteme, Zeitplanungs- und Work-flow-Organisationsprogramme im PC, Palmtop-Organizer etc.) unterstützen müssen. Es wird damit auch verständlich, warum die zeitlichen Verfahren und Hilfsmittel, wie in der ersten Phase der Industrialisierung die Werksuhr oder ein persönlicher Chronometer für den Familienvater und später dann die Stop- und Stechuhr sowie eine wahre Flut von Uhren im privaten Umfeld, zu auffälligen gesellschaftlichen Symbolen und nicht selten sogar zu persönlichen Modeartikeln für die Schicht der durch die Entwicklung besonders geforderten neuen Arbeitskräfte wurde. Was Thompson für die erste Stufe der Industrialisierung beschreibt, und was sich dann mit dem Übergang zum Taylorismus-Fordismus auf eine neue Stufe hebt, waren auch damals schon wichtige Schritte in Richtung auf eine zeitliche Selbst-Kontrolle der Arbeitenden, die jedoch bei beiden Stufen noch in ein primär betriebliches Kontrollsystem eingebunden blieben und allein betrieblichen Zwecken dienten. Jetzt erreicht diese Entwicklung zu einer intensiveren Zeitdisziplin eine Qualität, aus deren Perspektive gesehen die beiden damaligen Stufen nachgerade „einfach" wirken: Was sowohl in der ersten Industrialisierungsphase wie auch in der Hochindustrialisierung des 20. Jahrhunderts zeitliche Selbstbeherrschung war (und sicherlich von den Betroffenen als schwierige Leistung empfunden wurde), erscheint nun, angesichts des sich abzeichnenden zeitlichen Disziplinierungs- oder Selbstkontrollschubs, als Phasen primär extensiver, eher eindimensional passiver zeitlicher Selbstkontrolle, während sich jetzt eine Phase mit komplexen Anforderungen an eine aktive *temporale Selbstunterwerfung* Arbeitender durchzusetzen scheint.

Allerdings soll mit dem Begriff des „Zeitmanagements" nicht die Assoziation geweckt werden, als ob diese komplexen subjektiven Zeitpraktiken stets dem Handlungsmodus einer eng gefaßten Zweckrationalität folgen würden.

Dies kann zwar manchmal der Fall sein, aber gerade angesichts der neuen Qualität entgrenzter arbeitszeitlicher Bedingungen ist fraglich, ob ein eng methodisch kalkulierendes, durchstrukturiertes und planendes zeitliches Handeln überall angemessen ist. Oft wird es, was mit dem Begriff des „Zeitgeschicks" ausgedrückt werden sollte, gerade auf der Ebene der zeitlichen Steuerung eher notwendig sein *situativ-flexibel* zu handeln und erhebliche Potentiale zeitlicher Offenheit und Unbestimmbarkeit einzuplanen, ohne diese jedoch wirklich planen zu können. Die zeitliche Selbstkontrolle des Arbeitskraftunternehmers schließt neben zweckrationalen Handlungselementen deshalb auch Handlungselemente ein, die einer neuen, flexibleren Bedingungen angemesseneren, Rationalitätsform entsprechen.[19]

2.2.2. Selbstökonomisierung von Arbeitskraft – individuelle Zeitökonomie und Ökonomisierung der individuellen Zeit

Im Zuge eines Übergangs von betrieblicher Fremdkontrolle zu verstärkter Selbstkontrolle der Arbeitenden ändert sich nicht nur der Bezug der Arbeitssubjekte zu ihrer konkreten Arbeit. Auch ihr *Verhältnis zur eigenen Arbeitskraft als „Ware"* und deren Verausgabung in Kontexten bezahlter Arbeit erfährt bei sich entgrenzenden Arbeits- und Beschäftigungsverhältnissen einen Wandel. Aus einem bisher in der Regel nur in spezifischen und begrenzten Situationen und eher reaktiv auf dem Arbeitsmarkt agierenden Träger der „Ware Arbeitskraft" (paradigmatisch bei der Suche nach einem neuen Arbeitsplatz) wird nun zunehmend ein in ökonomischer Hinsicht umfassend strategisch handelnder Akteur: Ein Akteur, der sein einziges zur Subsistenzsicherung nutzbares „Vermögen" (das Vermögen zu arbeiten) kontinuierlich und gezielt auf eine potentielle wirtschaftliche Nutzung hin entwickelt und aktiv verwertet – sowohl auf dem überbetrieblichen Arbeitsmarkt wie auch zunehmend innerhalb von Beschäftigungsverhältnissen, also innerhalb von betrieblichen Arbeitsbeziehungen. Natürlich mußten sich Arbeitskräfte immer schon um den Verkauf ihres Arbeitsvermögens bemühen, um ein Einkommen zu erhalten, aber jetzt erhält dies eine neue Qualität. Immer mehr wird es mit der Durchsetzung des neuen Arbeitskrafttypus erforderlich, daß Berufstätige – so hier die These – sowohl die erwerbsorientierte *Entwicklung und Erhaltung* der eigenen Arbeitsfähigkeiten (sozusagen die „Innenseite" des ökonomischen Selbstverhältnisses der

---

19 Vgl. für eine Unterscheidung zweier Rationalitätsformen in diesem Sinne die Gegenüberstellung und Diskussion verschiedener Typen alltäglicher Lebensführung unter anderem bei Behringer et al. (1989), Voß/Jurczyk (1995), Voß (1998).

Arbeitskraft) als auch deren *Verkauf und Verwertung* (das ökonomische „Außenverhältnis" von Arbeitskraft) fortlaufend, unter stets wechselnden Bedingungen und bei steigenden Konkurrenzbedingungen *explizit* und *immer wieder neu aktiv selbst betreiben*. Mit anderen Worten: nur wenn Arbeitskräfte regelmäßig in eigener Regie ihr gesamtes Fähigkeitspotential gezielt aufbauen und kontinuierlich systematisch kultivieren sowie durchgehend mit aufwendigen Selbstmarketing dafür sorgen, daß die eigene Arbeitskraft von betrieblichen Nutzern nachgefragt, gekauft sowie dann betrieblich möglichst ökonomisch im Sinne der Betriebsziele genutzt wird, können sie zukünftig ihren Erwerb und damit ihre Existenz angemessen sichern. Dies bedeutet jedoch nichts anderes als eine neue historische Stufe der (immer schon erforderlichen) doppelten Selbst-Ökonomisierung von Arbeitskraft in Form einer bewußt effizientorientierten kontinuierlichen individuellen „Produktion" arbeitsrelevanter Potentiale sowie ihre kontinuierliche profitable „Vermarktung", kurz: eine *systematisch erweiterte individuelle Produktions- und Marktökonomie von Arbeitskraft*.

Gerade auch diese erweiterte Selbst-Ökonomisierung von Arbeitskraft erhält in der Dimension der Zeit eine besondere Ausprägung. Auf zwei Ebenen läßt sich dies verorten: (a) als verstärkte Nutzung von *Zeit als Mechanismus zur ökonomischen Produktion und Vermarktung des Arbeitsvermögens* sowie (b) in einer zunehmenden *erwerbsorientierten Nutzung und Bewertung der persönlichen Lebenszeit*.

*(c)   Individuelle Zeitökonomie: forcierte Produktion und
        Vermarktung von Arbeitskraft auf Basis temporaler
        Mechanismen*

Immer schon galt in industrie-kapitalistischen Gesellschaften, daß Ökonomie, sowohl als betriebliche Ökonomie der Gebrauchs- und Tauschwertproduktion wie auch als marktbezogene Ökonomie der Realisierung von produzierten Werten, auch und vor allem eine *„Ökonomie der Zeit"* (Marx 1969, S. 85; siehe auch Schlote 1996, S. 61ff.) ist. Mit dem zunehmenden Übergang kapitalistischer Ökonomien zu einer intensivierenden Nutzung der Produktionsfaktoren und damit einer verstärkt „relativen", auf systematische Produktivitätssteigerungen abzielenden Erhöhung der Produktion von Mehrwerten wird Zeit jedoch explizit und gezielt zu einer zentralen Gestaltungsdimension und bekommt eine strategischere Bedeutung im Kampf der Betriebe um komparative Vorteile. Man kann dies als verstärkte betriebliche Steuerung von Produktion und Marktbezug durch eine aktive „Zeitökonomie" verstehen (Schmiede/Schudlich 1981). Nichts anderes geschieht, wenn nun Arbeitskräfte als Unternehmer ihrer selbst verstärkt eine kontinuierliche aktive Produktions- und Marktökonomie ihres

Arbeitsvermögen betreiben müssen: sie entwickeln und betreiben explizit eine systematische individuelle Selbstökonomisierung unter Bezug auf die Dimension der Zeit, kurz, eine *individuelle Zeitökonomie*.

Arbeitskräfte haben in basaler Form natürlich faktisch immer schon – je nach Gruppe und Situation mehr oder weniger weitgehend – zeitökonomisch gehandelt und handeln müssen, um ihre eigene Arbeitskraft als „Ware" zuzurichten (also ihre Fähigkeiten paßförmig zu entwickeln und zu erhalten) und zu vermarkten (also ihr Arbeitsvermögen zu verkaufen und einer Verwertung zu unterwerfen), damit sie ein Erwerbseinkommen erhalten. Unter den Bedingungen eher fest strukturierter Arbeits- und Beschäftigungsformen war (und ist nach wie vor) dabei eine individuelle Zeitökonomie als Basis der warenförmigen Selbstentwicklung und -verwertung von Arbeitskraft weitgehend an zeitliche Vorgaben der Betriebes gebunden. Zeitliche Normen effektiven und pünktlichen Arbeitens müssen internalisiert werden, und Arbeitskräfte müssen lernen, daß nicht nur für den Betrieb, sondern auch für sie Zeit zu „*Geld*" wird. Die Transformation ihrer Alltags- und Lebenszeit in erwerbsförmige Arbeitszeit ist zeitlich relativ fest umrissen und weitgehend berechenbar, da im Prozeß der Industrialisierung sowohl der arbeitszeitliche Rahmen zunehmend kodifizierter und verläßlicher, wie auch die Verrechnung von Zeit gegen Geld – auf die Spitze getrieben im Rahmen hoch arbeitsteiliger Akkordarbeit – immer eindeutiger wurde.

Unter den Bedingungen entgrenzter Arbeits- und Beschäftigungsverhältnisse, in der Personen ihre Arbeitskraft zwar nach wie vor (und mehr denn je) als Ware anbieten und verkaufen müssen, dies aber in einer neuen Mischung von Selbständigkeit und Abhängigkeit betreiben, bedeutet auch eine zeitbasierte Ökonomie der individuellen Produktion und Vermarktung von Arbeitsfähigkeiten etwas weitgehend anderes: Zeit wird hier von der situativen Mikro- bis zur langzeitlichen Makrodimension immer mehr zum Mechanismus gezielter *Effizienzbeurteilung* und *Effizienzsteigerung* des gesamten erwerbsbezogenen Handelns der Betroffenen. Das gilt sowohl für die Entwicklung und Erhaltung von Arbeitskraft wie auch für ihren Verkauf und dann schließlich für ihre Verwertung im Betrieb.

Dies ist ein komplexes Feld, das wir hier nicht umfassend analytisch aufschließen können, einige Beispiele mögen aber die Richtung verdeutlichen: (1) Zu *Entwicklung* und *Erhaltung* von Arbeitskraft: War die Entwicklung von Arbeitsfähigkeiten bisher meist auf Bildungsprozesse während begrenzter Lebensphasen (meist an Anfang des Lebens) und in zeitlich vergleichsweise entspanntem Rahmen beschränkt, wird dies jetzt zeitlich völlig entgrenzt und temporal verdichtet. Aus- und Weiterbildung ist für Arbeitskraftunternehmer selbstverständlich zunehmend „lebenslang" und muß zudem immer häufiger kontinuierlich parallel zur laufenden Arbeit (genauer: während gezielt in die Abläufe implementierter Zeitnischen und möglichst zeiteffizient „on the job" sowie in der Privatzeit abgetrotzten Bildungszeiten) abgewickelt werden. Muß oder will man größere Bildungs-Auszeiten nehmen, erfordert dies geschickte Zeitarrangements mit Betrieb und Familie und gefährdet nicht selten indirekt oder auch unmittelbar die Erwerbschancen sowie den persönlichen Lebensrahmen. Erholung oder gar eine nicht unmittelbar der jeweiligen Tätigkeit dienende (aber vielleicht langfristig für die eigene „employability" entscheidende) Persönlichkeitsentwicklung und -entfaltung haben immer weniger feste, gesicherte und zeitlich entspannte Zeiträume. Auch diese anderen Interessen und Notwendigkeiten müssen zunehmend mit effizienzorientiertem Zeitmanagement arrangiert werden und finden in kompliziert eingerichteten oder situativ genutzten Zeitreservaten selbst kürzesten Umfangs statt. Die Zeitberatungsliteratur ist voll von Ratschlägen, wie man in diesem Sinne seine Zeit erwerbsbezogen (bzw. zur gezielten „Entspannung" und „Sozialpflege") nutzen soll und nutzen muß, will man „heute erfolgreich sein" (typisch etwa Mackenzie 1974; Seiwert 1997). Immer häufiger findet Regeneration nicht in festen Zeiträumen statt, sondern zu Zeitpunkten und in zeitlichen Formen und Umfängen, die sich situativ aus Arbeits- und Erwerbsprozessen ergeben: Man entspannt und erholt sich, wenn gerade „weniger los" ist; nimmt „Urlaub" (nicht mehr „den" Urlaub, weil es feste Urlaube immer weniger geben wird) oder „freie Tage" („Sonntag" ist dann, wenn man Zeit dazu hat), wenn es im Jahres- oder Wochenzyklus gerade „paßt" oder eine Pause zwischen zwei Projekten ist; man reizt die Gleitzeit für private Interessen voll aus, wenn eine Flaute im Betrieb ist und muß „voll ranklotzen", wenn es „brennt", ohne Rücksicht auf Zeitansprüche, Tarifordnungen und tradierte Zeitinstitutionen u.a.m. Nur wer in solch anspruchsvoller Weise zeitlich hoch flexibel die Reproduktion seiner Arbeitskraft zu arrangieren weiß, kann unter entgrenztem Arbeits- und Beschäftigungsverhältnissen seinen Erwerb als Arbeitskraftunternehmer sichern und, wenn es gut geht, daraus sogar ein Stück Lebensqualität und Zeitsouveränität entstehen lassen. – (2) Zu *Verkauf* und *Verwertung* der Arbeitskraft: Nicht nur die Entwicklung von Arbeitskraft, sondern auch ihre Vermarktung wird unter den veränderten Verhältnissen systematisch zeitlich entgrenzt. Auch der Verkauf seiner selbst als „Ware Arbeitskraft" erfolgt kontinuierlich „life-long" und nicht mehr (wie bisher) zu distinkten Zeiten, nämlich dann, wenn man als verberuflichter Arbeitnehmer zu Beginn des Erwerbslebens und dann hin und wieder neu einen Arbeitsplatz sucht. Arbeitskraftunternehmer verkaufen sich ständig: sie müssen kontinuierlich mit dem Arbeitsmarkt „Kontakt halten", um keine Gelegenheit für mögliche neue Aufträge bzw. Beschäftigungsverhältnisse zu verpassen oder auch nur um ihren „Marktwert zu testen" und müssen jede sich bietende Chance nutzen, um an ihrem „Marketing" (im Betrieb oder auch in Richtung auf neue Beschäftigungsmöglichkeiten) zu arbeiten. Hat man neben seiner Anstellung noch andere „Jobs", kombiniert man gar Einzelaufträge als Selbständiger mit Teilzeittätigkeiten und Zeitverträgen oder jongliert als „Portfolio-Arbeiter" (Gross 1992, 1995) mit mehreren Tätigkeiten, so ist der Verkauf des Arbeitsvermögens ein unendlicher, zeitlich hoch verdichteter und temporal höchst aufwendiger Prozeß. Mehr noch: auch innerhalb der einzelnen Tätigkeiten kann man sich weniger denn je darauf zurückziehen, seine Arbeit „gut zu machen", sondern muß kontinuierlich beweisen, daß man gebraucht wird und darauf achten (und es demonstrieren), daß das, was man tut, für den Betrieb ausreichend profitabel ist. Dies betrifft das zunehmend erwartete und immer auch zeitbasierte „Kostenbewußtsein" (wieviel „Personen-Stunden" werden investiert, und was kommt dabei heraus) wie auch eine explizite ökonomische Verwertungsorientierung, etwa in Form des allseits ideologisierten „Marktbewußtseins" oder der zunehmend geforderten „Kundenorientierung" von Beschäftigten. Dies äußert sich schließlich nicht zuletzt in einer höchst zugespitzten zeitökonomischen Perspektive auf das Arbeitshandeln, für die etwa das ungenutzte Verstreichen von Sekundenbruchteilen (etwa bei der Arbeit an technischen Anlagen) völlig unakzeptabel ist und unmittelbar ökonomisch umgerechnet wird (bzw. den Betreffenden dann auf Basis von Betriebsdatensystemen tatsächlich vorgerechnet wird) oder selbst bei kleinen zeitlichen Verzögerungen harten Streß (beispielsweise „Softwarestreß") erzeugt. Damit setzt sich die industriekapitalistische „infinitesimale Verwendungslogik von Zeit" (Rinderspacher) noch weiter durch: In einer unerbittlichen Optimierungsspirale werden immer kleinere Zeitquanten zur Steuerungseinheit der Verwertung von Arbeitskraft; in immer kürzere Einheiten werden immer mehr menschliche Leistungen versucht hineinzupressen; jede nicht unmittelbar genutzte Lücke wird versucht, produktiv zu füllen; maximale Beschleunigung ist Trumpf; demonstrative Mehrfachnutzung von Zeiten wird zur ubiquitären Tugend u.v.a.m.

All dies sind Beispiele für eine sich drastisch verschärfende *individuelle Zeitökonomie,* sowohl in der Produktion wie auch in der Vermarktung von Arbeitskraft durch die Betroffenen, wie sie für Arbeitskraftunternehmer zunehmend typisch sein werden. Zeit wird infolgedessen immer mehr zu einer bewußt für die Erwerbssicherung und das heißt für die ökonomische Funktionalisierung der menschlichen Potentiale hochgradig genutzten *Rationalisierungsdimension,* die das gesamte Leben und Handeln durchdringt. Dies ist eine sich verschärfende, aber nicht in jeder Hinsicht neue Entwicklung, denn zumindest in Ansätzen zeigten auch bisher schon zumindest erfolgreiche Arbeitskräfte eine wenigstens basale Zeitökonomie dieser zugespitzten Art für die Verwertung ihrer selbst. Neu ist dagegen (1), daß die jetzt zu beobachtende forcierte zeitbasierte Rationalisierung weniger Ausdruck des unmittelbaren Übergreifens betrieblicher zeitökonomischer Anforderungen, Parameter und Mechanismen auf das betriebliche und außerbetriebliche Handeln ist, als vielmehr eine von den Betreffenden aktiv als Reaktion auf neue Anforderungen selbst entwickelte und praktizierte individuelle Antwort: eine *eigenständig gesetzte und kontrollierte umfassende Rationalisierung des gesamten Handelns* (und dazu, wie wir unten zeigen wollen, des gesamten Lebensrahmens) auf Basis zeitökonomischer Mechanismen. Neu ist auch (2), daß gesellschaftlich (etwa vom Betrieb) gesetzte zeitliche Vorgaben, die bisher das Handeln zur ökonomisch orientierten Produktion und Vermarktung der Arbeitsfähigkeiten kanalisierten und berechenbar machten, zunehmend erodieren: Folge ist, daß *immer wieder neu* vor dem Hintergrund der jeweiligen individuellen Bedingungen bestimmt werden muß, was eine angemessene arbeitskraftbezogene Zeitökonomie konkret jeweils überhaupt heißt. Und schließlich ist auch neu (3), daß individuelle Zeitökonomie nun zunehmend entgrenzt ist: sie bezieht sich nicht mehr nur auf distinkte Phasen und Probleme mit konstanter, mehr oder minder weitgehender Effektivität, sondern muß *kontinuierlich* („lebenslang"), in Bezug auf *alle Aspekte der Ökonomisierung von Arbeitskraft* (Entwicklung und Erhaltung, Verkauf und Verwertung) und unter einem sich *verschärfendem Rationalisierungsdruck* praktiziert werden.

(d)   Ökonomisierung der individuellen Zeit: erweiterte ökonomische Bewertung und Verwertung der alltäglichen und biographischen Lebenszeit

Die These einer forcierten individuellen Zeitökonomie infolge entgrenzter Arbeits- und Beschäftigungsverhältnisse führt uns zu dem weitergehenden Gedanken, daß Zeit im Übergang zu einem neuen gesellschaftlichen Leittypus von Arbeitskraft zur zentralen Dimension der Selbstvermarktung im Rahmen einer sich zuspitzenden *Ökonomisierung der individuellen Lebenszeit insgesamt* wird. Pointiert formuliert: Die Bewertung der gesamten Alltags- und biographischen Zeit des Arbeitskraftunternehmers findet auf neuer Stufe unter ökonomischen Gesichtspunkten statt, und seine verfügbare Zeit wird immer mehr zum explizit erkannten und systematisch verwendeten „Kapital" für die erwerbsbezogene Verwertung des Arbeitsvermögens.[20] Damit werden beispielsweise nicht unmittelbar erwerbs- und karriererelevante Phasen der Biographie zunehmend individuell als vergeudete Lebenszeit und als zu verschleiernde Lücken in der Karriere erlebt und analog gesellschaftlich bewertet. Lebenszeit wird dadurch faktisch immer mehr explizite *Arbeits*-Zeit, neben der nur strategisch gestaltete und dabei faktisch minimierte „Rest-Lebenszeiten" existieren. Dies ist nur scheinbar paradox zu der gleichzeitigen Entwicklung, daß Unterbrechungen des Erwerbslebens und formale Verkürzungen von Arbeitszeit massiv zunehmen, ob nun freiwillig (wie Beurlaubungen) oder unfreiwillig (wie Erwerbslosigkeiten). Man muß stets verfügbar, zeitlich hoch flexibel, extrem schnell und zeitlich hoch verdichtet agieren können, um sich als Arbeitskraftunternehmer kontinuierlich und erfolgreich verkaufen zu können. Weitreichende zeitliche Planung bei gleichzeitig zunehmender temporaler Variabilität und Ungewißheit ist, von den einzelnen Verrichtungen über die zeitliche Optimierung der Tages-, Wochen- und Monatsverläufe bis zur strategischen Durchorganisation der ganzen arbeitsrelevanten Lebenszeit, unabdingbare Voraussetzung einer Vermarktung von Arbeitskraft unter den Bedingungen entgrenzter Arbeits- und Beschäftigungsverhältnisse.

Zusammengefaßt betrachtet, ergeben sich für uns aus den Thesen zu einer forcierten individuellen Zeitökonomie und einer zugespitzten Ökonomisierung der gesamten individuellen Zeit zwei weitere Annahmen: (1) Arbeitskraftunternehmer müssen in zweierlei Hinsicht in ein erweitertes zeitökonomisches Verhältnis zu sich selber treten: sie müssen nicht nur, wie gezeigt, auf den vier Ebenen der Zurichtung und Nutzung ihrer Arbeitsfähigkeiten (Entwicklung und Erhaltung, Verkauf und Verwertung) zunehmend zeitökonomisch handeln, sondern sie müssen zunehmend auch Zeitökonomie *selbst*, und zwar in Form von individuellen *Zeitkompetenzen* verkaufen können (Jurczyk 1994a, b). Solche Zeitkompetenzen signalisieren die Fähigkeit, auch angesichts turbulenter Umstände mit Zeit „richtig" umgehen zu können. Effizienz im Umgang mit Zeit, das Gespür für den „richtigen Zeitpunkt", die „ausreichende Dauer" oder das „angemessene Tempo" ist also nicht nur – im produktionslogischen Sinn – zunehmend notwendig für die angemessene Zurichtung und Verwertung der eigenen Arbeitskraft, sondern sie wird darüber hinaus zu einer notwendigen Qualifikation der Arbeitskraft, die im marktlogischen Sinn zunehmend nachgefragt und gekauft wird. Nicht nur für sich selber und zum eigenen Nutzen muß

---

20 Der Unterscheidung von ökonomischem, sozialem, und kulturellem Kapital bei Bourdieu (z.B. 1983) bzw. neuerdings (1999, S. 174ff.) gar von sieben Kapitalsorten (finanzielles, kulturelles, symbolisches, technologisches, juristisches, kommerzielles und organisatorisches Kapital) würden wir damit ein „zeitliches" Kapital dazugesellen.

der Arbeitskraftunternehmer also zeitkompetent sein, sondern diese Zeitkompetenz wird (als zu verkaufendes „Produkt" mit eigenem Wert) ein strategisch einsetzbarer Aspekt seines Qualifikationsprofils, mit dem er sich vermarktet – und die Branche der Zeitmanagementberater und -trainer lebt nicht schlecht von dieser steigenden Anforderung. (2) In diesen zeitlichen Entwicklungen (als Ausdruck und zugleich Basis einer erweiterten Selbstökonomisierung von Arbeitskraft) wird schließlich insgesamt ein sich grundlegend veränderndes Verhältnis von Ökonomie und Zeit in der Beziehung von Menschen zu sich als Arbeitskraft deutlich. War und ist für Arbeitskräfte als konventionelle Beschäftigte von kapitalistischen Betrieben die Zeit ein vorgegebener Rahmen (und dadurch auch eine entlastende Grenze) für ihre Erwerbstätigkeit und damit für die Vermarktung und betriebliche Verwertung ihres Arbeitsvermögens genauso wie für deren außerbetriebliche Entwicklung und Erhaltung, so kehrt sich diese Relation nun tendenziell um: Alltags- und Lebenszeit wird immer mehr zur universellen Ressource und Dimension einer aktiv auf erweiterter Stufe zu betreibenden, zunehmend entgrenzten ökonomischen Entfaltung und Verwertung aller Potenzen und Sphären der Person. Damit mündet die bisher eher extensive und damit zeitlich eingeschränkte ökonomische Vernutzung des Lebens in einen offenen Pfad forschreitender und damit auch *zeitlich schrankenloser Intensivierung der wirtschaftlichen Verwertung des Lebens* Arbeitender ein.

Doch auch diese idealtypische Argumentation bezüglich einer erweiterten individuellen Zeitökonomie unterschlägt empirische *Gegenbewegungen, Ausnahmen* und *Differenzierungen,* die es zu beachten gilt: Im Konkreten ist zu vermuten, daß die zunehmende zeitliche Selbstökonomisierung widersprüchlicher abläuft als beschrieben und nicht durchwegs im engen Sinn zweckrational gestaltet wird. Neben zeitökonomische Strategien der Zeitverdichtung und -beschleunigung in Arbeitszeit und Alltagszeit treten beispielsweise Strategien einer gezielten Verlangsamung, der aktiven Etablierung zeitlicher Nischen und zeitlicher Puffer und dem bewußten Zulassen von Unwägbarkeiten. Dies läßt sich nicht nur als Gegenbewegung gegen die Allgegenwärtigkeit zeiteffizienter Imperative interpretieren, sondern auch – wie oben dargelegt – als „neue" Form zeitlicher Rationalität, die langfristig betrachtet der ökonomischen Verwertbarkeit der Arbeitskraft vermutlich sogar eher dienlich ist. Gerade angesichts der hier im Zentrum stehenden Bedingungen der Entgrenzung von Arbeit und Arbeitszeit meint Zeitökonomie ein reflexives Zeithandeln, das mehr ist als durchgeplante, rationale Zweck-Mittel-Orientierung. Denn zunehmend offene und unkalkulierbare Rahmenbedingungen erfordern zwar individuelle Re-Strukturierungen, diese müssen jedoch selbst Flexibilitätspotentiale systematisch einbauen: damit werden „Situativität", „Laufenlassen" und antizipierte zeitliche „Offenheit" Teile von Strategien zunehmender zeitlicher Selbstökonomisierung.

2.2.3 Selbstrationalisierung von Arbeitskraft und Verbetrieblichung der Lebensführung – Organisation und Reflexivität von Alltags- und Lebenszeit

Selbst-Kontrolle und Selbst-Ökonomisierung der Arbeitskraft bleiben nicht auf den Bereich der Erwerbsarbeit beschränkt, sie zeigen sich auch in der gesamten individuellen Lebensführung und damit im Verhältnis von *„Arbeit"* und *„Leben"*. Dies hat drei Gründe: zum einen (1) ist die erwerbstätige Person grundlegend eine „ganze Person", d.h. sie ist auch in der Erwerbsarbeit als leibliche (also als körperliche und psychisch-mentale) Person präsent, ihre Leiblichkeit ist nicht teilbar – sie bringt diese sozusagen in die Erwerbsarbeit mit und nimmt sie wieder mit heraus, die Erfahrungen und Prägungen der Arbeit lassen sich nicht abspalten und auf den „Erwerbskörper" begrenzen. Zudem (2) ist sie über die Gebundenheit an ihr gesamtes lebendiges Potential hinaus immer *sozial eingebunden*, d.h. sie existiert nicht als Arbeitsmonade, sondern ihre Erwerbstätigkeit ist Teil eines umfassenden Lebenszusammenhangs – auch dieser wirkt auf die Erwerbsarbeit ein, ebenso wie diese den Lebenszusammenhang mitprägt. Diese prinzipielle leibliche und soziale Gebundenheit der Arbeitskraft, die auf permanente Wechselwirkungen zwischen arbeitskraft- und nicht-arbeitskraftbezogenen Tätigkeiten, Fähigkeiten, Eigenschaften ein und derselben Person hinweist, bekommt schließlich (3) durch die aktuellen Entwicklungen eine neue Relevanz. Denn durch die tendenzielle Auflösung fester gesellschaftlicher Sphären von Erwerb und privatem Leben werden die Grenzziehungen handlungslogischer Art, die durch im Zuge der Industrialisierung etablierte sachlich-zeitlich-räumliche *Grenzen zwischen Erwerbsbereich und Privatheit* erheblich erleichtert wurden, wieder unschärfer. Abspaltungen zwischen kontrolliertem und ökonomisiertem erwerbsbezogenen Handeln einerseits und privatem, reproduktionsbezogenen Handeln andererseits sind damit weniger möglich und erweisen sich nur noch als begrenzt möglich und sinnvoll.

Die aktuellen Entgrenzungen von Arbeits- und Beschäftigungsverhältnissen führen dazu, daß – so hier die These – aus einer Alltagsform, die Erwerbstätigkeit und den „Rest" des Lebens eher getrennt hat, nun zunehmend eine aktiv zweckgerichtete, alle Lebensbereiche umfassende sowie alle individuellen Ressourcen gezielt nutzende *systematische Durchgestaltung des gesamten alltäglichen Lebenszusammenhangs auf Basis rationaler Verfahren* wird. Allerdings werden vermutlich insbesondere hier geschlechtsspezifische Differenzen wirksam, denn diese Trennung hatte für Frauen und Männer häufig eine unterschiedliche Gestalt mit unterschiedlichen Konsequenzen. In Fürsorgearbeit eingebundene Frauen mußten, gesellschaftsstrukturell getrennte Tätigkeitsbereiche individuell stets verbinden und paßförmig machen. Deswegen haben sie, anders als Männer, oft bereits Erfahrung mit der Notwendigkeit, ihren gesamten Arbeits- und Lebenszusammenhang alltäglich aktiv zu gestalten. Die aktuellen Entgrenzungen der Arbeits- und Beschäftigungsverhältnisse führen dazu, daß einerseits nun für beide Geschlechter gilt, unterschiedliche Arbeits- und Lebensbereiche aktiv integrieren zu müssen.[21] Damit vollzieht sich auf der Oberfläche eine Angleichung zwischen den Geschlechtern. Für beide Geschlechter wird auch gelten, daß die beobachtbaren Entgrenzungen nicht die Logik erwerbsmäßigen Handelns außer Kraft setzen. Es ist im Gegenteil zu vermuten, daß, aufgrund der Notwendigkeit, sich als Arbeitskraftunternehmer mehr als alle vorhergehenden Arbeitskrafttypen[22] aktiv als Arbeitskraft zu verdingen, das gesamte Leben in neuer Qualität auf den Erwerb ausgerichtet sein wird. Andererseits stellt sich dies unter der Oberfläche für die Geschlechter sehr unterschiedlich dar. Für Frauen mit Fürsorgeaufgaben vollzieht sich eine De-Stabilisierung der Rahmenbedingungen ihrer bislang vollzogenen Synthesen und Balancen, ohne daß sich ihre doppelte Zuständigkeit prinzipiell ändert. Männer erfahren die Notwendigkeit, solche Synthesen – gleichfalls unter der Bedingung von Entgrenzung und Offenheit – selbst herzustellen, seit der Etablierung des Industriekapitalismus erstmals systematisch auf sich selber bezogen. Solange aber die Gestaltung ihres Lebenszusammenhangs nicht auch verantwortliche Sorgearbeit für andere einschließt, werden die Formen solcher Synthesen für sie vermutlich qualitativ anders als die von Frauen bleiben.

Mit einer zunehmend systematisch erwerbsorientierten rationalen Durchgestaltung ihres Lebens tun die Produzenten und Vermarkter von Arbeitskraft jedoch letztendlich nichts anderes als die Produzenten und Anbieter von gegenständlichen oder dienstleistenden Waren, wenn sie die Herstellung und Vermarktung ihrer Produkte von einer eher noch rudimentären, wenig organisierten

---

21 Es sei daran erinnert, daß, obgleich beide, die meisten Frauen und Männer, Beruf und Familie „haben", der entscheidende Unterschied darin besteht, daß Familie für Frauen ein Arbeitsbereich und für Männer im wesentlichen ein Erholungsbereich ist. Es wird zu erforschen sein, inwieweit die neuen Anforderungen an Integration auch neue Möglichkeiten der Verbindung von bislang strukturell Unvereinbarem wie etwa Kindererziehung und Berufstätigkeit bergen. Wir vermuten, daß auch diesbezüglich die Folgen janusköpfig sind.

22 Frauen sind generell mehr denn je auf Erwerbsarbeit angewiesen, da aufgrund der gleichzeitig zunehmenden Brüchigkeit von Ehe und Familie das (zumindest lebenslange) Versorgt-Sein durch einen männlichen Ernährer immer mehr zum Ausnahmefall wird.

Form auf die Stufe einer gezielten – wenn auch geschlechtsspezifisch differenten – Koordination ihrer Aktivitäten heben: Sie bilden so etwas wie einen auf geplanter Organisation aller Ressourcen und Prozesse beruhenden „Betrieb", der kontinuierlich entwickelt und rationalisiert werden muß.[23] Dieser Betrieb des Arbeitskraftunternehmers ist deswegen kein Unternehmen im gewohnten Sinne, weil das Ziel hier die Herstellung und Vermarktung eines besonderen Produkts ist: nämlich der von der Person nicht ablösbaren Arbeitskraft selbst.[24] Trotzdem sind sich die Mechanismen ähnlich, wenn es wie beim Wirtschaftsunternehmen um eine zweckgerichtete „Organisierung" von Aktivitäten in allen Dimensionen (zeitlich, räumlich, sachlich, sozial, sinnhaft) und immer mehr auch um eine aktive „Technisierung" auf hohem Niveau geht, so daß wir nicht nur von einer steigenden Rationalisierung, sondern auch von einer Tendenz zur *„Verbetrieblichung"* der Lebensführung sprechen.

Für die umfassende Selbstrationalisierung und Verbetrieblichung des gesamten alltäglichen Lebens hat, wie bei den anderen Ebenen der Selbstkontrolle und Selbstökonomisierung, die Dimension Zeit eine besondere Bedeutung. Gerade an der Zeit wird deutlich, daß die mit der Industrialisierung entstandene relative starre Trennung von „Arbeit" und „Leben" unter entgrenzten Arbeits- und Beschäftigungsbedingungen in Bewegung gerät und im Gegenzug das Verhältnis dieser beiden Sphären von den Betroffenen aktiv im Rahmen eines als ganzem zu gestaltenden Zusammenhang alltäglicher Lebensführung aktiv neu organisiert werden muß. Hoch flexible Arbeitszeiten, neue Formen der Heimarbeit, weitreichende Prozeß- und Projektorganisation etc. erfordern in neuer Qualität die *gezielte zeitliche Koordination und damit eine temporale Rationalisierung der Beziehung verschiedener Zeiten einer Person:*

Zwar gilt grundlegend, daß Personen in ihrem Zeithandeln stets unterschiedliche Zeiten integrieren müssen – dies ist ein systematischer und unverzichtbarer Aspekt ihrer Alltagsorganisation ist und der zeitlichen Strukturierung

---

23 Natürlich ist dies kein im engeren Sinne kapitalistischer Wirtschaftsbetrieb, aber doch in Teilen seiner Funktionsweise das, was Max Weber in seiner Definition von „Betrieb" beschreibt: „Ein kontinuierliches Zweckhandeln bestimmter Art" (Weber 1972, S. 28). Betriebe sind institutionelle Einheiten der Zusammenfassung und Koordination von Handlungen in allen Dimensionen des Handelns, also räumlich, sachlich, sozial etc. und zeitlich. Dies gilt auch für den „Betrieb" des Arbeitskraftunternehmers, auch wenn dieser nicht im engeren Sinne als soziale Institutionalisierung zu verstehen ist.

24 Interessanterweise beschreiben in unserer empirischen Untersuchung Frauen ihre täglichen umfassend integrativen Leistungen in terms von Regie, Management, Organisation und Betrieb (vgl. Jurczyk/Rerrich 1993). Ihr „Betrieb" sind also nicht nur sie selber, sondern sie sehen den auf die eigene Arbeitskraft bezogenen Teil im Gesamtzusammenhang eines größeren „Betriebs", des gemeinsamen Verhaltens.

ihres Lebens. Sie fügen verschiedene Zeitlogiken (des Berufs, der Familie, der Freizeit, der Körperzeit sowie der biografischen Zeit etc.[25]) in einer subjektiven, je persönlichen Zeitordnung zusammen – man kann dies ein *Zeithandeln erster Ordnung* nennen (vgl. Jurczyk 1997). Durch die Erosion fester Zeitordnungen (nicht nur, aber hier vor allem derer der Erwerbsarbeit) verkompliziert sich jedoch nun diese Art des integrierenden und koordinierenden Zeithandelns. Die (relativ) klare Aufteilung von Zeiten nach einem festen, auf Dauer gestelltem Schema wird zunehmend dysfunktional, und statt dessen müssen flexible zeitliche Abstimmungen entwickelt werden. Unterschiedlichste Aktivitäten und ihre Zeiten, die oft nicht mehr eindeutig nach „Erwerb" und „Leben" trennbar sind, fließen ineinander über, erfordern aber trotz allem bzw. gerade deswegen eine übergreifende Koordination und damit zumindest zeitweise eine funktional spezifische Ausrichtung, um eine undifferenzierte Vermischung von Tätigkeiten und damit von Zeiten zu vermeiden. Nach wie vor dient also das Zeithandeln der Strukturierung von Alltag und Leben, nun allerdings unter komplizierteren Bedingungen.

Die Zeit wird damit ein zentrales Medium der Neuformierung des gesamten Alltagslebens als „Betrieb". Zeit ist dann nicht mehr nur Basis einer verstärkten aktiven Selbstkontrolle der Betroffenen im Arbeitsprozeß sowie einer erweiterten Selbst-Ökonomisierung ihrer Arbeitskraft, sondern wesentlich weitreichender eine entscheidende Grundlage der umfassenden Durchgestaltung ihres gesamten Lebens. Was der neue Typus von Arbeitksraft entwickeln muß, ist eine umfassende, effizienzorientierte und zugleich hoch *flexible Zeitkoordination* und dazu einen passenden *Zeitstil* (bezüglich Tempo und Dichte von Aktivitäten), kurz: eine *individuelle Zeitrahmung* seines gesamten Tätigkeitsspektrums und damit seiner Bezüge auf alle für ihn relevanten Sozialsphären (Erwerbsarbeit, Familie, Freundeskreise, Freizeit, Bildung u.a.m.). Dieser Zeitrahmen ist insoweit geschlossen, als er für einen begrenzten Zeitraum koordiniertes und effizientes Handeln ermöglichen soll, gleichzeitig aber steht auch diese Rahmengebung immer wieder zur Disposition. Die nun verstärkt und bewußt betriebene flexible Konstruktion einer subjektiven Zeitordnung muß ausgleichen und auffangen, was an gesellschaftlichen Zeitstrukturen wegbricht und an neuen Anforderungen, beispielsweise an Offenheit, Flexibilität und Beschleunigung, auf sie zukommt – wir nennen dies *Zeithandeln zweiter Ordnung*.

---

25 Ebenso wie die Dimensionen von Zeit als biologischem und natürlichem Zeitrhythmus, als Erfahrung der Vergänglichkeit und Endlichkeit des Lebendigen, als inneres Zeitempfinden und Zeitbewußtsein, die hier jedoch nicht einbezogen werden können.

Entgrenzte Arbeitszeit – reflexive Alltagszeit 187

Nicht nur die Erwerbsarbeit, sondern alltägliche Lebensführung insgesamt wird infolgedessen immer mehr zum Objekt einer auf den Betrieb wie auf alle anderen Lebensbereiche ausgerichteten bewußt betriebenen *individuellen Zeitpolitik*. Auch dabei geht es um die Entwicklung und Nutzung von Zeitkompetenzen, aber in einem umfassenderen, auf die ganze Lebensführung bezogenen Sinn. Nur wem es gelingt, eine eigene Zeitordnung zu etablieren und diese den komplexen Zeitvorgaben aus den Erwerbstätigkeiten, wie auch allen anderen Sphären, *gegenüberzustellen,* wird den zeitlichen Anforderungen an eine Existenz als Arbeitskraftunternehmer gerecht werden. Die Kompetenz, mit Zeit umgehen zu können, sie richtig einzusetzen und nicht unterzugehen im Strudel der zeitlichen Anforderungen, den richtigen Mittelweg zwischen Planung und Die-Dinge-auf-sich-zukommen-Lassen zu finden, entscheidet unter solchen offener werdenden Bedingungen mit über einen gelingenden Alltag und damit letztlich auch über einen gelingenden Lebensverlauf. In diesem Sinn wird Zeit zunehmend zu einem *Medium sozialer Chancen.*[26] Arbeitskraftunternehmer sind damit komplex agierende Zeitkonstrukteure, die auf hohem Niveau eine „reflexive Lebensführung" (Voß 1991; auch Beck, z.B. in Beck et al. 1996) installieren und betreiben müssen. Deren wichtigste Grundlage ist eine *reflexive Gestaltung von Alltags- und Lebenszeit,* d.h. ein kontinuierlich und umfassend durchzugestaltendes individuelles Zeitregime im Hinblick auf Alltag und Biographie sowie deren Verknüpfung.[27] Diese Gestaltung bleibt unausweichlich an (wenn auch erodierende) soziale Zeitvorgaben aus den verschiedenen erwerbsbezogenen und anderen Tätigkeiten gebunden, die gleichermaßen als Zwänge wie als Ressourcen wirksam sind.

Aus dem Vorgesagten sollte deutlich geworden sein, daß auch die Selbstrationalisierung von Arbeitskraft und die Verbetrieblichung der Lebensführung des Arbeitskraftunternehmers nicht vorzustellen ist als ein mit klaren Zielvorgaben versehener, straff durchorganisierter und kalkulierter, sowohl bis ins Detail als auch langfristig geplanter Prozeß[28] – auch hier ist die Beachtung von

---

26 Dies wird in bezug auf Frauen theoretisch und empirisch ausgeführt in Jurczyk (1994b).

27 Allerdings wird eine solche Verknüpfung aufgrund von Nicht-Planbarkeiten unter den gegebenen Umständen vermutlich schwieriger.

28 Interessanterweise erreicht die auf gesellschaftliche Arbeit bezogene Erkenntnis der zweifelhaften Effizienz einer engen Zweckrationalität lebensweltliche Handlungs- und Sinnfelder erst heute, also mit erheblicher Verzögerung. Zunächst war nämlich – und ist bis heute – die Rationalisierung des Alltags und der verschiedenen Tätigkeiten in Form der Popularisierung der Idee des Zeitmanagements in Seminaren und -literatur (s.u.) eine Reaktion auf zunehmende Komplexitäten. Dem zunehmend unter Zeitnot leidenden Publikum wurde suggeriert, daß Alltag und Biographie uneingeschränkt rational gestalt-

Nuancen wichtig: Eher trifft hier das Bild des „flexiblen Betriebs" zu, der zwar insoweit ökonomisch funktionieren muß, als es um die Sicherung seines Überlebens geht. Welche „Produkte" aber hergestellt werden, auf welche Weise dies geschieht, welcher Zeitraum hierfür ins Auge genommen wird, welche zeitlichen Vorgaben integriert und welche zeitlichen Strategien verwendet werden, bleibt offen bzw. ist immer wieder neu von den Personen selbst zu entscheiden. Nur auf diese *situativ-flexible* Weise ist ein Überleben als Arbeitskraftunternehmer zu sichern.[29] Nicht nur im Hinblick auf die zeitliche Selbstkontrolle von Arbeit und die Selbstökonomisierung von Arbeitskraft, wie in den ersten beiden Punkten beschrieben, sondern für das Zeithandeln in der Lebensführung insgesamt gilt, daß „Unvorhersehbares nicht als ‚Anomalie', sondern eher als ‚Normalität' zu begreifen und sich darauf einzustellen" ist (Böhle 1999, S. 21). So werden zweckrationale Handlungsstrategien in das auf die gesamte Lebensführung bezogene Zeithandeln zwar eingebaut und auf wechselnde Handlungsfelder angewendet, aber sie bestimmen nicht und erst recht nicht ausschließlich die Handlungslogik des Arbeitskraftunternehmers in seiner Lebensführung.

3. Die Erosion der Zeit – es lebe die Zeit? Kontingenz von Zeit und reflexives Zeithandeln

Historisch betrachtet (vgl. ausführlicher Voß/Pongratz 1998), markiert der Arbeitskraftunternehmer eine neue Stufe der Entwicklung von Arbeitskraft auch in der Dimension der Zeit. Ist die Zeit der *proletarisierten Lohnarbeiter* der Frühindustrialisierung einerseits durch extensive Arbeitszeiten und andererseits ein Leben und Arbeiten ohne Zeit – im Sinne einer wenig strukturierten existentiellen Gegenwärtigkeit ohne sichere Zukunftsperspektiven – charakterisiert, so zeichnet sich die Zeit der *verberuflichten Arbeitnehmer* des Fordismus durch die Integration in etablierte „industrielle Arbeitszeitarrangements" (Deutschmann 1990), durch tayloristisch basierte Zeitintensivierung und die

---

bare Projekte seien, wenn man nur den richtigen „Regeln" folge und den „Zeitdieben" auf die Spur komme (siehe z.B. Seiwert 1997).

29 Dieses Vorgehen entbehrt nicht der Rationalität, es entspricht nur nicht im umfassenden Sinn der Zweckrationalität. Historisch läßt sich das Paradox formulieren, daß Zweckrationalität als Handlungsmodus in dem Moment dabei ist, sich zumindest in westlich-modernen Gesellschaften zu universalisieren, in dem Gesellschaften sich derart verändern, daß er zumindest als dominant gültiger Handlungsmodus seine Zweckmäßigkeit wiederum verliert.

räumliche und zeitliche Separierung von Erwerbsarbeit und Privatleben aus. Dafür profitieren letztere von Arbeitszeitverkürzungen, Lohnsteigerungen und (relativ) sicheren Zukunftsperspektiven durch arbeits- und sozialpolitische Regelungen. Dieses bis heute bei uns dominierende berufliche Modell von Arbeitskraft könnte nun, so noch einmal die These, zunehmend durch das neue Modell des *verbetrieblichten Arbeitskraftunternehmers* verdrängt werden.

Wie gezeigt, verändert sich mit der Durchsetzung eines neuen Typus von Arbeitskraft grundlegend auch dessen *Zeitlogik in „Arbeit"* und *„Leben"*, was in Bezug auf die charakteristischen Momente des Arbeitskraftunternehmers beschrieben wurde: (1) Eine rigide und sozial standardisierte zeitliche Fremdkontrolle der Arbeit geht tendenziell in die Anforderung an ein individuell *zeitlich selbstkontrolliertes Arbeitshandeln* und an die *zeitliche Gestaltung der Biographie* über, die ein komplexes persönliches alltägliches und biografisches *Zeitmanagement* erfordert. (2) Produktion und Vermarktung des Arbeitsvermögens werden im Zuge einer erweiterten Selbstökonomisierung von Arbeitskraft auch zunehmend *zeitökonomisch* betrieben, wobei schließlich auch die *ganze Alltags- und Lebenszeit der Herrschaft einer ökonomischen Rationalität unterworfen wird*. (3) Der gesamte Lebenszusammenhang gerät infolgedessen schließlich zunehmend gerade auch zeitlich unter umfassenden *Rationalisierungsdruck*, der eine *zeitbasierte betriebsförmige Organisierung des Alltags* mit einem expliziten *reflexiven Zeithandeln* erfordert. Dieses erfordert nicht nur eine übergreifende individuelle Zeitrahmung, sondern auch die Etablierung einer *reflexiv basierten individualisierten Zeitordnung*. Diese Prozesse verlaufen durchaus widersprüchlich und bringen Gegentendenzen hervor. Sie sind zudem zwar rational im Sinne von „vernünftig" und „mit guten Gründen versehen", aber sie entwickeln sich nicht entlang einer eindimensional und eng zweckrational definierten Handlungslogik, sie beziehen die Unwägbarkeit der äußeren Bedingungen bewußt mit ein.

Wir vermuten nun, daß sich in diesem neuen, für den Typus des Arbeitskraftunternehmers charakteristischen Zeithandeln eine temporale Logik ausdrückt, die über den hier beschriebenen, relativ engen Gegenstandsbereich von Arbeit und Arbeitskraft hinausgeht. Sie kann als Indiz für einen *allgemeinen gesellschaftlichen Wandel* von Zeit interpretiert werden, der auf eine eigentümliche Gleichzeitigkeit hinweist: einer zunehmenden gesellschaftlichen Bedeutung von Zeit und zugleich ein wachsender Bedeutungsverlust tradierter zeitlicher Ordnungen und damit unserer gewohnten Vorstellung von „Zeit". Es wird eine soziale Dynamik erkennbar, bei der mit den beschriebenen Entgrenzungen der Arbeits- und Beschäftigungsverhältnisse einerseits eine tiefgreifende *Erosion der bisherigen Qualität sozialer Zeit* insgesamt entsteht, die andererseits mit einer *neuen Qualität von Zeit und einer steigenden Relevanz des Zeithandelns* in der Gesellschaft einhergeht.

3.1. Kontingente Zeit – reflexives Zeithandeln

In den Charakteristika des Arbeitskraftunternehmers und seines Zeithandelns als wesentlich zeitbasierte Selbstkontrolle, Selbstökonomisierung und Verbetrieblichung der Lebensführung wird auf unterschiedliche Weise (a) eine Entgrenzung und damit eine wachsende *Kontingenz sozialer Zeitvorgaben* in mehreren Dimensionen deutlich, die – nach allem, was man sehen kann – zukünftig nicht nur für diesen typisch sein werden. Folge sind (b) zunehmende *Anforderungen an eine reflexive Zeitkonstruktion* der Handelnden in der Gesellschaft allgemein.

(a) Kontingenz der Zeit: Auflösung von Zeit?

In der tendenziellen Abkehr von starren zeitlichen Fremdkontrollen und der wachsenden Anforderung an ein zeitliches Selbstmanagement in der Arbeit zeigt sich zum einen eine *soziale Entgrenzung von Zeit*, d.h. eine Entgrenzung im sozial verbindlichen Charakter von Zeit als Ordnungsmechanismus der Gesellschaft und des individuellen Lebens. Sozial einheitliche und verbindlich vorgegebene Zeitregeln und -strukturen relativieren sich nach wechselnden sozialen Bezügen, die Formen von Zeit und auch die zeitlichen Normen werden variabel und plural, d.h. sie sind immer auch anders möglich. Damit verliert Zeit jedoch nicht seine zentrale Bedeutung als soziales und individuelles Strukturierungsmoment, im Gegenteil: Sozial etablierte, nun erodierende, unverbindlicher werdende Strukturierungen müssen durch individuelle ersetzt oder zumindest ergänzt werden. Die Handlungsentlastung durch Traditionen in Form zeitlicher Vorgaben (die immer auch Restriktion bedeuteten) wandelt sich in eine Handlungszumutung an Individuen, angemessene und erfolgversprechende, je nach Zielsetzung wechselnde, zeitliche Strukturen selbst zu schaffen, was allerdings auch neue Möglichkeiten eröffnet. Mit der Entgrenzung von Zeitstrukturen und Zeitregeln und ihrer Verbindlichkeit wird der soziale Charakter von Zeit also nicht obsolet, lediglich wird seine Realisierung um vieles komplizierter. Die Erfüllung der nach wie vor basalen, notwendigen sozialen Funktion von Zeit zur Koordinierung von Aktivitäten in einer Gesellschaft (Durkheim 1981) findet nun in einer individualisierten und pluralisierten Form statt. Inwieweit und auf welche Weise dieser Funktion unter den Bedingungen von Entgrenzung aber Rechnung getragen werden kann, ist offen, weil Sozialität als gelebte

Gemeinsamkeit gleichzeitig schwieriger (da Zeiten plural werden) und leichter (weil sie selbstbestimmbarer werden) wird. Die selbstverständlich wahrgenommenen sozialen Zeitordnungen werden diffus und lösen sich nahezu auf – welche neue Zeitordnungen sich dabei aber etablieren oder ob es angesichts von Pluralisierung und Individualisierung überhaupt zu neuen Zeitordnungen mit hohem gesellschaftlichem Verbindlichkeitsgrad kommen kann, bleibt abzuwarten. Damit ist generell offen, wie und ob soziale Zeitkoordination in individualisierter Form gelingen kann.

In der zunehmenden Selbstökonomisierung von Arbeitskraft durch eine verstärkte zeitökonomisch basierte Produktion und Vermarktung von Fähigkeiten, eine erweiterte Ökonomisierung der Lebenszeit und die darüber hinausgehende Verbetrieblichung der gesamten Lebensführung wird neben einer sozialen zusätzlich auch eine tiefgreifende *sachliche Entgrenzung von Zeit* erkennbar. Damit ist gemeint, daß Zeit zum universalen, bewußt eingesetzten Medium der Gestaltung von Alltag und Leben wird. Nicht nur bestimmte und begrenzte sachliche Vorhaben, Tätigkeiten und Lebensphasen bzw. -bereiche unterliegen einem solchen zeitlichen Gestaltungszwang, dieser ist zunehmend umfassend und unspezifisch. Zeit wird zum generalisierten Instrument der Rationalisierung und Ökonomisierung von Arbeit, Alltag und Lebensverlauf. So wird Zeit immer mehr zu einem sozusagen „leeren" und damit universell anwendbaren Handlungsmedium (wie in anderer Hinsicht auch Geld[30]) mit der Zwecksetzung der Bestimmung und Koordinierung von Dauer, Anfangs- und Endpunkt sowie des Tempos von Ereignissen, Prozessen und Handlungen. Neu ist bei dieser Entwicklung vor allem die dezidierte Zielsetzung der Effizienzsteigerung, die mit dem Handlungsmedium Zeit in Form einer umfassenden individuellen Zeitökonomie zunehmend verbunden ist. Im Zusammenhang mit dem Ziel der Effizienzsteigerung verliert Zeit durch sachliche Entgrenzungen weitgehend die Bedeutung qualitativ bestimmbarer „Eigenzeit" und inhaltlich gefüllter Ereigniszeit: Zeitliche, mit Sinn verknüpfte Rituale der Gesellschaft, besondere „heilige" Zeiten (Sonntag, Feierabend, Feiertage) werden entleert; bisher als natürlich-menschlich erachtete Zeitmaße, die sich in circadianen Rhythmen ausdrücken, und menschlichen Körpern angemessene Tempi werden eher als Störgrößen behandelt und nur noch nach ihrer Funktionalität beurteilt etc. Damit findet gleichzeitig eine *Entgrenzung der sinnhaften Qualität von Zeit* statt. In einem paradoxen Prozeß führt der alltagspraktische Rationalisierungsdruck und der Zwang zur betriebsförmigen Organisierung des gesamten Lebenszusammenhangs einerseits zu einer umfassenden, gegenstandsunabhängigen, reflexiv sich

---

30 Vgl. den anregenden Text von Deutschmann (1999).

vollziehenden Verzeitlichung von Alltag und Leben. Zeit spielt nun überall eine Rolle. Andererseits hat Zeit keinen über ihre Funktion von Effizienzsteigerung und Rationalisierung hinausgehenden Eigenwert mehr, unterschiedliche Qualitäten von Zeit, die an bestimmte Ereignisse oder Handlungen gebunden sind, gehen, wenn nicht an ihnen in einer Art bewußten Gegenstrategie festgehalten wird, tendenziell verloren. Damit findet eine Art Entzeitlichung, verstanden als Verlust der inhaltlichen Eigensinnigkeit von Zeit(en) in Alltag und Leben, statt. Eine solche „Entzauberung" (Weber) und Entleerung von Zeit ist das Ergebnis einer konsequenten Verzeitlichung in Folge rationaler Kalkulation und quasibetrieblicher Durchgestaltung von Alltag und Leben.

In den sozialen, sachlichen und sinnhaften Entgrenzungen von Zeit zeigt sich eine tiefgreifende Auflösung der sozialen Formung und Bindung von Zeit: Zeitstrukturen, -ordnungen und -regeln werden infolgedessen für viele Mitglieder der Gesellschaft umfassend *kontingent*. Indem diese plural und (scheinbar) beliebig bestimmbar werden, werden sie jedoch in gewisser Weise schließlich „bedeutungslos" bis auf die Bedeutungen, die man ihnen als zweckbestimmte Konstruktionen jeweils aktiv gibt. In der fortgeschrittenen Moderne wird Zeit im Alltag damit zunehmend als das erkennbar, was sie (zumindest aus der Sicht einer konstruktivistisch argumentierenden subjektorientierten Zeitsoziologie) immer schon war: eine basale von Menschen gemachte und mit Sinn versehene Dimension der aktiven Konstruktion von Handeln und damit von Sozialität. Durch die Kontingenz kommt „Zeit" damit nach allen Überhöhungen und Reifizierungen im Prozeß der fortschreitenden Moderne nun sozusagen zu sich selbst (also zu ihrer basalen sozialen Qualität und Funktionalität) zurück.

In diesem Sinne indizieren die beschriebenen Veränderungen der Anforderungen an Arbeitskräfte einen Wandel der allgemeinen Zeitlichkeit in unserer Gesellschaft, die man als *Erosion,* in bewußter Pointierung vielleicht sogar ein *Ende der Zeit* (im bisherigen Verständnis) interpretieren kann. Indem sich sozial objektivierte, verbindliche zeitliche Vorgaben auflösen, die den Alltag der meisten Menschen prägen, stellt sich damit jedoch ein historisch neues Problem: Durch das Offensichtlichwerden der basalen Kontingenz von Zeit ist sie zwar ihrer bisherigen mystifizierten, ereignisbezogenen oder verdinglichten Qualität entleert, wodurch die Voraussetzung für eine „Souveränität" der Handelnden gegenüber den Zwängen bisheriger Zeitqualität entsteht – zugleich folgt daraus aber eine völlig neuartige Qualität von „Zeitnot": eine *Zeitnot zweiter Art,* die sich nicht aus einem Mangel an verfügbaren Zeitquanten im Rahmen vorgegebener Zeitordnungen und/oder der Widersprüchlichkeit unterschiedlicher sozialer Zeitlogiken ergibt, sondern aus der unabweisbaren Notwendigkeit permanenter und umfassender *zeitlicher Selbstbestimmung unter ökonomischen Gesichtspunkten.*

(b) Reflexives Zeithandeln: eine neue Zeit über den Zeiten?

Damit enthüllt sich auch für die Dimension der Zeit die notorische Kehrseite jedweder sozialen Kontingenz: sie richtet sich als Anforderung an die damit konfrontierten Akteure. Entgrenzung, Kontingenz und damit die „Auflösung" von Zeit in der gewohnten sozial präformierten Form bedeuten, daß es nun auch im Alltagshandeln explizit und zunehmend notwendig wird, Zeit als soziales Konstrukt zu sehen, welches kontinuierlich aktiv hergestellt und als Dimension der individuellen Gestaltung des Handelns bewußt eingesetzt werden muß. Die Erosion der tradierten sozialen Zeitordnungen und eines bislang entsprechend eher reaktiven und vorbewußten Zeithandelns markiert damit zugleich den Übergang zu einer wachsenden Anforderung an eine aktiv und zunehmend reflexiv kontrollierte, also manifeste *zeitbasierte Konstruktion jeglichen Handelns* und dazu an die Gestaltung eines *umfassenden zeitlichen Handlungszusammenhangs im Alltag*. Was Giddens als zunehmende Anforderung an eine individuelle „Politik der Lebensführung" (1977) im Zuge der fortschreitenden Modernisierung sieht, ist in diesem Sinne immer auch jene oben schon angesprochene *individuelle Zeitpolitik*: ein aktives Bemühen um eine Optimierung der persönlichen Zeiten im Rahmen einer „reflexiven Lebensführung" (Voß, Beck) das sich mit notorisch verschiedenartigen und zudem sich ständig ändernden sozialen Zeiten auseinandersetzen muß.

Eine solche „Eigenzeit" des „eigenen Lebens" ist jedoch nur bedingt (wenn überhaupt) als Luxus einer persönlichen Zeitsouveränität zur autonomen zeitlichen Sinngebung des Lebens im zeitlichen Wohlstand zu begreifen, obgleich sie Elemente davon haben kann. Primär ist sie ein tiefgreifender Zwang zur kontinuierlichen instrumentellen zeitlichen Strukturierung und Organisierung des Lebens vor dem Hintergrund entgrenzter und sich verflüchtigender sozialer Zeitvorgaben. Was jetzt im Alltag vieler Menschen zunehmend erforderlich wird, ist ein aktives und bewußtes *Zeiten der Zeiten* (oder ein „doing time")[31] und damit die Konstruktion und Praktizierung einer neuen, individuellen *Metazeit:* einer Zeitlogik, die als Zeit über den Zeiten durch die verschiedenen kontingenten sozialen Zeiten hindurch zu einer integralen individuellen Zeit führt. Eine solche sozusagen transtemporale Zeit ist zugleich autonome eigene Zeit

---

31 Diese Formulierung greift den Gedanken von Norbert Elias (1982) auf, der entgegen der verbreiteten Reifizierung von Zeit vorschlägt, das Substantiv „Zeit" durch das Verb „zeiten" zu ersetzen.

wie immer auch unvermeidlich eine *Zeitherrschaft höherer Qualität*. Sie birgt damit sowohl erhebliche Chancen zu einer erweiterten Zeitsouveränität wie auch unumgehbar erhebliche Risiken des Scheiterns an den steigenden temporalen Anforderungen.

Bei einem solchen Übergang fließt eine überzeitliche Logik, in der alles zeitlich gestaltet wird, aber alles eine kontingente Zeitqualität hat, auf eigentümliche Weise mit einer neuen zeitbewußten *Gegenwärtigkeit* und fast schon mit einer reflexiven *Zeitlosigkeit* zusammen – vielleicht analog zu dem, daß in sich globalisierenden Gesellschaften mehr denn je gelernt werden muß, global zu denken, aber strikt lokal zu handeln. Wo Zukünfte zunehmend unsicherer und kontingenter werden (bzw. das Bewußtsein hierfür sich drastisch schärft) und auch aktuelle zeitliche Arbeits- und Lebensbedingungen zunehmend wechselhaft sind, ist eine neue – fatalistische oder optimistische – Konzentration auf die jeweilige Gegenwart fast unausweichlich. Auch hier stehen wir dann vor dem Paradox paralleler Ver- und Entzeitlichung: gefordert ist, immer und in jeder Hinsicht zeitlich zu denken, aber zugleich mehr denn je im sprichwörtlichen „Hier und Jetzt", d.h. bewußt zeitlos zu leben, wenn man akut handelt. Paradox ist auch, daß damit die Unterscheidung zwischen Kairos und Chronos in neuer Weise Sinn erhält, die aus der griechischen Antike herrührt: „Kairos" als der Sinn für den rechten Augenblick, die günstige Stunde, den gelebten Moment scheint gegenüber „Chronos", der verfließenden, absoluten, gemessenen Zeit wieder zu neuen Ehren zu kommen.

Mit diesen Kontingenzen, Widersprüchlichkeiten und ambivalenten Folgen verhält sich dieses neue reflexive Zeithandeln zu den etablierten Zeitordnungen und Anforderungen an zeitliches Handeln wie der Typus des Arbeitskraftunternehmers zum bisher gewohnten verberuflichten Arbeitnehmer, die sich damit (idealtypisch) den beiden Formen des Zeithandelns erster und zweiter Ordnung zuordnen läßt. Aller Voraussicht nach werden damit die beschriebenen Aspekte wichtige Facetten einer neuen gesellschaftlichen Zeitordnung des sich abzeichnenden flexibilisierten Neokapitalismus abgeben und damit die Zeitlogik des sich dabei möglicherweise durchsetzenden *„flexiblen Menschen"* (Sennet 1998) charakterisieren.

3.2 Zeitkultur und Zeitbastelei – zwei Typen des neuen Zeithandelns

Wie bei vielen sozialen Entwicklungen muß auch beim Übergang zu einem neuen Leittypus der gesellschaftlichen Verfassung von Arbeitskraft damit gerechnet werden, daß wichtige Varianten entstehen, die sich auch im Umgang mit der Entgrenzung und Kontingenz von Zeit unterscheiden werden. Entlang der Frage, welche Chancen und Risiken mit der Erosion etablierten Zeitstrukturen verbunden sind, lassen sich in grober idealtypischer Kontrastierung zumindest zwei Gruppen erwarten: die „Gewinner" und die „Verlierer" der Zeiten des Arbeitskraftunternehmers.[32]

(a)   Die Gewinner: kunstvolle Zeitkultur

Zum einen werden sich voraussichtlich diejenigen finden, denen die Bedingungen des neuen Typus von Arbeitskraft systematisch Vorteile bringen, weil ihre berufliche Situation dies zuläßt und/oder sie die erforderlichen Kompetenzen zur Nutzung von Möglichkeiten und der Bewältigung von neuen Anforderungen besitzen bzw. sich neu aneignen: sozusagen *Erfolgsunternehmer ihrer Arbeitskraft*.[33] Diese Beschäftigtengruppe wird allerdings, nach allem was sich abzeichnet, mehr denn je unter massivem beruflichem und persönlichen Leistungsdruck stehen – wenn man so will, als Turboarbeitskräfte des Turbokapitalismus.

Die Gruppe wird vermutlich auch die Gewinner der neuen Zeitlogik stellen, denn vorrangig ihnen wird es gelingt (müssen), an Stelle vorgegebener Zeitstrukturen flexible, aktiv konstruierte Eigenzeiten zu setzen, wollen sie erfolgreiche Arbeitskraftunternehmer sein: Sie nutzen das Verschwinden stabiler und eindeutiger Sozialzeiten in Arbeit und Leben als Herausforderung, um nicht nur komplexere, äußere Anforderungen zu bewältigen, sondern um der eigenen Existenz auch zeitlich eine *individuelle Qualität* zu geben. Dem Ende klarer Zeitordnungen wird hier eine strategisch ausgerichtete *individuelle Zeitpolitik* entgegengesetzt, eine explizite subjektive Zeitordnung, die die notwendige Basis eines kreativen und positiv dynamischen Jonglierens mit den verschiedenen und kontingenten Zeiten abgibt. Die neu entstehende individuelle Metazeit verbleibt dabei, was den Zeithorizont betrifft, im hohem Maße in einer positiv erlebten und aktiv praktizierten Gegenwärtigkeit. Die Offenheit der Zukunft wird positiv

---

32 Genauere, empirisch fundierte Analysen der Verarbeitung offener zeitlicher Bedingungen und der Herstellung einer subjektiven „Eigenzeit" in Alltag und Lebensverlauf finden sich, exemplarisch untersucht an JournalistInnen, bei Behringer/Jurczyk (1995) und Jurczyk (1998). Dort unterscheiden wir folgende Realtypen des Zeithandelns unter kontingenten Bedingungen: Kontrolle, Disziplin, Akrobatik und Vertrauen. Typisierungen im Hinblick auf das Zeithandeln von Frauen finden sich in Jurczyk (1994b, c).
33 Welche ganz anderen Ressourcen für einen solchen Erfolg vonnöten sind – wie z.B. Bildung, hilfreiche Kollegen oder verläßliche private Beziehungen – muß hier leider außer acht gelassen werden.

besetzt, sogar zum Selbstwert erhoben – langfristig geplant wird nur dort, wo es Sinn macht. Hier kann es gelingen, die Kontingenz der Zeit zur Basis einer persönlichen *Zeitkultur* oder eines individuellen *Zeitstils* zu machen und damit eine Wiederaneignung der durch die temporalen Erosionen „verlorenen Zeit" zu erreichen. Dies ist im besten Fall echte *Zeitsouveränität,* die „Zeit" als kreativ gehandhabte Handlungsdimension für ein Leben und Arbeiten jenseits vorgegebener Zeitstrukturen verwenden kann. Stilelemente und Statussymbole für eine solche neue Zeitkultur sind luxuriöse Mehrzonen-Chronographen, der Besuch von Zeitmanagement-Seminaren, voluminöse Time-Systeme, Zeitplanprogramme im miniaturisierten privaten Datensystem und ein Regal voller Zeitberatungs- und Zeitkulturbücher bis hin zur modischen Beschleunigungs-/Entschleunigungsprosa[34] – vielleicht sogar eine bewußt als Teil des Lebensstils gepflegte partielle Verlangsamung und das gezielte Etablieren von Zeitnischen.[35]

(b)   Die Verlierer: hilflose Zeitbastelei

Auf der anderen Seite wird es aber mit Sicherheit diejenigen geben, bei denen aufgrund ihrer beruflichen und persönlichen Lage die Nachteile einer verstärkt marktorientierten Nutzung von Arbeitskraft im Rahmen entgrenzter Arbeits- und Beschäftigungsformen kumulieren und/oder denen die erforderlichen Qualifikationen und Ressourcen (das ökonomische, soziale und kulturelle Kapital, Bourdieu 1983) zur Bewältigung der Anforderungen an ein Leben und Arbeiten als Arbeitskraftunternehmer fehlen. Dies wird eine wohl nicht kleine und vermutlich sehr heterogene Gruppe wenig erfolgreicher *Arbeitskraft-Kleingewerbetreibender* und vielleicht sogar eine Schicht neuer *Tagelöhner* sein, die ihr Dasein kontinuierlich am Rande der Existenzsicherung fristen.

Diese Gruppe bildet dann auch die Verlierer im gesellschaftlichen Zeitwandel aus: Hier schnurrt das Leben in einer chronisch überforderten und sich ständig ungewollt und unerwartet umschichtenden Gegenwart zusammen, ohne eigenen Zeitrahmen und sinnvolle Perspektiven. Das Zeithandeln, das sich oben als kunstvolles Jonglieren mit verschiedenen Zeitanforderungen, als kreative

---

34 Vgl. zur Zeitberatungs- und Zeitkulturliteratur z.B. Geißler (1985, 1998), Hawking (1988), Held/Geißler (1993, 1995), Linder (1971), MacKenzie (1974), Seiwert (1997, 1998); speziell zum Thema Beschleunigung/Entschleunigung siehe unter anderem Backhaus/Bonus (1998), Ende (1983), Nadolny (1983), Reheis (1998), Virilio (1989, 1992), Wehmeyer (1998).

35 Exemplarisch, wenn auch skurril, der Klagenfurter Verein „Tempus. Verein zur Verzögerung der Zeit" oder die in Italien entstandene und sich inzwischen international ausbreitende „slow food"-Bewegung.

Zeitkonstruktion und vielleicht sogar als luxurierende Zeitkultur erwies, wird hier zur ständig neu zerbrechenden, reaktiven *zeitlichen Flickschusterei* und hilf- und endlosen *temporalen Bastelei,* immer an der Grenze der Überforderung. Hier ist die Erosion der Zeitordnungen und die Offenheit der Zukunft ein Verlust, der durch keine neuen Qualitäten kompensiert wird – die vergangene Zeit stabiler sozialer Zeitordnungen erscheint dann im Rückblick (vielleicht in romantischer Verklärung) als die „gute alte Zeit", in der man wußte, wann man wo und wie lange zu sein hatte, wo die Arbeit in festen zeitlichen Bahnen verlief und man einen „verdienten Feierabend" hatte. Selbstbestimmtes Zeithandeln und die Schaffung einer Eigenzeit sind hier nicht kreativ angenommene Herausforderungen, sondern *fremdbestimmte temporale Anforderungen,* die notorischen Streß und immer neue Risiken bedeuten. Zeitsouveränität kann nicht als Entfaltungschance für ein eigenes Leben gesehen werden, sondern wird angesichts der wenig beeinflußbaren Tendenz der Entgrenzungen von Zeit zur individuell empfundenen Bedrohung und vermutlich nicht selten zur regelrechten normativen Drohung.[36] Der Zeitplaner ist dann auch kein stolz präsentiertes Spielzeug, sondern ungeliebtes, auf jeden Fall aber unvermeidliches Hilfsmittel, um sich im Chaos der erodierenden Zeit nicht zu verlaufen. Hier wird der Zeitmanagementkurs vom Betrieb verordnet oder, aus der Not heraus sich Zeitkompetenzen aneignen zu müssen, auch privatfinanziert am Wochenende besucht. Verknüpft ist damit die Hoffnung, einen Ariadnefaden durch die unübersichtlichen Zeitanforderungen zu erhalten – um dann aber wieder in neu angefangenen, hilflosen zeitlichen Planungsversuchen zu enden oder mit schlechtem Gewissen nach „Zeitdieben" und „Zeitfallen" zu fahnden oder unablässig Prioritäten- und To-do-Listen aufzustellen, im vollem Bewußtsein dessen, daß dies sowieso nicht funktioniert. Ist die Lektüre modischer Zeitliteratur für die einen inspirierende Anregung für eine Verfeinerung der eigenen Zeitkultur, wird sie hier für die anderen wohl eher zum Hintergrund für heimliche Hoffnungen, doch noch den Zug der neuen Zeit zu erwischen, vielleicht aber auch für kitschige Sehnsüchte nach dem, was endgültig vorbei ist: die Zeit, als die Zeit noch in Ordnung schien.

Was beide Gruppen trotz unterschiedlicher Voraussetzungen und unterschiedlicher Folgen verbindet, wird die Notwendigkeit sein, die fortschreitende Entgrenzung und Kontingenz von Zeit durch ein je eigenes und hoch reflexives *Zeithandeln* aufzufangen – eine Entwicklung, die, wie wir vermuten, wiederum wichtige Auswirkungen darauf haben wird, wie Formen und Ordnungen von

---

36 Ein Indiz hierfür sind Widerstände von Beschäftigten gegen Angebote der Betriebsleitung, ihre Arbeitszeiten als autonome oder teilautonome Gruppe selbständig zu organisieren.

Zeit künftig in der Gesellschaft allgemein aussehen werden und wie Zeit kulturell wahrgenommen werden wird. Dazu zwei abschließende Bemerkungen: (1) Die Unterscheidung von „Gewinnern" und „Verlierern" des Zeitwandels ist keinesfalls so zu verstehen, daß sich der gesellschaftliche Umgang mit „Zeit" zukünftig *empirisch* auf die beiden bewußt polarisierten Formen reduziert. Denn zum einen hat es auch bisher schon eine erhebliche Varianz von Formen des individuellen (bzw. gruppenspezifischen) Umgangs mit vorgegebenen Zeiten gegeben, die nun keineswegs einfach verschwinden wird: von einer in ausgeprägt ländlichen Milieus erhaltenen „bäuerlichen Zeit" (vgl. Inhetveen 1988), über die spezifische Zeit der „Sorgearbeit" in der Familie bis hin zu historisch immer wieder auftretenden zeitlichen Experimentalgruppen in Avantgardemilieus, wie etwa die „Zeitpioniere" in der Untersuchung von Hörning et al. (1990). Zum anderen darf gerade unter den Bedingungen der von uns postulierten neuen kontingenten Qualität von gesellschaftlichen Zeitordnungen zukünftig sogar eine noch wachsende Vielfalt des Umgangs mit Zeit erwartet werden. Auf dem Weg dahin werden sich Gruppen mit konventionellen Mustern des Zeithandelns lange Zeit erhalten, genauso wie links und rechts des Pfades die beschriebenen Gewinner und Verlierer des Zeitwandels in mehr oder weniger reinen Formen auftauchen werden. Die Masse der Gesellschaftsmitglieder wird jedoch vermutlich höchst vielfältige Kombinationen von Merkmalen der in den beiden Typen angedeuteten neuen Zeitlichkeit und Momenten traditionaler Zeiten praktizieren – einschließlich solcher Formen, die dem skizzierten Trend alternative temporale Praktiken und Zeitstile entgegensetzen sowie die einer möglichen bewußten Rückorientierung auf traditionelle Zeitqualitäten. Die realen Gestalten und die soziale Topographie der konkreten Zeitformen wird in den nächsten Jahren mehr denn je ein wichtiges *Forschungsthema* und nicht zuletzt ein *Thema öffentlicher Debatten* sein. Wir können und wollen an dieser Stelle die konkreten Qualitäten und Verteilungen neuer Zeitformen und Zeitpraktiken nicht prognostizieren, sondern nur Entwicklungslinien aufzeigen. (2) Was uns an der skizzierten Entwicklung schließlich *politisch* bedeutsam erscheint, ist eine sich andeutende neue gesellschaftliche *Metaqualität* von Zeit. Die steigende Pluralität (also die wachsende gesellschaftliche Vielfalt) und Individualität (also das zunehmende Erfordernis aktiver individueller Gestaltung) der Zeiten in der Gesellschaft – einschließlich der die sich dem Mainstream gezielt widersetzenden Zeitkulturen – verweisen auf Notwendigkeiten, Ansatzpunkte und Potentiale für sich abzeichnende zunehmende explizite *gesellschaftliche Auseinandersetzungen um „Zeit":* Debatten die (auf allen Ebenen, vom Alltag der Individuen, über Betriebe, Gewerkschaften und Kommunen bis hin zur staatlichen Politik) den Zeitwandel nicht als naturwüchsig, sondern als gestaltungsoffen und regulierungsbedürftig thematisieren. Die „Zeiten ändern sich" nicht nur in angebbarer Weise, sondern, was zunehmend öffentlich bewußt wird, aufgrund des Handelns konkreter Akteure. Dies hat zur Folge, daß sie, als unser Produkt, immer mehr nicht nur zum gezielten Objekt individuellen, sondern auch zum Gegenstand explizit kollektiven Handelns werden. Aufgrund der Komplexität der Bedingungen gesellschaftlicher Zeiten und ihres Wandels werden diese dabei zwar nicht beliebig formbar sein, aber die Transparenz und die Wahrnehmung der Gestaltbarkeit von Zeiten wird wachsen. Auch wenn wir weiterhin unabweisbar in zeitliche Ordnungen von Gesellschaft und individueller Existenz eingebunden sein werden, so werden deren historischen Formen immer mehr den Mythos ontologischer Qualität und überhistorischer Notwendigkeit verlieren. Damit geraten unvermeidlich potentielle Akteure, Verfahren und Ziele einer sich zunehmend etablierenden gesellschaftlichen *„Politik der Zeiten"* in den Blick:[37] d.h. es wird deutlich, daß die Gesellschaft darüber *entscheidet*, welche Zeiten sie hat – und sei es dadurch, daß darüber nicht entschieden wird. Hinter der bisher öffentlich hochgradig verdinglichten „Zeit" in der Gesellschaft gerät auf diese Weise immer mehr die sie immer schon konstituierende basale gesellschaftliche Zeitpraxis ins kollektive Bewußtsein – mit der Chance, diese nun einer *demokratischen und sozial verantwortlichen Willensbildung* zu unterwerfen. Konkret bezogen auf unseren Gegenstand (d.h. für die Zeiten des Arbeitskraftunternehmers) muß dabei die Frage im Vordergrund stehen, welche Formen einer politischen *Neuregulierung von Arbeitszeit* es geben kann, die deren (wie es scheint) aus ökonomischen Gründen unvermeidbare Entgrenzung zwar aufnimmt, diese aber in nachhaltiger Form individuell lebbar und sozial tragbar macht. Dies ist das zentrale Thema der sich derzeit in Ansätzen abzeichnenden gesellschaftlichen Zeitpolitik: Sozialpolitische, rechtliche, kulturelle und ökonomische Rahmenbedingungen zu diskutieren und zu installieren, die die Ausbildung und Praktizierung gelingender individueller Zeitarrangements in einer fortschreitenden Moderne nicht allein zur Privatsache machen.

Literatur

Alheit, P. (1983): Alltagsleben. Zur Bedeutung eines gesellschaftlichen „Restphänomens", Frankfurt/M., New York.

---

37 Für die kommunale Ebene zeigen dies prägnant Eberling/Henckel (1998).

Altmann, N.; Deiß, M.; Döhl, V.; Sauer, D. (1986): Ein „Neuer Rationalisierungstyp". Neue Anforderungen an die Industriesoziologie. In: Soziale Welt, 37. Jg., Heft 2/3, S. 191-207.

Backhaus, K.; Bonus, H. (1998): Die Beschleunigungsfalle oder der Triumph der Schildkröte. Stuttgart.

Baethge, M.; Baethge-Kinsky, V. (1998): Jenseits von Beruf und Beruflichkeit? Neue Formen von Arbeitsorganisation und Beschäftigung und ihre Bedeutung für eine zentrale Kategorie gesellschaftlicher Integration. In: Mitteilungen aus der Arbeitsmarkt- und Berufsforschung, 31. Jg., Heft 4, S. 461-472.

Bauer, F.; Groß, H.; Schilling, G. (1996): Arbeitszeit '95. Arbeitszeitstrukturen, Arbeitszeitwünsche und Zeitverwendung der abhängig Beschäftigten in West- und Ostdeutschland. Hg. vom Ministerium für Arbeit, Gesundheit und Soziales des Landes Nordrhein-Westfalen. Neuss.

Beck, U. (1986): Risikogesellschaft. Auf dem Weg in eine andere Moderne. Frankfurt/M.

Beck, U. (1999): Schöne neue Arbeitswelt. Vision: Weltbürgergesellschaft. Frankfurt/M., New York.

Beck, U.; Giddens, A.; Lash, S. (1996): Reflexive Modernisierung. Eine Kontroverse. Frankfurt/M.

Beck, U.; Vossenkuhl, W.; Ziegler, U. E. (1995): Eigenes Leben. Ausflüge in die unbekannte Gesellschaft, in der wir leben. München.

Behringer, L. (1998): Lebensführung als Identitätsarbeit. Der Mensch im Chaos des modernen Alltags. Frankurt/M., New York.

Behringer, L.; Jurczyk, K. (1995): Umgang mit Offenheit: Methoden und Orientierungen in der Lebensführung von JournalistInnen. In: Projektgruppe „Alltägliche Lebensführung" (Hg.), Alltägliche Lebensführung. Arrangements zwischen Traditionalität und Modernisierung. Opladen, S. 71-120.

Behringer. L.; Bolte, K. M.; Dunkel, W.; Jurczyk, K.; Kudera, W.; Rerrich, M. S.; Voß, G. G. (1989): Auf dem Wege zu einer neuen Art der Lebensführung? In: Mitteilungen des SFB 333, Heft 1, S. 31-41.

Bergmann, W. (1983): Das Problem der Zeit in der Soziologie: ein Literaturüberblick zum Stand der „zeitsoziologischen" Theorie und Forschung. In: Kölner Zeitschrift für Soziologie und Sozialpsychologie, Nr. 35, S. 462-504.

Böhle, F. (1999): Umbrüche in der industriellen Organisation von Arbeit und neue Anforderungen an den Umgang mit Zeit. In: Büssing, A.; Seifert, H. (Hg.), Die „Stechuhr" hat ausgedient. Flexiblere Arbeitszeiten durch technische Entwicklungen. Berlin, S. 13-26.

Born, C.; Krüger, H.; Lorenz-Meyer, D. (1996): Der unentdeckte Wandel. Annäherung an das Verhältnis von Struktur und Norm im weiblichen Lebenslauf. Berlin.

Bourdieu, P. (1983): Ökonomisches Kapital, kulturelles Kapital, soziales Kapital. In: Kreckel, R. (Hg.), Soziale Ungleichheiten, Sonderband 2 der Sozialen Welt. Göttingen, S. 183-198.

Bourdieu, P. (1998): Das ökonomische Feld. In: ders. et al., Der Einzige und sein Eigenheim. Schriften zur Politik und Kultur 3. Hamburg, S. 162-204.

Braverman, H. (1980): Die Arbeit im modernen Produktionsprozeß. Frankfurt/M.

Brödner, P. (1986): Fabrik 2000. Alternative Entwicklungspfade in die Zukunft der Fabrik. Berlin.

Brose, H. G.; Wohlrab-Sahr, S.; Corsten, M. (1993): Soziale Zeit und Biographie. Über die Gestaltung von Alltagszeit und Lebenszeit. Opladen.

Büssing, A.; Seifert, H. (Hg.) (1999): Die Stechuhr hat ausgedient. Flexible Arbeitszeiten durch technische Entwicklungen. Berlin.

Deutschmann, C. (1990): Der Normalarbeitstag. Historische Funktion und Grenzen industriellen Zeitarrangements. In König, H.; v. Greiff, B.; Schauer, H. (Hg.), Sozialphilosophie der industriellen Arbeit, Leviathan-Sonderheft 11, Opladen, S. 77-95.

Deutschmann, C. (1999): Die Verheißung des absoluten Reichtums. Zur religiösen Natur des Kapitalismus. Frankfurt/M., New York.

Durkheim, E. (1981): Die elementaren Formen des religiösen Lebens. Frankfurt/M. (zuerst französisch 1912)

Eberling, M.; Henckel, D. (1998): Kommunale Zeitpolitik. Veränderungen von Zeitstrukturen – Handlungsoptionen der Kommunen. Berlin.

Eckart, C. (1990): Der Preis der Zeit. Eine Untersuchung der Interessen von Frauen an Teilzeitarbeit. Frankfurt/M., New York.

Eckart, C. (1993): Die verleugneten Voraussetzungen des „Normalarbeitsverhältnisses" und ihre Wiederkehr in weiblichen Berufsbiographien. Mitteilungen des Instituts für Sozialforschung, Heft 3, S. 40-57.

Elias, N. (1982): Über die Zeit. In: Merkur, 36. Jg., Heft 9 u. 10, S. 841-856 u. 998-1016.

Ende, M. (1973): Momo. Stuttgart.

Geißler, K. A. (1985): Zeit leben. Vom Hasten und Rasten, Arbeiten und Lernen, Leben und Sterben, Weinheim, Basel.

Geißler, K. A. (1998): Zeit. „Verweile doch, du bist so schön". Weinheim.

Giddens, A. (1988): Die Konstitution der Gesellschaft. Grundzüge einer Theorie der Strukturierung. Frankfurt/M., New York.

Groß, H.; Perkuhl, U.; Thoben, C. (1987): Arbeitszeitstrukturen im Wandel. Ergebnisse einer aktuellen Repräsentativumfrage zu den Arbeitszeitstrukturen in der Bundesrepublik Deutschland. In: Minister für Arbeit, Gesundheit und Soziales des Landes NRW (Hg.), Arbeitszeit '87. Neuss.

Gross, P. (1995): Abschied von der monogamen Arbeit. In: gdi impuls, 13. Jg., Nr. 3, S. 31-39.

Gross, P. (1996): Das Verschwinden der monogamen Arbeit. In: Hauswirtschaft und Wissenschaft, 44. Jg., Nr. 3, S. 99-105.

Hahn, K. (1992): Flexible Frauen – Die geschlechtsspezifische Konstruktion der Alltagszeit. In: Oblong, D. (Hg.), Zeit und Nähe in der Industriegesellschaft. Alheim, S. 172-196.

Hawking, S. W. (1988): Eine kurze Geschichte der Zeit. Die Suche nach der Urkraft des Universums. Reinbek.

Held, M.; Geißler, K. A. (Hg.) (1993): Ökologie der Zeit. Vom Finden der rechten Zeitmaße. Stuttgart.

Held, M.; Geißler, K. A. (Hg.) (1995): Von Rhythmen und Eigenzeiten. Perspektiven einer Ökologie der Zeit. Stuttgart.

Hildebrandt, E.; Seltz, R. (Hg.) (1987): Managementstrategien und Kontrolle. Eine Einführung in die Labour Process Debate. Berlin.

Hinrichs, K.; Wiesenthal, H. (1982): Arbeitswerte und Arbeitszeit. Zur Pluralisierung von Wertmustern und Zeitverwendungswünschen in der modernen Industriegesellschaft. In: Offe, C.; Hinrichs, K.; Wiesenthal, H. (Hg.), Arbeitszeitpolitik: Formen und Folgen einer Neuverteilung der Arbeitszeit. Frankfurt/M., New York, S. 116-136.

Hörning, K. H.; Gerhardt, A.; Michailow, M. (1990): Zeitpioniere. Flexible Arbeitszeit – neuer Lebensstil. Frankfurt/M.

Inhetveen, H. (1988): „Schöne Zeiten, schlimme Zeiten" – Zeiterfahrungen von Bäuerinnen. In: Zoll, R. (Hg.), Zerstörung und Wiederaneignung von Zeit. Frankfurt/M., S. 193-217.

Jurczyk, K. (1994a): Alltägliche Lebensführung und Zeit. Eine soziologische Betrachtung über die zunehmende Bedeutung der Zeit. Unv. Manuskript. Kulturamt Fellbach. Fellbach.

Jurczyk, K. (1994b): Zwischen Selbstbestimmung und Bedrängnis. Zeit im Alltag von Frauen. In: Brückner, M.; Meyer, B. (Hg.), Die sichtbare Frau. Die Eroberung der gesellschaftlichen Räume. Freiburg, S. 198-233.

Jurczyk, K. (1994c): Zeit – Macht – Geschlecht. Frauen und Zeit in der alltäglichen Lebensführung. In: Claupein, E. (Hg.), Frauen und alltägliche Lebensführung. Niederkleen, S. 19-44.

Jurczyk, K. (1997): Ein subjektorientierter Blick auf die „Zeit". Wider unbrauchbare Dualismen. In: Pongratz, H.; Voß, G. G. (Hg.), Subjektorientierte Soziologie. Opladen, S. 169-182.

Jurczyk, K. (1998): Zeitordnungen als Ordnung der Geschlechter. Zeit als Machtfaktor – Stabilität und Erosion der unterschiedlichen Zeitmuster von Frauen und Männern im Alltag. In: Weis, K. (Hg.), Was treibt die Zeit? Entwicklung und Herrschaft der Zeit in Wissenschaft, Technik und Religion. München, S. 159-192.

Jurczyk, K. (1999): Zeithandeln in der Lebensführung der Moderne. Subjektorientierte Perspektiven. Unv. Manuskript. Gießen.

Jurczyk, K.; Rerrich, M. S. (1993): Lebensführung weiblich – Lebensführung männlich. Macht diese Unterscheidung heute noch Sinn? In: dies. (Hg.), Die Arbeit des Alltags. Beiträge zu einer Soziologie der alltäglichen Lebensführung. Freiburg, S. 279-309.

Jurczyk, K.; Treutner, E.; Voß, G. G.; Zettel, O. (1985): Die Zeiten ändern sich – Arbeitszeitpolitische Strategien und die Arbeitsteilung der Personen. In: Hradil, S. (Hg.), Sozialstruktur im Umbruch. Opladen, S. 147-167.

Jurczyk, K.; Voß, G. G. (1995): Zur gesellschaftsdiagnostischen Relevanz der Untersuchung von alltäglicher Lebensführung: In: Projektgruppe „Alltägliche Lebensführung" (Hg.), Alltägliche Lebensführung. Arrangements zwischen Traditionalität und Modernisierung. Opladen, S. 371-407.

Kern, H.; Schumann, M. (1984): Das Ende der Arbeitsteilung? Rationalisierung in der industriellen Produktion. München.

Kern, H.; Schumann, M. (1998): Kontinuität oder Pfadwechsel? Das deutsche Produktionsmodell am Scheideweg. In: SOFI-Mitteilungen, Nr. 26, S. 7-14.

Klenner, C.; Seifert, H. (Hg.) (1998): Zeitkonten – Arbeit à la carte? Neue Modelle der Arbeitszeitgestaltung. Hamburg.

Kommission für Zukunftsfragen der Freistaaten Bayern und Sachsen (1996/1997): Erwerbstätigkeit und Arbeitslosigkeit in Deutschland. 3 Bde. Bonn.

Kress, U. (1998): Vom Normalarbeitsverhältnis zur Flexibilisierung des Arbeitsmarktes – Ein Literaturbericht. In: Mitteilungen aus der Arbeitsmarkt- und Berufsforschung, 31. Jg., Nr. 4, S. 488-505.

Kudera, W. (1995): Biographie, Lebenslauf und Lebensführung. In: Berger, P. A.; Sopp, P. (Hg.), Sozialstruktur und Lebenslauf. Opladen, S. 85-105.

Kühl, S. (1994): Wenn die Affen den Zoo regieren. Die Tücken der flachen Hierarchien. Frankfurt/M., New York.

Kurz, C. (1999): Repetitivarbeit – unbewältigt. Betriebliche und gesellschaftliche Entwicklungsperspektiven eines beharrlichen Arbeitstyps. Berlin.

Linder, S. (1971): Das Linder-Axiom oder warum wir keine Zeit mehr haben. Gütersloh.

Mackenzie, R. A. (1974): Dei Zeitfalle: sinnvolle Zeiteinteilung und Zeitnutzung. Heidelberg.

Marx, K. (1969): Das Kapital, Bd. 1 (MEW 23). Berlin (Ost).

Maurer, A. (1992): Alles eine Frage der Zeit? Die Zweckrationalisierung von Arbeitszeit und Lebenszeit. Berlin.

Mertens, D. (1979): Neue Arbeitszeitpolitik und Arbeitsmarkt: In: Mitteilungen aus der Arbeitsmarkt- und Berufsforschung, Nr. 3/1979, S. 263-269.

Moldaschl, M. (1997): Internalisierung des Marktes. Neue Unternehmensstrategien und qualifizierte Angestellte. In: SOFI; IfS; ISF; INIFES (Hg.), Jahrbuch sozialwissenschaftliche Technikberichterstattung 1997, Schwerpunkt: Moderne Dienstleistungswelten. Berlin, S. 197-250.

Moldaschl, M. (1999): Herrschaft durch Autonomie – Dezentralisierung und widersprüchliche Arbeitsanforderungen. In: Lutz, B. (Hg.), Entwicklungsperspektiven von Arbeit. Weinheim, S. 269-303.

Mückenberger, U. (1985): Die Krise des Normalarbeitsverhältnisses. In: Zeitschrift für Sozialreform, S. 415ff., 457ff.

Müller-Wichmann, C. (1984): Zeitnot. Weinheim.

Nadolny, S. (1987): Die Entdeckung der Langsamkeit. München.

Negt, O. (1985): Lebendige Arbeit, enteignete Zeit. Frankfurt/M., New York.

Nowotny, H. (1989): Eigenzeit. Frankfurt/M.

Projektgruppe „Alltägliche Lebensführung" (Hg.) (1995): Alltägliche Lebensführung. Arrangements zwischen Traditionalität und Modernisierung. Opladen.

Reheis, F. (1998): Die Kreativität der Langsamkeit. Neuer Wohlstand durch Entschleunigung. Darmstadt.

Rinderspacher, J. P. (1985): Gesellschaft ohne Zeit. Individuelle Zeitverwendung und soziale Organisation der Arbeit. Frankfurt/M., New York.

Schlote, A. (1996): Widersprüche sozialer Zeit. Zeitorganisation im Alltag zwischen Herrschaft und Freiheit. Opladen.

Schmidt, T. (Hg.) (1984): Befreiung von falscher Arbeit. Thesen zum garantierten Mindesteinkommen. Berlin.

Schmiede, R.; Schudlich, E. (1991): Die Entwicklung von Zeitökonomie und Lohnsystem im deutschen Kapitalismus. In: Institut für Sozialforschung (Hg.), Gesellschaftliche Arbeit und Rationalisierung. Opladen, S. 57-99.

Schumann, M.; Baethge-Kinsky, V.; Kuhlmann, M.; Kurz, C.; Neumann, U. (1994): Trendreport Rationalisierung. Automobilbau, Werkzeugmaschinenbau, Chemische Industrie. Berlin.

Seiwert, L. J. (1997): Mehr Zeit für das Wesentliche. München.

Seiwert, L. J. (1998): Wenn Du es eilig hast, gehe langsam. Das neue Zeitmanagement in einer beschleunigten Welt. Frankfurt/M., New York.

Sennet, R. (1998): Der flexible Mensch. Die Kultur des neuen Kapitalismus. Berlin.

Smith, V. (1997): New Forms of Work Organization. In: Annual Review of Sociology, No. 23, S. 315-339.

Springer, R. (1999): Rückkehr zum Taylorismus? Arbeitspolitik in der Automobilindustrie am Scheideweg. Frankfurt/M., New York.

Statistisches Bundesamt (Hg.) (1997a): Datenreport 1997. Zahlen und Fakten über die Bundesrepublik. Bonn.

Statistisches Bundesamt (Hg.) (1997b): Statistisches Jahrbuch 1997. Wiesbaden.

Teriet, B. (1977): Die Wiedergewinnung der Zeitsouveränität. In: Duve, F. (Hg.), Technologie und Politik, Bd. 8. Reinbek, S. 75-111.

Teriet, B. (1978): Zeitökonomie, Zeitsouveränität und Zeitmanagement in der Bundesrepublik Deutschland – eine Zwischenbilanz. In: Zeitschrift für Arbeitswissenschaft, 32. Jg., Nr. 2, S. 112-118.

Thompson, E. P. (1973): Zeit, Arbeitsdisziplinierung und Industriekapitalismus. In: Braun, R.; Großkreuz, H.; Fischer, W. (Hg.), Gesellschaft in der industriellen Revolution. Köln, Berlin, S. 81-112.

Virilio, P. (1989): Der negative Horizont. Bewegung – Geschwindigkeit – Beschleunigung. München, Wien.

Virilio, P. (1992): Rasender Stillstand. München, Wien.

Voß, G. G. (1991): Lebensführung als Arbeit. Über die Autonomie der Person im Alltag der Gesellschaft. Stuttgart.

Voß, G. G. (1992): Alltägliche Lebensführung im Umbruch – Eine Herausforderung für die betriebliche Personalführung. In: Katzenbach, E.; Molitor, B.; Mayer, O. G. (Hg.), Hamburger Jahrbuch für Wirtschafts- und Gesellschaftspolitik, Bd. 37, Tübingen, S. 73-94.

Voß, G. G. (1994): Das Ende der Teilung von „Arbeit und Leben"? An der Schwelle zu einem neuen gesellschaftlichen Verhältnis von Betrieb- und Lebensführung. In: Beckenbach, N.; Van Treeck, W. (Hg.), Umbrüche gesellschaftlicher Arbeit. Göttingen, S. 269-294.

Voß, G. G. (1997): Zur Entwicklung der Arbeitszeiten in der Bundesrepublik Deutschland. In: Mitteilungen 10 des SFB 333, S. 33-58.

Voß, G. G. (1998): Die Entgrenzung von Arbeit und Arbeitskraft. Eine subjektorientierte Interpretation des Wandels der Arbeit. In: Mitteilungen aus der Arbeitsmarkt- und Berufsforschung, 31. Jg., Nr. 3, S. 473-487.

Voß, G. G.; Pongratz, H. J. (1998): Der Arbeitskraftunternehmer. Eine neue Grundform der „Ware Arbeitskraft"? In: Kölner Zeitschrift für Soziologie und Sozialpsychologie, 50 Jg., Nr. 1, S. 131-158.

Weber, M. (1972): Wirtschaft und Gesellschaft (Studienausgabe). Tübingen.

Wehmeyer, G. (1998): Preßtissimo. Die Wiederentdeckung der Langsamkeit in der Musik. Hamburg.

Weidinger, M. (1995): Abschied von der „Zeitverbrauchs-Kultur". Konsequenzen für Führung und Organisation. In: Personalführung, Heft 9, S. 768-775.

Wendorff, R. (1980): Zeit und Kultur. Geschichte des Zeitbewußtseins in Europa. Opladen.

Werlhof, C. v.; Mies, M.; Bennholdt-Thomsen, V. (1980): Frauen, die letzte Kolonie. Zur Hausfrauisierung der Arbeit. Bd. 4 der Reihe „Zukunft der Arbeit". Reinbek.

Zoll, R. (Hg.) (1988): Zerstörung und Wiederaneignung von Zeit. Frankfurt/M.

ANPASSUNG AN „ATMENDE UNTERNEHMEN" – ANFORDERUNGEN AN FAMILIEN DURCH FLEXIBILISIERTE ARBEITSZEITEN

Kerstin Jürgens, Karsten Reinecke

Im Mittelpunkt des Projekts, das in diesem Beitrag vorgestellt werden soll, standen die Auswirkungen der 28,8-Stunden-Woche bei der VW-AG auf das Familienleben von Schichtarbeitern[1].

Am Beispiel der kollektiven Verkürzung der Regelarbeitszeit um 20% bei Volkswagen ließ sich erstmals und ex post für ein Großunternehmen untersuchen, wie Männer mit einer „unfreiwilligen" und einkommensvermindernden Reduzierung der Arbeitszeit umgehen und wie sie diese Erfahrungen bewerten. Zentrale Fragen waren, ob Veränderungen im Alltagsleben der Familien stattgefunden haben, ob die zusätzliche freie Zeit in die Familie verlagert wird und es dabei möglicherweise zu veränderten Arbeitsteilungsmustern innerhalb der Paarbeziehung kommt. Zumindest theoretisch ergab sich aus dem Zuwachs an erwerbsarbeitsfreier Zeit die Möglichkeit, daß sich Väter intensiver um die Kinder kümmern oder Arbeiten im Haushalt übernehmen.

Im Rahmen einer qualitativen Beschäftigtenbefragung führten wir 1996 und 1997 Gruppendiskussionen mit VW-ArbeiterInnen sowie 72 leitfadengestützte Interviews mit Schichtarbeitern und ihren Lebensgefährtinnen.[2] Alle Paare leben mit jüngeren Kindern in einem gemeinsamen Haushalt. Die Männer arbeiten im Zwei-Schicht-System in der Produktion und konzentrieren sich auf zwei mittlere Lohngruppen. Das Sample ist damit hinsichtlich sozialstatistischer Merkmale vergleichsweise homogen.

---

1 Die Ergebnisse dieser Studie wurden 1998 unter dem Titel „Zwischen Volks- und Kinderwagen" veröffentlicht.
2 Die Einbeziehung der Partnerinnen erschien uns sinnvoll, da wir davon ausgehen, daß der familiale Alltag – vor allem, wenn der Mann schichtarbeitet – zu einem Großteil von Frauen organisiert wird und sie damit maßgeblich zum Gelingen oder Scheitern dieses Arbeitszeitmodells beitragen.

Da die 28,8-Stunden-Woche in den einzelnen Werken unterschiedlich umgesetzt wurde und der Umfang der tatsächlich geleisteten individuellen Arbeitszeiten daher zum Teil erheblich variiert (vgl. Seifert/Trinczek in diesem Band), befragten wir jeweils zwölf Paare an den VW-Standorten Emden, Salzgitter und Hannover. So konnten wir die Auswirkungen einer tatsächlich auf vier Arbeitstage pro Woche verkürzten Arbeitszeit mit solchen Modellen vergleichen, die faktisch keine Reduzierung, sondern eine weitreichende Flexibilisierung der bisherigen Arbeitszeit vorsehen.

1. Problemaufriß

Die gegenwärtige Phase gesellschaftlicher Modernisierung wird charakterisiert als ein Prozeß der Enttraditionalisierung und Entstrukturierung: Normative Verhaltensvorgaben haben an Relevanz eingebüßt, so daß Individuen ihr Leben stärker nach eigenen Vorstellungen gestalten können. Sie stehen dadurch jedoch gleichzeitig – und dies wird häufig vernachlässigt – vor der Aufgabe, sich mit neuen, offenen Situationen auseinanderzusetzen und sich zwischen verschiedenen Optionen entscheiden zu müssen. Der Zunahme an Entscheidungsfreiheit steht also ein Zuwachs an Entscheidungszwang gegenüber (vgl. Einleitung; Jurczyk/Voß in diesem Band).

Für die Sphäre der Erwerbsarbeit galten erwerbslebenslange Vollzeitbeschäftigung und eindeutig festgelegte Arbeitszeiten seit der Nachkriegszeit als zwei maßgeblich für Männer gültige Eckpfeiler der Lebensgestaltung und prägten als „Normalbiographie" bzw. „Normalarbeitstag" auch die zeitliche und inhaltliche Strukturierung der außerbetrieblichen Lebenszusammenhänge von Arbeitnehmer/innen. Demgegenüber sind die aktuelle Ausdifferenzierung von Arbeitszeitmustern – wie sie sich aktuell am Beispiel der Konzeption von (Lebens-)Arbeitszeitkonten nachvollziehen läßt – und die Verlagerung ehemals kollektiver Regelungen auf die Verhandlungsebene einzelner Beschäftigter Ausdruck gesellschaftlicher Modernisierungsdynamiken und beeinflussen die alltägliche Lebensführung von Individuen.

Die Anpassung an solche Prozesse der Deregulierung und Flexibilisierung der betrieblichen Arbeitszeitorganisation ist für berufstätige Eltern, insbesondere wenn sie mit jüngeren Kindern zusammenleben, wesentlich schwieriger zu bewältigen als für alleinstehende oder kinderlose Beschäftigte (vgl. Garhammer 1994; Geissler 1995): Sie müssen ihre Arbeitszeiten nicht nur mit den Öffnungszeiten von Geschäften, Banken, Behörden oder mit den Arbeitszeiten der Partner und Freunde koordinieren, sondern darüber hinaus auch mit den

"Lebenszeiten" der Kinder synchronisieren. Diese müssen in den Kindergarten oder zur Schule gebracht, versorgt und gefördert werden und haben nicht zuletzt eigene Interessen der Freizeitgestaltung, die – vor allem in ländlichen Regionen – oftmals mit hohem Mobilitätsaufwand verbunden sind.[3] Die Organisation von Erwerbs- und Familienarbeit, die innerhalb von Paarbeziehungen getroffenen Arbeitsteilungsmuster und ihnen zugrundeliegende Motive standen folglich im Zentrum unserer Untersuchung. Ob und inwiefern im Familienleben durch die Flexibilisierung der Arbeitszeiten Modifikationen stattfinden, erschien uns vor allem angesichts der gesellschaftlichen Funktionalität der Lebensform Familie und der verbreiteten Annahme ihrer Krise als eine relevante Forschungsfrage.

Im Unterschied zu Untersuchungen, die individuelle alltägliche Lebensführung im Kontext flexibilisierter Arbeitszeiten analysieren (vgl. Jurczyk/Voß und Hildebrandt/Hielscher in diesem Band), ergänzten wir diese Perspektive um die soziale Vermittlung von Lebensführung: Wie werden in Familien je individuelle Lebensführungen so miteinander verschränkt, daß daraus ein gemeinsames Familienleben, eine gemeinsame *familiale Lebensführung* entsteht, und wie gehen Menschen angesichts ihrer Einbindung in solche sozialen Beziehungen mit veränderten Arbeitszeiten um? Im Zentrum steht also der Zusammenhang zwischen der Einbindung von Menschen in Primärbeziehungen und den Veränderungen struktureller gesellschaftlicher Rahmenbedingungen.[4]

Im vorliegenden Aufsatz sollen daher die Ergebnisse über die Auswirkungen der 28,8-Stunden-Woche auf familiale Arbeitsteilungsmuster zugunsten einer Analyse gemeinsamer Bewältigungsstrategien vernachlässigt werden. Dazu wollen wir zunächst aufzeigen, welche generellen Muster der alltäglichen gemeinsamen Lebensorganisation sich innerhalb eines Samples von Industriearbeitern und ihren Partnerinnen identifizieren lassen und ob dabei – wie in der Einführung zu diesem Band entwickelt – Elemente einer „reflexiven Lebensfüh-

---

3 Das Zusammenspiel der verschiedenen Einflußfaktoren auf diese alltäglich notwendigen Synchronisationsleistungen behandeln Eberling/Henckel (in diesem Band) in ihrer Analyse kommunaler Zeitstrukturen ausführlich.

4 Wir beziehen den Begriff „familiale Lebensführung" hier ausschließlich auf Kleinfamilien. Auch in Ein-Eltern-Familien oder Beziehungen ohne Kinder müssen selbstverständlich Lebensführungen miteinander verschränkt werden, doch ergeben sich unseres Erachtens aus der Synchronisation der Lebensführungen zweier Erwachsener mit Kindern nochmal besondere Anforderungen. Eine Befragung der Kinder würde in diesem Zusammenhang für die Analyse familialer Lebensführung weitere Hinweise geben, ließ sich jedoch in dieser Studie nicht realisieren.
Dieses Konzept familialer Lebensführung wird ausführlicher in einer der Fakultät für Geistes- und Sozialwissenschaften der Universität Hannover vorgelegten Dissertation von Kerstin Jürgens dargestellt.

rung" in den Alltagsarrangements sichtbar werden. Am Beispiel der in unserer Untersuchungsgruppe vorgefundenen Extremtypen familialer Lebensführung soll dann im Folgenden skizziert werden, welchen Einfluß die veränderten Arbeitszeiten auf das etablierte Muster gemeinsamer Lebensführung nehmen: Inwiefern bestehen also möglicherweise Überschneidungen zwischen dem Modus der sozialen Einbindung von Lebensführung in der Familie und den Reaktionen auf und Anpassungsmöglichkeiten an die 28,8-Stunden-Woche?

2. Familiale Lebensführung von VW-Arbeitern

Als Folge des Modernisierungsschubs hat die männliche Versorger-Ehe als verbindliches Leitbild und in der gelebten Praxis in den vergangenen Jahrzehnten an Bedeutung verloren. Bildungsexpansion, Wertewandel und Individualisierungsprozesse haben die Optionen auf gleichberechtigtere Beziehungsmuster deutlich erhöht, doch sind deren Effekte in den verschiedenen gesellschaftlichen Gruppen und Milieus nicht mit gleicher Intensität wirksam geworden (Vester et al. 1993). Traditionelle Geschlechtsrollenstereotype und hierarchische Arbeitsteilungsmuster scheinen vor allem in der Arbeiterschaft nach wie vor zu den Charakteristika privater Lebensformen zu zählen (Keddi/Seidenspinner 1991; Künzler 1994; Burkart/Kohli 1992). Erklären lassen sich diese Beharrungstendenzen unter anderem mit der im Vergleich zu anderen Beschäftigtengruppen eingeschränkten Verfügbarkeit über materielle, soziale und kulturelle Ressourcen, die nach wie vor die Gestaltung von Alltagsleben und Lebensverlauf beeinflussen.[5] Die anhaltende geschlechtliche Segregation des Arbeitsmarktes und damit verbundene Einkommensgefälle reproduzieren hierarchische Arbeitsteilungsmuster zwischen Mann und Frau und fördern, daß sich die gemeinsame familiale Lebensführung weitgehend am wechselnden, nicht beeinflußbaren Rhythmus von Früh-, Spät- und mitunter auch Nachtschicht des männlichen Haupt-Familienernährers ausrichtet.[6]

Wie gestaltet sich vor diesem Hintergrund die familiale Lebensführung der VW-Arbeiter?

---

5 Sie sind darüber hinaus vom gesellschaftlichen Geschlechterverhältnis überformt und werden durch die spezifischen Rahmenbedingungen der Erwerbsarbeit beeinflußt.
6 Kudera (1995) hat entsprechend die Lebensführung von Schichtarbeiter aus Niederbayern als ein „stabiles und in sich geschlossenes Arrangement" (ebd., S. 142) beschrieben, das durch die Reduktion von Komplexität und eine klare Trennung von Lebensbereichen und Zuständigkeiten den Umgang mit dem rotierenden Drei-Schicht-System des Betriebes erleichtern soll.

Unsere Untersuchung bestätigt grundsätzlich den dominierenden Einfluß der Schichtarbeit. Der Wechsel von Früh- und Spätschicht[7] gibt beiden Geschlechtern nicht nur die Phasen der Erwerbsarbeit vor, sondern auch die Zeiträume, die für Familie, Freizeit und individuelle Regeneration genutzt werden können. Dispositionsmöglichkeiten bezüglich der Lage oder der (täglichen oder wöchentlichen) Dauer der Arbeitszeit läßt das Schichtsystem nicht zu. Im Interview wird dies auf den Punkt gebracht: „Man muß sich dem Takt des Werkes eben anpassen". Diese Rahmenbedingung schränkt die alltäglichen Gestaltungsspielräume aller Familien in gleicher Weise ein. Wir vermuteten daher, daß die in der Untersuchungsgruppe anzutreffenden Formen familialer Lebensführung einem einheitlichen Muster folgen. Tatsächlich aber zeigen sich teilweise erhebliche Differenzen: Die engen Handlungsspielräume, die das Arbeitszeitregime setzt, werden unterschiedlich wahrgenommen und genutzt. Der Grad der Reflexivität von Lebensführung variiert also innerhalb eines vordergründig scheinbar homogenen Samples. Nach einem mehrschrittigen Interpretationsverfahren mit Einzelfallanalysen und Fallvergleichen, Paaranalysen und Paarvergleichen ließen sich schließlich vier Typen familialer Lebensführung identifizieren, von denen zwei deutlich traditionelle, zwei eher modernisierte Züge aufweisen.[8]

2.1 Traditionelle Muster familialer Lebensführung: Geschlechtliche Arbeitsteilung als Stabilitätsgarant

Die traditionellen Arrangements familialer Lebensführung sind auf Überschaubarkeit und Verläßlichkeit ausgerichtet. Hierfür bewerten die Paare eine vergleichsweise rigide Aufgabenverteilung zwischen den Geschlechtern, das klas-

---

7   Die Befragten sind beim Zwei-Schicht-Modell im wöchentlichen Wechsel von 6-14 Uhr bzw. von 14-22 Uhr im Werk.

8   Die Begriffe „traditionell" und „modern" werden in einer Vielzahl von Untersuchungen verwendet und drohen daher tendenziell inhaltsleer zu werden. Wir haben in unserer Studie daher zunächst auf Basis des bisherigen Forschungsstands zwei idealtypische Extreme familialer Lebensführung gegenübergestellt, um auf der dadurch aufgezogenen „Modernitäts-Achse" die von uns untersuchten Fälle zu positionieren. Daraus entwickelten sich vier Typen familialer Lebensführung, von denen zwei eher traditionelle, zwei eher moderne Charakteristika aufweisen. Die am empirischen Material orientierte Definition wird in 2.1 und 2.2. ersichtlich (vgl. auch Jürgens/Reinecke 1998, S. 96f.).
    Eine Dominanz einer der vier Typen oder eines Typus an einem VW-Standort konnten wir nicht ermitteln; die befragten Familien verteilen sich in etwa gleichmäßig auf die vier Gruppen.

sische „Familienernährer-Hausfrauen-Modell", als wichtigste Voraussetzung: Die Männer sind für das Einkommen verantwortlich, die Frauen übernehmen im Gegenzug nahezu sämtliche Familienarbeiten. Aufwendige Organisations- und Synchronisationsprozesse können so reduziert werden; Absprachen sind im Alltag kaum noch notwendig. Erscheint diese Aufgabenteilung in der Außenperspektive noch als eine Art „Nebeneinanderleben" der Geschlechter, kann dieser Eindruck durch die Analyse der Binnenperspektive revidiert werden: Das gegenseitige Sich-Verlassen auf die Unterstützung des anderen bringt – typspezifisch – für die Beziehungen konstitutive Anerkennungsmomente hervor.

Von der traditionellen Arbeitsteilung abzuweichen, ist für beide Partner unvorstellbar. Sie haben sich an diesem, bereits von ihren Eltern praktizierten Arbeitsteilungsmuster schon vor dem Eingehen einer Zweierbeziehung orientiert und bewerten dies als adäquates, erfolgversprechendes Modell, um als Familie zusammenzuleben. Entsprechend lehnen die Frauen – ebenso wie ihre Partner – einen Rollentausch oder eine grundsätzliche Veränderung des Arrangements ab. Anders verhält es sich hingegen in Bezug auf die Vaterrolle: Für die Frauen sind gemeinsame Zeitverbringung sowie das Interesse des Vaters am Lebensalltag und an den Bedürfnissen der Kinder wichtige Voraussetzungen für ein zufriedenstellendes Familienleben. Auf diesen Wunsch nach einer (intensiveren) Familienorientierung reagieren die Männer unterschiedlich. Während eine Gruppe ein distanziertes Verhältnis zu den Kindern hat und sich den Anforderungen aus der Familie zu entziehen versucht, erfüllen die Männer des anderen Typus bereitwillig die aktive „Feierabendvaterschaft". Am Beispiel des Umgang in der Familie mit diesen Reaktionen können erste Hinweise auf die Reflexivität von familialer Lebensführung nachgezeichnet werden.

Die Männer des *ersten, traditionellen Typus familialer Lebensführung* erklären ihre Distanz zu ihrer Familie mit den Belastungen der Erwerbsarbeit. Sie betrachten ihre Erwerbsbiographie als gescheitert und sind mit ihrer aktuellen Arbeitssituation unzufrieden.[9] Im Betrieb reagieren sie weitgehend mit Rückzug: Sie sehen es als aussichtslos an, „daß sich der kleine Arbeiter da gegen so einen Riesen wie VW auflehnt". Diese Resignation findet ihre Parallele im privaten Lebensalltag der Männer: Sie fühlen sich physisch und psychisch stark belastet durch die Arbeit und erleben ihre Ernährerrolle sowie emotionale Ansprüche seitens der Familie als zusätzliche Belastung. Sie versuchen daher, sich dem Familienleben – beispielsweise gemeinsamen Aktivitäten oder auftre-

---

9 Im Unterschied zu anderen Befragten ist für die Männer ihre Tätigkeit bei VW eine Kompromißlösung gewesen: Sie strebten ursprünglich andere Beschäftigungsfelder an, wollten keinesfalls in der Produktion am Band arbeiten und haben eher mangels Alternativen den Arbeitsplatz bei VW angenommen.

tenden Problemen – möglichst zu entziehen. Dies führt auch bei den Frauen zu einer resignativen Grundstimmung: Sie erwarten und wünschen von ihren Partner keine Mithilfe im Haushalt, vermissen jedoch die vom klassischen Familienmodell erhoffte Anerkennung ihrer alltäglichen Arbeitsleistungen. Die an eine geschlechtliche Aufgabenverteilung ursprünglich geknüpften Erwartungen haben sich subjektiv weder für die Frauen noch für die Männer erfüllt.

Charakteristisch für den Typus ist der spezifische Umgang mit dieser Diskrepanz zwischen individuellen Wünschen und alltäglicher Lebensrealität. Sie wird in den Interviews zwar reflektiert, jedoch nicht zum Gesprächsthema in der Beziehung: „Man macht das dann eben mit sich selbst aus". Zwar haben die Befragten durchaus Vorstellungen über eine Alternative zur bisherigen Lebensgestaltung, doch sehen sie keine Ansatzpunkte, um tatsächlich auch eine konkrete Veränderung zu erzielen. Aus Sorge, eine Veränderung könnte möglicherweise eine Verschlechterung bedeuten, beläßt man daher lieber alles beim Alten. Individuelle Wünsche werden in der Folge reduziert auf „Hirngespinste, die man manchmal so hat, wo man aber weiß, das gibt's nicht echt."

Ähnlich geschlossen, jedoch anders ausgefüllt sind die Arrangements im *zweiten traditionellen Typus*: Zwar impliziert auch in diesen Familien die geschlechtliche Arbeitsteilung eine ökonomische Abhängigkeit der Frau und führt objektiv zu einer Hierarchie innerhalb der Paarbeziehung, sie wird aber aus der Binnenperspektive als gleichberechtigtes Modell wahrgenommen. Die Paare einigten sich in der Aufbauphase ihrer Beziehung ganz bewußt auf dieses Arbeitsteilungsmuster. Die gegenseitige Anerkennung von Arbeitsleistungen ist ausgesprochen hoch und stärkt für beide Geschlechter die individuelle Selbstbestätigung.[10] Auch bei diesem Typus dominiert das Festhalten an der gewohnten Form der Lebensführung, doch vor einem völlig anderen Hintergrund: Das getroffene Arrangement hat sich für beide Seiten bewährt und wird von Mann und Frau als gelungene Umsetzung angestrebter Lebensziele betrachtet.

Die Identifikation der Männer mit ihrer Arbeit bei VW ist ausgesprochen hoch, der Schulterschluß mit dem Unternehmen ausgeprägt. Sie gehen daher möglichen Konflikten mit Kollegen oder Vorgesetzten aus dem Weg, passen sich Veränderungen am Arbeitsplatz oder in der Arbeitsorganisation bereitwillig an und erfahren dafür im Werk Anerkennung und Wertschätzung. Die Frauen sind verantwortlich für Hausarbeit, Kinderbetreuung, emotionale Stabilisierung und familiale Kohäsion und verändern flexibel ihre Arbeitsorganisation, wenn Abweichungen in der Arbeitszeit des Mannes auftreten. Dennoch ist

---

10 Wir bezeichnen diese Form der familialen Lebensführung daher auf Ebene des Geschlechterverhältnisses als „komplementär", auch wenn es objektiv Ergebnis und Ausdruck einer gesellschaftlichen Geschlechterhierarchie ist.

das Grundmuster statisch: Jede/r bleibt für den eigenen Aufgabenbereich verantwortlich. Dabei gibt die Hierarchie der Lebenssphären die Wirkungsrichtung vor: Die Frau ordnet sich mit den Belangen der Privatsphäre den Anforderungen des Erwerbslebens unter. Diskussionen oder Entscheidungen über den Umgang mit unvorhergesehenen Situationen sind daher kaum erforderlich, sondern obliegen der individuellen Lösungskompetenz.

2.2 Modernisierte Muster familialer Lebensführung: Zufriedenheit durch flexible Aufgabenverteilung

Für die Paare der zwei modernisierten Gruppen fällt grundsätzlich eine stärkere Durchmischung der Sphären Familie und Beruf sowie ein Aufweichen tradierter Rollenmuster auf: Männer und Frauen sind – wenn auch mit sehr unterschiedlicher quantitativer Gewichtung – in die Familien- *und* in die Erwerbssphäre integriert. Maßgeblichen Einfluß hierauf nimmt die ausgeprägte Erwerbsorientierung der Frauen, die ihr in der beruflichen Ausbildung erworbenes Wissen im Rahmen eines regulären Beschäftigungsverhältnisses auch praktisch umsetzen wollen.

Aufgrund der Erwerbstätigkeit beider Partner ist die gemeinsame Lebensführung wesentlich offener gestaltet als in den zwei traditionellen Typen. Sowohl die Arbeitszeiten im Beruf als auch die privaten Arbeitszeiten müssen aufeinander abgestimmt, kurzfristige Änderungen vom anderen aufgefangen werden. Je höher dabei der Anteil der Frauen an der Erwerbsarbeit ausfällt, desto eher erfolgt zwischen den Partnern eine ausgeglichene Anpassung an gegenseitige Bedürfnisse und Erfordernisse. Die Beteiligung an der Familienarbeit wird für die Männer unumgänglich und von den Frauen auch eingefordert. Die gemeinsame Lebensführung ist daher durch ein höheres Maß an Flexibilität gekennzeichnet und häufiger Ergebnis von Aushandlungen und Entscheidungen als bei den Paaren aus den traditionellen Arrangements. Diese Praxis von Reflexion und Auseinandersetzung mit alltäglichen Problemen der Vereinbarkeit von Erwerbsarbeit und Familienleben basiert auf der gemeinsamen Überzeugung, daß die eigene Zukunft beeinflußbar ist und man sich ein zufriedenstellendes Leben gemeinsam erarbeiten muß. Entsprechend wird die Zweierbeziehung als etwas Dynamisches angesehen, das wiederholt überdacht werden kann. Im Unterschied zum traditionellen Muster wird Veränderungen im Arrangement durchaus die Chance auf Verbesserung eingeräumt, auch wenn der Weg dorthin als anstrengend erlebt wird. Die Bereitschaft, sich mit nicht zufriedenstellenden Situationen abzufinden, ist vergleichsweise gering. Auch wenn den

Paaren bewußt ist, daß die Möglichkeiten einer aktiven individuellen Einflußnahme sehr begrenzt sind, ordnen sie ihre Interessen, Bedürfnisse und Zukunftspläne nicht von vornherein strukturellen Sachzwängen unter, sondern versuchen immer wieder, je bestehende Handlungsspielräume auszuloten und auch zu nutzen.

Unterschiede zwischen den zwei modernisierten Typen von Lebensführung bestehen in bezug auf die Erwerbsorientierung der Männer und die damit verbundenen Folgen für die gemeinsame Lebensführung in der Paarbeziehung:

Die Männer des *dritten Typus* haben die im Sample ausgeprägteste Einkommensorientierung, sind im Werk sehr engagiert und leistungsbereit. Sie präferieren grundsätzlich eine traditionelle Arbeitsteilung im Privaten, beteiligen sich jedoch aufgrund der Erwerbsorientierung der Partnerin und ihrem eigenen Interesse an einem höheren Familieneinkommen an der Betreuung der Kinder und Teilen der Hausarbeit.[11] Das getroffene Arrangement ist ein eher pragmatischer Kompromiß, der notwendig ist, um beide Lebensführungen miteinander in Einklang zu bringen. Vor diesem Hintergrund erklären sich die Auseinandersetzungen über individuelle Arbeitsanteile und Interessen, die maßgeblich von Seiten der Frau initiiert, vom Mann eher als belastend erlebt werden.

Demgegenüber ist den Männern im *modernsten Typus* die Beteiligung an der Familienarbeit selbstverständlich, die Familienorientierung stark ausgeprägt. Sie ordnen daher Ansprüche aus der Erwerbssphäre – soweit dies möglich ist – den außerbetrieblichen Interessen weitestgehend unter: „Ich hab' auch ein Leben außerhalb von VW, da besteh' ich dann auch drauf!" Die Einstellung zur Arbeit bei VW ist instrumenteller Art: Der Einkommenserwerb steht im Vordergrund, Erfahrungen von Selbstbestätigung werden der Arbeit in der Produktion abgesprochen und daher verstärkt im Privatleben gesucht und verwirklicht.

Für die Männer beider Typen ist ein strategisches Verhalten am Arbeitsplatz charakteristisch: entweder um die Position im Werk zu festigen, Aufstiegschancen abzusichern und sich gegenüber Vorgesetzten zu profilieren; oder aber um sich gegen weitreichende Zugriffe aus dem Erwerbsleben abzugrenzen, ohne daß dies Nachteile mit sich bringt. Dem entspricht auch im Privaten ein diskursiver Beziehungsstil: Konflikte werden nicht ausgehalten, sondern ausgetragen.

---

11 Die Männer in den modernisierten Arrangements zeichnen sich durch eine engagierte Vaterrolle aus. Sie wollen – meist in bewußter Abgrenzung zum eigenen Vater – Ansprechpartner ihrer Kinder sein und möglichst viel gemeinsame Zeit mit ihnen verbringen.

3. Reaktionen auf neue Arbeitszeitmodelle – typspezifische Formen der Anpassung

Als im Herbst 1993 die Einführung einer kollektiven Arbeitszeitverkürzung mit Lohnverzicht als „Weg zur Sicherung der Beschäftigung" diskutiert wurde, war die Mehrzahl der Beschäftigten zunächst verunsichert: Daß ein Großkonzern wie die VW AG nach jahrzehntelangem Aufwärtstrend in der Krise steckte, war für die meisten ein beängstigender Gedanke, vor allem da das Management einen Personalüberhang von 30.000 Beschäftigten prognostiziert hatte. Die Reaktionen auf die zum 1.1.1994 eingeführte 28,8-Stunden-Woche waren vielfältig. Sie reichten von hoher Akzeptanz bei denen, die vor allem ihren Arbeitsplatz abgesichert wissen wollten, bis zu einer eher ablehnenden Haltung bei ArbeitnehmerInnen, die ihr individuelles Beschäftigungsrisiko als gering einschätzten und die mit der Arbeitszeitverkürzung einhergehenden Lohneinbußen kritisierten (vgl. auch Promberger et al. 1996).

Grundsätzlich war die erste Reaktion der Beschäftigten zunächst eine Art Abwehrhaltung. Man hatte sich im Verlauf des bisherigen Erwerbs- und Familienlebens sowohl an die Schichtarbeit bei VW als auch an den Wechsel von Fünf-Tage-Woche und arbeitsfreiem Wochenende gewöhnt, so daß die deutliche, einkommensreduzierende Verkürzung der tariflichen Arbeitszeit zunächst als Krisenmoment gedeutet wurde. Daß nicht für alle Beschäftigten genug Arbeit zur Verfügung steht und daher Massenentlassungen zur Diskussion standen, verunsicherte nicht nur, sondern setzte gleichzeitig auch individuelle Präferenzen und betriebliche Realität in ein neues Verhältnis: Froh, das eigene Beschäftigungsverhältnis durch die Schutzbestimmungen des Tarifvertrages abgesichert zu wissen, wurden andere Optionen und Bedürfnisse zurückgestellt.

Den Veränderungen im Erwerbsbereich setzten die Befragten – teils bewußt, teils unbewußt – eine stabile Form der Lebensführung entgegen. Zwar wußten alle, daß sich der Umfang der Arbeitszeit um ein Fünftel reduzieren sollte, doch wollte deshalb keiner sofort etwas Konkretes in seinem Alltag verändern: „Erstmal abwarten" – lautete die Standardaussage. Tatsächlich einen ganzen Tag weniger in der Woche zu arbeiten, war für die meisten zunächst unvorstellbar und zumindest in der Krisenphase im Winter 1993/1994 noch von der Sorge um den Arbeitsplatz überlagert. „Phantasien vom besseren Leben" (Kurz-Scherf 1995), das durch einen Zugewinn an Freizeit auch mehr Zeit für Selbstverwirklichung, für selbstbestimmtes Leben ermöglicht, stellten sich erst nach andauernder Erfahrung mit den neuen Arbeitszeitmodellen bei den Beschäftigten ein.

Grundsätzlich unterscheidet sich der Umgang mit den (zeitorganisatorischen) Veränderungen im Betrieb hinsichtlich der im vorangegangenen Abschnitt skizzierten Einstellungen und Verhaltensweisen, hinsichtlich der Lebensführung der Befragten. Während bei einigen ein reflexartiges Sich-Anpassen stattfindet, sind bei anderen Reflexionsprozesse und offensive Bewältigungsstrategien auszumachen.[12] Für beide Reaktionen sind die Grenzen dadurch abgesteckt, daß sich bei der Einführung der 28,8-Stunden-Woche der Auslastungsgrad der einzelnen Produktionsbereiche als ausschlaggebendes Kriterium für die jeweiligen Umsetzungsmodelle erwies, Möglichkeiten der Mitgestaltung und individuelle Optionen dagegen nicht berücksichtigt wurden. Für alle Beschäftigten war deshalb eine Anpassung an die neuen Arbeitszeiten notwendig, auch wenn dem unterschiedliche Reaktionen und Interpretationen vorausgingen. Art und Grad dieser Anpassung stehen dabei in Zusammenhang mit den spezifischen Formen der familialen Lebensführung, also den konkreten Arrangements der Verknüpfung von Erwerbsarbeit, Elternrolle und Paarbeziehung, und variieren hinsichtlich der Arbeits- und Familienorientierung der Befragten.

Wir zeigen nachfolgend am Beispiel der für die im Sample vorzufindenden Extremtypen familialer Lebensführung exemplarisch zwei verschiedene Formen der Anpassung an die 28,8-Stunden-Woche. Hieran läßt sich die Bandbreite der Reaktionen innerhalb eines nach sozialstatistischen Merkmalen homogenen Samples nachzeichnen: Eine – eher unbewußte – Anpassung an veränderte Rahmenbedingungen ist ebenso vertreten wie ein reflektiertes Auseinandersetzen mit neuen betrieblichen Strukturen, ein bewußtes, möglicherweise strategisches Reagieren. Dabei zeigt sich, daß trotz der für beide Gruppen spezifischen Präferenz einer verläßlich verkürzten Arbeitszeit, ein ganz unterschiedlicher Umgang mit diesem Interesse erfolgt und partiell erst durch die Analyse der Eigenlogik individueller und familialer Lebensführung nachvollziehbar wird.

---

12 Mit dieser Frage sind die zwei wesentlichen Dimensionen der „reflexiven Modernisierung" benannt: Während „reflexive Modernisierung" für Giddens (1996) mit einer Zunahme der reflektierten und bewußten Anwendung von Erkenntnissen verbunden ist, sieht Beck (1996) darüber hinaus – als zweite Komponente der Modernisierungsdynamik – auch Prozesse eines reflexartigen, unbewußten und teilweise automatisierten Sich-Anpassens an gesellschaftliche Veränderungen (vgl. dazu die Einleitung zu diesem Sammelband).

3.1 Anpassung als alternativloser Bewältigungsversuch

Obwohl für die Männer des *traditionellen Typus* bis zur Einführung der 28,8-Stunden-Woche 36 Stunden als „das ganz normale Soll" galten, verbanden sie mit der Diskussion über eine kollektive Arbeitszeitverkürzung Vorstellungen von einer weniger anstrengenden Lebenssituation. Diese Assoziation geht einher mit der Präferenz einer reduzierten Arbeitszeit und erklärt sich erst vor dem Hintergrund der physischen und psychischen Belastung der Männer durch die Schichtarbeit. Zwar unterscheiden sich ihre Arbeitsinhalte und -bedingungen kaum von denen der anderen befragten Beschäftigten, doch gestaltet sich der Versuch der individuellen Bewältigung der Arbeit komplizierter.[13] Die Männer empfinden ihre Tätigkeit bei VW als fremdbestimmt und hadern nachträglich mit dem Scheitern ihrer Erwerbsbiographie. Die Entscheidung für einen Arbeitsvertrag mit VW stand unter dem Druck, eine finanzielle Absicherung der Familie zu gewährleisten, und die konkreten Tätigkeiten bei VW weichen von den erworbenen Qualifikationen und ursprünglichen Berufswünschen ab. Die berufliche Motivation wird dadurch erheblich beeinträchtigt. Sie gewinnen der Erwerbsarbeit – abgesehen von dem mit ihr verbundenen Einkommen – kaum positive Aspekte ab. Es dominiert eine instrumentelle Einstellung zur Erwerbsarbeit, die einen permanenten Zwang zur Selbstdisziplinierung erfordert; das Interesse an längeren Erholungspausen am Wochenende, an einer generell kürzeren Arbeitszeit und einer Beschränkung der stetigen Leistungsverdichtung ist groß. Die Männer versuchen daher, sich dem Zugriff der Erwerbsarbeit weitgehend zu entziehen, wobei sie eine Art vorauseilenden Gehorsam leisten: Auch wenn sie selbst bislang keine negativen Erfahrungen machten, erwarten sie Nachteile von einer offensiven Vertretung ihrer Interessen und sehen sich zum Rückzug aus betrieblichen Auseinandersetzungen über die Arbeitszeitorganisation veranlaßt.

Damit ist ein für den Typus spezifisches Verhaltensmuster benannt: Man erlebt die Arbeitssituation bei VW als unbefriedigend, paßt sich jedoch an die gegebenen Bedingungen an, da man eine individuelle Einflußnahme als ohnehin chancenlos einschätzt. Die Männer fügen sich folglich in die betriebliche Hierarchie ein und schreiben gute Arbeitsbedingungen maßgeblich sozialen Kontakten im Werk zu: Ein „guter Draht zum Meister" gilt als ausschlaggebend für die Durchsetzungsfähigkeit individueller Interessen. Doch auch dies sei noch

---

13 Wir fassen hier unter dem Begriff „Bewältigung" die Auseinandersetzung mit Belastung. Mayring (1985) hat darauf hingewiesen, daß Bewältigung nicht zwangsläufig erfolgreich sein muß und plädiert deshalb dafür, besser von „Bewältigungsversuchen" zu sprechen.

Anpassung an „atmende Unternehmen"

keine Garantie für die Absicherung oder das Umsetzen von Arbeitszeitpräferenzen. Sie erleben die Beurteilung durch die Vorgesetzten zum Teil als willkürlich und halten sich im Hintergrund, um zumindest nicht negativ aufzufallen. Auch den betrieblichen Akteuren der Interessenvertretung – Vertrauensleuten und Betriebsräten – sprechen die Befragten keineswegs größere Erfolgschancen zu. Diese seien auch gezwungen, ihre Position im Werk abzusichern und könnten daher nur begrenzt für die Interessen der Beschäftigten eintreten: „Es läuft eben alles auf den alten Gegensatz hinaus. Denn letzten Endes sitzen die Arbeitgeber ja doch am längeren Hebel."

Dieses Bewältigungsmuster wiederholt sich am Beispiel des Umgangs mit den veränderten Arbeitszeiten: Eine individuelle Arbeitszeitverkürzung hatte grundsätzlich keiner der Männer vor der Einführung der 28,8-Stunden-Woche in Erwägung gezogen. Ausschlaggebend hierfür sind zum einen traditionelle Rollenleitbilder und die mit ihnen verknüpfte hierarchische Arbeitsteilung innerhalb der Beziehungen. Zum anderen bewirkt die Orientierung an konformen Positionen, daß eine Arbeitszeitverkürzung als eine für männliche Beschäftigte nicht vorgesehene, als eine typisch weibliche Präferenz deklariert wird. Vor diesem Hintergrund ist der tarifliche und kollektive Charakter der Arbeitszeitreduzierung bei VW von zentraler Bedeutung. Ohne eigenes Zutun und mögliche individuelle Nachteile ein Arbeitszeitmodell zu erhalten, das den eigenen Wünschen entspricht, bewerten die Befragten als optimale Lösung. Das monatliche Einkommen bleibt stabil, negative Sanktionen – wie sie bei individuellen Sonderregelungen antizipiert werden – sind nicht zu befürchten. Die Zufriedenheit ist daher groß, wenn die 28,8-Stunden-Woche tatsächlich als Modell einer verläßlich verkürzten Arbeitszeit erfahrbar wird.

Aufgrund der Präferenz einer Vier-Tage-Woche wird der Tarifvertrag zur 28,8-Stunden-Woche negativ bewertet, wenn man vom neuen Modell nicht profitieren kann und weiterhin im alten Umfang arbeiten muß. Obwohl die produktionsbedingte Mehrarbeit grundsätzlich akzeptiert wird, lehnen die Männer sie für sich persönlich ab – sie soll „freiwillig" bleiben, statt „von oben" angeordnet zu werden. Dennoch passen sich die Männer auch hier an die betrieblichen Vorgaben an und sehen keinen Sinn darin, sich für eine Beibehaltung der Vier-Tage-Woche einzusetzen. Auch die Verwaltung der Arbeitszeit mit Hilfe von Kontenmodellen, in denen sich der Zeitpunkt des Freizeitausgleichs „auf irgendwann später" verschiebt, wird kritisiert und mit Mißtrauen betrachtet. Denn angesichts des bereits nicht eingelösten „Versprechens von der Vier-Tage-Woche" sind die Befragten zu einem Vertrauensvorschuß in diese Modelle nicht bereit.

Letztlich akzeptieren die Männer die vorgegebenen Regelungen und halten sich mit Kritik zurück, um das Verhältnis zum Meister und zu den Kollegen nicht zu strapazieren: „Ob ich da was sage oder nicht – das kann ja auch wieder gegen einen ausgelegt werden." Folge ist ein situatives Anpassen an die Anforderungen des Betriebs, denen man individuelle Vorstellungen unterordnet. Das Motto „die sitzen am längeren Hebel" ist gleichsam der subjektive Bewältigungsrahmen für die Diskrepanz zwischen eigentlichen Wünschen und tatsächlichen alltäglichen Lebensbedingungen: Man ist nicht als einzelner verantwortlich für die nicht zufriedenstellenden Bedingungen, sondern lediglich Betroffener eines gesellschaftlichen Konflikts, auf den man keinen Einfluß hat. Man hat verinnerlicht, daß die Anpassung an die betrieblichen Anforderungen notwendig ist, um im Erwerbsleben zu bestehen, und verbindet damit die Hoffnung, „daß einem dann eben auch nichts passieren kann, wenn man sich einfügt."

Diese Widersprüchlichkeit im Lebenszusammenhang kompensieren die Arbeiter maßgeblich durch den Rückzug ins Privatleben. Die Familie wird als Ruhepol gesehen und soll einen störungs- und anforderungsfreien Lebensraum bieten. Diese Erwartung löst sich jedoch in der Regel nicht ein: Sie kollidiert mit den zentralen Wünschen seitens der Familienmitglieder nach gemeinsamen Aktivitäten. Das Interesse der Männer hieran ist gering, und auch gemeinsame Mahlzeiten oder das Spielen der Kinder werden tendenziell als anstrengend erlebt.[14] Die Frauen halten daher eine permanente Vermittlung zwischen den Bedürfnissen des Mannes, den sie als überwiegend erschöpft, belastet und körperlich angegriffen beschreiben, und den Wünschen der Kinder für nötig, damit die enttäuschten Erwartungen nicht in Streitereien münden. Diese Funktion der Vermittlerin empfinden sie als unbefriedigend und belastend, da sie eigene Interessen meist völlig zurückstellen müssen. Als Problem gestaltet sich in diesem Zusammenhang die – von den Männern geforderte – strikte Trennung von Familienleben und Erwerbsarbeit. Die Frauen wünschen sich mehr Informationen über den Arbeitsbereich und die Arbeitszeitregelungen, um die Stimmungen und Belastungen des Partners nachvollziehen zu können, doch verweigern die Männer jegliches Thematisieren ihrer Erwerbsarbeit. In der Freizeit soll über VW nicht gesprochen werden. Aufgrund dieses mangelnden Austauschs über die Arbeitssituation bei VW nehmen letztlich auch die Frauen die variierenden Anwesenheitszeiten der Männer als gegeben hin. Es dominiert ein reflexartiges

---

14 Die Männer verbringen einen Großteil ihrer Freizeit mit ihrer Regeneration. Sie schlafen viel oder wollen „einfach nichts machen müssen". Man möchte zwar bei der Familie sein, doch dies möglichst ohne jegliche Anforderungen und Anstrengungen. Die Familie bleibt – und darin liegt für die Männer gleichzeitig ihr besonderer Stellenwert – „im Hintergrund".

Reagieren auf das Arbeitszeitregime des Mannes, das als unantastbare Rahmenvorgabe für die zu leistenden Reproduktionsarbeiten und den Tagesablauf der Familie akzeptiert wird. Ergebnis ist bei beiden Partnern ein gleichsam schicksalhaftes Ertragen der Arbeitszeitveränderungen, die gleich einer Naturgewalt den Lebensrhythmus der Familie bestimmen.

Die Beschäftigten beurteilen diese Lebenssituation als „geklärt": „Ich hab' mich eben einfach damit abgefunden". Die Schwierigkeit, die Belastungen der Schichtarbeit physisch und psychisch zu bewältigen, sowie psychosomatische Beschwerden verweisen jedoch auf die inneren Widerstände gegen die alltägliche Interessenkollision.

3.2 Anpassung als Ergebnis gescheiterter Veränderungsversuche

Die Reaktionen des *modernen Typus* im Sample auf die neuen Anforderungen im Betrieb erklären sich auf der Folie des für ihn charakteristischen (familialen) Lebensführungsmusters. Die Paare streben eine Verknüpfung von Elternschaft und beiderseitiger Erwerbstätigkeit an, die sie mit Hilfe verwandtschaftlicher Netzwerke im Alltag realisieren, darüber hinaus jedoch eine vergleichsweise flexible Aufgabenteilung im Privaten voraussetzt. Die auf Aushandlung und Absprachen basierenden Beziehungsmuster und die ausgeprägte Freizeit- und Familienorientierung der Männer bilden die stabile Basis dieses Arrangements.

Während die Erwerbsorientierung der Frauen maßgeblich durch Selbstbestätigung und soziale Kontakte motiviert ist, haben die Männer eine überwiegend instrumentelle Einstellung zur Erwerbsarbeit: Sie dient in erster Linie der Existenzsicherung. Die Männer schätzen zwar das vergleichsweise hohe Einkommen bei VW, doch haben sie Ansprüche in bezug auf Arbeitsinhalte und Arbeitsorganisation weitgehend zurückgeschraubt. Die Bandarbeit in der industriellen Produktion wird als „sinnentleert" wahrgenommen, Kontakte zu KollegInnen seien aufgrund einer erhöhten Leistungsdichte und damit einhergehendem Leistungs- und Konkurrenzdruck kaum noch möglich. Wünsche nach Selbstverwirklichung werden daher in den außerbetrieblichen Lebenszusammenhang verlagert (vgl. auch Herlyn/Scheller/Tessin 1994, S. 133ff.).

Vor diesem Hintergrund entsprach für die Männer dieses Typus die Einführung der 28,8-Stunden-Woche bei VW ihrer Arbeitszeitpräferenz und war von vornherein mit der Erwartung verknüpft, nun tatsächlich einen ganzen Tag weniger in der Woche arbeiten zu müssen. Im Unterschied zum vorangegangenen Typus war dabei nicht der Wunsch nach mehr Erholungszeit das ausschlaggebende Motiv, sondern der Gedanke, mehr Zeit für die Familie zu haben und die Vereinbarkeit von Beruf und Elternschaft für beide Partner zu erleichtern. Auch wenn mit der erhöhten Präsenz des Mannes in der Familie nicht immer außergewöhnliche Freizeitaktivitäten verbunden sind, bewerten die Paare den freien Freitag dennoch als Gewinn an Lebensqualität. Der zusätzliche freie Tag trägt zu einem wesentlich entspannteren Familienklima bei und kommt der generellen Freizeitorientierung der Paare entgegen. Die Männer sind deutlich aufgeschlossener gegenüber den Kindern, die Frauen durch die Unterstützung der Männer wesentlich ausgeglichener. Auch bei den Kindern stößt – so die Wahrnehmung der Eltern – der zusätzliche freie Tag des Vaters auf positive Resonanz.[15] Die Paare streben daher durchgängig eine Beibehaltung der Arbeitszeitverkürzung an. Entscheidender Unterschied zum vorangegangenen Typus ist dabei, daß es sich hier um eine gemeinsame Einschätzung und Reaktion des jeweiligen Paares handelt: Die Partner tauschen sich sowohl über die Ereignisse in der Familie als auch über die Arbeitssituation des Mannes bei VW aus und sehen dies als Voraussetzung, um gegenseitiges Verständnis für Belastungen und Probleme des Partners aufbringen zu können. Der Austausch über die veränderten Anforderungen im Betrieb und über die Schwierigkeiten, diese zu erfüllen, zählt zu den Eckpfeilern der individuellen Bewältigungsstrategie und ist Kennzeichen auch der gemeinsamen Lebensführung.

Diese wurde auf die Probe gestellt, als sich die Auftragslage bei VW wieder verbesserte und die Beschäftigten Mehrarbeit leisten mußten, die z.T. noch über dem Niveau der bis 1994 geltenden 36-Stunden-Woche lag. Das Verhalten der Männer im Betrieb war zu diesem Zeitpunkt vergleichsweise offensiv. Obwohl die offizielle Arbeitszeit bereits wieder „Fünf-Tage-Woche" lautete, versuchten sie, für sich individuell eine kürzere Arbeitszeit beizubehalten und gingen dabei strategisch vor: Man gab sich nicht mit dem Hinweis auf ein „gegenseitiges Geben und Nehmen zwischen Meister und Arbeiter" zufrieden, der die Bereitschaft zu Überstunden herstellen sollte. Ein Lösungsversuch über den von der Arbeitsgruppe gewählten Vertrauensmann wurde dabei nicht in Betracht gezogen: Die Befragten schätzen sich selbst als ebenso kompetent ein und sehen durchaus Chancen, sich innerhalb der betrieblichen Hierarchie zu behaupten. Droht der Freistellungswunsch jedoch zu scheitern, greifen die Männer auf die Unterstützung des Betriebsrates zurück.[16]

---

15 Dennoch hatte auch in dieser Gruppe keiner der Männer vor der Einführung der 28,8-Stunden-Woche individuell eine Reduzierung der Arbeitszeit angestrebt.
16 Für die Männer ist es weitgehend selbstverständlich, ihnen zustehende Beurlaubungen (wie z.B. bei Krankheit der Ehefrau oder der Geburt eines Kindes) unabhängig vom aktu-

Im Zuge dieser vergleichsweise offensiven Strategie sind einige Männer mit der Personalabteilung in Konflikt geraten: „Und da hat die Personalabteilung mir gesagt: ‚Denken Sie daran, es kann dem Unternehmen auch mal wieder schlechter gehen, und da wird dann darauf auch geschaut.'" Sie sind daher verunsichert, inwiefern ihre Intervention nachträglich zu einer negativen Beurteilung ihrer Arbeitsleistung führen könnte. Der gescheiterte Versuch, die Mehrarbeit abzuwehren, reduziert in der Folge die Arbeitsmotivation erheblich. Diese Konfrontation mit betrieblichen Sanktionsmechanismen ist kein Einzelfall. Daß ihre Bereitschaft, die Arbeitszeit zugunsten von Neueinstellungen zu verkürzen, auf Ablehnung stößt, wird als immanente Logik der „atmenden Fabrik" akzeptiert, führt jedoch auf individueller Ebene zu erheblichen Unzufriedenheiten – insbesondere dann, wenn nicht nur der Freitag, sondern auch der Samstag in die Mehrarbeit einbezogen wird. Das sich hinter dieser Umschreibung verbergende Organisationsmodell der Arbeitszeitkonten wird von den meisten abgelehnt, da es aufgrund des hohen Bedarfs an Mehrarbeit immer wieder zu Problemen bei der Freizeitentnahme kommt und sie deshalb selbst in einer über das Kalenderjahr hinausgehenden Perspektive ihre Chancen auf Freizeitentnahme als überaus schlecht einschätzen.

Nicht nur die Männer, sondern auch die Frauen lehnen die Wochenendarbeit kategorisch ab und unterstützen daher ihren Partner bei Versuchen, die Vier-Tage-Woche individuell beizubehalten. Denn Konsequenz der Mehrarbeit ist nicht zuletzt, daß die partiell egalitären Arrangements der privaten Arbeitsteilung zusehends erodieren und der gesamte Bereich der Familienarbeit eine Traditionalisierung erfährt. Waren die Arbeiten im Haushalt während der Vier-Tage-Woche annähernd gleich verteilt, schränken die Männer ihre Beteiligung deutlich ein, wenn sie nun nicht nur zusätzlich am Freitag, sondern auch am Samstag (oder gar am Sonntag) Mehrarbeit leisten müssen. Für die Frauen bedeutet daher die Mehrarbeit des Mannes eine Umstellung: Konnten sie während der Vier-Tage-Woche die Kinder zeitweise problemlos dem Partner überlassen, so sind sie nun in der Regel die alleinige Ansprechpartnerin für die Kinder und müssen darüber hinaus die Abwesenheit des Vaters ausgleichen. Zwar antizipieren die Frauen die körperliche und psychische Erschöpfung der Männer, doch sehen sie auch für sich selbst eine Belastung darin, sich nun fast rund um die Uhr alleinverantwortlich um die Kinder kümmern zu müssen. Dabei stellt sich auch bei den Frauen ein schlechtes Gewissen gegenüber den Kindern ein, für die nun keiner der Partner mehr die eigentlich gewünschte Ruhe und

---

ellen Arbeitsbedarf in der Abteilung tatsächlich in Anspruch zu nehmen und dafür gegebenenfalls auch Konflikte mit Vorgesetzten auszutragen.

Aufmerksamkeit aufzubringen vermag. Eine solche Reduzierung des Familienlebens wird übereinstimmend als Verlust an Lebensqualität bewertet, der auch durch die Erhöhung des monatlichen Entgelts nicht kompensiert werden kann. Trotz der Schwierigkeiten bzw. Fehlversuche, die Arbeitszeitreduzierung individuell zu erreichen, versuchen die Männer daher wiederholt, ihr Interesse an einer verkürzten Arbeitszeit durchzusetzen und nehmen „die Sache lieber selbst in die Hand".[17]

Grundsätzlich sind die Männer betrieblichen Vorgaben gegenüber skeptisch, setzen sich mit ihrem Meister auseinander und kontaktieren den Betriebsrat, wenn sie mit einzelnen Arbeitsanforderungen oder -bedingungen unzufrieden sind. Die Einstellungen zur betrieblichen Arbeitszeitgestaltung sind ambivalent: Man reagiert mit Unmut, wenn sich einzelne Vertrauensleute und Betriebsräte nicht um einen angemessenen Informationsfluß bemühen und es arbeitspolitischen Strategien daher oftmals an Transparenz mangelt. Gleichwohl besteht weitgehende Einigkeit darüber, daß die aktuelle Arbeits(zeit)politik vor dem Hintergrund gesellschaftlicher Veränderungsprozesse zu betrachten ist und tarifpolitische Ergebnisse auch Ausdruck eines verschobenen Kräfteverhältnisses zuungunsten der Gewerkschaften darstellen. Diese Entwicklung äußert sich für die Befragten in einem wachsenden Konkurrenzdruck zwischen einzelnen Standorten, in dessen Sogwirkung auch die Beschäftigten unter Druck geraten, sich bei guter Auftragslage – unabhängig von ihren individuellen Arbeitszeitpräferenzen – zur Mehrarbeit bereit zu erklären.

Die Männer akzeptieren das betriebswirtschaftliche Interesse des „Autobauens zu jeder Zeit", versuchen aber, ihre individuellen Bedürfnisse gegenüber dieser Produktionslogik abzugrenzen. Gleichwohl müssen auch sie sich dem Arbeitszeitregime anpassen. Die Bewältigungsstrategie der Diskrepanz zwischen alltäglicher Praxis und eigenen Präferenzen folgt jedoch im Vergleich zum vorangegangenen Typus einem anderen Muster: Die Unzufriedenheit mit den Arbeits(zeit)bedingungen wird sowohl im Betrieb als auch in der Familie thematisiert, entlädt sich somit teilweise in einer offenen Auseinandersetzung. Die Beschäftigten betrachten ihre aktuelle Lebenssituation nicht als individuelles Scheitern, sondern als Ausdruck eines bestimmten Kräfteverhältnisses, dem sie nur bedingt etwas entgegensetzen können. Die Anpassung an die aktuelle

---

17 Der Typus eines individualisierten Arbeiters, der den betrieblichen Belangen gegenüber weitgehend isoliert gegenübersteht, ist jedoch nur partiell anzutreffen: Bevor die Befragten einen individuellen Lösungsversuch vollends scheitern lassen, wird in der Regel doch eher die betriebliche Interessenvertretung zur Unterstützung hinzugezogen. Der hohe gewerkschaftliche Organisationsgrad bei VW stellt dabei aus Sicht der Beschäftigten einen nach wie vor notwendigen Rückhalt dar.

Situation ist daher keineswegs endgültig, sondern lediglich eine Überbrückung, bis sich erneut individuelle Einflußmöglichkeiten eröffnen.

4. Bewältigungsversuche externen Veränderungsdrucks – Lebensführung als „Antwortraster"?

Vermittlungsleistungen zwischen Schichtarbeit, Familienarbeit und individueller Freizeit sind für die Familien bereits vor der Einführung der 28,8-Stunden-Woche notwendig, flexible Arbeitszeiten der Regelfall gewesen. Darüber hinaus bringt das VW-Modell jedoch neue Anforderungskombinationen mit sich, die den Beschäftigten vermehrt Entscheidungs- und Anpassungsleistungen abverlangen (vgl. Jürgens/Reinecke 1998, S. 158ff.). Auf zwei dieser für Lebensführung relevante Besonderheiten möchten wir uns abschließend konzentrieren: das Zusammentreffen einer *Flexibilisierung von Arbeitszeit* einerseits und der *tariflichen Verkürzung von Arbeitszeit* andererseits. An beide Aspekte knüpfen sich – und dies ist entscheidend – sowohl für das Unternehmen als auch für die Beschäftigten und ihre Familien neue Handlungsoptionen.

Grundsätzlich zählt zu den Prämissen des „atmenden Unternehmens" ein ausdifferenzierter Personaleinsatz, der die Bereitschaft zu *flexibler Weniger- oder Mehrarbeit* voraussetzt. Die Verwaltung der Arbeitszeiten auf „Konten" führt dabei zu einer Zunahme von Entscheidungsprozessen. Denn durch die tendenzielle Abkehr von kollektiven Arbeitszeitregelungen müssen die Beschäftigten innerhalb der geltenden Rahmenbedingungen beispielsweise individuell entscheiden, ob sie die geleistete Mehrarbeit gegen Geld oder Freizeit ausgleichen, und wie sie sich gegenüber Anfragen nach Mehrarbeit seitens der Vorgesetzten verhalten. Damit haben sich durch die Einführung der flexiblen 28,8-Stunden-Woche die Prozesse des Abwägens von eigenen Interessen und betrieblichen Anforderungen vermehrt. Die Veränderung nicht nur der Lage, sondern nun auch des Umfangs der zu leistenden Arbeitsstunden bedeutete in diesem Zusammenhang eine neue Qualität der Arbeitszeitentwicklung. Eine *Arbeitszeitverkürzung* wurde aufgrund des Beschäftigtenüberhangs zunächst tariflich festgeschrieben, dann (abhängig vom jeweiligen betrieblichen Umsetzungsmodell) als Zugewinn an Freizeit erfahrbar, schließlich aber je nach Auslastungsgrad des Werkes oder Produktionsbereichs wieder zurückgenommen. Im Gegensatz zu Beschäftigten, die diese Entwicklung als Rückkehr zum gewohnten Arbeitszeit- und Einkommensmodell begrüßten, gerieten die zwei beschriebenen Typen familialer Lebensführung dadurch unter Handlungsdruck:

Die konkrete Erfahrung mit einer verläßlichen Vier-Tage-Woche wurde positiv bewertet und führte zu einer Präferenz dieses Modells gegenüber einkommenssteigernder Mehrarbeit. Die Rückkehr zur Fünf-Tage-Woche und (werkabhängig) regelmäßiger Mehrarbeit bedeutete folglich eine Verletzung ihrer Arbeitszeitinteressen. Diese Beschäftigten sind daher in einer Art Zugzwang, die „neu entdeckte" Präferenz einer reduzierten Arbeitszeit gegenüber den betrieblichen Belangen einer flexiblen Aufstockung des Arbeitsvolumens zu verteidigen bzw. sich an Modelle anzupassen, die ihren eigentlichen Interessen zuwiderlaufen und deshalb nur unter vergleichsweise hohem Kraftaufwand in die Lebensführung integrierbar sind. Reflexive Modernisierung macht sich damit auch im betrieblichen Geschehen bemerkbar: Rahmenbedingungen verändern sich und machen Anpassungsleistungen der Individuen erforderlich.[18]

Obwohl bei beiden Typen familialer Lebensführung – mit je spezifischen Motiven – die Präferenz einer verläßlich verkürzten Arbeitszeit vorherrscht, reagieren die Beschäftigten auf die Veränderungsdynamik der Arbeitszeiten ganz unterschiedlich. Während beim traditionellen Typus die Modifikationen als alternativlos akzeptiert werden und die Arbeiter einen „vorauseilenden Gehorsam" leisten, zeichnet sich der modernisierte Typus durch eine grundlegend kritische Haltung aus. Vorgaben von Seiten der Betriebsleitung und der direkten Vorgesetzten werden hinterfragt, und man versucht, diese individuell zu beeinflussen. Anpassung an die „Vorgaben von oben" ist zwar auch hier eine letztlich notwendige Reaktion, jedoch erst als Ergebnis zuvor gescheiterter Lösungsversuche. Beide Gruppen passen sich also schließlich den betrieblichen Veränderungen an, doch gehen dem unterschiedliche Interpretationen voraus: Im ersten Fall dominiert eine grundsätzlich defensive Haltung. Da man in der Vergangenheit die Erfahrung gemacht hat, daß die betrieblichen Veränderungen ohnehin nicht beeinflußbar sind, wartet man zunächst die Einführung konkreter Modell ab und hält an der gewohnten Art der Alltagsgestaltung fest. Aufgrund der vergleichsweise umfangreichen Umstellungen im Betrieb wird jedoch eine Anpassung notwendig. Diese erfolgt situativ und reflexartig. Man nimmt keinen Einfluß auf Veränderungen, sondern *re*agiert lediglich, indem man sein Leben so wenig wie möglich, aber soweit wie nötig auf die neuen Arbeitszeiten abstimmt. In der zweiten Gruppe überwiegt dagegen ein offensiver Umgang mit den betrieblichen Anforderungen, der sich als „Verweigerungshaltung"

---

18 In den letzten Jahren haben bei der VW AG die Arbeitszeitmodelle häufig gewechselt und den Beschäftigten erhebliche Anpassungsleistungen abverlangt. Zum Beispiel im Werk Emden wurde nach einer längeren Phase der Vier-Tage-Woche die Arbeitszeit wieder angehoben und auch auf das Wochenende ausgedehnt, ist jedoch mittlerweile aufgrund eines Absatzrückgangs wieder auf vier Tage reduziert worden.

umschreiben läßt. Die Arbeiter sind grundsätzlich skeptisch gegenüber betrieblichen Vorgaben, informieren sich über mögliche Veränderungen und entwikkeln vorab klare Positionen hierzu. Um ihre Interessen einzubringen, agieren sie rechtzeitig und versuchen, die betrieblichen Kommunikations- und Interessenvertretungsstrukturen für ihr Vorhaben zu nutzen. Reflexion der Bedingungen im Betrieb ist für die Gruppe charakteristisch. Ein reflexartiges Sich-Anpassen wie beim ersten oder ein reflektiertes Auseinandersetzen mit den Dynamiken der Arbeitszeitentwicklung wie beim modernisierten Typus deuten die Bandbreite der Reaktionsmuster im Zuge „reflexiver Modernisierung" an.

Für den Umgang mit aktuellen Anforderungen, die im Zuge betrieblicher Deregulierungs- und Flexibilisierungsprozesse an Individuen und Familien gestellt werden, kristallisieren sich die Muster familialer Lebensführung als wichtige Indikatoren heraus: Die Art und Weise, in der sich Individuen innerhalb von Paarbeziehungen mit dem Partner und mit in der Zweierbeziehung auftretenden Problemen oder Veränderungen auseinandersetzen, spiegelt sich auch in den Strategien wider, mit denen die befragten VW-Arbeiter auf belastende Situationen in der Erwerbsarbeit reagieren. Vergleicht man die Muster familialer Lebensführung mit den Reaktionen auf die Veränderungen der Arbeitszeiten, wird der Zusammenhang deutlich: Die Arbeiter reagieren auf die neuen Arbeitszeitmodelle mit ihrer Lebensführung, mit einer defensiveren oder eben offensiveren Strategie, sie greifen also auf Lebensführung als verinnerlichtes, ihnen vertrautes Handlungsmuster zurück. Dabei stellt sich heraus, daß das Spektrum an individuellen und gemeinsamen Reaktions- und Bewältigungsstrategien um so breiter ist, je offener und flexibler sich die (familiale) Lebensführung gestaltet. Die Deutung von Lebensbedingungen als gestaltungsfähig führt hier zu einem offensiven Umgang mit Veränderungen und dem Versuch, eigenen Interessen Beachtung zu verschaffen. Dem traditionellen Typus entzieht sich eine solche Reaktionsmöglichkeit qua Lebensführung: Das Festhalten am Gewohnten und die defensive Haltung gegenüber Problemlagen und Auseinandersetzungen versperren einer Abwehr von Interessenverletzungen den Weg, führen zu Unterordnung von Bedürfnissen und ziehen eine hohe subjektive Belastung nach sich.

Die Ausdifferenzierung von Lebensführungsmustern auch innerhalb eines vergleichsweise homogenen Samples von VW-Schichtarbeitern weist grundsätzlich auf einen beachtenswerten Umstand hin: Betriebliche Akteure wie Vorgesetzte, Personalabteilungen, Betriebsräte und Vertrauensleute werden bei Umstrukturierungen im Unternehmen auf unterschiedliche Lebensmodelle, Arbeitszeitpräferenzen und Reaktionsmuster treffen. Mittels der Lebensführung von Beschäftigten variieren also die Möglichkeiten, auf betriebliche Veränderungen zu reagieren und mit Umstrukturierungen in der Arbeits-(zeit)organisation Schritt zu halten. Will man solchen neuen, von individuellen Formen der Lebensführung abhängigen sozialen Ungleichheiten entgegenwirken, sollten die Eigenlogik von Lebensführung sowie deren Einbindung in soziale Bezüge bei der Gestaltung betrieblicher Neustrukturierungen verstärkt Beachtung finden.

Literatur

Beck, U. (1996): Wissen oder Nicht-Wissen? Zwei Perspektiven „reflexiver Modernisierung". In: Beck, U.; Giddens, A.; Lash, S., Reflexive Modernisierung. Eine Kontroverse. Frankfurt/M., S. 289-315.

Burkart, G.; Kohli, M. (1992): Liebe, Ehe, Elternschaft. Die Zukunft der Familie. München.

Frerichs, P.; Steinrücke, M. (1997): Kochen – ein männliches Spiel? Die Küche als geschlechts- und klassenstrukturierter Raum. In: Dölling, I.; Krais, B. (Hg.), Ein alltägliches Spiel. Geschlechterkonstruktion in der sozialen Praxis. Frankfurt/M., S. 231-255.

Garhammer, M. (1994): Balanceakt Zeit. Auswirkungen flexibler Arbeitszeiten auf Alltag, Freizeit und Familie. Berlin.

Geissler, B. (1995): Einleitung zum Kapitel „Familie und Beruf". In: Voskovisc, L. A. (Hg.), Soziologie familialer Lebenswelten. Sonderheft 3 der Soziologischen Revue. München, S. 231-236.

Giddens, A. (1996): Risiko, Vertrauen, Reflexivität. In: Beck, U.; Giddens, A.; Lash, S., Reflexive Modernisierung. Eine Kontroverse. Frankfurt/M., S. 316-337.

Herlyn, U.; Scheller, G.; Tessin, W. (1994): Neue Lebensstile in der Arbeiterschaft? Eine empirische Untersuchung in zwei Industriestädten. Opladen.

Hollstein, W. (1990): Die Männer – Vorwärts oder zurück? Stuttgart.

Jürgens, K.; Reinecke, K. (1997): Die „28,8-Stunden-Woche" bei Volkswagen: Ein neues Arbeitszeitmodell und seine Auswirkungen auf familiale Lebenszusammenhänge von Schichtarbeitern. In: Geiling, H. (Hg.), Integration und Ausgrenzung. Hannover, S. 309-328.

Jürgens, K.; Reinecke, K. (1998): Zwischen Volks- und Kinderwagen. Auswirkungen der 28,8-Stunden-Woche bei der VW AG auf die familiale Lebensführung von Industriearbeitern. Berlin.

Keddi, B.; Seidenspinner, G. (1991): Arbeitsteilung und Partnerschaft. In: Bertram, H. (Hg.), Die Familie in Westdeutschland. Stabilität und Wandel familialer Lebensformen. DJI-Familiensurvey 1. Opladen, S. 159-178.

Kudera, W. (1995): Lebenskunst auf niederbayerisch: Schichtarbeit in einem ländlichen Industriebetrieb. In: Projektgruppe „Alltägliche Lebensführung" (1995), S. 121-170.

Kurz-Scherf, I. (1995): Weniger arbeiten? – oder: Die Phantasie vom besseren Leben. In: Büssing, A.; Seifert, H. (Hg.), Sozialverträgliche Arbeitszeitgestaltung. München, Mering, S. 167-188.

Mayring, P. (1985): Qualitative Inhaltsanalyse. In: Jüttemann, G. (Hg.): Qualitative Forschung in der Psychologie. Grundfragen, Verfahrensweisen, Anwendungsfelder. Weinheim, S. 187-211.

Popitz, H.; Bahrdt, H. P.; Jüres, E. A.; Kesting, H. (1957): Das Gesellschaftsbild des Arbeiters. Tübingen.

Projektgruppe „Alltägliche Lebensführung" (Hg.) (1995): Alltägliche Lebensführung. Arrangements zwischen Traditionalität und Modernisierung. Opladen.

Promberger, M.; Rosdücher, J.; Seifert, H.; Trinczek, R. (1996): Beschäftigungssicherung durch Arbeitszeitverkürzung. Vier-Tage-Woche bei VW und Freischichten im Bergbau: Mehr als zwei Beispiele. Berlin.

STÄDTISCHE ZEITSTRUKTUREN IM WANDEL

Matthias Eberling, Dietrich Henckel

Im Auftrag der Hans-Böckler-Stiftung führte das Deutsche Institut für Urbanistik in den Jahren 1996 und 1997 eine Untersuchung zum Wandel von Zeitstrukturen in ausgewählten Städten durch.[1] Ausgangspunkt der Überlegungen zu städtischen Zeitstrukturen und zu den Möglichkeiten einer kommunalen Zeitpolitik[2] ist der Prozeß einer zunehmenden Ausdifferenzierung von Arbeits- und Betriebszeitmustern, vor allem die Entkoppelung von Arbeits- und Betriebszeiten, die Ausweitung von Betriebszeiten und die Flexibilisierung von Arbeitszeiten und damit einhergehend die Auflösung herkömmlicher Zeitstrukturen in Wirtschaft und Arbeitswelt. Insbesondere das im Zuge der Restrukturierung von Produktionsabläufen und der Arbeitsorganisation bei der Volkswagen AG eingeführte „VW-Modell" mit seiner großen Spannbreite an Arbeitszeitvarianten und der 28,8-Stunden-Woche erweckte dabei zugleich öffentliches und wissenschaftliches Interesse.

Wie wirken sich solche Zeitveränderungen auf die jeweiligen Städte aus? Auf wirtschaftliche und soziale Verflechtungen, auf die Verkehrs- und Energieströme, auf die Umwelt, auf die öffentlichen Dienste? Welche Wechselwirkungen ergeben sich zwischen den veränderten Zeiten? Welche Zeiten erweisen sich als dominante Taktgeber der Städte? Wer kann Zeit gestalten und mit welchen Mitteln, wer muß Zeitveränderungen passiv ertragen oder durch unfreiwillige Anpassungsleistungen kompensieren?

Die Untersuchung wurde in vier Fallstudienstädten durchgeführt: In Wolfsburg, da die Stadt von einem einzigen Konzern bzw. von einem zentralen Taktgeber für Arbeits- und Betriebszeiten dominiert wird und die Zusammenhänge von betrieblicher Zeitveränderung bei VW und den Konsequenzen für die Stadt besonders deutlich sind; in Karlsruhe, Münster und Bonn, da diese Städte im Kontrast zu Wolfsburg keine dominierenden Taktgeber aufweisen, sondern

---

1 Die Ergebnisse wurden veröffentlicht in Eberling/Henckel (1998).
2 Vgl. hierzu in diesem Band Matthias Eberling und Dietrich Henckel, Zeitpolitik als neues Handlungsfeld.

durch eine Vielzahl unterschiedlicher Betriebe, vor allem im Dienstleistungs- und Verwaltungsbereich, mit zum Teil recht heterogenen Arbeits- und Betriebszeitmustern gekennzeichnet sind. Dabei wurden in jeder Stadt etwa zwanzig leitfadengestützte, qualitative Experteninterviews in Betrieben und Verbänden, der Verwaltung und öffentlichen Einrichtungen durchgeführt, um die begrenzte Menge an verfügbaren und geeigneten Sekundärdaten zu ergänzen. Dieser methodische Ansatz wurde aufgrund des explorativen Charakters der Studie gewählt.

Die Verkürzung, Individualisierung und Flexibilisierung der Arbeitszeiten in den Werken der Volkswagen AG, die unter dem Namen „Vier-Tage-Woche" landesweite Bekanntheit erreicht haben, kombinierte zwei Ziele miteinander: die organisatorische Voraussetzung für das „atmende Unternehmen", das seine Produktion am Auftragseingang orientieren kann, auf der einen und Arbeitsplatzsicherheit durch massive Arbeitszeitverkürzung auf der anderen Seite. Weniger im Blick hatte man die Folgewirkungen auf das betriebliche Umfeld, auf die Lebensführung und Alltagsorganisation der Beschäftigten, auf die Städte und ihre Bewohner, auf Verkehr, Energieverbrauch und Umwelt. Es zeigte sich jedoch, daß die Veränderung der Arbeitsorganisation vielfältige Wirkungskaskaden an den jeweiligen Standorten und darüber hinaus (Zulieferer) gegeben hat.

Zunächst soll daher ein kurzer Überblick über den Zusammenhang von ökonomischen und sozialen Zeitstrukturen hinsichtlich ihrer Bedeutung für die kollektiven Lebensrhythmen und die individuelle Zeitorganisation gegeben werden (1.). Es folgt eine Beschreibung der unbeabsichtigten und unberücksichtigten Wirkungen der Arbeitszeitveränderungen am VW-Stammsitz Wolfsburg an (2.), abschließend soll die Übertragbarkeit der Erfahrungen im Hinblick auf die weiteren Fallstudienstädte – Bonn, Karlsruhe und Münster – diskutiert werden (3). *Es geht also im Kern um die Nebenfolgen der Veränderung von Arbeitszeitregimes, d.h. um eine Analyse der Interdependenz von Arbeits- und Sozialzeiten, von Zeitstrukturen und Stadtraum in einer Phase des Zeitstrukturwandels von der Industrie- zur Dienstleistungs- und Wissensgesellschaft.* Um diese Nebenfolgen konstruktiv bearbeiten zu können, ist darum auch eine umfassende Zeitpolitik als Erweiterung herkömmlicher Arbeitszeitpolitik notwendig.

1. Ursachen des Zeitstrukturwandels

Die Zeit erscheint uns zunächst einmal als etwas Fragloses, Selbstverständliches. Vor der Zeit sind alle Menschen gleich und für jeden einzelnen hat der Tag 24 Stunden. Vergleicht man jedoch historisch (also in der Zeit) oder ethnologisch (also im Raum) die Zeitkulturen, erhält man leicht einen Eindruck von der Vielfältigkeit der Zeitvorstellungen – man denke in diesem Zusammenhang an die unterschiedlichen Zeitphilosophien, die nach dem Fall der Mauer in Deutschland aufeinanderprallten. Zeit, wie sie uns die diesem Zusammenhang interessiert, ist ein individuell und kollektiv genutztes Steuerungsinstrument, sie ist Maßstab und Kompaß zugleich.

Mit der Komplexität gesellschaftlicher Organisation, mit der Ausdifferenzierung der Arbeitsteilung im Entwicklungsprozeß moderner Massengesellschaften erhöht sich auch die Komplexität der wechselseitigen Abstimmungsleistungen. Synchronisation wird im Verlauf der Geschichte notwendiger und schwieriger zugleich. Zeit ist also, jenseits ihrer philosophischen oder gar metaphysischen Implikationen, in erster Linie ein Ordnungsinstrument zur Koordination gesellschaftlicher Abläufe. Termine und Fristen bilden ein temporales Korsett, das den Alltag des Individuums oder die Abläufe in einem Industriebetrieb strukturiert. Zeit – als Ordnungsleistung der Wahrnehmung und als Synchronisationsmedium verstanden – ist an sozialen Kontakt gebunden, ohne konkreten Bezug „verschwimmt" das individuelle Zeitempfinden bzw. Zeitbewußtsein bis zur völligen Auflösung (etwa bei Langzeitarbeitslosigkeit, vgl. Jahoda et al. 1978, oder in Isolationsexperimenten). Sozial standardisierte Wandlungskontinuen, d.h. natürliche und künstliche Bewegungsabläufe wie der Lauf der Gestirne, die Gezeiten, der Wechsel von Tag und Nacht sowie Uhren und Kalender, dienen als Bezugsrahmen sozialer Koordination; ohne diese Anknüpfungspunkte wäre die Einordnung eines Ereignisses in eine Abfolge von „früher" und „später" unmöglich. Unser Begriff von Zeit ist also eine intellektuelle Synthese auf hohem Niveau – und so erklärt sich auch ihre fehlende sinnliche Erfahrbarkeit.

Die Zeitordnung der modernen Gesellschaft ist vor allem durch die Bewirtschaftung von Zeit als einer begrenzten Ressource geprägt. Waren es vormals Adel und Klerus, die die Zeit „machten", indem sie Arbeitsstunden oder Feiertage festlegten, ist es heute die Wirtschaft, die als Taktgeber unserer Zeitordnung fungiert. Die Tarifpartner legen die Arbeitszeiten und damit auch die Freizeit der Beschäftigten fest, der Wechsel von Arbeitswoche und Wochenende bestimmt den Rhythmus des Lebens. Jenseits von Tarifverträgen sind es Auftragseingang und Kundenanforderungen oder der biographische Wechsel zwischen Phasen der Erwerbstätigkeit, Weiterbildung und Erwerbslosigkeit, die für das Wirtschaftssubjekt strukturierende Wirkung haben. Die Zeitstrukturen moderner Gesellschaften werden jedoch nicht nur durch sozioökonomische Elemente (also tatsächliche Arbeits-, Betriebs- und Öffnungszeiten, Vertragslaufzeiten wie etwa die Befristung von Arbeitsverhältnissen etc.), sondern auch durch staatliche Rahmensetzung (etwa Arbeitszeitgesetzgebung, Festlegung der Schul- und Semesterferien sowie der Ladenöffnungszeiten, Schutz der Sonn- und Feiertagsruhe), und die daraus resultierenden gesellschaftlichen Rhythmen sowie natürliche Rhythmen (Tag und Nacht, Jahreszeiten, Vegetations-, Reproduktions- und Biorhythmen) geprägt.

In der gegenwärtigen Phase des Strukturwandels von der Industriegesellschaft zur Dienstleistungs- und Informationsgesellschaft verändert sich die Zeitordnung erneut: Die industrielle Zeitordnung erscheint nun zu langsam, zu starr und in ihrer räumlichen Reichweite beschränkt. Zugleich werden in diesem Prozeß Abstraktion und Vergegenständlichung von Zeit vollendet: Zeit löst sich zum einen zunehmend von Personen und Prozessen, während sie andererseits als Tauschmittel sehr exakt definiert und gehandhabt wird (etwa bei betrieblichen Zeitkonten oder „Zeitwertpapieren").

Der technische Wandel der vergangenen Jahre hat zu einer Beschleunigung des ökonomischen Prozesses, zur Erhöhung der Geschwindigkeiten in Entwicklung, Herstellung und Vertrieb geführt. Insbesondere die rasante Entwicklungsgeschichte der Computertechnologie, die via Mikrochips auf alle anderen Branchen wie Automobilindustrie, Maschinenbau etc. ausstrahlt, hat die Bedeutung des Faktors Zeit in der modernen Ökonomie erhöht. Im Bereich der Innovationen nimmt die Geschwindigkeit im Wettlauf um die Pionierposition am Markt zu. Dieser Zeitdruck im Entwicklungsbereich überträgt sich auch auf die Produktion: Wer ein Produkt schneller herstellt, hat Kostenvorteile und Zeitvorteile am Markt. Die immensen Rationalisierungen in der Industrie geben hierfür ein augenfälliges Beispiel. Im Bereich der Distribution und des Konsums erhöht sich die Verfallsgeschwindigkeit der Güter, Altes wird immer schneller durch Neues ersetzt. Das Ergebnis ist ein wachsender Güterverbrauch, der sich natürlich im Verbrauch von Rohstoffen und Energie, letztlich in Form gigantischer Müllgebirge niederschlägt. Dieser Wettlauf der Unternehmen endet für viele Beteiligte ruinös, der Konkurrenzkampf führt zu sinkenden Marktpräsenzzeiten der Produkte und damit potentiell zu sinkenden Renditen unter den Bedingungen eines pausenlosen Rationalisierungsdrucks.

Mit dieser Entwicklung einher geht die Flexibilisierung von Fertigungsprozessen und Arbeitszeiten. Um hohe Lagerkosten und die Bindung von Kapital in – möglicherweise rasch alternden – Warenbeständen zu vermeiden, wird zunehmend nach dem Prinzip der „atmenden Fabrik" produziert. Es wird nach der jeweiligen Auftragslage gearbeitet, Zulieferer müssen die benötigten Teile „just in time" und „just in sequence" anliefern, gewünscht ist dabei der Arbeitnehmer auf Abruf, der hochflexibel auf die jeweiligen Bedürfnisse seines Arbeitgebers reagieren kann. Dieser Strukturwandel erfährt durch die Internationalisierung des Marktgeschehens – Stichwort Globalisierung – eine weitere Beschleunigung.

Vor allem der rasante Wandel der Transport- und Kommunikationstechnologien liefert die Grundlage für die Beschleunigung des Güter- und Kapitalverkehrs, die als „Beweglichkeitsanspruch", als Forderung nach höherer Mobilität und Flexibilität, auf den Einzelnen fortwirken. Das Ende des Ost-West-Konflikts, der europäische Binnenmarkt sowie die gegenwärtige Wirtschafts- und Währungsunion und andere Foren politischer Integration (NAFTA, ASEAN, APEC etc.), die Liberalisierung des Welthandels und der Rückzug des Staates (Deregulierung) haben zu einer zeitlichen Vernetzung geführt, die nationale Zeitordnungen und traditionelle Arbeitsrhythmen zunehmend obsolet werden lassen. Multinationale Konzerne operieren heute über Zeitzonen hinweg, „Global player" entwickeln ihre Produkte bereits arbeitsteilig an verschiedenen Standorten in unterschiedlichen Zeitzonen, um kontinuierlich den Entwicklungsprozeß vorantreiben zu können. Auch die Finanzmärkte kennen keine Ruhephasen mehr, die Schauplätze des Wertpapierhandels wandern im Uhrzeigersinn über den Globus: von Tokio über London nach New York und wieder zurück nach Tokio.

2. Wirkungen in Arbeits- und Lebenswelt

Dieser, durch die technischen, ökonomischen und politischen Veränderungen induzierte Wandel der Zeitstrukturen bleibt natürlich nicht ohne Folgen für die Gesellschaft, für den einzelnen und für die Stadt.

Für das Individuum bedeutet dieser Paradigmenwechsel in der Arbeitswelt zunächst eine Leistungsverdichtung: Immer mehr soll in der gleichen Zeit erledigt werden. Zum anderen beginnt sich, unter dem Druck ökonomischer Flexibilisierungsgebote und der Ausweitung von Betriebs- oder Servicezeiten, das Normalarbeitsverhältnis aufzulösen. Regelmäßige Mehrarbeit, Teilzeitarbeit sowie Nacht-, Schicht- und Wochenendarbeit nehmen tendenziell zu oder weiten sich auf andere Sektoren und Branchen aus. Neben der Flexibilisierung von Lage und Dauer der Arbeitszeit erodiert auch die Zeitstabilität von Arbeitsverhältnissen, von Arbeitsverträgen: Zeitarbeit, Zeitverträge, Scheinselbständigkeit und die gleichzeitige Wahrnehmung verschiedener Beschäftigungen sind Organisationsformen, deren Bedeutung ständig steigt.

In der Lebenswelt führt dieses Auseinanderfallen von Arbeitszeiten zu einem Auseinanderfallen von Sozialzeiten. Je flexibler Zeit beruflich gehandhabt werden muß, desto weniger planbar und verbindlich sind private Zeiten für die Familie, den Freundeskreis oder gesellschaftliches Engagement (Garhammer 1994). Das heißt: Je komplexer die betrieblichen Synchronisationserfordernisse, desto schwieriger wird private Synchronisation. Das System der Termine und Fristen, der Zeitplanung schlechthin, muß also auch auf den Lebensalltag übertragen werden. Wo dies nicht gelingt oder wegen der unterschiedlichen Lage der Arbeitszeit nicht gelingen kann, geraten soziale Beziehungen unter Druck, zerfallen Familien, Gruppen oder Vereine. Singles, Alleinerziehende und Familien, die nunmehr über Handys und andere Hilfsmittel miteinander kommunizieren, sind die Ausprägungen einer Gesellschaft, deren Zeitorganisation hochkomplex geworden ist. Nicht nur die Unterschiedlichkeit und Widersprüchlichkeit zeitlicher Ansprüche an die Individuen, sondern auch die Geschwindigkeit der gesellschaftlichen Veränderung wirkt desintegrierend.

Rationaler Umgang mit Zeit, also die Fähigkeit, sich „in der Zeit bewegen zu können", Abläufe temporal strukturieren zu können, ist nicht mehr nur in der Geschäftswelt, sondern auch in der Lebensführung ein Erfolgskriterium. Zeitdisziplin und Zeitplanung übertragen sich als Schlüsselqualifikation von der Arbeits- in die Lebenswelt. Man kann das gesellschaftliche Diktat des exakten Timings und der permanenten Zeitersparnis, der Geschwindigkeit und überhaupt aller Eiligkeit durchaus als eine Taylorisierung zweiter Ordnung begreifen, die kaum noch eines äußeren Zwanges bedarf.

Ein konkretes Beispiel für diesen Wandel von Zeitstrukturen ist die Einführung der 28,8-Stunden-Woche bei Volkswagen und die Flexibilisierung der Arbeits- und Betriebszeiten („VW-Modell"). Wolfsburg ist eine Kommune, die als Industriestadt im Takt eines Automobilwerkes schlägt; im Kontrast dazu sind die anderen Fallstudienstädte Bonn, Karlsruhe und Münster geprägt durch ihre mittelständische Struktur, ihre – privaten und öffentlichen – Verwaltungen bzw. Verwaltungssitze von Unternehmen und ihre Universitäten. Eine zweite Unterscheidung ist die Zusammensetzung der spezifischen Taktgeber: Wolfsburg hat mit dem dominierenden VW-Konzern eine Taktgeber-Monostruktur, die anderen Städte weisen hingegen eine diversifizierte Taktgeberstruktur auf. Die Auswahl der Fallstudienstädte ermöglichte es, den Wandel von Zeitstrukturen in ihrer Wirksamkeit auf Stadtraum und Bevölkerung zu betrachten und gibt darüber hinaus erste Hinweise, in welcher Form und mit welchen Folgen sich der Wandel von der industriellen zur nachindustriellen Zeitordnung vollzieht.

Welches „Zeitgefüge" läßt sich in Wolfsburg beobachten? Zunächst einmal zeigt sich ein enger Zusammenhang zwischen den Produktionsrhythmen des Werks und den Aktivitätsrhythmen der Stadt. Das VW-Werk ist der mit Abstand größte Arbeitgeber vor Ort, die meisten Beschäftigten arbeiten im Schichtdienst. Der Wechsel von Schichtanfang und Schichtende bei Volkswagen erweist sich als Taktgeber, beispielsweise für den Straßenverkehr sowie die Nutzung öffentlicher und privater Leistungen. Dies wird besonders deutlich, wenn wir uns die Rhythmen des städtischen Lebens vor Einführung der Arbeitszeitflexibilisierung und der Arbeitszeitverkürzung 1994 („VW-Modell") in Erinnerung rufen.

Wolfsburg war geprägt durch die drei Schichten im Werk, deren Anfangs- und Endzeiten über lange Jahre stabil blieben. Kurz vor Schichtbeginn und kurz nach Schichtende waren die Straßen überfüllt mit Fahrzeugen. Dieses „Zeitkorsett" von sechs Zeitpunkten extremer Verkehrsentwicklung war allen Wolfsburgern bekannt. Auch die Gastronomie lebte in diesem Rhythmus. Die Wirte wußten, zu welcher Uhrzeit sie zwanzig oder dreißig Pils vorzapfen mußten, um den Durst der hereindrängenden Massen löschen zu können. Auch in der Frequentierung von Geschäften, Arztpraxen, Behörden und Dienstleistern (Reisebüros etc.) zeigten sich die Arbeitszeiten in ihrer prägenden Wirkung auf den Alltag und auf die Stadt: „Nutzungswellen" erfaßten regelmäßig die öffentlichen und privaten Einrichtungen und ließen einen rhythmischen Wechsel von Überlastung und Unternutzung entstehen (Hohmeier 1989).

Auf diese Rhythmen stellte sich jeder in der Stadt ein: Die Einzelhändler hielten bei Schichtende alle Kassen besetzt und reduzierten den Personaleinsatz außerhalb dieser Zeiten, Volkshochschule und Kinos machten schichtspezifische Angebote, Vereine und Gruppen orientierten sich in ihrer Zeitgestaltung nicht an der bundesdeutschen „Feierabendkultur", sondern schichtarbeitsspezifisch an den Zeitfenstern ihrer Mitglieder, um auch außerhalb des Wochenendes gemeinsam ihre Freizeit verbringen zu können.

Neben diesem täglichen Rhythmus bestimmten weitere Zeitstrukturen Wolfsburg. Der Wechsel von Arbeitswoche und Wochenende beeinflußte, wie überall, auch die Aktivitätsmuster der Bewohner. Am Wochenende hatten endlich alle Zeit und so wurden die Freizeiteinrichtungen besonders intensiv genutzt. Samstag und Sonntag waren (und sind) die Tage, an denen die Familie etwas zusammen unternimmt, an denen sich die Menschen treffen, an denen gefeiert wird. Weitere Taktgeber waren der samstägliche Wochenmarkt, von dessen Publikumswirksamkeit beispielsweise die benachbarte Bibliothek profitierte, und der private Automarkt der VW- Beschäftigten, dessen regionale und überregionale Bedeutung ebenso bekannt war.

Der jährliche Rhythmus wurde wesentlich von den dreiwöchigen Werksferien dominiert, die eine regelrechte „Zeitzäsur" im Wolfsburger Leben darstellten. Während dieser Urlaubszeit halbierte sich die Einwohnerschaft. Da viele Beschäftigte im Handel und im Dienstleistungsbereich, in Verwaltungen und Versorgungseinrichtungen mit Partnern zusammenleb(t)en, die bei Volkswagen arbeiten, übertrug sich der VW-Takt via Urlaubsplanung auch auf sie. Der Einfluß dieser Werksferien auf die Öffnungszeiten verschiedenster Einrichtungen – viele Geschäfte reduzierten ihre Öffnungszeiten oder schlossen ganz, das Krankenhaus und andere öffentliche Einrichtungen arbeiteten mit Minimalbesetzungen – unterstreicht wiederum die Taktgeberfunktion des VW-Werks.

Wolfsburg unterscheidet sich nicht nur in den kollektiven Aktivitätsmustern, sondern auch im Zeitgebrauch der Bewohner von vielen Städten vergleichbarer Größe: Der Zeitdruck der Arbeit im Werk und die Asynchronität der Freizeitanteile aufgrund der Arbeitszeitlage im Schichtbetrieb übertragen sich auf das alltägliche Zeitbewußtsein. „Großstädtische" Hektik und Belastung für den einzelnen sind die Folge (Herlyn 1982, S. 246). Gerade für Schichtarbeiter stellen die ausdifferenzierten Arbeitszeiten – insbesondere in einem Doppelverdienerhaushalt – ein großes Synchronisationsproblem dar. Es muß schlicht mehr Zeit aufgewendet werden, um die Zeiten innerhalb der Familie, der Partnerschaft, des Freundeskreises oder des Vereins zu koordinieren.

Dies gelingt nicht immer, soziale Desynchronisation ist die Folge. Phänomene sind die sog. „Schlüsselkinder", aber auch „Pinnbrettfamilien", die hauptsächlich über kleine Notizzettel miteinander kommunizieren. Heutzutage hat jedes Familienmitglied seine Termine und damit auch seinen Terminkalender. Kinder gehen nicht einfach auf die Straße spielen, das ist häufig auch zu gefährlich geworden, sie haben um 3 Uhr Fußball, um 4 Uhr Klavierstunde und sind um 5 Uhr bei Freunden verabredet – der Familienchauffeur, meist die Mutter, wird's schon richten. So zerfallen die Zeiten der Familie und modernes Zeitmanagement ist gefragt, wenn alle gemeinsam am Eßtisch versammelt werden sollen. *Timing* wird also zu einem entscheidenden Kriterium der Lebensführung, das alltägliche Leben erfordert ein komplexes Zeitmanagement, um erfolgreich bewältigt werden zu können.

Schon die Zeiten der Kinder und Jugendlichen sind dieser rationalen Zeitordnung unterworfen und häufig zerstückelt, ihre Sorgen und Nöte stopfen sie in die wenigen Zeitlücken der Eltern, die sich im Alltag ergeben. Ihre Probleme dulden aber keinen Aufschub, oder sie werden zerstörerisch verarbeitet – gegen sich selbst oder andere. Desynchronisation ist daher eine der Ursachen für das Auseinanderdriften der Gesellschaft, aber auch für steigende Jugendgewalt und -kriminalität (Heitmeyer 1996). Ein Problem stellt auch die außerhäusliche Kinderbetreuung dar: Eine Ausrichtung der Angebotszeiten am Schichtrhythmus von VW wäre sicher nicht kindgerecht, der unstete Lebensrhythmus des Wechselschichtbetriebs wäre gesundheitsschädlich. Kinder sind nicht so flexibel in ihren Zeiten wie Erwachsene, sie brauchen verläßliche und feste Rhythmen, um sich entwickeln zu können. Häufig haben darum – früher und heute – Mütter ihre Berufstätigkeit aufgegeben und wurden Hausfrau. Sie sind es letztlich, die die Asynchronität der Verhältnisse auffangen und so das Zerbrechen der Familien verhindern. Da viele VW-Mitarbeiter erst aus Gründen des Beschäftigungsangebots nach Wolfsburg gezogen sind, fehlen auch häufig die Verwandtschaftsnetzwerke, die als „Zeitpuffer" in Betreuungsangelegenheiten entlasten könnten.

Diese grundsätzlichen Probleme sind mit Einführung des „VW-Modells" geblieben. Volkswagen versteht sich nun als „atmendes Unternehmen", das seine Produktion am Auftragseingang ausrichtet. Teure Produktion auf Halde wird vermieden, die Fahrzeuge werden „just in time" fertiggestellt. Die Arbeitszeitorganisation im Werk hat sich erheblich ausdifferenziert, die Abstimmung der einzelnen Produktionsbereiche ist hochkomplex. Statt dem Schichtsystem für die Arbeiter und dem Gleitzeitsystem für die Angestellten gibt es nun ca. 170 verschiedene Arbeitszeitmodelle im Werk. Neben dieser massiven Flexibilisierung der Zeiten wurde die wöchentliche Arbeitszeit gekürzt. 1997 wurden zusätzlich noch viele Samstage in die Arbeitszeit einbezogen, die Betriebszeiten des Werks sind also erweitert worden.

Welche Wirkungen hat dieses veränderte Selbstverständnis, diese neuartige Organisation der Zeiten des zentralen Taktgebers auf die Stadt? Durch das neue Arbeitszeitmodell sind in den Verkehrsnetzen nun erhebliche Reserven vorhanden, Staus gibt es nur äußerst selten, was natürlich die Attraktivität des Individualverkehrs erhöht hat. Dies hat zu einer drastischen Abnahme des öffentlichen Nahverkehrs geführt, der – hinsichtlich seiner Organisation und des zur Verfügung stehenden Fahrzeugparks – auf den gleichzeitigen Transport großer Gruppen, nicht aber auf hochflexible, wechselnde individuelle Arbeitszeiten der Kunden eingerichtet ist. Mit Einführung des VW-Modells reduzierte sich die Zahl der Dauerkartenbesitzer von 7.000 auf 3.000, ganze Berufsverkehrslinien mußten eingestellt und 25 Busfahrer versetzt oder in den vorzeitigen Ruhestand geschickt werden.

Das Straßennetz der Stadt ist auf die Schichtarbeitsspitzen und den Individualverkehr ausgelegt, Wolfsburg ist eine Autostadt in zweierlei Hinsicht: Eine Stadt der Autobauer und eine Stadt für Autofahrer. Der Zuschnitt der Stadtstruktur auf die automobilen Interessen läßt sie im Vergleich „amerikanisch" erscheinen, die Fußgängerzone wirkt wie ein „Reservat" der Fußgänger und

Radfahrer. Die flexibilisierten Arbeitszeiten haben zu einer Entzerrung der Verkehrsspitzen und zur Verstetigung des Verkehrsaufkommens geführt. Mit der Verkürzung der Wochenarbeitszeit nimmt auch der Freizeitverkehr zu. Die Nachbarstädte werden häufiger frequentiert, was auch zu einem verstärkten Kaufkraftabfluß nach Hannover und Braunschweig geführt hat, insbesondere bei Textilien, Möbeln und langlebigen Gebrauchsgütern.

Durch die Just-in-time-Produktion wird der reibungslose Ablauf des Werksverkehrs und die Anbindung Wolfsburgs an die überregionalen Verkehrsnetze immer bedeutsamer. Auch die erfolgreiche Bemühung um einen ICE-Anschluß zur Erhöhung der Attraktivität des Standortes – nicht nur für VW (und das geplante Kundenzentrum), sondern auch für potentielle Gewerbeansiedlungen – ist dafür ein Beleg. Gerade im Bereich Verkehr haben also die Veränderungen in der Automobilindustrie, d.h. technischer und organisatorischer Wandel, zu sichtbaren Folgen und Nebenfolgen geführt.

Mehr als tausend Zulieferbetriebe hat das Volkswagenwerk in der Region und in aller Welt. Der Einfluß dieses Taktgebers strahlt tatsächlich in alle Welt aus. In den untersuchten Zulieferbeziehungen übertrug sich die Arbeitszeitorganisation des Werks direkt auf die Auftragnehmer: Arbeitet VW samstags, müssen die Zulieferer auch Samstagsschichten einlegen. Diese globale Vernetzung zwischen Städten und Kontinenten, die von dominanten Netzknoten aus erfolgt, ist ein Stück der ökonomischen und gesellschaftlichen Wirklichkeit der neunziger Jahre, die wir mit dem Begriff „Globalisierung" umschreiben. Auch aus Wolfsburg kommen die Impulse zur verstärkten Internationalisierung der Arbeitsteilung und zum Zusammenwachsen des „globalen Dorfes". Im Entwicklungsbereich wird Volkswagen zukünftig an drei Standorten in drei verschiedenen Zeitzonen arbeiten. Ingenieure in Amerika und Asien werden die Arbeit an neuen Modellen fortsetzen, wenn die Kollegen im Stammwerk Feierabend haben. So kann rund um die Uhr und ohne Pause gearbeitet werden, die Entwicklungszeit soll auf ein Drittel der bisherigen Dauer reduziert werden. Die „atmende Fabrik" des *„global player"* Volkswagen beschleunigt auf atemberaubende Geschwindigkeit.

Was hat sich für die Stadt, ihre Bewohner und ihre Rhythmen, mit dem VW-Modell noch geändert? Wie wir gesehen haben, führt die Individualisierung der Arbeitszeit zu einer Individualisierung des Verkehrs. Auch in anderen Bereichen lassen sich die Wirkungen der flexibilisierten und individualisierten Zeiten beobachten. Die Flexibilisierung der Arbeitszeit erschwert vor allem die Flexibilität der Reaktion auf unerwartete Anforderungen der Familie: Das Kind erkrankt, in der Schule fallen Unterrichtsstunden aus, auch die Ferienzeit will von Seiten der Eltern organisatorisch bewältigt werden. Die Synchronisation

Städtische Zeitstrukturen im Wandel 241

des Familienlebens wird so immer mehr zur Zerreißprobe, an der häufig Ehen und Beziehungen zerbrechen. Auch die private Synchronisation von Zeiten außerhalb der Familie wird schwieriger, als sie ohnehin schon ist. Wie sollen noch elf Fußballer zur gleichen Zeit auf dem Platz zusammenfinden, um für die Wochenendpartie zu trainieren? Vereinsmannschaften berichten von massiven Koordinationsproblemen – nicht nur innerhalb der VW-Belegschaft, sondern auch zwischen VW-Mitarbeitern und anderen Beschäftigten. Vor diesem Hintergrund gewinnen organisations- und synchronisationsfreie Sportaktivitäten an Attraktivität: Jogging, Inline-Skating, Fitneßtraining etc. sind an keine festen Zeiten oder andere Menschen gebunden. In den Weiterbildungseinrichtungen lösen zunehmend Blockseminare und Crash-Kurse den guten alten Semesterkurs mit festgelegten Übungsstunden ab, um den Zeitnöten der Teilnehmer entgegenzukommen.

Die mangelnde Planbarkeit von Zeit führt zur sinkenden Berechenbarkeit des Bürgers als Kunde und Konsument. Zwar hat sich das Kundenaufkommen in Geschäften, Restaurants und Hotels verstetigt, es hat jedoch aufgrund der mit dem VW-Modell verbundenen Einkommenssenkung (und der gesunkenen Spesenfreudigkeit der VW-Geschäftskunden, sog. „Lopez-Effekt") zugleich abgenommen. In der Gastronomie ist, dies gilt im übrigen bundesweit, ein Trend zur „eiligen Verpflegung" feststellbar, womit nicht nur der wachsende Fast-food-Bereich gemeint ist, sondern die Anpassung der traditionellen Gastronomie an den Zeitdruck bzw. die Ungeduld der Kunden. Speisen müssen nicht nur schnell zu verzehren sein, das Angebot muß auch differenziert und flexibel sein (also wechselnde Tageskarten). Zeitliche Beschränkungen der Öffnungszeit bzw. der Küchenöffnung sind ein Wettbewerbsnachteil, was zum allmählichen Absterben der klassischen Eckkneipe führt.

Hat die 28,8-Stunden-Woche auch mehr Freizeit gebracht? Unsere Vermutung ist, daß sich zwar quantitativ etwas für die Beschäftigten getan hat, aber der Zeitwohlstand des einzelnen ist wohl nur in Ausnahmefällen gestiegen. Für das „Verschwinden" der rein rechnerisch hinzugewonnenen Zeit gibt es fünf wesentliche Ursachen:

- Die Auflösung von fraglos hingenommenen Alltagskonventionen, traditionellen Geschlechterrollen und Arbeitsteilungen, d.h. das Schwinden zeitsparender Formen der Hierarchie und der Routine führen zur verstärkten Aushandlungsprozessen in der Alltagsorganisation der Familie oder der Partnerschaft. Ein Element der Individualisierung ist die „Reflexivität des Alltags". Es besteht eine höhere Optionalität in Fragen der Lebensgestaltung, diesbezügliche Entscheidungen sind zudem in stärkerem Maße reversibel. Vielfach

haben sich die Entscheidungsmöglichkeiten erhöht, dafür wird aber auch mehr Aushandlungs- und Entscheidungszeit als zuvor benötigt.
- Die Flexibilisierung der Arbeitszeiten führt dazu, daß sich selbst in Partnerschaften und Familien mit traditioneller Rollenverteilung die zeitsparenden Alltagsroutinen nur in geringerem Maße entwickeln als in stabilen Arbeits- und Freizeitmustern. Flexibilität in der Arbeitswelt und Reflexivität des Alltags bedingen einander.
- Die Leistungsverdichtung am Arbeitsplatz aufgrund der verkürzten Arbeitszeiten hat sicherlich auch den Anteil an reiner Erholungszeit nach Dienstschluß oder Schichtende erhöht.
- Die permanente Erhöhung des privaten Güterkonsums und die Beschleunigung der Produktzyklen führt dazu, daß immer mehr Zeit für den Erwerb und den Gebrauch von Konsumgütern benötigt wird (Linder 1970).
- Freizeit tritt fallweise auch als „tote Zeit", als zerstückelte, nicht mehr adäquat nutz- und planbare Zeit auf. Als unproduktiv werden insbesondere Wartezeiten empfunden, etwa die kurzen Zeitspannen zwischen zwei Terminen oder längere Aufenthalte in Verkehrsstaus.

Räumliche Folgen dieser Entwicklung sind die Beschleunigung von Flächennutzungszyklen, die Spezialisierung von Raumnutzung und ein steigender Flächenverbrauch. Moderne Transporttechnologien, unabdingbar für eine Vernetzung der Betriebe „just in time", erfordern spezifische Bewegungsflächen, die ausschließlich dieser Funktion zugeordnet sind. Die permanente Zunahme versiegelter Flächen durch den Straßenbau ist dafür nur ein Beispiel. Als neue Runde der Beschleunigung und der rasant wachsenden Mobilität gilt der Flugverkehr und in seiner Folge der expandierende Flughafenbau. Mit dem Bedeutungszuwachs nicht nur von Flexibilität, sondern auch von Mobilität werden die Verkehrsflächen und die Bedeutung der Verkehrszentralität, der zeiträumlichen Nähe zu Autobahnanschlüssen, ICE-Bahnhöfen und Flughäfen also, weiter zunehmen. Man denke in diesem Zusammenhang an die bereits erwähnte Individualisierung des Verkehrs. Auch die Zeitstabilität der Raumnutzung nimmt ab, Flächen werden schneller benötigt und auch wiederum schneller verbraucht. Ein Beispiel: In Wolfsburg baut inzwischen die Kommune den VW-Zulieferern Werkhallen, da der Konzern nur noch modellbezogene Verträge über einen Zeitraum von wenigen Jahren abschließt. Eine selbständige Ansiedlung wäre also aufgrund der abnehmenden Zeitstabilität der ökonomischen Beziehungen nicht mehr rentabel. Wie diese Gewerbeflächen in zehn Jahren aussehen werden, bleibt in höchstem Maße ungewiß.

Zusammenfassend können wir feststellen: Die Arbeitsorganisation und die Alltagsorganisation sind in Wolfsburg schon immer sehr komplex gewesen. Mit der weiteren Flexibilisierung von Arbeitszeiten in der „atmenden Fabrik" wird diese Organisation für alle Beteiligten schwieriger und zugleich notwendiger. Zeit verliert zunehmend ihre fraglose Selbstverständlichkeit. Zeitdisziplin und Zeitplanung – die Fähigkeit also, zeitbezogene Abstimmungsleistungen zu erbringen – werden zu Schlüsselqualifikationen für die Lebensführung und die Ausübung des Berufs. Eine Stadt, deren Menschen in einem homogenen und verläßlichen, also zeitstabilen Rhythmus leben, weist gewisse Zeitstrukturen auf, an denen man sich orientieren kann. Eine Kommune wie Wolfsburg mit ihren ausdifferenzierten und wechselnden Arbeitszeitmustern bietet wenig entlastende Vorstrukturierung, der Alltag muß vielmehr „konstruiert" werden. Womöglich ist den Wolfsburgern darum das Thema Zeit, vor allem die permanenten Zeitnöte und Zeitkonflikte, besonders bewußt, da sie in besonderem Maße ihre Zeiten rational und ökonomisch behandeln müssen. Dieses Zeitbewußtsein, erzwungen durch die spezifische Zeitordnung der Stadt, kann Ursache der beobachtbaren Eile, aber auch Mittel zu ihrer Überwindung sein.

So betrachtet ist Wolfsburg ein Beispiel, wie sich städtische Rhythmen, die immer das Ergebnis kollektiver Aktivitäts- und Bewegungsmuster darstellen, im Angesicht der Flexibilisierung und Individualisierung der Lage und Dauer der Arbeitszeit auflösen. Trotz der Polemik vom „Freizeitpark Deutschland", trotz hoher Arbeitslosigkeit und gesunkener durchschnittlicher Lebensarbeitszeit ist die Bundesrepublik eine Arbeitsgesellschaft geblieben. Die ökonomischen Taktgeber, Arbeits-, Betriebs- und Öffnungszeiten, beeinflussen stark die städtischen Rhythmen. Verkehrsrhythmen sind in erster Linie durch den Berufsverkehr geprägt, der Energieverbrauch von Privathaushalten und Unternehmen ist durch den Wechsel von Arbeitszeit bzw. Betriebszeit und Freizeit bestimmt, wir organisieren unsere privaten Termine um die Kernzeiten unseres Berufslebens herum. Diesen Zusammenhang zwischen ökonomischer und sozialer Organisation von Zeit gilt es stärker zu berücksichtigen.

3. Schlußfolgerungen

Auch in anderer Hinsicht sind die Erfahrungen Wolfsburgs übertragbar. Zwar weist jede Kommune eine spezifische Identität in zeitlicher Hinsicht auf, die ihren Bewohnern durchaus bewußt ist (Berufsverkehrsrhythmen werden beispielsweise häufig bei der persönlichen Zeitplanung antizipiert), zwar wurde keine andere Fallstudienstadt einer so unmittelbaren Veränderung ihrer Zeitstrukturen ausgesetzt – Entwicklungen wie Flexibilisierung, Individualisierung und die fortschreitende Auflösung urbaner Rhythmen sind jedoch ubiquitär.

Während Wolfsburg „im Takt von VW" lebt und die Arbeitsrhythmen des Werkes die Lebensrhythmen der Stadt in hohem Maße bestimmen, sind die Zeitstrukturen von Bonn, Karlsruhe und Münster durchaus als „klassisch", d.h. als sehr homogen zu bezeichnen. Die Arbeits- und Betriebszeiten orientieren sich an den herkömmlichen Bürostunden. Da Bonn, Karlsruhe und Münster durch Verwaltungen und Konzernleitungen – also durch Büroarbeit – gekennzeichnet sind, die wiederum – abgesehen von Routinearbeiten – ohne Kommunikation und die gleichzeitige Anwesenheit der Angestellten und Beamten (am Vormittag und Nachmittag) in ihren Büros nicht reibungslos funktioniert, weisen die Arbeits- und Lebensrhythmen eine größere Konsistenz und Kohärenz auf. Während in Wolfsburg die Zeitordnung der industriellen Schichtarbeit dominiert, sind die anderen Städte durch die Zeitordnung der Büroangestellten und Beamten geprägt.

Die untersuchten Betriebe der Privatwirtschaft differenzieren jedoch auch hier ihre Zeitorganisation weiter aus. Saisonale Arbeitszeiten und Jahresarbeitszeitkonten bestimmen in zunehmendem Maße das Bild. Die Arbeitszeiten der einzelnen Bereiche differenzieren sich aus und richten sich stärker nach dem Arbeitsanfall. Im Öffentlichen Dienst findet eine zeitversetzte, eine nachholende Anpassung an die privatwirtschaftliche Arbeitsorganisation statt. So gibt es, neben der weitverbreiteten Gleitzeit mit Ausgleichskonto bereits saisonale Arbeitszeiten im Gartenbau oder die Selbstorganisation der Arbeitszeit bei vorgegebener Wochenstundenzahl im Vollstreckungsaußendienst der Stadtkasse. Die Öffnungszeiten der Behörden passen sich zunehmend den Bedürfnissen des Bürgers an und werden erweitert.

Ein übertragbares Ergebnis scheint auch der Individualisierungsschub zu sein, der durch die Flexibilisierung von Arbeitszeiten und die zunehmende soziale Desynchronisation ausgelöst wird: Die Individualisierung von Zeiten leistet beispielsweise ebenfalls den Individualsportarten Vorschub, die Zahl der kommerziellen Freizeitanbieter wie Fitneßstudios mit ihren weiten Zeitrahmen nimmt zu, während kommunale Anbieter häufig nur in der „klassischen" Freizeit, am Nachmittag, am Abend und am Wochenende also, Angebote machen. Die Vereine reagieren auf diese Entwicklung mit einer inhaltlichen und zeitlichen Ausdifferenzierung ihres Sportangebots. Gleiches gilt für die Bildungsanbieter.

Die Entwicklung zur hochmobilen, zeitsensiblen Nonstop-Gesellschaft der Zukunft ist zunächst ein Stadtphänomen, da die Stadt als Verkehrs- und Kommunikationsknotenpunkt den natürlichen Mittelpunkt gesellschaftlicher Aktivitäten darstellt. Die erfolgreiche Synchronisation von Betriebs-, Geschäfts-, Behörden- und Sozialzeiten ist ein Standortfaktor für die Wirtschaft; Zeitstruk-

Städtische Zeitstrukturen im Wandel 245

turen sind in dieser Hinsicht Teil der immateriellen städtischen Infrastruktur. Zeit kann nicht mehr ausschließlich als basale Kategorie des gesellschaftlichen Selbstorganisationsprozesses gesehen, sondern muß als ökonomisches und soziales Problemfeld begriffen werden: Die moderne Gesellschaft erscheint im historischen und kulturellen Vergleich als eine soziale Organisation, die unter permanentem Zeitdruck, vor allem unter Veränderungs- und Entscheidungsdruck, steht. Der technische Wandel, der den Übergang zur postindustriellen Gesellschaft markiert (Informations- und Kommunikationstechnologie) und die Flexibilisierung und Individualisierung von Zeiten erst ermöglicht, erhöht den Druck durch Erweiterung der Optionen der zu bewältigenden Abstimmungsleistungen erheblich („Enträumlichung" als Beispiel, Raum als „Hindernis" wird überwunden). Individueller Zeitdruck als Überforderung, als Hektik und Streß am Arbeitsplatz, Beschleunigung von technischem und strukturellem Wandel in Wirtschaft und Gesellschaft prägen das Bild der Gegenwart.

Zusammenfassend läßt sich feststellen, daß die Auflösung verläßlicher Zeitmuster in der Arbeitswelt zu einer Erhöhung der Synchronisationsleistungen des einzelnen, teilweise auch zur Desynchronisation der Lebenswelt führt: Familien, Freunde, Verwandte oder Gleichgesinnte (Vereine, Gruppen etc.) müssen ihre Zeiten immer wieder neu abstimmen; mit der Gruppengröße nimmt hierbei die Komplexität der Abstimmungsleistung zu. Die finanziellen und sozialen Kosten dieses Abstimmungsprozesses steigen, die Betriebe wälzen dabei die Kosten dieser Anpassungsbereitschaft bzw. ihr Auslastungsrisiko an die „atmende Fabrikbelegschaft" (die sich wiederum an den Zeitstrukturen des Auftragseingangs orientiert) und damit letztlich auf die Allgemeinheit ab. Langfristige Folgen sind, wie wir gesehen haben, „Pinnbrett-Familien", zerbrechende Beziehungen und die Zunahme unvollständiger Familien.

Die traditionelle Zeitordnung der Industriegesellschaft, die sich durch ein festes und planbares Korsett von Arbeitszeiten und freien Zeiten (Abend, Wochenende) ausgezeichnet hat, befindet sich in Auflösung. An die Stelle der „Arbeiterheere", die im gleichen Takt am Fließband und an anderen Orten der industriellen Kasernierung Massenprodukte herstellten, tritt nun eine ausdifferenzierte und in Teilen individualisierte Arbeitswelt. Übergreifende Symptome dieses Zeitstrukturwandels sind die Aufhebung urbaner Rhythmen und die Entwicklung zu einer kontinuierlich aktiven Gesellschaft, das allmähliche Verschwinden des sogenannten Normalarbeitsverhältnisses mit seinen festen Zeiten und zeitstabilen Vertragsbeziehungen und die Zunahme und Ausweitung von Zeitarbeit, Zeitverträgen, Teilzeit, Schicht-, Nacht- und Wochenendarbeit, die Doppelbelastung von Frauen durch Beruf und Familie als Folge eines Zusammentreffens alter geschlechtsbezogener Arbeitsteilung (und damit zugleich

Zeitverwendung) und neuen Anforderungen (Flexibilität im Beruf, Selbstverwirklichung durch ökonomische Autonomie), schließlich die ökonomisierte Verwendung von Zeit, deren rationale Nutzung nach Effizienzkriterien von der Arbeitswelt auf die Lebenswelt abstrahlt.

Der Zeitstrukturwandel trägt hierbei zur Entwicklung einer reflexiven Lebensführung bei: Die Flexibilisierung und Individualisierung der Arbeitszeiten führen zu einer Komplexitätssteigerung der Alltagsorganisation, da die entlastenden Routinen, Konventionen und Traditionen in abnehmendem Maße zur Verfügung stehen. Zeit verliert damit seine unhinterfragte Selbstverständlichkeit und enthüllt ihren Charakter als Instrument der Selbstorganisation und der gesellschaftlichen Organisation, mithin von Macht. In der Reflexion dieser instrumentellen Künstlichkeit wird Zeit nicht nur als Gestaltungsinstrument, sondern auch als Gestaltungsgegenstand begriffen: Nicht nur die quantitative Verteilung und Zuordnung von Zeit ist entscheidend, sondern der qualitative Umgang mit der Zeit an sich.[3] Je komplexer die Organisation der individuellen, ökonomischen und sozialen Zeit wird, desto bewußter, reflektierter und rationaler müssen wir sie gestalten. Je schwieriger Zeitgestaltung wird und je stärker sie von ökonomischen Imperativen überformt wird, desto notwendiger wird das Handlungsfeld Zeitpolitik.[4]

Literatur

Eberling, M.; Henckel, D. (1998): Kommunale Zeitpolitik. Veränderungen von Zeitstrukturen – Handlungsoptionen der Kommunen. Berlin.

Garhammer, M. (1994): Balanceakt Zeit. Auswirkungen flexibler Arbeitszeiten auf Alltag, Freizeit und Familie. Berlin.

Heitmeyer, W. (1996): Die gefährliche Zerstückelung von Zeit und Raum. In: Frankfurter Rundschau vom 26.9.1996, S. 18.

Henckel, D. (1995): Rhythmen der Stadt. In: Held, M.; Geißler, K. A. (Hg.), Von Rhythmen und Eigenzeiten. Perspektiven einer Ökologie der Zeit. Stuttgart, S. 157-167.

---

3 Etwa als Konflikt zwischen individueller Eigenzeit und Sozialzeiten, zwischen Eigen- und Sozialzeiten auf der einen und Arbeits-, Betriebs- und Öffnungszeiten auf der anderen Seite, zwischen dem ökonomisch gegenwärtig vorherrschenden Zeithorizont und der Eigenzeit des ökologischen Systems etc.

4 Vgl. hierzu in diesem Band Matthias Eberling und Dietrich Henckel, Zeitpolitik als neues Handlungsfeld.

Henckel, D. (1996): Zeitinvestitionen und räumliche Entwicklung. In: Rinderspacher, J. P. (Hg.), Zeit für die Umwelt. Handlungskonzepte für eine ökologische Zeitverwendung. Berlin, S. 213-227.

Henckel, D. (1997): Geschwindigkeit und Stadt. Die Folgen der Beschleunigung für die Städte. In: Henckel, D. et al., Entscheidungsfelder städtischer Zukunft. Schriftenreihe des Deutschen Instituts für Urbanistik, Bd. 90. Stuttgart, S. 257-296.

Henckel, D. (Hg.) (1988): Arbeitszeit, Betriebszeit, Freizeit. Auswirkungen auf die Raumentwicklung. Schriftenreihe des Deutschen Instituts für Urbanistik, Bd. 80. Stuttgart.

Henckel, D. et al. (1989): Zeitstrukturen und Stadtentwicklung. Schriftenreihe des Deutschen Instituts für Urbanistik, Bd. 81. Stuttgart.

Henckel, D.; Hollbach, B. (1994): Die Stadt als Taktgeber? Auf dem Weg in die kontinuierliche Gesellschaft. In: Rinderspacher, J. P.; Henckel, D.; Hollbach, B. (Hg.), Die Welt am Wochenende. Entwicklungsperspektiven der Wochenruhetage – Ein interkultureller Vergleich. Bochum, S. 283-306.

Herlyn, U. et al. (1982): Stadt im Wandel – eine Wiederholungsuntersuchung der Stadt Wolfsburg nach 20 Jahren. Frankfurt/M., New York.

Hohmeier, J. (1989): Zeit als Faktor räumlicher Entwicklung. Unter besonderer Berücksichtigung industrieller Arbeitszeit- und Betriebszeitstrukturen – dargestellt am Beispiel der Stadt Wolfsburg. Vervielf. Manuskript. Berlin.

Jahoda, M.; Lazarsfeld, F. P.; Ziesel, H. (1978): Die Arbeitslosen von Marienthal. Ein soziographischer Versuch. Frankfurt/M.

Linder, S. B. (1970): The Harried Leisure Class. New York, London.

Parkes, D.; Thrift, N. (1980): Times, spaces, and places. A Chronogeographic Perspective. Chichester u.a.

Rifkin, J. (1988): Uhrwerk Universum. Die Zeit als Grundkonflikt des Menschen. München.

Zeiher, H. (1997): Zeiten der Kinder in der Stadt. In: Informationen zur Raumentwicklung, Heft 8.

ZUKUNFTSFÄHIGKEIT ALS LEITBILD?
LEITBILDER, ZUKUNFTSFÄHIGKEIT UND DIE REFLEXIVE MODERNE

Joachim H. Spangenberg

Im Projektverbund wurde auch der Einfluß von Flexibilisierung und Verkürzung der wöchentlichen Arbeitszeit auf die umweltrelevanten Aspekte der Lebensführung, wie beispielsweise Konsumverhalten oder Mobilität untersucht (siehe Hagemann in diesem Band, Lorek/Spangenberg 1999). Dazu ist es einerseits notwendig, als physische Basis zumindest die wesentlichen umweltrelevanten Aspekte des Konsums semiquantitativ erfassen zu können (Lorek/Spangenberg 1999), sowie andererseits die hinter den Konsummustern stehenden Leitbilder, ihre Dynamiken und ihre Akteure zumindest qualitativ zu beschreiben (Spangenberg 1998, 1999).

Diese Beiträge basieren auf früheren Arbeiten, in denen versucht wurde, die Verbindung quantitativer Umweltziele mit ökonomischen Effekten und sozialen Implikationen und Triebkräften darzustellen, insbesondere im Rahmen der Studie „Towards Sustainable Europe" 1994/95 im Auftrag von Friends of the Earth Europe (Spangenberg 1995). Leitbildanalysen waren auch notwendig, um Nachhaltigkeitsszenarien in Simulationen umsetzen zu können (Spangenberg/Scharnagl 1998). Weitere Erfahrungen mit Leitbildorientierungen wurden im Projektzeitraum im Rahmen der Studie „Arbeit und Ökologie" gesammelt (ein Gemeinschaftsprojekt 1998/99 mit WZB und DIW im Auftrag der HBS, siehe Blazejczak et al. 1999). Die Wichtigkeit von gesellschaftlichen Orientierungen für zukunftsfähige Entwicklung belegten erneut die Ergebnisse des Projekts „Institutional Sustainability Indicators" (1998/99 für das UBA, siehe Spangenberg et al. 1999). Diese unterschiedlichen Forschungsprojekte und ihre Ergebnisse bilden den Hintergrund des Beitrags zum Projektverbund.

Wir haben zu diesen Fragen kein eigenständiges Projekt durchführen können, sondern im Rahmen der Verbundtreffen die aus der Empirie der Einzelprojekte stammenden Daten und Einsichten in Form einer forschungsbegleitenden Beratung analysiert und kritisch diskutiert. Ein Teil der ökologischen Bewertungen ist so bereits in die Berichte der Einzelprojekte eingeflossen, darum soll der Fokus im folgenden auf den Leitbildern hinter den empirisch erhebbaren Verhaltensweisen liegen.

1. Die Ausgangslage

Der Tarifvertrag der Volkswagen AG sah eine drastische Arbeitszeitverkürzung auf 28,8 Stunden pro Woche bei nur teilweisem Lohnausgleich vor, die mit hohen Erwartungen betreffs möglicher, unter anderem auch umweltbezogener Verhaltensänderungen infolge der Optionalitätsausweitung durch höheren „Zeitwohlstand" beobachtet und analysiert wurden. Wenn (so Eberling/Henckel 1998) Lebensstile als Zeitverwendungsstile operationalisierbar sind, dann war zu erwarten, daß eine drastische, extern vorgegebene Veränderung der Zeitverfügbarkeit deutliche Auswirkungen auf die Lebensführung haben würde. Auf dieser Basis entwickelte sich im Verlaufe der Projektarbeiten[1] die Frage nach der Rolle von Leitbildern beim Umgang mit den veränderten Rahmenbedingungen der Lebensführung sowie nach der Rückwirkung dieser Veränderungen auf die Leitbilder selbst. Da diese Aufgabenstellung jedoch nicht zu Projektbeginn mit in das Forschungsdesign eingeflossen war, liegen zu diesem Sachverhalt keine empirischen Erhebungen vor, die im Hinblick auf den Zusammenhang von Arbeitszeitmodellen und Leitbildentwicklung sowie deren kombinierten Auswirkungen auf die Lebensführung untersucht werden könnten.

Die Frage, inwieweit die analysierten Verkürzungen und Flexibilisierungen der Erwerbsarbeitszeit förderlich für ökologisches Verhalten gewesen seien, kann aber auch aus anderen Gründen in dieser Form nicht beantwortet werden. Einerseits fallen hier direkte und indirekte Effekte, intendierte und nicht intendierte Wirkungen sowie materielle und soziale Kategorien zusammen (wie z.B. Energieverbrauch und Mitarbeit in Naturschutzgruppen, so Hildebrandt/Hielscher in diesem Band), für die kein gemeinsames Bewertungsraster existiert. Andererseits ist Verhalten an sich nicht „ökologisch", sondern es kann lediglich bei Anlegung von an Umweltkriterien ausgerichteten Maßstäben als mehr oder weniger umweltbelastend bewertet werden. Ökologisches Verhalten ist dann das bezüglich bestimmter, im jeweiligen Falle dominanter Merkmale relativ höher bewertete. Die Definition eines besten Verhaltens ist häufig unmöglich, auch wenn die moralische Rigorosität oft anderes proklamiert (zur Klassifizie-

---

1 Siehe hierzu die Einleitung.

rung umweltrelevanter Konsumtatbestände siehe Lorek/Spangenberg 1999). Allgemein ökologisches Verhalten, das heißt ein gemessen an der Gesamtheit aller Maßstäbe besseres oder gar bestes, kann es insofern nicht geben. Ersatzweise soll im folgenden der nicht auf *ein* optimales Verhalten, sondern auf sozial-ökologische Optionalität gerichtete Begriff der Zukunftsfähigkeit genutzt und dazu definiert werden.

Anstatt um die Elaborierung einer empirisch basierten Analyse der Wechselwirkungen von Leitbildern, Arbeitszeit und Lebensführung soll es an dieser Stelle nur darum gehen,

- ein Verständnis von Leitbildern als einer spezifischen Form impliziter Institutionen vorzuschlagen und sie auf die verschiedenen Handlungs- und Entscheidungsebenen zu beziehen;
- dem ein Konzept von Zukunftsfähigkeit gegenüberzustellen, das die unterschiedlichen Dimensionen (ökologisch, sozial, ökonomisch und institutionell) integriert, und zu diskutieren, ob und inwieweit es in der Lage ist, eine Rolle als Leitbild im oben genannten Sinne zu spielen;
- zu skizzieren, welche Rolle Leitbilder, unter anderem solche bezüglich der Zukunftsfähigkeit, im Prozeß der reflexiven Modernisierung besitzen können, und erste Überlegungen anzustellen, wie die Relevanz des Konzepts Zukunftsfähigkeit für die alltägliche Lebensführung erhöht werden kann; dazu werden unter anderem einige Leitbilder der Umweltbewegung in diesem Kontext beschrieben und klassifiziert.

Um die Eignung des Zukunftsfähigkeitskonzepts als Leitbild überprüfen zu können, wird zunächst der verwendete Leitbildbegriff dargestellt und begründet.

2. Institutionen und Leitbilder

Während traditionell in der Politikwissenschaft Institutionen als formale Organisationseinheiten gesehen wurden, die politische Entscheidungen oder soziale Organisationsprozesse zwischen den Individuen und der Gesellschaft vermitteln und dabei mehr oder minder stark beeinflussen, ist das Institutionenverständnis inzwischen wesentlich breiter. Es beinhaltet nicht nur derartige Organisationen, sondern auch die vorformierten Rahmenbedingungen oder „Spielregeln", nach denen die Entscheidungsprozesse ablaufen. Diese Rahmenbedingungen können sowohl explizit formalisiert sein wie Gesetze, Satzungen etc. als auch implizit-informell wie die auch ohne Verbalisierung verhaltenssteuernden Werthaltungen, Gewohnheiten und Präferenzstrukturen, die sich in einem ungesteuerten Prozeß ständig entwickeln und verändern (ein von Max Weber als Tradition beschriebenes Phänomen).

Für das Verständnis der Wirkung von Leitbildern ist von Bedeutung, wie das Verhältnis der drei Institutionenkategorien Organisationen, explizite und implizite Regeln zueinander ist. Ich gehe hier davon aus, daß in demokratischen Staaten in der Regel die Veränderungen der impliziten Institutionen der Modifikation expliziter Institutionen vorausgeht, so daß diese wesentlich einen nachlaufenden Aktualisierungsprozeß darstellt. Dieser ist notwendig, um die Funktionsfähigkeit der expliziten Institutionen zu gewährleisten, die eine im Einzelfall schwer zu bestimmende Maximalentfernung zu den impliziten Regeln nicht überschreiten können, ohne an Akzeptanz und damit an Verbindlichkeit zu verlieren. Derselbe Mechanismus von Legitimitätsverlust formal-legaler Regelungen bei zu großer Distanz zu den impliziten Institutionen droht auch zu greifen, wenn beispielsweise durch Regierungsentscheidungen eine vorlaufende Entwicklung der expliziten gegenüber den impliziten Institutionen initiiert wird – das setzt dem politischen Handeln durch Kodifizierung von expliziten Regeln spürbare Grenzen (die in der Vergangenheit allerdings bei weitem nicht ausgeschöpft wurden). Hier zeichnet sich ein Dilemma ab, das darauf beruht, daß nur die expliziten Regeln, nicht aber die diese in ihrer Gestaltbarkeit eingrenzenden impliziten Institutionen einer gezielten politischen Gestaltung zugänglich sind.

2.1 Leitbilder und Handlungsebenen

Da Institutionen bezogen auf Entscheidungsprozesse und Handlungen definiert sind, ist es sinnvoll, sie entsprechend der Handlungsebenen zu differenzieren. Deshalb wird an dieser Stelle vorgeschlagen, vier Entscheidungsebenen zu unterscheiden, wie sie in anderem Zusammenhang auch in der Wirtschaftsforschung benutzt werden (z.B. Messner 1995; Hinterberger et al. 1997):

- die Metaebene gesellschaftlicher Wert- und Zielvorstellungen,
- die Makroebene gesamtgesellschaftlich-politischer Entscheidungen,
- die Mesoebene der (regionalen) Netzwerke, Branchen, Kommunen/Regionen, der Kommunikationsstrukturen und der Technikentwicklung,
- die Mikroebene individueller Entscheidungen in Betrieb (unter anderem corporate identity) und Haushalt (beispielsweise häusliche Arbeitsteilung, Lebensformen).

Da auf jeder dieser Ebenen unterschiedliche Entscheidungsfindungsmechanismen vorherrschen und unterschiedliche Akteure in unterschiedlichen Konstellationen dominieren, ist eine getrennte Beschreibung der Ebenen sinnvoll; eine weitere Differenzierung nach gesellschaftlichen Subsystemen scheint dagegen an dieser Stelle nicht hilfreich. Die gewählten vier Beschreibungsebenen sind jedoch nicht vollständig voneinander getrennt, sondern beeinflussen sich gegenseitig; so kann das oben aufgezeigte Dilemma auch als eine meta-basierte Restriktion auf der Makroebene beschrieben werden. Hinzu kommt, daß die Individuen in unterschiedlichen Funktionen (als Kulturwesen, Staatsbürger/in, Einwohner/in, Mitarbeiter/in etc.) auf allen Ebenen *gleichzeitig* aktiv sind, ja in ihren Entscheidungsprozessen alle Ebenen in sich vereinen.

Leitbilder und Normen sind spezifische Formen der impliziten Institutionen. Sie sind – wie alle Institutionen – handlungsleitend und können die Basis für Formalisierung und Organisationsbildung sein. Von den allgemeinen Wert- und Wunschvorstellungen der Metaebene sind sie insofern unterscheidbar, als sie der Fluchtpunkt von Wünschbarkeit und Machbarkeitserwartung sind, wobei Machbarkeit wiederum auf die verschiedenen Entscheidungsebenen rückverweist.

Leitbilder sind Ausdruck gesellschaftlicher Zielvorstellungen und Wandlungsprozesse, und sie sind ein Minderheitenphänomen. Sie fassen zum Zeitpunkt ihrer Entstehung die Präferenzsysteme einer gesellschaftlichen Gruppe (unabhängig von deren formaler Struktur) zusammen, die zu diesem Zeitpunkt keine hegemoniale Position innehat. Wird die mit ihm verbundene Gruppe hegemonial, so wandelt sich das Leitbild zur gesellschaftlichen Norm. Insofern stellen Leitbilder eine Herausforderung der Normen dar, sind Normen erstarrte Leitbilder. Diese Prozesse sind reversibel, so daß auch ehemalige Normen als (Retraditionalisierungs-)Leitbilder virulent sein können. Auf der Metaebene haben die Leitbilder der Friedensbewegung nie Normcharakter erlangt, die der Frauenbewegung stellen auf der Makroebene in vielen Fällen ein Beispiel für die eingeschränkte Wirksamkeit expliziter Institutionen bei Fehlen der korrespondierenden impliziten dar. Gewerkschaftsnahe Leitbilder wie Humanisierung des Arbeitslebens oder Zeitwohlstand (meta; makro: Arbeitszeitverkürzung; meso: Wochenstunden- oder Freischichtenkonzepte auf Branchenebene, mikro: betriebliche Umsetzungsstrategien. Betriebliches Leitbild dagegen: Arbeitszeitflexibilisierung, „Kapovaz", „atmende Fabrik") unterliegen je nach Stand der gesellschaftlichen Diskussionen, Bewußtseinslagen und Kräfteverhältnisse schwankenden Konjunkturen.

Da prä-normativ, lassen sich Leitbilder von Normen auch dadurch abgrenzen, daß erstere noch Begründungsbedarf haben, d.h. daß sie durch sachliche und emotionale Argumente oder durch das Ausmalen attraktiver Bilder, also durch die Skizzierung von Utopien (Morus 1517) überzeugen müssen. Insofern sind Leitbilder die Konstruktionsprinzipien konkreter Utopien, Normen dagegen sind als solche wirksam und nicht begründungsbedürftig – im Gegenteil: nach Begründungen fragen hieße den Normcharakter in Frage stellen. Neoliberalismus scheint heute eine Norm zu sein, die diesen Charakter verliert; während er in vielen interessengebundenen Kreisen noch völlig unhinterfragt ist und jeder Zweifelnde mit höchster Energie bekämpft wird (Oskar Lafontaine war hier das prominenteste Beispiel), hat die durch die asiatische Krise ausgelöste Begründungspflichtigkeit und neue Flexibilität neoliberaler Konzepte längst zu einst als häretisch angesehenen Forderungen geführt, etwa nach Zinssenkung und Ausweitung der Geldmengen (The Economist 1999) oder nach Währungsharmonisierung, Bekämpfung von Steueroasen und Regulierung der firmeninternen Verrechnungspreise (OECD 1999). Die Hegemonie der „reinen Lehre" ist international vielfach gebrochen.

Gleichzeitig scheint in Deutschland der Atomausstieg vom Leitbild zur Norm zu werden – das ist die Folge der Einsicht der Stromwirtschaft (außerhalb Bayerns), daß das politische Ziel als solches nicht zur Disposition der Industrie steht. Folgerichtig wird über das „Wie" und „Wann" verhandelt, aber nicht mehr über das „Ob". Offensichtlich ist eine Weiterentwicklung der Gesellschaft – in welche Richtung auch immer – ohne das Wechselspiel von Leitbildern und Normen nicht denkbar.

3. Das Konzept Zukunftsfähigkeit

Hier gilt es, zunächst den Terminus „zukunftsfähig" von synonym verwandten Begriffen wie nachhaltig, ökologisch oder umweltverträglich abzugrenzen um ihn dann näher und – soweit möglich – operationalisierbar zu beschreiben. Anschließend soll das Konzept auf seine Eignung als Leitbild hinterfragt respektive Schritte vorgeschlagen werden, um diese Eignung zu verbessern.

3.1 Zukunftsfähigkeit vs. Nachhaltigkeit

Der Begriff Zukunftsfähigkeit ist eine der gängigen Übersetzungen des englischen Terminus „Sustainability"; im Rückgriff auf den englischen Ausgangspunkt ist er zu verstehen als Status, der die Fähigkeit besitzt, die Funktionsfähigkeit eines Systems auf Dauer aufrecht zu erhalten. Eine andere, häufig verwandte Übersetzung wird durch die Indienststellung des traditionellen Begriffs der Nachhaltigkeit versucht.

Während "Sustainability" erstmals 1980 mit der Weltnaturschutzstrategie (UNEP et al. 1980) prominent in der Fachdebatte auftauchte und erst mit der Publikation des Brundtland-Berichts (WCED 1987) der breiten Öffentlichkeit bekannt wurde, ist der Begriff der Nachhaltigkeit in Deutschland, Österreich, der Schweiz und Tschechien (also im ehemals deutschen Sprachraum) bereits seit dem 18. Jahrhundert eingeführt. Der Begriff war im Sinne patriarchaler Hege des Anvertrauten ursprünglich eng mit vormodernen Denkmustern verbunden und rein ökonomisch auf die Produktionsfunktionen des Waldes bezogen. Der Wald soll demnach so bewirtschaftet werden, daß er in den Folgejahren vergleichbare Erträge erbringen kann wie in der Gegenwart (ein Ziel der Feudalökonomie und ein Widerspruch zum Wachstumsgebot der modernen Marktwirtschaft). Ökologische Ziele und Denkansätze waren – im Gegensatz zum heutigen Verständnis – traditionell mit Nachhaltigkeit höchstens indirekt verbunden, soziale oder gar institutionell-demokratische Ansätze grundsätzlich nicht. Diese Kontroverse spiegelt sich noch heute im Streit um die Kriterien für die Kennzeichnung von Holz aus nachhaltiger Waldbewirtschaftung.[2] Forstliche Nachhaltigkeit ist auch mit bis heute nachwirkenden feudalen Sozialstrukturen verbunden: der Wald gilt als zu hegendes Lehen, Waldhege als hoheitliche Aufgabe für Forst*beamte.*

Um vormodernen begrifflichen Konnotationen wie aktuellen begriffsklärenden Disputen aus dem Wege zu gehen, soll an dieser Stelle der inhaltlich weniger gefüllte Terminus "Zukunftsfähigkeit" oder direkt der englische Ausdruck "Sustainability" benutzt werden.

Deren Definition zielt nach Brundtland (WCED 1987) im wesentlichen darauf ab, die Lebensqualität für diese Generation zu verbessern und gleichzeitig die Optionen für eine vergleichbare Lebensqualität für die nächsten Generationen zu sichern. Gerechtigkeit und Optionalität über Generationen hinweg sind damit konstitutiver Bestandteil der Sustainability.

Die Vision eines guten Lebens – in all ihren kulturell wie sozial bedingten Variationen – ist damit als "Richtungszeiger" notwendiges Element jeder Zukunftsfähigkeitsprojektion. Da diese, politisch weitgehend anerkannte Defi-

---

2 Aufschlußreich ist hier die in der forstpolitischen Literatur breit dokumentierte Kontroverse um die Einführung eines Nachhaltigkeitssiegels für Holz und die dafür anzulegenden Kriterien. Es handelt sich dabei um ein einprägsames Beispiel, wie die reflexive Moderne an traditionale Begrifflichkeiten und Strukturen anknüpft unter Ausschaltung der "Irrungen der Moderne", die natürlich trotzdem die Praxis prägen, in der Forstwirtschaft z.B. durch die Versuche zur Ertragsoptimierung durch Jagdförderung und übermäßigen Wildbesatz sowie in der Holzproduktion durch Kahlschlagwirtschaft und die Aufforstung mit standortfremden Hochertragsarten.

nition offensichtlich nicht operationalisierbar ist, sind verschiedene Ansätze verfolgt worden, um diese Operationalisierbarkeit herbeizuführen.

Abb. 1: Das Ziel: zukunftsfähige Entwicklung

Zukunftsfähige Entwicklung
=
Bedürfnisbefriedigung heute und morgen

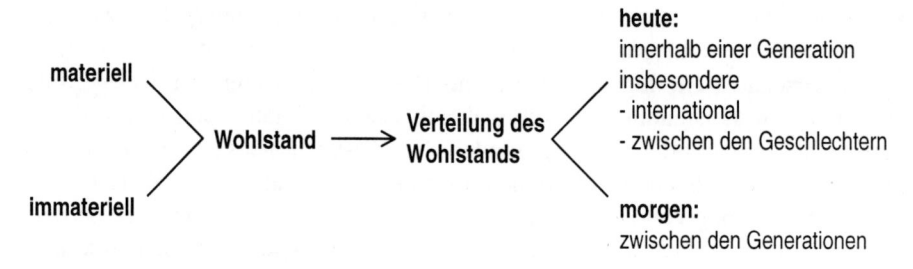

materiell
immateriell
→ Wohlstand → Verteilung des Wohlstands →

heute:
innerhalb einer Generation
insbesondere
- international
- zwischen den Geschlechtern

morgen:
zwischen den Generationen

Quelle: Kerstin Deller, Joachim Spangenberg, Wuppertal Institut (1997) (UM-640)

3.2 Dimensionen der Zukunftsfähigkeit

Zukunftsfähigkeit ist in der Vergangenheit oft irrtümlich mit umweltgerechter Entwicklung gleichgesetzt worden. Dieser Irrtum ist insofern verständlich, als eine der zentralen Aufgaben zukunftsfähiger Entwicklung darin besteht, die ökologische Dimension in die bisherige politische Dichotomie von Ökonomie und Sozialem, von Arbeit und Kapital einzubringen. Das so resultierende „Drei-Säulen-Modell" ist nicht nur in Deutschland durch eine Vielzahl von Arbeiten etabliert (Deutscher Bundestag 1998; Sachverständigenrat für Umweltfragen SRU 1996, 1998; Umweltbundesamt 1997; Spangenberg, 1995 u.a.), es bildet auch die Grundlage des „Sustainability"-Verständnisses, wie es im Amsterdamer Vertrag und im Ratsbeschluß des EU-Gipfels von Cardiff zur Integration von Arbeit und Ökologie von der Europäischen Union festgeschrieben worden ist. Das allgemein anerkannte Kernziel der Zukunftsfähigkeit ist demnach eine sich langfristig selbsttragende Entwicklung, die wirtschaftliche, soziale und Umweltaspekte gleichzeitig berücksichtigt und Irreversibilitäten in allen drei Dimensionen vermeidet.

Zu einer zukunftsfähigen Entwicklung gehört natürlich auch die Veränderung von Verhaltensmustern auf Seiten von Produzenten und Verbrauchern, veränderte Einstellungen und Gewohnheiten, sowie veränderte gesellschaftliche Organisationsformen. Diese Aspekte werden von der Weltbank und der UN-Kommission für nachhaltige Entwicklung CSD als die institutionelle Dimension der Nachhaltigkeit bezeichnet und zusätzlich ausgewiesen – es liegt nahe, diese vier Dimensionen generell in der Konzeption zukunftsfähiger Politiken zu berücksichtigen.

Abb. 2: Tetraeder der Zukunftsfähigkeit: Kategorien

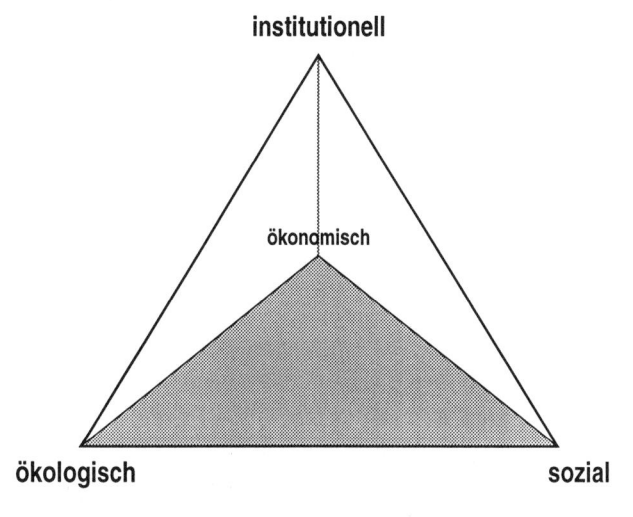

Quelle: Kerstin Deller, Joachim Spangenberg, Wuppertal Institut (1997) (UM-644/97)

Allerdings unterscheidet sich die vierte Dimension der Nachhaltigkeit in ihrem Charakter teilweise von den drei vorherigen: Während diese mit einiger Mühe als trennbare Politikbereiche behandelt werden können, spielen Institutionen im oben genannten Sinn nicht nur eine eigenständige Rolle (etwa zur Thematisierung von Fragen der Gleichstellung, der Demokratie und der gesellschaftlichen Machtverhältnisse), sondern sie sind auch Bestandteil der Diskurse in den drei zuvor genannten Dimensionen von Umwelt, Ökonomie und Sozialem, aus denen sich eigene institutionelle Aspekte ergeben. Deswegen haben wir, den besonderen Charakter der institutionellen Dimension betonend, das Dreieck der

Zukunftsfähigkeit zu einem Prisma ergänzt, bei dem jede der vier Ecken mit jeder der anderen direkt verbunden ist, die Abstände zur Betonung der Gleichrangigkeit der vier Dimensionen alle gleich sind, die institutionelle Dimension aber – quasi etwas abgehoben – als Spitze des Prismas über dem etablierten Dreieck der Zukunftsfähigkeit schwebt.

Diese Strukturierung von Zukunftsfähigkeit beruht auf der Einsicht, daß das Ziel des guten oder besseren Lebens („Lebensqualität") auf eine materielle Mindestausstattung angewiesen ist, die ohne eine funktionierende Ökonomie nicht bereitgestellt werden kann (über das „Wie" dieser Ökonomie ist damit noch nichts ausgesagt), sowie über Verteilungsmechanismen, die dafür sorgen, daß jedes Mitglied der Gesellschaft – unabhängig von tradierten Rollenzuweisungen z.B. der Geschlechter – diese Mindestausstattung auch erhält. Hinzu kommt als Voraussetzung eines menschenwürdigen Lebens die Möglichkeit zur aktiven Partizipation in der Gesellschaft, in Erwerbs- und Nichterwerbsarbeit, Kultur und Freizeit, sowie eine Umweltqualität, die gesundheitlichen, erholungsbezogenen und ästhetischen Kriterien genüge tut (anthropozentrisches Naturbild).

Zukunftsfähigkeit als langfristig angelegtes Entwicklungsmodell ist bei der Entwicklung von Strategien darauf angewiesen, daß neben der Integration der vier Dimensionen der Aspekt der Entgrenzung mit berücksichtigt wird. Entgrenzung bedeutet hier einerseits die Notwendigkeit einer großräumigen, teils globalen Betrachtung, sowie andererseits eine Erweiterung der Zeithorizonte hin zu einer lebenszyklusweiten respektive intergenerationellen Betrachtung.

Diese Notwendigkeit resultiert nicht zuletzt aus der zentralen Bedeutung des Grundwerts der intra- und intergenerativen Gerechtigkeit in und zwischen den Ländern der Erde im Konzept der Zukunftsfähigkeit, wobei der Gerechtigkeitsbegriff wiederum eine Vielzahl von Einzelperspektiven integriert. Zukunftsfähigkeit greift unter dem Stichwort „Geschlechtergerechtigkeit" die feministische Kritik auf, unter Stichworten wie soziale Gerechtigkeit, Chancengleichheit und Verteilungsgerechtigkeit die Kritik von Gewerkschaften und Sozialverbänden.

Gleichzeitig integriert sie die angesichts ständig steigender Umweltverbrauche immer dringlicher werdenden Forderungen nach einer Begrenzung bzw. Reduzierung des Naturverbrauchs und verbindet diese ökologischen Rahmensetzungen mit Forderungen nach mehr Demokratie in Staat, Kommune und Betrieb, nach Humanisierung des Arbeitslebens und Förderung der Lebensqualität zu einem Ordnungsrahmen für die sozialökologische Marktwirtschaft einer (auch international) friedensfähigen, solidarischen und demokratischen Gesellschaft. Ein solches Konzept vergißt aber auch nicht, daß im Mittelpunkt der politischen Gestaltung immer der (vergesellschaftete) Mensch stehen muß, daß technische und ökonomische Innovationen ohne soziale und institutionelle Innovationen drohen, sozialen Zusammenhang und institutionelle Stabilität zu untergraben.

Integration

Auf der Basis von je vier Ebenen und Dimensionen der Zukunftsfähigkeit ergibt sich eine Matrixstruktur, die hier zu Illustrationszwecken auf der Basis der allgemein diskutierten Ziele im Rahmen des Zukunftsfähigkeitsdiskurses exemplarisch ausgefüllt ist.

Tab. 1: Eine Matrix möglicher Leitziele der Zukunftsfähigkeit

Dimension Ebene	Wirtschaftlich	Sozial	Umwelt	Institutionell
Meta	Marktwirtschaft, Verursacherverantwortung	Verteilungsgerechtigkeit	Existenz von Grenzen, Dematerialisierung, Nutzen statt besitzen	Demokratie, Frieden, Freiheit, Geschlechtergleichheit
Makro	Offene Märkte, Verursacherhaftung	Soziale Sicherheitssysteme	Handelbare Zertifikate, Steuerdifferenzierung	Innere & äußere Konfliktprävention, Gleichstellungspolitik
Meso	Innovationsnetzwerke, Prozeßkettenmanagement	Partizipation in Gesellschaft (Demokratie) und Betrieb (Mitbestimmung)	Naturschutzgebiete, Regionalwirtschaft, Tauschringe, NGOs, Sharing, Pooling	Bürgerschaftliche Kooperationsnetze, Quotenregelungen in der Zivilgesellschaft
Mikro	Wettbewerbsfähige Firmen, „Stakeholder Partizipation"	Sicheres Grundeinkommen	Umwelt/Stoffstrommanagementstrategien, Second Hand, Konsumverhalten	Zeitautonomie, partnerschaftliche Beziehungen

Gleichzeitig bedeutet die schiere Existenz all dieser Zielsetzungen den radikalen Bruch mit all jenen (meist neoliberalen) Ideologen, die die These vertreten, gestaltende Eingriffe und Rahmensetzungen durch die Politik hätten zugunsten eines immer weiter zu deregulierenden Marktes zu unterbleiben. Zukunftsfähigkeit setzt auf das Primat der Politik – allerdings nicht einer Detailverwaltung (auch dieses Modell ist gescheitert), sondern auf die strategische Steuerung durch Setzen der geeigneten Rahmenbedingungen. Zum Steuerungspessimismus ist ebensowenig Anlaß wie zur Euphorie: Es gilt, nach einer halben Generation konservativer Politik nicht das Gemachte mit dem Machbaren zu verwechseln.

4. Leitbilder der Zukunftsfähigkeit und reflexive Modernisierung

4.1 Leitbilder in der reflexiven Moderne

Die Explizierung von Leitbildern ist wertvoll als Versuch, Denk- und Handlungsrichtungen zu veranschaulichen, zu kommunizieren und Mehrheiten für sie zu werben; ein Versuch der Bildung neuer gesellschaftlicher Normen, der gerade in einer Phase von Richtungsänderungen um so wichtiger ist, da diese ohne eine Erosion der tradierten Normensysteme nicht eingetreten wären. Leitbilder haben eine wichtige organisations-interne kommunikative wie gesellschaftlich-integrierende Funktion, weil es ohne explizite Orientierungspunkte nicht möglich ist, die Eignung gegenwärtig verfolgten Richtungen zu bemerken, notwendige Änderungen zu formulieren und ihre Umsetzung zu verfolgen. Welche Rolle kann hier das Konzept „Zukunftsfähigkeit" spielen?

Verunsicherung durch den aufgezwungenen Umgang mit Komplexität, das Hinausgetretenwerden aus der selbstverschuldeten Unmündigkeit in die Zwangsmündigkeit, das „Zwangshandeln" in der „posttraditionalen Gesellschaft" (Giddens 1996, S. 135, 141), das „Entscheiden-Müssen", der Verlust des „Hinnehmen-Könnens" sind erhebliche, dem Menschen durch die internen Nebenfolgen der industriegesellschaftlichen Modernisierung (Beck et al. 1996, S. 10) und die Sinnentleerung und schwindenden Integrität von Traditionen (Giddens 1996, S. 115, 150) zugemutete Verunsicherungen. „Die Freisetzung des einzelnen von Traditionen und Strukturen, aus denen sich bisher seine Identität gebildet hat und die seine Handlungen orientiert haben" (so das Einleitungskapitel dieses Bandes), schafft eine Verunsicherung, die das Bedürfnis nach einfacher, reflexionsfreier Identität erzeugt. Das Sehnen nach dem „Alles-essen-Können", dem „Nicht-mobil-sein-Müssen", dem „Nicht-verfügbar-sein-Müssen" sind im Kern negative, oft emotionale Reflexe auf die wissensbasierte Reflexivität der Moderne. Sie stützen sich auf das Nicht-Wissen der Expertensysteme als legitimatorische Basis (Giddens 1996, S. 157ff.), beziehen die eigenen Gewißheiten im Nicht-wissen(-Können und -Wollen) jedoch zum Teil nicht aus dem reflektierten Umgang damit, sondern auch aus sich traditionell gebenden Gewißheiten, die sich bei näherem Hinsehen als sekundäre Traditionen erweisen und in der Lage sind, den rationalen, wissenserweiternden Diskurs zu blockieren.

In solchen Situationen helfen Leitbilder im Umgang mit Komplexität, da sie handlungsleitende Orientierung bieten, die auf Konsens beruht, und nicht notwendig auf voller Reflexion der Situation. Sie entheben den Menschen der Notwendigkeit, permanent aus der Analyse komplexer Situationen situative Orientierungen ableiten zu müssen (ein sehr belastender „Übersetzungsprozeß") und sind so ein wirksames Mittel zur Komplexitätsreduktion, zur Identifikation mit gemeinsamen Zielen, die den „Konflikthorizont" beschränken: statt der Auseinandersetzung mit der Vielzahl teils widersprüchlicher Expertensysteme reicht die Konfliktaustragung in der Gruppe aus, die das selbe Leitbild teilt und so (bis zum Zerfall des Leitbilds) einen Sicherheit vermittelnden Rahmen bietet. Die Notwendigkeit der Reflexion wird ersetzt durch die Entwicklung spezifischer Reiz-Reaktions-Schemata, durch bedingte Reflexe, die in einem prästabilisierten Kontext wirkungsvolle Ersatzmechanismen darstellen.

4.2 Zukunftsfähigkeit als Leitbild?

Zukunftsfähigkeit ist, so der Konsens aller am Diskurs Beteiligten, eine hochkomplexe Aufgabe, die zu ihrer Vermittlung der systematischen Komplexitätsreduktion bedarf, wie sie insbesondere Leitbilder liefern. Bei der Operationalisierung dieses Anspruchs wird jedoch schnell unübersehbar, daß es keine eigenen Leitbilder der Zukunftsfähigkeit gibt, sondern nur getrennte Leitbilder in den verschiedene Teildimensionen, die durch Grenzüberschreitungen zu verbinden bisher nicht gelungen ist.

Zukunftsfähigkeit ist insofern der gemeinsame Fluchtpunkt verschiedener Leitbilder denn ein eigenes Leitbild; insbesondere die Machbarkeitserfahrungen, die notwendig sind, damit die Machbarkeitserwartungen nicht zu Machbarkeitsillusionen verkommen, wären eher in einem engeren Rahmen vorstellbar denn im Rahmen eines allgemeinen Leitbildes der Zukunftsfähigkeit.

Zudem sind Leitbilder zu unterscheiden vom „allgemeinen Erwartungsrahmen einer Gesellschaft" (Dierkes et al. 1992; Marz/Dierkes 1992). Zukunftsfähigkeit oder Sustainability sind sowohl in ihrer umfassenden Bedeutung als auch ihrer Unschärfe deutlich auf dieser Ebene anzusiedeln. Soweit es dem

Thema Zukunftsfähigkeit gelingt, die politische Tagesordnung zu besetzen, hat es zwar durchaus eine perspektivische Leitfunktion, die allerdings in der Regel auf allgemeine Stellungnahmen und Absichtserklärungen beschränkt bleibt und sich nicht in praktisches Handeln umsetzt. Allerdings können diese Diskurse ihrerseits zur Manifestierung neuer oder zur Modifikation bestehender Leitbilder führen oder zumindest dazu beitragen. Werden *diese* Leitbilder dann handlungsmächtig, so entsteht die paradoxe Situation, daß der Zukunftsfähigkeitsdiskurs ohne direkte Erfolge bleibt, aber als Nebenfolge seine Intentionen umgesetzt werden.

Wie Ziele der Zukunftsfähigkeit mit präexistenten Leitbildern verbunden werden können und wie diese der Konkretisierung und alltagstauglichen Operationalisierung abstrakter Leitbildbilder dienen können zeigt sich, wenn als Strategien zur Umsetzung des Meta-Leitbilds der Dematerialisierung die Konkretisierung durch Leitbilder anderer Ebenen vorgeschlagen wird, wie beispielsweise auf der Mikroebene durch Vegetarismus, auf der Mesoebene durch Arbeitszeitverkürzung und -autonomie sowie die Möglichkeit, kulturelle und soziale Vielfalt zu leben, oder auf der Makroebene durch eine gerechtere Einkommensverteilung (Fischer-Kowalski/Haberl 1997).

Zukunftsfähigkeit ist somit eher ein Querschnittsthema, das alle gesellschaftlichen Lebensbereiche durchdringt und in einer Vielzahl von Leitbildern seinen Ausdruck findet, als selbst Leitbildcharakter zu haben. Leitbilder sind partial erfahrbar, Zukunftsfähigkeit ist eher visionär und eine sozial-ökologische Utopie denn konkret manifest. Das ermöglicht ihre breite Akzeptanz, oft unabhängig von konkreten Interessenslagen, macht aber auch ihre operative Schwäche aus.

Trotzdem sind die Aktivisten der Zukunftsfähigkeit, bis heute überwiegend unter den Umweltschützern zu finden, nicht ohne Leitbilder. Deren Divergenz von den Leitbildern etwa der Gewerkschaften mag eine bisher nur unzureichend analysierte Ursache der häufig konstatierten Kooperationsschwierigkeiten sein.

4.3 Leitbilder der Umweltbewegung

Ursprüngliche *Umweltleitbilder* sind tief verwurzelt in vormodernen Traditionen und insofern zumindest teilweise als Reaktion auf die Unsicherheit entstanden, die die Freisetzung aus traditionalen Strukturen mit sich bringt. Dies erklärt auch die ideologische Überhöhung und Aufladung des Vergangenen als Reaktion auf die im Prozeß der Modernisierung entstandenen Verunsicherungen

Zukunftsfähigkeit als Leitbild?

(siehe auch Giddens 1996, S. 146). Als Beispiele aus dem Umweltdiskurs seien genannt:

- Naturschutz/Heimatschutz/Landschaftsschutz/Artenschutz,
- small is beautiful/Dezentralisierung/alternative handwerkliche Kleinbetriebe,
- Subsistenz/zurück aufs Land/gemeinsames Leben im „ganzen Haus",
- Natürlichkeit/Ungiftigkeit/Bedenkenlosigkeit, sorgenfreie Lebensführung,
- Großfamilien/Lebensgemeinschaften/Familien-Pflege.

Hier zeigt sich deutlich, wie stark der ökologische Diskurs Stärke aus der Gegenmoderne gewinnt, aus der Mobilisierung idealisierter vormoderner Bilder, aus dem Sehnen nach der vorgeblich heilen Welt der Vormoderne, dem Halt in Strukturen, verklärt zur Zeit vor der Vertreibung aus dem Paradies – die Moderne wird so von der Erfüllung der menschlichen Bestimmung, Herrscher über die Natur zu sein, zum Sündenfall des Menschengeschlechts. Dabei geht es weniger um konkrete Retraditionalisierungen als um die legitimatorische Kraft vormoderner Lebens- und Arbeitsformen, Ethiken und Wertvorstellungen.

Diese Rückgriffe geschehen jedoch nicht ohne Grund: Wenn Nachhaltigkeit „dauerhaft durchhaltbar" meint, so hat – rein aus Gründen ihrer Dauer – kein Produkt der ersten Moderne diesen Test bis jetzt bestanden, und bei der immensen Umwälzungsgeschwindigkeit der Gegenwart wird wohl auch kaum ein Resultat der ersten Moderne die Gelegenheit erhalten, seine Zukunftsfähigkeit nachzuweisen. So ist es nahezu sachnotwendig, die Beispiele für nachhaltiges Wirtschaften in der Vormoderne zu suchen. Das Umweltbundesamt nennt als drei Beispiele nachhaltig zukunftsfähigen Wirtschaftens die jahrhundertealten Reisterrassen Chinas und Indonesiens, verschiedene Formen der landwirtschaftlichen Forstnutzung (Agroforestry) in Afrika und Lateinamerika sowie die Bewirtschaftung der Almen vom 17. Jahrhundert bis zum Ende des Zweiten Weltkriegs (UBA 1997).

Es überrascht zu sehen, wie tief Konzepte der reflexiven Moderne in der Vormoderne zumindest als legitimatorischem Muster wurzeln, besonders, wenn man sich nicht mit den historischen Wurzeln insbesondere der deutschen Umweltbewegung beschäftigt hat (Wüstenhagen et al. 1976; Tallert 1979; Linse 1986; Spangenberg 1994). Beck spricht in diesem Zusammenhang von der Dogmatisierung des Nicht-Wissens, thematisiert aber die „Quellen der Gewißheit" nicht. Ein teils daraus resultierendes Problem dieser Leitbildern ist, daß sie bisher nur für selektive Gruppen der Gesellschaft bedeutungsvoll, realistisch und damit wirksam sein konnten, und voraussichtlich auch zukünftig von den Lebens- und Interessenslagen der Bevölkerungsmehrheit her nicht generalisierbar sind. Sie sind zudem teilweise antiempirisch und überwiegend normativ. Neue, eher moderne Leitbilder sind dagegen

- gesunde Ernährung,
- mobil ohne Auto,
- dematerialisierte Lebensstile,
- Zeitautonomie und Eigenzeit,

die zumindest teilweise als Bestreben nach Wiedererlangen der einst selbstverständlichen Geborgenheit in unhinterfragbaren Strukturen, als Kompensationsbemühen für der reflexiven Modernisierung geschuldeten Verluste, als Sehnen nach verlorenen, teils vormodernen Aspekten der Moderne gelten können, also ebenfalls Gegenmoderne darstellen, hier aber eine, die sich aus dem Sehnen nach der (Früh-)Moderne speist.

Werden diese Leitbilder jedoch realisiert, so ist offensichtlich, daß es sich zwar phänotypisch um Retraditionalisierungsphänomene handelt, daß ihr Inhalt jedoch, konfrontiert mit dem Leben in der Spätmoderne, sich von denen traditioneller Gruppen ähnlicher Äußerungsform unterscheidet.

Insgesamt führt diese häufig vormoderne Orientierung zu einem teils sozialromantischen, teils reaktionären Charakter insbesondere der mit den Umweltleitbildern assoziierten sozialen Vorstellungen wie zu (rechts- oder links-)konservativen wirtschaftspolitischen Orientierungen, die erstere als Anknüpfungspunkt für Konzepte der Zukunftsfähigkeit zumindest so lange fragwürdig erscheinen lassen, bis eine integrierte Reflexion unter dem Zeichen der Zukunftsfähigkeit stattgefunden hat.

4.4 Leitbilder der Zukunftsfähigkeit und alltägliche Lebensführung

Empirisch wird Umweltverhalten im wesentlichen durch das verfügbare Einkommen sowie den Lebensstil bzw. dem Lebensstil inhärente Präferenzen bestimmt, die nicht ökologisch determiniert sind, aber sehr wohl ökologisch relevant sein können.

Ökologie ist dabei als solche nur in Ausnahmefällen handlungsleitend, sie tritt eher als nichtintendierte „Nebenfolge" des Verhaltens auf, ist dabei aber mit bestimmten Lebensstilkriterien verbunden. Effizienz, Wahlfreiheit, Gesundheit, soziale Beziehungen sind ökologie-relevante Kategorien, die Verhalten prägen (hier: Haushaltskonsum, Verkehrsmittelwahl, Breemhaar/Midden 1996) und aus Lebensstilen heraus konstituiert werden.

Ökologische Nebenfolgen, positive wie negative, entstehen nicht nur durch die angesprochene Umsetzung von Leitbildern, sondern ebenso durch ihre Nichtumsetzung respektive infolge einer durch Leitbildkonkurrenz gestützten Teilumsetzung, wie das Beispiel des Konflikts von Beibehaltung des Leitbilds einer egalitären Gesellschaft bei gleichzeitiger, ebenfalls leitbildgestützter Einkommens-Ungleichheit („Leistung muß sich wieder lohnen") illustriert (nach Fischer-Kowalski/Haberl 1997):

Der recht steile Einkommensgradient konfligiert mit egalitären Zielen und treibt so auf individueller wie auf gesellschaftlicher Ebene Ausgleichsbemühungen an („Anpassung nach oben"), die einen der intrinsischen Wachstumsmotoren unserer Gesellschaften darstellen, ohne aufgrund der gegebenen gesellschaftlichen Machtverhältnisse jemals ihr Ziel erreichen zu können: eine Sisyphus-Arbeit (wie man überhaupt unsere Wirtschaften mit ihrem Mißverhältnis von Materialbewegung und erreichter Dienstleistung, ihrer Mißachtung natürlicher Grenzen und ihren zeitweiligen Erfolgen, diese zu überwinden, in mehrfacher Hinsicht als Sisyphus-Ökonomien bezeichnen könnte).

Gleichzeitig wirken die Teil-Leitbilder der Zukunftsfähigkeit in von anderen Vorstellungen bestimmte Lebensräume hinein, z.B. in traditional organisierte Familien. Durch diese Wechselwirkungen ergeben sich in der Umsetzung der ursprünglich geschlechtsneutral formulierten Leitbilder geschlechtsspezifische Aufgaben- und Lastenteilungen, Abfallvermeidung und Mülltrennung werden beispielsweise Teil der Hausarbeit in traditionaler häuslicher Arbeitsteilung, damit also dem Zuständigkeitsbereich der Frau zugewiesen, ein Phänomen, das auch als Feminisierung der Umweltarbeit bezeichnet wird (Schulz 1993).

Anders verhält sich, wenn umweltrelevante Handlungen oder Effekte als unintendierte Nebenfolgen anders motivierter Handlungen auftreten, wenn Ökologisierung nicht in der Intention, sondern in der Reflexion auftritt. Ein bemerkenswertes Beispiel bietet hier die häufig auftretende Verbindung vormoderner Haltungen und Handlungen mit zukunftsfähigen Nebenwirkungen, von nachbarschaftlicher Solidarität bis zur Ökologisierung aus Sparsamkeit. Diese Verbindung ist nicht zufällig (Zukunftsfähigkeit will zurück hinter die Fehler der Gegenwart), allerdings auch keineswegs kausal in dem Sinne, daß Suffizienz die Wiederherstellung alter Verhältnisse bedeuten würde. Hier ist noch viel klärende Arbeit zu leisten. Becks Auffassung von der reflexiven Moderne als ein Voranschreiten der Moderne, verbunden mit der endgültigen Ab- und Auflösung traditionaler Strukturen scheint (auch wenn er Phänomene der Retraditionalisierung wie die Allgegenwart der Gegenmoderne konzediert) durchaus präzisierungsbedürftig. Insbesondere die Ambivalenz des dogmatisch-legitimatorischen Charakters vormoderner Werte einerseits und der Angewiesenheit auf Beispiele aus der Vormoderne zur Illustration von Dauerhaftigkeit, andererseits ist eine Herausforderung; ob mit dem Wertesystem der „Höher-, Schneller-, Weiter-Moderne" Dauerhaftigkeit überhaupt erreichbar ist, oder ob ein neues Verständnis von Dauerhaftigkeit allein deshalb notwendig ist, weil dauerhafte Bewahrung in sich wandelnden Umständen nur durch einen chamäleonhaften Wechsel der Erscheinungsformen des zu bewahrenden möglich ist, und wie dann das Verhältnis von Inhalt und Erscheinungsform zu bestimmen wären, kann an dieser Stelle nicht diskutiert werden.

Die auffällige Häufung des Zusammentreffens von vormodernen Haltungen und dadurch bedingten positiven ökologischen wie sozialen Nebenwirkungen läßt die Vermutung plausibel erscheinen, daß Zukunftsfähigkeit als Konzept ihre Stärke gegen die Trägheiten der Moderne wie gegen die Verunsicherungen der Gegenwart aus teilweise vormodernen Wurzeln bezieht. Ihre emotionale Stärke läge also zumindest teilweise in der Artikulation der Sehnsucht nach den verlorenen Elementen guten Lebens.

5. Sind Leitbilder instrumentalisierbar?

Leitbilder könnten situations- und gruppenspezifisch gefördert respektive gesucht werden; Leitbilder können nicht produziert, wohl aber bestehende, zum Teil nicht bewußte Leitbilder formuliert und damit aktiviert werden. Damit stellt sich auch die Frage der Top-down- oder Bottom-up-Steuerung von Leitbildern nicht; es handelt sich immer um eine dialektische Entwicklung.

Ein Lösungsvorschlag könnte sein, Zukunftsfähigkeit als übergeordnete gesellschaftliche Leitvorstellung zu verankern, mit unterschiedlichen Auswirkungen auf verschiedene gruppenspezifische Leitbilder. Sie könnte somit ein „kleinster gemeinsamer Nenner der Modernisierung" für eine Vielzahl von Leitbildern sein, mit Implikationen für und Entscheidungsspielräumen in all diesen Leitbildern. Ökologisierung und Effizienz, Partizipation und Gerechtigkeit müßten in diesem Zusammenhang als Charakteristika von intelligent reflexiver Modernität dargestellt werden, was einer Stigmatisierung anderer Verhaltensweisen als überholt, dumm und uneffizient gleichkommt (Aarts et al. 1996). So würde versucht, diese wie weitere Ziele von Sustainability in die große Mehrheit der Leitbilder unserer Gesellschaft hineinzutragen. Alle diese Leitbilder enthalten reflexive Elemente, die sowohl reflektierend sein können, als auch als Anpassungsleistung in Reaktion auf äußere Zwänge gedeutet werden können.

6. Fazit und Ausblick

Zusammenfassend kann gesagt werden, daß Zukunftsfähigkeit eine konkrete aber komplexe Utopie darstellt, deren Operationalisierbarkeit bisher erst in Teilen erschlossen ist. Obwohl eine Vielzahl ihrer zentralen Denkansätze in den Traditionen der Moderne wurzelt, weist sie über diese hinaus. Kraft aus Verlustempfindungen zu schöpfen, aus dem Sehnen nach einem besseren Leben, ist zunächst weder eine Schwäche noch ein Zeichen für einen reaktionären Charakter, sondern knüpft an tief empfundene Gefühle und Bedürfnisse an und macht so das Anliegen der Zukunftsfähigkeit tendenziell verallgemeinerbar.

Trotzdem ist festzuhalten, daß der Traum von Zukunftsfähigkeit bisher eher ein Phänomen einer gesellschaftlichen Minderheit darstellt und sich zudem vorwiegend auf der Metaebene abspielt. Wie weit es gelingt, diese Utopie als sinnhaft richtungsgebend erfahrbar zu machen, hängt einerseits von der Stärke der Metadiskussion als Orientierungsrahmen ab, sowie andererseits davon, ob es gelingt, die positive Orientierung der Zukunftsfähigkeit in konkreten politischen, lebensweltlichen und auch betrieblichen Projekten erfahrbar zu machen.

Die Verankerung von „Sustainability" in Unternehmensleitbildern und deren Umsetzung, Lokale Agenda 21-Prozesse, eine zukunftsfähigkeitsbezogene Evaluierung der Politiken auf Makroebene sowie insbesondere die Stärkung regionaler Netzwerke (Innovations-, Kommunikations-, Versorgungsnetze etc.) sind bereits vorhandene Elemente, die darauf hindeuten, daß Zukunftsfähigkeit ein gemeinsamer Fluchtpunkt verschiedenster Leitbilder werden könnte. Bis heute fehlt dem Konzept allerdings der gesellschaftliche Bekanntheitsgrad, der notwendig wäre, um die Verbindung der zahlreich vorhandenen Anknüpfungspunkte zu einem politisch wirksamen gesellschaftlichem Gesamtkonzept zu ermöglichen.

Das normative Bild der mehrdimensionalen Zukunftsfähigkeit und der integrativen Harmonisierung der Ebenen schlägt sich in der Lebensführung offensichtlich (noch?) nicht nieder. Wenn überhaupt ökologisch relevante Effekte entstehen, so als (in der Regel nicht reflektierte) Nebeneffekte von anders determinierten oder ausgelösten Verhaltensweisen. Ökologie bleibt so in ihrer positiven Rolle (Umweltschutz) ebenso ein Produkt von Nebeneffekten wie in ihrer negativen (Umweltzerstörung), scheint also die ultimative Nebenwirkung zu sein: immer präsent, aber nie handlungsleitend.

Literatur

Aarts, W.; Spier, F.; Schmidt, K.; Goudsbloom, J. (1996): Towards a Morality of Moderation. Amsterdam School for Social Science Research, zitiert nach K. Schmidt, Status and the Environment. In: Change, No. 32, Sept., S. 10f.

Beck, U. (1996): Das Zeitalter der Nebenfolgen und die Politisierung der Moderne. In: Beck et al. (1996), S. 19-112.

Beck, U.; Giddens, A.; Lash, S. (1996): Reflexive Modernisierung – Eine Kontroverse. Frankfurt/M., New York.

Blazejczak, J.; Hildebrandt, E.; Spangenberg, J. H.; Weidner, H. (2000): Arbeit und Ökologie. Wuppertal Paper No. 92. Wuppertal.

Breemhaar und Midden (1996): Lifestyles and domestic energy consumption. In: Change 32, Sept. 1996, S. 5-7.

Deutscher Bundestag (1997): Enquete-Kommission Schutz des Menschen und der Umwelt des 13. Deutschen Bundestages, Abschlußbericht: Konzept Nachhaltigkeit – Vom Leitbild zur Umsetzung. Bonn.

Dierkes, M.; Marz, L. (1992): Leitbilder der Technik. Veröffentlichungen des Wissenschaftszentrum für Sozialforschung, FS II 92-107. Berlin.

Eberling, M.; Henckel, D. (1998): Kommunale Zeitpolitik. Berlin.

Fischer-Kowalski, M.; Haberl, S. (1997): Tons, Joules and Money: Modes of Production and Their Sustainability Problems. In: Society & Natural Resources, No. 10/1997, S. 61-85.

Giddens, A. (1996): Leben in einer posttraditionalen Gesellschaft. In: Beck et al. (1996), S. 113-194.

Linse, U. (1986): Ökopax und Anarchie – Eine Geschichte der ökologischen Bewegung in Deutschland. München.

Lorek, S.; Spangenberg, J. H. (1999): Sustainable Household Consumption: Concepts and Indicators. Dortmund, Witten.

Lorek, S.; Spangenberg, J. H. (2000): Reichtum und Ökologie. In: Rilling, R. (Hg.), Reichtum in Deutschland. Marburg. (Im Druck)

Marz, L.; Dierkes, M. (1992): Leitbildprägung und Leitbildgestaltung. Veröffentlichungen des Wissenschaftszentrums Berlin für Sozialforschung, FS II 92-105. Berlin.

Messner, D. (1995): Die Netzwerkgesellschaft. Wirtschaftliche Entwicklung und internationale Wettbewerbsfähigkeit als Probleme gesellschaftlicher Steuerung. Köln.

Morus, T. (1996): Utopia – De optimo rei publicae statu (Original: Basel 1517). Zitiert nach der Ausgabe Reinbek (1996).

OECD (1999): „Thinking about taxation". Cover Issue. In: OECD Observer, No. 215, S. 3-23.

Sachverständigenrat für Umweltfragen SRU (1996): Jahresbericht 1996. Bonn, Berlin.

Sachverständigenrat für Umweltfragen SRU (1998): Jahresbericht 1998. Bonn, Berlin.

Schulz, I. (1993): Sustainable Development – Begriffsklärung. In: IG Chemie, Auf dem Wege zu einer umweltverträglichen Industriegesellschaft, Bd. IV: Sustainable Development. Hannover, S. 37-43.

Spangenberg, J. H. (1994): The Role of NGOs in German Environmental Policy – History, Organisation and Activities. In: Puschra, W.; Chung, C. (Eds.), Environmental Policy Towards the Year 2000. Seoul.

Spangenberg, J. H. (1998a): Nachhaltige Entwicklung: Konzept, Kommunikation, Indikatoren. In: Senatsverwaltung für Wirtschaft und Betriebe (Hg.), Nachhaltigkeit in der Strukturfondsperiode ab 2000. Dokumentation des Workshops am 8. September 1998. Berlin.

Spangenberg, J. H. (1998b): Umwelt(t)räume, Leitbilder, Indikatoren. In: Ev. Akademie Iserlohn (Hg.), Was leistet ein nationaler Umweltplan für ein nachhaltiges Deutschland? Tagungsprotokoll 86/98. Iserlohn.

Spangenberg, J. H. (1999): Leitkonzept Zukunftsfähigkeit. In: Braun, R. (Hg.), Verantwortung für eine neue, zukunftsfähige Politik. Dortmund, Witten, S. 36-47.

Spangenberg, J. H. (Hg.) (1995): Towards Sustainable Europe, A Study from the Wuppertal Institute for Friends of the Earth Europe. Luton, Brüssel. Deutsch: Ein zukunftsfähiges Europa. Wuppertal Paper 42. Wuppertal.

Spangenberg, J. H.; Pfahl, S.; Deller, K. (1999): Indicators for Institutional Sustainability: Lessons from an Analysis of Agenda 21. In: Malkina-Pykh, I. et al. (Ed.), Indices and Indicators of Sustainable Development: A Systems Approach. Proceedings of the second biannual INDEX conference, St. Petersburg 1999. Oxford. (In Vorbereitung)

Spangenberg, J. H.; Scharnagl, A. (1998): Modelling Sustainable Europe. Wuppertal Paper No. 84, Wuppertal Institute. Wuppertal.

Tallert, H. (1979): Die Öko-Bewegung. In: Aus Politik und Zeitgeschichte, Nr. 25/79, S. 31-38.

The Economist (1999): „Deflation – The new danger". Cover Issue, The Economist, Vol. 350, No. 8108, S. 17, 21-26.

Umweltbundesamt (UBA) (1997): Nachhaltiges Deutschland, Wege zu einer dauerhaftumweltgerechten Entwicklung. Berlin.

UNEP, IUCN, WWF (1980): Global Natur Protection Strategy. Nairobi.

World Commission for Environment and Development WCED (1987): Our Common Future. Oxford, New York.

Wüstenhagen et al. (1996): Umweltmisere, Bürgerinitiativen und die Verantwortung der Wissenschaftler. Köln.

FLEXIBLE ARBEIT UND NACHHALTIGE LEBENSFÜHRUNG

Eckart Hildebrandt

1. Paradigmenwechsel in der Umweltpolitik und soziales Verhalten

Die Diskussion um die Bedeutung wachsender Umweltzerstörung für das Alltagsleben der Menschen hat sich in einer spezifischen Sichtweise entwickelt. Umwelt wird dabei als Außenwelt des Menschen begriffen, die einerseits Bedrohung der Lebenswelt ist, andererseits Ressourcen zur Steigerung von materiellem Wohlstand und das Ambiente für Freizeitaktivitäten zur Verfügung stellt. Die Zerstörung dieser Ressourcen wird erst dann negativ wahrgenommen, wenn sie die etablierte Lebensführung ernsthaft beeinträchtigt: Durch die Gefährdung der eigenen Gesundheit, durch die Zerstörung lebensnaher Natur, durch die sinkende Verfügbarkeit von natürlichen Ressourcen für Versorgung und Produktion, durch Arbeitsplatzgefährdungen oder durch im Familienbudget spürbare Preissteigerungen, die mit den Anforderungen erhöhten Umweltschutzes begründet werden. Die Art und Reichweite der Folgen für die Lebensführung werden durch das herrschende Paradigma in der Umweltpolitik geprägt.

Die bis heute dominante Form des *nachsorgenden Umweltschutzes* hat für die individuelle Lebensführung der Menschen drei wesentliche Wirkungen: Erstens erhöht sie die Kosten der Lebenshaltung durch gestiegene Preise von Produkten oder durch Kosten zusätzlicher Dienstleistungen. Zweitens erfordert sie eine erhöhte persönliche Aufmerksamkeit für Probleme des Umweltschutzes in allen Lebensbereichen, da die Vermeidung von Umweltschäden und die Auswahl von Produkten und Dienstleistungen größtenteils in individueller Verantwortung bleiben. Drittens erfordert diese Vermeidung einen erheblichen persönlichen Aufwand an Zeit und Geld: in Form von Informationsbeschaffung, der Auswahl von Konsumakten unter Berücksichtigung des zusätzlichen Kriteriums Umweltverträglichkeit, der Beschaffung und der sparsamen und pfleglichen Nutzung von Gütern, der Mülltrennung und des Recycling. Aus dieser Aufzählung wird bereits deutlich, daß dieses Paradigma der Umweltpolitik an erhebliche personelle Voraussetzung gebunden und mit erheblichen Zumutungen für die Bürger verbunden ist. Daraus resultiert ein grundlegendes Spannungsverhältnis, das auf der einen Seite durch eine hohe Besetzung der Umweltproblematik als Bedrohung von Lebensqualität und Zukunft bestimmt ist, auf der anderen Seite durch erhebliche Zusatzbelastungen der alltäglichen Lebensführung.

Wie ist dieses Spannungsverhältnis zu bestimmen? Als wichtige Einflußfaktoren bieten sich die Interessendefinitionen der Betroffenen und das Gewicht der Zusatzbelastungen an.

In bezug auf die *Interessenlagen des einzelnen* ist einmal die steuernde Bedeutung der vorhandenen individuellen Umweltorientierung wichtig, also das Ausmaß, in dem diesbezügliche persönliche Überzeugungen das Alltagshandeln in den verschiedenen Lebensbereichen prägen. Hier eröffnet sich ein breites Spektrum zwischen überzeugten „Ökos", die den Auswirkungen des eigenen Handelns auf die Umwelt ein normatives Primat geben und bereit sind, dafür Einschränkungen bei anderen Aspekten von Lebensqualität hinzunehmen. In der Mitte befindet sich die Gruppe der „rational" Kalkulierenden, die Umweltschutzaspekte nur dort berücksichtigen, wo für sie wenig Zusatzaufwand entsteht und der Lebensstandard nicht eingeschränkt wird. Am anderen Ende des Spektrums befinden sich Personen, die Umwelterwägungen bewußt ablehnen oder direkte Umweltauswirkungen prinzipiell bestreiten und expressiv Ressourcen vernutzen.

Für die individuelle Interessenlage dürfte aber noch entscheidender sein, inwieweit die Personen ihre Lebensqualität als direkt durch Umweltzerstörung eingeschränkt empfinden. Dabei kommen in erster Linie umweltbedingte Erkrankungen, Einschränkungen der Ernährungsvielfalt und Verschlechterungen des Lebensumfelds durch Lärm, Gefahrstoffemissionen, Bodenverbrauch sowie Umweltvergiftung und -zerstörung in Frage. Die Problemwahrnehmung wird durch gewichtige subjektive Faktoren beeinflußt: die Sensibilität für diese Gefährdungen, ihre Gewichtung in Abwägung mit anderen Interessenlagen und die individuellen Umgangsformen insbesondere angesichts anderer Lebenszwänge.

Bei dem zweiten Bündel von Einflüssen, den *Zusatzbelastungen durch Umweltschutz,* sind mindestens drei Faktoren besonders zu berücksichtigen. Erstens die grundsätzliche Belastungssituation der betreffenden Person oder Personengruppe, zu der die Anforderungen von umweltverträglichem Verhalten hinzukommen, und die viel mit dem gegebenen Lebensstandard und dem Wohlbefinden zu tun hat – also auch mit der Ausstattung an Zeit und Geld. Zweitens die Ausgestaltung des gesellschaftlichen Angebots an Produktalternativen, an Dienstleistungen und Infrastrukturen, die den Zusatzaufwand umweltverträglichen Verhaltens bezüglich Zeit und Geld bestimmen. Und drittens die individuellen Kapazitäten für die Nutzung von ökologischen Angeboten bzw. die Fähigkeit, sich solche Nutzungsformen selbst zu erschließen: Dazu gehören Bildung und Informationen, Mobilität und Kommunikationsfähigkeit sowie soziale Milieus, die abweichendes Verhalten unterstützen.

2. Soziale Kontextualisierung

Die gesellschaftliche Debatte um ein umweltgerechteres Verhalten der Bevölkerung hat sich lange auf die Anhebung des Umweltbewußtseins konzentriert. Das Wissen um die mittel- und langfristigen, weltgesellschaftlichen Gefährdungen galt als entscheidender Motor für Veränderungen insbesondere des Konsumverhaltens. Befunde über die Diskrepanz zwischen Umweltbewußtsein und Umweltverhalten gaben vielfältigen Anlaß zu (normativ begründeter) Kritik an den Bürgern, in deren Mittelpunkt die Behauptung von unreflektiertem Anspruchsdenken und Bequemlichkeit gestellt wurde (in der Wissenschaft vgl. z.B. Preißendörfer/Franzen 1996). Wir haben aber bereits in den ersten Überlegungen einige Einflußfaktoren genannt, die zu sozialen Blockierungen von allein ökologisch kalkulierten Maßnahmen führen. Erst ein sozialwissenschaftlicher Ansatz, den wir *Kontextualisierung* nennen, ist in der Lage, solche Blockierungen zu erklären und zu sozialen Voraussetzungen und Bedingungen hinführen, deren eigenständige Berücksichtigung Umweltschutzpolitiken umsetzbar macht. Wir verstehen Kontextualisierung in dreifacher Hinsicht:

Erstens in der Berücksichtigung der *gesellschaftlichen Leitbilder,* die in Politikstrategien, in Institutionen, Normen und Regelungsmechanismen sowie im Vorbildhandeln gesellschaftlicher Leitfiguren vergegenständlicht sind und die die Lebensweise der Mehrheit der Bevölkerung bestimmen. Das in Arbeiterkreisen noch dominante Leitbild geht auf die Erhardtsche Formel „Wohlstand für alle" zurück.

Zweitens bedeutet Kontextualisierung die Berücksichtigung der *Gesamtheit von Handlungspotentialen im Verhältnis zu den Handlungsanforderungen* aus den verschiedenen Lebensbereichen, in die jede(r) eingebunden ist und die individuell nur zum Teil beeinflußbar sind. Hier spielt die Integration in gesellschaftliche Arbeit, die Verfügbarkeit von Ressourcen an Geld und Zeit, an Wissen und an körperlicher und geistiger Leistungsfähigkeit eine herausgehobene

Rolle und führt zu einer sozialen Schichtung von Lebensweisen. Dabei gerät auch der Tatbestand in den Blick, daß jede(r) einzelne gleichzeitig in einer Vielzahl von (sich ergänzenden) Arbeitstätigkeiten aktiv ist, die durch die Fokussierung auf die Erwerbsarbeit in ihrer Mehrzahl ausgeblendet werden (Versorgungsarbeit, Gemeinschaftsarbeit, Eigenarbeit; vgl. Bundesministerium für Familie und Senioren 1994).

Drittens fällt hierunter die gern übersehene Tatsache, daß jeder bei jedem Verhalten gleichzeitig eine *Vielzahl von persönlichen Interessen* verfolgt bzw. zu berücksichtigen hat, die überhaupt nicht notwendigerweise harmonieren. Grundinteressen sind beispielsweise die Erzielung eines wohlstandssichernden Einkommens, die Kontrolle über die eigene Lebenssituation, die Sicherung einer Lebensperspektive, Gesundheitserhaltung und soziale Teilhabe. Zu diesem Interessenbündel ist nun der Umweltschutz – in der Regel nur als weitere Rahmenbedingung der Realisierung der Kerninteressen – hinzugetreten und erhöht die Komplexität und teilweise auch die Widersprüchlichkeit der jeweiligen Handlung. Aufgrund der Ausgestaltung unseres Zivilisationsmodells (der Unabhängigkeit von der Natur bzw. der Rekonstruktion einer kommensurablen Natur) gibt es nur ein vermitteltes Interesse an der Erhaltung der Natur selbst – soweit ihre Verschlechterung mit einer Beeinträchtigung eines Kerninteresses verbunden ist. Daher steht Umweltschutz, außer in seinem eigenen Politikfeld (etwa dem sogenannten *sozial-ökologischen Engagement* von Bürgern, siehe unten), bei so gut wie keiner Personengruppe an erster Stelle. Komplizierend tritt hinzu, daß die individuellen Interessenprioritäten nicht nur nach Lebensphase und Lebenssituation, sondern auch nach Handlungsfeldern wechseln und insofern gesellschaftlich hochgradig heterogen sind.

Die Anerkennung dieser Komplexität und Variabilität wirft eminente Probleme auf, die nicht nur den vorherrschenden Politikstil (Problemdefinition, Strategiebestimmung, Maßnahmenwahl und Umsetzung) überfordern, sondern auch die Wissenschaften aufgrund ihrer hermetischen Segmentierung und spezifischen Modellierung des Mensch-Natur-Verhältnisses.

3. Das Konzept Nachhaltigkeit und seine soziale Dimension

Das umweltpolitische Paradigma des additiven, nachsorgenden Umweltschutzes zeichnete sich dadurch aus, daß es als Bereichskonzept die Voraussetzungen und Folgewirkungen in anderen Politikbereichen ausgeklammert hat. Seine

Bezugspunkte waren (nach einem Phasenmodell von Dyllick) zuerst die defensive Marktabsicherung durch die Verringerung von Emissionen und Störfällen, dann die Verminderung von ökologisch bedingten Kosten und schließlich die Ausdifferenzierung und Effektivierung von Produkten unter ökologischen Gesichtspunkten.

Das Paradigma der Nachhaltigkeit knüpft an diese Dynamik an und erweitert sie unter verschiedenen Perspektiven. Seine Merkmale liegen – jenseits der vielfältigen Definitionsangebote – in folgenden *Horizonterweiterungen:*
langfristige Zukunftsorientierung;

- internationale und intergenerative Gerechtigkeit;
- gesellschaftliche Entwicklungspfade zwischen ökologischen Leitplanken;
- Strategien in Wechselwirkungen zwischen Ökonomie, Ökologie und Sozialem;
- Definitions-, Operationalisierungs- und Umsetzungsprozesse unter Beteiligung aller gesellschaftlichen Gruppen.

Durch diese mehrdimensionalen Horizonterweiterungen erhält das Konzept eine immense Komplexität. Hans-Peter Dürr hat dementsprechend das Konzept als Optimierung zwischen unscharfen und sich ständig verändernden Zielen charakterisiert. In Politik und Wissenschaft würde dies bedeuten, die historisch aufgebaute Ausdifferenzierung in Politikfelder und Wissenschaftsdisziplinen durch Dialoge, Kooperationen und Netzwerkstrukturen aufzubrechen und gemeinsame Strategien zu entwickeln. Da aber diese Ausdifferenzierung gerade die Vereinfachung, Absicherung und Effektivierung von Bereichspolitiken ermöglicht hat, stehen dieser „Überbrückung" massive Gegenkräfte gegenüber. Das inzwischen gesellschaftlich akzeptierte triadische Prinzip der „Gleichwertigkeit von Ökonomie, Ökologie und Sozialem" zerfällt in der Realität immer wieder in Bereichsinteressen und Strategien; Nachhaltigkeit wird im wesentlichen auf ökologische Nachhaltigkeit reduziert.

Die *soziale Dimension der Nachhaltigkeit* ist in diesem Konzept nur grundsätzlich und in nicht widerspruchsloser Weise angesprochen:

- als grundlegendes und gleiches Recht aller Erdenbürger auf ein menschenwürdiges Leben;
- im Prinzip der internationalen und intergenerativen Umverteilung in bezug auf die Voraussetzungen von Lebensqualität (Sozialkapitalbildung, gesellschaftliche Teilhabe, Ressourcennutzung);
- in der daraus abgeleiteten Notwendigkeit eines anderen Wohlstands in den Industrieländern.

Die Forderung nach internationaler und intergenerativer Chancengleichheit und Umverteilung enthält eine große Sprengkraft, die sich in den Formeln der Reduzierung des Ressourcenverbrauchs um einen Faktor 4 bis 10 ausdrückt. Das bedeutet nicht nur einen grundlegenden Wandel der Wirtschaftsstruktur (von der Industrie- zur Dienstleistungsgesellschaft), der über schwer absehbare Strukturbrüche mit gravierenden Beschäftigungswirkungen verläuft, sondern auch eine Veränderung des gesamten Wohlstandsmodells von einem auf Erwerbsarbeit beruhenden konsumtiven Wohlstand zu einem „ressourcenleichten Konsum". In bezug auf das *Leitbild des „gut leben statt viel haben"* (BUND/Misereor 1996) oder des „weniger, langsamer, besser, schöner" (vgl. Toblacher Thesen, zuletzt in Frankfurter Rundschau vom 22.9.1999, S. 20) sind die Prinzipien der vier E's formuliert worden (Sachs 1993):

- Entschleunigung = die Entdeckung der Gemächlichkeit,
- Entflechtung = Renaissance der Orte,
- Entkommerzialisierung = Ausschau nach dem „common sound",
- Entrümpelung = die Eleganz der Einfachheit.

Diese Prinzipien sind einerseits aus der ökologischen Strategie der Dematerialisierung abgeleitet, versprechen andererseits die Möglichkeit eines anderen Wohlstands, der stärker auf immateriellen Lebensqualitäten beruht und aus einem sozial-historischen Rückblick auf „das gute Leben" gewonnen worden ist. Das Leitbild verspricht eine „Win-win"-Situation auch in den hochindustrialisierten Ländern, in der größere Umweltverträglichkeit mit einem anderem Wohlstand auf hohem Niveau verbunden werden kann. Dieses normative, auf den ersten Blick einleuchtende Konzept wirft aber ganz schnell eine Reihe von gravierenden Fragen auf:

Ist dieses neue Leitbild an die vorhandenen Interessenlagen, Erfahrungen und Wünsche der Bürger anschlußfähig, und wenn ja, gilt dies für alle Gesellschaftsgruppen gleichermaßen?

- Haben sich bereits Handlungsmuster entwickelt, die in Richtung auf Nachhaltigkeit ausgebaut werden können, welche verstärkenden und welche behindernden Bedingungen und Einflußfaktoren existieren?
- Wie verhalten sich die Prinzipien der Nachhaltigkeit zu den absehbaren Entwicklungsdynamiken in den Politikfeldern, die für die Lebensqualität der Bürger in Deutschland entscheidend sind: Arbeit, Einkommen, Gesundheit, Beteiligung, Demokratie und Gleichheit? Welche Synergien und welche Widersprüche existieren, wo bestehen Möglichkeiten der Bündelung verschiedener Interessen?

Flexible Arbeit und nachhaltige Lebensführung

Wir wissen inzwischen aus der Umweltpolitik, daß der aktuelle Problemdruck ökologischer Risiken durch mehrere Faktoren beschränkt wird: durch die zeitlich und örtlich versetzten Auswirkungen, durch die Komplexität der Wechselwirkungen und die Unsicherheiten der Vorhersage, durch die häufig fehlende sinnliche Wahrnehmbarkeit und aufgrund ungeklärter Verantwortlichkeiten. Wie stark ist demgegenüber die direkte Betroffenheit der Menschen durch Umweltschäden, wie stark prägt das Wissen um die ökologischen Grenzen und die Ungerechtigkeit der Ressourcennutzung die alltägliche Interessenausprägung und wie stark sind sie mit den Lebensinteressen verknüpfbar?

Wir denken, daß diese Fragen nur empirisch und exemplarisch zu beantworten sind und daß weitere Schritte der Interdisziplinarität erforderlich sind. Wir haben unseren Fokus auf die *Wechselwirkungen zwischen den neuen Entwicklungsdynamiken der Erwerbsarbeit und den Anforderungen der Nachhaltigkeit* gelegt. Gerade in einer Phase der Dauer- und Massenarbeitslosigkeit, der Verunsicherung der Zukunftsentwürfe durch eine vielfältige Flexibilisierung der Arbeit, des Umbaus des Sozialstaats und neuer sozialer Ausgrenzungen hat die Zentralität der Erwerbsarbeit eher zugenommen und die Bereitschaft abgenommen, zugunsten der Umwelt auf Erwerbsarbeitschancen und Konsum zu verzichten. Von daher besteht ein großer Forschungsbedarf zur Zukunft der Arbeit und ihren Beziehungen zur Nachhaltigkeit – gerade auch deshalb, weil bei der Gestaltung der Arbeit in der Regel überhaupt nicht an ökologische Kriterien gedacht wird.

4. Ein exemplarischer Pfad der Zukunft der industrieller Erwerbsarbeit: die beschäftigungssichernde Arbeitszeitverkürzung und die „atmende Fabrik"

Die Volkswagen AG hat zum Jahresende 1993 einen Haustarifvertrag abgeschlossen, der bundesweit und auch international als vorbildlich für eine Unternehmensstrategie bewertet wurde und der die Verbesserung der Konkurrenzfähigkeit des Konzerns mit der Erhaltung sozialer Standards verbindet. In diesem „concession bargaining" einigten sich Unternehmensleitung, Gewerkschaften und Landesregierung auf eine solidarische Tarifpolitik: Rechnerisch 30.000 Arbeitsplätze wurden durch eine kollektive Arbeitszeitverkürzung um 20% und eine ebenso hohe Einkommensverringerung gesichert, wobei das monatliche

Einkommen stabil gehalten wurde. Dadurch wurde das Arbeitsvolumen mit im Vergleich zu alternativen Maßnahmen geringen Zusatzkosten verringert und durch eine sogenannte Flexibilitätskaskade an die Marktschwankungen angepaßt. Dieser Tarifvertrag war schwerpunktmäßig auf die Verbesserung der Wettbewerbsbedingungen des Konzerns und auf die soziale Besitzstandswahrung der Konzernbelegschaft hin modelliert. Die Beschäftigungssicherung bedeutete unzweifelhaft einen großen Beitrag zur sozialen Nachhaltigkeit des industriellen Wandels und erbrachte einen exemplarischen Beitrag zur Abgleichung ökonomischer und sozialer Interessen. Ökologische Perspektiven waren allerdings von den Tarifparteien nicht einbezogen und ökologische Folgewirkungen nicht mitbedacht. Erst aus einer weiteren Perspektive heraus wird deutlich, daß diese Wechselwirkungen – obwohl sie von keiner Akteursgruppe reflektiert wurden – von großer Bedeutung sind. Denn wenn sie in einer solchen Pilotlösung nicht mitgedacht werden, werden die Weichen für die Zukunft allein nach ökonomisch-sozialen Kalkülen gestellt und ökologische Potentiale nicht genutzt oder verstellt.

Wir haben diese nicht gestalteten ökologischen Nebenfolgen, die nicht reflektierten Wechselwirkungen zwischen neuen Arbeitsmustern und nachhaltiger Lebensführung zum Gegenstand eines Forschungsprojekts gemacht, dessen diesbezügliche Resultate nachstehend resümiert werden (Hielscher/Hildebrandt 1999). Wir hatten folgende *Hypothesen zu den Wechselwirkungen zwischen Arbeitszeitpolitik und ökologischem Verhalten* aufgestellt:

Die großschrittige Arbeitszeitverkürzung um 20% bietet einen Zuwachs an persönlicher freier Zeit, die eine neue Ressource für die Beschäftigten darstellt: beispielsweise Zeit für breitere sozial-ökologische Information und Bildung, Zeit für eine Reflexion der eigenen Lebensführung und für eventuelle Änderungen des Alltagsverhaltens.

- Die Verringerung des verfügbaren Einkommens erzeugt einen Druck, den kommerziellen Konsum einzuschränken – mit dem Effekt der Verminderung des Ressourcenverbrauchs – und die eigenen Konsumgewohnheiten zu überdenken. Daraus können Lernprozesse und Innovationen zu neuen, immateriellen Freizeitbeschäftigungen folgen, zu sparsamer und längerer Nutzung von Gebrauchsgütern, zu Selbsthilfe und Eigenarbeit.
- Ein Teil der neuen industriellen Arbeitsformen wie Gruppenarbeit oder Teams zum kontinuierlichen Verbesserungsprozeß erheben den Anspruch, mehr Raum für die individuelle Identifikation mit der Arbeit und für die Übernahme von Verantwortung für die Gestaltung der Arbeitsprozesse zu eröffnen. Dies könnte auch das generelle Verantwortungsbewußtsein der

Beschäftigten für soziale und ökologische Folgen des eigenen Verhaltens in Arbeit und Leben befördern.
- In Zeiten der Beschäftigungskrise erhöht der Tarifvertrag die Arbeitsplatzsicherheit für die Konzernangehörigen. Diese Sicherheit bietet eine Grundlage für eine höhere Motivation zu reflektiertem und innovativem Verhalten in Arbeit und Leben.

Diese Thesen haben wir 1996/97 in 45 Beschäftigteninterviews in Wolfsburg und etwa 70 Expertengesprächen in Werk und Stadt überprüft. Als grundlegend für die Beurteilung der Auswirkungen des Tarifvertrags hat sich dabei die mehrdimensionale Flexibilisierung der Arbeit herausgestellt.

5. Flexible Arbeit und die Ambivalenzen des neuen „Arbeits(unternehmer)typus"

Die vielfältigen Formen der Modernisierung der gesellschaftlichen Arbeit, die das sogenannte Normalarbeitsverhältnis und die kollektiv regulierten Arbeitsbedingungen schrittweise ablösen, können unter dem Begriff der *Flexibilisierung* zusammengefaßt werden. Diese Flexibilisierung richtet sich auf die Beseitigung von arbeitsweltlichen Strukturen, Regelungen, Gewohnheiten und Orientierungen, die einer schnellen betrieblichen Anpassung an Marktentwicklungen und einer kontinuierlichen Optimierung der Leistungserstellung entgegenstehen. Dabei wird die umfassendere Nutzung des menschlichen Arbeitsvermögens durch Dezentralisierung, mehr Eigenverantwortung und steigende Arbeitsintensität zu einer immer wichtigeren Ressource. Die Ausdifferenzierung und Flexibilisierung des Arbeitskrafteinsatzes führt zur Ablösung von kollektiven Standards und Rhythmen durch zunehmend individualisierte und labile Arbeitsformen (in den Worten von Peter Hartz, Volkswagen AG: die „neue Zumutbarkeit"; vgl. Hartz 1996).

Die Flexibilisierung hat für die Beschäftigten prinzipiell offene, gestaltbare und hochgradig ambivalente soziale Folgen. Der Abbau bestehender Strukturen enthält einerseits Chancen der stärkeren Verwirklichung eher personenbezogener Fähigkeiten und situativer Interessen. Andererseits besteht das Risiko, daß die Schutz-, Entlastungs- und Orientierungsfunktionen der alten Strukturen für Arbeitnehmer geschwächt werden. Daher muß die deregulierte Situation neu reguliert werden; so aus Arbeitnehmersicht, um ein Mindestmaß an Sicherungen zu gewährleisten und um gleichzeitig die individuellen Gestaltungsmöglichkeiten der Flexibilisierung nutzbar zu machen. Dabei handelt es sich zunehmend um einen *Aushandlungsprozeß* zwischen betrieblichen und persönlichen Interessen, der in vorübergehende Vereinbarungen, in betrieblichen *Arrangements* mündet. Von betrieblicher Seite wird der tayloristische Umgang mit der Arbeitskraft, also einer arbeitsteilig-detaillistischen Determinierung des Arbeitsvollzuges, zunehmend durch einen Umgang ersetzt, den englische Sozialwissenschaftler als „controlled autonomy" oder „responsible autonomy" bezeichnet haben (Friedman 1987). Harte Vorgaben bei den Unternehmenszielen werden zu dezentralen Zielvereinbarungen detailliert, die Ergebniserzielung wird durch die Freigabe dezentraler Gestaltungsmöglichkeiten und Verantwortlichkeiten unterstützt. Diese im Mittelpunkt radikaler betrieblicher Restrukturierung stehende, „fremdbestimmte Selbstorganisation" bezieht sich tendenziell auf alle Dimensionen der Arbeit, auf den Arbeitsinhalt, die Arbeitstechnologien (IuK-Nutzung) und die Arbeitsorganisation (VW: kontinuierlicher Verbesserungsprozeß hoch 2 = KVP^2), auf die Kooperationsformen (Teamarbeit), auf den Arbeitsort (Verleihungen im Konzern), die Arbeitszeit in all ihren Dimensionen (Flexibilitätskaskade) und nicht zuletzt auf die gesamte Lebenswelt. Daher ist es gerechtfertigt, von einem neuen Arbeitstypus zu sprechen.

Die Realisierung der Chancen der Flexibilisierung der Arbeit für die Beschäftigten und damit von höherer Lebensqualität stößt grundsätzlich an die Grenzen eines immanenten Widerspruchs des neuen Arbeitstyps, dem *Widerspruch zwischen Funktionalisierung und Eigenständigkeit im Betrieb*. Die Unternehmen fördern die Selbstorganisation des verantwortlichen Arbeitsunternehmers bzw. der Arbeitsgruppe nur insoweit, als sie funktional für betriebliche Interessen oder mit diesen vereinbar ist. Sobald entgegenstehende Interessen zwischen Betrieb und Privatperson auftreten, wird die prinzipiell geforderte Eigenständigkeit im betrieblichen Interesse herrschaftlich gebrochen. Die Auflösung dieses Widerspruchs liegt aus der Sicht des Managements darin, die Unternehmereigenschaft des neuen Arbeitstyps allein für das Unternehmen zu reklamieren, und d.h. faktisch, die gesamte Lebensführung der Beschäftigten zunehmend an der Erwerbsarbeit auszurichten. Damit wird das individuelle Zeitmanagement zu einem ständigen und bedrohlichen Abwehrkampf des einzelnen Beschäftigten gegen die Zumutungen des Betriebs, in dem die Ressourcen von Identität, von Eigenständigkeit und sozialer Kompetenz, die der Typ des Arbeitsunternehmers voraussetzt, zerstört werden können oder gar nicht entstehen.

6. Die Flexibilisierung der Arbeitszeitmuster erfordert ein individuelles Zeitmanagement und die Entgrenzung von Arbeit und Leben

Durch die Kombination von Arbeitszeitverkürzung, Arbeitszeitflexibilisierung und Pluralisierung der Arbeitszeitmuster ist auch in altindustriellen Großbetrieben – erst recht natürlich in den Klein- und Mittelbetrieben des neuen Dienstleistungsgewerbes – eine Entwicklung in Richtung eines *„individuellen Zeitmanagements"* in Gang gekommen. Gemeint ist damit *ein komplexer und permanenter Abwägungsprozeß* jedes einzelnen Beschäftigten zwischen betrieblichen und persönlichen Anforderungen und Interessen. Dieser Prozeß beruhte bei VW auf einer Ausweitung bereits bestehender flexibler Arbeitszeitregeln (z.B. Gleitzeit, Mehrarbeit) und der Verbreitung neuer Zeitformen (zeitliche Abgeltung von Mehrarbeit, Zeitkonten, befristete Freistellungen).

Die betrieblichen Interessen liegen im wesentlichen in der Anpassung an Marktschwankungen, in Abstimmungsleistungen zwischen den einzelnen Abteilungen und Leistungsbereichen sowie in der optimalen Verfügbarkeit und Nutzung des betrieblichen Arbeitsvermögens.

Dem steht auf der Seite des Individuums ein *komplexes Geflecht von unterschiedlichsten Anforderungen und Interessen* aus den verschiedenen Lebensbereichen gegenüber, die sich sehr unterschiedlich in Zeitoptionen ausdrücken. Da ist an erster Stelle der Bedarf an einem wohlstandssichernden Einkommen, da ist die Summe der familiären Anforderungen mit Anteilen an der Erziehungs- und Hausarbeit, da sind die Anforderungen der Versorgungsinfrastruktur eines Haushalts, die immer arbeitsteiliger und aufwendiger zu bedienen ist (Self-service), und natürlich die Pflege der persönlichen Beziehungen und das Interesse an eigensinnigen Betätigungen wie Fortbildung, Reparatur- und Instandhaltungsarbeiten in Haus und Garten, und nicht zuletzt der Bedarf an Erlebniskonsum. Diese Aufzählung allein verdeutlicht, wie zunehmend komplex und schwierig die Lebensführung als ständiges Arrangement dieser vielfältigen Anforderungen und Optionen mit steigendem Wohlstand geworden ist.

Mit der Verflüssigung der festen Grenzziehung zwischen Arbeit und Leben durch kollektive Arbeitszeitregime muß dieses lebensweltliche Arrangement auch noch mit dem arbeitsweltlichen Arrangement abgestimmt werden. Dieser Abwägungsprozeß hat seine sachliche Seite und hat seine soziale Seite. Er findet unter erheblichem Druck von Kollegen und Vorgesetzten auf der einen Seite, von Familie und Freunden auf der anderen Seite sowie von nicht abgedeckten eigenen Bedürfnissen nach Selbstverwirklichung statt. Durch die soziale Brisanz und durch die Permanenz des Abwägungsprozesses, aber auch durch dessen Konsequenzen für zukünftige Chancen und Sicherheiten auf dem Arbeitsmarkt erfordert der Abwägungsprozeß zusätzliche, nicht-berufliche Qualifikationen und stellt eine zusätzliche Arbeitsbelastung neuen Typs dar.

Durch die alltägliche Abwägung des einzelnen zwischen seinen verschiedenen Lebenstätigkeiten und aufgrund der zunehmenden Unberechenbarkeit und Instabilität des zukünftigen Beitrags der Erwerbsarbeit zur individuellen und gesellschaftlichen Versorgung kommt es zu einer Relativierung und Entgrenzung der Erwerbsarbeit, die einen *erweiterten Arbeitsbegriff* (vgl. z.B. Biesekker 1999) notwendig macht.

Unter dem Aspekt der *Lebensqualität* enthalten die flexiblen Zeitarrangements grundsätzlich Risiken und Chancen. Ihre Verteilung richtet sich nach:

- der Offenheit bestehender betrieblicher Regelungen für individuelle Optionen;
- der Durchsetzungsfähigkeit der betreffenden Beschäftigten(-gruppe) im betrieblichen Raum;
- der Ausprägung starker und eigenständiger Zeit-Interessen der Beschäftigten;
- der ökonomische Lage der Branche, des Unternehmens und der Ausprägung der betrieblichen Sozialverfassung.

Mit dieser Ausdifferenzierung der Chancen und Risiken ist die Gefahr einer zusätzlichen sozialen Spaltung der Arbeitsbevölkerung zwischen gelingenden und desolaten Arrangements gegeben.

7. Zeitwohlstand durch betriebliche Arbeitszeitpolitik?

Die gesellschaftliche Dynamik der Zeitgestaltung bildet sich auch darin ab, daß Zeitwohlstand zu einer Dimension von Wohlstand geworden ist. Der Ursprung dieses Begriffs dürfte an dem Punkt liegen, an dem die kollektive Begrenzung der Arbeitszeit ein Volumen an von Erwerbsarbeit freier Zeit geschaffen hat, das über die unmittelbaren Anforderungen der Reproduktion hinausging und damit prinzipiell gestaltbar war. Das herrschende Verständnis von Zeitwohlstand ist daher an die Kürze der Arbeitszeit, an das erreichte materielle Wohlstandsniveau und an die kulturelle Belastungssituation geknüpft. Bei der Reflexion von Strategien beschäftigungssichernder Arbeitszeitverkürzung müssen wir uns daher mit *zwei Konstellationsveränderungen* beschäftigen: mit der de facto unvermeidlichen Verknüpfung von Arbeitszeitverkürzung mit verschiedenen Formen der Zeitflexibilisierung und mit den inzwischen ebenso unvermeidlichen Wohlstandseinbußen durch Einkommensverringerung.

Die *Kombination von Arbeitszeitverkürzung und -flexibilisierung* hat verschiedene Konsequenzen, von denen ich fünf andeuten will:

1. *Entlastungen* durch Arbeitszeitverkürzung, die zu einer Entspannung des Alltags führen, finden nur begrenzt und kaum noch in Form von zusätzlichen und fest kalkulierbaren Freizeitpaketen statt.
2. Sowohl Arbeitszeitverkürzung wie auch die Arbeitszeitflexibilisierung in Kombination mit erhöhter Eigenverantwortung bewirken eine systemische *Arbeitsverdichtung* und damit eine erhöhte Dauerbelastung für alle Beschäftigtengruppen in der Erwerbsarbeit, die die Arbeits- und die Lebensqualität zumindest langfristig beeinträchtigen werden.
3. Allen Beschäftigtengruppen steht prinzipiell das Recht zur alltäglichen Ausübung der *individuellen Zeitdisposition* zu. Dadurch entsteht eine neue Form des Zeitwohlstands, als Wegfall des Legitimationszwangs für Nichtarbeit aus persönlichen Gründen.
4. Die Externalisierung der betrieblichen Flexibilisierung auf die Lebensführung der Beschäftigten und auf die Gemeinschaft stellt *eine zusätzliche, private Belastung* dar. Sie äußert sich in einer steigenden Planungsunsicherheit, erhöhten Koordinationsleistungen mit den anderen Zeitgebern in Familie, Nachbarschaft und Kommune und in faktischen Synchronisationsproblemen. Die Entlastungswirkung stabiler, kollektiver Rhythmen entfällt.
5. Arbeitszeitverkürzung und -flexibilisierung haben ganz unterschiedliche *Auswirkungen auf eigensinnige private Tätigkeiten:* Eine reine Arbeitszeitverkürzung stabilisiert vorhandene Arrangements der Lebensführung, ermöglicht das Ausdehnen bereits praktizierter eigensinniger Tätigkeiten und – allerdings sehr voraussetzungsreich – die Aufnahme bisher aus Zeitnot aufgeschobener Tätigkeiten. Die Ausübung eigensinniger Tätigkeiten erfordert einen langfristigen Aufbau von Motivation, von Fähigkeiten und fördernder Infrastruktur und kann nicht von außen in Form von Freizeitangeboten übernommen werden. Arbeitszeitflexibilisierung dagegen stärkt nur dann eigensinnige Tätigkeiten, wenn sie nicht betrieblich dominiert wird und damit die Planbarkeit und Kontinuität von Zeitfenstern ermöglicht. Solche eigensinnigen Tätigkeiten in sozialen und politischen Gruppen, im Haus, Haushalt und Garten haben ihre eigenen Zeitlogiken und Zeitrhythmen, die bei einseitiger Flexibilisierung durch den betrieblichen Zeitgeber kaum berücksichtigt und von deren Dominanz zerstört werden.

Zu den *Konstellationsveränderungen im Verhältnis zwischen Zeitwohlstand und Geldwohlstand:* Der Umbruch der Wohlfahrtsentwicklung der Bundesrepublik wird auch durch die veränderte Beziehung zwischen Arbeitszeit und Einkommen signalisiert. Während früher kleinschrittige Arbeitszeitverkürzungen mit erheblichen Einkommenssteigerungen einhergingen, führen jetzt großschrittige Arbeitszeitverkürzungen (insbesondere Teilzeitarbeit) direkt zu erheblichen Einkommenseinbußen. Dadurch entsteht für jeden Beschäftigten das Problem, ein Optimum zwischen Zeitwohlstand und Geldwohlstand zu finden, sowie das zusätzliche Problem, unfreiwillige Nicht-Erwerbsarbeitszeit in Zeitwohlstand umzuwandeln. Denn wir wissen, daß weniger Erwerbsarbeit und weniger Geld in eine soziale Abwärtsspirale führen können und daß nicht realisierter Zeitwohlstand keine Kompensation für ein niedriges Einkommen ist. Auch der gestiegene Zeitwohlstand bei VW war nicht direkt angestrebt und erstritten, sondern entstand als Nebenfolge von Wettbewerbs- und Beschäftigungsstrategien und mußte von den Beschäftigten individuell und reaktiv gestaltet werden. Der einverständige und für beide Seiten produktive Tausch von Zeit gegen Geld wird in einer historischen Phase erschwert, in der einerseits für einen steigenden Anteil der Bevölkerung die Erwerbseinkommen unsicherer und tendenziell geringer werden und damit die Abhängigkeit von zusätzlichen Erwerbsquellen steigt, in der andererseits die unbegrenzte Verfügbarkeit und Bereitschaft zur bedingungslosen Selbstausbeutung zu Kerntugenden der „employability" zu werden drohen.

8. Leitbilder vom „guten Leben" zwischen Wohlstandsorientierung, Krisenerfahrung und Zukunftsunsicherheit

Der Begriff des „guten Lebens" ist nicht frei von emphatischen Konnotationen und wird sowohl von gesellschaftlichen Akteuren als auch subjektiv von den Individuen sehr unterschiedlich interpretiert. Er wird von dem jeweiligen soziokulturellen Kontext und der Lebenslage mit beeinflußt. Im Zusammenhang unserer Untersuchung des Arbeiter- und Angestelltenmilieus bei VW Wolfsburg sind normative Bezüge auf die alten Utopien der Arbeiterbewegung von besonderer Bedeutung. Es war die Vorstellung von einem besseren Leben in einer solidarischen Gesellschaft, in der die Entfremdung des Menschen in seiner Arbeit, in bezug zu den anderen Menschen und zur Natur aufgehoben wird. Arbeit und Leben waren in dieser Utopie eng verwoben, auch wenn im politisch-historischen Prozeß der letzten Jahrzehnte die Konzentration auf die „Freizeit" als jenseits der Arbeit auszuweitende Lebenssphäre von Selbstbestimmung und Selbstverwirklichung in den Vordergrund getreten ist. In der aktuellen Debatte um gewerkschaftliche Perspektiven wird „die Vision einer lebenswerten Zukunft" durch Freiheit, soziale Gerechtigkeit, Wohlstand und ökologische Verantwortung geprägt (DGB-Grundsatzprogramm von 1996, S. 2).

Den Leitbildern gegenüber steht die „normativen Kraft des Faktischen", die für die überwiegende Mehrheit der Beschäftigten ihre biographischen Entwürfe und ihre Lebensführung prägt. Der Lebenslauf folgte einer „Normalbiographie" entlang eines bislang als sicher geltenden Systems von Erwerbsintegration, sozialer Sicherheit und Familie. Die Zentrierung auf lebenslange Berufsarbeit bis zur wohlverdienten Rente, auf die Kleinfamilie und auf einen stetigen Zuwachs an Wohlstand, der sich in Autobesitz und Hauseigentum repräsentiert, galt als Modell für ein gelungenes, „gutes" Leben. Seit längerem werden nun die gesellschaftlichen Strukturen, auf die sich die „Normalbiographie" stützen konnte, zunehmend destabilisiert, insbesondere die kontinuierliche Vollerwerbstätigkeit, die Einkommenszuwächse und die Verläßlichkeit des Systems sozialer Sicherungen. Hinzu kommt die generelle Infragestellung unseres Wohlstandsniveaus und unserer Lebensformen durch die internationale Ungleichheit und die ökologische Überlastung.

Wir haben die Beschäftigten nach der Einschätzung ihrer Lebensperspektive und nach ihren Vorstellungen über die materiellen und immateriellen Elementen des „guten Lebens" befragt.

In erster Linie wurden Mindestbedingungen eines menschenwürdigen Daseins als unverzichtbare Elemente eines „guten Lebens" genannt: ausreichend Nahrung, eine Wohnung bzw. „ein Dach über dem Kopf", Kleidung, Gesundheit.

Schon seltener wurden darüber hinausgehende Vorstellungen von Wohlstand und Komfort artikuliert, die den gegenwärtigen Leitbildern der Konsum- und Erlebnisgesellschaft entsprechen. Dazu gehören eine Ausstattung mit Haus, Garten und Pkw, die Möglichkeit zu reisen und die Sicherheit eines aus Rücklagen gebildeten finanziellen Polsters. Wichtig war ein gewisser Spielraum für Konsumentscheidungen und die Freiheit, sich große Teile seiner materiellen Wünsche sukzessive und durch Ansparen erfüllen zu können. Vor dem Hintergrund einer durchweg positiven Beurteilung der eigenen Lebenssituation bestand zwischen dem, was individuell im Leben erreicht wurde und was absehbar noch zu erreichen ist, und den artikulierten Vorstellungen von einem „guten Leben" eine hohe Übereinstimmung.

Von der gegenwärtigen Lebenssituation abweichende Lebensprojekte oder Lebensträume spielten eine nur ganz schwache Rolle. Nur auf Nachfrage tauchte in etlichen Fällen der Wunsch auf, sich irgendwann noch einmal auf eine große (Welt-)Reise zu begeben, oder die Idee, eines Tages ein Ferienhaus im Ausland zu erwerben, meist in die fernere Zukunft des Ruhestands verlagert.

Bei den immateriellen Komponenten des „guten Lebens" standen der Erhalt der Gesundheit sowie der Wunsch nach intakten Familienbeziehungen an vorderster Stelle, besonders bei älteren Beschäftigten. Danach folgte die Einbindung in gemeinschaftliche Beziehungen des Freundeskreises. Vor allem bei jüngeren Beschäftigten hatte die Erwerbsarbeit einen relevanten Stellenwert im „guten Leben", und es wurden inhaltliche Ansprüche an die Arbeit formuliert. Dazu gehört, daß die Arbeit nicht nur monotone Tätigkeit zum Gelderwerb sein, sondern auch „Spaß" machen, „interessant" sein und berufliche Entwicklungsmöglichkeiten bieten soll.

Die individuelle Lebensperspektive lag für viele der befragten Beschäftigten in der Absicherung des erreichten materiellen Status quo und im möglichst frühzeitigen Eintritt in den vorgezogenen Ruhestand. Dieser solle mehr sein als ein passives „Rentnerdasein": Der Ruhestand galt ihnen als abgesicherter, aktiv gestaltbarer „dritter Lebensabschnitt", nachdem die Verpflichtungen der Erwerbsarbeit erfüllt sind.

Im Hinblick auf die Zukunftsvorstellungen der Beschäftigten zeigte sich eine ausgeprägte Diskrepanz zwischen der Einschätzung der persönlichen Lebensperspektive und der gesellschaftlichen Zukunftsentwicklung. Während die individuelle Perspektive insgesamt positiv gesehen wurde, überwogen bezüglich der allgemeinen gesellschaftlichen Entwicklung und der Entfaltungschancen künftiger Generationen skeptische Erwartungen. Überwiegend wurde von den Befragten ein pessimistisches Zukunftsszenario gezeichnet, das von Krisenphänomenen der Arbeitslosigkeit, von Einkommensverschlechterungen und Wohlstandsverlusten sowie einer generellen „sozialen Unsicherheit" geprägt war.

Es herrschte eine verbreitete Sorge darüber, daß die eigenen Kinder schlechtere Arbeitsmarktchancen haben würden als man selbst. Man sah sich als die letzte Generation mit der Erfahrung von stetigen Aufstiegs-, Wachstums- und Wohlstandsgewinnen, die sich heute kaum weiter vermehren lassen. In einigen Fällen waren die eigenen Kinder ein Impuls dafür, sich gedanklich mit der Zukunft der Umwelt stärker auseinanderzusetzen: „Wir hinterlassen den Kindern den Müll und die Unsicherheit in der Arbeit." In der Sorge um die Zukunft des eigenen Nachwuchses verknüpfte sich die Reflexion um die ökologischen Folgen des selbst erarbeiteten Wohlstands. Die Ökologieproblematik wurde gewissermaßen in den sozialen Kontext intergenerativer Gerechtigkeit „eingebettet". Das Lebensziel früherer Arbeitergenerationen, nämlich daß die Kinder „es einmal besser haben sollten", hat sich in den Wunsch verwandelt, daß die Kinder es zumindest nicht wesentlich schlechter haben sollten als man selbst. Wenn man bedenkt, daß die Fürsorge für die eigenen Kinder gerade bei der Erwerbsarbeitsorientierung ganz oben steht, bedeutet diese Einschränkung der Perspektive einen zunehmenden Mangel an sozialer Nachhaltigkeit unserer Gesellschaftsentwicklung.

Insgesamt aber zeigen die Beschäftigteninterviews, daß in den Vorstellungen von einem „guten Leben" ökologische Aspekte gegenüber dem Streben nach sozialer Sicherheit und nach Absicherung des Wohlstandsniveaus deutlich nachrangig sind. Überwiegend wurde erst auf direkte Nachfrage die Bedeutung von Umweltqualität als ein Faktor für die Lebensqualität und das individuelle Wohlbefinden hervorgehoben. Dies betrifft in erster Linie den Aspekt der Gesundheit, der eng mit den Umweltbedingungen in Verbindung gebracht wurde (Allergien oder Atemwegserkrankungen). Es wurde der Anspruch formuliert, ohne Bedenken alle Nahrungsmittel essen und trinken oder ein Sonnenbad nehmen zu können. Darüber hinaus wurde der ästhetische Wert hervorgehoben, den eine „intakte" Natur für Freizeit und Erholung hat. In der Einschätzung der künftigen Entwicklung der Umweltproblematik kristallisierten sich zwei Pole heraus: Auf der einen Seite steht eine eher pessimistische Perspektive, die die zunehmende Bedeutung von Naturkatastrophen, die Irreversibilität von Umweltschäden und die persönlichen und gesellschaftlichen Umstellungsschwierigkeiten in den Mittelpunkt stellt. Dem stehen Einschätzungen gegenüber, die die Lösbarkeit der Umweltproblematik durch technischen Fortschritt hervorheben, auf neue politische Regulierungsformen (z.B. internationale Abkommen und die Bedeutung der Umweltbewegung) und das gestiegene Umweltbewußtsein, insbesondere bei der jüngeren Generation, setzen. In der Verknüpfung von Umweltschutz und der Schaffung neuer Arbeitsplätze wurde von einem Teil der Befragten ein Ansatz zur Bewältigung der ökologischen und sozialen Krise gesehen.

9. Umweltbewußtsein – Umweltwissen – Umwelthandeln

Es gibt mittlerweile eine Reihe von Untersuchungen, die von einer insgesamt hohen Sensibilität gegenüber Umweltproblemen in der Industriearbeiterschaft ausgehen (vgl. Bogun et al. 1990; Heine/Mautz 1989; Lange et al. 1995; Birke/Schwarz 1994; Zimpelmann et al. 1992). Diese Ergebnisse werden durch weitere, repräsentative Umfragen gestützt, die ein hohes Umweltbewußtsein in der Gesamtbevölkerung konstatieren (Bundesministerium für Umwelt 1996). Wenn wir von diesen Ergebnissen ausgehen und die Diskrepanz zwischen Bewußtsein und Verhalten berücksichtigen, stellen sich uns drei Fragen: Welche Umweltprobleme stehen bei den Beschäftigten im Vordergrund, im Betrieb und im Privatleben? Inwieweit setzt sich das Wissen um die Umweltprobleme in persönliches Verhalten und Engagement um? Wird das sozial-ökologische Engagement von Beschäftigten durch die Arbeitszeitverkürzung/Arbeitszeitflexibilisierung und den Einkommensverlust tangiert?

Auf die Frage, was die Zerstörung der Umwelt persönlich bedeute, äußerten mehr als zwei Drittel der Befragten eine deutliche Sensibilisierung und Betroffenheit durch die Ökologieproblematik. Überwiegend wurde auf bestimmte, konkret wahrnehmbare Problembereiche verwiesen, etwa Luftverschmutzung oder Trinkwasserverseuchung. Daneben wurden globalere Bedrohungen durch Atomkraft (AKW-Betrieb und Atommüllentsorgung) sowie durch die Abholzung der Wälder als besonders gravierend empfunden und zum Teil in fatalistischer Weise zugespitzt. Von einem Primat der Ökonomie gegenüber der Ökologie kann auf der Einstellungsebene nicht gesprochen werden. Wirtschaftswachstum wurde nur von einer Minderheit als Voraussetzung für wirksamen Umweltschutz gesehen. Die Aussage, daß ökologisch begründete Maßnahmen die „kleinen Leute", also die lohnabhängig Beschäftigten, Arbeitslosen, Rentner etc. nicht belasten darf, fand nur bei einem Drittel der Befragten Zustimmung. Es muß angenommen werden, daß das Bewußtsein der hohen eigenen Arbeitsplatzsicherheit bei Volkswagen und die dem Unternehmen zugeschriebenen hohen Umweltstandards dazu führen, daß die Beschäftigten den Konflikt „Umwelt contra Arbeitsplätze" als eine eher spekulative Frage behandeln. Der konkrete Verlauf eines auf das Volkswagenwerk bezogenen Umweltkonflikts um Kraftwerksemissionen stellte allerdings diese Position im Ernstfall in Frage (vgl. 11.3).

Nur ein knappes Drittel der Befragten stellte einen direkten Zusammenhang zwischen der Umweltproblematik und dem *persönlichen gesundheitlichen Wohlbefinden* her. Als konkrete Einschränkungen wurden in erster Linie Lärmbelästigungen, zunehmende Allergien und eine gestiegene Anfälligkeit für Krankheiten genannt und die Unsicherheit, nicht mehr unbedenklich jedes frische Obst und Gemüse einkaufen zu können.

Im Kontrast zu der geäußerten weitgehenden Sensibilisierung gegenüber Umweltproblemen waren die Befragten nur selten in der Lage, eine differenziertere Schilderung von für sie bedeutsamen ökologischen Problemzusammenhängen zu geben. Ebensowenig wurden die Formen der eigenen Lebensführung und die Konsumgewohnheiten eigenständig auf die Umweltproblematik bezogen.

In den Resultaten zeigt sich eine zweifache Tendenz: Zum einen besteht eine offensichtliche Diskrepanz zwischen Umweltsensibilisierung und Umweltwissen. Das diffuse Gefühl von (indirekter) Betroffenheit und das „schlechte Gewissen" gegenüber der Umweltfrage stehen gegenüber einer durch aktive Reflexion hergestellten kognitiven Durchdringung ökologischer Problemzusammenhänge klar im Vordergrund. Zum anderen wurde die Ökologieproblematik kaum in einen Kontext zur eigenen Lebensweise, zur industriellen Arbeit, zum Wohlstands- und Konsumniveau als Verursacherzusammenhang gestellt. Ökologisch bedingte Einschränkungen der Lebensqualität waren kaum präsent.

Ein weiterer interessanter, aber nur in Einzelfällen thematisierter Aspekt ist das *Nichtwissen über ökologische Gefährdungslagen* und ihre Folgen. Nicht die konkret sichtbaren oder erfahrbaren Beeinträchtigungen durch Umweltschäden oder medial vermittelte globale ökologische Bedrohungslagen wurden in solchen Äußerungen in den Mittelpunkt der Besorgnis gestellt, sondern die Unsicherheit darüber, was man eigentlich – noch nicht – weiß, oder daß sowohl die individuelle Gefährdung als auch die ökologische Krise insgesamt am Ende noch viel dramatischer ausfallen könnten als angenommen. Es zeigte sich ein mit dem Gefühl von diffuser Betroffenheit durch die Umweltkrise einhergehendes Nicht-wissen-Können und Nicht-wissen-Wollen über die realen Gefährdungslagen. Diese Diskrepanz korrespondiert mit dem Spannungsverhältnis zwischen der erheblichen Umweltsensibilisierung und der nur marginalen Rolle von bewußt ökologischem Verhalten. Die Relativierung der Reichweite und der Bestandssicherheit von heute als gesichert geltendem Wissen kann eine skeptische und kritisch-distanzierte Reflexion von Gesellschaft und eigener Lebensführung ebenso befördern wie eine Verdrängung und Relativierung ökologisch begründeter Handlungsanforderungen.

9.1 Automobilismus in der Autostadt

Es verwundert kaum, daß das Automobil in einer Stadt wie Wolfsburg und im Alltag der Wolfsburger Bevölkerung einen besonders herausgehobenen Stellenwert besitzt. Wohl in kaum einer anderen Stadt ist das Straßenbild durch einen dermaßen hohen Anteil an Neuwagen geprägt. Sowohl die individuelle Lebensführung als auch die kollektive Identität in der Stadt sind durch das

Auto, also das Volkswagen-Werk, geprägt. Diese Prägung wird durch vier wichtige Aspekte bestimmt.

1. Das Auto, die Massenmotorisierung und die automobile Gesellschaft sind die „conditio sine qua non" für die Existenz des Werkes, der Stadt und für die Wohlfahrt der Beschäftigten. Das Auto als Basistechnologie in Massenproduktion sichert die Arbeitsplätze und Einkommen der Beschäftigten und ist damit der materielle Wohlstandsgarant.
2. Dazu tritt der Produzentenstolz der Beschäftigten als Automobilbauer. Früher war es der Käfer, der zum westdeutschen Aufschwungsymbol schlechthin wurde, heute sind es die Konzern-Marken als High-Tech-Produkte eines Global Players.
3. Das Auto ist ein hoch relevanter Faktor im Regelsystem sozialer Verortung und Statuszuweisung der Beschäftigten. Ein für Wolfsburger Verhältnisse vergleichsweise altes Auto zu fahren oder gar keines zu besitzen, ist eine legitimationsbedürftige Abweichung. Gerade für Jugendliche ist der Automobilbesitz ein zentraler und selbstverständlich gegebener Standard geworden, der Führerscheinerwerb wichtigster Initiationsritus in das Erwachsenenleben.
4. Das Auto ist Mittel für Mobilität und Unabhängigkeit, Basistechnologie für einen modernen Lebensstil. Das Auto bietet die permanent verfügbare, individuell-motorisierte Fortbewegungsmöglichkeit, die der mobilen, großräumig gewordenen modernen Gesellschaft entspricht; es besteht ein normativer, aber auch pragmatisch-struktureller Zwang zur Autobenutzung. Die individuelle Freiheit liegt darin, zu jeder beliebigen Zeit an jeden beliebigen Ort gelangen zu können.

Die auf das Automobil abgestellte Mobilität wird durch die autogerechte Stadtentwicklung in Wolfsburg gestützt. Die städtebaulich funktionale Differenzierung in Wohnen, Freizeit, Einkauf und Arbeit vergrößert die zu überbrückenden Räume. Die breiten, autofreundlichen Durchgangsstraßen waren einst der Stolz der Stadt. Von vielen Bereichen der Stadt aus ist das Werk günstiger mit dem Kraftfahrzeug zu erreichen als mit dem Fahrrad oder dem Bus. Der städtische ÖPNV ist kaum mehr in der Lage, sich auf die desynchronisierten Arbeitszeiten des Werks und die individualisierten Mobilitätsbedarfe einzustellen (zu den Zeiten in der Stadt vgl. Eberling/Henckel 1998).

10. Alltägliche Lebensführung

10.1 Chancen für nachhaltigen Konsum?

Den wichtigsten Komplex unserer Untersuchung zur Ökologie und Lebensführung bildete das umweltrelevante Alltagsverhalten im Haushalt, in der Freizeit und im Betrieb. Ein die Umwelt und natürliche Ressourcen schonendes Alltagsverhalten wird einerseits durch die bewußte Gestaltung oder Umstellungen etwa der Einkaufs- und Konsumgewohnheiten oder des Freizeitverhaltens bestimmt. Ganz dominierend allerdings wird das konkrete Verhalten von den eingeschriebenen alltäglichen Abwägungen, Mustern und Routinen der Lebensführung ohne direkten ökologischen Bezug geleitet. Die Umweltforschung geht inzwischen davon aus, daß in privaten Haushalten die Bedarfsfelder mit der größten Umweltrelevanz Ernährung, Wohnen und Freizeit sind; unabhängig davon, ob die Verhaltensfolgen bewußt oder sogar intendiert sind. Unsere Fragen zu diesen Bereichen haben wir um die Kriterien für einen ressourcenleichten Konsum erweitert (vgl. BUND/Misereor 1996, S. 217ff.):

- *Sparsamkeit* als ein überlegter, reflektierter Konsum und als schonender Umgang mit Energie und natürlichen Ressourcen;
- *Langlebigkeit* als eine Prioritätensetzung auf qualitativ hochwertige, reparatur- und wartungsfreundliche Gebrauchsgüter mit einer langen Produktlebensdauer;
- *Regionalorientierung* sowohl in der Freizeit (Erholung, Urlaub) als auch beim Einkauf (Wochenmärkte, Direktvermarktung, bewußter Kauf von in der Region produzierten Waren), um die ökologischen Transportkosten in Grenzen zu halten und die regionale Ökonomie zu fördern;
- *gemeinsame Nutzung* als Versuch, durch veränderte Nutzungsformen die Gebrauchsintensität von Gütern zu erhöhen (etwa Auto, Werkzeuge, große Haushaltsgeräte) und den Zwang zum ressourcenintensiven individuellen Gütereigentum zu reduzieren.

Der wichtigste Befund ist die herausgehobene Rolle der Sparsamkeit in der Lebensführung, allerdings auf einem hohen Konsumniveau. Nicht nur größere Anschaffungen, auch der alltägliche Einkauf wurde häufig sorgfältig geplant. Spontaneinkäufe spielten nur für eine Minderheit der Befragten eine Rolle, preiswerte Produkte und Sonderangebote wurden gezielt ausgewählt. Der Einkauf findet in den bekannten Ladenketten statt, ökologisch spezialisierte Geschäfte spielen kaum eine Rolle.

Einen ebenfalls hohen Stellenwert besitzen Aspekte der Qualität und Langlebigkeit von Gütern, der umweltfreundlichen Herstellung und günstiger Verbrauchswerte. Daß zugleich auch erheblicher Wert auf einen günstigen Preis der Produkte gelegt wurde, war nicht zwingend ein Widerspruch: Entweder wurden hochwertige Produkte zu einem Zeitpunkt gekauft, an dem sie günstig z.b. als Sonderangebot zu bekommen waren, oder es wurden solche preiswerten Produkte ausgewählt, die auch den Ansprüchen an Produktqualität genügten (beispielsweise aufgrund einer Energieberatung). Die Orientierung auf Sparsamkeit und Qualität haben wir quer durch alle befragten Beschäftigtengruppen gefunden, sowohl bei Jüngeren wie bei Älteren als auch bei Arbeitern und Angestellten. Sie galt nicht nur für die einkommensschwächeren Haushalte, die von der tarifbedingten Einkommensminderung besonders betroffen waren.

Die Prioritätensetzung für regionale und saisonale Produkte spielte nur eine geringe Rolle. Zwar werden gelegentlich frische Lebensmittel auf dem Wochenmarkt eingekauft, aber im Vergleich zur Sparsamkeit und Qualitätsorientierung scheint die Regionalorientierung kein handlungsleitendes Prinzip zu sein. Auch bestand eine bemerkenswerte Mobilität in dem Sinne, zum „Shopping" in die nächstgelegenen Großstädte Braunschweig und Hannover zu fahren.

Die gemeinsame Anschaffung und kollektive Nutzung von Gebrauchsgütern war selten vorzufinden und eher negativ besetzt. Sie beschränkte sich auf größere Werkzeuge und Gartengeräte (etwa Betonmischer oder Vertikutierer), die im Kreise der Familie oder von Nachbarn gegenseitig ausgeliehen werden. Im wesentlichen läuft diese Nutzung über Nachbarschaft, nur im Einzelfall wurde regelmäßig ein professioneller Werkzeugverleih in Anspruch genommen. Grundsätzlich ist der Gedanke einer kollektiven Nutzung von Gütern nicht verbreitet, zur Begründung wird eine Reihe von Nachteilen angeführt: hygienische Bedenken, Einschränkungen von Verfügbarkeit und Bequemlichkeit, Haftung im Schadensfall. Die allgemeine Skepsis resultierte auch daraus, daß die nachbarschaftlichen und freundschaftlichen Beziehungen nicht durch diesbezügliche Konflikte belastet werden sollten.

10.2 Haus und Garten als ein ökologisches Gestaltungsfeld?

Neben den alltäglichen Einkaufs- und Konsumgewohnheiten dürften insbesondere Haus und Garten wichtige Bereiche der Lebensführung sein, die auch unter ökologischer Perspektive gesehen werden: Der Garten etwa als Möglichkeit zur Naturnähe, zu gesunder Betätigung und ökologisch angebauter Selbstversor-

Flexible Arbeit und nachhaltige Lebensführung

gung; das Haus, wenn es selbst repariert und instandgehalten oder in Eigenarbeit auf energie- und ressourcensparende Techniken umgestellt wird.

Ein Trend zur Gartennutzung für einen erweiterten Obst- und Gemüseanbau läßt sich nicht ausmachen. Überwiegend wurde der Garten als Ziergarten oder zum Spielen für die Kinder oder als Aufenthaltsort für die Familie genutzt. Der Garten diente überwiegend der Entspannung und brachte einen Hauch von „Natur" in das unmittelbare Lebensumfeld der eigenen Wohnung. Die eigene Ernte diente als willkommene und gesunde Bereicherung des Speiseplans, nahm allerdings in keinem Fall das Motiv der Eigenversorgung an. Hier wurde von allen Beteiligten die Einschätzung geteilt, daß es einfacher und günstiger sei, das Obst und Gemüse im Supermarkt oder auf dem Wochenmarkt einzukaufen. Diese Einstellung hatte sich auch durch die Arbeitszeitverkürzung und die partiellen Einkommensverluste der VW-Beschäftigten nicht verändert. Die Nachfrage nach Kleingärten geht eher zurück und konzentriert sich auf Ruheständler.

Am Haus wurden umweltrelevante Investitionen insbesondere dann getätigt, wenn sie den Wasser-, Strom- oder Brennstoffverbrauch absenken und damit langfristig Kosten sparen. Im Zentrum standen Dämmaßnahmen, der nachträglicher Einbau von WC-Wasserspartasten und Investitionen in eine optimierte Heizungsanlage. Wegen der hohen Investitionskosten wird abgewartet, bis ohnehin eine Erneuerung ansteht. Interessanterweise war die Aufgeschlossenheit gegenüber der Nutzung von Sonnenkollektoren für die Warmwasserbereitung ausgesprochen groß. In mehreren Fällen war eine solche Investition durchkalkuliert worden, in einem Fall beim Hausneubau installiert. Im Ergebnis aber wurde der nachträgliche Einbau von Sonnenkollektoren als entweder zu teuer oder als zu großer Umbauaufwand an einem älteren Haus eingeschätzt. Die Geräte sind nicht einfach im Baumarkt zu erwerben und noch relativ teuer, die Installation am Haus ist vergleichsweise aufwendig.

Die Umsetzung von gesundheitlich und ökologisch motivierten Rearrangements der Lebensführung wird in der Regel von den *Frauen* in den Haushalten getragen und vorangetrieben. Der Anteil der im weitesten Sinne als ökologisch reflektiert zu bezeichnenden Frauen lag bei unserer Befragung mit knapp 60% doppelt so hoch wie der der Männer. Die Tatsache, daß die Frauen die Praktikerinnen von Ökologie im Alltag sind, fußt sicherlich im wesentlichen auf der ungebrochenen geschlechtsspezifischen Arbeitsteilung (zur innerfamiliären Arbeitsteilung vgl. Jürgens/Reinecke 1998). Bis auf eine Ausnahme oblag den befragten Frauen neben der Berufsarbeit auch das Gros der Haus- und Familienarbeit. Diese Zuweisung von Anforderungen findet ihre Entsprechung in den subjektiven Orientierungen: So besteht beispielsweise aus Sicht von Expertinnen des Weiterbildungssektors bei den Frauen ein im Vergleich zu Männern sehr viel stärkeres Interesse an Bildung zu Themenfeldern wie „gesunde Lebensweise" oder „ökologische Haushaltsführung". Das Thema Gesundheit und Ökologie wird also im wesentlichen von den Frauen in die Familien hineintransportiert, während die Männer gegebenenfalls aufgeschlossen sind für Fragen (umwelt-)technischer Innovationen am Haus, einer „ökologischen" Anlage des Gartens oder im Einzelfall für ein Engagement im Naturschutz.

10.3 Anstöße für ökologische Umstellungen der Lebensführung

Die alltägliche Reflexion ökologischer Anforderungen war trotz der weitgehenden Sensibilisierung für die Umweltproblematik kein durchgängig relevanter Bezugspunkt, an dem die Lebensführung ausgerichtet wird. Nur für eine Minderheit von etwa einem Drittel der befragten Beschäftigten spielte die ökologische Frage eine nennenswerte praktische Rolle, als bewußte Berücksichtigung von Umweltaspekten im Alltag oder als Engagement im Umwelt- und Naturschutz. Die ökologischer Perspektive wurde nur selten auf die Gesamtheit des Alltagshandelns bezogen, sie konzentrierte sich auf Teilelemente der Lebensführung und einzelne Handlungsbereiche.

Umstellungen alltagspraktischer Routinen erfolgten selten durch allgemeine – etwa durch mediale Vermittlung von Umweltproblemen angestoßene – Überlegungen darüber, welche Konsequenzen aus der Umweltkrise für die eigene Lebensführung zu ziehen seien. Sie erfolgten auch nicht in der Umsetzung extern vorgegebener Veränderungen der Arbeitszeitmuster. Vielmehr wurden ökologisch relevante Rearrangements der Lebensführung überwiegend durch individuelle Erfahrungen oder „Betroffenheiten" in Gang gesetzt. Die beiden wichtigsten Motive sind dabei die Sorge um die eigene Gesundheit und um das Wohl der Kinder.

Gesundheitliche Einschränkungen, eigene Krankheitserfahrungen oder solche von Familienmitgliedern oder im Freundeskreis sind wesentliche Impulsgeber, die eigene alltägliche Lebensführung zu reflektieren oder umzustellen. Sie führen beispielsweise zur Aufnahme von sportlichen Betätigungen, angefangen mit einer stärkeren Nutzung des Fahrrades statt des Autos, zur Veränderung direkt gesundheitsschädlicher Lebensgewohnheiten, etwa auf Tabak oder Alkohol zu verzichten, oder zu einer Umstellung der Ernährung auf gesunde und natürlich angebaute Kost. Insbesondere die Ernährung wurde als ein Bereich gesehen, in dem eine Veränderung des individuellen Verhaltens zugleich die Gesundheit fördern und die Umwelt schützen kann, etwa durch die Unterstützung des biologischen Landbaus. Als Motivation stand zweifelsfrei die „Sorge um sich selbst" an erster Stelle, der Aspekt des Umweltschutzes war eher als zusätzlicher Effekt willkommen.

Die Antworten zu Fragen nach Gesundheitsrisiken bei der Arbeit lassen insgesamt auf ein hohes Selbstbewußtsein der Beschäftigten im Umgang mit Gesundheitsbelastungen am Arbeitsplatz schließen. Kaum jemand würde eine gesundheitsbelastende Arbeitssituation einfach hinnehmen. Für den größten Teil der Befragten war der Weg einer individuellen Beschwerde beim Vorgesetzten eine Selbstverständlichkeit, dem Unternehmen wird also eine klare Verantwortlichkeit für den Arbeits- und Gesundheitsschutz zugeschrieben. Demgegenüber fiel die Inanspruchnahme der betrieblichen Interessenvertretung zurück: Der Betriebsrat galt eher als zweite Anlaufstation für den Fall, daß die individuelle Beschwerde keine Wirkung zeigt.

In ähnlicher Weise ist die *Fürsorge für die Kinder* im betreuungsintensiven Alter für einige Paare Anlaß gewesen, über ihre Lebensführung und Alltagspraktiken neu nachzudenken. Auch dies betraf in erster Linie den Ernährungsbereich, insbesondere der Frage nach der chemischen Belastung von Nahrungsmitteln wurde größere Aufmerksamkeit gewidmet. Die entsprechende Umstellung der Lebensgewohnheiten mußte zum Teil aktiv gegen die Verhaltensmuster des sozialen Umfeldes verteidigt werden. Ein zweiter Aspekt der Lebensführung, der durch die Existenz kleiner Kinder geprägt wird, ist das Reiseverhalten. Generell ist die Mobilität für Familien mit kleinen Kindern eingeschränkt; dadurch erst entdeckten einige der Befragten die nähere Region als ein Raum für Freizeit- und Urlaubsgestaltung. Dies wurde allerdings vielfach nur als vorübergehende Einschränkung gesehen, an deren Ende wieder die Möglichkeit zu Fernreisen steht. Obwohl zumeist der Urlaub innerhalb Deutschlands als „ganz schön" (und meist zu teuer) befunden wurde, konnten wir kaum eine nachhaltige Verfestigung einer regionalen Orientierung in bezug auf Freizeit und Urlaub feststellen.

Ein besonders starker Impuls geht von Kindern mit gesundheitlichen Einschränkungen aus. In mehreren Beispielen standen allergische Krankheiten der Kinder im Vordergrund, die Umstellungen sowohl der Ernährung als auch der Innenausstattung der Wohnung bzw. des Hauses erforderten und nicht zuletzt auch die Freizeitgestaltung und die Wahl des Urlaubsortes beeinflußten. Gerade die sich häufenden Allergien der Kinder wurden explizit mit der Umweltproblematik, insbesondere mit Luftverschmutzung und Belastungen der Nahrung und des Trinkwassers, in Verbindung gebracht. Man sah sich und die eigene Familie als ein Opfer der Umweltkrise.

Insgesamt gilt die Gesundheit sowohl in der Arbeit als auch im privaten Leben als ein wertvolles, aktiv zu schützendes und zu pflegendes Gut. Sie stellt, anders als ein altruistisches, soziales oder ökologisches Engagement, eine unmittelbare Verbindung zwischen der eigenen Person und den betrieblichen Risikosituationen her. Deshalb bleibt eine individuell wahrgenommene Gesundheitsgefährdung ein vergleichsweise starker Mobilisierungsfaktor, für die Beseitigung der Gefährdungssituation im Betrieb und auch im privaten Leben selbst aktiv zu werden.

10.4 Umweltverhalten im Arbeitsprozeß

Die Ökologie hatte als ein vom jedem Beschäftigten im Arbeitsprozeß aktiv zu gestaltender Handlungsbereich eine insgesamt nur untergeordnete Bedeutung. Produktionsbezogene Umweltschutzmaßnahmen und die Organisation des Umweltmanagements liegen im Unternehmen bereits auf einem entwickelten Niveau (vgl. etwa die VW-Umweltberichte). Der Umgang mit Ressourcen und Material und erst recht mit gefährlichen Stoffen ist für die einzelnen Arbeitsvollzüge auf einem entsprechend hohen Standard organisiert und geregelt. Es besteht daher im Arbeitsvollzug in der Regel wenig Anlaß, permanent und aktiv die Umweltfolgen des eigenen Handelns zu reflektieren. Eine Reihe der Befragten konnte keinen einzigen umweltschutzbezogenen Aspekt benennen, der im Arbeitsalltag berücksichtigt werden müßte.

Ein für viele Beschäftigte herausgehobener Handlungsbereich war die Trennung und Entsorgung von Abfall, also die getrennte Sammlung von Papier, Büromaterial, Tonerpatronen und Batterien im Büro oder auch von Kunststoffabfällen in der Produktion. Dieser Schwerpunkt korreliert mit dem privaten Verhalten – Mülltrennung ist einer der Bereiche von Umwelthandeln, der mit breiter Akzeptanz zu einem stabilen Element der Lebensführung von weiten Teilen der Bevölkerung geworden ist. Die genannten Beispiele von Umwelthandeln der Beschäftigten im Arbeitsprozeß blieben weitgehend auf diesen Bereich beschränkt. Von einigen wurde auch die gelingende Bewältigung der Arbeits*aufgabe* als ein expliziter Beitrag zum Umweltschutz verstanden, etwa die Bemühungen eines Konstrukteurs, in seiner Arbeit nur recyclingfähige Materialien einzusetzen.

Insgesamt ist festzuhalten, daß die Orientierung der Beschäftigten auf umweltaktives Verhalten im Betrieb sehr gering ausgeprägt ist und stark von persönlichen bzw. arbeitsplatzspezifischen Bedingungen abhängt. Dies gilt sowohl für die Gestaltung der Arbeitsumgebung als auch für die Beteiligung am betrieblichen Umweltmanagement. Der Inhalt der Betriebsvereinbarung zum Umweltschutz von 1995, die den Umweltschutz als Unternehmensziel und Weiterqualifikationsansprüche für die Beschäftigten festschreibt, war lediglich drei der Befragten in einigen Aspekten bekannt, nur eine kleine Minderheit hatte überhaupt davon gehört.

Insgesamt kann nur bei sehr wenigen der befragten Beschäftigten von einer alle Lebensbereiche durchziehenden ökologischen Grundorientierung gesprochen werden. Auch bei ihnen variierten die Impulsgeber und Schwerpunkte des individuellen Engagements:

- Die Aufnahme einer Nebenbeschäftigung mit ökologischem und als gesellschaftlich sinnvoll interpretiertem Bezug oder einer Eigenarbeit, z.B. dem umweltgerechten Ausbau des eigenen Hauses. In beiden Fällen stellte der freie Tag eine fast unabdingbare Ressource dar; darüber hinaus wird auf vorhandene berufliche Qualifikationen zurückgegriffen.
- Überdurchschnittliches berufliches Engagement im Umweltschutz. Ressourcen dafür sind ein großer Zeiteinsatz an zum Teil informeller Mehrarbeit, eine hohe berufliche Qualifikation und subjektiv hohe und sinnhafte Ansprüche an die Arbeit, die in ein „akademisch-alternatives" Lebenskonzept eingebettet sind.
- Als ehrenamtlich-politisches Engagement, für das die Spielräume durch die gewonnene freie Zeit erweitert werden. Wichtige Grundlage dafür ist häufig eine gewerkschaftlich beeinflußte Haltung des „Sich-Einsetzens". Daneben treten die gewachsenen sozialen Bindungen im Dorf und die Kontakte im Betrieb, über die die potentiellen Mit-Akteure oder Zielgruppen des Engagements erst erreicht werden.

Die Annahme, daß durch die mit der Arbeitszeitverkürzung gewonnenen Zeitpotentiale quasi „von selbst" ein Reflexionsprozeß in Gang gesetzt würde, an dessen Ende eine Umstellung der Lebensführung nach sozial-ökologischen Gesichtspunkten erfolgen könnte, wird auch durch die wenigen „Gestaltungspioniere" nicht belegt. Ausschlaggebend sind vielmehr die biographisch gewachsenen, kulturellen und politischen Grundorientierungen und Wertvorstellungen sowie die Einbindung in soziokulturelle Milieus, die eine Reflexion von ökologischen Anforderungen für die individuelle Lebensführung behindern. Die Verstärkung von bereits praktizierten lebensweltlichen Aktivitätsmustern durch die Arbeitszeitverkürzung läßt sich dabei deutlich belegen.

11. Ökologisches Engagement in der Öffentlichkeit und im Betrieb

Ein öffentliches Engagement kann eine eher praktische Stoßrichtung beispielsweise im Naturschutz, in Umweltprojekten und in direkter sozialer Arbeit haben, oder es wird mit einer explizit politischen Perspektive in Initiativen, Verbände oder Parteien eingebracht. Wir fragten danach, ob der Bereich von außerfamiliarem sozialem und ökologischem Engagement angesichts des zunehmenden Gewichts ökologischer Argumente im öffentlichen Diskurs und durch einen Zugewinn an persönlicher freier Zeit gestärkt wird.

11.1 Ökologisches Engagement im kommunalen Umfeld

In Wolfsburg existiert durchaus ein Spektrum an ökologischer Infrastruktur. Dazu gehören ökologische Produkt- und Dienstleistungsangebote, „Bio-" bzw. Naturkostläden, Beratungseinrichtungen, etwa das von Umweltorganisationen initiierte und getragene Naturschutzzentrum oder die Energie- und Verbraucherberatung, und die im Ökologiebereich tätigen Verbände und Initiativen. Am bekanntesten sind der Bund für Umwelt- und Naturschutz (BUND), der Naturschutzbund (NABU), Greenpeace, der Verkehrsclub Deutschland (VCD), der Allgemeine Deutsche Fahrrad Club (ADFC), der Harzclub, eine neue Anlaufstelle der Lokalen Agenda 21 und eine Reihe von regionalen und lokalen Naturschutzinitiativen.

Dieses infrastrukturelle Angebot wurde von der Bevölkerung nur schwach genutzt. Während das Dienstleistungsangebot der Beratungseinrichtungen durchaus in Anspruch genommen wurde, litten die Umweltorganisationen, wie die anderen Vereine und Verbände auch, unter einer zu schmalen und zum Teil weiterhin schrumpfenden Personaldecke von aktiven, die Arbeit tragenden Mitgliedern. In den Organisationen wurden erhebliche Hoffnungen auf die Arbeitszeitverkürzung und insbesondere auf die große Zahl der Vorruheständler gerichtet, bei denen man eine neue, relativ leicht „abzuschöpfende" Ressource an Aktivität erwartet hatte. Diese Erwartungen sind in allen von uns befragten Bereichen enttäuscht worden (vgl. den Runden Tisch „Kreative Freizeit" in Wolfsburg; Hielscher/Hildebrandt 1999, S. 250). Das freiwillige Engagement, sei es im Freizeitsektor, im sozialen Bereich oder auch im Umweltschutz, hat sich nach Einführung der Arbeitszeitverkürzung nicht erhöht, sondern geht aus Sicht der ExpertInnen über einen längeren Betrachtungszeitraum sogar zurück.

Flexible Arbeit und nachhaltige Lebensführung 299

Der Blick auf die ökologisch engagierten Gruppen in Wolfsburg zeigte, daß nur ganz wenige VW-Beschäftigte in den politischen Umweltorganisationen wie BUND oder in der Partei Bündnis '90/Die Grünen aktiv sind. Während ihr Anteil an der Mitgliedschaft schon marginal ist, tauchen sie als aktiv engagierte Mitglieder de facto nicht auf. Bei den gewerblichen ArbeitnehmerInnen besteht eine große Distanz zu diesen Organisationen; in den Ausnahmefällen handelte es sich um höherqualifizierte Angestellte. Aus ExpertInnensicht spielen dafür zwei Aspekte eine Rolle: Zum einen eine allgemeine Zurückhaltung, sich für explizit (umwelt-)politische Ziele zu engagieren. Zusätzlich wirkten sich die soziokulturelle Barrieren aus, die zwischen den VW-Beschäftigten und den Funktionsträgern dieser Organisationen aus der akademisch gebildeten Mittelschicht in von VW unabhängigen beruflichen Positionen besteht. Daraus erwachsen Differenzen hinsichtlich Bildungsniveau, „gemeinsamer" Sprache, Habitus und Lebensstil, aber auch hinsichtlich der Interessen, die in vielerlei Hinsicht durch die Zugehörigkeit zum VW-Werk definiert werden.

Ein anderes Bild bot sich in den Naturschutzverbänden und den lokalen Initiativen zum Natur- und Artenschutz: Hier stellten auch gewerbliche ArbeitnehmerInnen eine wichtige Gruppe der Mitgliedschaft. Naturschutzaktionen, die auf konkrete Ziele hinarbeiten und sich auf klar definierte Handlungsbereiche konzentrieren, sprechen die VW-Beschäftigten an. Allerdings bleibt ein solches Engagement punktuell (z.B. Tierbeobachtungen einer bestimmten Spezies), das Interesse an dauerhafter Mitarbeit oder auch an den politischen Aspekten des Naturschutzes wurde als äußerst gering eingeschätzt.

Relativ erfolgreich sind auch naturschutzorientierte Seminare der gewerkschaftlichen Bildungsträger, die „Ökologie vor Ort" vermitteln. Die Behandlung ökologischer Problemlagen wird mit kleinen Naturschutzprojekten und Exkursionen in das Umland verknüpft. Für die TeilnehmerInnen stehen die Verbundenheit zur Natur und der Reiz des ländlichen Lebens im Gegensatz zu Fabrik und Stadtleben im Mittelpunkt. Hinzu tritt das Interesse an handwerklicher Arbeit mit sichtbarem Erfolg, an Impulsen für die Gestaltung des eigenen Gartens, aber auch das Motiv, die Natur für die Nachwelt zu erhalten. Der sinnlicherfahrungsgeleitete Naturbezug und der auf das konkret Praktische orientierte Aktivitätsbezug sind die beiden herausragenden Merkmale des Engagements der Beschäftigten im Naturschutz.

Ein weiterer, die Trennung von Politik und Umwelt erklärender Gesichtspunkt besteht darin, daß ein aktives Engagement im Naturschutz möglich ist, etwa die Hege und Pflege eines Feuchtbiotops, ohne brisante politisch Fragen nach der industriellen Verursachung von Umweltproblemen und nach der Rolle der eigenen Arbeit bei VW sowie der Rolle des Automobils aufzuwerfen. Auf der subjektiven Ebene können Fragen an die Relevanz von Ökologie für den eigenen Lebenszusammenhang ausgeblendet werden, wenn das Umweltengagement auf ein ganz konkretes, bearbeitbares und separiertes Naturschutzproblem konzentriert wird.

11.2 Stellvertretung und Delegation – Mangel an Beteiligungsangeboten und Partizipationsanforderungen

Im Hinblick auf das insgesamt nur schwache, wenig sichtbare öffentliche Engagement verwiesen eine Reihe von Expertinnen und Experten in der Stadt auf die starken Mechanismen der Stellvertretung und Delegation. Die Delegation der Durchsetzung eigener Interessen an gewählte oder bestellte Experten bzw. Stellvertreter ist konstitutiv für Gewerkschaftsorganisationen, deren Funktionäre von den Mitgliedern zur Wahrnehmung ihrer Interessen in der Aushandlung kollektiv gültiger Vereinbarungen mit den Unternehmen beauftragt werden. Sie ersetzt, soweit sie funktioniert, eigeninitiatives Engagement. Dieses Prinzip ist in Wolfsburg nicht nur im Betrieb, sondern auch im kommunalen Leben dominierend.

Die industriellen Beziehungen im Volkswagen-Werk sind durch eine starke und einflußreiche betriebliche Interessenvertretung geprägt. Gestützt auf das Haustarifvertragssystem und eine politische Kultur des kooperativen Interessenausgleichs, in der die Konfliktschwelle sehr hoch liegt, konnte die gewerkschaftliche Interessenvertretung Spitzenlöhne, geschützte Arbeitsbedingungen und vorbildliche Sozialleistungen durchsetzen. Nicht zuletzt der Tarifvertrag zur Beschäftigungssicherung basiert auf den sozialpartnerschaftlichen Arbeitsbeziehungen und einer außergewöhnlich professionalisierten Belegschaftsvertretung, in der freigestellte Expertinnen und Experten in den unterschiedlichen betrieblichen Politikbereichen die Interessen der Beschäftigten wahrnehmen.

Damit eng zusammenhängend befördert das paternalistisch geprägte Verhältnis des Unternehmens zu seinen Beschäftigten das Stellvertreterprinzip im Sinne einer „entmündigenden Fürsorge": Das Bewußtsein, als Angehöriger der „VW-Familie" zwar hart arbeiten zu müssen, aber auf einem sicheren Arbeitsplatz gut versorgt zu sein, war auch zum Befragungszeitpunkt verbreitet und ist durch den Beschäftigungstarifvertrag bestätigt worden.

Der Delegationsmechanismus prägt nicht nur die Arbeitsbeziehungen, sondern reicht auch in das kommunale Leben hinein, das von den Aktivitäten des Konzerns durchwirkt ist. Eigenaktives Engagement, das über den eng begrenzten privaten Bereich hinausgeht, bleibt eher der Einzelfall – typisch dagegen sind der weitgehende Rückzug ins Privatleben und die Delegation auch von Interessen im Lebensumfeld an Stellvertreter. VertreterInnen der Stadtverwaltung verwiesen auf einen erheblichen Druck, der von einer „Anspruchshaltung" der Wolfsburger Bürgerinnen und Bürger gegenüber den kommunalen Institutionen und Dienstleistungen ausgehen würde; typisch das Beispiel eines Funktionärs in einem Naturschutzverein, der von Mitgliedern des Vereins auf lokale Umweltprobleme angesprochen wird, um die er „sich mal kümmern soll".

Das Spektrum an *offenen Beteiligungsmöglichkeiten für ein ökologisches Engagement der Beschäftigten im Werk* erwies sich als sehr begrenzt. Die unternehmensseitige Umweltschutzorganisation konzentriert sich auf technische Maßnahmen, die sich auf die Produktentwicklung und den Produktionsprozeß richten. Dabei geht die betriebliche Umweltpolitik bei Volkswagen über die gesetzlich einzuhaltenden Mindeststandards erheblich hinaus, insbesondere soweit das Marktkalkül zur Einführung eines ökologisch optimierten Automobils naheliegt (Drei-Liter-Auto). Zu wichtigen personenbezogenen Maßnahmen gehören die Betriebsvereinbarung Umweltschutz, die im Jahre 1995 abgegebene Selbstverpflichtung, an der Lösung der regionalen und globalen Umweltprobleme mitzuwirken, und das offensive Bekenntnis zum Ziel einer nachhaltigen Entwicklung im Umweltbericht 1998. Die prozeß- und produktbezogenen Aspekte der Umweltpolitik des Unternehmens werden seit Mitte der neunziger Jahre, etwa durch die periodische Veröffentlichung eines Umweltberichts, zunehmend in der betrieblichen Öffentlichkeitsarbeit berücksichtigt.

Im Betriebsrat wird das Umweltthema in einem Unterausschuß des Arbeitssicherheitsausschusses von drei Betriebsratsmitgliedern und einem Fachreferenten bearbeitet. Die Betriebsratsarbeit im Umweltschutz besteht im wesentlichen aus einer professionellen Beteiligung an umweltrelevanten Mitwirkungs- und Abstimmungsverfahren des Unternehmens, z.B. bei der Ersatzstoffprüfung, die die Vermeidung von Gefahrstoffen zum Ziel hat. Der Aufbau von beteiligungsorientierten Strukturen, die auf die Partizipation der Belegschaft abzielen, spielte für die umweltpolitische Strategie des Betriebsrates eine nur untergeordnete Rolle. Ökologisch interessierten Beschäftigten offenstehende Zirkel oder Arbeitskreise, in denen Fragen des produktionsbezogenen Umweltschutzes diskutiert oder bearbeitet werden könnten, existieren nicht. Das Gleiche gilt für den weiter gespannten Rahmen der Zukunft des Autos und umweltverträglicher Mobilität. Eine diesbezügliche Problematisierung des Autos ist im betrieblichen Zusammenhang nicht üblich. Der Abschluß der Betriebsvereinbarung zum Umweltschutz wurde von Unternehmen und Betriebsrat als ein Meilenstein gesehen, war aber in der Realität in seinen auf die Information, Qualifikation und Motivation der Beschäftigten bezogenen, partizipativen Elementen noch nicht ausgefüllt.

In den Rahmenregelungen zum Verbesserungsvorschlagswesen ist der Umweltschutz eines der ausgewiesenen Zielfelder. In der Praxis blieb dessen Anteil am „Ideenspektrum" der eingereichten Vorschläge auf einem zwar sichtbaren, aber dennoch niedrigen Niveau: Nach Einschätzung betrieblicher Experten beziehen sich 10-15% der jährlich eingereichten Vorschläge auf das Ziel des Umweltschutzes.

Mit den mangelnden Beteiligungsmöglichkeiten im Betrieb korrespondiert auf Beschäftigtenseite die Zuweisung der Verantwortung für den Umweltschutz an das Unternehmen und an den Staat. Auf die Frage nach der betrieblichen Umweltpolitik verwiesen viele auf den „insgesamt hohen technischen Standard, mit dem VW auf dem richtigen Weg ist" und auf die Fülle der Richtlinien und Vorschriften zur Arbeitssicherheit und zum Umweltschutz. Ein Teil der Antworten wurde dahingehend konkretisiert, daß die Reduzierung von Emissionen, der Einsatz wasserlöslicher Lacke oder das Recycling von Altautos als Pluspunkte betrieblicher Umweltpolitik gesehen werden. Problempunkte werden in erster Linie im jeweiligen arbeitsplatznahen Bereich identifiziert, allerdings ohne daß daraus ein expliziertes Beteiligungsbedürfnis an der Bearbeitung von Umweltthemen im Betrieb erwachsen würde. Ein Mangel an unmittelbaren Partizipationsmöglichkeiten wurde von keinem der Befragten direkt thematisiert. Nur von einer Minderheit wurden Anforderungen formuliert, die von der betrieblichen Interessenvertretung eine stärkere Bearbeitung von Umweltthemen erwarten. Eine breite Bewegung für eine Ausweitung des „ökologischen Mandats" des Betriebsrates läßt sich auf der Basis der Beschäftigtenbefragung nicht erkennen.

11.3 Im Spannungsfeld zwischen Arbeits- und Lebensinteressen

In den bisherigen Betrachtungen waren einige Gemeinsamkeiten in den Verhaltensmustern in der Erwerbsarbeit und im Privatleben aufgefallen. Dazu gehören die arbeitsethisch begründeten Tugenden der Planung und Sparsamkeit, des pfleglichen Umgangs mit Ressourcen und Produkten, die in den Alltag ausstrahlen. In der Sorgfalt mit dem eigenen Pkw verlängert sich nicht nur das hohe Qualitätsbewußtsein aus der Produktion, sondern kommt das Interesse an einer möglichst hohen Verkaufsrendite zum Ausdruck. Eine andere Gemeinsamkeit war die hohe Bereitschaft zur Mülltrennung, die aus der gesellschaftli-

Flexible Arbeit und nachhaltige Lebensführung

chen Diskussion zu umweltverträglichem Alltagsverhalten entstanden ist und nun in den Betrieb mitgenommen wurde. Weiterhin deuten unsere Beobachtungen zur Flexibilisierung der Arbeit und zur Entgrenzung zwischen Arbeit und Leben darauf hin, daß diese Übertragungen und Anpassungen in Zukunft noch bedeutsamer werden.

Es gibt aber nach wie vor klassische Konflikte im Umweltschutz, die aus unterschiedlichen Interessenlagen in Arbeit und Leben resultierten. Ein Konflikt beruht darauf, daß die industrielle Produktion Ressourcen aus ihrer Umwelt vernutzt und Produkte, Abfälle und Emissionen in die Umgebung entsorgt. Dieser Konflikt zwischen extensivem und billigem Naturverbrauch durch die Unternehmen und der privaten Lebensqualität der Menschen ist für solche Arbeitnehmer am virulentesten, die im Umfeld ihres Unternehmens leben und deren *Lebensqualität als Anwohner* deutlich wahrnehmbar beeinträchtigt oder geschädigt wird. Hier stellt sich die Frage, wie die bereichszuständigen Interessenorganisationen (betriebliche Interessenvertretung einerseits, Bürgerinitiativen und Umweltverbände andererseits) und natürlich jede(r) einzelne diesen Konflikt händelt.

Eine herausragende umweltpolitische Auseinandersetzung in Wolfsburg drehte sich um die Mitverbrennung von Lackschlamm und anderen Stoffen im Kraftwerk der Volkswagen AG. Die Energie für das Volkswagenwerk und für die Stadt Wolfsburg wird von zwei auf dem Werksgelände angesiedelten Kohlekraftwerken geliefert. Seit Anfang der neunziger Jahre setzt die VW Kraftwerk GmbH (VWK) für die Befeuerung der Kraftwerke zunehmend „energiehaltige Reststoffe" ein, die aus Produktionsabfällen und Recyclingmaßnahmen gewonnen werden (aufbereitete Lackschlämme, Altreifen, Altöl, Klärschlamm und Kunststoffe, die im Produktionsprozeß anfallen). Für die VWK und für Volkswagen ergab sich ein Bündel gemeinsamer Vorteile: sichere Entsorgungskapazitäten bei knapper werdenden Deponiekapazitäten und steigenden Preisen für Sondermüll.

Die Verbrennung jeder einzelner dieser Abfallgruppen muß in einem Genehmigungsverfahren unter Beteiligung der Öffentlichkeit und der Träger öffentlicher Interessen geprüft und bewilligt werden. Der Bund für Umwelt- und Naturschutz Deutschland (BUND) war als anerkannter Naturschutzverband frühzeitig beteiligt und hatte auf die Aufklärung und Mobilisierung der Öffentlichkeit gesetzt. Die Resonanz wuchs erst, als die VWK wenige Monate nach der Erteilung der Genehmigung zur Verbrennung von Altöl einen weiteren Antrag auf die Mitverbrennung von Lackschlämmen und Lösungsmitteln von Dritten stellte; insbesondere bei der Bevölkerung des in der Hauptwindrichtung östlich des Werks gelegenen Stadtteils Vorsfelde. Hier waren Staub- und

Geruchsbelästigungen aus dem VW-Werk bereits seit Jahren bekannt, ohne daß sie bis dahin öffentlich gesundheits- oder ökologiepolitisch problematisiert worden waren. Die mehrheitlich geteilte Einschätzung der lokalen IG Metall lief darauf hinaus, daß die bei Volkswagen „selbst" produzierten Stoffe auch im Verbrennungsprozeß kontrollierbar und umweltverträglich verwertbar seien – dagegen sei eine Verbrennung von Abfallstoffen aus fremder Produktion nicht mehr kontrollierbar und deshalb auch politisch nicht hinnehmbar.

Nach Anlauf des zweiten, auf die erhebliche Ausweitung der Mitverbrennung abzielenden Genehmigungsverfahrens nahm die IG Metall-Ortsteilgruppe in Vorsfelde erstmalig Kontakt zum BUND als einem umweltpolitisch ausgewiesenen und auch für das spezifische Problem kompetenten Bündnispartner auf. Beide Organisationen vereinbarten eine klare Arbeitsteilung: Vom BUND wurde die fachliche Aufarbeitung, die Ausformulierung von Stellungnahmen für das Genehmigungsverfahren, die Erstellung von Material für die Öffentlichkeitsarbeit und die Kontaktpflege zu externen Umweltexperten übernommen. Die IG Metall stellte ihre Infrastruktur vor Ort, etwa ein Stadtteilbüro als Anlaufstelle, sowie ihren ehrenamtlichen Apparat zur öffentlichen Mobilisierung zur Verfügung. Zudem übernahm die IG Metall-Verwaltungsstelle Wolfsburg einen Teil der Finanzierung der gemeinsamen politischen Kampagne. Die Aktionen stießen zum Teil auf eine außerordentliche Resonanz in der Bevölkerung (Flugblattaktionen, Bürgerberatung, Podiumsdiskussionen, Sammlung von 6000 schriftlichen Einwendungen, Theateraufführungen, Politikergespräche). Auf dem Höhepunkt der Mobilisierung wurde eine „Bürgerinitiative gegen Giftmüllverbrennung" aus der Überlegung heraus gegründet, die fachliche Arbeit (als Aufgabe des BUND) und stärker aktionsorientierte Politikformen (als Arbeitsfeld der Bürgerinitiative) organisationspolitisch zu trennen. Neben diesen pragmatischen Überlegungen hatten sich aber auch politische Differenzen in der Frage gezeigt, welche Ziele in diesem Konflikt überhaupt durchsetzbar seien: Während der BUND und die IG Metall auf eine Begrenzung des verbrannten Abfalls hinsichtlich der Menge und der Herkunft setzten (nur VW-Müll), forderten die AktivistInnen der Bürgerinitiative den vollständigen Verzicht auf die Müllverbrennung im Kraftwerk.

Die VW Kraftwerk GmbH wurde durch den massiven Protest völlig überrascht und gab die Zusage, nur noch Lackschlämme aus der Volkswagen-Produktion zu verwerten; später wurde zudem zwischen der VWK und dem Land Niedersachsen die freiwillige Vereinbarung geschlossen, die bewilligten Grenzwerte für Schadstoffimmissionen im Jahresmittel nur zu 40% auszunutzen. Beide Zugeständnisse wurden aber nur als Scheinerfolg gewertet: Die beantragte (und später genehmigte) Menge zu verbrennender Abfälle wurde

Flexible Arbeit und nachhaltige Lebensführung

nicht reduziert und später in einem vereinfachten, nicht anhörungspflichtigen Verfahren doch die Ausweitung der Herkunftsgebiete beantragt. Dies wurde als massiver Vertrauensbruch durch das Unternehmen interpretiert. Dennoch war der öffentliche Protest mit Abschluß der Anhörungsverfahren zusammengebrochen; ein Teil der Bevölkerung war durch die Zusagen der VWK verunsichert worden, sah keine weiteren Erfolgsmöglichkeiten und war durch die verschachtelten Genehmigungsverfahren und komplexen Grenzwert-Diskussionen verunsichert. Bei den vor Ort aktiven GewerkschafterInnen und UmweltschützerInnen verbreiteten sich zunehmend Frustration und Demotivation angesichts der geringen Erfolge.

Gleichwohl lohnt der Blick auf die Frage, wie sich überhaupt – angesichts eines allgemein schwach ausgeprägten öffentlichen Engagements in Wolfsburg – die ungewohnt breite Mobilisierung in der Bevölkerung herstellen ließ. Verschiedene ExpertInnen verwiesen auf die gemeinsame Betroffenheit durch Geruchs- und Staubbelästigungen im Stadtteil und auf die lokale Identität in einer gewachsenen Kommune. Erst der gemeinsame Vorstoß von IG Metall und BUND setzte eine Protestdynamik in Gang. Diese hatte sich allerdings von Anfang an mit einer spezifischen Schwierigkeit auseinanderzusetzen: Wie in der gesamten Stadt sind die Bewohner von Vorsfelde zum größten Teil zugleich auch Beschäftigte von VW. Daraus folgte für die Beschäftigten ein prinzipielles Dilemma zwischen der Beunruhigung über die Umwelt- und Gesundheitsgefährdung einerseits und der Loyalität zum Unternehmen und der Befürchtung andererseits, Arbeitsplätze bei VW – möglicherweise gar den eigenen – gefährden zu können. Die Dominanz des Werks über die Stadt und die hohe soziale Kontrolle im Wohngebiet erzeugten eine diffuse Angst, die privaten Rückzug und Konformität der Lebensweise begünstigt. Das grundsätzliche Dilemma wurde dadurch abgeschwächt, daß die IG Metall sich engagierte und in besonderem Maße politisches Vertrauen bei den Beschäftigten und der Wolfsburger Bevölkerung genießt – allerdings tauchte notwendigerweise das gleiche Dilemma innerhalb der IG Metall auf. Damit gewann das Anliegen für die Beschäftigten „Seriosität", war eine radikale „grüne" Infragestellung der industriellen Produktion von außen und damit auch eine Gefährdung der Arbeitsplätze ausgeschlossen.

Zugleich wurde aber die Reichweite der Mobilisierung durch ein Bündel von Faktoren begrenzt: das Profil der politischen Forderungen war beschränkt auf die Begrenzung der Müllverbrennung. Diese Forderung hatte sich an ihrer Durchsetzbarkeit orientiert, und die Kampagne mußte in sich zusammenfallen, als erkennbar wurde, daß sie weder im Verfahren noch durch politischen Druck durchzusetzen war. Entsprechend war die Mobilisierung auf den Verlauf des behördlichen Genehmigungsverfahrens ausgerichtet. Hinzu kamen die Loyalitätskonflikte der VW-Beschäftigten und die Komplexität der Materie.

Insgesamt war die Kooperation zwischen der Gewerkschaft und dem Umweltverband kein randständiges Ereignis, sondern ist noch heute bei allen Befragten präsent. Trotz eines ausbleibenden Erfolgs in der Sache ist es der IG Metall gelungen, fallweise ihr Politikfeld um Aspekte lebensweltlicher Ökologie zu erweitern, sie wurde zum potentiell handlungsfähigen Ansprechpartner auch außerhalb der Erwerbsarbeit. Dem BUND auf der anderen Seite ist es gelungen, die Ökologiefrage an einem konkreten Beispiel in das Arbeitermilieu zu transportieren und trotz des zugespitzten Konflikts die sonst schnelle Frontstellung „Umwelt contra Arbeit" zu vermeiden.

12. Zusammenfassung

Die Hypothesen über positive Wechselwirkungen zwischen neuen Arbeitszeitmustern und nachhaltiger Lebensführung haben sich nicht bestätigt. Eine wesentliche Ursache liegt darin, daß die Beschäftigten nicht in die Konzipierung des Tarifkonzepts einbezogen waren und ihre Arbeitszeitinteressen, beispielsweise in Form erhöhter Optionalität, nicht einbringen konnten. Zumindest die Gewerkschaften hatten angenommen, daß sich die Arbeitszeitverkürzung, auch in Kombination mit den verschiedenen Formen der Flexibilisierung, wie früher quasi automatisch in einen erhöhten Zeitwohlstand umsetzen würde. Die Folgen der Flexibilisierung für den Zeitwohlstand waren von den Tarifparteien nicht reflektiert worden. Für die thematische Ausgrenzung der Folgen für die Lebensführung spielte sicher auch das gewerkschaftliche Argument eine Rolle, daß der Tarifvertrag keine Verschlechterung gebracht habe. Die Vernachlässigung der „sozialen Seite der Arbeitszeit" führte dazu, daß die Beschäftigten die neuen Arbeitszeitmuster nicht als von ihnen gewollte und durchgesetzte Gestaltungschance ansahen, sondern als ein zeitlich befristetes Zugeständnis an eine solidarische Tarifpolitik und an die Flexibilitätserfordernisse eines Weltmarktkonzerns. Das erhebliche freigesetzte Zeitvolumen ist – bis auf eine gewisse Entdichtung der Freizeit – nicht für mehr Lebensqualität genutzt worden.

Die schwache Nutzung des Zeitpotentials ist darüber hinaus auf eine Reihe von Faktoren zurückzuführen, die wir eingangs als Kontextualisierung beschrieben haben. Dazu gehört an prominenter Stelle das relativ geschlossene soziale Milieu in Wolfsburg, das nach wie vor dem erfolgreichen „Modell Deutschland" folgt. Taktgeber der Stadt und des individuellen Lebens ist der Konzern, der lebenslange Vollzeit-Arbeitsplätze und ein wohlständiges Fami-

Flexible Arbeit und nachhaltige Lebensführung

lieneinkommen garantiert. Die hohe Abhängigkeit von Erwerbsarbeit wird durch hohe Existenzsicherheit und überdurchschnittlichen materiellen Wohlstand honoriert. Abweichende Lebensentwürfe sind in dieser Stadt selten und werden auch nicht gefördert; der gesamte dritte Sektor ist unterdurchschnittlich entwickelt. Die Stadtstruktur ist vom Werk vorgegeben, die komfortable Infrastruktur durch den Konzern gewährleistet. Dadurch ist bei vielen Bürgern eine passive Versorgungshaltung entstanden, die Interessenvertretung an den starken Betriebsrat bzw. die Gewerkschaft delegiert. Die hohe soziale Kontrolle in der Stadt befördert den Rückzug ins Private. Dieses Modell hat VW erst 1998 mit dem Konzept der „Autostadt" erneuert.

Die Erwerbsorientierung und kommunalpolitische Passivität der Wolfsburger drückt sich auch in einer schwachen Ausprägung eigensinniger Freizeitinteressen aus. Diese sind mehrheitlich schwach entwickelt und werden gegebenenfalls zugunsten betrieblicher Anforderungen hintangestellt. Die Flexibilisierung beeinträchtigt das Vereinsleben, das immer noch die wichtigste private Form sozialer Integration darstellt. Bei den ehemals stabilen, kollektiven Arbeitszeitmustern war die Vertretung von Freizeitinteressen nicht notwendig – die Freizeiten waren klar vorgegeben. Mit der Durchsetzung des individuellen Zeitmanagements hat sich die Situation grundlegend geändert: Jede(r) Beschäftigte muß seine privaten Zeitinteressen klären, im Betrieb thematisieren und in Aushandlungsprozessen durchsetzen. Das widerspricht der Wolfsburger Arbeitssozialisation, das wurde nicht gelernt. Insofern hätte der Einstieg in eine offene Zeitflexibilisierung als langsamer Lernprozeß unter Einbeziehung der Arbeits- und Lebensinteressen der Beschäftigten erfolgen müssen. Im Gegensatz dazu ist sie als Setzung von oben erfahren worden, die inzwischen mehrmals einseitig aufgekündigt wurde (Rückkehr zum Drei-Schicht-System 1999). Der Konzern hat die Arbeitszeitpolitik selbst flexibilisiert und damit den Arbeitszeitregelungen die Stabilität und Berechenbarkeit entzogen, die Voraussetzung für soziale Lernprozesse ist, in diesem Fall für die Aneignung des Zeitwohlstands.

Auch in bezug auf die Gewichtung der Umweltmotivation haben unsere Ausgangshypothesen nicht getragen. Einmal hat die Beschäftigungssicherung durch den Tarifvertrag offensichtlich nicht zu einem Sicherheitsgefühl geführt, auf dessen Grundlage qualitative Planungen und Neuentwürfe der Gestaltung der freien Zeit hätten stattfinden können. Die hohe Bereitschaft zur Anpassung an die Arbeitszeitvorgaben des Konzerns und insbesondere die pessimistischen Zukunftsvisionen haben uns den Eindruck vermittelt, daß weiterhin eine hohe Unsicherheit aufgrund der gesellschaftlichen Rahmenbedingungen und auch aufgrund neuer Unternehmensstrategien wie Benchmarking besteht. Diese

Unsicherheit führte eher zu pragmatischer Prioritätensetzungen in der Lebensführung auf das Wichtigste; die flexiblen Arbeitsanforderungen und die Besitzstandssicherung bereiten zunehmend Streß und senken die Bereitschaft, sich zusätzlich anzustrengen und zu exponieren. Darüber hinaus erschwert die Flexibilisierung objektiv sozial-ökologisches Engagement; sie ist von einer Arbeitsintensivierung begleitet, die den Erholungsbedarf erhöht, und sie behindert kollektive Formen des Freizeitengagements. Solange Flexibilisierung einseitig durch betriebliche Vorgaben erfolgt und nicht als Abstimmungsprozeß zwischen betrieblichen und persönlichen Interessen, werden eher soziale Zeiten vernichtet, als daß „flexibler Zeitwohlstand" entsteht. Zeitwohlstand verlangt Optionalität, Berechenbarkeit und Zuverlässigkeit, die im gegenwärtigen Zustand nur für eine kleine Elite von gefragten Arbeitsunternehmern durchsetzbar ist.

Auf der anderen Seite haben die ökologischen Motive nicht in dem Maße auf eine Veränderung der Lebensführung eingewirkt, wie wir vermutet hatten. Es existiert zwar durchgehend ein ausgeprägt hohe Umweltbewußtsein, aber nur ein geringes Bewußtsein von eigener Betroffenheit. Wolfsburg wird als eine grüne Stadt gesehen, mit Radwegen und Naherholungsgebieten, ohne die Hektik einer großstädtischen Metropole und ohne die Emissionen eines altindustriellen Zentrums. Die Symbiose von Autoproduktion und Autonutzung mit intakter Natur scheint ihnen in Wolfsburg geglückt, sie sehen nur kleine und machbare Verbesserungsmöglichkeiten. Diese Sichtweise führt dazu, daß umweltpolitisches Engagement faktisch nicht vorhanden ist und individuelle Umorientierungen aus privaten Situationen und Ereignissen resultieren: der Geburt der Kinder und Krankheiten. Die Fürsorge für die eigene Gesundheit und insbesondere für die Kinder ist der Transmissionsriemen für eine nachhaltige Haushaltsführung, die in erster Linie von den Frauen vorangetrieben wird. Hier gibt es noch eine existentielle Anbindung an die menschliche Natur und an die Rechte zukünftiger Generationen, die Bestandteile der sozialen Nachhaltigkeit sind. Es gab allerdings wenig Indikatoren dafür, daß sich diese Verknüpfung zu einem eigenständigen ökologischen Engagement weiterentwickeln würde. Vielmehr haben wir auch im Bereich der Haushaltsführung eher die Aktivierung alter (Arbeiter-)Tugenden registriert, die mit der Kommerzialisierung, Flexibilisierung und Individualisierung der privaten Lebensführung in einem wachsenden Spannungsverhältnis stehen: Ausgabenplanung und Sparsamkeit. Sie sind auf die Einkommenseinbußen durch den Tarifvertrag zurückzuführen und werden durch Verschuldung und den Übergang zu Billigkonsum überlagert.

Die Chancen für eine zukunftsfähige Verbindung zwischen Planung und Sparsamkeit einerseits und Umweltverträglichkeit andererseits stehen auch deshalb so schlecht, weil dafür kaum Infrastrukturen entwickelt sind. Diese Tugenden liegen nicht im Trend des Wertewandels und dem scheinbaren Nachholbedarf der Arbeiter an materiellem Wohlstand. Es gab in Wolfsburg eine schmale Infrastruktur von verbrauchsnahem ökologischen Handel und Dienstleistungen, keine breite Palette von zertifizierten und preiswerten ökologischen Produkten, keine kommunalen Kampagnen und Kundeninformationen, kaum Bürgerinitiativen und Selbsthilfegruppen. Wer ökologisch bauen will, fährt einen ganzen freien Tag herum, um sich die Materialien zusammenzusuchen. Er/sie muß besonders motiviert und aktiv sein, um die Schwelle zu etwas mehr Umweltschutz zu überschreiten. Dazu bedarf es aber ermutigender Kampagnen und ermöglichender Infrastrukturen („Gelegenheitsstrukturen"), die maßgeblich im dritten Sektor wachsen und der in Wolfsburg aufgrund des passiv konsumeristischen Wohlstandsmodells unterentwickelt ist. Die Reflexion der Wechselwirkung zwischen Arbeitszeitmustern und privater Lebensführung wäre eine große Chance für den Ausbau der zivilgesellschaftlichen Potentiale, die durch die beschäftigungssichernde Arbeitszeitverkürzung eröffnet worden sind.

Literatur

Beier, R. (1997): Aufbau West – Aufbau Ost: die Planstädte Wolfsburg und Eisenhüttenstadt in der Nachkriegszeit. Ostfildern-Ruit.

Biesecker, A. (1999): Kooperative Vielfalt und das Ganze der Arbeit – Überlegungen zu einem erweiterten Arbeitsbegriff. Paper des Wissenschaftszentrum Berlin für Sozialforschung. Berlin.

Birke, M.; Schwarz, M. (1994): Umweltschutz im Betriebsalltag. Opladen.

Bogun, R.; Osterland, M.; Warsewa, G. (1990): Was ist überhaupt noch sicher auf der Welt – Arbeit und Umwelt im Risikobewußtsein von Arbeitern. Berlin.

BUND; Misereor (Hg.) (1996): Zukunftsfähiges Deutschland. Basel, Boston, Berlin.

Bundesministerium für Familie und Senioren (1994): Wo bleibt die Zeit? Die Zeitverwendung der Bevölkerung in Deutschland. Wiesbaden.

Bundesministerium für Umwelt (1996): Umweltbewußtsein in Deutschland. Bonn.

DGB (1997): Die Zukunft gestalten. Düsseldorf.

Dyllick, T. (1998): Ökologie und Wettbewerbsfähigkeit in Unternehmen. In: Fichter, K.; Clausen, J. (Hg.), Schritte zum nachhaltigen Unternehmen. Heidelberg, S. 45-62.

Eberling, M.; Henckel, D. (1998): Kommunale Zeitpolitik. Berlin.

Friedman, A. (1987): Managementstrategien und Technologie: Auf dem Weg zu einer komplexen Theorie des Arbeitsprozesses. Berlin.

Hartz, P. (1996): Das atmende Unternehmen. Frankfurt/M., New York.

Heine, H.; Mautz, R. (1989): Industriearbeiter kontra Umweltschutz. Frankfurt/M., New York.

Hielscher, V.; Hildebrandt, E. (1999): Zeit für Lebensqualität – Auswirkungen verkürzter und flexibilisierter Arbeitszeiten auf die Lebensführung. Berlin.

Jürgens, K.; Reinecke, K. (1998): Zwischen Volks- und Kinderwagen. Berlin.

Lange, H.; Haufstein, W.; Lörx, S. (1995): Gas geben? Umsteuern? Bremsen! Frankfurt/M.

Preißendörfer, P.; Franzen, A. (1996): Der schöne Schein des Umweltbewußtseins. In: Diekmann, A.; Jäger, C. (Hg.), Umweltsoziologie. Opladen, S. 219-244.

Rinderspacher, J. P. (2000): Zeitwohlstand in der Moderne. Veröffentlichungen des Wissenschaftszentrum Berlin für Sozialforschung, P 00-502. Berlin.

Sachs, W. (1993): Die vier E's. In: Politische Ökologie Special, Sept./Okt. 1993, S. 69-72.

Zimpelmann, B.; Gerhardt, U.; Hildebrandt, E. (1992): Die neue Umwelt der Betriebe. Berlin.

UMWELTVERHALTEN ZWISCHEN ARBEIT, EINKOMMEN UND LEBENSSTIL

Helmut Hagemann

Der vorliegende Text untersucht die Zusammenhänge von reduzierten Erwerbsarbeitsmöglichkeiten und Konsumverhalten in ökologischer Hinsicht. Erkenntnisse der Lebensstilforschung werden nachgezeichnet, um das Zusammenwirken von objektiven Strukturveränderungen und subjektiven Einflußgrößen im Konsumverhalten deutlich zu machen. Erkenntnisse aus den Untersuchungen im Projektverbund, vor allem Hielscher/Hildebrandt und Seifert/Trinczek (siehe die jeweiligen Beiträge in diesem Band), wurden herangezogen, um die große Komplexität dieser Wechselwirkungen zu illustrieren. Veränderungen in den Arbeitszeitmustern und im verfügbaren Einkommen erscheinen, so daß Fazit, ökologisch ambivalent, so daß es naheliegt, den subjektiven Orientierungen eine wichtige Rolle für die Ökobilanz privater Haushalte zuzuschreiben.

1. Individuen im Spannungsverhältnis von Beschäftigungskrise, Arbeitnehmereinkommen und Umweltkrise

Mit der ökologischen Krise erfahren die Industriegesellschaften eine radikale Infragestellung. Die sich im Treibhauseffekt zuspitzende Selbstgefährdung droht die meisten Zeitgenossen noch mit erheblichen Instabilitäten zu konfrontieren (Umweltbundesamt 1997, S. 73).[1] Die Umweltkrise ist allerdings nur eine

---

1 Nach Ansicht des Umweltbundesamtes kann sich das gegenwärtige Energiesystem – und damit die Grundlage der meisten Wirtschaftsprozesse – „vielleicht auch noch über etwa 25 Jahre als stabil erweisen". Von der „Status-quo-Entwicklung" gehen demnach innerhalb eines Zeitraums, der innerhalb der Lebenserwartung der meisten Mitmenschen liegt, erhebliche Risiken aus.

der Ausdrucksformen der gegenwärtigen Wandlungsprozesse. Unter dem Einfluß massiver weltwirtschaftlicher Strukturveränderungen geschehen zugleich ein krisenhafter Rückgang der Erwerbsarbeit, Umverteilungen in den Einkommensverhältnissen und erhebliche Veränderungen in den Arbeitszeitmustern.

Die Individuen, auf die jene Herausforderungen stoßen, sind zu einem großen Teil von Modernisierung und radikalen Wandlungsprozessen geprägt. Ihre Verhaltensmuster und Handlungsmöglichkeiten sind nicht mehr von traditionellen Orientierungen prädeterminiert, sondern weisen neue Elemente auf. Es sind Individuen, die gewöhnt sind an die zunehmende Notwendigkeit der Selbstorganisation der eigenen Lebensgeschichte. Unter den schwindenden Orientierungen aus bisherigen kollektiven Bezügen müssen sie, um sich auf die sich verändernden Bedingungen einzustellen, ständig neue Entscheidungen treffen, die je nach den Lebensumständen eine Wahl zwischen Freiheiten oder Zumutungen bedeuten. Sie stehen ständig vor einer Abfolge einzelner, individuell getroffener und verantworteter Entscheidungen, in einer Vielzahl stark differenzierter Biographien, die mit der traditionellen, klassen- und schichtenorientierten Sozialstrukturanalyse kaum beschrieben werden können. Sie machen die Erfahrung von neuen Risiken und von neuen Chancen der Selbstverwirklichung. Die Individuen und die Gruppen, denen sie angehören, leben alltäglich damit, ihre Lebensführung ständig zu organisieren und anzupassen.

Dies wirft die Frage auf, wie sie die Herausforderungen bewältigen, und ob sie dabei Verhaltensmuster entwickeln, die auf die Beschäftigungs-, Einkommens- und Umweltkrise gleichermaßen antworten. Damit kommen die Beziehungen zwischen Beschäftigungskrise und Umweltkrise in den Blick. Öffnet die Beschäftigungskrise Spielräume, die in intendierter oder nicht-intendierter Weise zur Reflektion und Bewältigung der Umweltkrise genutzt werden können? Fördern Arbeitszeitveränderungen zusätzliche zeitliche und gestalterische Ressourcen, die dazu beitragen, daß Arbeitnehmer und Arbeitnehmerinnen ihre Lebensführung ökologisch überprüfen und verbessern? Wie verändern sich die zeitlichen und monetären Systemvorgaben und Gelegenheitsstrukturen für eine umweltverträglichere Haushaltsführung?

Die folgenden Betrachtungen gehen den nachstehenden Fragen nach:

- Ein wichtiger Ort, an dem sich Veränderungen im Umweltverhalten von Arbeiterinnen und Arbeitern ausdrücken, sind ihre Haushalte. Um dem Einfluß von Arbeitszeitveränderungen auf das Umweltverhalten auf die Spur zu kommen, erörtern wir Möglichkeiten zur Erfassung der Umweltauswirkungen des Verhaltens in den Haushalten.
- Dann suchen wir nach einem Zugang, um die ökologisch unterschiedlichen Haushaltsbilanzen verschiedenen sozialen Kontexten zuzuordnen. Dabei

beschäftigen wir uns mit den ökologischen Dimensionen in Lebensstil-Typen und fokussieren auf Lebensstile und Verhaltensbereitschaften in Arbeitermilieus.
- Wir stellen dann empirische Erkenntnisse über das Umweltverhalten von Arbeiterhaushalten und dessen Bedingungen vor. Auf dieser Basis erörtern wir den Einfluß von Arbeitszeit- und Einkommensveränderungen und fragen schließlich nach weiteren Einflußgrößen.

2. Zur ökologischen Bewertung von Konsumverhalten

Aufgrund ihres materiellen, stofflich-energetischen Substrats (Uusitalo 1986) haben die unterschiedlichen Formen der Lebens- und Haushaltsführung stets eine ökologische Dimension und – je nach sozialem Kontext und Lebensbereich (Haushalt, Arbeit, kulturelles Leben, etc.) – auch eine spezifische und für jedes Milieu unterschiedliche Umweltbilanz, sei dies nun auf einzelne oder alle Bedarfsbereiche eines Haushalts bezogen.

Wir wollen uns hier auf die Betrachtung der ökologischen Auswirkungen individuellen Verhaltens auf die Umweltbilanz von Haushalten konzentrieren. Dabei lassen wir das gesellschaftliche und politische Umweltverhalten außer acht und fokussieren auf das Konsumverhalten, um die Beobachtungen zu vereinfachen.

Eine zuverlässige Bilanzierung der gesamten von den privaten Haushalten verursachten Umweltbelastungen – über alle Bedarfsbereiche vom Abfall über Ernährung bis zu Wohnen und Freizeitverkehr – steht, auch wegen der schwierigen Abgrenzbarkeit, bislang aus. Frühe, provisorische Schätzungen aus dem Umweltbundesamt schreiben den Haushalten einen aggregierten Anteil von 30 bis 40% an den Gesamtbelastungen zu, andere spekulative Schätzungen gehen noch darüber hinaus (UBA 1997, S. 221; Weskamp 1995, S. 7).[2] Exakte Konzepte und Methoden zur quantitativen Zurechnung des volkswirtschaftlich aggregierten oder des individuellen Umweltverbrauchs der Haushalte befinden sich noch in der Entwicklung (Schwarz/Stahmer 1996; Seel/Stahmer 1995; UBA 1997, S. 245). Fundierte Umweltbilanzen sind bisher weder für Haus-

---

2   Ein methodisches Problem liegt in der Abgrenzung der Stoffströme zwischen Haushalten, Wirtschaft und Staat. Ein weiteres, kaum lösbares Problem liegt in der Abgrenzung der von den Haushalten beeinflußbaren und der nicht-beeinflußbaren Anteile an den Umweltbelastungen.

haltstypen noch für den Sektor der Privathaushalte insgesamt vorhanden. Immerhin verzeichnet eine Materialbilanz für die privaten Haushalte für 1990 einen Input von 3,4 Milliarden Tonnen Material – 57% mehr als 1960 (Schwarz/Stahmer 1996, S. 740). Laut Wuppertal-Institut repräsentieren Wohnen, Ernährung und Freizeit die größten Umweltbelastungen, wobei dem Wohnen ein Drittel des Energie- und Materialumsatzes zugerechnet wird (BUND/Misereor 1996).

Einen Schritt in Richtung zusammenfassende ökologische Bewertung privater Haushalte mit Hilfe eines Gesamtindexes haben Bodenstein/Spiller/Elbers getan. Sie haben einen auf eine einzige Maßzahl reduzierten Gesamtverhaltensindex konstruiert, um das über verschiedene Bedarfsfelder erhobene Umweltverhalten der untersuchten Haushalte mit dem erhobenen Umweltbewußtsein zu korrelieren (Bodenstein et al. 1997, S. 74f.). Zur standardisierten Erfassung und Bewertung der umfassenden Stoffströme, die den privaten Konsum betreffen, wären allerdings umfangreichere Indikatorensysteme erforderlich (UBA 1997, S. 245f.).

Bislang erlauben bereits einzelne Anhaltspunkte Einsichten in ökologisch relevante Aspekte des Konsumverhaltens von Milieus, die von der Beschäftigungskrise besonders betroffen sind. Dabei handelt es sich um Beobachtungen in Studien zur Lebenssituation von Arbeitnehmern, um statistisch erfaßte soziodemographische Merkmale von Arbeitnehmerhaushalten, um Beobachtungen zu Konsumtrends und um theoretische Überlegungen.[3]

Einschätzungen und Bewertungen der Umweltbelastungen sind nur näherungsweise anhand der Veränderungen, die in wichtigen Bedarfsfeldern[4] der Haushalte beobachtet werden können, möglich. Beim Versuch einer Bewertung ist zu berücksichtigen, daß es keine absoluten Wertmaßstäbe gibt, sondern daß die Veränderungen nur relativ zu dem bisherigen Verhalten der Akteure oder dem Verhalten von Akteuren in anderen sozialen Kontexten gesehen werden können. In ökologischer Hinsicht ist dabei bedeutsam, ob eine Verhaltensänderung kleinere oder größere ökologische Entlastungen bringt, unabhängig davon, ob diese intendiert oder nicht-intendiert waren. In prozeßhafter Hinsicht ist

---

3 Theoretisch lassen sich die Handlungsmöglichkeiten für die Ökologisierung der privaten Haushalte wie folgt einteilen: ökologische Optimierung eines vorhandenen Produktes (Konsument hat hier nur Beratungsfunktion, z.B. durch Reklamation), Substitution eines vorhandenen Produktes durch ein ökologischeres mit gleichem Gebrauchsnutzen, ökologischere Nutzung bzw. Umgang mit einem Gebrauchsgut, Bedürfnisverlagerung, (und/oder) Systemalternativen, (und/oder) neue soziale Arrangements.
4 Zu den ökologisch prioritären und den eher nebensächlichen Bedarfsfeldern vgl. Bodenstein et al. (1997, S. 11ff.); auch BUND/Misereor (1996).

allerdings auch wichtig, welches weitere Entfaltungspotential in Verhaltensänderungen steckt, die aus der Kombination von bestimmten motivationalen und strukturellen Faktoren herrühren.[5]

Resümierend läßt sich feststellen, daß die Umweltauswirkungen der Haushalte verschiedener Milieus zwar bislang kaum zu quantifizieren sind, daß sie sich aber erheblich unterscheiden (vgl. Bodenstein et al. 1997; UBA 1997). Dabei üben Faktoren wie Haushaltseinkommen, Altersstruktur, Werte und Umweltwissen Einflüsse aus, deren Interpretation noch erheblicher empirischer Anstrengungen bedarf (vgl. Schultz/Weller 1996; Bodenstein et al. 1997).

3. Die soziale Ausdifferenzierung umweltrelevanten Verhaltens

Während kaum jemand bestreitet, daß die Industriegesellschaften die natürlichen Lebenserhaltungssysteme extrem überlasten,[6] wird wohl selbst in den umweltbewußtesten Milieus niemand zu finden sein, der für sich eine konsistent umweltverträgliche Lebensweise reklamieren könnte.[7] Dabei differiert die individuelle Inanspruchnahme der Umwelt jedoch nach sozialem Kontext erheblich: Sie hängt von typischen, soziodemographisch beschreibbaren Lebenslagen und von subjektiven, individuellen Entscheidungen ab.

In der Drei-Schichten-Gesellschaft folgten die Haushalte noch grosso modo dem Modell des schichtspezifischen Konsums – und damit der schichtspezifischen Umweltbelastung: „Die Unterschicht kauft billig und stillos, die Mittelschicht achtet auf solide Qualität und schielt nach oben, die Oberschicht pflegt extravaganten Luxus" (Reusswig 1993, S. 7). Einkommen und Vermögen beschrieben dabei den materiellen Rahmen, der für die breite untere Schicht chronisch so eng war, daß er durch den lebensnotwendigen Konsum weitgehend ausgeschöpft war (Herlyn 1994, S. 21ff.). Für die Mittel- und Oberschichten diente der Konsum in stärkerem Maße der Status-Stilisierung.

---

5 Als Beispiel kann die Anschaffung eines Fahrrads dienen, die später die Abmeldung des Pkw zur Folge hat.

6 Vgl. die parteiübergreifenden Standpunkte der Umweltkommissionen des Bundestags oder Darstellungen des UBA (1997).

7 Die „Hochinformierten Aktiven" machen bei Bodenstein et al. (1997, S. 60) rund 1% der Befragten aus. Die Mitglieder von Umweltorganisationen verhalten sich im Durchschnitt im Wohn- und Verkehrsverhalten nicht anders als der Durchschnitt der Befragten (dies., S. 80f.). Ähnliche Diskrepanzen faßt auch Reusswig zusammen (1983, S. 8f.).

Seit den sechziger Jahren vermochte dieses Schichtenmodell das Konsumverhalten immer weniger zu beschreiben, als sich die Lebenslagen infolge von Bildungsexpansion, veränderten Familien- und Beziehungsstrukturen, zunehmender Frauenerwerbsarbeit und Wohlstandszuwächsen ausdifferenzierten. Die sozialen Einstellungen, Erziehungs- und Bildungsideale, gesellschaftlichen und politischen Positionierungen wie auch die alltäglichen Verhaltensweisen – einschließlich der Konsumpraktiken – entsprachen nicht mehr den Erwartungen, die vormals mit der Herkunft verbunden werden konnten. Vielmehr prägten sich Pluralisierungs- und Individualisierungstendenzen aus, die ein Auseinanderdriften subjektiver Bewußtseinslagen und sozialstruktureller Lebenslagen aufwiesen. Damit ging eine Ablösung des Konsumverhaltens von den früheren Schichtidentitäten und Gewohnheitsmustern einher. Zunehmende individuelle Freiheiten und Entscheidungsanforderungen drückten eine neue „Nichtplanbarkeit der Lebensverläufe" (Lüscher et al. 1988) aus.

In diesem Kontext stellt sich die Frage nach leistungsfähigen Ansätzen, die das Verhältnis sozialstruktureller, erwerbswirtschaftlicher und subjektiv-individueller Faktoren, die Beziehungen der gesellschaftlichen Gruppen untereinander und Wechselwirkungen zwischen Arbeit und Umwelt erfassen können.

3.1 Umweltrelevantes Verhalten in der Lebensstilforschung

Die Ausdifferenzierung der Lagen sozialer Ungleichheit und Verhaltensmuster ist von der Lebensstil-Forschung intensiv behandelt worden. Wir betrachten im folgenden Ergebnisse aus der Lebensstil-Forschung und ziehen diese heran, um die umweltrelevanten Verhaltensdispositionen verschiedener Milieus zu charakterisieren. Dabei lehnen wir uns vor allem an die Strukturansätze unter den Lebensstilkonzepten an, die sich dadurch auszeichnen, daß die Ausdifferenzierung von Lebensstilen auf der Basis der sozialen Schichtungen (Einkommen, Bildung, berufliche Position) erfolgt.

Indem die Individuen die ihnen zur Verfügung stehenden Ressourcen nutzen, um unter Berücksichtigung ihrer Lebensplanung ihre Alltagsorganisation zu gestalten, erfolgen Differenzierungen, die über das Dreischichten-Modell hinausgehen (vgl. Zapf 1987; Spellerberg 1994). Bestimmungsgründe der verfügbaren Ressourcen sind, in Anlehnung an Zapf et al. (1984, S. 14f.) die vielfältigen Lebenschancen, Bestimmungsgründe der Lebensplanung sind Werteinstellungen und Erfahrungen. Lebensstil wird verstanden als „relativ stabiles Muster der Organisation des Alltags" (ebd., S. 14). Werte und Orientierungen spielen eine wesentliche Rolle dabei, die jeweils sozioökonomisch unterschiedlich mit Chancen ausgestatteten Spielräume auszugestalten. Auf einem historisch ungekannten Wohlstandsniveau können die materiellen Ressourcen zur Entfaltung verschiedener Lebensformen genutzt werden.

Wir wollen untersuchen, welche Hinweise die Lebensstil-Forschung zur Umweltbilanz unterschiedlicher Typen gibt.[8] Dazu beobachten wir, was sich aus der für Lebensstil-Konzepte typischen Kombination von sozialstrukturellen und subjektiven Faktoren für die Herausbildung von umweltrelevanten Verhaltenstypen und -dispositionen ergibt und erörtern die Konsequenzen für deren Umweltbilanz.

Die auf den ersten Blick bunte Vielfalt eines Flickenteppichs an Lebensstilen wurde mit zahlreichen, nach unterschiedlichen Kriterien gebildeten Typologien beschrieben, unter denen die von SINUS und der Gruppe um Vester erarbeiteten besonders interessant erscheinen.[9]

Diese Vielfalt wirft die Frage auf, inwiefern diese Konstrukte reale Typen darstellen, die gesellschaftlich relevanten Phänomenen entsprechen, in sozialen Kontexten stehen und durch charakteristische Motive und typische Verhaltensweisen erkennbar sind. Die Typenvielfalt spricht dabei nicht gegen ihre Realitätsverhaftung, sondern drückt unterschiedliche Perspektiven, etwa auf Modernisierungsprozesse, kulturellen Selbstausdruck oder Haushaltsführung, aus.

Verschiedene Beobachter weisen darauf hin, daß trotz aller Vielfalt deutlich abgrenzbare Milieus jenseits der Lebensstil-Typologien erkennbar sind. Schultz identifizierte so etwa Yuppies, Alternative oder Kleinbürgerlich-Traditionelle (Schultz/Weller 1996, S. 40). Drieseberg (1995, S. 212ff.) stellte einen Vergleich verschiedener Typologien an, die sich als kompatibel erwiesen. Auch Reusswig setzte korrespondierende Typen zueinander in Beziehung, so etwa die „Sparsam Bescheidenen" von Prose und Wortmann mit dem „Traditionellen

---

8   Dabei sollen die Debatten über die Grenzen des Konzepts (Fokus auf individuelle Freiheiten, Ausgrenzung der Arbeitswelt) zunächst außer acht gelassen werden.
9   Vgl. Vester (1995). Diese unterscheiden entlang dem Modernisierungsgrad und der Schichtzugehörigkeit zwischen neun Lebensstilen. Interessant wäre eine weitere Differenzierung entlang einer dritten Dimension: nach Lebenszyklus. Spellerberg et al. beobachten neun Typen entsprechend ihrer alltäglichen Organisationsleistungen und Expressivität (vgl. dies. 1994). Lüdtke et al. bilden in Hinblick auf den Techniksatz im Alltag acht Typen (vgl. dies. 1994). Prose und Wortmann bilden nach Umwelt- und Energiesparaspekten sieben Typen (vgl. dies. 1991). Herlyn beschreibt für Arbeitnehmermilieus entlang ihres Modernisierungsgrades zwei Stile, von denen sich einer in vier Untertypen auffächert (vgl. ders. 1994). Zu erwähnen ist auch, daß das Institut für sozial-ökologische Forschung im Auftrag des Umweltbundesamtes mittels einer Haushaltsexploration nach ökologischen Kriterien gebildete Konsumententypen untersucht. Die Ergebnisse standen zum Zeitpunkt der Verfassung dieses Beitrags noch nicht zur Verfügung.

Arbeitermilieu" von SINUS oder die „Wertepluralisten" mit dem „Aufsteigermilieu" (Reusswig 1993, S. 9). Dies legt nahe, daß diese Lebensstil-Typen realen Milieus entsprechen, die nach innen durch bestimmte Identitätsmerkmale und interne Kommunikation und nach außen durch typische Verhaltensausprägungen gekennzeichnet sind.[10]

Tab. 1: Lebensstil-Gruppen und Mentalitäten nach SINUS bzw. Vester[11]

Orientierungen: Habitus:	traditionell	Übergang	modern
Oberklassenhabitus	Konservativ-gehobenes Milieu 9% - 8%	Technokratisch-liberales Milieu 9% - 9%	Alternatives Milieu 4% - 2%
Mittelklassenhabitus	Kleinbürgerliches Milieu 28% - 22%	Aufstiegsorientiertes Milieu 20% - 24%	Hedonistisches Milieu 10% - 13%
Arbeiterhabitus	Traditionelles Arbeitermilieu 9% - 5%	Traditionsloses Arbeitermilieu 9% - 12%	Neue Arbeitnehmer 0% - 5%

An diese Überlegungen schließt sich die Frage an, ob die Lebensstil-Gruppen auch durch typische reale Verhaltensmuster gekennzeichnet sind. Die Annahme liegt nahe, Lebensstile als Verhaltensphänomene zu betrachten, sind sie doch definiert über den Einsatz von Ressourcen für Lebensziele (vgl. Bogun 1997, S. 216). Der Rückschluß von Lebensstil-Typen auf ein tatsächlich zu erwartendes Verhalten ist jedoch nicht unproblematisch. Die Lebensstil-Typen werden nicht nur aus Verhaltenskomponenten, sondern auch aus Wertekomponenten gebildet. Doch wird oft bei „den Operationalisierungen der Lebensstilansätze ein Überhang an Wertorientierungen" beobachtet, der sich darin ausdrückt, daß Lebensstiltypen und Werte-Typen nicht hinreichend auseinandergehalten werden (Schultz/Weller 1996, S. 37). Der Glaube an eine regelhafte Vorhersagbarkeit des Verhaltens aus dem Lebensstil, wie er gelegentlich in der Marktfor-

---

10 Dieser Bezug auf alltägliches Verhalten ist es auch, der das Lebensstilkonzept für die praktische Anwendung im Marketing – als größtem Praxistest – interessant und zugleich fruchtbar macht (Schultz/Weller 1996, S. 37). Im übrigen kann die unterschiedliche Systematik oder Typenzahl als Ausdruck verschiedener Erkenntnisrichtungen oder weitergehenderer Feindifferenzierungen verstanden werden.
11 Nach Vester (1995, S. 18), Veränderungen in Westdeutschland von 1982 auf 1991 in Prozent.

schung vorgetragen wird, ist nicht nachvollziehbar.[12] Bislang kann die Lebensstilforschung für den Zusammenhang von Orientierung und Verhalten nur wenige Aussagen machen und läßt eher Schlüsse auf Verhaltensbereitschaften als auf reales Verhalten zu.[13] Wenn auch, mit großer Vorsicht, sorgfältig gebildete Lebensstiltypen reale Verhaltensmuster sozialer Gruppen beschreiben, so ist doch auf der individuellen Ebene eine Differenzierung angebracht. Individuen sind in der Regel selten einem einzigen Lebensstil eindeutig zuzuschreiben, sondern kombinieren häufig Elemente verschiedener Lebensstile oder wechseln in unterschiedlichen Lebensphasen ihre Stilisierung,[14] es zeigen sich „Patchwork-Lebensstile" (Reusswig 1993).

Im Verhältnis zu ihrer Lebensstil-Gruppe folgen die Individuen einerseits bestimmten stilbildenden Einstellungen und Kenntnissen und richten andererseits ihr Verhalten an Kompromissen zwischen den Anforderungen der Referenzgruppe und eigenen Interessen aus (Schultz/Weller 1996, S. 40). Verhalten und Motive werden von ständigen Anpassungs- und Abgrenzungsprozessen zwischen Individuum und Referenzgruppe beeinflußt. Dies betrifft alle Lebensbereiche, von der Erwerbsarbeit über das Familienleben bis hin zu Freizeit und Wohnen. Im Konsumbereich ist dabei zu beobachten, daß zunehmend Waren zur sozialen Positionierung ästhetisch in Dienst genommen werden (ebd., S. 35).

Die Abdeckung des gesamten gesellschaftlichen Raumes durch Lebensstiltypen schafft eine Voraussetzung dafür, für alle Milieus Erkenntnisse über ihr umweltrelevantes Verhalten zu gewinnen. Der Dualismus von Sozialstruktur und subjektiv-motivationaler Ebene erlaubt zudem die Berücksichtigung des Unterschiedes zwischen intendiertem und nicht-intendiertem Verhalten, der in die Diskrepanz zwischen Umweltbewußtsein und Umweltverhalten hereinspielt. Zudem hebt der Fokus auf die alltägliche Stilisierung die Bedeutung des Konsums für die soziale Integration und Positionierung (warenästhetisch unterstützt) besonders hervor.

---

12 Schoenheit et al. gehen davon aus, daß der Lebensstil „das Individuum in gewisser Weise auf eine bestimmte Verhaltenskonstante festlegt. Kennt man das Verhalten einer Person in einem spezifischen Bereich des Lebens", so diese Position, „so besteht auf der Grundlage ihres Lebensstils die Möglichkeit, ihr Verhalten auch in anderen Bereichen vorherzusagen" (dies. 1997, S. 21).
13 Bogun kritisiert einige Lebensstil-Forscher dafür, daß sie mit einstellungsbeschreibenden Konzepten wie „evaluatives Verhalten" oder „kognitives Verhalten" die Grenze zwischen Verhaltensbereitschaft und tatsächlichem Verhalten verunklaren (Bogun 1997, S. 221).
14 Drieseberg erörtert die Möglichkeit vertikalen oder horizontalen Wechsels in einer Biographie (vgl. ders. 1995, S. 224ff.).

Zugleich ist aber auf die Schwächen des Lebensstil-Ansatzes hinzuweisen. Die sehr mächtigen Einwirkungsmöglichkeiten aus der Arbeitswelt in die Organisation und Stilisierung des Alltags hinein, die Rückkopplungen zwischen privatem Alltag und Erwerbsarbeit und auch das politische Verhalten werden nur wenig berücksichtigt. Wenn wir hier aus forschungspragmatischen Gründen den Blick auf umweltrelevante Erkenntnisse der Lebensstilforschung richten, so widerspricht dies nicht einer anschließenden Erweiterung der Wahrnehmung für weitere Zusammenhänge und Wechselwirkungen.

3.2 Das Umweltverhalten von Arbeitern in der Lebensstil-Forschung

Die unterschiedlichen Formen der Lebensführung haben – je nach sozialem Kontext und Lebensbereich (Haushalt, Mobilität, etc.) – eine unterschiedliche Umweltbilanz. In dem Maße wie Milieus sich durch unterschiedliche Verhaltensmuster ausdrücken, unterscheiden sie sich auch in ihrer sozialspezifischen Umweltbilanz über die verschiedenen Einzelbereiche eines Haushalts bezogen.

Die Lebensstil-Forschung gibt über Aspekte wie Konsumstil oder Statusverhalten Einblicke in einige umweltrelevante Alltagsbereiche. Die Arbeiten über lebensweltliche Sozialmilieus von Vester und SINUS liefern Hinweise auf umweltrelevante Faktoren, die sich in den Mentalitäts-Landkarten der sozialen Gruppen ausdrücken.[15] Umweltrelevante Merkmale sind in verschiedenen Milieus in unterscheidbarer Weise ausgeprägt. Im „Kleinbürgerlichen Milieu" herrscht ein Konsummaterialismus vor, der mit einer ausgeprägten Statussymbolisierung einhergeht (Vester 1995, S. 25). Das „Hedonistische Milieu" praktiziert an Luxus und Komfort orientierten, wenig gezügelten Konsum (ebd., S. 26f.). Hohe Konsumniveaus kennzeichnen auch andere, gehobenere Milieus, die dabei in unterschiedlicher Weise Kennerschaft, Qualitätsbewußtsein oder Trendsetting akzentuieren (ebd., S. 27ff.). Dabei korrespondieren einerseits die avantgardistischen, modesetzenden Merkmale des „Technokratischen Milieus" mit ökologisch bedenklichen schnellebigen Prozessen der Produktentwertung, während andererseits das Qualitätsbewußtsein etwa des „Konservativ-gehobenen Milieus" mit einer umweltverträglichen Wertschätzung dauerhafter Güter korreliert. Am stärksten ökologisch einzuordnen ist eindeutig das „Alternative Milieu" (Vester 1995, S. 29f.; vgl. auch Brand et al. 1996, S. 78, 81).

---

15 Vgl. Vester (1995). Vester vergleicht ost- und westdeutsche Milieus. Wegen unseres Fokus auf Veränderungen in der westdeutschen Industrie betrachten wir hier nur die westdeutschen Milieus.

Für die drei Arbeitermilieus dieser Typologie verweisen die Erkenntnisse auf interessante Differenzen. Im „Traditionellen Arbeitermilieu" drückt sich eine klassische Bescheidenheitsethik in einer sorgsamen Haltung gegenüber den hart erarbeiteten Gütern und in der Verpönung von modischem Konsum und Prestigedenken aus (Vester 1995, S. 21). Zukunftsabsicherung hat Priorität vor spontanem Konsum (SINUS-Institut 1985, S. 23f.). Das „Traditionslose Arbeitermilieu" ist dagegen entsprechend der Devise „arm, aber lebensfroh" mehr an Bequemlichkeit und Lebensgenuß interessiert (Vester 1995, S. 22f.). Der Alltag ist durch ökonomischen Mangel gekennzeichnet, und im Konsum ist im Rahmen der begrenzten Möglichkeiten eine Neigung zu demonstrativem Konsum zu verzeichnen (SINUS Institut 1985, S. 27f.). Bei den „Neuen Arbeitnehmern" dominieren an Selbstverwirklichung orientierte hedonistische Konsumhaltungen (ebd., S. 23f.). Dabei ist zu berücksichtigen, daß diese drei Arbeitermilieus nicht das ganze Spektrum der Arbeitnehmerschaft umfassen. Einige Gruppen können auch dem konsummaterialistischen „Kleinbürgerlichen Milieu" und dem „Aufstiegsorientierten Milieu" zugeordnet werden (vgl. Poferl et al. 1996, S. 78f.). Im Zuge des Modernisierungsprozesses nehmen die traditionelleren Milieus ab, während die modernen, etwa die Unterschicht die „Neuen Arbeitnehmer", zunehmen.

Auch in den von Spellerberg untersuchten Lebensstil-Typen variieren die von Arbeitern dominierten Lebensstilgruppen (die Typen 7, 8 und 9) ebenfalls in umweltrelevanten Merkmalen erheblich (Spellerberg 1994). Der Typ 8 ist als sehr passiv, isoliert, häuslich und sicherheitsorientiert beschrieben. Sparsamkeit ist besonders ausgeprägt, Kleidung und Einrichtung sind preiswert und unauffällig, das Leben ist selten an Genuß oder Freizeit orientiert. Typ 9 ist häuslich, pragmatisch und volkstümlich orientiert. Familie, Hobbys und Garten stehen im Vordergrund der Interessen, zugespitzt könnte dieser Typ als „aktiver Bastler und Gärtner" bezeichnet werden. Der Typ 7 ist an intensivem Genuß, Geselligkeit und Abwechslung interessiert, der Kleidungsstil ist bequem und sportlich, der Einrichtungsstil modern. Die häuslicheren und volkstümlicheren Typen haben damit ein Merkmalsprofil, das weit weniger mit Umweltbelastungen einhergeht als das des außerhäuslich, hedonistisch geprägten moderneren Typs (ebd., S. 14ff.).

Die Konsumorientierungen von Arbeitern behandeln auch Hielscher und Hildebrandt (1999) in ihrer Studie über Arbeitszeitveränderungen in bei VW in Wolfsburg. Sie beobachten infolge von Einkommensverringerungen eine verstärkte Neigung zu Sparsamkeit, Qualitätsbewußtsein und methodischer Ausgabenplanung. Diese Haltung knüpft als „Regel haushälterischen Handelns" an traditioneller Orientierungen an und fiel insbesondere bei älteren Arbeitnehmern auf (Hielscher/Hildebrandt 1999, S. 131ff.).

In Arbeitnehmerschichten ist ein „cultural lag" bei der Entwicklung und Ausdifferenzierung neuerer Lebensstile beobachtet worden (vgl. Herlyn 1994, S. 207). Die schichtspezifisch unterschiedliche Ausprägung der Stilisierung des eigenen Lebens kann demnach als Ausdruck der Tatsache verstanden werden, daß die Chancen zur Stilisierung des Lebens in Abhängigkeit von der sozialstrukturellen und ökonomischen Situation ungleich verteilt sind und bislang wenig Anschluß an die erhebliche Anhebung der Einkünfte der gehobenen Schichten haben.

Mit diesen Beobachtungen sind einige Anhaltspunkte für Verhaltensneigungen gegeben. Spezifischere, empirisch abgesicherte Erkenntnisse über das tatsächliche Konsumverhalten in Arbeitermilieus lagen darüber hinaus bisher weder für die Einstellungs-[16] noch für die Verhaltensebene vor.[17] Andere Arbeiten, vor allem unter Umwelt- oder Energieaspekten erstellte Studien, geben ähnliche, eher einstellungsbezogene Hinweise.[18] Auch für Arbeitnehmermilieus ist zu beobachten, daß kaum ein Lebensstil in allen Lebensbereichen konsistent umweltverträglich ist, sondern daß verträgliche und unverträgliche Verhaltensweisen in verschiedenen Lebensbereichen oft nebeneinander stehen („Patchwork-Lebensstile").[19]

---

16 Brand et al. (1996) haben in ihrer empirischen Untersuchung Arbeiter kaum berücksichtigt, so daß keine qualitativen Erkenntnisse über deren Umwelt-Mentalitäten gewonnen wurden.

17 Neue Erkenntnisse liefern Hielscher/Hildebrandt (1998, S. 99ff.); siehe auch den Beitrag in diesem Band. Die Ergebnisse von Herlyn et al. (1994) über differenzierte Konsumstile in Arbeitermilieus lassen vage erkennen, daß die unterschiedlichen Konsumstile auch ökologisch unterschiedlich zu Buche schlagen.

18 Nach Prose und Wortmann (1991) bemühen sich so insbesondere die „Konservativ-Umweltbewußten" und die „Aufgeschlossenen Wertepluralisten" um ein umweltbewußtes Verhalten, zugleich bewegt sich ihr Konsum aber auf einem relativ hohen Wohlstandsniveau (ebd., S. 20ff., 26ff.). Von den praktischen Verhaltensauswirkungen eher umweltverträglich, weil im Konsum aus Einkommensgründen zurückhaltend, im Bewußtsein und den Einstellungen aber eher ökologisch indifferent ist dagegen das Milieu der „Sparsam-Bescheidenen" (ebd., S. 29ff.), das dem „Traditionellen Arbeitermilieu" entspricht. Am ökologisch unverträglichsten Ende des Spektrums befinden sich die „Uninteressierten Materialisten" nach Prose und Wortmann (1991, S. 26ff.). In der Zusammenschau werden die eher umweltverträglichen Milieus auf insgesamt rund 40% der Bevölkerung geschätzt (Gillwald 1995, S. 18).

19 Vgl. Reusswig (1993, S. 9). Nach dem zunächst von der Lebensstilforschung festgestellten Patchwork-Charakter der Kombination von Elementen verschiedener Lebensstile auf

4. Umweltrelevantes Verhalten im Spannungsverhältnis von Einstellungen und Gelegenheitsstrukturen

Wie umweltrelevant das Verhalten eines Individuums, einer Gruppe von Individuen oder eines Haushalts ist, wird durch Einflüsse bestimmt, in die sowohl subjektive Entscheidungen (Präferenzen für mehr oder weniger umweltverträgliche Verhaltensalternativen) als auch strukturelle Vorgaben hineinspielen.[20] Im folgenden soll diesem Spannungsverhältnis von subjektiven Verhaltenskomponenten und strukturellen Einflußgrößen nachgegangen werden. Dabei legen wir unseren Betrachtungen die Überlegung zugrunde, daß Motive und Intentionen eine Voraussetzung von umweltverträglichem Verhalten sind, die auf geeignete Gelegenheitsstrukturen treffen müssen, um sich entfalten zu können. Wenn diese Voraussetzungen erfüllt sind, kann das Potential an Umweltentlastung ausgeschöpft werden, das subjektiv intendiert ist. Die Umweltrelevanz von Verhaltensänderungen wird für die unterschiedlichen Lebensstil-Gruppen oder Sozialmilieus von ihren Motiven, ihren Möglichkeiten und dem ökonomisch-materiellen Ausgangsniveau beeinflußt. Für jedes Milieu ergibt sich ein anderes Bild seiner umweltbezogenen Orientierungen, Verhaltensbereitschaften, Verhaltensweisen und Gelegenheitsstrukturen.

Auf der Einstellungsebene hat die Lebensstilforschung darauf hingewiesen, daß in verschiedenen Teilen der Arbeiterschaft umwelt-kompatible Werte und Orientierungen vorliegen, so etwa die – im Modernisierungsprozeß mit dem Rückgang des traditionellen Arbeitermilieus allerdings abnehmenden – traditionell gespeisten Orientierungen der Bescheidenheit und Wertschätzung. Diese tradierten Denkweisen können, wie bei allen Sozialmilieus, durch aktuelle Umweltinformationen und Umweltmotivation ergänzt oder ersetzt werden. Umweltbildung und Umweltbewußtsein korrelieren kaum auf erkennbare Art mit der Schichtenzugehörigkeit (Schluchter/Dahm 1996, S. 63ff.), so daß für Arbeitnehmermilieus kaum ein größerer Abstand zur Bildung von Umweltbe-

---

der individuellen Ebene existiert damit für die Lebensstil-Typen ein zweites Patchwork, nämlich das auf der Ebene der Ökologie.

20 Dabei lehnen wir uns an Hildebrandt (1997, S. 237) an. Er weist darauf hin, daß umweltrelevantes Verhalten meistens weder „gezielt ökologisch" noch „ökologisch reflektiert" ist. Auch Bogun unterscheidet in Hinblick auf „ökologische Lebensstile" nach ökologischen Orientierungen und Motiven, nach tatsächlichem ökologischem Verhalten und zusätzlich nach solchem Verhalten in Bereichen mit erprobter ökologischer Priorität (Bogun 1997, S. 227f.).

wußtsein angenommen werden kann. Es gibt sogar Hinweise, daß das Umweltbewußtsein eher in den höheren Schichten abnimmt.[21] Das durchschnittlich eher niedrige bis mittlere Bildungsniveau von Arbeitnehmern steht einer ökologischen Bewußtseinsbildung nicht entgegen. Für die handlungsanleitende Wirkung von Umweltwissen sind nämlich alltagspraktische Kenntnisse und rezepthaftes Wissen (beispielsweise über Einsparmöglichkeiten, Lüftungsverhalten, Markttransparenz) wichtiger als ein umweltspezifisches Expertenwissen, das vom Bildungsniveau prädeterminiert wird (vgl. Bodenstein S. 42f.). Wo zudem persönliche Vorteile mit umweltfreundlichen Werten einhergehen, kann dies über die unterstützende Wirkung von Motivbündeln in verstärkte umweltfreundliche Verhaltensbereitschaften münden. In den Arbeitermilieus, in denen ökologisch unverträglichere Orientierungen manifest sind, können allerdings umweltkompatible Verhaltensdispositionen nicht vorausgesetzt werden.[22] Ökologische Verhaltensbereitschaften wären dort allenfalls über indirekte Effekte (etwa ökonomische Allianzmotive) oder eventuell über zukünftige Umweltbildung zu erwarten.

Das in der Arbeitnehmerschaft vorhandene Potential an ökologischen Verhaltensbereitschaften kann sich in der Vermeidung von umweltbelastenden Verhaltensweisen und in der Anwendung umweltentlastender Verhaltensweisen entfalten. Für die ökologische Wirkung dieser Verhaltensoptionen ist es dabei irrelevant, ob diese Wirkung aus ökologischen Motiven intendiert ist oder nicht.

Zur Vermeidung umweltbelastenden Verhaltens sollen Einblicke aus einer Studie von Herlyn et al. an Arbeitern aus Hamm und Wolfsburg herangezogen werden. Diese zeigt für eine Gruppe von „weniger verdienenden Arbeitern" (28% der Befragten) ein konservatives Verhalten bei der Wohnungseinrichtung, die noch eine Anschaffung für das ganze Leben sein, ohne bei Bedarf ausge-

---

21 Diekmann/Preisendörfer (1992, S. 232). Im übrigen finden sich kontroverse Hinweise auf unterschiedliche Beziehungen zwischen Bildung und ökologischen Verhaltensbereitschaften, die die These der Bildungsabhängigkeit von Umweltverhalten kaum erhärten können. So gibt es Hinweise auf Affinitäten zwischen Facharbeiterkultur und ökologischen Effizienztechniken. Auch hier scheint die Zahlungsfähigkeit hereinzuwirken. Preisendörfer (1996) beobachtete, daß sich in „Abhängigkeit von der Schulbildung" die Befragten mit höherer Schulbildung beim Wassersparen und Energiesparen in ihrem alltäglichen Verhalten nicht von Befragten mit geringerer Schulbildung unterscheiden – aber wohl öfter für Wasserspartechniken und Energiespartechniken optieren (S. 47ff.). Statt auf die Bildung kann dies unseres Erachtens gerade auf die einkommensabhängige Investitionsbereitschaft zurückzuführen sein.
22 Hier können sich allerdings durch Technikverehrung Affinitäten zum technischen Umweltschutz ergeben.

tauscht zu werden (Herlyn et al. 1994, S. 119[23]). Auch bei älteren Arbeitnehmern drückt sich in einem ausgeprägt traditionellen Einrichtungsstil ein werterhaltendes Konsummuster aus (ebd., S. 125). In anderen Konsumbereichen finden hochwertigere Artikel nur bei einer kleineren Gruppe von vor allem einkommensstärkeren Arbeitern Akzeptanz (ebd., S. 204).

Eines der typischen Muster für Umweltentlastung – der Konsum der hochpreisigen ökologischen Lebensmittel – ist unter Arbeitern fast unbekannt. Verschiedene empirische Studien belegen, daß unter den Kunden im Naturkosthandel der Arbeiteranteil zwischen 1 und 4% liegt.[24] Diese Erkenntnisse korrespondieren mit den Beobachtungen von Herlyn et al., daß Arbeiter sich in der bewußten ökologischen Ernährung bis auf wenige Ausnahmen sehr zurückhalten.

Da die ökologische Praxis von Arbeiterhaushalten offensichtlich nicht mit ihren Verhaltensbereitschaften übereinstimmt, stellt sich die Frage nach den hemmenden Faktoren. Als solche kommen ökonomische, zeitliche und soziokulturelle Hemmnisse in Frage. Die zeitlichen und wirtschaftlichen Hemmnisse drücken sich in mangelnden Gelegenheitsstrukturen aus.

4.1 Die Ambivalenz des Einflußfaktors Geld

Der Preis ökologischer Lebensmittel beeinflußt deren Nachfrage stark. Der größte Teil der Bevölkerung ist nicht bereit, für Lebensmittel aus kontrolliert biologischem Anbau einen nennenswerten Mehrpreis zu bezahlen[25] und zudem nimmt die Zahlungsbereitschaft zur Zeit eher ab. Es ist eine weit verbreitete Beobachtung, daß kaufkraftschwache Konsumenten teure ökologische Lebensmittel nicht nachfragen können (vgl. Gierl/Bösl 1991, S. 283-294; Kreuzer 1996, S. 31; Kesseler 1994, S. 45-48). Ähnliches gilt auch für Naturwaren in anderen Bedarfsfeldern.

Wenn es zutrifft, daß diese geringe Zahlungsbereitschaft bei einer geringen Zahlungsfähigkeit weiter abnimmt, dann sind die unteren Einkommensgruppen am Markt hochwertiger Lebensmittel – und analog auch anderer kostspieliger Naturprodukte – durch ihre Einkommenslage drastisch benachteiligt, wenn

---

23 Bei den „besser verdienenden Arbeitern" halbierte sich diese Position dann.
24 Kesseler (1994, S. 46); vgl. auch eine SINUS-Studie, derzufolge Arbeiter nicht zu den relevanten Kundengruppen gehören, nach: Kreuzer (1996, S. 31f.).
25 Zur Zahlungsbereitschaft vgl. Hagner et al. (1996), Neitzel et al. (1994), Preisendörfer (1996).

nicht sogar nahezu ausgeschlossen.[26] Dieser starke Hemmnisfaktor scheint nicht situativer oder vorübergehender, sondern struktureller Art zu sein. Der Konsum von Naturkost und Naturwaren in der Arbeiterschaft wird durch ein strukturelles Defizit – mangelnde Zahlungsfähigkeit – erschwert.[27]

Geringes Einkommen beschränkt aber auch die Gelegenheiten zu umweltbelastendem Verhalten: die Möglichkeiten zu entfesseltem Konsum auf hohem materiellen Niveau sind reduziert. Hierin zeigt sich die ökologische Ambivalenz des Einkommensniveaus. Dieses stellt eine wesentliche Rahmenbedingung dar, die die umweltverträglichen und umweltschädlichen Verhaltensmöglichkeiten beschränkt.

Der Untersuchung von Herlyn et al. zufolge erhöht sich mit steigendem Einkommen die Bereitschaft zu Spontankäufen erheblich. Die preiswerteren Elektrokleingeräte sind in bestimmten Milieus überdurchschnittlich häufig, die hochwertigen Elektrogroßgeräte unterdurchschnittlich vertreten (Herlyn et al. 1994, S. 196ff., 204ff.). Mit wachsendem Einkommen wachsen die Spielräume für umfangreicheren Konsum. Diese neuen finanziellen Gestaltungsspielräume werden nach Herlyn et al. nur allmählich durch neue Konsumorientierungen ausgefüllt, wobei ein gewisser „cultural lag" wirkt, der noch durch traditionelle Einstellungen, aber auch durch die Familiensituation (mit oder ohne Kinder) beeinflußt wird.[28]

Als Quintessenz ergibt sich, daß das Einkommensniveau als Rahmen für das mögliche Konsumvolumen das tatsächliche umweltrelevante Verhalten zwar erheblich prädeterminiert, daß dabei aber kulturelle Faktoren hineinspielen. Tendenziell ist, trotz aller individuell und sozial beeinflußten Differenzen, anzunehmen, daß zwischen Einkommen und Umweltbelastung eine erhebliche Korrelation besteht.[29]

---

26 Dagegen sind die wohlhabenderen Milieus, etwa das technisch-liberale oder das hedonistische, überproportional unter den Kunden des ökologischen Handels vertreten (vgl. Kreuzer 1996).
27 Zudem spielen zeitliche Faktoren (zu hohe Wegekosten für den täglichen Bedarf) eine Rolle.
28 Mit diesen zunehmenden finanziellen Gelegenheiten läßt sich die Modernisierung des Konsumstils von Arbeitern nicht hinreichend erklären. Herlyn et al. (1994, S. 222f.) haben beobachtet, daß Kinder dazu beitragen, konservative Eltern zu modernisieren und moderne Eltern zu traditionalisieren.
29 Bodenstein et al. (1996) gehen sogar von einer fast linearen Korrelation aus. In ihrer Untersuchung weisen Haushalte unter 4.000 DM Einkommen deutlich geringere Fahrleistungen, Flugreisen, Wohnfläche und Kleidungsverbrauch auf. Bei Haushalten gleicher Größe beträgt die Korrelation zwischen Prokopfeinkommen und Gesamtumweltindex R = 0,42 – 0,76. Dieses ist nicht überraschend, können Arbeiter mit einem durchschnittlichen

4.2 Die Ambivalenz des Einflußfaktors Zeit

Zeit ist ein anderer Faktor, der umweltverträgliches Verhalten erleichtern oder erschweren kann.[30] Ihr Einfluß ist – ähnlich wie beim Geld – nicht eindeutiger Art. Ein Gewinn an freier privater Zeit kann die Möglichkeiten zu umweltbelastendem Verhalten (Beispiel Fernreisen), aber auch die Möglichkeiten zu umweltentlastendem Verhalten vermehren. Zahlreiche umweltverträgliche Verhaltensalternativen setzen zusätzlichen Zeitaufwand voraus: so der weitere Weg zum Naturkostladen, der Zeitaufwand für die Benutzung des ÖPNV, der Zeitbedarf von Reparaturen, das Leihen von langlebigen Konsumgütern, der Einsatz von Handarbeit anstelle elektrischer Haushaltsgeräte, oder die Zubereitung frischer anstelle tiefgekühlter Nahrung. Besonders zeitaufwendig sind solche Verhaltensweisen, die neben zusätzlichen Wegstrecken, Eigenarbeit oder Wartezeiten auch noch eine stärkere Informationsbelastung erfordern. Andererseits schafft zusätzliche freie Zeit aber neue Gelegenheiten zu Konsum und Freizeitmobilität.

Zahlreiche Tätigkeiten im privaten Haushalt, die als besonders umweltrelevant gelten, sind sehr zeitintensiv. Hauswirtschaftliche Tätigkeiten nehmen im Durchschnitt die meiste Zeit in Anspruch (76% oder drei Stunden täglich). Darunter sind die Zubereitung von Mahlzeiten, das Tischdecken, das Geschirrspülen und die Wohnungsreinigung die aufwendigsten Arbeitsbereiche. Handwerkliche Tätigkeiten, wie Fahrzeugpflege oder Bau und Renovierung von Wohnungen, haben einen deutlich geringeren Anteil (9%). Für die Betreuung und Pflege von Kindern, Kranken und alten Menschen werden im Durchschnitt 11% verwendet, für ehrenamtliche Tätigkeiten 4%.[31]

Ob solche Tätigkeiten umweltfreundlicher gestaltet werden, wenn sich das Zeitbudget ändert, hängt nicht nur davon ab, ob die Personen in der Lage, sondern auch, ob sie bereit sind, zusätzliche Zeit für die Ökologisierung des Haushalts einzusetzen.

Jahresbruttoeinkommen von 46.000 DM (1990) doch einfach nicht soviel verbrauchen wie etwa Angestellte mit einem Einkommen von 60.000 DM.
30 Im folgenden steht die absolut verfügbare Zeit im Vordergrund. Die Verteilung der Zeit – die Zeitmuster – ist ebenfalls relevant, wird hier aber zunächst vernachlässigt.
31 Vgl. Ehling (1995, S. 269). Der Zeitaufwand für Männer und Frauen ist je nach Aktivität höchst unterschiedlich. So verbringen die Männer mit hauswirtschaftlichen Tätigkeiten noch nicht einmal zwei Stunden je Tag, weniger als die Hälfte des Zeitaufwandes der Frauen für diese Arbeiten.

Tab. 2: *Offen abgefragte Zeitpräferenzen*

So viele Haushalte möchten mehr (+) bzw. weniger (–) Zeit aufwenden:	
Spazierengehen, Sport treiben, Entspannungen	+51,9%
Etwas mit der Familie unternehmen	+47,4%
Kultur-, Sport-, Freizeitveranstaltungen besuchen	+38,2%
Handarbeit, Do-it-yourself	+26,5%
Kindererziehung und -betreuung	+18,2%
Ehrenamt, Selbsthilfegruppen	+1,7%
Haus-/Gartenarbeit	–6,3%
Berufstätigkeit	–43,2%

Quelle: nach Haarland et al. (1990, S. 140)

Die meisten erwerbssektorverankerten Haushalte, so zeigen Präferenzabfragen, wünschen sich eine Verringerung der Berufstätigkeit und der Hausarbeit.[32] Die frei werdende Zeit wollen sie nutzen, um das Zeitbudget für das Zusammensein mit der Familie und für Erziehungs- und Pflegeaufgaben zu erhöhen. Erst danach würde ein geringer Teil zusätzlich für informelle Arbeit (Eigenarbeit, Nebenerwerb etc.) eingesetzt werden.

Die Präferenzbekundungen zur gewünschten Zeitallokation deuten nicht darauf hin, daß bei zusätzlichem Freizeitgewinn der Zeitaufwand für Konsumaktivitäten oder solche Erholungsaktivitäten, die mit erheblichen Umweltbelastungen verbunden wären, unbedingt zunehmen würde (Haarland et al 1990, S. 167). Verringerte Umweltbelastungen, wie sie durch zeitaufwendigere hauswirtschaftliche Tätigkeiten möglich würden, wären jedoch auch nicht zu erwarten, da die Präferenzabfragen nahelegen, daß die Zeit für die Hausarbeit nicht ausgedehnt würde. Die Präferenzen begünstigen Familienkontakte und Kindererziehung.

Die Umsetzung der Präferenzen „Familie" und „Kinder" läßt, anders als andere Präferenzen, nicht a priori eine höhere Umweltbelastung erwarten, so daß sich ein Zeitgewinn ökologisch neutral auswirken könnte. Da diese Aktivitäten aber in sich keine ökologischen Entlastungspotentiale beinhalten, würde ihre Zunahme die Umweltbilanz der betroffenen Haushalte wahrscheinlich geringfügig verschlechtern, da auch das Spielen mit Kindern oder das Zusam-

---

32 Die Ausnahme stellen erwerbssektorverankerte Alleinstehende mittleren Alters und „sonstige Haushalte" (unvollständige Familien, Mehrgenerationenfamilien, etc.) dar; vgl. Haarland et al. (1990, S. 167).

mensein in der behaglichen Wohnung einen gewissen spezifischen stofflichen Input verlangen. Diese Umweltauswirkungen würden aber vermutlich geringer zu Buche schlagen als ein höherer Zeiteinsatz in Bereichen wie Konsum oder Tourismus.

Diese Überlegungen zeigen den ökologisch ambivalenten Charakter eines veränderten Freizeitsaldos. Ein größeres Budget an freier Zeit wird nicht per se umweltverträgliches Verhalten fördern, sondern nur dann, wenn umweltverträgliche Präferenzen vorliegen und wenn außer den monetären Faktoren weitere kulturelle, wirtschaftliche und politische Einflüsse dazu kommen, die der Zeitnutzung – in Zeitmustern, die dies zulassen – eine ökologische Ausrichtung geben.

5. Auswirkungen von Arbeitszeit- und Einkommensveränderungen auf das Umweltverhalten

Die Veränderung von Einkünften und Zeitregimen legt nahe, daß sich das Umweltverhalten der Betroffenen wandelt – offen sind allerdings Art, Ausmaß und Richtung solcher Veränderungen. Dazu können Beobachtungen in Industriekonzernen, in denen die Arbeitszeitmuster verändert worden sind, erste empirische Anhaltspunkte geben. Neben der Massenarbeitslosigkeit haben vor allem die Arbeitszeitveränderungen in Konzernen wie Volkswagen AG (VW) und Ruhrkohle AG (RAG) für große Bevölkerungsgruppen die zur Verfügung stehenden Zeitkontingente, Einkünfte und Zeitmuster wesentlich verändert.

Für die betroffenen Belegschaften liegen einige Erkenntnisse vor, die anhand der Veränderungen in den Zeit- und Geldbudgets Schlüsse auf Aspekte des Umweltverhaltens erlauben.

Die bei RAG und VW vereinbarten Arbeitszeitveränderungen (wirksam nach Dauer, Lage und Flexibilität) beeinflussen die Einkünfte und die verfügbare Zeit der Betroffenen erheblich (Promberger et al. 1997). Am stärksten sind die Veränderungen in dem bei VW in Wolfsburg ausgehandelten Modell ausgeprägt, wo mit einer Verkürzung der tariflichen Wochenarbeitszeit um 20% auf 28,8 Stunden eine Kürzung des Einkommens in der Größenordnung von 16% einhergeht (Hildebrandt 1997, S. 247; Promberger et al. 1997, S. 74). Im Steinkohlenbergbau bei der RAG wurde eine Verkürzung der Regelarbeitszeit und auch des Einkommens von rund 8% vereinbart (Promberger et al. 1997, S. 11, 74f.). In der Praxis wurden vor allem bei VW infolge der Auftragslage und entsprechender Mehrarbeitsregelungen diese Verkürzungen allerdings nicht für die ganze Belegschaft in vollem Umfang umgesetzt.

5.1 Einschränkungen infolge von Einkommensverlusten

Bei den Betroffenen konnte eine Reihe von Verhaltensänderungen beobachtet werden. Die finanziellen Einbußen wurden in Einsparungen in verschiedenen Konsumbereichen umgesetzt.

Die Einsparungen erfolgten zunächst in den Bereichen Urlaub, Freizeit, Hobbys, Einrichtung und Kleidung.[33] Autos gehörten mit in den Bereich der vorrangigen Einschränkungen (mit abgeschwächter Ausprägung am Standort Wolfsburg; Hielscher/Hildebrandt 1999, S. 138), wobei sich dies in der VW-Belegschaft in dem Maße weit deutlicher ausprägte, als häufiger auf den jährlichen Wechsel des Pkw im Rahmen der vergünstigten Jahrewagen-Angebote verzichtet wurde; zudem entfiel im Haushalt gelegentlich der Zweitwagen. Als für Einschränkungen geeignet erwiesen sich insbesondere kurzfristig disponible Bereiche. In Wolfsburg drückte sich dies bei „Extravaganzen" wie Restaurantbesuchen oder Taxifahrten aus (ebd.). Die Bereiche Wohnung, Versicherungen und Mitgliedschaften waren schon aufgrund vertraglicher Bindungen nicht kurzfristig beeinflußbar. Bei den Lebensmitteln schränkte sich nur jeder fünfte oder sechste und bei die Kinder betreffenden Ausgaben nur jeder siebte oder achte Haushalt ein.[34] Gemeinschaftliche Nutzungsformen (Leihen, Sharing) als Einsparstrategien fielen dagegen praktisch nicht auf (ebd.).

Viele dieser Einsparungen betrafen besonders umweltbelastende Konsumbereiche, so daß eine Reduktion der Umweltbelastungen der betroffenen Haushalte als eine unmittelbare Konsequenz der Arbeitszeit- und Einkommensverkürzungen erscheint. Ökologische Motivationen für dieses umweltschonende Verhalten liegen dabei allerdings außerhalb der erkennbaren Beweggründe. Vielmehr spielen Faktoren wie kurzfristige Disponibilität (variable Freizeitausga-

---

33 Ähnliche Beobachtungen machten Hildebrandt und Hielscher, die Einsparungen in dem ökologisch gravierenden Bereich der Urlaubsreisen und der teuren Sportarten wie auch in dienstleistungsintensiven und wenig umweltintensiven Konsumbereichen wie Restaurantbesuche, Theaterbesuche und Taxibenutzung vorfanden (vgl. Hielscher/Hildebrandt 1999, S. 132ff., 1997b, S. 28).
34 Promberger et al. (1997, S. 83ff.). Selbst wenn an Lebensmitteln kaum gespart wird, zumal viele Arbeiterhaushalte ohnehin schon bei Billig-Discountern einkaufen, so ist doch eines kaum vorstellbar: daß unter diesen Verhältnissen der Umstieg auf Naturkost aus ökologischen oder qualitätsbezogenen Überlegungen in Erwägung gezogen wird, sofern er nicht durch gesundheitliche Gründe erzwungen wird.

Tab. 3: Einsparungen bei den Ausgaben nach Arbeitszeitverkürzungen (in Prozent der betroffenen Haushalte, Mehrfachnennungen möglich)

Betroffene Konsumbereiche	VW AG	RAG
Urlaub	82	75
Auto	70	52
Freizeit (Ausgehen, Hobbys)	63	76
Einrichtung (Möbel, Haushaltsgeräte)	57	53
Kleidung	52	52
Versicherungen	34	45
Wohnung, Haus	30	26
Mitgliedschaften	30	30
Lebensmittel	17	23
Kinder	12	16

Quelle: Promberger et al. (1997, S. 83)

ben) (Promberger et al. 1997, S. 84), Finanzierungsnähe (Wegfall des Urlaubsgeldes), Verkraftbarkeit (Verzichtbarkeit des Neu- oder Zweitwagens) (ebd., S. 85), Einkommensniveau oder kulturelle Prioritäten (Kinder) eine maßgebliche Rolle. Je höher die Einkommen lagen, desto weniger Einschränkungen waren erwartungsgemäß erkennbar, je niedriger die Einkünfte lagen, desto mehr wurde bei den Betroffenen eingespart (ebd., S. 86).

Während mehrere Einflußgrößen auf die Einsparentscheidungen erkennbar geworden sind, ist offen, ob noch weitere Faktoren, die sich vielleicht nach der Milieuzugehörigkeit der Betroffenen unterscheiden, eine Rolle bei einer ökologisch relevanten Differenzierung der Einschränkungen spielen, ohne daß sie in den vorliegenden Daten erkennbar geworden sind. Solange bleibt es unbeantwortet, ob ökologie-kompatible Faktoren (traditionelle Sparsamkeit, Technikaffinität) der unterschiedlichen betroffenen Arbeitnehmermilieus sich in unterschiedlichen Einsparmustern oder Einsparwünschen bei traditionellen oder traditionslose Arbeitern oder Angehörigen der neuen Arbeitermilieus ausprägen.

5.2 Verhaltensveränderungen infolge veränderter Zeitmuster

Die Untersuchungen der Zeitpräferenzen der von Arbeitszeitverkürzungen betroffenen Belegschaftsangehörigen ergibt ein differenziertes Bild. Es zeigt sich, daß bestimmte Tätigkeiten besonders deutlich und andere Tätigkeiten nur geringfügig von Zeitgewinnen profitieren. Das Profil der Nutzung der hinzugewonnenen Zeit unterscheidet sich zwischen den verschiedenen Standorten kaum.

Tab. 4: Verwendung der hinzugewonnenen Zeit der Beschäftigten nach Unternehmen (Mehrfachnennungen möglich)

Begünstigte Tätigkeitsbereiche	VW in %	VW Rangstelle	RAG in %	RAG Rangstelle
Einkaufen, Erledigungen	35	8	50	3
Kinder, Angehörige	40	6	27	8
Waschen, Putzen	30	10	19	10
Kochen	14	13	14	11
Arbeit an Haus und Garten	**68**	**2**	**67**	**1**
Freunde, Bekannte treffen	42	5	33	6
Partnerschaft, Familie	**73**	**1**	**60**	**2**
Zuhause entspannen	**50**	**3**	**48**	**4**
Theater, Kino, Kultur	16	11	10	13
Sport treiben	35	9	22	9
Ausflüge machen	37	7	30	7
Längere Reisen	12	15	11	12
Hobbys pflegen	**47**	**4**	**43**	**5**
Kneipenbummel	7	16	6	16
Weiterbildung	16	12	6	15
Öffentliches Engagement	14	14	10	14

(Fett: die am stärksten begünstigten Aktivitäten)

Quelle: Promberger et al. (1997, S. 92)

Partnerschaft und Familie, Arbeit an Haus und Garten und Zuhause entspannen sowie Hobbys pflegen stellen die eindeutigen Prioritäten dar. Am wenigsten beeinflußt werden der Zeitaufwand für Weiterbildung, öffentliches Engagement, längere Reisen und Kochen. Die auffällige Bevorzugung von Einkaufen und Erledigungen bei Mitarbeitern der RAG steht vermutlich im Zusammenhang mit der dort durch die spezifischen Zeitregelungen geschaffenen Möglichkeit, „in Ruhe" einkaufen zu können.[35] Sowohl die vorgefundenen Präferenzen als auch die Bereiche von Desinteresse sind nach diesen Befunden weitgehend kompatibel mit den oben dargestellten Zeitpräferenzen, wie sie anderswo angetroffen wurden (vgl. Haarland et al. 1990).

Diese Zeitverwendungsmuster lassen sich – neben den einflußreichen kulturellen Orientierungsmustern, die Werte wie Familie besonders betonen – auf wirtschaftliche und arbeitszeitliche Einflüsse zurückführen. Zum einen erlaubt der Zeitgewinn, nicht genügend erfüllten Bedürfnissen wie Familienleben oder Erholung mehr Zeit zu widmen. Die knappen bzw. verknappten Finanzen begünstigen zudem den Bereich der Eigenleistungen in und um Haus und Wohnung herum (Promberger et al. 1997, S. 93), zum anderen verengen sie die Spielräume für kostspielige Freizeitaktivitäten, für die deshalb ein größerer Zeiteinsatz unergiebig wäre. Zudem werden die Zeitpräferenzen von den Arbeitszeitmustern beeinflußt, da bestimmte Arbeitszeitmodelle mit einigen Aktivitäten kaum vereinbar sind.[36] Es ist relevant, ob der Freizeitgewinn sich in wenigen größeren Blöcken oder in mehreren kleineren Zeitscheiben einstellt.

Zwischen Männern und Frauen ergeben sich, wie am Beispiel von VW-Angehörigen erkennbar ist, Differenzen in der Zeitverwendung, die zeigen, daß auch die Geschlechtszugehörigkeit ein Faktor für die Bildung von Zeitpräferenzen ist (ebd., S. 110ff.).

Die Präferenzen streben in Bereichen auseinander, die der konventionellen Arbeitsteilung entspricht. Frauen räumen Einkaufen und Erledigungen, Waschen und Putzen sowie Kochen wesentlich mehr von der zusätzlichen Zeit ein, während Männer der Arbeit an Haus und Garten mehr Zeit widmen (Promberger et al. 1997, S. 111). Bezüglich der Hauptorientierung ist dabei (am VW-Standort Wolfsburg) die Nutzung der freien Zeit im Familienzusammenhang beobachtet worden: „der vorherrschende individuelle Rückzug in das Familienleben wurde auch bei Gewichtungsverlagerung zwischen Arbeit und Freizeit nicht aufgebrochen" (Hielscher/Hildebrandt 1999, S. 127).

---

35 Promberger et al. (1997, S. 95), wollen nämlich „kaum eine konsumistischere Basisorientierung" bei den RAG-Mitarbeitern unterstellen, sondern sehen einen Zusammenhang zu den spezifischen lokalen Arbeitszeitmustern.

36 Dauerfrüh- oder Dauerspätschichten sind mit Kneipenbummel, Vereinsleben oder kulturellen Spätvorstellungen nur schwer vereinbar.

Tab. 5: Verwendung der zusätzlichen Zeit nach Geschlechtszugehörigkeit bei VW (Mehrfachnennungen möglich)

Zeitverwendungsprioritäten	weiblich %	weiblich Rang	männlich %	männlich Rang
Einkaufen, Erledigungen	**50**	3	33	9
Kinder, Angehörige	39	8	40	6
Waschen, Putzen	**50**	4	27	10
Kochen	28	11	12	14
Arbeit an Haus und Garten	48	6	**71**	2
Freunde, Bekannte treffen	**48**	5	41	5
Partnerschaft, Familie	**70**	1	**74**	1
Zuhause entspannen	54	2	50	3
Theater, Kino, Kultur	26	12	15	12
Sport treiben	32	10	35	8
Ausflüge machen	36	9	37	7
Längere Reisen	15	14	11	15
Hobbys pflegen	46	7	**48**	4
Kneipenbummel	9	15	6	16
Weiterbildung	19	13	15	11
Öffentliches Engagement	7	16	15	13

(Fett: die am stärksten begünstigten Aktivitäten)

Quelle: Promberger et al. (1997, S. 112)

Eine fundierte Erklärung der verschiedenen Einflüsse auf die Verwendung der zusätzlichen freien Zeit ist auf der Grundlage der vorhandenen Daten kaum möglich. Es ist deutlich geworden, daß neben strukturellen Faktoren wie Zeitmuster, Einkommensstrukturen, Geschlechtszugehörigkeit und Lebenszyklusstufe auch subjektive Orientierungen eine Rolle spielen. Persönliche Dispositionen, wie etwa eine hedonistische, sicherheitsorientierte oder aufstiegsorientierte Einstellung, werden einen unterschiedlichen, bislang unverstandenen Einfluß auf die Zeitverwendung der von Arbeitszeitverkürzungen Betroffenen ausüben (Promberger et al. 1997, S. 96).

Die Untersuchung an VW- und RAG-Arbeitern hatte die ökologischen Auswirkungen nicht zum Gegenstand, so daß keine Überlegungen zu explizit ökologischen Aspekten – wie umweltrelevante Motive – angestellt wurden. In der geschlechtsspezifischen Betrachtung der Zeitverwendung ist erkennbar geworden, daß diejenigen, die herkömmlicherweise im Haushalt jeweils spezielle arbeitsteilige Rollen einnehmen, in diesen Rollen für bestimmte Tätigkeiten zusätzliche Zeit verbringen. Dies weist daraufhin, daß sich die zeitlichen Voraussetzungen für umweltrelevante Aktivitäten, die als zeitaufwendig gelten (Abfallverhalten, Essenszubereitung, Waschen und Reinigen, Kleidungspflege, häusliche Eigenleistungen, Gartenarbeiten) durch Arbeitszeitverkürzungen verbessern, so daß neue Spielräume entstehen.

6. Schlußfolgerungen und Ausblick

Die Debatten über umweltrelevantes Verhalten in Industriegesellschaften kreisen oft um das inkonsistente Verhältnis von Umweltbewußtsein und Umwelthandeln.[37] Viele Autoren reklamieren dabei die Diskrepanz zwischen ausgeprägten Bewußtseinswerten einerseits und schwachem Umweltverhalten andererseits. Dabei bleiben oft zwei Sachverhalte unberücksichtigt: Es gibt vielerorts umweltschonendes Verhalten ohne Umweltbewußtsein, und es gibt Bewußtseinsinhalte, die nicht ökologischer Natur sind, sich aber umweltverträglich auswirken. Der erste Aspekt verweist auf die Bedeutung von Rahmenbedingungen und Anpassungsprozessen, die die Möglichkeiten zu umweltschädigendem Verhalten vorgeben und verändern können. Der zweite verweist auf die triviale Erkenntnis, daß verschiedene Einstellungen und Motive in ein und demselben Verhalten münden können. Beide Aspekte sind miteinander verschränkt und illustrieren, welche vielfältigen Faktoren wirken, wenn Individuen ihr Verhalten im Wechselspiel veränderlicher Anforderungen arrangieren.

Die an empirischen Befunden hier entfalteten, vorausgegangenen Überlegungen legen nahe, daß die Umweltrelevanz des alltäglichen Verhaltens der Konsumenten von einem komplexen Gefüge von strukturellen und subjektiven Faktoren bestimmt wird, zu dem die beteiligten Konsumenten einen aktiven Beitrag leisten. Auf der Seite der „objektiven" Elemente treten sozialstrukturelle und demographische Faktoren und wirtschaftliche Rahmenbedingungen sowie die Kontextbedingungen der Arbeitswelt hervor, die die Gelegenheitsstrukturen und Spielräume für individuelles Verhalten markieren. Auf der individuellen Ebene wird das konkrete Verhalten von Einstellungen, Erfahrungen und Gewohnheiten, die dem subjektiven Verhalten eine Ausrichtung geben, beeinflußt: die Subjekte strukturieren ihren Alltag nach gewissen Ordnungsprinzipien, die Routinen und Stabilität schaffen. In keiner sozialen Schicht oder Lebensstil-Gruppe wird umweltrelevantes Verhalten absolut von den Verhält-

---

37 Vgl. die Übersichten in Bodenstein et al. (1997) und in Schultz/Weller (1997).

nissen erzwungen noch folgt es völlig autonom den freien Entscheidungen der Individuen. Vielmehr kann es sich – intendiert oder nicht-intendiert – in den Gelegenheitsstrukturen und Freiräumen entfalten, die sich mit dem fortlaufenden Modernisierungsprozeß ständig verändern.

Am Beispiel von Arbeitszeitverkürzungen in der Industrie haben wir herausgearbeitet, daß die Faktoren Geld (als Erwerbseinkommen) und Zeit (als Freizeit von unterschiedlicher Lage und Dauer) ein erhebliches Wirkungspotential für die Umweltrelevanz individuellen Verhaltens besitzen. Werden diese Faktoren verändert, so sind die Folgen zunächst offen und weitgehend ambivalenter Art. Es hängt von weiteren Einflüssen ab, ob sich die Umweltbilanz eines von Einkommens- und Arbeitszeitveränderungen betroffenen Arbeitnehmers positiv oder negativ verändert. Richtung und Maß der tatsächlichen ökologischen Auswirkungen werden von weiteren – unter anderem subjektiven und kulturellen – Faktoren beeinflußt. In den durch Zeit und Geld aufgespannten Spielräumen können die Orientierungen und Handlungsmuster, wie sie typisch in verschiedenen Lebensstil-Gruppen zum Ausdruck kommen, ihren Einfluß auf das Umweltverhalten zur Geltung bringen.

Die vielfältigen, sich ausdifferenzierenden Lebensstile drücken den Prozeß der Modernisierung[38] und Enttraditionalisierung und der damit einhergehenden Individualisierung im Kontext wirtschaftlicher Strukturveränderungen aus. In diesem Flickenteppich sozialer Ungleichheiten bilden die Motive, Interessen und Gewohnheiten, die das Verhalten der verschiedenen Lebensstil-Gruppen beeinflussen, eine Gemengelage, die kaum durchschaubar ist. Orientierungen und Entscheidungen, die keine expliziten Bezüge zur Umwelt haben, wirken sich entlastend aus, während ökologisch intendiertes Handeln bisweilen die Haushalts-Ökobilanz verschlechtert. Nur in der Zusammenschau der Rahmenbedingungen, Orientierungen und Verhaltensweisen ist erkennbar, welche Entscheidung eine ökologische und nachhaltige Wirkung erreichen kann.

Einkommensverringerung und Rückgang der Erwerbsarbeit können in Einzelfällen entlastende, in anderen Fällen belastende Auswirkungen auf die Umwelt zeitigen. Klar ist jedoch, daß Armut keine Ökologisierungsstrategie darstellen kann, da soziale Polarisierung die Gestaltungsspielräume verringern

---

38 In diesem Kontext ist einem verbreiteten Mißverständnis entgegenzuwirken: Modernisierung ist nicht an sich unökologisch, Tradition nicht an sich nachhaltig, und die Auflösung von Traditionen und Konventionen im Rahmen von Individualisierungs- und Wertewandeltendenzen sind keineswegs mit einem Werteverfall gleichzusetzen, der in zunehmender Umweltzerstörung resultieren muß. Denn es ist zugleich die Modernisierung, die die alternativ-emanzipatorische Subkulturen begünstigt, das Prinzip der Ökoeffizienz hervorgebracht und der Entstehung einer globalen Zivilgesellschaft Pate gestanden hat.

würde. Auch zeichnet sich ab, daß die Freisetzungen und Strukturveränderungen in der Arbeitswelt keine Prozesse darstellen, die in absehbarer Zeit im individuellen und gesellschaftlichen Leben zur Entfaltung öko-sozialer Reformen führen.

Die Zeit- und Freiheitsgewinne werden in der individuellen Alltagsbewältigung durch neue Anforderungen an das Zeitmanagement, durch die Verdichtung der Arbeit und durch die verunsicherten Erwartungshorizonte überlagert. Das Verhalten der von Arbeitszeitverkürzungen oder Arbeitslosigkeit Betroffenen steht in dem Sinne in einem reflexiven Verhältnis zur Erwerbsarbeitswelt, als daß diese die Individuen, Biographien und Lebensstile in ständiger Reflexion auf ihre sozioökonomischen Kontexte beeinflußt. Dabei werden aber (noch) keine Schritte zu einem reflektierteren Umgang mit der Natur beziehungsweise zu einem ökologisch reflektierten Verhalten erkennbar.[39] Die Entfaltung von Innovationen wird auch dadurch behindert, daß die Muster der Lebensführung von den Subjekten nicht beliebig geändert werden können, „da sie auf vielfältigen verbindlichen Arrangements mit sozialen Bezügen (oder konkreten Akteuren) beruht" (Voß 1995, S. 35).

Die Fähigkeit zur Selbstorganisation des Alltags wird offensichtlich von den neuen Verhaltensanforderungen aus dem Erwerbsleben absorbiert, so daß der Entwurf und die Gestaltung neuer individueller Wohlstandsmodelle, in denen materieller Wohlstand durch Zeitwohlstand auch zum ökologischen Vorteil partiell ersetzt wird, bislang nicht zum Zuge kommt. Reflektierter ist gewiß das

---

39 Zum Begriff des ökologisch reflektierten Verhaltens siehe Hildebrandt (1997), und zuvor Hildebrandt (1989). Bezüglich der Qualität der generellen Verhaltenswirkungen der Arbeitszeitveränderungen unterscheiden sich die Einschätzungen so stark, daß der Erkenntnisstand noch sehr hypothetisch wirkt. So finden sich für verschiedene Verhaltensbereiche sowohl Hinweise auf eine Beharrungswirkung (vgl. Promberger et al. 1997), auf leichte Veränderungstendenzen (vgl. Jürgens 1998), aber auch auf durch Arbeitszeitveränderungen induzierte umweltrelevante Verhaltensinnovationen beobachtet werden (vgl. Hildebrandt/Hielscher 1997). Solche Hinweise auf einen ökologisch bewußten Umgang mit der neuen Situation und auf eine ökologisch rationale Nutzung der neuen Gegebenheiten sind rar. Hildebrandt und Hielscher haben in Wolfsburg beobachtet: Bei Frauen finden sich am ehesten ökologische Überlegungen und Alternativabwägungen, vor allem wo Kinder und Gesundheit betroffen sind. Bei ihnen finden sich Anzeichen einer generellen Sensibilität. Zudem gibt es Einflüsse auf begrenzte, gestaltbare Lebensbereiche wie Eigenheim und Garten, wo ökologische Aspekte als Zusatzkalkül in die Verhaltensentscheidungen eingehen, und auch insgesamt unpolitisches Verhalten. Diese sehr leichte Tendenz drückt eine Wiederbelebung traditioneller Sparsamkeit aus, die in ihrer Anlehnung an überlieferte Orientierungen traditioneller Arbeitermilieus sehr wohl umweltrelevant ist, aber keinen Verzicht als Resultat bewußter ökologischer Reflektion und Umorientierung darstellt (vgl. dies., S. 34).

Verhalten der Individuen – als notwendige Anpassung – in ihrem Umgang mit Zeit und Geld geworden, wobei der Einfluß sowohl der unterschiedlichen Lebensstile als auch der Kontexte der Lebensführung auf die Ausprägung dieser Anpassungsmuster von besonderem Interesse ist, wenn man die unterschiedlichen Gestaltungsmöglichkeiten erkennen will.

In Hinblick auf die noch ausstehende, dringend notwendige Verbesserung der Umweltbilanzen der Haushalte ergeben sich Konsequenzen sowohl für die Sozialwissenschaften als auch für Politik und Wirtschaft.

Die Sozialwissenschaften sind sowohl in Hinblick auf Ursachen, Ausdruck und Nebenwirkungen umweltbelastender Verhaltensmuster gefordert. Hinsichtlich der Einflußmöglichkeiten auf eine konsumgestützte, unökologische Stilisierung der sozialen Positionen sind für die verschiedenen sozialen Gruppen sowohl die originär ökologischen Motive, Mentalitäten und Interessen ausfindig zu machen als auch deren nicht-ökologischen Äquivalente,[40] die sich in der Bilanz ökologisch positiv auswirken. Hinsichtlich der mächtigen Einflüsse aus der Erwerbswelt auf die Muster individueller Lebensführung und ihre ökologischen Folgen sind zudem Untersuchungen gefragt, die über die Beschäftigung der Lebensstil-Forschung mit der Differenzierung der sozialen Strukturen hinausgehen. Hier ist es insbesondere die Aufgabe der Forschungsansätze zur alltäglichen Lebensführung und reflexiven Moderne, die Wechselwirkungen zwischen wirtschaftlichem und sozialem Wandel und individuellem Umweltverhalten zu durchleuchten.

Die empirische Sozialforschung kann einerseits Hinweise auf Möglichkeiten zur Förderung ökoeffizienter und suffizienter Verhaltensmuster geben, die an den jeweiligen speziellen Wohlstandskonzepten der verschiedenen Gruppen ansetzen, statt pauschal für alle Haushalte „ein Leitbild des ökologischen Konsums" zu postulieren. Andererseits kann sie herausarbeiten, welche Einflüsse von den Veränderungen im Wirtschaftsleben, die Gelegenheiten für und Sachzwänge gegen umweltverträgliches Haushaltsverhalten schaffen, ausgehen. Für Politik und Wirtschaft heißen die Konsequenzen, in ihrem jeweiligen Verantwortungsbereich solche Hinweise und Erkenntnisse in Strategien einzubinden, die sich sowohl an das ökologisch reflektierte und das nicht ökologisch motivierte Konsumverhalten als auch an die Anpassung von ambivalenten Kontextbedingungen richten.

---

40 Als Äquivalente zu originär ökologischen Motiven und Mentalitäten können beispielsweise Gesundheitsvorsorge, soziale Verantwortung, Sparsamkeit, Qualitätsbewußtsein, unprätentiöser Habitus, Effizienzorientierungen und sorgende und pflegende Einstellungen wirken.

Literatur

Altenburg, U.; Balderjahr, I.; Buchholz, P.; de Vries, W. (1996): Bestimmungsgründe des Abfallverhaltens privater Haushalte: Ein internationaler Vergleich zwischen den Städten Leipzig und Amsterdam. In: Jahrbuch der Absatz und Verbraucherforschung, GfK, Nr. 3/1996, S. 282ff.

Anders, H.-J. (1990): Euro-Verbraucher – Realität oder Fiktion? In: Szallies, R.; Wiswede, G. (Hg.), Wertewandel und Konsum. Fakten, Perspektiven und Szenarien für Markt und Marketing. Landsberg.

Berger, P. A. (1994): Soziale Ungleichheiten und sozio-kulturelle Milieus. Die neuere Sozialstrukturforschung „zwischen Bewußtsein und Sein". In: Berliner Journal für Soziologie, Heft 2, S. 249-264.

Bodenstein, G.; Spiller, A.; Elbers, H. (1997): Strategische Konsumentscheidungen: Langfristige Weichenstellungen für das Umwelthandeln – Ergebnisse einer empirischen Studie, Diskussionsbeiträge des Fachbereichs Wirtschaftswissenschaft der Gerhard-Mercator-Universität-Gesamthochschule Duisburg. Duisburg.

Bogun, R. (1997): Lebensstilforschung und Umweltverhalten. Anmerkungen und Fragen zu einem komplexen Verhältnis. In: Brand, K.-W. (Hg.), Nachhaltige Entwicklung. Eine Herausforderung an die Soziologie. Opladen, S. 211-234.

Brand, K.-W.; Poferl, A.; Schilling, K. (1996): Determinanten des Umweltbewußtseins im Alltag. Forschungsvorhaben des Umweltbundesamtes. München.

BUND; Misereor (Hg.) (1996): Zukunftsfähiges Deutschland. Ein Beitrag zu einer global nachhaltigen Entwicklung. Basel, Boston, Berlin.

Diekmann, A.; Preisendörfer, P. (1992): Persönliches Umweltverhalten: Diskrepanzen zwischen Anspruch und Wirklichkeit. In: Kölner Zeitschrift für Soziologie und Sozialpsychologie, 44. Jg., Heft 2, S. 226-251.

Drieseberg, T. (1995): Lebensstil-Forschung. Theoretische Grundlagen und praktische Anwendungen. Heidelberg.

Ehling, M. (1995): Zeitverwendung in Ost- und Westdeutschland. In: Glatzer, W.; Noll, H.-H. (Hg.), Getrennt vereint. Lebensverhältnisse in Deutschland seit der Wiedervereinigung. Frankfurt/M., S. 263-282.

Gierl, H.; Bösl, A. (1991): Marken für Lebensmittel aus kontrolliert-biologischem Anbau? In: Markenartikel, Nr. 6, S. 283-294.

Gillwald, K. (1995): Ökologisierung von Lebensstile: Argumente, Beispiele, Einflußgrößen. Veröffentlichungen des Wissenschaftszentrum Berlin für Sozialforschung. Berlin.

Haarland, H. P.; Niessen, H.-J.; Schröder, A. (1990): Erwerbsarbeit und Unterhaltswirtschaft. Berlin, Heidelberg.

Hagner, C.; Bokelmann, U.; Riekemann, B. (1996): Warum und zu welchem Preis werden Ökoprodukte gekauft? In: Ökologie & Landbau, 24. Jg., Nr. 3.

Herlyn, U.; Scheller, G.; Tessin, W. (1994): Neue Lebensstile in der Arbeiterschaft? Eine empirische Untersuchung in zwei Industriestädten. Opladen.

Hielscher, V.; Hildebrandt, E. (1997a): Weniger arbeiten, besser leben? Die ökologischen und sozialen Folgewirkungen von Arbeitszeitverkürzung. In: Politische Ökologie, 15. Jg., Nr. 50, S. 56-59.

Hielscher, V.; Hildebrandt, E. (1997b): Volkswagen in Wolfsburg – Modernisierung und Lebensführung zwischen Tradition und neuen Lebensformen. Unv. Manuskript (Workshop-Protokoll vom 10. und 11. Juli 1997). Berlin.

Hielscher, V.; Hildebrandt, E. (1999): Zeit für Lebensqualität. Auswirkungen verkürzter und flexibilisierter Arbeitszeiten auf die Lebensführung. Berlin.

Hildebrandt, E. (Hg.) (1990): Ökologischer Konsum. Berlin.

Hildebrandt, E. (1997): Nachhaltige Lebensführung unter den Bedingungen sozialer Krise – einige Überlegungen. In: Brand, K.-W. (Hg.), Nachhaltige Entwicklung. Eine Herausforderung an die Soziologie. Opladen, S. 235-249.

Jürgens, K.; Reinecke, K. (1998a): Zwischen Volks- und Kinderwagen. Auswirkungen der 28,8-Stunden-Woche bei der Volkswagen AG auf die Alltagsarrangements von Schichtarbeiterfamilien. Institut für Soziologie der Universität Hannover. Hannover.

Jürgens, K.; Reinecke, K. (1998b): Zwischen Volks- und Kinderwagen. Auswirkungen der 28,8-Stunden-Woche bei der Volkswagen AG auf die familiale Lebensführung von Industriearbeitern. Berlin.

Kesseler, T. (1994): Fluch oder Chance? Produkte des kontrolliert-biologischen Anbaus im konventionellen Lebensmitteleinzelhandel. In: Ökologie + Landbau, Nr. 90, S. 45-48.

Kreuzer, K. (1996): Bio-Vermarktung. Vermarktungswege für Lebensmittel aus ökologischer Erzeugung. Lauterbach.

Littig, B. (1995): Die Bedeutung von Umweltbewußtsein im Alltag. Oder: Was tun wir eigentlich, wenn wir umweltbewußt sind? Frankfurt/M.

Lüscher, K.; Schultheis, F.; Wehrspaun, M. (Hg.) (1988): Die „postmoderne" Familie. Familiale Strategien und Familienpolitik in einer Übergangszeit. Konstanz.

Neitzel, H.; Landmann, U.; Pohl, M. (1994): Das Umweltverhalten der Verbraucher – Daten und Tendenzen. Empirische Grundlagen zur Konzipierung von „Sustainable Consumption Patterns" – Elemente einer „Ökobilanz Haushalte". Berlin.

Preisendörfer, P. (1996): Umweltbewußtsein in Deutschland 1996. Ergebnisse einer repräsentativen Bevölkerungsumfrage im Auftrag des Umweltbundesamtes Berlin. Berlin.

Projektgruppe „Alltägliche Lebensführung" (Hg.) (1995): Alltägliche Lebensführung. Arrangements zwischen Traditionalität und Modernisierung. Opladen.

Promberger, M.; Rosdücher, J.; Seifert, H.; Trinczek, R. (1997): Weniger Geld, kürzere Arbeitszeit, sichere Jobs? Soziale und ökonomische Folgen beschäftigungssichernder Arbeitszeitverkürzungen. Berlin.

Prose, F.; Wortmann, K. (1991): Energiesparen: Verbraucheranalyse und Marktsegmentierung der Kieler Haushalte. Endbericht Bd. I: Die sieben Kieler Haushaltstypen – Werte, Lebensstile und Konsumverhaltensweisen (WELSKO). Kiel.

Reusswig, F. (1993): Die Gesellschaft der Lebensstile. In: Politische Ökologie Special, September/Oktober 1993, S. 6-9.

Schäfer, D.; Schwarz, N. (1994): Wert der Haushaltsproduktion 1992. In: Sonderdruck aus Wirtschaft und Statistik 8/1994, S. 597-612.

Scherhorn, G. et al. (1997): Wege zu nachhaltigen Konsummustern: Überblick über den Stand der Forschung und vorrangige Forschungsthemen. Ergebnisbericht über den Expertenworkshop „Wege zu Nachhaltigen Konsummustern" des Bundesministeriums für Bildung, Wissenschaft, Forschung und Technologie (BMBF). Marburg.

Schluchter, W.; Dahm, G. (1996): Analyse der Bedingungen für die Transformation von Umweltbewußtsein in umweltschonendes Verhalten. Forschungsbericht im Auftrag des Umweltbundesamtes. Berlin.

Schultz, I.; Weller, I. (1996): Nachhaltige Konsummuster und postmaterielle Lebensstile. Eine Vorstudie im Auftrag des Umweltbundesamtes. Frankfurt/M.

Schwarz, N.; Stahmer, C. (1996): Umweltökonomische Trends bei privaten Haushalten. Teil 2: Ökologische Trends. In: Statistisches Bundesamt (Hg.), Wirtschaft und Statistik, Heft 11, S. 728-742.

Seel, B.; Stahmer, C. (Hg.) (1995): Haushaltsproduktion und Umweltbelastung: Ansätze einer Ökobilanzierung für den privaten Haushalt. Frankfurt/M., New York.

SINUS-Institut (Hg.) (1985): SINUS Lebensweltforschung. Ein kreatives Konzept. Heidelberg.

Spellerberg, A. (1994): Lebensstile in West- und Ostdeutschland. Verteilung und Differenzierung nach sozialstrukturellen Merkmalen. Veröffentlichungen des Wissenschaftszentrum Berlin für Sozialforschung. Berlin.

Umweltbundesamt (1997): Nachhaltiges Deutschland. Wege zu einer nachhaltig umweltgerechten Entwicklung. Berlin.

Uusitalo, L. (1986): Environmental impacts of consumption patterns. Aldershot u.a.

Vester, M. (1995): Deutschlands feine Unterschiede. Mentalitäten und Modernisierung in Ost- und Westdeutschland. In: Das Parlament, Beilage „Aus Politik und Zeitgeschichte" B20/1995, S. 16-30.

Voß, G. (1991): Lebensführung als Arbeit. Über die Autonomie der Person im Alltag der Gesellschaft. Stuttgart.

Voß, G. (1995): Entwicklung und Eckpunkte des theoretischen Konzepts. In: Projektgruppe „Alltägliche Lebensführung" (1995), S. 23-43.

Weskamp, C. (1995): Determinanten nachhaltigen Konsums. In: Weskamp, C. (Hg.), Ökologischer Konsum. Ansätze und Leitbilder nachhaltig ökologischer und sozialverträglicher Lebensweisen. Berlin, S. 7-21.

Zapf, W.; Breuer, S.; Hampel, J. (1987): Individualisierung und Sicherheit. Untersuchungen zur Lebensqualität in der Bundesrepublik Deutschland. München.

DIE PRODUKTIVE VERWENDUNG DER FREIEN ZEIT

Gerhard Scherhorn

Dies ist eine Untersuchung über die unbezahlte Arbeit. Von unbezahlter Arbeit kann man nicht leben, nicht in einer Geld- und Marktwirtschaft. Doch kann man mit ihr eine Änderung in den Lebensumständen abfedern, wie sie bei Arbeitszeitverkürzung oder auch bei Arbeitslosigkeit entsteht. Dies waren *die Annahmen, die wir prüfen wollten:* Einen Rückgang des Erwerbseinkommens kann man zum Teil durch unbezahlte Arbeit ausgleichen. Denn mit ihr erwirbt man Realeinkommen, d.h. stellt Güter und Dienste, die sonst gekauft werden müßten, selber her oder vermeidet es auf andere Weise, dafür Geld auszugeben. Und es erhöht die eigene Lebensqualität, daß man selbstbestimmt arbeitet und sich Zeit dafür nehmen kann, also fällt es leichter, mit wenig auszukommen. Wieweit beides zutrifft, läßt sich nur bei denen untersuchen, die über ein Minimum an häuslicher Tätigkeit hinaus Eigenarbeit praktizieren. Also haben wir in drei Städten Menschen gesucht, die diese Bedingung erfüllten und bereit waren, ein Jahr lang über ihre unbezahlte Arbeit – Anlässe, Ergebnisse, Befindlichkeiten – Protokoll zu führen. Es waren Menschen, die diese Tätigkeiten unter günstigen Bedingungen ausüben konnten, weil sie Zugang zu Gemeinschaftseinrichtungen hatten, zu Werkstätten oder Tauschringen zum Beispiel. Daneben wurden im Rahmen von zwei Diplomarbeiten je eine Stichprobe von Arbeitslosen und von Erwerbstätigen sowie ihren Frauen befragt, die für ihre Eigenarbeit auf die eigene Häuslichkeit oder Nachbarschaft angewiesen waren. Zugang und Methode werden im Abschnitt „Drei Stichproben" genauer beschrieben. Zunächst aber soll der Problemhintergrund charakterisiert werden.

1. Zwei mögliche Entwicklungen der Arbeitszeit

„Allmählich, doch für viele spürbar, schwindet die Bedeutung der Erwerbsarbeit. Der Strom von Gütern und Diensten, die weitgehend ohne den Einsatz von Arbeitskräften geschaffen werden, schwillt ständig an. Arbeitsplätze wandeln sich zügig zu Wertschöpfungsplätzen, an denen Kapital und Wissen wirken, vor allem Wissen, das nicht länger an Hirne gebunden ist".

Mit diesen Worten beschreibt Miegel (1999) die wirtschaftliche Dynamik, die derzeit und in den kommenden Jahren den Charakter der Erwerbsarbeit verändert. Es gibt keinen Zweifel daran, daß die Diagnose zutrifft; sie beruht auf Innovationen, die bereits eingeleitet sind. Miegel fügt aber eine Prognose hinzu, die viel unsicherer ist, weil sie Entscheidungen voraussetzt, die noch in der Zukunft liegen. Er nimmt an, daß die Entwicklung auf eine *Zweiteilung der Erwerbsarbeit* hinausläuft: „Nur noch die Hälfte der abhängig Beschäftigten verfügt in sechs Jahren (also 2005) über einen dauerhaften Vollzeitarbeitsplatz. Der Rest arbeitet Teilzeit, lebt mit einer befristeten Tätigkeit oder muß sich mit einer geringfügigen Beschäftigung begnügen, arbeitet also nur wenige Stunden in der Woche." Das wäre, ob so gemeint oder nicht, das Modell der modernen Sklavengesellschaft. Denn „der Rest" muß sich mit minimalen Löhnen und mehreren geringfügigen Arbeitsverhältnissen über Wasser halten. Daß er über ein Grundeinkommen alimentiert wird, ist nicht zu erwarten, weil nicht zu bezahlen. Die Ansprüche der privilegierten Arbeitskräfte und der Kapitaleigner werden nicht genug vom Sozialprodukt übriglassen.

Ob es so kommt oder nicht, haben wir noch in der Hand. Die Gesellschaft könnte sich auch für eine andere Zukunft entscheiden, eine solidarische *Verkürzung der Erwerbsarbeitszeit:* Viele, die jetzt einen Vollzeitarbeitsplatz haben, könnten auf einige Stunden Arbeit und den entsprechenden Teil ihres Einkommens verzichten, damit andere, die keinen haben, ebenfalls arbeiten und (mehr) Geld verdienen können. Das wäre nicht nur im Sinne der Solidarität, sondern läge auch in der Logik der Wohlstandssteigerung. Denn die besagt ja wohl, *daß der technische Fortschritt es uns allen nach und nach ermöglicht, mit weniger Arbeit gut zu leben.*

So jedenfalls hat man sich den Fortschritt noch in der ersten Hälfte dieses Jahrhunderts vorgestellt. Dahinter stand die Annahme, die Güterwünsche würden nach und nach gesättigt und die Arbeitszeit würde fortschreitend so verkürzt, daß alle an der steigenden Produktivität teilhaben könnten. Heute wäre es so weit: Die Produktivität ist so hoch und die Nachfrage nach Gütern und Diensten so weit hinter ihr zurückgeblieben, daß die Arbeitszeit beträchtlich verkürzt werden könnte.

Die produktive Verwendung der freien Zeit 345

2. Der Preis der Freizeit

Aber das scheint nicht so einfach zu sein. Zwar haben die politischen Parteien die Arbeitszeitverkürzung in ihren Programmen. Auch der DGB hat in seinen „Alternativen für mehr Wachstum und Beschäftigung" festgestellt, daß „kräftige Schritte der Arbeitszeitverkürzung unverzichtbar" sind, weil „die Arbeitsproduktivität schneller wächst als die Wirtschaft." Doch politische Entscheidungen, um Unternehmen und Arbeitnehmern kürzere Arbeitszeiten nahezubringen und zu erleichtern, sind nicht gefallen und derzeit wohl auch nicht geplant.

Das Zögern hat zwei verschiedene Ursachen. Die erste habe ich an anderer Stelle behandelt (Scherhorn 1997a) und will sie hier nur kurz skizzieren, mit der zweiten will ich mich in diesem Beitrag auseinandersetzen. *Die erste Ursache* ist vor allem an zwei Entwicklungen abzulesen. Zum einen beanspruchen Staat und Kapital einen zunehmenden Anteil vom Zuwachs des Volkseinkommens, so daß der Anteil der Arbeitnehmereinkommen zurückbleibt. Zum anderen profitiert nur ein Teil der Arbeitnehmer vom Zuwachs der Produktivität, nämlich diejenigen, die an dem heute dynamischsten Produktionsfaktor *Information und Kommunikation* beteiligt sind (Cohen 1998). Die anderen werden minderentlohnt oder nicht weiterbeschäftigt. Denn die Beschäftigungschancen der einfachen Arbeitskräfte verschlechtern sich immer dann, wenn eine höhere Innovationstätigkeit *nicht* von einer entsprechenden Erhöhung der Humankapitalbildung begleitet wird (Jungblut 1999). Das ist heute der Fall.

Man sieht: Das Problem der Wohlstandsverteilung greift tiefer, es läßt sich nicht allein durch Umverteilung der Arbeitszeit lösen. Nötig ist auch eine Korrektur der grundlegenden (Preis-)Relationen der Produktionsfaktoren Natur, Arbeit und Kapital. Nötig ist auch eine breitere Vermittlung der Wissensfortschritte, und dies nicht nur in der Schule. Beides zusammen würde die Beschäftigungschancen insgesamt erhöhen und sie unter den Arbeitnehmern gleichmäßiger verteilen. Zwar ist auf diesem Wege Vollbeschäftigung im früheren Sinne – also mit Vollzeitarbeit – nicht zu erreichen; der technische Fortschritt, dessen Rationalisierungseffekte inzwischen auch den Dienstleistungsbereich erfaßt haben, wird ja dadurch nicht wieder zurückgedreht. Aber in eine derart umfassende Verteilungspolitik wäre die Arbeitszeitverkürzung sinnvoll einzuordnen. Das würde sie mehrheitsfähig machen, was sie heute nicht ist.

Heute sehen viele Arbeitnehmer in allgemeiner Arbeitszeitverkürzung eben deshalb keinen gangbaren Weg, weil sie nicht Bestandteil einer größeren Konzeption ist:

- Sie verweisen darauf, daß dort, wo die Arbeitszeit bereits verkürzt wurde, nicht selten der Zeitgewinn durch erzwungene zusätzliche Koordinationsleistungen in der Freizeit absorbiert und/oder durch Verdichtung der Leistungsanforderungen in der Arbeitszeit entwertet worden ist, und lesen an beidem ab, daß die Verkürzung der Arbeitszeit den Arbeitnehmern eher Nachteile bringt.
- Sie haben vor Augen, daß die Arbeitszeitverkürzung sich nachteilig auf die Lage der geringverdienenden Arbeitnehmer auswirkt, bei denen eine Einkommenskürzung schon jetzt zu sozialen Härten führen würde.

Das deutet darauf hin, daß die Diskussion über eine sinnvolle und wirksame Arbeitszeitverkürzung gerade erst begonnen hat. Es ist noch nicht geklärt, welchen Preis die Arbeitnehmer für die freie Zeit zahlen müssen und welche Nachteile vermieden werden können und sollen. Der Stand der Forschung erlaubt zwar die Aussage, daß die Arbeitszeitverkürzung nicht nur in den vergangenen 120 Jahren positive Auswirkungen gehabt hat – in wichtigen Industrieländern konnten „sowohl die Realeinkommen um das 9-10fache gesteigert als auch die Arbeitzeit um die Hälfte reduziert werden" (Bosch 1999, S. 321) – sondern auch in Zukunft „von kollektiven Arbeitszeitverkürzungen positive Beschäftigungswirkungen zu erwarten sind" (ebd., S. 312). Doch ebenso klar schält sich heraus, daß die positiven Beschäftigungswirkungen ihren Preis haben: Die Einkommensverteilung wird egalitärer (S. 315), was politisch nicht jedem recht sein dürfte, die Arbeitszeit wird flexibler (S. 316f.), was den Beschäftigten in ihrer Freizeit erhöhte Koordinationskosten auferlegt, die betriebliche Arbeitszeitpolitik wird zur zentralen Stellgröße, was die Bedeutung der Betriebsräte stärkt (S. 318) und von den Gewerkschaften Anpassungsleistungen verlangt.

Vorerst geht es in der öffentlichen und halböffentlichen Diskussion noch darum, daß der Preis der Freizeit realistisch wahrgenommen und akzeptiert wird. Er ist nicht gering. Aber nirgendwo steht geschrieben, daß die Steigerung des Wohlstands ohne Kosten ist. Wie die Kosten für Umwelt und Gesundheit nicht auf die Allgemeinheit abgewälzt werden dürfen, sondern internalisiert und von den Verursachern und Nutznießern getragen werden müssen, so muß man sich auch darüber im Klaren sein, daß die Chancen für den Wohlstand, die in der Verringerung der Arbeitszeit liegen, nicht umsonst zu haben sind. Sie müssen durch Anpassung der Betriebszeiten und durch betriebliche und staatliche Aus- und Weiterbildung erarbeitet werden, was sicher nicht ohne Versuch und Irrtum abgehen wird.

Doch Nichtstun hieße zusehen, wie sich das oben skizzierte Zukunftsbild einer zweigeteilten Gesellschaft durchsetzt, in der die eine Hälfte Vollzeitarbeit,

Die produktive Verwendung der freien Zeit

die andere mehrere und wechselnde Teilzeitbeschäftigungen hat und beide unter Arbeitsstreß und Zeitknappheit leiden.

3. Blick für die Chancen

Das wäre nur dann gerechtfertigt, wenn die Zweiteilung der Arbeit auch von den Arbeitnehmern der Verkürzung der Arbeit vorgezogen würde. Es ist ja möglich, daß die überkommene Fortschrittsvorstellung – auskömmlicher materieller Wohlstand mit weniger Arbeit und mehr berufsfreier Zeit – sich auch deshalb als nicht mehrheitsfähig herausstellt, weil viele Menschen heute nur zwei Ziele erstrebenswert finden: Arbeit und Konsum, und weil sie für die Hoffnung auf beides Zeitnot und Arbeitsstreß in Kauf nehmen, ja sogar die Aussicht auf Arbeitslosigkeit ertragen. In der Tat dürfte hier die *zweite Ursache* für das Hinauszögern der Arbeitszeitverkürzung liegen.

Sie liegt in der gesellschaftlichen und individuellen Gewöhnung an die Vollzeitarbeit, an die mit ihr verbundene Zeiteinteilung und häusliche Arbeitsteilung, an die aus ihr abgeleiteten Einkommensansprüche und Glückserwartungen. Die *Identität* der meisten Menschen wurde bisher von der Berufsarbeit geprägt, ihren Leistungsansprüchen und Belohnungsformen – und damit zugleich auch *von der konsumtiven Verwendung der berufsfreien Zeit*.

Denn die berufsfreie Zeit erstreckt sich bisher nur auf wenige Stunden, sie wird teils durch das Fremdbestimmte und teils durch das Anstrengende der langen Berufsarbeit stark belastet, sie ist daher vornehmlich der Ablenkung und Regeneration gewidmet, und diese wird nicht etwa in anderer Arbeit gesucht, sondern in Nichtarbeit, in der Beschäftigung mit den Früchten der Berufsarbeit, den Konsumgütern. Man arbeitet, um sich zu regenerieren, und das heißt nicht unbedingt auch, um zu leben. Leben würde bedeuten, daß die freie Zeit nicht nur mit passiver Ablenkung, sondern auch mit aktiven, herausfordernden Tätigkeiten erfüllt wird, mit dem produktiven Einsatz psychischer und körperlicher Energie.

Zwar ist der Wunsch nach Teilzeitarbeit durchaus verbreitet. „Jede(r) vierte Erwerbstätige in Westdeutschland und jede(r) fünfte Erwerbstätige in Ostdeutschland wünschte sich 1995 bei entsprechender Verdiensteinbuße eine wöchentliche Arbeitszeit unter 35 Stunden" (Schulze-Buschoff 1999, S. 28). Aber „es sind überwiegend Frauen, die eine Teilzeitarbeitsstelle präferieren. 59% der westdeutschen und 38% der ostdeutschen Frauen, die erwerbstätig sind, wünschten sich 1995 eine Teilzeitstelle, dagegen nur 16% bzw. 13% der Männer" (ebd., S. 29).

Gerade Männer, die an den „Normalarbeitstag" gewöhnt sind, können sich oft schwer vorstellen, daß ein Mehr an berufsfreier Zeit ihnen *die Chance eröffnen würde, sich in anderer, produktiverer und sinnvollerer Weise zu verwirklichen* als in regenerativem Konsum. Deshalb ist es so wichtig, nachzuweisen, daß diejenigen, die kürzere Arbeitszeiten bereits gewählt oder auferlegt bekommen haben, tatsächlich die Chance wahrnehmen, dem Erwerbsleben eine selbstbestimmte Struktur produktiven Tätigseins an die Seite zu stellen, die ihnen eine weniger abhängige Lebensführung erlaubt. Um diesen Nachweis ging es im ersten Teil der vorliegenden Untersuchung. Denn nur damit läßt sich begründen, daß die Arbeitszeitverkürzung der Zweiteilung der Arbeit, auf die heute vieles zusteuert, vorzuziehen ist. Ohne Teilzeitarbeit der Männer aber ist die komplementäre Entwicklung von Subsistenzwirtschaft und Erwerbswirtschaft nicht zu erreichen.

4. Zur Geschichte des Problems

Deshalb soll es in diesem Beitrag um die Frage gehen, ob man aus den Erfahrungen derer, die mit ihrer freien Zeit aktiv umgehen, schließen kann, daß – und unter welchen Bedingungen – die Arbeitszeitverkürzung den Menschen eine neue Chance eröffnet, die eigenen Fähigkeiten und das soziale Leben produktiv zu entfalten.

Die Fragestellung schließt an die Diskussion über „democratic leisure" an. Bis in die Zwanziger Jahre war die Hoffnung verbreitet, die auf Güter gerichteten Bedürfnisse würden bald gesättigt sein, die weiter steigende Produktivität würde den Menschen dann also mehr freie Zeit bescheren – von Erwerbsarbeit *und* von Konsum freie Zeit (denn mehr Konsum würde wieder mehr Erwerb voraussetzen). Die Einführung der 48-Stunden-Woche und des bezahlten Urlaubs wurden mit Begeisterung begrüßt. Der Urlaub sollte, wie der Historiker Gary Cross (1993) beschreibt, als Initialzündung für die Versuche dienen, die freie Zeit sinnvoll zu verbringen, also in Zeitwohlstand zu leben.

Man wollte das Familienleben stärken, Gemeinschaftswerte beleben und die Fähigkeit zu „demokratischer Muße" einüben, die sich teils in Hobbyarbeit und Eigenproduktion, teils in freiwilliger Gemeinwesenarbeit und teils in Bildungs- und Kulturarbeit auswirken sollte. Kreativität, politisches und kommunales Engagement, soziale Arbeit, gemeinsame Spiele, Körperbeherrschung und Naturgenuß, Kunst und Kultivierung sollten gefördert werden. Die amerikanischen Ferienläger, die Waldheime in deutschen Städten, die Volkshochschulen sind aus diesem Gedankengut erwachsen.

Noch als die Große Depression solche Hoffnungen auf lange Zeit zerstörte, haben die amerikanischen Gewerkschaften den Zusammenbruch von 1929 damit erklärt, die Unternehmen hätten es versäumt, die hohen Produktivitätszuwächse durch Verkürzung der Arbeitszeit auszugleichen, und haben den Sechsstundentag gefordert, um wieder Vollbeschäftigung herzustellen.

Aber der „New Deal" des Präsidenten Roosevelt setzte auf die weitere Expansion von Masssenarbeit und Massenkonsum; sein Motto war „full employment, full consumption". Die Wirtschaftswissenschaft konvertierte zur Doktrin von der Unersättlichkeit der Güterwünsche, dem ideologischen Überbau des Massenkonsums. Der zweite Weltkrieg ließ den Gedanken an Muße nicht mehr zu. Und nach seinem Ende ging es nur noch um Vollbeschäftigung durch Wirtschaftswachstum. Die Bereitschaft, zugunsten von mehr Zeit auf Mehreinkommen zu verzichten, war durch die Erfahrung der Arbeitslosigkeit diskreditiert, denn die ließ die freie Zeit als wertlos erscheinen, und wurde durch die Faszination der technischen Komfortgüter abgelenkt, die nach dem Krieg die Nachfrage der Konsumenten belebten (alles nach Cross 1993).

Niemand kann behaupten, daß diese Faszination inzwischen erloschen wäre; die neuen Möglichkeiten der Informationsverarbeitung und Telekommunikation haben ihr gerade wieder einen kräftigen Schub gegeben. Aber die Zuwachsraten der Konsumnachfrage insgesamt sind geringer als die der Produktivität, und die Arbeitszeit ist seit dem Ende des zweiten Weltkrieges in Übereinstimmung mit den Wünschen der Arbeitnehmer kontinuierlich gesunken. Eine international vergleichende Studie im Wissenschaftszentrum Berlin (Dathe 1998) hat gezeigt, daß in ganz Europa auch weiterhin kürzere Arbeitszeiten gewünscht werden. Dabei dürfte generell gelten, was Sanne (1998) aus Schweden berichtet: Eine Minderheit ist bereit, für ein Mehr an freier Zeit ihr Einkommen zu reduzieren, während die Mehrheit dafür lieber nur auf Einkommenserhöhung verzichten würde. Daß es zugleich unter den Teilzeitbeschäftigten auch Wünsche nach längeren Arbeitszeiten gibt, gleich das nicht aus.

5. Freizeit und Arbeit

Die Verwendung der freien Zeit kann man aufteilen in Freizeitbeschäftigungen und informelle Arbeit. Als *Freizeitbeschäftigungen* gelten Tätigkeiten mit überwiegend unterhaltendem oder entspannendem Charakter wie Kinogang und Fernsehen, Theater- und Museumsbesuch, Spazierengehen und Wandern, Wochenendfahrten und Urlaubsreisen, sportliche Tätigkeiten wie das Tennisspielen, Liebhabereien wie das Musizieren, Fotografieren oder das Briefmarkensammeln, das Beobachten von Käfern oder von Sternen, die Unterhaltung mit Freunden, das Zusammensein in der Familie, der Besuch geselliger Veranstaltungen, das Tanzen, Singen und Spielen, und nicht zuletzt die verschiedenen Formen der Meditation.

All das sind nichtwirtschaftliche Tätigkeiten. Sie haben selbstzweckhaften Charakter. In die Untersuchung, über die ich berichten will, wurden nur *wirtschaftliche* Verwendungen der freien Zeit einbezogen (Scherhorn/Dahm 1999). Man mag das bedauern; es ist sicher eine gravierende Einengung des Untersuchungsbereichs, die nach weiteren Untersuchungen verlangt. Aber selbst der eingeengte Bereich ist noch so komplex, daß die Ergebnisse nur partiellen und vorläufigen Charakter haben können.

Wir haben die Untersuchung auf die wirtschaftliche, zweckbezogene Verwendung der freien Zeit beschränkt, die *informelle Arbeit* in Haus und Garten, beim Werken und Reparieren, bei der Hilfe für andere Menschen, bei der Tätigkeit in Vereinen und Initiativen. Man nennt wirtschaftliche Tätigkeiten „informell", wenn sie nicht im Rahmen einer formell-vertraglich geregelten und entlohnten Berufstätigkeit stattfinden, sondern im informellen Bereich von Familien, Nachbarschaften, Vereinen, Initiativen. Hier ist die Arbeit zwar nicht minder notwendig und auch nicht weniger bedeutsam – zwei Drittel aller Arbeitsstunden werden informell geleistet (Bierter 1995, S. 45). Aber sie wird eben nicht auf Grund formeller Verträge verrichtet wie die berufliche Arbeit, und sie wird nicht wie diese entlohnt.

Von den informellen Tätigkeiten galt unsere Untersuchung ausgewählten Tätigkeiten der Eigenarbeit. Den Begriff *Eigenarbeit* hat Christine von Weizsäcker geprägt (Weizsäcker/Weizsäcker 1978). Er war gemeint als Oberbegriff für das, was nicht vermarktet, sondern selbst geleistet wird, für die gern ausgeübte Familienarbeit, Eigenproduktion, Nachbarschaftshilfe etc. auf der einen und die ungeliebte, aber notwendige Versorgungs- oder Reproduktionsarbeit auf der anderen Seite, die man auf sich nimmt, weil sie nun einmal die Voraussetzung für die Berufsarbeit und notwendiger Bestandteil der alltäglichen Lebensführung ist.

Der Begriff ist zum Kristallisationskern für eine Vielzahl von Versuchen geworden, die gesellschaftliche Fixierung auf die Erwerbsarbeit konzeptionell aufzubrechen (Möller 1997). Ulrich Beck hat den Begriff der *Bürgerarbeit* hinzugefügt (Beck 1997). Er könnte in meiner Sicht die auf Gemeinschaftsgüter bezogene Eigenarbeit bezeichnen, also das nichtentlohnte, vielleicht aber alimentierte Engagement für mitmenschliche, nachbarschaftliche, kommunale, regionale oder überregionale Einrichtungen oder Angelegenheiten – und man könnte von Bürgerarbeit auch dann sprechen, wenn sie *privat,* also in individu-

Die produktive Verwendung der freien Zeit   351

eller Initiative durchgeführt wird, während Beck sich für sie interessiert, wenn sie *öffentlichen* Charakter hat, weil sie „unter der Regie eines Gemeinwohlunternehmers" (Beck 1997, S. 146) steht.

Öffentliche Bürgerarbeit vollzieht sich in allgemein zugänglichen Einrichtungen, in Vereinen, Bürgerinitiativen, Foren der Lokalen Agenda 21 u.ä., und unterliegt einer staatlichen oder kommunalen Willensbildung oder ist mit ihr abgestimmt, während *private Bürgerarbeit* von einzelnen beschlossen und betrieben wird. Sie ist oft so nahe an der auf private Güter bezogenen Eigenarbeit, daß ich unnötiger Begriffsverwirrung aus dem Wege gehe und die beiden von uns untersuchten Formen nicht als Bürgerarbeit, sondern als „Gruppenarbeit" (Arbeit in Vereinen oder Initiativen) und „soziale Arbeit" (individuelle Betreuung von Alten, Kranken, Behinderten, fremden Kindern) bezeichne. Der Eigenarbeit, als dem Oberbegriff, sind sie allemal zuzuordnen; ob man sie auch Bürgerarbeit nennen will, mag der Entscheidung des Lesers überlassen bleiben.

Analog kann man von *privater Eigenarbeit* sprechen, wenn die Tätigkeit mit den häuslichen, privaten Ressourcen ausgeübt wird, in der Werkstatt im Keller, an der Nähmaschine im Wohnzimmer, in der eigenen Küche, oder in geliehenen oder gemieteten Einrichtungen wie dem Autowaschplatz; während *öffentliche Eigenarbeit* (Mutz 1998) sich in gemeinsamen Einrichtungen vollzieht, in Nachbarschaftswerkstätten oder Vereinen (Car Sharing, Realtausch); das „Haus der Eigenarbeit" in München ist ein Vorbild dafür.

Neben dem Begriff der Eigenarbeit, der manchen zu sehr auf das Individuum bezogen klingt, werden häufig auch Begriffe wie Familienarbeit, Versorgungsarbeit, Alltagsarbeit verwendet, um die sozial bezogene Komponente und auch das Fremdbestimmte und Mühevolle an manchen Formen der Eigenarbeit hervorzuheben. Die soziale Arbeit ist nach diesem Wortgebrauch ein Beispiel für Versorgungsarbeit, die Alltagsarbeit (z.B. Abwaschen und Putzen) haben wir nicht untersucht, auch die Familienarbeit (z.B. die Betreuung der eigenen Kinder) nur ganz am Rande. Im folgenden Text werden die Begriffe Eigenarbeit und Eigentätigkeit synonym bevorzugt; sie haben identische Bedeutung. Es kommt mir darauf an, das Eigene, nicht auf Erwerb gerichtete und im Prinzip Selbstbestimmte an der informellen Arbeit hervorzuheben.

6. Freiheit und Notwendigkeit

Die Chancen der freien Zeit liegen jenseits von Erwerbsarbeit und Konsum. Denn mehr freie Zeit bedeutet *weniger* Einkommen, also kann sie nicht mit konsumtiven Tätigkeiten gefüllt werden, die zusätzliche Güter und Dienste und folglich *mehr* Einkommen erfordern würden. Die zusätzlichen Zeitverwendungen müssen mit *dem* Umfang von Gütern und Diensten auskommen, der mit dem geringeren Einkommen finanzierbar ist. Das kann eine Umschichtung der Ausgaben nach sich ziehen, aber keine Steigerung.

Das muß nicht bedeuten, daß es für die informellen Tätigkeiten gar kein Geld gibt. Informelle Arbeit kann durchaus mit Geldzuwendungen verbunden sein. Denn im Unterschied zur Freizeitbeschäftigung ist sie auf Zwecke bezogen, die außerhalb von ihr liegen, und hat auch im Hinblick auf die hervorgebrachten Güter und Dienste den Charakter von Arbeit (Binswanger et al. 1983, S. 171) – meist kann man sich vorstellen, daß sie formell verrichtet werden könnte, und sie wird es ja auch, soweit ihre Ergebnisse sich mit Gewinn verkaufen lassen. Informelle Arbeit aber erzielt keinen Gewinn. Man nimmt sie aus innerer Verpflichtung und meist auch aus Freude an der Sache auf sich.

Für sie gibt es keinen Lohn, kein Entgelt; wäre eine Entlohnung wie im formellen Sektor finanzierbar, so wäre die Tätigkeit nicht informell. Doch können die Menschen, die sie ausüben, dafür *alimentiert*, d.h. mit einem Unterhaltszuschuß bedacht sein. Das kann ein Taschengeld sein, ein Stipendium, eine Art Wehrsold, eine Aufwandsentschädigung, ein Grundeinkommen, eine negative Einkommensteuer. Zudem kann man mit Eigenarbeit – beispielsweise mit eigenhändiger Reparatur– Geld sparen, das man sonst ausgeben müßte, man kann also Realeinkommen erwirtschaften.

Beide, die Alimentation und das Realeinkommen, können für das Moment der *Notwendigkeit* einen Ausgleich schaffen, das der informellen Arbeit im Unterschied zu den Freizeitbeschäftigungen sehr häufig anhaftet. Die Skala der informellen Tätigkeiten reich von der reinen Liebhaberei bis zu der Schwerarbeit langdauernder häuslicher Krankenpflege oder größerer Reparaturen. Dennoch wird die informelle Arbeit nicht für Geld getan, sondern aus eigenem Antrieb oder aus eigener Einsicht.

Das mag manchmal schwerfallen, wenn es sich um lästige Pflichten handelt, und erst recht wenn sie – etwa zwischen den Geschlechtern – ungerecht verteilt sind. Vor allem die Alltagsarbeiten wie das Abwaschen und Saubermachen, das Knopfannähen und Ausbessern, ja selbst die Versorgung der Kinder gehören nicht unbedingt zu den beliebtesten Tätigkeiten. Aber das zeigt nur, daß sie den Charakter von Arbeit haben, also mit Mühe verbunden sind. Es beweist nicht, daß sie nicht doch in Freiheit getan werden. Im allgemeinen sind sie intrinsisch motiviert, d.h. sie geschehen aus der Freude an der Sache oder aus der Sorge für den Menschen, dem sie gelten – was immer die sonstigen Motive und Anlässe sein mögen, an der Aufgabe ist man um ihrer selbst willen interessiert. In der informellen Arbeit sind Freiheit und Notwendigkeit keine Gegensätze.

Die produktive Verwendung der freien Zeit

In dem Moment der Freiheit ist die Chance der freien Zeit begründet, und sie ist bei den informellen Arbeiten womöglich noch größer als bei den Freizeitbeschäftigungen. Denn diese machen weniger Mühe, sie stellen im allgemeinen eine geringere Herausforderung dar. Lohn und Ansporn des intrinsisch motivierten Handelns liegen in den Empfindungen, die mit dem Handeln selbst einhergehen, genauer: mit der Neuorganisation im Bewußtsein, die entsteht, wenn man sich an einer Herausforderung bewährt (Csikszentmihalyi 1992). Das schließt externe Belohnungen zwar nicht aus. Doch das Ziel der Tätigkeit ist nicht der Erwerb äußerer Zuwendungen, sondern die Bewältigung der Aufgabe, die Bewährung an der Herausforderung.

Äußere Zuwendungen wie Alimentation, Realeinkommen, Dankbarkeit, Beachtung, Anerkennung werden in ihrer Bedeutung für die intrinsische Motivation verkannt, wenn man sie als Belohnungen betrachtet und in ihnen den Anreiz für intrinsisch motiviertes Handeln sieht. Denn ein an äußeren Anreizen orientiertes Handeln kann nicht zugleich intrinsisch, also durch das Interesse an der Sache motiviert sein. Im Gegenteil verdrängt es diese Motivation, weil der Anreiz das Interesse überlagert (Kohn 1993). Je mehr ein Handeln an äußeren Anreizen orientiert ist, desto weniger kann es zugleich intrinsisch motiviert sein. Bei intrinsischer Motivation sind die äußeren Belohnungen nicht so sehr Motive als vielmehr Grenzbedingungen: Wenn das Bemühen keine Beachtung findet, läßt der Einsatz vielleicht nach, weil das Gerechtigkeitsempfinden verletzt ist und das Gefühl für den Sinn der Bemühung schwindet (Lerner 1982). Aber das darf man nicht mit der Unzufriedenheit über eine zu geringe Belohnung gleichsetzen.

7. Drei Stichproben

Welche Chancen ein größerer Block an freier Zeit eröffnet, kann nur bei Menschen untersucht werden, die tatsächlich über einen solchen Zeitblock verfügen, ob er nun freiwillig zustande gekommen ist oder nicht, und diese Situation nicht nur als kurze Abweichung vom Normalpfad betrachten, sondern als eine Lebensbedingung, an die sie sich für eine längere und nicht genau absehbare Zeit anzupassen haben.

Ich berichte über drei separate Erhebungen bei Personen, die diese Bedingung erfüllen. Im Zentrum steht eine *Befindlichkeitsstudie* mit 31 Personen aus den Ruhrgebietsstädten Dortmund, Hattingen und Ahlen, die Eigenarbeit betreiben und bereit waren, über einen Zeitraum von zwölf Monaten mehrfach kontaktiert und befragt zu werden und über ihre Tätigkeiten Protokollbögen auszufüllen. In den Protokollen ging es hauptsächlich darum, die subjektive Befindlichkeit bei bestimmten Tätigkeiten der Eigenarbeit zu erheben; daher der Name der Studie. Der vollständige Bericht über die Ergebnisse ist in Vorbereitung (Scherhorn/Dahm 1999).

Sie wird von zwei Einmalerhebungen flankiert, die beide in schwäbischen Mittelstädten stattfanden. Eine davon hat sich auf Menschen konzentriert, die im Rahmen ihrer häuslichen Möglichkeiten regelmäßig verschiedene Formen der Eigenarbeit und der Versorgungsarbeit ausüben. Sie soll als *Haushaltsbefragung* bezeichnet werden. In insgesamt 100 Haushalten in Bietigheim-Bissingen wurden sowohl mündliche als auch schriftliche Interviews durchgeführt. Die Ergebnisse wurden in einer Diplomarbeit ausgewertet (Fink-Betzner 1997).

Die andere Einmalerhebung bestand in einer schriftlichen Befragung von 32 Arbeitslosen im Raum Göppingen/Esslingen. Sie wird im folgenden als *Arbeitslosenbefragung* bezeichnet. Es ging darum, unter welchen Voraussetzungen und in welchem Umfang Arbeitslose sich im informellen Sektor – dem Sektor der nicht formell-beruflich geregelten, nichtentlohnten Eigenarbeit – betätigen. Auch hier liegen die Ergebnisse in Form einer Diplomarbeit vor (Herbst 1998).

Die Teilnehmer an der Befindlichkeitsstudie wurden ausgewählt, weil sie regelmäßig mindestens eine der örtlichen Einrichtungen für Eigenarbeit benutzten. Verfügbar waren Offene Werkstätten für die Bearbeitung von Holz, Metallen, Textilien sowie für die Reparatur von Autos und Fahrrädern; Tauschringe, Car-Sharing-Vereine; Nachbarschaftshilfe, Quartiersservice, Möglichkeiten zum gemeinsamen Kochen.

In den beiden schwäbischen Orten gab es kaum vergleichbare Einrichtungen; die befragten Personen waren auf ihre eigenen Ressourcen angewiesen, ihre eigenen Wohnungen, Keller, Schuppen, Gärten und gegebenenfalls die ihrer Nachbarn. Die Stichproben unterscheiden sich also im Auswahlprinzip: In der Haushaltsbefragung wurden Menschen aufgesucht, die regelmäßig „private Eigenarbeit" machen, in der Befindlichkeitsstudie war der Anknüpfungspunkt die „öffentliche Eigenarbeit" (Mutz 1998), d.h. die in allgemein zugänglichen Einrichtungen verrichtete informelle Arbeit. In der Arbeitslosenbefragung war das Auswahlkriterium die Arbeitslosigkeit, doch von den Arbeitslosen, die sich an der Befragung beteiligten, hatten hinreichend viele Vorerfahrungen mit – meist privater – Eigenarbeit.

In allen drei Stichproben waren Männer und Frauen gleich häufig vertreten. Im übrigen gab es Unterschiede. Die Haushaltsbefragung zeigt naturgemäß einen größeren Anteil nichtberufstätiger Hausfrauen (33%); in der Befindlichkeitsstudie waren es 7%, in der Arbeitslosenbefragung keine. Der Anteil der

Arbeitslosen war in der Arbeitslosenbefragung 100%, in der Befindlichkeitsstudie 12% und in der Haushaltsbefragung 7%. In den beiden Befragungen waren je 40% Hauptschulabsolventen, in der Befindlichkeitsstudie 50%.

Auch im Einkommen unterscheiden sich die Stichproben. Die Personen in der Haushaltsbefragung (gegenüber der Befindlichkeitsstudie) haben zu 9% (gegenüber 48%) ein Nettoeinkommen unter 2.000 DM und zu 39% (gegenüber 3%) ein Einkommen von 4.000 DM und mehr. Wer über die Ressourcen für private Eigenarbeit verfügt, kann nicht ganz arm sein; das Durchschnittseinkommen dieser Haushalte liegt über dem der Gesamtbevölkerung (Fink-Betzner 1997, S. 36). Die Einrichtungen der öffentlichen Eigenarbeit dagegen ziehen Menschen aus allen Einkommensschichten an, auch und gerade aus den unteren.

8. Die Rolle der Vorerfahrung

Man kann diesen Befund verallgemeinern, auch wenn die Basis klein ist. Denn er wird von allen drei Erhebungen gestützt. Die Verallgemeinerung lautet: Ob Menschen in ihrer freien Zeit selbstbestimmte Aktivitäten ausführen, das ist *davon abhängig, daß die nötigen Voraussetzungen gegeben sind.* Voraussetzung für die private Eigenarbeit ist, daß man selbst über Vorkenntnisse, Werkzeug und Raum verfügt, oder über einen Garten, und das erfordert nun einmal einen gewissen Mindestwohlstand. Voraussetzung für die öffentliche Eigenarbeit ist dagegen, daß es in der Nähe eine Institution gibt, deren Ressourcen – Anleitung, Koordination, Räume, Werkzeuge – man nutzen kann. Wenn das gegeben ist, dann hängt die aktive Teilnahme allein von den eigenen Vorerfahrungen ab. Denn die Disposition zu intrinsisch motiviertem Handeln kann vorausgesetzt werden (Scherhorn 1999).

Weder das Alter noch das Geschlecht noch das Einkommen spielen eine Rolle, wohl aber die erworbene *Qualifikation.* Frauen sind in der Eigenarbeit nicht weniger aktiv als Männer, aber sie beschäftigen sich mit anderen Tätigkeiten, eben mit denen, in denen ihre bisherige Rolle sie geschult hat: Spezifisch technische Reparaturen oder Basteleien, besonders am Auto, sind eher Männersache, Haus- und Familienarbeit ist eher Frauensache, alles übrige tun beide Geschlechter gleich häufig, wie etwa Reparaturarbeiten in Haus und Wohnung, Gartenarbeit, Nachbarschaftshilfe.

Zu diesem Befund paßt auch, daß die befragten Arbeitslosen mit höherer Schulbildung häufiger informelle Arbeit leisten als solche mit geringerer, und daß die besser Ausgebildeten sich während der Arbeitslosigkeit häufiger weiterbilden als die mit geringerer Schulbildung. Noch wichtiger als die Vorbildung aber ist die Übung. 75% der Arbeitslosen gaben an, daß sie die Fertigkeiten für ihre jeweilige informelle Tätigkeit durch „learning by doing" erworben haben, 50% haben Freunde und Verwandte zu Rate gezogen. Berufliche Kenntnisse und spezielle Kurse haben eine geringere Rolle gespielt.

Entscheidend ist offenbar, daß man sich für eine Tätigkeit aktiv interessiert. Wenn das vor der Arbeitslosigkeit bereits der Fall war, wird man die Tätigkeit auch während der Arbeitslosigkeit ausüben (Häußermann et al. 1990). In der Arbeitslosenbefragung ergab sich ein sehr enger Zusammenhang (r = 0,7) zwischen den Aktivitäten vor und während der Arbeitslosigkeit: Je häufiger die Personen schon früher informelle Tätigkeiten ausgeübt haben, desto häufiger tun sie das auch als Arbeitslose, und desto größer ist die Wahrscheinlichkeit, daß sie diese Tätigkeiten jetzt intensivieren. So konnte sich der Anteil derer, die hauswirtschaftliche Tätigkeiten, handwerkliche Arbeiten in Haus und Wohnung sowie Eigenproduktion von Möbeln, technischen Geräten, Kleidungsstücken, Spielzeug etc. häufig oder sehr häufig ausüben, gegenüber der Zeit vor ihrer Arbeitslosigkeit um je 16% erhöhen. Bei der häuslichen Pflege von Angehörigen und bei der Nachbarschaftshilfe betrug die Steigerung sogar 18 bis 19%.

9. Eigenarbeit erzielt Realeinkommen

Bei Arbeitslosen liegt die Vermutung nahe, daß sie den Realeinkommenseffekt der Eigenarbeit zu schätzen wissen. In der Tat wurde in der Arbeitslosenbefragung von mehr als 50% geäußert, daß sie auch deshalb informell tätig sind, um Geld zu sparen. Daß sie zugleich auch Freude an den Tätigkeiten haben, steht nicht im Widerspruch dazu; schließlich suchen sie sich diejenigen Tätigkeiten aus, für die sie sich begabt und geeignet fühlen und in denen sie etwas leisten können.

Der gleiche Befund ergab sich in der Befindlichkeitsstudie. Auf die Frage, ob sie etwas getan hätten, wofür sie selbst oder andere sonst Geld bezahlen müßten, haben die Teilnehmer in über 85% der Protokolle mit „ja" geantwortet. Das heißt, die große Mehrheit hat Realeinkommen erwirtschaftet. Nur etwa 12% der ausgezählten Protokollbögen war zu entnehmen, daß dies nicht der Fall ist. Dieser Befund verteilt sich annähernd gleichmäßig auf die einzelnen Tätigkeitsbereiche der Eigenarbeit.

In der Befindlichkeitsstudie sind vornehmlich Personen zusammengekommen, die aufgrund geringen Einkommens und veränderter Berufssituation Eigenarbeit betreiben. Bei fast allen ist das Finanzbudget recht knapp bemessen,

Die produktive Verwendung der freien Zeit 357

bei vielen ist das Einkommen durch Vorruhestandsregelungen, durch freiwillige Entscheidung für weniger Einkommen und mehr Freizeit oder auch aufgrund latenter Bedrohung durch Arbeitslosigkeit (Personen in ABM-Anstellung) reduziert. Die Bedingung, mehr Freizeit, aber weniger Geld zu haben, trifft auf zwei Drittel der Probanden zu; nur ein Drittel war zum Zeitpunkt der Untersuchung vollzeitbeschäftigt.

Dagegen wurden in der Haushaltsbefragung Menschen in gesicherter wirtschaftlicher Lage erfaßt, wie schon erwähnt. Doch nennen gerade sie besonders häufig – zu 84 bis 91% – finanzielle Gründe für die Eigenarbeit beim Bauen und beim Reparieren (Haus, Wohnung, technische Geräte, Kraftfahrzeuge) und immerhin noch zu 41 bis 49% bei der Eigenproduktion von Gegenständen und Nahrungsmitteln sowie bei der aktiven Informationssuche. Auch hier sind es Tätigkeiten, an denen man Freude hat; zugleich aber bessern sie das Einkommen auf.

Abermals haben wir es also mit einem durchgehenden Befund zu tun: *In der Eigenarbeit entsteht normalerweise Realeinkommen.* In der Befindlichkeitsstudie konnten wir ihn vertiefen. Beim Protokollieren haben die Teilnehmer jeweils auch geschätzt, wieviel Geld sie durch die Eigenarbeit gespart haben. Wir haben die Schätzungen nachgeprüft und die Beträge addiert. Das Ergebnis war natürlich bei den einzelnen Probanden sehr unterschiedlich. Manche haben nur wenige Prozent, andere bis zu 25% ihres monatlichen Nettoeinkommens eingespart. Liegen viele Reparaturen an und sind die Personen sehr versiert auch in komplizierteren Arbeiten, so können in einem Monat bis zu 3000 DM an Realeinkommen entstehen. Derart hohe Beträge sind zwar nur von Zeit zu Zeit zu erreichen. Eine durchschnittliche monatliche Einsparung von etwa 10% dürfte aber realisierbar sein.

Dieser Prozentsatz gilt für die Befindlichkeitsstudie. Es ist fraglich, wieweit er verallgemeinert werden kann. Um den Lesern einen Eindruck von der Gruppe zu geben, die ihn erzielt hat, seien die Berufe der Teilnehmer aufgezählt: Maschinenschlosser, Elektroniker, Dreher, Rohrschlosser, Fahrradmechaniker, wechselnde handwerkliche Tätigkeiten, Maler und Lackierer, Angestellte im Vertrieb, beim Car-Sharing, als Verkäuferin, in der Stadtverwaltung, in der Hotelküche, als Kindergärtnerin, Krankenschwester, Sozialarbeiterin, in der Theaterverwaltung, als Energieberater, Verbraucherberaterin, freiberuflich als Journalistin, arbeitslos als Sozialpädagogin oder Stadtplanerin. Ferner Hausfrau, Student/in, Schüler.

Sicher: Für Menschen ohne Übung in Eigenarbeit und ohne Ressourcen für Eigenarbeit hat der Befund keine Geltung. Aber die Übung findet sich bei relativ vielen Menschen, wovon man sich z.B. in den Baumärkten überzeugen kann;

und die Ressourcen bestehen nicht nur in öffentlichen Einrichtungen. Auch marktwirtschaftliche gehören dazu, wie der Autowaschplatz oder die Miet-Hebebühne, und nicht zuletzt private wie die Werkstattecke im Keller oder der Gemeinschaftsraum im Mehrfamilienhaus. Die aktivierbaren *privaten* Ressourcen dürften bei vielen Städtern nicht groß sein, aber wenn die Eigenarbeit im Bewußtsein der Öffentlichkeit verankert und politisch gefördert würde, könnten die *öffentlichen* Ressourcen leicht den bescheidenen Umfang erreichen, den wir in den drei Ruhrgebietsstädten vorgefunden haben.

10. Ausgleich für Einkommensrückgang?

Der skizzierte Befund soll allerdings nicht so verstanden werden, daß das Realeinkommen spontan als Ausgleich für *rückläufiges* Geldeinkommen eingesetzt werden kann. Denn meist wurde es ja bereits vorher erwirtschaftet. Die in Wolfsburg befragten VW-Mitarbeiter reagierten auf den Einkommensverlust, der mit der Arbeitszeitverkürzung einherging, mit verschärfter Ausgabenplanung und erhöhter Sparsamkeit, aber sie haben keine zusätzliche Eigenarbeit begonnen, um den Ausfall zu kompensieren. „Eigenarbeit wurde fortgeführt und gegebenenfalls in der gewonnenen Zeit ausgebaut, sofern sie als relevante Aktivität des Alltagslebens bereits entwickelt gewesen ist. Das Motiv der Kompensation von Einkommensabsenkungen durch Eigenarbeit spielte für die befragten Beschäftigten keine nennenswerte Rolle" (Hielscher/Hildebrandt 1999, S. 134).

Das nimmt nicht wunder. Was man durch Eigenarbeit an Geldausgaben sparen kann, das wurde ja bereits gespart, und was man gegen die eigenen Produkte oder Leistungen eintauschen kann, wurde bereits eingetauscht, und zwar gerade nicht in kompensatorischer Absicht, sondern als naturalwirtschaftliche Ergänzung des beruflichen Einkommens, als ökonomischer Nebeneffekt einer Liebhaberei oder einer Notwendigkeit. Das planmäßig auszubauen, könnte die Qualität der Tätigkeit verändern – für die Befragten offenbar ein unbehaglicher Gedanke, zumal sie sich nicht recht vorstellen können, daß noch größere Erträge als bisher zusammenkämen.

Eigenarbeit als Ausgleich für einen Einkommensrückgang zu betreiben, würde eine Innovation bedeuten. Sie setzt Unternehmungsgeist, Druck und Gelegenheit voraus, selbst bei denen, die schon vorher Eigenarbeit kannten, und erst recht bei denen, für die sie neu wäre. Die letzteren müssen ja erst einmal die nötigen Fertigkeiten erwerben oder vertiefen, sie müssen geeignete Strukturen aufsuchen oder aufbauen. Beides erfordert eine innere und äußere Umstellung.

Die produktive Verwendung der freien Zeit

Ein Ausgleich für Einkommensrückgang wird sich daher nicht von heute auf morgen einstellen.
Das zeigt sich auch am Verhalten von Menschen, die Eigenarbeit schon vor dem Einkommensrückgang betrieben haben. Bei den in Wolfsburg Befragten war ein gewisser Druck zwar vorhanden, wurde aber wohl für vorübergehend gehalten und konnte mit den gewohnten Mitteln aufgefangen werden, mit informiertem Einkauf und mit der Kürzung einzelner Ausgaben für Reisen, Anschaffungen, Extravaganzen (ebd., S. 103). Zudem waren die Gelegenheiten zum Realeinkommenserwerb – jedenfalls im Vergleich mit der Befindlichkeitsstudie – ohnehin gering, da die Eigenarbeit bei den Wolfsburgern im wesentlichen auf das Reparieren, die Gartenarbeit und das günstige Einkaufen beschränkt war.

Zwar kann gerade das informierte Kaufen ein sehr wirksames Mittel zum Einsparen sein. Aber „von den Beschäftigten wird angegeben, daß die Sparsamkeit in Lebensführung und Konsum ‚schon immer so war' und nicht erst durch die Einkommensabsenkung relevant wurde" (ebd., S. 102). Man lebt eben noch ein bißchen sparsamer. Wenn das ausgereicht hat, um die durchschnittliche Verringerung des Jahreseinkommens um 16% (ebd., S. 22) wettzumachen, bedurfte es keiner Innovation. Es hat offenbar ausgereicht, weil das hohe Lohnniveau es den VW-Beschäftigten ermöglicht, daß auch bei einer derart großen Einkommenseinbuße „noch ein monatliches Entgelt erzielt wird, das keine existentiellen Probleme nach sich zieht" (Jürgens/Reinecke 1998, S. 218).

11. Der Beitrag zur Lebensqualität

Aber auch unter günstigen Bedingungen ist es keine Kleinigkeit, sich in solchem Umfang einzuschränken. Selbst wenn die Einschränkung durch kollektive Arbeitszeitverkürzung erleichtert wird, die allen Arbeitskollegen die gleichen Einbußen auferlegt, so bleiben doch Bezugspersonen genug, deren aufwendigerer Lebensstil zu Unzufriedenheit mit den reduzierten eigenen Möglichkeiten Anlaß gibt. Um die Unzufriedenheit vermeiden oder überwinden zu können, muß an die Stelle des materiellen Aufwands das Bewußtsein einer immateriellen Erfüllung treten, die die Qualität des Lebens mindestens ebenso wirksam erhöht. Schon das ist für viele eine Innovation.

„Für einen solchen Wandel der Bewertung von Freizeit und Geld ist eines zentral: Die Gewöhnung erfolgt nicht ‚über Nacht', sondern es ist ein *langer Erfahrungszeitraum* nötig, in dem sich das neue Modell als ‚lebbar' erweist. Die bei allen zunächst anzutreffende Skepsis gegenüber einer Abkehr von der bisherigen Norm wurde erst durch konkrete Erfahrungen abgebaut: Diejenigen Beschäftigten, die bereits vor der Veränderung stark freizeitorientiert waren und keine besonderen finanziellen Belastungen zu tragen hatten, gewannen der Arbeitszeitverkürzung nur Positives ab und sprachen sich für die Beibehaltung der Vier-Tage-Woche aus" (Jürgens/Reinecke 1998, S. 217).

Den Beitrag der informellen Arbeit zur Lebensqualität ermittelt man daher am sichersten bei denen, die sie schon länger praktizieren. Das war der Hauptzweck der Befindlichkeitsstudie. An die Teilnehmer wurden in regelmäßigen Abständen Protokollbögen mit vorbereiteten Rückumschlägen verteilt. Die Aufgabe bestand darin, jeweils nach der Ausübung einer von acht ausgewählten Tätigkeiten ein Protokoll auszufüllen. Meist durch einfaches Ankreuzen war einzutragen, um welche Tätigkeit es sich handelte, für wen und wie lange sie ausgeübt wurde, welchen Anlaß und Zweck sie hatte, wieviel Geld man gegebenenfalls dadurch gespart hat, und vor allem wie man sich bei ihr gefühlt hat, also die subjektive Befindlichkeit.

Für die Erhebung des Wohlbefindens ist die Methode der Befindlichkeitsprotokolle speziell entwickelt worden (Brandstätter 1977; 1994; Csikszentmihalyi et al. 1977; Csikszentmihalyi/Larson 1987). Sie besteht darin, daß die Probanden bei einer Reihe von Aussagen (wie: ich fühlte mich angeregt, es war eine Herausforderung für mich, ich mußte mich anstrengen, ich war mit dem Ergebnis zufrieden) auf einer Skala (1 = gar nicht, 9 = vollständig) ankreuzen, wie sie sich bei der Tätigkeit befunden haben.

Zum Zeitpunkt der Endauswertung lagen 999 Protokollbögen vor. Die Befindlichkeitsaussagen wurden einer Faktoranalyse unterworfen. 21 Aussagen erwiesen sich als besonders geeignet, das Wohlbefinden zu messen. Sie konnten zu vier Variablen zusammengefaßt werden, wobei jede Variable durch Addition der Skalenwerte der ihr zugeordneten Aussage gebildet wurde. Sie messen das Wohlbefinden in einer Tätigkeit. In der psychologischen Erforschung des „well being" ist es gut belegt, daß die in und mit einer Handlung empfundene Befriedigung davon abhängt, wie interessiert man sich dem Gegenstand zuwendet und wie aktiv man die eigene psychische Energie einsetzt (Argyle 1987; Csikszentmihalyi 1992). *Hinwendung* und *Einsatz* werden für sich genommen und auf ihre eigene Art als befriedigend erlebt: Daß man sich angeregt fühlt wie bei der Hinwendung, oder daß man sich aktiv fühlt wie beim Einsatz psychischer Energie, *ist selbst* eine Form der Befriedigung. *Zufriedenheit* und *Wohlgefühl* dagegen haben externe Quellen – die Zufriedenheit hängt eher mit dem Produkt und der Leistung zusammen, das Wohlgefühl eher mit Komfort und Unterhaltung.

Die produktive Verwendung der freien Zeit

Tab. 1: Die Variablen des subjektiven Wohlbefindens

Hinwendung: Fühlte mich angeregt, interessiert, war ganz bei der Sache, aufmerksam.
Einsatz: Empfand die Tätigkeit als produktiv, es war eine Herausforderung für mich, fühlte mich aktiv, mußte mich anstrengen, war konzentriert.
Zufriedenheit: Habe mich danach befriedigt gefühlt, war mit dem Ergebnis zufrieden, hatte die Situation unter Kontrolle, meine Fähigkeiten reichten aus, bin meinen eigenen Vorstellungen gefolgt.
Wohlgefühl: Fühlte mich voll Behagen, glücklich, gut unterhalten, fröhlich, entspannt, erfüllt, habe mich gut gefühlt.

Wir haben es also mit vier eigenständigen Dimensionen des subjektiven Wohlbefindens zu tun. Doch kann man sie zu zwei Paaren gruppieren. Die *Hinwendung* (der Aufmerksamkeit) und der *Einsatz* (der psychischen Energie) deuten auf die innere Stimulation, die durch die Aktivierung der eigenen Fähigkeiten zustande kommt. Sie können als Indikatoren für die intrinsische Motivation aufgefaßt werden, für das Handeln aus Freude oder aus Interesse an der Sache. Wie später deutlich wird, können sie mit einiger Plausibilität der *Produktivität* der Eigenarbeit zugeordnet werden.

Das *Wohlgefühl* deutet auf den hedonistischen Aspekt des subjektiven Wohlbefindens, das Behagen während der Tätigkeit. Die *Zufriedenheit* gibt die Bewertung der eigenen Leistung und des Produkts wieder. Beide stehen eher für die in und mit der Eigenarbeit empfundene *Befriedigung*.

12. Befindlichkeiten bei Eigenarbeit

Aus den in der Befindlichkeitsstudie untersuchten Tätigkeiten greife ich vier heraus. Zwei davon sind privaten Zwecken gewidmet, nämlich das Heimwerken und das Reparieren, eine dient gemeinsamen Aufgaben, nämlich der Arbeit für eine Gruppe, einen Verein („Gruppenarbeit") – die hier einbezogenen Vereine haben meist neuere Zielsetzung wie Ringtausch oder Car-Sharing, und eine dem Dienst an einzelnen anderen Menschen („soziale Tätigkeit"), gehört also zur der Form der Eigenarbeit, die auch als Versorgungsarbeit bezeichnet wird. In Tabelle 2 sind die Tätigkeiten, die zu diesen vier Bereichen gehören, mit Beispielen veranschaulicht.

Tab. 2: *Vier Tätigkeiten*

Werken
Geschirr, Vasen, Figuren töpfern. Malen. Seidenmalerei. Fotografieren. Marionetten/Puppen/Kinderspielzeug/Girlanden/Lampe basteln. Grußkarten/Schmuck/Geschenke/Gartenmöbel/Nistkästen/Uhrgehäuse selbst herstellen. Tischdecken einfärben. Datenbank programmieren. Gesellschaftsspiele erfinden.

Reparieren, Renovieren
Neues Waschbecken einbauen. Abfluß reinigen. Dichtungen erneuern. Teppichboden verlegen. Waschmaschine säubern. Rasenmäher/Säge/Zaun/Auto/Motorrad/Fahrrad/Spielzeug/Regenschirm reparieren. Türschlösser gangbar machen. Decken einziehen. Anstreichen, Tapezieren. Stuhl ausbessern. Schrank abschleifen und neu streichen.

Gruppenarbeit
Vorstand im Gartenverein. Die Bibliothek des Tauschrings aufbauen/betreuen. Büro und Telefon. Pressenotiz, Artikel schreiben. Vereinsplakat entwerfen. Dia-Vortrag halten, Ausstellung vorbereiten. Vereinszeitschrift, Vereinsfest, Podiumsdiskussion organisieren. Veranstaltungen/Informationsstände. In Schulen informieren. Werkstatt einrichten.

Soziale Tätigkeit
Kindern, Erwachsenen die Haare schneiden. Hausaufgabenhilfe. Kinder von Verwandten/Nachbarn betreuen. Bastelnachmittage, Ausflüge veranstalten. Nachbarschaftshilfe, Freunden, Kranken helfen: Einkaufen, Kochen, Behördengang, Umzugshilfe, Pflege. Behinderte betreuen, im Rollstuhl ausfahren. Regelmäßige Besuche im Altenheim.

Tabelle 3 gibt einen Einblick in die Befindlichkeiten. Um die Zusammenhänge zwischen den Tätigkeiten und dem Wohlbefinden vergleichend darstellen zu können, haben wir für jede Variable bei jeder Tätigkeit die Abweichungen vom Durchschnitt aller von der Person protokollierten Tätigkeiten berechnet. Wir haben die Werte der vier Variablen *z-transformiert*. Zur Berechnung der z-Werte wird der Mittelwert für alle Tätigkeiten einer Person bei jeder Variablen auf Null gesetzt. Die z-Werte geben dann an, wieweit die jeweilige Tätigkeit das Wohlbefinden der Person über ihr durchschnittliches Befinden hinaus anhebt oder unter den Durchschnitt absenkt. Die Abweichungen liegen meist zwischen −1,0 bis +1,0. Doch kommt die 1 selten vor; so gut wie immer steht eine 0 vor

Die produktive Verwendung der freien Zeit 363

dem Komma. Deshalb kann man die 0 weglassen, um die Lesbarkeit zu erhöhen. In Tabelle 3 sind die z-Werte aller Personen zusammengefaßt.

Beim Heimwerken liegen alle Befindlichkeiten deutlich über dem Durchschnitt; man hat sich die Aufgabe selbst gewählt und hat Freude an der Tätigkeit. Das Reparieren ist nicht so selbstbestimmt: Rohre platzen zur Unzeit, die Betroffenen würden lieber etwas anderes tun; sie setzen sich ein, aber ohne Begeisterung; so hält sich die Zufriedenheit in Grenzen, und das Wohlgefühl ist unter dem Durchschnitt. Gruppenarbeit ist befriedigend, sie wird mit hohem Einsatz und noch größerem Interesse durchgeführt und bewirkt relativ hohes Wohlgefühl; mit dem Ergebnis ist man – angesichts hoher Erwartungen – nur durchschnittlich zufrieden. Die soziale Arbeit wiederum scheint nur wenig intrinsisch motiviert zu sein, und auch die Befriedigung liegt weit unter dem Durchschnitt.

Tab. 3: Z-Werte der Befindlichkeiten (in Klammern die Anzahl der Personen/der Protokolle)

	Hinwendung	Einsatz	Wohlgefühl	Zufriedenheit
Heimwerken (31/110)	+,393	+,493	+,395	+,147
Reparieren (31/241)	–,195	+,270	–,315	+,027
Gruppenarbeit (31/68)	+,630	+,430	+,275	+,055
Soziale Arbeit (31/96)	–,388	–,325	–,599	–,751

Man sieht: Auch Gemeinschaftsaufgaben können stark, auch Tätigkeiten zum privaten Nutzen können schwach intrinsisch motiviert sein. Ob Menschen sich für eine unbezahlte Tätigkeit interessieren und einsetzen, ist nicht davon abhängig, daß sie die Arbeit für sich selbst tun, sondern hat andere Gründe. Ein wichtiger Grund liegt darin, in welchem Maße sie selbstbestimmt handeln können. Auch hier haben wir es mit einem durchgehenden Befund zu tun, denn er wird durch die in den zwei Befragungen erhobenen Äußerungen der Befragten bestätigt.

13. Das emanzipatorische Potential

Hinwendung und Einsatz sind von Menschen nur zu haben, wenn sie das Arbeitsziel bejahen, die Tätigkeit als sinnvoll erleben und sich aus eigenem Antrieb dafür einsetzen. Das ist es, was Fromm *Produktivität* nennt: „die Fähigkeit des Menschen, seine Kräfte zu gebrauchen und die in ihm liegenden Möglichkeiten zu verwirklichen. Produktivität bedeutet, daß der Mensch sich selber als Verkörperung seiner Kräfte und als Handelnder erlebt; daß er sich mit seinen Kräften eins fühlt und daß sie nicht vor ihm verborgen und ihm entfremdet sind." (Fromm 1985, S. 73). Nur dann hat er das Ergebnis seines Handelns – ein Produkt, eine Handlung, eine Entscheidung, einen abrufbaren Bewußtseinsinhalt, eine innere Verfassung – wirklich selbst hervorgebracht.

Und nur dann wird man durch das eigene Handeln *belebt*, etwa wenn man einer Entdeckung auf der Spur ist oder „wenn man mit jemandem, den man liebt, zusammen ist, oder wenn man etwas ganz Interessantes, Aufregendes liest. Man wird dann nicht müde. Man spürt eine Energie aufkommen, die nicht erwartet wurde. Man spürt ein tiefes Gefühl von Freude. Bei achtzigjährigen Menschen, die ein Leben intensiver Bezogenheit, Liebe, Betroffenheit, Interessiertheit gelebt haben, kann man die tatsächlich überraschende und überwältigende Beobachtung machen, daß diese Menschen ganz frisch und voller Energie sind, ohne daß diese Frische und Energie etwas mit ihrer Körperchemie und den Quellen zu tun hätte, die ihnen ihr Körper zur Verfügung stellt." (Fromm 1991, S. 75; vgl. Funk o.J., S. 19)

Die Zitate verdeutlichen, daß die Bedingung der Produktivität von Menschen – im Unterschied zu der von Maschinen – das freie, nichtentfremdete, selbstbestimmte, aktive Handeln ist. Die Einstufung „ich habe mich selbstbestimmt gefühlt" korreliert in den Protokollen sowohl mit „aktiv" ($r = 0,6$) als auch mit „bin meinen eigenen Vorstellungen gefolgt" ($r = 0,5$). *Selbstbestimmt* bedeutet nicht, daß man nur das tut, was einem Spaß macht; auch eine lästige Arbeit kann selbstbestimmt sein, wenn man sie innerlich akzeptiert und sie in diesem Sinne aus eigenem Antrieb tut – aus Einsicht in eine Notwendigkeit, aus Verantwortung für eine Aufgabe oder für einen Menschen. Deci und Ryan (1985) sprechen in solchen Fällen von „choiceful accommodation": Man macht das Beste aus einer nicht selbstgewählten Aufgabe, macht sich eine zwingende Verpflichtung zu eigen.

Was das produktive Tun auszeichnet, ist denn auch nicht so sehr, daß es größeres Wohlgefühl hervorruft. Vor allem ist bei produktivem Handeln der Anteil größer, den man am Gegenstand nimmt, die innere Bereitschaft ist größer, sich diesem zuzuwenden und für ihn einzusetzen – mit anderen Worten: das Aktivierungsniveau ist höher (Scitovsky 1977), und das nicht durch äußere, sondern durch *innere* Stimulation. In allen drei Stichproben gibt es zahlreiche Äußerungen, die das bestätigen. Man hat sich eingebracht, kann das Ergebnis der eigenen Leistung zuschreiben, erlebt sich selbst im Hervorbringen und im Produkt, kurz: Man verwirklicht sich.

Das Besondere an der informellen Arbeit, im Unterschied zu passiven Freizeitbeschäftigungen einerseits und fremdbestimmten beruflichen Tätigkeiten andererseits, liegt eben darin, daß sie diese innere Stimulation evoziert, denn sie verlangt Aktivität *und* Freiwilligkeit. Sie hat eine besondere Affinität zu produktivem Handeln im definierten Sinn, und hier liegt denn auch ihr emanzipatorisches Potential. Denn wer sich darauf einläßt, daß Hinwendung und Einsatz gefordert sind, verwirklicht und entfaltet etwas von den Fähigkeiten, die in ihm/ihr angelegt sind. Dieses Potential ist im Prinzip jeder Art der informellen Arbeit eigen. Aber hier ist eine wichtige Einschränkung zu machen: Es wird nur realisiert, wenn die Bedingungen für produktives Handeln gegeben sind, und wenn sie genutzt werden.

14. Bedingungen für produktives Handeln

Die Befragten haben auf den Protokollbögen unter anderem angekreuzt, in welchem Maße sie sich bei den Tätigkeiten jeweils „selbstbestimmt" gefühlt haben. Deshalb konnten wir innerhalb der einzelnen Tätigkeitsgruppen diejenigen Protokolle auswählen, in denen angegeben ist, daß die Tätigkeit mit hoher Selbstbestimmtheit ausgeführt wurde. Und da selbstbestimmtes Handeln Zeit braucht, lag es nahe, auch einmal diejenigen Protokolle gesondert zu betrachten, in denen angegeben war, daß man für die Tätigkeit „genug Zeit" hatte. So haben wir geprüft, ob die Tätigkeiten dann mit höheren Befindlichkeiten verbunden waren, wenn sie selbstbestimmter oder mit mehr Zeit ausgeführt werden konnten. Dabei haben wir auch gleich mitberechnet, ob das gleiche gilt, wenn die Tätigkeiten unter besseren materiellen Voraussetzungen (Räume, Werkzeuge etc.) ausgeführt werden konnten. Die Korrelationsanalyse erlaubt den Schluß, daß alle drei Bedingungen wirksam sind, daß die *Selbstbestimmtheit* die größte Wirkung von ihnen hat, daß sie aber alle drei eng zusammenhängen. So verzichte ich darauf, sie separat darzustellen, und vergleiche die Gesamtheit aller Protokolle mit denen, die eine hohe Ausprägung aller drei Bedingungen ausweisen.

Das Ergebnis ist aus Tabelle 4 abzulesen. Beim Heimwerken und bei der Gruppenarbeit sind die Bedingungen für produktives Handeln ohnehin schon gut. Aber das Wohlbefinden steigt noch beträchtlich an, wenn diese Tätigkeiten wirklich selbstbestimmt, mit genug Zeit und unter ausreichenden materiellen Voraussetzungen ausgeführt werden können. Beim Reparieren sind dann ebenfalls alle Indikatoren stärker ausgeprägt, das Wohlgefühl allerdings erreicht nur einen mittleren Wert. Auch bei der sozialen Arbeit steigen Hinwendung und

Einsatz über den Durchschnitt, Zufriedenheit und Wohlgefühl allerdings bleiben gering. Darauf komme ich noch zurück.

Tab. 4: Befindlichkeiten bei Selbstbestimmtheit (z-Werte)

	Hinwendung	Einsatz	Wohlgefühl	Zufriedenheit
Alle 110 Protokolle über *Heimwerken*	+,393	+,493	+,395	+,147
59 Protokolle (54%) mit hoher Ausprägung der 3 Bedingungen*	+,763	+,776	+,687	+,431
Alle 241 Protokolle über *Reparieren*	–,195	+,270	–,315	+,027
87 Protokolle (36%) mit hoher Ausprägung der 3 Bedingungen*	+,118	+,590	–,058	+,501
Alle 68 Protokolle über *Gruppenarbeit*	+,630	+,430	+,275	+,055
28 Protokolle (41%) mit hoher Ausprägung der 3 Bedingungen*	+1,078	+,979	+,606	+,585
Alle 96 Protokolle über *soziale Arbeit*	–,388	–,285	–,599	–,751
30 Protokolle (31%) mit hoher Ausprägung der 3 Bedingungen*	+,114	+,321	–,573	–,321

* Nur Protokolle, in denen bei den Aussagen „habe mich selbstbestimmt gefühlt", „hatte genug Zeit" und „hatte die notwendigen Möglichkeiten (Material, Räumlichkeiten ...)" ein Wert am oberen Ende der Skala (>6) angekreuzt worden ist.

In der Vorspalte ist eingetragen, auf wie viele Protokolle die Werte jeweils bezogen sind. Wie man erkennt, kam es in der Befindlichkeitsstudie recht häufig – hier in 31 bis 54% der protokollierten Fälle – vor, daß informelle Tätigkeiten unter optimalen Bedingungen verrichtet werden konnten. So gut wie jede Person in der Befindlichkeitsstudie hat im Untersuchungszeitraum solche Höhepunkte erlebt. Bei der informellen Arbeit kann man ein wirklich hohes Wohlbefinden erleben, auch wenn das nicht jedes Mal so ist. Das zeigt zum einen, daß diese Arbeit *ihren Lohn in sich trägt*. Das muß auch so sein, denn es gibt keinen anderen Lohn dafür. Es zeigt zum anderen, daß das *nicht immer so ist*. Das gibt Anlaß zum Nachdenken, denn wenn ein hohes Wohlbefinden zu selten auftritt, muß man erwarten, daß die Eigenarbeit abgewählt wird. Da es gesellschaftlich wichtig ist, daß sie durchgeführt wird, muß auch darauf geachtet werden, daß die Bedingungen für sie günstig sind. Und da die Eigenarbeit

Die produktive Verwendung der freien Zeit

einen hohen Einsatz an psychischer und oft auch körperlicher Energie erfordert, muß auch das resultierende Wohlbefinden hoch sein, damit der Einsatz lohnt. Bei passiven Beschäftigungen dagegen wie z.b. dem Fernsehen, das ich hier als Gegenbeispiel anführen möchte, ist der Einsatz so gering, daß die Beschäftigung auch statt finden kann, wenn der Ertrag gering ist. Die obere Zeile von Tabelle 5 zeigt die Befindlichkeiten, die bei der bloßen Ablenkung erzielt werden: Sie liegen weit unter dem Durchschnitt, aber der Gewohnheit des abendlichen Fernsehens tut das keinen Abbruch. Auch wenn die Befindlichkeit, gemessen an den Erwartungen, vielleicht enttäuschend ausfällt, so ist der Einsatz doch so gering, daß man trotzdem auf seine Kosten kommt.

Tab. 5: Befindlichkeiten beim Fernsehen (z-Werte)

	Hinwendung	*Einsatz*	*Wohlgefühl*	*Zufriedenheit*
258 Protokolle über Fernsehen unter weniger günstigen Bedingungen* (61 von 65 Personen)	–,591	–1,121	–,317	–,867
159 Protokolle (38%) unter günstigeren Bedingungen** (45 von 65 Personen)	+,101	–,657	+,208	+,260

* Protokolle, in denen zumindest bei einer der beiden Aussagen „habe mich selbstbestimmt gefühlt" und „hatte genug Zeit" ein Wert am unteren Ende der Skala (1 bis 6) angekreuzt worden ist.
** Protokolle, in denen bei beiden Aussagen ein Wert am oberen Ende der Skala (>6) angekreuzt worden ist.

Anmerkung: Diese Tabelle entstammt einer anderen Erhebung (Scherhorn/ Dahm 1999), in der zwar ähnliche, aber nicht die gleichen Tätigkeiten abgefragt wurden. Die Werte sind daher nicht strikt vergleichbar mit denen der Tabelle 4.

Etwas anders ist es in den Fällen *selbstbestimmten* Fernsehens (untere Zeile): Man schaltet gezielt ein Programm ein, für das man sich besonders interessiert, konzentriert sich darauf, setzt sich damit auseinander, genießt es – und schaltet den Fernseher ab, wenn das Programm beendet ist. In solchen Fällen wird doppelt so viel psychische Energie eingesetzt, und Hinwendung, Zufriedenheit und Wohlgefühl sind wesentlich höher. Der Unterschied liegt in der Produktivität. Aber bei Freizeitbeschäftigungen wie dem Fernsehen hat man die Wahl zwischen hohem Ertrag bei hohem Einsatz, und geringem Ertrag bei geringem Einsatz; bei der Eigenarbeit hat man im allgemeinen keine Wahl, der Einsatz ist vorgegeben, und er ist relativ hoch. Deshalb müssen hier die Bedingungen des produktiven Handelns möglichst gut gegeben sein, damit *alle Indikatoren des Wohlbefindens über dem Durchschnitt* sein können. Im optimalen Fall ist man dann nicht nur von der Aufgabe fasziniert und setzt sich voll ein, sondern spürt auch die Freude an der Tätigkeit und ist zufrieden mit der Art und Weise, wie man sie tut, kurz: Man ist rundum befriedigt.

15. Produktivität und Suffizienz

Wenn einmal ein mittleres Einkommen erreicht ist, wird das Glücklichsein kaum noch dadurch gesteigert, daß man etwas mehr Geld verdient und etwas mehr Güter besitzt. Oberhalb der Armutsgrenze ist die Beziehung zwischen Einkommen und Glück bemerkenswert schwach (Freedman 1978, S. 136). Was auf dem Wohlstandsniveau der Mittelklasse zu einem glücklichen Leben beiträgt, ist nicht, wieviel materielle Güter man hat, sondern wie man sich aktiv verwirklicht, wie reich an menschlichen Beziehungen man ist und wieweit man sich von den Konflikten und inneren Zwängen freihält, die uns daran hindern, das zu genießen, was wir schon haben (Wachtel 1989, S. 39). Das sind zwei Aussagen aus der Psychologie des Glücks, die sich seit den siebziger Jahren der Frage widmet, wovon denn das Glück und die Zufriedenheit der Menschen abhängen (vgl. etwa Argyle 1987). Durch die Steigerung des Sozialprodukts und des Volkseinkommens jedenfalls wird beides nur solange gefördert, wie die Gesellschaft sich noch auf dem Armutsniveau befindet; ist dieses überwunden, so nimmt der Grenznutzen des zuwachsenden Güterwohlstands dramatisch ab (Inglehart 1996).

Glück ist eben nicht auf direktem Wege zu erreichen, nicht durch Konsumgüter und nicht durch Drogen, sondern stellt sich als Nebenfolge einer produktiven Aktivität ein: Man läßt sich von einer Aufgabe herausfordern, wendet sich anderen Menschen zu, versucht einen komplizierten Zusammenhang zu verstehen, arbeitet an einem Werkstück, versenkt sich in eine Meditation. Man tut das selbstvergessen, um der Sache oder Person willen, konzentriert seine psychischen Energien darauf und läßt sich nicht ablenken durch die Sorge um die eigene Geltung oder das Streben nach materieller Belohnung, auch nicht durch das Verlangen nach Glück.

Deshalb ist Produktivität nicht nur befriedigend, sondern auch naturverträglich, denn sie fördert Suffizienz – die Bereitschaft, sich mit dem zu begnügen, was man wirklich braucht. An der Eigenproduktion kann man das am besten beobachten. Wenn Menschen selbst etwas herstellen, verändert das ihr Qualitätsbewußtsein. Selbstgefertigte Produkte sind Unikate, Zeugnisse der eigenen Fertigkeit, Ausdruck der eigenen Persönlichkeit. Das bewirkt eine engere Bindung an das Gut und vermindert die Bereitschaft, es schnell durch ein neueres zu ersetzen. Das Selbermachen und Reparieren verändert auch die Einstellung zu gebrauchten Gegenständen: Man hat immer wieder erlebt, daß sie nicht unbrauchbar geworden sind, sondern bearbeitet und wiederverwendet werden können, und ist dadurch ein Stück weit immun geworden gegen den Impuls zum Wegwerfen und Neukaufen.

Gelegentlich wird behauptet, das Selbermachen etwa eines Schranks sei ökologisch ineffizient, weil im Vergleich zur professionellen Fertigung in einer Fabrik oder Schreinerei mehr Energie aufgewandt und Material verschwendet würde. Ich kann das nicht bestätigen; die Teilnehmer an der Befindlichkeitsstudie sind durchweg mit Energie und Material sehr sorgsam umgegangen.

Aber auch wenn es zuträfe, würde der Mehrverbrauch doch durch die *Anleitung zur Suffizienz* aufgewogen, die von der Eigenarbeit ausgeht. Die aber ist für die Zukunftsfähigkeit der Gesellschaft unerläßlich, damit die Steigerung der Öko-Effizienz vom Wachstum der Nachfrage nicht wieder aufgezehrt wird. „In den Vereinigten Staaten wurden nach der ersten Ölkrise die CAFE-Standards (Corporate Average Fuel Economy) eingeführt. Dies führte dazu, daß innerhalb von fünfzehn Jahren der durchschnittliche Mittelklassewagen nur noch halb so viel Benzin verbrauchte wie zuvor ... Trotz dieser enormen Effizienzgewinne verbraucht die amerikanische Volkswirtschaft heute mehr Benzin als damals. Warum? Weil das CAFE-Signal an die Amerikaner lautete: Jetzt könnt ihr für euren Dollar doppelt so wie oder mit einem doppelt so starken Motor fahren wie früher ... Mit einem Wort: Alle Effizienzgewinne sind verfrühstückt worden. Deshalb kann die Effizienzrevolution nur dann Erfolg haben, wenn sie von einer Geisteshaltung der Suffizienz begleitet wird – wenn wir lernen zu sagen: Genug ist genug" (v. Weizsäcker 1999, S. 152).

In der Eigenarbeit lernt man das. Denn durch Produktivität entsteht Suffizienz, und das aus zwei eng miteinander verbundenen Gründen:

- *Handlungsnutzen ersetzt Ausstattungsnutzen:* Die Befriedigung, die in der Hinwendung und im Einsatz liegt, ist tiefer und nachhaltiger als die Befriedigung, die man aus dem Haben von Gütern ziehen kann. Deshalb sind selbstbestimmt und sozial- und naturbezogen tätige Menschen weniger anfällig für die Verlockungen des Mehrkonsums: Sie schätzen Güter, die ihr produktives Leben erleichtern und verschönern, aber sie brauchen nicht immer mehr davon.

- Produktive Tätigkeit bringt *einen größeren Ergebnisnutzen* hervor als das Kaufen, denn das Erreichte besitzt einen größeren emotionalen Wert, wenn es durch eigenen Einsatz bewirkt wurde und deshalb die eigene Persönlichkeit und Leistung zum Ausdruck bringt. Mit anderen Worten: Die produktive Komponente des Ergebnisses tritt weiter in den Vordergrund.

Man mag einwenden, daß beide Gründe eher für die als Liebhaberei betriebene Eigenproduktion gelten als für die Alltagsarbeit. Doch das dürfte seinen Grund weniger in der objektiven Beschaffenheit der Alltagstätigkeiten haben als vielmehr darin, daß diese nicht produktivitätsfördernd gestaltet sind, weil sie im sozialen Umfeld als reproduktiv betrachtet werden, als Frauenarbeit, als Dienstbotentätigkeit, als ausgegrenzt aus dem erfüllenden, gesellschaftlich relevanten Berufsleben. Wo das nicht so gesehen wird (wo also die Geschlechterrollen entsprechend revidiert worden sind), da kann eine anderswo verachtete Tätigkeit wie das Putzen oder Abwaschen einen größeren Handlungsnutzen haben, weil sie selbstbestimmt und in Muße und Achtung erfolgt; und eine anderswo sozial isolierte Tätigkeit wie die Betreuung kleiner Kinder kann einen größeren Ergebnisnutzen haben, weil sie unter Bedingungen der Gemeinsamkeit und der Anerkennung vor sich geht.

16. Der soziale Aspekt der Eigenarbeit

Zur Produktivität im Konsum gehört eben nicht nur Selbstverwirklichung; Eigenarbeit ist oft einer Idee oder Aufgabe verpflichtet, und diese steht meist in einem sozialen Zusammenhang; die Arbeit wird für andere – oder auch für sie – getan. In der Befindlichkeitsstudie haben die Beteiligten die Aussage „Die Tätigkeit war wichtig für andere" in 60% der Fälle stark bejaht; nur Gartenarbeit sowie Nähen, Handarbeiten lagen unter 50%, Heimwerken bei 50%, Informieren vor dem Kauf, Leihen, Tauschen, Teilen von Konsumgütern bei 55%. Die anderen – in aufsteigender Reihenfolge: Reparieren, Kochen und Backen zu besonderen Gelegenheiten, Arbeit in Vereinen und Initiativen („Gruppenarbeit") und Betreuung von Kranken, Alten, Behinderten, Kindern außerhalb der Familie („soziale Arbeit") – lagen zwischen 62 und 86%. Auf die Frage „Hatten Sie das Gefühl, etwas Sinnvolles zu tun?" haben die Beteiligten den Sinn der jeweiligen Tätigkeit in mehr als 80% der Fälle sehr hoch eingestuft, und zwar um so höher, je stärker sie bei einer Tätigkeit die soziale Verantwortung empfanden.

Eigenarbeit mag „privaten" Charakter haben, egoistisch ist sie nicht. Auch dieser Befund wird von allen drei Erhebungen gestützt. Man tut sie oft nicht nur für sich und die engere Familie, sondern auch für andere – meist für einzelne andere, nicht selten auch für eine Gruppe. Umgekehrt findet man dann bei den anderen auch selbst Unterstützung. In der Haushaltsstichprobe haben 85% der Befragten Unterstützung durch Verwandte, wenn sie handwerkliche Hilfe oder Beratung oder sonstige Unterstützung brauchen, 44% können auf Freunde zurückgreifen, 25% rühmen die Nachbarschaftshilfe. In der Arbeitslosenbefragung wurde von 97% der Befragten die Unterstützung durch Verwandte genannt, 75% konnten sich auf Bekannte stützen, 19% auf Nachbarn und 22% auf Vereinsmitglieder.

Einen Unterschied mag man darin sehen, daß einige Tätigkeiten Dienst *an* anderen sind, sei es an einzelnen anderen wie die soziale Arbeit oder an einer Gemeinschaft wie die Gruppenarbeit, während die übrige Eigenarbeit *auch für* andere getan wird. Sozialen Bezug hat auch diese. Das ist offenkundig, wenn man sich jene Bereiche der Eigenarbeit *für* andere vor Augen führt, die in der Befindlichkeitsstudie ausgeklammert wurden, wie die Haushaltstätigkeiten oder die Erziehungsarbeit an den eigenen Kindern. Aber auch die persönliche Hygiene oder die eigene Lern- und Bildungsarbeit – mit welchem Recht kann man sie als reine Privatsache betrachten? Sicher kann eine solche Tätigkeit im Einzelfall sehr egoistisch betrieben werden, ganz gerecht aber wird man ihr nur in der Bezogenheit auf andere.

17. Gesellschaftliche Würdigung

Was den Dienst *an* anderen betrifft, so stehen am einen Ende des Spektrums die *allein* ausgeübten Tätigkeiten, sei es die Arbeit an einzelnen anderen (die soziale Arbeit), oder die Arbeit an einer allgemeinen Aufgabe wie z.B. der Mülltrennung (die Umweltarbeit), die ebenfalls jeder/jede für sich leistet, zwar in dem Bewußtsein, daß sie auch von anderen getan wird, aber diese anderen bilden doch eher eine *virtuelle* Gruppe als eine reale. Am anderen Ende steht die *gemeinsam* ausgeübte Arbeit in einer *realen* Gemeinschaft, einer Partei, einem Verein, einer Initiative, einer Nachbarschaft, einer Kommune (die Gruppenarbeit). In Tabelle 4 war zu lesen, daß die Gruppenarbeit weit höher geschätzt wird als die soziale Arbeit.

Daß die Befriedigung gerade bei der sozialen Arbeit so gering ist, weist auf das besondere Defizit in den äußeren Bedingungen hin, unter denen diese Form der Eigen- oder Versorgungsarbeit derzeit zu leiden hat. Dieses Defizit liegt aber keineswegs in der Natur der Sache, sondern könnte durch Änderung der Bedingungen behoben werden (Scherhorn 1999). Es ist auf den Mangel an Verständnis zurückzuführen, mit dem viele Bereiche der informellen Arbeit in der Gesellschaft behandelt werden. Das zeigt sich im Kontrast zwischen der sozialen Arbeit, die relativ wenig intrinsische Motivation hervorruft, und der Gruppenarbeit, an der die Beteiligten durchweg wesentlich mehr Freude finden. Die Tätigkeiten der Gruppenarbeit stehen im Dienste einer Gemeinschaftsaufgabe und vollziehen sich in einem sozialen Zusammenhang – sie werden nicht immer in Gesellschaft anderer Menschen verrichtet, aber doch im Bewußtsein der Gemeinsamkeit, des Aufeinanderbezogenseins. Die Teilnehmer haben ein Gefühl von der gesellschaftlichen Bedeutung ihres Tuns und können sicher sein, daß ihre Arbeit in den Augen anderer verdienstvoll war.

Hier liegt der Unterschied. Auch die soziale Arbeit ist Dienst an anderen, aber sie wird weniger gewürdigt, sie wird als Privatsache betrachtet, man fühlt sich dabei nicht selten alleingelassen. Die Betreuenden empfinden sich als allein mit der betreuten Person, d.h. sie haben nicht das Gefühl, daß ihre freiwillige Betreuungsarbeit von anderen Menschen beachtet wird, daß sie mit anderen gemeinsam an den gleichen Zielen, der gleichen Aufgabe arbeiten. Die Pflegeversicherung mag daran etwas ändern, wenn sie den Betreuenden eine gewisse finanzielle Entschädigung und damit den Eindruck vermittelt, daß immerhin der Staat ihre Tätigkeit der Alimentation für wert hält.

Aber ebenso wichtig ist die Akzeptanz durch das soziale Umfeld. Sie bedarf geeigneter Strukturen. In früheren Zeiten wurde die soziale Arbeit im Großhaushalt organisiert, die Betreuenden waren in ihn eingebunden und wurden von seinen anderen Mitgliedern unterstützt, ihre Tätigkeit war für den Zusammenhalt und die Funktionsfähigkeit des Haushalts wichtig und wurde entsprechend beachtet. Eben diese Unterstützung und Würdigung fehlt der sozialen Arbeit heute. Im Gegensatz dazu vollzieht sich die Gruppenarbeit in Vereinen, Initiativen oder Selbsthilfegruppen, in denen die einzelnen sich aufgehoben und gesellschaftlich beachtet fühlen können.

Die Situation der sozialen Arbeit wäre besser, wenn beispielsweise die Wohnquartiere so eingerichtet wären, daß Älterwerdende innerhalb des Quartiers in kleinere Wohnungen umziehen könnten, daß jeweils mehrere Familien mit Kindern geeignete Räume zur gemeinsamen Betreuung der Kinder zur Verfügung hätten, daß es eine Vielzahl von Gemeinschaftseinrichtungen gäbe, die von den Bewohnern selbst verwaltet und genutzt würden, daß die private Betreuung Kranker, Behinderter, Alter von der Sozialstation des Quartiers professionell begleitet würde. All das ist vorstellbar; daß es fehlt, liegt an der fehlenden gesellschaftlichen Würdigung der privaten, individuellen sozialen

Arbeit, bringt diese zum Ausdruck und verstärkt sie zugleich. Denn das Fehlen des gesellschaftlichen Rückhalts bewirkt, daß diejenigen, die dennoch die Mühe der sozialen Arbeit auf sich nehmen, sich ungerecht behandelt fühlen.

Soziale Arbeit kommt unter heutigen Bedingungen nur zustande, weil es Menschen gibt, die ein Gefühl der Verpflichtung für das Wohl ihrer Mitmenschen verspüren. Je schwächer dieses Gefühl der Verpflichtung gesellschaftlich verankert ist und gewürdigt wird, desto weniger Menschen werden solche Arbeit noch auf sich nehmen. Die private Betreuung von Alten und Kindern, Kranken und Behinderten wird nach Tabelle 4 nur dann bereitwillig getan, wenn sie selbstbestimmt, mit genügend Muße und unter befriedigenden Arbeitsbedingungen stattfinden kann. Wohlgefühl und Zufriedenheit sind selbst dann noch unterdurchschnittlich. Ohne die Bedingungen des produktiven Handelns aber nehmen nur solche Menschen soziale Arbeit auf sich, die nicht anders können, und sie tun es ungern und mit wenig Engagement, so daß man sicher sein kann: Wenn sie können, wählen sie diese Arbeit ab.

Gesellschaftlich ist es aber sehr wichtig, daß die Arbeit getan wird. Die Betreuung von Kranken, Alten und Behinderten wäre nicht finanzierbar, wenn sie zu 100% professionell, also von Fachkräften in Krankenhäusern oder Sozialstationen, durchgeführt werden müßte. Zu Niedriglöhnen würde der Markt sie erst recht nicht herbeischaffen. Die soziale Arbeit ist ein Beispiel für das, was nur durch Eigenarbeit zustande kommen kann, aber erst zustande kommt, wenn die Eigenarbeit gesellschaftlich gewürdigt wird. Weil die Würdigung fehlt, ist die soziale Arbeit heute gefährdet. Der Befund in Tabelle 4 bestätigt deshalb nur, daß die soziale Arbeit, wie überhaupt jener Bereich der Eigenarbeit, der auch als Versorgungsarbeit bezeichnet wird, darunter ganz besonders zu leiden hat.

18. Produktive Lebensführung – Glücksache?

Dagegen ist aus dem Befund *nicht* zu schließen, daß das Verständnis für Heimwerken und für Gruppenarbeit *generell* befriedigend wäre. Denn deren hohe Befindlichkeitswerte sind daraus zu erklären, daß die Teilnehmer an der Befindlichkeitsstudie diese beiden Formen der informellen Arbeit unter Bedingungen durchführen konnten, wie sie nur wenigen zugänglich sind. Heimwerken konnten sie in modernen Einrichtungen der öffentlichen Eigenarbeit, für die Gruppenarbeit standen ihnen Vereinigungen mit nicht minder modernen Zielsetzungen offen. Daß man derart gute Voraussetzungen in erreichbarer Nähe findet, ist selten. Auch in den drei Städten, in denen die Befindlichkeitsstudie durchgeführt wurde, sind diese Einrichtungen so spärlich vorhanden, daß sie nur für eine Minderheit leicht zugänglich sind.

Zu dieser Minderheit gehören die Teilnehmer der Befindlichkeitsstudie. Sie sind privilegiert – aber nicht etwa durch hohes Einkommen oder gehobenen sozialen Status, sondern allein dadurch, daß sie über moderne Einrichtungen der öffentlichen Eigenarbeit und Bürgerarbeit verfügen, weil diese in der Nähe liegen und weil sie sie aktiv nutzen. Sie sind nicht repräsentativ für die Bevölkerung, sondern für die Nutzer solcher Einrichtungen. Sicher bedarf das der Bestätigung durch weitere Untersuchungen. Aber die hier vorgetragenen Befunde dürften so viel Plausibilität haben, daß man sie schon einmal ernstnehmen und über sie nachdenken kann.

Wir haben festgestellt, daß informelle Arbeit von der Vorerfahrung abhängt – man schaffe mehr Gelegenheiten, einschlägige Erfahrungen zu machen, und weit mehr Menschen als heute werden Eigen- und Bürgerarbeit praktizieren. Wir haben festgestellt, daß Eigenarbeit Realeinkommen schafft – es ist zwar nur komplementär und nicht etwa alternativ zum Erwerbseinkommen, aber es vermittelt ein kleines Stück Unabhängigkeit. Man sollte Verständnis dafür haben und brauchte nicht zu befürchten, daß diese Art des Realeinkommens der Erwerbsarbeit abträglich sei: Wer durch Eigenarbeit beispielsweise einen Handwerker einspart, würde oder könnte ihn ohnehin nicht bezahlen. Wir haben festgestellt, daß informelle Arbeit unter geeigneten Bedingungen ein ganzheitliches Wohlbefinden erzeugt, wie es nur durch selbstbestimmtes Hervorbringen sinnvoller Ergebnisse des eigenen Tuns entsteht – wann wird man die Erkenntnis ernstnehmen, daß Produktivität im hier gebrauchten Sinn die Kompetenz fördert, die innere Unabhängigkeit stärkt, den Selbstwert stützt? Nicht zuletzt stabilisiert sie das Leben, wie besonders bei den Arbeitslosen, den Menschen mit geringer Teilzeitarbeit, den Ruheständlern und den Hausfrauen zu beobachten war. Sie gehen innere Verpflichtungen ein, die ihren Alltag strukturieren und sie davor bewahren, in „Konsumpassivismus" (Gehlen 1950) abgleiten zu lassen. All dies zusammengenommen mag den Begriff „produktive Lebensführung" wohl gerechtfertigt erscheinen lassen.

Unbefriedigend erscheint daran nur eines – daß diese Lebensführung von dem Zufall der Verfügbarkeit geeigneter Einrichtungen abhängig sein soll. Da sich an der Ungleichverteilung der privaten Ressourcen kaum etwas ändern läßt, wäre immerhin zu fragen, ob es dabei bleiben soll, daß die Verteilung der öffentlichen Einrichtungen für Eigenarbeit so spärlich und zufällig ist wie derzeit. Kommunen, Unternehmen und Gewerkschaften müßten ein Interesse daran haben, daß möglichst viele Menschen in den Genuß solcher Einrichtungen kommen. Für die Gewerkschaftsarbeit ist schon vor Jahren festgestellt worden, wie wichtig der „komplementäre" Charakter der Eigenarbeit für die Erwerbsarbeit ist (Lecher 1986). Die Arbeitszeitverkürzung eröffnet den Menschen eine neue Chance, ihre eigenen Fähigkeiten und das soziale Leben produktiv zu entfalten – aber was nützt das, wenn diese Chance Glücksache bleibt, weil sie vom Zufall der Verteilung allzu spärlicher Ressourcen abhängt?

Literatur

Argyle, M. (1987): The psychology of happiness. London.

Beck, U. (1997): Erwerbsarbeit durch Bürgerarbeit ergänzen. In: Kommission für Zukunftsfragen der Freistaaten Bayern und Sachsen (Hg.), Erwerbstätigkeit und Arbeitslosigkeit in Deutschland. Entwicklung, Ursachen und Maßnahmen. München, S. 146-168.

Bergmann, F. (1990): New Work. Das Konzept und seine Umsetzung in die Praxis. Jahrbuch Arbeit und Technik. Bonn, S. 71-80.

Bierter, W. (1995): Wege zum ökologischen Wohlstand. Basel.

Binswanger, H. C. et al. (1983): Arbeit ohne Umweltzerstörung. Strategien für eine neue Wirtschaftspolitik. Frankfurt/M.

Bosch, G.; Lehndorff, S. (1999): Arbeitszeitverkürzung und Beschäftigung – Erfahrungen in Europa und wirtschaftspolitische Empfehlungen. In: Vierteljahreshefte zur Wirtschaftsforschung, Nr. 67, S. 300-325.

Brandstätter, H. (1977): Wohlbefinden und Unbehagen. Entwurf eines Verfahrens zur Messung situationsabhängiger Stimmungen. In: Tack, W. H. (Hg.), Bericht über den 13. Kongreß der DGP in Regensburg 1976. Göttingen.

Brandstätter, H. (1994): Well-being and motivational person-environment fit: A time-sampling study of emotions. In: European Journal of Personality, Nr. 8/1994, S. 75-93.

Cohen, D. (1998): Fehldiagnose Globalisierung. Die Neuverteilung des Wohlstands nach der dritten industriellen Revolution. Frankfurt/M.

Cross, G. (1993): Time and money. The making of consumer culture. London.

Csikszentmihalyi, M. (1992): Flow. Das Erlebnis des Glücks. Stuttgart. Englische Originalausgabe 1990: Flow. The psychology of optimal experience, New York.

Csikszentmihalyi, M.; Larson, R. (1987): Validity and reliability of the experience-sampling method. In: The Journal of Nervous and Mental Disease, Nr. 175, S. 526-536.

Csikszentmihalyi, M.; Larson, R.; und Prescott, S. (1977): The ecology of adolescent activity and experience. In: Journal of Youth and Adolescence, No. 6, S. 281-294.

Dathe, D. (1998): Wechselwirkungen zwischen Arbeitszeitpolitik und Arbeitsangebotsverhalten – Eine Untersuchung zur Bedeutung von Arbeitszeitpräferenzen für eine Politik der Arbeitsumverteilung. Veröffentlichungen des Wissenschaftszentrum Berlin für Sozialforschung, FS I 98-201. Berlin.

Deci, E. L.; Ryan, R. M. (1985): Intrinsic motivation and self-determination in human behavior. New York.

Fink-Bezner, C. (1997): Eigenarbeit in privaten Haushalten. Gelegenheiten, Zusammenhänge und Perspektiven. Eine Leitstudie für Bietigheim-Bissingen (Diplomarbeit). Universität Hohenheim, Institut für Haushalts- und Konsumökonomik, Lehrstuhl für Konsumtheorie und Verbraucherpolitik. Stuttgart.

Freedman, J. (1978): Happy people. What happiness is, who has it, and why. New York.

Fromm, E. (1985): Psychoanalyse und Ethik. München.

Fromm, E. (1986): Über die Liebe zum Leben. München.

Fromm, E. (1991): Die Pathologie der Normalität. Zur Wissenschaft vom Menschen. Schriften aus dem Nachlaß, Hg. von R. Funk, Bd. 1. Weinheim.

Funk, R. (o.J.) Die produktive Charakterorientierung. Arbeitspapier im Erich Fromm-Archiv, vervielf. Ms. Tübingen.

Gehlen, A. (1950): Der Mensch. Seine Natur und seine Stellung in der Welt. Bonn.

Häußermann, H.; Lüsebrink, K.; Petrowsky, W. (1990): Die Bedeutung von informeller Ökonomie und Eigenarbeit bei Dauerarbeitslosigkeit. In: Heinze, R. G.; Offe, C. (Hg.), Formen der Eigenarbeit: Theorie, Empirie, Vorschläge. Opladen, S. 87-104.

HEi (1997): Auszüge aus dem Verwendungsnachweis des Hauses der Eigenarbeit (HEi) an die Landeshauptstadt München für das Jahr 1997 (vervielf. Ms.). München

Herbst, M. (1998): Der Beitrag der informellen Arbeit zur Nachhaltigkeit. Empirische Untersuchung zu den Bedingungen der informellen Arbeit unter Arbeitslosen (Diplomarbeit). Universität Hohenheim, Institut für Haushalts- und Sozialökonomik, Lehrstuhl für Konsumtheorie und Verbraucherpolitik. Stuttgart.

Hielscher, V.; Hildebrandt, E. (1999): Zeit für Lebensqualität. Auswirkungen verkürzter und flexibilisierter Arbeitszeiten auf die Lebensführung von Beschäftigten. Berlin.

Illich, I. (1978): Fortschrittsmythen. Reinbek.

Inglehart, R. (1996): The diminishing utility of economic growth: From maximizing security toward maximizing subjective well-being. In: Critical Review, Nr. 10/1996, S. 509-531.

Jungblut, S. (1999): Wachstumsdynamik und Beschäftigung. Tübingen.

Jürgens, K.; Reinecke, K. (1998): Zwischen Volks- und Kinderwagen. Auswirkungen der 28,8-Stunden-Woche bei der VW AG auf die familiale Lebensführung von Industriearbeitern. Berlin.

Kohn, A. (1993): Punished by rewards. Boston.

Lecher, W. (1986): Zum künftigen Verhältnis von Erwerbsarbeit und Eigenarbeit aus gewerkschaftlicher Sicht. In: WSI-Mitteilungen, Nr. 39/1986, S. 256-264.

Lerner, M. J. (1982): The justice motive in human relations and the economic model of man: A radical analysis of facts and fictions. In: Derlega, V. J.; Grzelak, J. (Eds.), Cooperation and helping behavior. Theories and research. New York, S. 249-278.

Miegel, M. (1999): Europa wird unruhig. In: Der Spiegel, Heft 2/99, S. 78.

Möller, C. (1997): Eigenarbeit. In: Historisch-kritisches Wörterbuch des Marxismus, Bd. 3. Berlin, S. 66-74.

Mutz, G. (1998): Öffentliche Eigenarbeit in der Neuen Arbeitsgesellschaft. Vortrag auf der Tagung „Gut leben und selbst tätig werden" der Ev. Akademie Tutzing und der anstiftung, München, im Januar 1998 auf Schloß Schney (vervielf. Ms.). München.

Mutz, G.; Kühnlein, I.; Burda-Viering, M.; Holzer, B. (1997): Eigenarbeit hat einen Ort. Öffentliche Eigenarbeit im HEi. München.

Sanne, C. (1998): Die Arbeitszeitfrage in Schweden. In: WSI-Mitteilungen, Nr. 51/1998, S. 635-642.

Scherhorn, G. (1992): Kritik des Zusatznutzens. In: Thexis, Nr. 2/1992, S. 24-28.

Scherhorn, G. (1997a): Arbeitsplatzvernichtung und Umweltzerstörung haben die gleiche Ursache. Wuppertal Spezial 7. Wuppertal.

Scherhorn, G. (1997b): Das Ganze der Güter. In: Meyer-Abich, K. M. (Hg.), Vom Baum der Erkenntnis zum Baum des Lebens. Ganzheitliches Denken der Natur in Wissenschaft und Wirtschaft. München, S. 162-251.

Scherhorn, G. (1999): Intrinsische Motivation und äußere Bedingungen. In: Held, M.; Nutzinger, H. G. (Hg.), Institutionen prägen Menschen. Frankfurt/M., S. 108-127.

Scherhorn, G.; Dahm, P. (1999): Die andere Arbeit. Untersuchungen über Eigenarbeit und Subsistenz (in Vorbereitung).

Schulze-Buschoff, K. (1996): Teilzeitarbeit im europäischen Vergleich. Edition der Hans Böckler Stiftung. Düsseldorf.

Scitovsky, T. (1977): Psychologie des Wohlstands. Die Bedürfnisse des Menschen und der Bedarf des Verbrauchers. Frankfurt/M.

Wachtel, P. (1989): The poverty of affluence. A psychological portrait of the American way of life. Philadelphia.

Waterman, A. S. (1993): Two conceptions of happiness: Contrasts of personal expressiveness (Eudaimonia) and hedonic enjoyment. In: Journal of Personality and Social Psychology, Nr. 64, S. 678-691.

Weizsäcker, C. von; von Weizsäcker, E. U. (1978): Für ein Recht auf Eigenarbeit. In: Technologie und Politik, Nr. 10, S. 185-89.

Weizsäcker, E. U. von (1999): Eine neue Politik für die Erde. Die neue Partnerschaft von Wirtschaft und Ökologie. Freiburg.

Winston, G. C. (1982): The timing of economic activities. Firms, households, and markets in time-specific analysis. London.

ZEITPOLITIK ALS NEUES HANDLUNGSFELD

Matthias Eberling, Dietrich Henckel

Neue Politikfelder entstehen in der Regel dann, wenn Bedingungen oder Zustände, die lange Zeit als selbstverständlich gelten konnten, sich verändern. Durch veränderte Bedingungen entstehen Probleme oder werden offenbar. Die Umweltpolitik kann hier als Beispiel dienen, wie im Zuge immer stärker sichtbar werdender Umweltprobleme, der Verknappung bis dahin in ausreichendem Maße verfügbarer Umweltgüter und der Bewußtseinsbildung über die Folgen ein neues Aufgabenfeld entstand. Die Umweltprobleme können als externalisierte Kosten angesehen werden, die von den Betrieben und Haushalten auf die Allgemeinheit abgewälzt werden. Umweltpolitik nimmt sich der Behandlung dieser Folgen an, indem sie auf den Zusammenhang zwischen Verursacher und Schadenswirkung hinweist und die entstehenden Kosten zum Gegenstand des politischen Diskurses macht.

Zeit, also die zeitliche Organisation der Gesellschaft, konnte im wesentlichen auch als ein Feld angesehen werden, das über lange Perioden hinweg – abgesehen etwa von Arbeitszeitverhandlungen – relativ unproblematisch war. Mit den rasanten Veränderungen der Zeitstrukturen, insbesondere der zunehmenden Flexibilisierung und Individualisierung von Zeiten, die in erheblichem Maße eine Folge der technischen Entwicklung sind (Rifkin 1988), werden Zeitkonflikte immer offenbarer, die „zeitliche Ordnung" verliert in zunehmendem Maße ihre Selbstverständlichkeit. Die Auflösung tradierter Zeitmuster und gesellschaftlicher Rhythmen löst eine Reflexion des individuellen und kollektiven Umgangs mit Zeit aus, Zeit wird in diesem Prozeß reflexiv und wird als Gestaltungsfeld begriffen (dieser Prozeß fördert wiederum die Auflösung zeitlicher Konventionen). Der bislang eher üblichen rein impliziten Behandlung von Zeitkonflikten – im Rahmen der geltenden gesetzlichen Bestimmungen etwa des Arbeitszeitgesetzes – dürften im Zuge der weiteren Flexibilisierung Grenzen erwachsen, weil sich erweisen wird, daß diese Art der Behandlung von Zeitkonflikten zu Externalisierungen von Zeitkosten führt oder führen kann.

So überwälzen beispielsweise die Unternehmen im Zuge der Flexibilisierung von Arbeits- und Betriebszeiten die zeitlichen Koordinationskosten auf das Individuum, mit teilweise destruktiven Folgen für den Zusammenhalt von Familien und anderen sozialen Gruppen.[1] Der Versuch, externe Kosten zu internalisieren, ist aber immer wieder, wenn die Kosten für die Gesellschaft erkennbar wurden, ein Anlaß zur Etablierung eines neuen Politikfeldes gewesen. Damit wird die Frage aufgeworfen, ob wir – analog zur Reflexion der ökologischen Rahmenbedingungen – den Wert gesellschaftlicher Synchronität und Synchronisation erst mit ihrem Verschwinden begreifen.

Im folgenden sollen der Problemhorizont und Leitbilder (1), die Akteure und Adressaten (2), die Themengebiete und Handlungsrahmen (3) sowie die bisherigen Umsetzungsversuche und Ergebnisse (4) einer an sozialen und ökologischen Zielen orientierten Zeitpolitik auf lokaler Ebene diskutiert werden.

1. Problemhorizont und Leitbilder

Die Flexibilisierung von Arbeits- und Betriebszeiten und die Ausdifferenzierung individueller Zeitmuster erhöht, wie wir sehen konnten, die Komplexität der zeitlicher Organisation und erschwert die soziale Synchronisation. Hierbei übertragen sich Gestaltungskriterien und -formen der Arbeitswelt auf die Lebenswelt, d.h. die spezifische Zeitrationalität der Ökonomie überformt die „Alltagsrationalität" von Zeit, die jenseits von Maximierungsstrategien und Effizienzzielen den Prozessen und Personen „ihre Zeit läßt", also auf deren Eigenzeiten Rücksicht nimmt. Die instrumentelle Rationalität, die die Zeit von den konkreten Vorgängen und betroffenen Individuen löst und zu einem teilbaren und tauschbaren Abstraktum werden läßt, bestimmt als Zeitplanung und Zeitdisziplin nicht nur in zunehmendem Maße die Freizeitgestaltung, sondern wird zum Kernelement einer erfolgreichen Lebensführung. Dieser Prozeß verläuft individuell und sozial, durch Erkenntnis und Erziehung, durch subjektive Erfahrung oder als Lerninhalt. Die Fähigkeit, sich und andere „in der Zeit bewegen zu können" bzw. beweglich (flexibel) zu sein, nimmt an Bedeutung zu.

In der Folge weichen gefestigte kollektive Zeitmuster und Arbeitszeitstandards auf, beide Elemente des Prozesses verstärken sich gegenseitig: Je individueller und flexibler die Arbeitszeiten, desto geringer die Planbarkeit und Gleichmäßigkeit der Sozialzeiten; je umfassender die Abweichungen von kol-

---

1 Vgl. in diesem Band Eberling/Henkel, Städtische Zeitstrukturen im Wandel.

lektiven Zeitmustern, desto stärker lösen sich diese auf; je weniger diese Rhythmen den Alltag prägen, desto geringer ist der Widerstand gegen abweichende Arbeitszeiten. Es stellt sich dann die Frage, was noch die Norm, was noch normal ist? Die Erosion des Normalarbeitsverhältnisses geht mit der Erosion kollektiver Rhythmen einher.

Richard Sennett beschreibt die Wechselwirkungen zwischen Arbeits- und Lebenswelt in seinem neuesten Buch (Sennett 1998) Flexibilität sei das Kennzeichen des gegenwärtigen Kapitalismus, das ökonomische Subjekt müsse flexibel hinsichtlich der Arbeitszeiten, -inhalte und -formen sein, Mobilität und die lebenslange Fähigkeit zur Anpassung an die wechselnden Bedingungen und Anforderungen seien ebenso unabdingbar. Die Umwandlung starrer Unternehmenshierarchien in bewegliche Netzwerke, die abnehmende Ortsbindung und Zeitstabilität von Unternehmen oder Unternehmensverbünden und die sinkende Verweildauer der Beschäftigten im Unternehmen („Job-hopping") haben zur Folge, daß lineare Berufskarrieren nicht mehr die Regel sind, die Parameter dieser Karriere (Entlohnungssystem, Alterssicherung, Hierarchie etc.) brüchig werden, „formloses Vertrauen" (ebd., S. 28) sich nicht mehr in genügendem Maße bildet und damit die Loyalität des einzelnen gegenüber dem Unternehmen, sein Engagement und seine Verantwortung, aber auch seine Solidarität gegenüber den Kollegen abnehmen.

Mit der Auflösung beruflicher Identifikation gerät auch die persönliche Identität unter Druck, da aufgrund der aufbrechenden gesellschaftlichen Zuordnungen und schwindender Orientierungsmöglichkeiten im Zuge der Flexibilisierung und Individualisierung der eigene Sozialstatus nicht mehr fraglos über Berufs- und Betriebszugehörigkeit definiert werden kann. Damit schwindet auch die Gruppenzugehörigkeit in der Gesellschaft bzw. sie muß sich anders bilden, z.B. über die Nation, die Religion, die Weltanschauung oder die Generationszugehörigkeit. Aufgrund der Risiken und Unberechenbarkeiten, die mit der Flexibilisierung und der damit verbundenen Abnahme der Zeitstabilität von Arbeitsverträgen, -inhalten und -formen verbunden ist, wächst die Unsicherheit und Verwundbarkeit des Individuums gegenüber den Wechselfällen des (Berufs-)Lebens. Eine gute Ausbildung oder ein reicher Erfahrungsschatz geben in einer Welt, in der permanente Veränderung die einzige Konstante und Teil der modernen Unternehmensphilosophie geworden ist, keinen verläßlichen Halt mehr. Langfristig führt also, so Sennett, die Auflösung sozialer Beziehungen in der Arbeitswelt zu einer Auflösung sozialer Beziehungen in der Lebenswelt.

Neben diesen sozialen Folgen sind auch die ökologischen Folgen bedenklich. Arbeitszeitveränderungen und der Wandel gesellschaftlicher Rhythmen wirken sich mittelbar auf die Umwelt und damit wiederum auf die Lebensqualität für den Menschen aus. Diskutiert wurde bereits der erhöhte Energieverbrauch durch die Ausdehnung von Betriebs- und Öffnungszeiten, der im Regelfall auch zu einer erhöhten Abgabe von Emissionen in die Umwelt bzw. verbunden ist. Auch die Zunahme des motorisierten Individualverkehrs im Zuge einer Individualisierung der Arbeitszeiten (= Individualisierung des Berufsverkehrs) hat bedenkliche ökologische Folgen, ebenso wie die Technisierung sozialer Abstimmungsleistungen (Mobiltelephon, Fax, E-Mail). Es ist ferner zu vermuten, daß der Wegfall zeitlicher Ruhezonen (Nacht, Wochenende) und Erholungsphasen, die Mißachtung tierischer Reproduktions- und Wanderungszyklen und der Vegetationszyklen zu einem Rückgang der Artenvielfalt und zu einer Verschlechterung der Umweltbedingungen führt. Die weitere Deregulierung und Desynchronisierung gesellschaftlicher Zeitmuster können sich also als weiterer Streßfaktor für das ökologische System erweisen. Dieser Verlust an genetischer Vielfalt hat zudem eine ansteigende Fragilität der Umwelt zur Folge. Damit steigt langfristig wiederum der externe Steuerungs- und Synchronisationsbedarf natürlicher Abläufe.

Es sind diese Wirkungen auf die innere und äußere Natur, die ungenügende Berücksichtigung menschlicher und tierischer Biorhythmen, der Wachstums- und Wanderungszyklen, der Regenerations- und Reproduktionszeiten des Lebendigen, die auch aus ökologischer Sicht zur Kritik an der bestehenden Zeitordnung und der gegenwärtig dominierenden Form der Zeitverwendung führen.

Wenn man über die Etablierung eines neuen Politikfeldes nachdenkt, steht – zumindest implizit – auch ein Leitbild, eine Vision für eine Verbesserung der Situation Pate. Held führt aus, daß bei „der Entwicklung der kulturellen Zeitordnung zwar große Freiheitsgrade (bestehen). Zugleich ist es jedoch wichtig, daß ein gesellschaftlicher Grundrhythmus besteht bzw. in ausdifferenzierten Gesellschaften das Netz unterschiedlicher Zeitstrukturen und -rhythmen aufeinander abgestimmt ist." (Held 1995) Er sieht vor allem drei Leitbilder, die implizit die gegenwärtige Debatte bestimmen (ebd., S. 184ff.):

– Eine technisch orientierte Zeitpolitik, die auf eine Anpassung an die kontinuierlich aktive Gesellschaft zielt, beliebige Eigenzeiten zuläßt und die Kontrolle der Zeiten in den Mittelpunkt rückt;
– eine soziale Zeitpolitik, die die Erhöhung individueller Autonomie und die Koordination von Zeiten verschiedener gesellschaftlicher Bereiche und Lebensphasen betont; und
– eine ökosoziale Zeitpolitik, die auf die Berücksichtigung der Rhythmen und Eigenzeiten von äußerer Natur und innerer Natur des Menschen sowie eine

Zeitpolitik als neues Handlungsfeld 383

Entsprechung von kulturellen Zeitordnungen und Naturzeiten ausgerichtet ist.

Damit wird deutlich, daß es bei Zeitpolitik um die bewußte, rationale Gestaltung eines Feldes geht, das bislang, abgesehen von bestimmten historischen Phasen, in denen neue Zeitordnungen zur bewußten kulturellen Abgrenzung genutzt wurden,[2] nicht systematisch bearbeitet wurde. Wenn ein wesentlicher Auslöser für die Etablierung von Zeitpolitik das verstärkte Auftreten von externen Effekten ist, wird auch deutlich, daß es bei Zeitpolitik um einen Prozeß des Interessenausgleichs, um die Sicherung einer Machtbalance, letztlich also um die Herstellung von sozialer Gerechtigkeit geht.

Zur Vision einer kommunalen Zeitpolitik gehören unseres Erachtens Bestandteile aller drei Leitbilder:

- Die möglichst weitgehende Sicherung individueller Zeitautonomie, die Möglichkeit der Selbstbindung der Zeit (Rinderspacher 1985);
- die Erhaltung, Sicherung und gegebenenfalls Wiederherstellung von Rhythmen und Eigenzeiten von Lebewesen, sozialen und technischen Systemen;
- die Wahrung und Schaffung einer zeitlichen und räumlichen Differenzierung und Diversifizierung, also die Sicherung von „Chronotopen", von unterschiedlichen Zeiträumen und „Zeitlandschaften" (Melbin 1987, S. 128), in denen das Schnelle ebenso seinen Platz hat wie das Langsame;
- unter einer sozialen Perspektive kommt der Sicherung gemeinsamer Zeiten von Familien und beliebigen anderen sozialen Gruppen eine herausragende Bedeutung zu, gemeinsame Zeiten sind nur sicherzustellen, wenn die Zeitkoordination nicht zu prohibitiven individuellen Kosten führt;
- da Zeitordnungen erhebliche Rückwirkungen auf die Umwelt haben, ist die Umweltverträglichkeit ein wesentlicher Baustein der Beurteilung einer Zeitordnung;
- da Zeit eine wesentliche soziale Orientierung bietet, gehört auch die Sicherung (raum-)zeitlicher Identitäten und Spezifika dazu.

Eine wesentliche Voraussetzung, um Zeit zunächst als Politikfeld etablieren zu können, ist – neben einer Konzeption – allerdings eine deutlich verbreiterte Informationsbasis. Wie kann man Zeit sinnvoll gestalten? Bevor man sich – in der üblichen Eile unserer Tage – sofort ans Verändern macht, sollte man sich

---

2 Auf solchen Formen kultureller Abgrenzung beruhen die unterschiedlichen Wochenruhetage im Judentum (Sabbat), im Christentum (Sonntag) und im Islam (Freitag) (Zerubavel 1985, Kap. 1, insbesondere S. 26).

der Zeitverhältnisse, der Wechselwirkungen verschiedener Abläufe in temporaler Hinsicht versichern und diese zunächst untersuchen. Dazu gehört es, Taktgeber und Zeitinteressen aufzuzeigen, Gewinner und Verlierer von realisierten Zeitordnungen zu identifizieren, Grenzen und Handlungsmöglichkeiten einer paritätischen Gestaltung von Zeit deutlich zu machen. Schließlich ist der Gegenstand von Zeitpolitik zu definieren. Der Gestaltung von Zeit geht also eine umfassende Zeitforschung voraus, die Fakten und Begriffe in einen systematischen Zusammenhang stellt und so die Grundlage eines öffentlichen Diskurses bildet. Erst dann ist sinnvollerweise über Veränderungen, über Akteure und Instrumente nachzudenken.

2. Akteure und Adressaten

„Zeitsouveränität" ist ein begriffliches Kind der Gegenwart, das Individuum soll frei über die Organisation seiner Lebenszeit entscheiden können. In Tarifverhandlungen ist Zeitsouveränität ein Tauschobjekt, das mit der Flexibilisierung von Arbeitszeiten und der Erweiterung von Betriebszeiten verrechnet wird. Die Bearbeitung konfligierender Interessen ist natürlich immer eine Frage der Machtverhältnisse, sie hängt von den unterschiedlich verteilten Durchsetzungspotentialen ab. Bisher ist die Durchsetzungsfähigkeit von Zeitinteressen disparat verteilt, Zeit wird im Regelfall in ihrer ökonomisierten Form am Markt gehandelt. Dies gilt nicht nur für die Arbeitszeit, sondern auch für die Freizeit, die durch Einkommen – oder entgangene Einkommen – kostbarer und mit Handlungsoptionen, die das Geld eröffnet, aufgeladen wird. Soziale Ungleichheiten bilden sich somit auch zeitlich ab.

Historisch läßt sich beobachten – auch am Beispiel von Arbeitszeiten –, daß es immer wieder unterschiedliche Phasen der Verteilung von Marktmacht zwischen Arbeitgebern und Arbeitnehmern zur Durchsetzung von Einkommens- oder Zeitinteressen gegeben hat. Gegenwärtig befinden wir uns in einer Phase, die in vielerlei Beziehungen von Tendenzen der Deregulierung gekennzeichnet ist, die Marktmacht sich also zu Gunsten der Arbeitgeber verschiebt. Die Formen der Arbeitszeit- und Betriebszeitveränderungen sind gegenwärtig Ausdruck dieser Tendenzen.

Eine wesentliche Zielgruppe für die politische Gestaltung von Zeit sind also zunächst die Beschäftigten. Es geht aber um mehr, schließlich sind nicht nur die Gestaltungsmöglichkeiten unterschiedlich verteilt, sondern auch die Betroffenheit von Zeit- und Synchronisationsproblemen: Der Zerrissenheit des hochflexiblen Idealarbeitnehmers steht der strukturlose Zeitreichtum des Arbeitslosen gegenüber, die rationale Zeitplanung wird von Eltern und ihren Kindern aus unterschiedlichen Perspektiven betrachtet, die Zeitbedürfnisse von Männern und Frauen differieren offensichtlich auch.[3]

Die betroffenen sozialen Gruppen sollten jedoch nicht nur Adressaten, sondern auch Akteure von Zeitpolitik sein. Um die Komplexität der Zeitinteressen, der Widersprüche und Gegensätze nicht auf ein Niveau zu steigern, auf dem diese nicht mehr adäquat zu behandeln sind, sollte der Aushandlungsprozeß quasi „vor Ort", in den Gemeinden und Städten, initiiert werden. Die lokale Ebene bietet einen konkreten Zugang zur Zeitpolitik, hier treten die Probleme und Konflikte auf, hier entstehen sie. Jenseits weltanschaulicher Konflikte der Parteien und Verbände können die Bürger in ihrem Lebensumfeld zu pragmatischen Lösungen finden und sich in der Gestaltung ihrer spezifischen Eigenzeit als funktionierende Gemeinwesen erweisen. Als neutraler Organisator könnte die Kommune den Rahmen für diesen Diskurs herstellen.

3. Handlungsfelder

„Je komplexer die zeitliche Organisation der Arbeit in der postindustriellen Gesellschaft wird, desto mehr Zeitkonflikte tauchen auf." (Carlstein 1986, S. 124) Mit der Zunahme von zeitlichen Konflikten wächst zugleich die Notwendigkeit ihrer Bearbeitung. Konflikte entstehen nicht nur zwischen Arbeitnehmern und Arbeitgebern, sondern auch zwischen Männern und Frauen aufgrund des Aufbrechens tradierter Geschlechterrollen, zwischen unterschiedlichen „Geschwindigkeitsklassen" in der Gesellschaft und ihren Mobilitätsbedürfnissen oder zwischen unterschiedlichen Zeitkulturen innerhalb sozialer Gruppen.

Zeitpolitik hat die Aufgabe, einen Prozeß des fairen Interessenausgleichs zu organisieren. Um einen solchen Interessenausgleich konzipieren zu können, sind die Zeitkonflikte genauer zu analysieren. Hilfreich ist hierbei zunächst das Begriffspaar „Taktgeber/Taktnehmer", um das Geflecht wechselseitiger Beeinflussung ordnen zu können. Zeitkonflikte lassen sich auf diese Weise in drei Kategorien einteilen:

- Konflikte zwischen verschiedenen Taktgebern. Als Beispiel können die Divergenzen zwischen den Bestrebungen zur Ausdehnung der Betriebszeiten durch Unternehmen, die im internationalen Wettbewerb stehen, und das

---

3 Frauen präferieren z.B. tägliche Arbeitszeitverkürzungen, Männer hingegen wochen- oder lebensarbeitszeitbezogene Verkürzungen (Hernes 1987).

Festhalten an tradierten Zeiten durch geschütztere Wirtschaftsbereiche dienen. Auch die bislang sehr schwierige Koordination der Arbeits- und Betriebszeiten von Unternehmen und des Schulbeginns in einer Stadt kann hier genannt werden.
- Konflikte zwischen Taktgebern und Taktnehmern. Als typische Beispiele können die Konflikte zwischen den Anforderungen und Zeitvorgaben der Betriebe und den Arbeitszeitwünschen der Beschäftigten dienen. Hier treffen die Eigenlogik der Wirtschaft oder bestimmter Funktionen und die Interessen (Sozialzeiten, Freizeit) und Eigenzeiten (Biorhythmus) der Beschäftigten aufeinander.
- Konflikte zwischen Taktnehmern. Als ein Beispiel können die Wünsche berufstätiger Eltern an die Öffnungszeiten von Kinderbetreuungseinrichtungen einerseits und die Arbeitszeitwünsche der dort Beschäftigten sowie die Zeitwünsche (oder die Zeitnotwendigkeiten auf der Basis pädagogischer Konzepte) der Kinder andererseits gelten. In diesen Bereich der Konflikte zwischen Taktnehmern gehören aber auch die Zeitkonflikte zwischen den Geschlechtern, zwischen Alten und Jungen etc.

Hiermit sind vor allem die „institutionellen" Konflikte beschrieben. Die Situation wird durch Zeitkonflikte als Rollenkonflikt, durch gegenläufige Ansprüche und Erwartungen, die an das Individuum herangetragen werden, teilweise noch erheblich komplexer: Die Zeitkonflikte treten häufig in einer Person auf und müssen von ihr „ausgefochten" werden.[4] Es sind gerade diese inneren Konflikte, die zur Reflexion von Zeit beitragen und die Frage nach ihrer Gestaltbarkeit aufwerfen.

Zeitpolitik ist insofern als eine Form der Mediation von solchen Konflikten, also auch eine Form von (Re-)Regulierung anzusehen.[5] Dabei liegt ein wesentlicher Ansatzpunkt für die Lösung von Zeitkonflikten in der Beantwortung der

---

4 Etwa der Widerspruch zwischen den Rollen als Zeitanbieter (als Berufstätiger, der atypische Arbeitszeitlagen vermeidet) und Zeitnachfrager (als Kunde, der erweiterte Geschäftsöffnungszeiten wünscht).

5 Unter (Re-)Regulierung sei in diesem Zusammenhang nicht die Rückkehr zu den Regularien der Industriegesellschaft mit ihren kollektiven Arbeitsrhythmen (z.B. Schichtdienst) und festen, d.h. verbindlichen Arbeitszeiten gemeint, sondern die Rückgewinnung von Gestaltungschancen im Bereich von Arbeits- und Betriebszeiten gegenüber den selbstläufigen, ungesteuerten Entwicklungen des Marktes in einer Phase, die stärker durch Deregulierung bzw. den Rückzug der Politik aus Wirtschaft und Gesellschaft geprägt ist. Es ist auch keine Rückkehr zu einer überkommenen Zeitpolitik gemeint, die auf dem Bild des männerdominierten Normalarbeitsverhältnisses und der Versorgerehe beruht. Es geht also im Kern nicht um die Beschränkung von Flexibilisierung, sondern um eine Reform des Normalarbeitsverhältnisses.

Frage, in welchen Bereichen eine weitere Flexibilisierung von Zeiten und weitere Desynchronisation von Prozessen erforderlich ist und wo im Gegenteil eine stärkere Synchronisation von Prozessen und eine Koordination von Zeiten geboten erscheint. Die konkrete Beantwortung dieser Frage setzt allerdings erheblich bessere Kenntnisse des Verhältnisses von Flexibilität und Homogenität sozialer und ökologischer Rhythmen voraus. Gegenwärtig scheinen wir uns in einem Übergang von starren und homogenen Strukturen zu flexiblen und heterogenen zu befinden, dessen Umsetzung weitestgehend individuell zu bewältigen ist. Es entsteht also grundsätzlich ein Konfliktfeld zwischen dem gesellschaftlichen Zeitregime und der Organisation des persönlichen Zeitmanagements. Unseres Erachtens kann nur eine Mischung zwischen verbindlichen und flexiblen Zeiten für komplexe Gesellschaften zu angemessenen Lösungen führen. Hierbei muß beachtet werden, daß die Chancen der Flexibilisierung nur genutzt werden können, wenn ein angemessener Bestand an kollektiven Zeiten gewährleistet ist.[6] Unter der Perspektive der Sicherung der Funktionalität der Stadt erscheint eine kollektive Koordination von Zeiten bei gleichzeitig hoher Optionalität die gebotene Entwicklungsrichtung zu sein.[7]

Zeitpolitik hätte somit auch die Aufgabe, das Verhältnis von kollektiven und individualisierten, flexiblen Zeiten zu gestalten.[8] Flexibilisierung kann dabei in ihrer Wirkung fast gleichgesetzt werden mit Linearisierung, der Tendenz zu einer kontinuierlichen Aktivität und zu einer Auflösung von Rhythmen[9]. Da typischerweise Konkurrenz die Linearisierung fördert, kann Rhythmizität nur durch Kooperation erhalten werden.[10]

---

6 "The temporal regularity of our everyday life world is definitely among the major background expectancies which are at the basis of the 'normalcy' of our social environment." (Zerubavel 1981, S. 21)

7 Mit Blick auf das Verhältnis von Rhythmus und Linearität hat Michael Young das Problem ähnlich formuliert: "The proper balance is a matter of searching for different relationships between the rhythmic and the linear, and recognising that no one can know what fits someone else." (Young 1988, S. 259)

8 "A good time policy should aim at making transitions from one time segment to another less costly than they are today, without introducing totalitarian attempts at complete synchronization and cohesiveness between all members of society or all time segments." (Hernes 1987, S. 108)

9 Die Anpassung der einzelnen Betriebe an die jeweiligen sektoralen, branchentypischen oder regionalen Nachfrageschwankungen, an sich beschleunigende Produktzyklen und wechselnde Bedürfnisse (z.B. Modestile) führt insgesamt zu einer Verstetigung der Produktion über den Tag, die Woche und das Jahr.

10 "If cooperation is the ally of the cyclical, competition is the ally of the linear." (Young 1988, S. 187)

Es ist zu erwarten, daß der Zeitgestaltung auf allen Ebenen eine immer größere Bedeutung zukommt. Virilio hatte schon relativ früh prophezeit, daß dem Ministerium für Raumplanung das für Zeitplanung folgen werde (Virilio 1978, S. 48). Die ersten Institutionalisierungen von Zeitplanung auf kommunaler Ebene, vor allem in Italien, neuerdings aber auch in Deutschland, machen deutlich, wie weit sich mittlerweile die Erkenntnis durchgesetzt hat, daß man um eine bewußte Steuerung und Gestaltung von Zeiten auf Dauer nicht herumkommt. Mittlerweile sind viele überzeugt, daß „eine weitreichende Weiterentwicklung unseres Umgangs mit der Zeit und damit der Grundausrichtung der kulturellen Zeitordnung" (Held 1995, S. 170) ansteht. Mit anderen Worten: Es spricht viel dafür, daß sich Zeitpolitik, vor allem auch auf kommunaler Ebene, als ein neues Politikfeld etablieren wird. Gleichwohl kann gegenwärtig kaum von einer hinreichenden Konzeption einer Zeitpolitik gesprochen werden.

Zur Erzielung von Übereinkünften, die am ehesten der Rhythmizität und den Eigenzeiten von Personen und Prozessen Rechnung zu tragen vermögen, sind Instrumente zur Aushandlung, zur Kooperation und Bürgerbeteiligung geeignet (Mückenberger 1997). Es geht dabei also unter anderem um:

- Die Schaffung von Informationsaustausch, um die Zeitkonflikte und mögliche Lösungen überhaupt sichtbar zu machen;
- die Schaffung von Kooperationsmöglichkeiten durch Einrichtung von Foren etwa in Form von „runden Tischen";
- die Schaffung von Koordinationsregeln und -institutionen, also die Festlegung von Kriterien, nach denen Lösungen zu finden und zu bewerten sind; es geht also darum, eine Kultur der Zeit aufzubauen und neue Methoden der Zeitverhandlung zu entwickeln;
- die Ermittlung von Kriterien für die Notwendigkeit und Zweckmäßigkeit von Desynchronisation und Flexibilisierung einerseits und die (Re-)Synchronisation und Festlegung kollektiver Zeiten andererseits.

Die möglichen Dimensionen und Inhalte einer kommunalen Zeitpolitik können beschrieben werden als

- Planung von Zeit,
- Planung mit Zeit,
- Planung in der Zeit (Henckel 1989, S. 241ff.).

Bei der Planung *von* Zeit geht es im Kern um die zeitpolitische Konzeption, die zeitliche Grundordnung oder „Zeitverfassung" der Gesellschaft, also die Rahmenbedingungen einer Weiterentwicklung der gesellschaftlichen Zeitinstitutionen. Dazu gehört unter anderem der Schutz von Zeiten, die Sicherung von Zeitautonomie, die Verteilung von Zeiten, also die Sicherung einer zeitlichen

Zeitpolitik als neues Handlungsfeld 389

„Grundordnung". Es handelt sich im wesentlichen um gesetzliche Rahmenbedingungen, die zwar nicht auf kommunaler Ebene geschaffen wurden, dort jedoch mit Leben gefüllt werden. Hier hätte ein lokaler Ansatz zunächst nur appellativen Charakter, hier ginge es um Thematisierung von Zeitkonflikten und Sensibilisierung für zeitspezifische Belange.

Planung *mit* Zeit bezieht sich auf den instrumentellen Charakter von Zeit; Zeit wird als Ressource, als Steuerungs- und Koordinationsinstrument verstanden. In diesem Bereich geht es um wesentliche Aspekte dessen, was auf kommunaler Ebene an Zeitgestaltung geleistet werden kann. Hier bestehen also wesentliche kommunale Handlungsspielräume. Dabei kann instrumentell unterschieden werden zwischen

- zeitlichen Lösungsansätzen für Zeitprobleme (z.B. Flexibilisierung, Desynchronisation, Koordination und (Re-)Synchronisation);
- zeitlichen Lösungsansätzen für nichtzeitliche Probleme (z.B. zeitlich gestaffelte Nutzung von Flächen bei Flächenengpässen);
- nichtzeitlichen Lösungsansätzen für zeitliche Probleme (z.B. Entzerrung von Nachfragespitzen durch Tarifpolitik, wie Im Telefonverkehr oder der Energieversorgung üblich).

Planung *in der* Zeit richtet den Blick vor allem auf den Verlauf, auf Fristen, auf Rhythmen und Zyklen. Es geht vor allem um die Fristigkeit und Dauer von Prozessen, die Steuerung von Investitions- und Erneuerungszyklen, die Berücksichtigung des Zusammenhangs von Zeit und Kultur, die Berücksichtigung von Zyklen und Rhythmen der äußeren und inneren Natur und der Eigenzeiten von Systemen. Auch in diesem Bereich haben die Kommunen große Handlungsspielräume, die bisher allerdings allenfalls implizit genutzt werden.

4. Umsetzung

Die spärlichen Ansätze kommunaler Zeitgestaltung und Zeitplanung in Deutschland beziehen sich alle auf das Vorbild Italien. Die italienischen Städte scheinen bereits weit vorangeschritten auf dem Weg, den Virilio angedeutet hat. Italien hat sich mittlerweile den Ruf erworben, Vorreiter auf diesem Feld zu ein. In zahlreichen Städten Italiens sind mittlerweile „uffici tempi della città", also städtische Zeitbüros, etabliert.

Ausgangspunkt der italienischen kommunalen Zeitpolitik war unter anderem eine Gesetzesinitiative der Frauen der damals noch existierenden PCI (kommunistische Partei Italiens) im Jahre 1990: „Die Frauen ändern die Zeiten", die vor allem darauf abzielte, die Organisation der Dienstleistungszeiten des öffentlichen Dienstes bürgerfreundlicher zu gestalten. Es gelang, für das Thema „Zeiten der Stadt" eine ganze Reihe von Akteuren (Frauengruppen, Gewerkschaften, Wissenschaftlerinnen und Wissenschaftler, Verbraucherverbände, Kommunen u.a.m.) zu sensibilisieren und in der Folgezeit vor allem in Mittelitalien erste Gestaltungsexperimente durchzuführen. Es folgten größer angelegte Untersuchungen zu städtischen Zeitstrukturen, vor allem in Großstädten (z.B. Mailand, Genua, Bologna), die auch zu gestalterischen Konzepten und schließlich zur Institutionalisierung eines Zeitbüros führten.

Ohne auf die Einzelheiten der sehr unterschiedlichen organisatorischen Strukturen und die vielfältigen Inhalte der städtischen Zeitordnungspläne hier näher eingehen zu können, muß für das Verständnis aus deutscher Sicht darauf hingewiesen werden, daß viele der Handlungsansätze, die in Italien unter der Überschrift „tempi della città" von den kommunalen Zeitbüros betrieben werden, in Deutschland – und in anderen Ländern – unter ganz anderen Überschriften diskutiert und implementiert werden. Beispiele dafür sind Ansätze der Modernisierung der öffentlichen Verwaltung, die Verbesserung der Servicefreundlichkeit des öffentlichen Dienstes, die Etablierung von dezentralen Bürgerbüros, die Betreuung von (Dienstleistungs-)Tauschringen, die unter dem Titel „Zeitbanken" firmieren. Viele Handlungsansätze, die von den kommunalen Zeitbüros betrieben und in den Zeitordnungsplänen formuliert sind, gehen also weit über einen engen *zeit*politischen Bezug hinaus.

Auf der anderen Seite erscheinen uns die italienischen Ansätze aus einer zeitpolitischen Perspektive als zu eng. Wesentliche Aspekte, die aus unserer Sicht als integraler Bestandteil einer kommunalen *Zeit*politik angesehen werden müßten, fehlen. Dazu gehören vor allem Fragen der Zeitkoordination mit der Privatwirtschaft, also mit den entscheidenden Taktgebern städtischer Rhythmen. Nach unserem Eindruck scheint die italienische kommunale Zeitpolitik sich im wesentlichen mit Teilbereichen der Planung *mit* Zeit zu befassen, die Aspekte der Planung *in der* Zeit aber kaum zu berücksichtigen.

Darüber hinaus erscheint die gesamte italienische kommunale Zeitpolitik sehr pragmatisch angelegt, es fehlen Systematisierungen von Instrumenten und Handlungsmöglichkeiten; auch die Zieldiskussion, was mit kommunaler Zeitgestaltung erreicht werden soll, erscheint noch relativ diffus und widersprüchlich, weil beispielsweise sowohl verkehrsreduzierende und umweltschonende Maßnahmen verfolgt werden, auf der anderen Seite aber auch Ziele, die dem völlig widersprechen – etwa die Forcierung der kontinuierlichen (Rund-um-die-Uhr-)Aktivität.

Die Erfahrungen in den Städten Italiens zeigen, daß und wie man neue Themen etablieren und bewegen kann, wenn es gelingt, neue Koalitionen zustande zu bringen und unter einer neuen Überschrift alte Probleme neu anzugehen. Diese Chance hing und hängt in hohem Maße von politischen und kulturellen Traditionen (etwa Formen bürgerschaftlicher Beteiligung) und einer bestimmten historischen Konstellation (unter anderem die Stärkung der Stellung der Bürgermeister) in Italien ab, die so in anderen Ländern nicht gegeben sind. Insofern sind die direkten Übertragungsmöglichkeiten beschränkt und beziehen sich vor allem auf Teilinhalte und auf Fragen der Institutionalisierung. Aufgrund unterschiedlicher Traditionen und thematischer Zuordnungen müßten in Deutschland, wenn man an eine Institutionalisierung etwa in Form von Zeitbüros denkt, diese allerdings anders zugeschnitten sein und ein teilweise deutlich von den italienischen Büros abweichendes Aufgabenspektrum aufweisen.

Es zeigt sich unseres Erachtens an diesem Beispiel ein generelles Problem des Vergleichs von best practices, der gegenwärtig so en vogue ist, weil häufig die guten Beispiele umstandslos zur Nachahmung empfohlen werden. Aufgrund unterschiedlicher lokaler Traditionen und unterschiedlicher Regulierungsbedingungen sind jedoch allenfalls angepaßte Lösungen sinnvoll. Man muß die Bedingungen der erfolgreichen Modelle also sehr genau kennen, um eine Übertragung zu ermöglichen. Ob über das Verdienst hinaus, das zweifellos zentrale Thema „Zeiten der Stadt" etabliert zu haben, Italien auch in inhaltlicher Sicht ein zeitpolitisches Vorbild sein kann, steht unseres Erachtens auch deshalb noch dahin, weil bislang Begleituntersuchungen oder Evaluationen der zeitpolitischen Initiativen und ihrer Erfolge oder Mißerfolge nicht bekannt geworden sind.

In der Bundesrepublik sind erste Ansätze einer praktischen Umsetzung zu beobachten: In Bremen wird die Zeitthematik in einem „Forum ZEITen der STADT", initiiert vom „Bremer Perspektivenlabor", systematisch behandelt, dabei wirken neben der Kommune die Gewerkschaften, Kammern, die evangelische Kirche, die Universität, die Verkehrsbetriebe und die Gleichstellungsstelle mit.[11] Am 1. Oktober 1997 wurde – im Rahmen der Verwaltungsmoderni-

---

11 Das Bremer Perspektivenlabor, 1991 auf Initiative von Bürgermeister Dr. Henning Scherf gegründet und mit Fachleuten der Senatsverwaltungen sowie der Wissenschaft besetzt, widmet sich der langfristigen Stadtentwicklung. Im Rahmen dieser Initiative wurde das FORUM ZEITen der STADT gegründet, das sich eine nachhaltige Verbesserung der Zeitstrukturen Bremens, konkret der Öffnungszeiten von öffentlichen und privaten Anbietern von Dienstleistungen, zum Ziel gesetzt hat. Die „zeitbewußte Stadt" ist eines der kommunalen Leitbilder für die Entwicklung der Stadt. Drei thematische Schwerpunkte werden bearbeitet: Betreuung, Verwaltungsreform („Bürgeramt 2000") und öffentliche Sicherheit.

sierung „Bürgeramt 2000" – in den Räumen des Ortsamts Vegesack (Bremen-Nord) ein „Zeitbüro" eingerichtet, das Leitbild und Gestaltungsansatz nun konkret in einem Stadtteil umsetzen soll. Das Zeitbüro versteht sich als zivilgesellschaftliche Vermittlungsinstanz vor Ort, das die Zeitinteressen der Bürger mit den Zeitfenstern der Angebote von Behörden, Handel, Verkehrsbetrieben etc. miteinander abstimmen soll. Vorbild sind Ansätze einer kommunalen Zeitgestaltung in Italien, Themen waren bisher eine bürgerfreundliche Erweiterung der Behördensprechzeiten, eine Abstimmung von öffentlichen Verkehrsanbietern und von Ladenöffnungszeiten sowie die zeitliche Abstimmung im Bereich Kinderbetreuung.[12]

In Hamburg werden, im Rahmen eines empirischen Projekts und im Auftrag des Senatsamts für Gleichstellung, die Zeitstrukturen eines einzelnen Stadtteils erhoben, um auf dieser Basis die Zeitprobleme vor allem von Frauen zu thematisieren und eine lokale Zeitgestaltung anzuregen. Hannover wird sich, gemeinsam mit Bremen und Hamburg, während der EXPO 2000 als „zeitbewußte Stadt" präsentieren. In Hanau ist im Juni 1997, angeregt durch das ÖTV-Projekt „Neue Zeitpraxis" und das Hanauer Frauenplenum, unter dem Motto „Hanau – die zeitbewußte Stadt" ein „runder Tisch" gegründet worden, an dem sich die lokalen „Zeitbestimmer" beteiligen, also Vertreter der freien Wirtschaft, von Verbänden und Organisationen, von den Stadtwerken und den Trägern örtlicher Betreuungseinrichtungen (Dürk 1997).

Hinweise auf einen veränderten Umgang mit Zeit in ökologischer Hinsicht, auf die Antizipation natürlicher Rhythmen und eine umweltverträgliche, zukunftsfähige Verwendung von Zeit, wurden in den vergangenen Jahren von verschiedenen Seiten gegeben. Barbara Adams weist auf die spezifischen Zeitstrukturen hin, die im Umgang mit den ökologischen Folgen des technischen und gesellschaftlichen Wandels zu berücksichtigen sind: "whilst the socio-economic, scientific and political development is towards ever-faster change and 'short-termism', actions required by environmental change need ever-longer time-spans of reference and consideration. This discrepancy is ever-widening and the responding actions are not bridging the dramatically increasing time horizon" (Adam 1995, S. 136).

---

12 Hierzu wurde ein „Forum bürgerfreundliches Vegesack" ins Leben gerufen, das regelmäßig tagt und mit allen relevanten Akteuren aus Bürgerschaft und Verwaltung besetzt ist. Arbeitsgruppen befassen sich mit den genannten Themen und berichten über ihre Ergebnisse wiederum im Forum. Das Interesse der Beteiligten und der Öffentlichkeit ist hoch, der gemeinsame Gestaltungsansatz wird als Bereicherung für die bürgernahe Selbstorganisation im Stadtteil angesehen. Mit einer Fortsetzung nach Abschluß der Pilotphase 1999 und einer Umsetzung in anderen Stadtteilen wird gerechnet.

Zur „Ökologie der Zeit" und zur Entwicklung einer ökologisch orientierten Zeitpolitik wird an der Evangelischen Akademie in Tutzing seit einigen Jahren ein gleichnamiges Projekt durchgeführt (Held/Geißler 1993, 1995; Adam/Geißler 1998). Rinderspacher stellt den Zusammenhang von Zeitersparnis und Ressourcenverbrauch her: Mit der Beschleunigung von Prozessen steigt der Energieaufwand, zwischen Effizienz in zeitlicher Hinsicht und Umweltverträglichkeit besteht also ein Zielkonflikt. Wer – etwa durch Fahrradfahren – auf zeitliche Maximierungsstrategien verzichtet, handelt zwar umweltbewußt, aber unökonomisch – obwohl umweltbewußtes Verhalten doch einen gesamtgesellschaftlichen Nutzen hat. Rinderspacher schlägt den Begriff der „Zeitinvestition in die Umwelt vor" (Rinderspacher 1996), d.h. der Handlungshorizont des einzelnen wird um andere, nicht-ökonomische Motive erweitert. Viele Bürger investieren einen Teil ihrer Zeit schließlich in gesellschaftliches Engagement, in Ehrenämter etc. und erzielen durch ihre Tätigkeit im Regelfall nur einen mittelbaren und symbolischen, jedenfalls keinen materiellen Gewinn. Warum sollte man also nicht auch den höheren Zeitaufwand einer ökologisch motivierten und strukturierten Handlung akzeptieren? Hierzu müßten allerdings neue Prioritäten für das alltägliche Leben entwickelt werden, immaterielle Werte wie Zeitwohlstand müßten das bloße Anhäufen von Geld- und Sachvermögen ablösen, der Verzicht auf Mobilität und Konsum müßte als Element eines ökologisch orientierten Lebensstils entwickelt werden.

Es ergeben sich also aus den Veränderungen der ökonomischen und sozialen Zeitstrukturen neue Problemstellungen, die nach neuen Lösungen und Bearbeitungsformen verlangen.[13] „Zeit" als Thema, also Fragen der Synchronisation und Desynchronisation moderner Gesellschaften, Fragen nach Zeitsouveränität und Zeitgestaltung, Zeitnot und Zeitwohlstand, liegt dabei quer zu den herkömmlichen Ressortgrenzen und Akteurskonstellationen von Politik. Zeitpolitik als Handlungsfeld hat daher einen integrativen Charakter, da sich aus der Zeitperspektive Querverbindungen und Zusammenhänge ergeben, die in den alten Strukturen nicht mehr adäquat behandelt werden können.

Arbeitszeitpolitik als Regulierung des wesentlichen Taktgebers zeitstrukturellen Wandels, also der Arbeits- und Betriebszeiten, muß um neue Aspekte von Zeit erweitert werden und ein neues Bewußtsein für die Komplexität zeitlicher Zusammenhänge entwickeln. Arbeits- und Betriebszeitveränderungen verursachen, wie wir sehen konnten, in ihrem Umfeld kaskadenartige Folgen und Nebenfolgen. Diese müssen als Gestaltungsaufgabe, auch vor dem Hintergrund

---

13 Es stellt sich in diesem Zusammenhang die Frage, ob aus den ersten Handlungsansätzen und Praxisforschungsprojekten zukünftig neue soziale Formationen entstehen.

einer Verstärkung der internationalen Arbeitsteilung und sozioökonomischen Vernetzung, zukünftig stärker in den Blick genommen werden. Die Grundfrage dabei lautet: Nehmen wir die existierenden, ökonomisch aufgeladenen Zeitverhältnisse hin und überlegen, wie wir deren destruktive Folgen sozialstaatlich integrieren können (Politik also als Reparaturbetrieb), oder versuchen wir, den Umgang mit Zeit den gesamtgesellschaftlichen Erfordernissen anzupassen (Politik als Gestaltungsaufgabe)?

Literatur

Adam, B. (1995): Timewatch. The Social Analysis of Time. Cambridge.

Adam, B.; Geißler, K. A.; Held, M. (Hg.) (1998): Die Nonstop-Gesellschaft und ihr Preis. Stuttgart.

Carlstein, T. (1986): Planung und Gesellschaft: Ein „Echtzeit"-System im Raum. In: Geographica Helvetica, Heft 3, S. 117-125.

Dürk, B. (1997): Arbeitszeit – maßgeschneidert für alle. In: ÖTV-Argumente 4/1997, S. 7-9.

Held, M. (1995): Rhythmen und Eigenzeiten als angemessene Zeitmaße. Perspektiven einer ökosozialen Zeitpolitik. In: Held/Geißler (1995), S. 169-191.

Held, M.; Geißler, K. A. (Hg.) (1993): Ökologie der Zeit. Vom Finden der rechten Zeitmaße. Stuttgart.

Held, M.; Geißler, K. A. (Hg.) (1995): Von Rhythmen und Eigenzeiten. Perspektiven einer Ökologie der Zeit. Stuttgart.

Henckel, D. et al. (1989): Zeitstrukturen und Stadtentwicklung. Schriftenreihe des Deutschen Instituts für Urbanistik, Bd. 81. Stuttgart.

Hernes, H. M. (1987): Welfare State and Woman Power. Essays in State Feminism. Oslo.

Melbin, M. (1987): Night as Frontier. Colonizing the World After Dark. New York, London.

Mückenberger, U. (1997): Auf dem Weg zur Institutionalisierung kommunaler Zeitpolitik. In: Informationen zur Raumentwicklung, Nr. 10/1997, S. 699-708.

Rifkin, J. (1988): Uhrwerk Universum. Die Zeit als Grundkonflikt des Menschen. München.

Rinderspacher, J. P. (1985): Gesellschaft ohne Zeit. Individuelle Zeitverwendung und soziale Organisation der Arbeit. Frankfurt/M., New York.

Rinderspacher, J. P. (1996): Zeitinvestitionen für die Umwelt. Annäherungen an ein ökologisches Handlungskonzept. In: ders. (Hg.), Zeit für die Umwelt. Handlungskonzepte für eine ökologische Zeitverwendung. Berlin, S. 69-129.

Sennett, R. (1998): Der flexible Mensch. Die Kultur des neuen Kapitalismus. Berlin.

Virilio, P. (1978): Fahren, fahren, fahren. Berlin.

Young, M. (1988): The Metronomic Society. Natural Rhythms and Human Timetables. Cambridge, Mass.

Zerubavel, E. (1981): Hidden Rhythms, Schedules and Calendars in Social Life. Chicago, London.

Zerubavel, E. (1985): The Seven Day Circle. The History and Meaning of the Week. New York, London.

Ebenfalls bei edition sigma – eine Auswahl

Zeitwandel und *Arbeitszeit* in der Reihe
»Forschung aus der Hans-Böckler-Stiftung«:

Volker Hielscher, Eckart Hildebrandt
Zeit für Lebensqualität. Auswirkungen verkürzter und flexibilisierter
Arbeitszeiten auf die Lebensführung
1999   292 S.   ISBN 3-89404-881-6   DM 33,00

Friedrich Fürstenberg, I. Herrmann-Stojanow, J. P. Rinderspacher (Hg.):
Der Samstag. Über Entstehung und Wandel einer modernen Zeitinstitution
1999   418 S.   ISBN 3-89404-874-3   DM 48,00

André Büssing, Hartmut Seifert (Hg.)
Die „Stechuhr" hat ausgedient. Flexiblere Arbeitszeiten durch technische Entwicklungen
1999   216 S.   ISBN 3-89404-872-7   DM 27,80

Kerstin Jürgens, Karsten Reinecke
Zwischen Volks- und Kinderwagen. Auswirkungen der 28,8-Stunden-Woche bei der VW AG auf die familiale Lebensführung von Industriearbeitern
1998   231 S.   ISBN 3-89404-871-9   DM 27,80

Matthias Eberling, Dietrich Henckel
Kommunale Zeitpolitik. Veränderungen von Zeitrstrukturen – Handlungsoptionen der Kommunen
1998   205 S.   ISBN 3-89404-867-0   DM 24,80

Christa Herrmann, M. Promberger, S. Singer, R. Trinczek
Forcierte Arbeitszeitflexibilisierung. Die 35-Stunden-Woche in der betrieblichen und gewerkschaftlichen Praxis
1999   220 S.   ISBN 3-89404-876-X   DM 27,80

Johannes Kirsch, M. Klein, St. Lehndorff, D. Voss-Dahm
"Darf's etwas weniger sein?" Arbeitszeiten und Beschäftigungsbedingungen im Lebensmitteleinzelhandel. Ein europäischer Vergleich
1999   216 S.   ISBN 3-89404-880-8   DM 27,80

Frank Meissner, S. Pfahl, Ph. Wotschack
Dienstleistung ohne Ende? Die Folgen der verlängerten Ladenöffnung
2000   239 S.   ISBN 3-89404-882-4   DM 27,80

Der Verlag informiert Sie gern umfassend über sein sozial- und medienwissenschaftliches Programm. Natürlich kostenlos und unverbindlich.

edition sigma	Tel. [030] 623 23 63	Ständig aktuelle Informationen im Internet:
Karl-Marx-Str. 17	Fax [030] 623 93 93	www.edition-sigma.de
D-12043 Berlin	Mail verlag@edition-sigma.de	